Harry Halbreich
Bohuslav Martinů

Harry Halbreich

Bohuslav Martinů
Werkverzeichnis und Biografie

SCHOTT

Mainz – London – Berlin – Madrid – New York – Paris – Prague – Tokyo – Toronto

Widmung der ersten Ausgabe
Für Frau Charlotte Martinů
Herrn Karl Weber und Frau Margrit Weber
Herrn Dr. Paul Sacher und Frau Maja Sacher
und meine vielen Musikfreunde in der Tschechoslowakei

Widmung der zweiten Ausgabe
Für Aleš Březina, Jana Honzíková, Eva Velická,
ganz besonders Lucie Berná
und die weiteren Mitarbeiter des Bohuslav-Martinů-Institutes

Oldřich F. Korte als Zeugnis einer vierzigjährigen Freundschaft in der Liebe und Verehrung für Bohuslav Martinů und seine Musik.

Für meine treue Lebensgefährtin Elisabeth Buzzard.

In memoriam der Widmungsträger der ersten Ausgabe.

Bibliografische Information der Deutschen Nationalbibliothek
Die Deutsche Nationalbibliothek verzeichnet diese Publikation in der Deutschen Nationalbibliografie; detaillierte bibliografische Daten sind im Internet über http://dnb.d-nb.de abrufbar.

zweite, revidierte Ausgabe
Bestellnummer: ED 20005
ISBN 978-3-7957-0565-7

www.schott-music.com

Coverabbildung: © Municipal Museum and Gallery in Policka (www.muzeum.policka.net)
Umschlaggestaltung: H.-J. Kropp
Notenbeispiele gezeichnet von Lívia Krátka, Prag
Satz: Digital-Publishing Peteratzinger, Hünfelden
Druck und Bindung: fgb · freiburger graphische betriebe, Freiburg
Lektorat: Jutta Weis
Wissenschaftliche Zusammenarbeit mit dem Bohuslav-Martinů-Institut, Prag (www.martinu.cz)
Mit finanzieller Unterstützung der Bohuslav-Martinů-Stiftung, Prag (www.martinu.cz)

Printed in Germany · BSS 52153

Inhalt

Anhang

Vorwort zur zweiten, revidierten und erweiterten Ausgabe (2006)

Siebenunddreißig Jahre sind seit der ersten Ausgabe dieses Buches vergangen. Vieles ist inzwischen nicht nur um Martinů geschehen, das diese neue Arbeit rechtfertigt.

Eine ganze Reihe von neuen Werken ergänzt das Verzeichnis um etwa dreißig Nummern, und vor allem sind viele damals zwar erwähnte, aber verschollene Werke (darunter Hauptwerke für Orchester, Opern und Ballette) inzwischen wieder aufgetaucht. Darüber wird ausführlich im neuen Vorwort „Zum Geleit" zum Werkverzeichnis berichtet.

Als Charlotte Martinů im Jahre 1978 starb, wurde ihr letzter Wunsch berücksichtigt, neben ihrem Mann auf dem Friedhof von Polička bestattet zu werden. Damals wurde der Transport von seiner sterblichen Hülle, die seit seinem Tode am Waldrand des Schönenbergs, Paul Sachers Landgut bei Basel, ruhte, in manchen Kreisen mit Empörung aufgenommen: Die kommunistische Macht in der damaligen Tschechoslowakei würde das Ereignis zu Propagandazwecken ausnutzen, und so geschah es auch.

Aber die Worte „immer" und „nie" gelten nicht in der Geschichte der Menschheit. Sie gehören nur Gott. Nach weiteren elf Jahren, gerade rechtzeitig zum hundertsten Geburtstag vom Bohuslav Martinů, wurde seine Heimat endlich wieder ein freies, demokratisches Land. Das Stückchen Erde im Friedhof von Polička war vielleicht der erste befreite Teil dieser Heimat gewesen. Das hatte Frau Charlotte unbewusst vorgeahnt ...

Die Musikgeschichte ist ebenfalls weitergeschritten. Man kann jetzt Martinůs Vermächtnis in einer ganz neuen Perspektive betrachten. Viele damalige Dogmen sind heute nur noch Trümmer, das adornianische Diktat ist parallel mit dem Zdanowischen und aus ähnlichen, sich einander ergänzenden Gründen, zu Tode gestürzt, wie es ein Paar weitblickende Geister (u. a. der inzwischen gestorbene Vladimír Karbusický) erkannt hatten. Die sogenannte Avantgarde um die serielle und postserielle Darmstädter Schule, die der damaligen Rezeption Martinůs im Wege stand, ist längst verblasst und gestorben, und ihre Produkte haben weder damals noch später das allgemeine Musikleben erobern können. Dagegen wächst die Ausstrahlung eines Martinů immer mehr. Man braucht seine Musik nicht mehr zu verteidigen. Sie lebt aus eigener Kraft, und der ganze Begriff der Modernität (was verstand man damals, was versteht man heute darunter?) hat einen tiefen Wandel erfahren.

Martinů hat nur wenige Schüler gehabt (Vítězslava Kaprálová und Jan Novák sind die beiden wichtigsten), und seine völlig undogmatische Natur (die ihrerzeit ebenfalls keinen akademischen Unterricht hatte ertragen können) konnte und wollte keine Nachfolger oder Epigonen ausbilden. Jedoch hat sein Werk manchen Einfluss auf höherer, mehr allgemeiner Stufe ausgeübt. Heute erkennen wir zum Beispiel im Anfang der *6. Symphonie* manches, das die Musik von Ligeti vorwegnimmt, dessen Melodien ein typisch „martinůsches" Werk sind: Texturmusik, nicht-thematisches polymelodisches Geflecht und Gewebe, Neudeutung der Konsonanz, taktfreie Rhythmik, das alles und mehr vereinigt diese beiden großen Komponisten verschiedener Generationen. Aber hören Sie auch den Beginn von Steve Reichs *The Desert Music* und vergleichen Sie ihn mit dem Beginn von Martinůs *Toccata e Due Canzoni*! Kurzum, der Einfluss von Martinů auf beträchtliche Teile der neueren Musik ist unverkennbar und bezeugt die Aktualität seines Schaffens. Sie ist zwar nicht das Thema der vorliegenden Arbeit, sollte aber zu weiterer Forschung anregen.

Auch die Kurzbiografie und das Bild des Menschen Martinů bedürfen mancher Retuschen und Ergänzungen. Namentlich über sein Privatleben und sein Verhältnis zu Frauen darf jetzt manches gesagt werden, das vor siebenunddreißig Jahren mit Rücksicht auf noch lebende Personen (vor allem seine Gattin Charlotte) noch verschwiegen werden musste. Es geht hier keinesfalls um billigen Klatsch (um „Kino", um Martinůs eigenen Ausdruck zu benutzen), sondern um wichtige Fakten, die sein Schaffen beleuchten, da sie es zum Teil entscheidend beeinflusst haben.

Nach Miloš Šafráneks bahnbrechender Biografie sind weitere Lebensbeschreibungen von Martinů erschienen (u. a. die französische von Guy Erismann), und die wichtigste davon ist die in 2002 verlegte Biografie von Jaroslav Mihule, die auch auf Deutsch bzw. Englisch übersetzt werden sollte. Mit solchen Arbeiten will die hier vorliegende gar nicht wetteifern. Ihr Ziel ist ein ganz anderes, in gewisser Hinsicht ergänzendes. Sie soll die schon in Angriff genommene Kritische Gesamtausgabe seiner Musik begleiten und ergänzen und weiterhin ihrer ursprünglichen Eigenart als Handbuch treu bleiben.

Aber sie wäre ohne die Anregung, die Ermutigung, die großzügige Unterstützung und die unschätzbare praktische Hilfe des wahrhaft musterhaften Prager Bohuslav-Martinů-Instituts, seines Leiters Aleš Březina (inzwischen ein teurer Freund geworden) und seiner nicht weniger musterhaften Mitarbeiterinnen wohl nie zustande gekommen. Ich darf Aleš Březina, Jana Honzíková, Sandra Bergmannová, Eva Velická und Lucie Berná wohl als Mitautor(inn)en bezeichnen. Deswegen stehen sie auch an der Spitze der dreifachen Widmung dieses neuen Buches. In náměstí Kinských Nr. 3 fühle ich mich nun seit Jahren zu Hause. Martinůs Geist und Musik bewohnen diesen bevorzugten Ort, der aufs Engste mit Zdenka Podhajská verbunden war, die mir ihre unschätzbare Hilfe zur Zeit meines ersten Martinů-Buches (in den finsteren sechziger Jahren) geleistet hatte. So ist dieses Haus, dessen Konzertsaal heute ihren Namen trägt, Bindeglied zwischen den beiden Etappen meiner Arbeit. Außerdem geht mein Dank an Ludmila Sadílková und Martina Muchová für die musterhafte Hilfe und Zusammenarbeit im Památník Bohuslava Martinů (Bohuslav-Martinů-Denkmal) in Polička, an die energische und freundliche Mitarbeit seitens Markéta Kabelková im Národní muzeum České muzeum hudby (Nationalmuseum Tschechisches Museum der Musik) in Prag. Ferner an das Moravské zemské muzeum in Brno (Mährisches Landesmuseum in Brünn) und an das Archiv des Prager Konservatoriums. Auch die Paul Sacher Stiftung (ihr Gründer hat bei der ersten dieser Etappen entscheidend mitgewirkt und mich weiterhin in meiner Arbeit unterstützt) darf hier nicht vergessen werden! Endlich verdanke ich manche wichtige Information aus letzter Stunde Herrn Dr. Walter Labhart (Endingen, Schweiz) dank seiner einmaligen Dokumentationsbibliothek.

Brüssel - Prag, im Juli 2006 Harry Halbreich

Geleitwort zur ersten Ausgabe (1968)

BOHUSLAV MARTINŮ, der vierte Klassiker der tschechischen Musik (neben Bedřich Smetana, Antonín Dvořák und Leoš Janáček) und einer der großen Schöpfer in der Musik der ersten Hälfte des 20. Jahrhunderts, hat ein sehr umfangreiches Werk hinterlassen. Dieses Vermächtnis ist, soweit es bis heute überhaupt veröffentlicht wurde, bei siebzehn verschiedenen Verlagen erschienen, die über sechs Länder und drei Erdteile verstreut sind. Es sind dies die Folgen eines abenteuerlichen Lebens, dessen Lauf die verhängnisvollen Ereignisse der letzten dreißig Jahre in entscheidender Weise mitbestimmt haben.

Drei Wahlheimaten hat Martinů nacheinander gefunden. Frankreich, wo er siebzehn Jahre lang lebte und nur durch die nationalsozialistische Besetzung seinen Aufenthalt unterbrechen musste, brachte ihm die großen Anregungen und Vorbilder, die ihm gestatteten, seine eigene Tonsprache zu finden. Frankreich schenkte ihm auch eine treue Lebensgefährtin, künstlerische Erfolge und Freunde. Die Vereinigten Staaten empfingen den Kriegsflüchtling und gewährten ihm rasche Anerkennung. Hier entwickelte sich Martinů zum bedeutenden Symphoniker, und hier erweiterte er seine geistigen Interessen auf die Gebiete der Philosophie und der exakten Wissenschaften. Die Schweiz endlich wurde zum friedlichen Aufenthalt seiner letzten Jahre. Seine Kunst hatte in diesem Land schon längst eifrige Pflege erfahren, als er sich auf dem Schönenberg bei seinem Freund und Förderer Paul Sacher niederließ. Der Herbst seines Lebens wurde durch die bittere Sehnsucht nach der fernen Heimat verdüstert, die er seit der Vorkriegszeit nie wiedersehen durfte. Auf dem Schönenberg hat er nach Monaten schlimmen körperlichen Leidens seine letzte Ruhestätte gefunden.

In der Tschechoslowakei gehört Martinů heute zu den meistgespielten Komponisten nicht nur der tschechischen Schule; auf dem Spielplan von 1964/65 stand er sogar an der Spitze von allen. Die meisten seiner Opern gehören zum ständigen Repertoire der tschechischen Bühnen, und seine Symphonien wetteifern an Volkstümlichkeit mit denen von Dvořák. Durch seine schlichten Vokalschöpfungen der letzten Jahre ist sein Name in die entlegensten Dörfer gedrungen. Im Oktober 1966 ist ihm in Brünn, das sich seit jeher durch die Pflege seines Werkes auszeichnete, ein zehntägiges Musikfest mit anschließendem Kolloquium und einem Interpretationswettbewerb gewidmet worden. Nicht so allgemein ist seine Anerkennung als einer der Großen seiner Generation in der übrigen Welt. Die Avantgardisten wenden sich achselzuckend ab, während anderseits der eigenwillige Formbau seiner Musik, ihre Beweglichkeit, ihr Mangel an festen Themengebilden und wohlvertrauten Anhaltspunkten die Interpreten vor Schwierigkeiten stellen, die sie bei dieser anscheinend so milden, tonalen Tonsprache nicht vermuten. Schließlich war bisher der Zugang zu seinem Werk dadurch erschwert, dass manche wichtige Partitur noch nicht im Druck erhältlich war. Außerhalb der Tschechoslowakei ist Martinů heute vor allem in seinen drei Wahlheimaten, Frankreich, den USA und der Schweiz, bekannt geworden.

Wie es sich gebührt, erscheint heute dieses erste praktische Handbuch über sein Schaffen in dem Lande, wo seine Kunst die treuesten Freunde und Gönner gefunden hat. Auf die Notwendigkeit einer solchen Arbeit wurde der Verfasser seit vielen Jahren durch die Notrufe von aufführenden Künstlern, Konzertunternehmern, Programmgestaltern und Musikwissenschaftlern aus aller Welt nach praktischer, sachkundiger Auskunft hingewiesen. So entstand dieses erste umfassende chronologische Werkverzeichnis der 384 Kompositionen des tschechischen Meisters als praktischer Ratgeber für den Berufsmusiker und als Führer für den Konzertbesucher. Dem kommentierten Werkverzeichnis geht ein einführender Teil voraus, der neben einer kurzen Lebensbeschreibung allgemeine Betrachtungen über den Menschen und den Künstler bringt.

Dieses Buch will die großangelegte Biografie von Miloš Šafránek (erschienen bei Alkor, Kassel, im Gemeinschaftsverlag mit Artia, Prag), einem lebenslangen Freund des Komponisten, keineswegs ersetzen oder verbessern. Was die Lebensbeschreibung, die mündlichen oder schriftlichen Äußerungen Martinůs sowie die Identifizierung und Chronologie vieler Jugendwerke betrifft, haben wir auch in unserer Darstellung immer wieder auf die Arbeit Šafráneks als Quelle hingewiesen. Unsere eigene Aufgabe sahen wir in der Ergänzung durch ein praktisches Handbuch. Eine eingehendere technische Betrachtung Martinůs sei einer künftigen Arbeit vorbehalten.

Die Zusammenstellung des Werkverzeichnisses hat mehrere Jahre in Anspruch genommen und einige Reisen, namentlich in die Tschechoslowakei, verursacht.

Meine Dankbarkeit für mannigfache Hilfe richtet sich zunächst an Herrn Karl Weber (Zürich), dessen spontane Freigebigkeit die Verwirklichung dieser Arbeit ermöglicht hat, sowie an seine Gattin, die Pianistin Margrit Weber, die eine hervorragende Interpretin Martinůs ist.

Herrn Dr. Paul Sacher und seiner Gattin danke ich für den gastfreundlichen Empfang auf dem Schönenberg, für den Zugang zu vielen Originalhandschriften und weiteren Dokumenten des Komponisten sowie für die Hilfe bei der Herausgabe dieser Arbeit.

Frau Charlotte Martinů (Vieux-Moulin, Frankreich), die Lebensgefährtin des Komponisten und wachsame Bewahrerin seines Vermächtnisses, hat die Entstehung dieses Buches derartig miterlebt, dass es auch ein wenig ihr Kind ist. Längere Aufenthalte in ihrem Hause, Zugang zu einer Menge von Originalpartituren, Mitteilung unzählbarer Anekdoten und Erinnerungen, Jahre der fruchtbaren Zusammenarbeit und endlich die gründliche Durchsicht des vollendeten Werkes, dies alles sei hier gebührend gewürdigt. Ihr verdankt dieses Handbuch seinen dokumentarischen Charakter.

In der Tschechoslowakei fand ich freundlichen Empfang und wertvolle Mitarbeit. Unter den vielen tschechischen Musikfreunden und Bekannten des Komponisten, die zur erfolgreichen Vollendung dieser Arbeit beigetragen haben, seien genannt: die Herren Karel Šebánek, Leiter des Tschechischen Musikfonds (Prag), Z. Zouhar, Leiter der Musikabteilung des Brünner Rundfunks und Dirigent des Chorvereins „OPUS“, und Kukla, Betreuer der Martinů-Abteilung des Museums von Polička; ferner die Leitung des Prager Instrumentalmuseums, des Museums des Janáček-Konservatoriums von Brno, der Archive des Prager Rundfunkes, des Prager Konservatoriums, des Prager Nationaltheaters und der Janáček-Oper von Brno, und endlich Frau Maruška Pražanová (Polička), Fräulein Zdenka Podhajská (Wien), Herrn Jaroslav Mihule (Prag) sowie die Komponisten Jan Novák (Brno) und Oldřich Korte (Prag). Die Verlage, die in der Tabelle auf Seite 559 angeführt sind, haben mir alle nötigen Musikalien, Originalhandschriften und weitere Dokumente zur Verfügung gestellt, und ein reger Briefwechsel mit ihnen hat geholfen, mancherlei ungenaue Einzelheiten zu bestimmen. Für besonders fruchtbare Beziehungen mit freigebigem Zeit- und Müheaufwand seien hier die tschechischen Verlage, ferner die Editions Max Eschig (Paris), der Bärenreiter-Verlag (Kassel), der Schott-Verlag (Mainz) und die Pariser Abteilung von Boosey & Hawkes bedankt.

Folgenden Verlagen danken wir auch für ihre Genehmigung zur Wiedergabe der Notenbeispiele: Boosey & Hawkes (London-New York) für die Beispiele 3, 4, 7, 8, 16,18, 20, 21, 23, 24, 25, 26, 32, 33, 37, 38, 43.

Bärenreiter (Kassel) für die Beispiele 6, 9,10, 11, 12, 13, 19, 39, 40.
Universal-Edition (Wien) für die Beispiele 15, 17, 29, 36.
Schott-Verlag (Mainz) für die Beispiele 27, 28, 31, 35, 41.
Artia (Prag) für die Beispiele 1, 2, 14, 34, 45.
Associated Music Publishers (New York) für die Beispiele 42 und 44.
Max Eschig (Paris) für Beispiel 30.
Heugel (Paris) für Beispiel 22.

Zum Schluss richtet sich mein Dank an Herrn Dr. Martin Hürlimann (Zürich), der die Herausgabe dieser Arbeit durch Ratschläge und tätige Mithilfe gefördert hat.

Möge dieses Handbuch zum Ruhm Bohuslav Martinůs auf der ganzen Welt und zur besseren Kenntnis seines wunderbaren schöpferischen Vermächtnisses beitragen. Jede Aufführung, die es angeregt haben wird, jeder neue Musikfreund, den es dem Werke Martinůs gewonnen haben wird, werden seinem Verfasser Freude und Belohnung schenken!

Brüssel, im Juni 1968 — Harry Halbreich

Das Leben

Die Jugend in der Heimat (1890–1923)

Verlässt man Prag in östlicher Richtung, so erreicht man, sobald man aus dem Stadtkessel herausgekommen ist, die reiche Ebene Zentralböhmens. Nach etwa 100 Kilometern verändert sich die bisher üppige, aber wenig malerische Landschaft unmerklich: Während man allmählich an Höhe gewinnt, unterbrechen weißliche Steinstreifen den Pflanzenüberzug, und über die kurzen Talabhänge breiten sich dunkle Tannenbestände. Die menschliche Besiedlung wird dünner, das Land herber und einsamer. Nach stärkerer Steigung durch schattige, gewundene kleine Täler gelangt man auf eine weite Hochebene. In der Ferne ragt ein schlanker weißer Kirchturm über die Felder und Wiesen: Das ist Polička, stattlicher als ein Dorf, dennoch etwas zu ländlich, um den Namen „Stadt“ zu rechtfertigen; der damals etwa fünftausend Einwohner zählenden Siedlung (heute sind es 8.700) entspricht der Begriff „Markt“ noch am ehesten, aber schon seit 1265 hat der Ort den amtlichen Status einer Stadt erhalten. Die Luft ist rein und kühl, die Winter sind hier schneereich und rau, die offene Landschaft dem Winde ausgesetzt. Dicht am Ort liegt ein kleiner Wald, in allen übrigen Richtungen erstreckt sich die Aussicht in weite Ferne. Polička liegt 555 Meter hoch, etwa 160 Kilometer von Prag, aber kaum halb so weit von Brno (Brünn). Hinter dem Bahnhof zeigt ein Wegweiser, dass hier Böhmen an Mähren grenzt, zu dem Polička die engeren Beziehungen unterhält. Die Einheimischen nennen die Gegend „Vysočina“, das hohe Land, obwohl es nirgends 836 Meter ü. M. übertrifft. Durch einen weiteren Wegweiser erfahren wir, dass Litomyšl, Bedřich Smetanas Heimat, nur 19 Kilometer nördlich entfernt liegt. Auch Gustav Mahler stammt aus der böhmisch-mährischen Hügellandschaft: Sein Geburtsort, Kaliště, liegt etwa 90 Kilometer westlich von Polička.

Die Ortschaft hat kaum historische Gebäude aufzuweisen, obwohl sie schon im Mittelalter erwähnt wird: Sie wurde nämlich in der Mitte des letzten Jahrhunderts durch einen gewaltigen Brand heimgesucht. Von jeder Großstadt entfernt, hat Polička ein erstaunlich reiches Kulturleben entwickelt: Im stattlichen Theater mit etwa fünfhundert Sitzplätzen erklingt des Öfteren Musik, ein paar Mal im Jahre kommt sogar ein großes Symphonieorchester aus der Stadt, ja es wird sogar Oper gespielt! Polička besitzt auch ein Museum, in welchem heute ein großer Saal dem Andenken des berühmten Sohnes gewidmet ist. Seinen Namen trägt jetzt auch die Musikschule sowie der kleine Platz bei der Jakobskirche. Neben deren Tor erblicken wir eine Tafel, durch die wir erfahren, dass hier am 8. Dezember 1890 Bohuslav Martinů geboren wurde. Die Geburtsstätte Bohuslav Martinůs macht ihn zum „höchstgeborenen" Komponisten der Musikgeschichte; denn oben auf dem weißen Turm, fast vierzig Meter über seinen Mitbürgern, kam er auf die Welt!

Der Name Martinů ist trotz der seltenen Endung „-ů", die rumänisch klingt, rein tschechischer Herkunft und bedeutet so viel wie „von Martin" beziehungsweise „Martins". Seine Vorfahren auf beiden Seiten lassen sich mühelos bis in das fünfzehnte Jahrhundert zurückverfolgen: Es sind fast ausschließlich tüchtige, bescheidene Handwerker aus der Gegend von Polička oder dem nahen Litomyšl. Künstler gab es nicht darunter.

Martinůs Vater, der als Schuster sein Leben nur kärglich verdiente, sah sich nach einer ergänzenden Arbeit um und fand sie, indem er zum Turm- und Brandwächter von Polička wurde. Ein Jahr vor der Geburt seines Sohnes zog er in ein Zimmer dicht unter der Turmspitze der Jakobskirche. Dort verbrachte Bohuslav Martinů mit seinen Eltern und seiner älteren Schwester (ein älterer Bruder hatte das Haus schon verlassen) die elf ersten Jahre seines Lebens. Der Vater war ein stiller, fleißiger, feinfühliger Mensch, dessen Liebe für die Blumen sein Sohn erbte. Die Führung der Familie lag aber zweifellos in der Hand der Mutter, einer energischen, strengen, imponierenden Figur, der ihr Sohn bis ins Mannesalter, bis in die Zeit des internationalen Ruhmes, tiefe Ehrfurcht zeigte: Als Vierzigjähriger bat er sie noch um ihre Genehmigung zu seiner Heirat! Es ist durchaus möglich, dass diese tüchtige, raue, wenn auch grundsätzlich gute Frau das Kind eingeschüchtert hat, denn sein Leben lang blieb der Komponist scheu, zurückhaltend und wortkarg.

Bohuslav (oder besser gesagt, Bohuš bzw. Bohouš, wie man ihn liebevoll nannte) war zunächst ein schwächliches Kind, das die vielen Treppen nach Hause oft hinaufgetragen werden musste. Bis zu seinem siebenten Lebensjahr verließ er den Turm nur selten. Seine frühesten Erinnerungen galten der weiten, ruhigen Landschaft, die sich in stiller Großartigkeit unter seinen Augen entfaltete. Unten auf der Straße sah er winzige, unhörbare menschliche Ameisen umhereilen, und er glaubte, nur die Bewohner des Turmes hätten normale Größe. Tag und Nacht ertönte als mächtig-dumpfer Puls des Zeitablaufs das Ticktack der großen Turmuhr.

Diese eigentümliche Umgebung hat auf sein ganzes menschliches Wesen, und daher auch auf sein Schaffen, tief und nachdrücklich gewirkt. Als er zum ersten Mal hinab in die Welt ging, stieß er auch als Schüler auf manche Anpassungsschwierigkeiten.

Die musikalische Begabung des Kindes offenbarte sich sehr früh, und als Siebenjähriger erhielt er den ersten Violinunterricht. Seinem ersten Lehrer, Černovský, ist Martinů sein Leben lang dankbar geblieben: Durch ihn entdeckte er Mozart, spielte er Quartett und erhielt Hilfe bei seinen ersten Kompositionsversuchen. Gleichzeitig aber eröffnete sich dem phantasiereichen Kind eine neue Welt: Bohouš durfte seinen Vater ins Theater begleiten, wo dieser als begabter Liebhaberschauspieler öfters in den Hauptrollen auftrat. Die Welt der Bühne übte auf den empfänglichen Knaben eine Bezauberung aus, der er nie mehr entkommen sollte. Andererseits fing er auch an, ein eifriger Leser zu werden. In der Schule dagegen waren seine Erfolge kaum durchschnittlich. Als er elf Jahre alt war, ging der Aufenthalt der Familie im Turm zu Ende: Sein Vater fand nun Arbeit und Unterkunft im Gebäude der Sparkasse. In dieselbe Zeit fällt wohl die erste vollendete Komposition, das Streichquartett *Tři jezdci* (*Die drei Reiter*, H. 1), ein sehr unbeholfener Versuch, in welchem die Viola noch im Violinschlüssel notiert ist! Bald darauf erhielt der Knabe in Josef Vintr, der das kleine Liebhaberorchester von Polička leitete, einen neuen, sachkundigeren Musiklehrer. Am 19. August 1905 spielte er im benachbarten Dorf Borová (dessen Name die Sammlung von sieben Klavierpolkas H. 195 trägt) zum ersten Male öffentlich. Während des folgenden Winters waren seine Fortschritte im Violinspiel so überzeugend, dass beschlossen wurde, ihn zur weiteren Ausbildung nach Prag ins Konservatorium zu schicken. Eine finanzielle Hilfe des Stadtrates, der auf einen neuen Jan Kubelík hoffte, ermöglichte im Herbst 1906 seine Übersiedlung in die böhmische Hauptstadt.

Sämtliche Kompositionsversuche nach den *Drei Reitern* bis zur Aufnahme ins Konservatorium sind verschollen. Prag, damals mit etwa 600.000 Einwohnern, erfreute sich eines lebhaften Kulturlebens. Es gab je eine tschechische und eine deutsche Oper (das Nationaltheater und die heutige Staatsoper), und neben dem internationalen Repertoire (mit starker Betonung des deutschen) waren auch die Meisterwerke der jungen tschechischen Schule ständig auf dem Spielplan. Von den drei Großmeistern der ersten Generation der tschechischen Nationalklassiker - Bedřich Smetana, Antonín Dvořák und Zdeněk Fibich - waren die beiden letztgenannten erst vor kurzer Zeit gestorben. Seit 1894 bestand die aus Mitgliedern des Orchesters des Nationaltheaters geformte Tschechische Philharmonie, und gleichzeitig wurde die erste wichtige Kammermusikvereinigung gegründet: Innerhalb weniger Jahre erlangte dann das Böhmische Quartett Weltruhm. Unter den tschechischen Komponisten vertrat Josef Bohuslav Foerster die mittlere Generation, während die Hoffnungen sich unter einem viel versprechenden Nachwuchs vor allem auf drei Namen konzentrierten: die beiden Dvořák-Schüler Vítězslav Novák und Josef Suk und den Fibich-Schüler Otakar Ostrčil. Der zweiundfünfzigjährige Leoš Janáček, der vor kurzem seine Oper *Jenůfa* in Brünn hatte uraufführen lassen, war noch weitgehend eine Randfigur, deren Ruf die Grenzen der mährischen Hauptstadt kaum überschritten hatte. Obwohl sich Vítězslav Novák schon sehr früh von der neuesten Musik Frankreichs, namentlich von Debussy, anregen ließ, beherrschte die germanische Tonkunst weitgehend das Konzertleben. Die angesehenen Kritiker waren eifrige Fürsprecher der wagnerschen und neudeutschen Tendenzen, und die „französische“ Kunst wurde als nicht ernst genug abgelehnt. Bruckner, Mahler, Strauss beherrschten neben den Klassikern die Konzertprogramme.

Für den armen, scheuen sechzehnjährigen Burschen vom Lande war die erste Berührung mit der Großstadt eine noch größere Erschütterung als sein Abstieg vom Turm unter die Menschen. Im Konservatorium wurde er zwar gleich in die Klasse von Štěpán Suchý aufgenommen, einem Schüler des berühmten Ševčík. Es dauerte aber nicht lange, bis sein Fleiß mehr und mehr zu wünschen übrig ließ. Seine unersättliche Neugier jagte ihn nämlich jeden Tag in die Oper, ins Konzert oder ins Theater, und die Tagesstunden waren fast ausschließlich dem Lesen von ungeheuren Massen Literatur gewidmet. Somit erfuhr seine allgemeine, kulturelle und menschliche Ausbildung eine gewaltige Erweiterung, während seine Fortschritte im Violinspiel, sehr zum Unbehagen der Eltern und Gönner, weit weniger überzeugten. Schon damals fühlte er in aller Deutlichkeit, dass seine Berufung in der Komposition lag.

Der Beginn des zweiten Schuljahres (Herbst 1907) brachte die Bekanntschaft mit einem jungen Mitschüler, Stanislav Novák, und den Anfang einer Freundschaft, der erst Nováks Ableben im Jahre 1945 ein Ende setzte. „Stáňa“, der spätere Konzertmeister der Tschechischen Philharmonie, damals ein Musterschüler, und Bohouš, der ewige Träumer und das „schwarze Schaf“ des Konservatoriums, wurden untrennbar: Sie wohnten zusammen in einem ärmlichen Studentenzimmer, teilten sämtliche künstlerischen Erlebnisse und Entdeckungen und fuhren im Urlaub öfters zu Nováks Eltern in Smiřice (bei Hradec Králové/Königgrätz) in Ostböhmen.

Inzwischen war der junge Martinů ein erstes Mal vom Konservatorium ausgewiesen worden, weil er den sehr strengen Bestimmungen zuwider in einem öffentlichen Konzert gespielt hatte. Er wurde zwar bald wieder aufgenommen, aber wegen seiner mangelhaften Arbeit in eine tiefere Klasse versetzt. Beim Wiederbeginn des Schuljahres 1909/10 fasste er endlich den Entschluss, die Violinklasse zugunsten der Orgel- und Kompositionsschule zu verlassen. In Polička wurde dieser Schritt natürlich mit Misstrauen angesehen. Auch unter seinen neuen Lehrern fühlte sich Martinů nicht glücklich. Mit der Schuldisziplin konnte er sich nie ganz zurechtfinden. Die Regeln des strengen Kontrapunktes (nicht so sehr ihr Wesen als ihre Begründung) waren und blieben für ihn ein Rätsel. Dass die Musik sich vorgegebenen Regeln unterziehen müsse, war ihm unbegreiflich. Er ahnte damals nicht, dass fast dreißig Jahre früher der junge Debussy sich vor ähnlichen Schwierigkeiten befunden hatte und einem seiner Lehrer sogar einmal gestanden hatte, dass er keine Regel außer der seines „bon plaisir“ anerkenne. Doch er ahnte, wenn auch noch undeutlich, dass jede Tonschöpfung ihre eigenen Gesetze hervorbringt. Diese Auffassung stand der damaligen, streng akademischen und deutsch geschulten des Konservatoriums grundsätzlich entgegen. „Ich kann nichts lernen, ich muss irgendwie gefühlsmäßig dazu kommen“, schrieb er noch 1943. Beim Unterricht saß er still und verträumt, seine Gedanken nahmen ihren freien Flug in noch benebelte Fernen, während seine Hand fast mechanisch Blümchen an die Blattränder seiner Schulhefte hinkritzelte (einige davon liegen noch im Museum von Polička). Das Ergebnis ließ nicht lange auf sich warten: Am 4. Juni 1910 wurde Bohuslav Martinů zum zweiten und letzten Male vom k. k. Konservatorium wegen „unverbesserlicher Nachlässigkeit“ ausgewiesen.

Trotz ihrer Enttäuschung erlaubten ihm seine Eltern, in Prag zu bleiben, und ermöglichten dies durch einen bescheidenen Geldzuschuss. Der Neunzehnjährige hatte nur ganz bescheidene materielle Bedürfnisse. Solange er ein Zimmer mit Stáňa Novák teilen durfte, solange beide Freunde die billigsten Stehplätze im Theater oder im Konzert betreten und sich die unentbehrlichen antiquarischen Bücher und Musikalien verschaffen konnten, brauchte er nicht mehr. Vor allem fand er sich plötzlich frei, wundersam frei. Aus seinen Konservatoriumsjahren sind nur wenige Kompositionen erhalten. Nun stürzte er sich mit Leidenschaft in einen unerhörten Schaffensrausch. „Nulla dies sine linea“, heißt es auf einer Partiturhandschrift aus dieser Zeit. Kaum vier Tage nach seiner Ausweisung begann er, seine erste große Orchesterpartitur zu verfassen: *La Mort de Tintagiles* (H. 15). Ein Monat später war schon ein zweites umfangreiches Orchesterwerk, *Anděl smrti* (*Der Todesengel*, H. 17), fertig. Es entstanden unzählbare Lieder und Klavierstücke (sie waren meistens hübschen jungen Sängerinnen oder Pianistinnen gewidmet, da der Jüngling schon dauernd verliebt war) auch Kammermusik für den Freund Stáňa, alles noch ungeschickt und unreif. Sein ganzes Schaffen bis an die Schwelle der zwanziger Jahre zeugt von einem zähen Willen, alle technischen Schwierigkeiten ohne anderweitige Hilfe zu überwinden.

Seine ersten Orchesterarbeiten zeigen den Einfluss von Richard Strauss, dessen Novitäten das damalige Prager Musikleben beherrschten. Wagners Auffassung des Gesamtkunstwerkes sowie jedes Eindringen metaphysischer oder allgemein nichtmusikalischer Elemente in die Musik lehnte er entschieden ab. Die große Offenbarung erfolgte im Herbst 1908, als das Neue deutsche Theater die Prager Erstaufführung von Debussys *Pelléas et Mélisande* bot.

Wie für Falla, Bartók, Kodály, Vaughan Williams, Malipiero, Casella, Pijper und viele andere junge Komponisten aus kleinen Ländern, die durch die deutsche Ästhetik beherrscht wurden, hat auch für den jungen Martinů Debussy als Befreier gewirkt. Dazu sind Debussys künstlerische und musikalische Auffassungen denen von Martinů wesensverwandter als denen der anderen genannten Komponisten. Es ist daher leicht verständlich, dass der zwanzigjährige Martinů bald ganz in den Bann des französischen Impressionismus geriet. Am Anfang haben diese Einflüsse (zu Debussy gesellten sich bald Ravel, Dukas und Roussel) freilich eher hemmend gewirkt; nur zögernd gewann Martinůs Tonsprache an Eigenart. Um sich selber zu finden, musste er sich schließlich auch vom Zaubergarten der neuen Franzosen kräftig losreißen. Aber der Einfluss von Debussy hat ihn bis in die Meisterwerke der Reife nicht verlassen. Seine Abstempelung als „französischer“ Musiker hat seine geistige und ästhetische Isolierung im verdeutschten Prag noch vertieft. Er aber fühlte sich durch die Kultur Frankreichs zunehmend angezogen: Er lernte die Sprache und vertonte 1913 zum ersten Mal französische Texte; deutsche Sprache und Kultur blieben ihm dagegen zeitlebens wesensfremd.

Die meisten Lieder aus dieser Zeit sind Sängerinnen gewidmet, in die sich der Komponist verliebt hatte. Manchmal nahm der schüchterne, leidenschaftliche junge Mann die Sache ganz ernst und suchte dann, besonders während der Sommermonate, in Polička Zuflucht, wo er bei seinem Vater (nicht bei der strengen Mutter) stillschweigendes Verständnis fand. Einen besonders starken Eindruck machte auf ihn die Sängerin Thea Drill-Oridge; ihr ist die Reihe von Orchesterliedern *Niponari* (recte *Nipponari*) (H. 68) zugeeignet, wohl die früheste seiner Schöpfungen, die heute noch eine gelegentliche Aufführung verdient.

Eine wichtige Entdeckung bescherten ihm die Russischen Ballette Diaghilews, dessen Truppe 1913 in Prag gastierte. Bald darauf schuf Martinů sein erstes Bühnenwerk, das Ballett *Noc* (*Die Nacht*, H. 89). Inzwischen musste aber auch an den täglichen Lebensunterhalt gedacht werden, und er meldete sich bei der staatlichen Prüfung zum Violinunterricht. Nachdem er bei dieser Prüfung einmal durchgefallen war, erhielt Martinů beim zweiten Versuch im Dezember 1912 das gewünschte Diplom.

Ab 1913 saß er zeitweise auch inmitten der zweiten Violinen in der Tschechischen Philharmonie. Stáňa Novák war ständiges Mitglied des Orchesters, und durch ihn konnte Martinů „hineinschlüpfen". Der Ausbruch des Ersten Weltkrieges bereitete dem Prager Aufenthalt ein jähes Ende. Die vier nächsten Jahre verbrachte Martinů fast ausschließlich in Polička, wo es ihm gelang, der österreichischen Militäraushebung immer wieder zu entwischen. Seine Sympathien, wie die der überwiegenden Mehrheit der Tschechen, galten den alliierten Mächten. Ab September 1916 gab er in der Musikschule von Polička Violinunterricht. Sonst galt sein stilles, zurückgezogenes Leben ganz der schöpferischen Arbeit, die nur vom Lesen unterbrochen wurde.

Neben dem überwältigenden Eindruck des französischen Impressionismus wurden nun andere Einflüsse vernehmbar. Schon kurz vor dem Krieg hatte Martinů eine Reihe von Klavierstücken mit dem Titel *Loutky* (*Marionetten*) begonnen, schlichte Miniaturen in klarer, fasslicher Form, mit Anklängen an die tschechische Volksmusik. Während der folgenden Jahre behauptete sich diese neue Schaffensrichtung immer mehr. In den Arbeiten aus dem Jahre 1916, namentlich in den *Sechs Polkas* für Klavier (H. 101) und im Ballett *Stín* (*Der Schatten*, H. 102), tritt der Einfluss von Smetana deutlich zutage. Es folgten als weitere Wahrzeichen der neu eingeschlagenen Bahn das verschollene Ballett *Koleda* (*Weihnachtslieder*, H. 112), die Kantate *Česká rapsodie* (*Tschechische Rhapsodie*, H. 118) und die *Kleine Tanzsuite* (H. 123). Die kräftige, gesunde Grundschicht der einheimischen Volksmusik und deren Verherrlichung durch den ersten und größten tschechischen Volksklassiker Smetana hat Martinů aus der Treibhausluft dekadenter Faune und nebliger Parklandschaften entscheidend herausgeholfen. Bis zu seinem Tode ist von nun ab die „nationale" Spur in seinem Denken und Schaffen durchgehend zu verfolgen. Die beiden Hauptquellen von Martinůs Stil, Debussy und die heimatliche Volksmusik, sind somit schon während dieser Kriegsjahre festgelegt; erst etwas später folgen die bedeutenden Einflüsse der Madrigalkunst und des Concerto Grosso.

Ab 1915 wurde Martinů ein ständiger Gast im Hause des evangelischen Pfarrers des benachbarten Dorfes Borová. Dort vertiefte er sich in den Schatz der alten Hussitenlieder und der alttschechischen Kirchenhymnen, deren Spur in seinem Schaffen bis in die Kantate *Mount of Three Lights* (*Berg der drei Lichter*, H. 349) aus dem Jahre 1954 zu verfolgen ist. Zunächst aber fanden sie in der *Tschechischen Rhapsodie* Anwendung, einer groß angelegten Chorkantate, die er im Frühjahr 1918 in Aussicht der nahenden Befreiung seiner Heimat niederschrieb. Die Unabhängigkeitserklärung vom 28. Oktober 1918 überraschte ihn während einer Orchesterprobe der Tschechischen Philharmonie unter ihrem neuen Dirigenten Václav Talich. Wenige Wochen später, am 12. Januar 1919, brachte ihm die Uraufführung seiner *Tschechischen Rhapsodie* (H. 118) im Prager Smetana-Saal den ersten großen Erfolg. Von da an gehörte der Achtundzwanzigjährige in die vorderste Reihe der jungen Hoffnungen der tschechischen Musik.

Nun, da der Krieg zu Ende war, wurde es Martinůs heißester Wunsch, ins Ausland, und besonders nach Paris, zu reisen. Sehr bald fand er auch eine Gelegenheit dazu. Das Orchester des Nationaltheaters unternahm eine große Konzertreise und bekam dazu Verstärkung aus der Philharmonie. Noch einmal sorgte der Freund Novák dafür, dass auch Bohouš dabei war. Im Mai 1919 entdeckte Martinů mit Begeisterung die französische Hauptstadt - es war seine erste Reise ins Ausland. Paris übertraf seine lebhaftesten Vorstellungen, und er verließ die Stadt mit dem festen Entschluss, für längere Zeit dorthin zurückzukehren.

Für die drei nächsten Jahre (1920–1923) wurde Martinů als zweiter Geiger ständiges Mitglied der Philharmonie, die unter Talich eine Menge von Novitäten, hauptsächlich französische Musik, zur Aufführung brachte. Neben Debussy, Ravel und Dukas stand auch Strawinsky des Öfteren auf dem Programm. Den tiefsten Eindruck machte auf Martinů jedoch Albert Roussel, dessen frühe impressionistische Symphonie *Le Poéme de la Forêt* auf dem Spielplan der Saison 1920/21 stand und ihn in helle Begeisterung versetzte. Wenig später verstärkte die Bekanntschaft mit dem Ballett *Le Festin de l'Araignée* Martinůs Bewunderung für Roussel, und er entschloss sich, den französischen Meister so bald wie möglich in Paris aufzusuchen.

Seine schöpferische Hauptarbeit galt in diesen Jahren dem abendfüllenden Ballett *Istar* (H. 130), seiner endgültigen Abrechnung mit dem Impressionismus. Jedoch festigte die Uraufführung des Ballettes sowie die der Tondichtung *Modrá hodina* (*Die blaue Stunde,* H. 131) unter Talich und die der beiden ersten Lieder aus dem Zyklus *Kouzelné noci* (*Die geheimnisvollen Nächte,* H. 119) seinen Prager Ruf als „französischen" Komponisten. Schon das Ballett *Kdo je na světě nejmocnější?* (*Wer ist der Mächtigste auf der Welt?,* H. 133) aus dem Jahre 1922 zeigt indessen die völlige Abkehr vom Impressionismus.

Zu dieser Zeit setzte sich Martinů auf den dringenden Rat von Stáňa Novák zum letzten Mal auf die Schulbank. Nach zwölfjähriger Unterbrechung betrat er abermals das Konservatorium, um Josef Suks Meisterklasse für Komposition zu besuchen; doch sogleich stellten sich die Zeichen der alten Hemmung erneut ein: Obwohl die Beziehungen zum Lehrer freundlich waren, erzielte Suks Unterricht kein Resultat; denn der von der deutschen Spätromantik noch ganz überwältigte Expressionist konnte für Martinů unmöglich der richtige Lehrer sein.

Der entscheidende Wendepunkt erfolgte endlich im Herbst 1923, als ein kleines Stipendium des Unterrichtsministeriums die lang ersehnte Reise nach Paris ermöglichte. Der Drang nach Frankreich hatte andere, tiefere Gründe als bloß die Musik. Später hat sich Martinů darüber geäußert: „Ich ging nach Frankreich, nicht etwa, um dort meine Rettung zu suchen, sondern um meine Meinungen zu bestätigen. Ich suchte dort weder Debussy noch Impressionismus noch musikalischen Ausdruck, sondern die wahren Grundlagen der westlichen Kultur, die sich meiner Ansicht nach mit unserem eigenen nationalen Charakter weit besser vertragen als ein Irrgang von Vermutungen und Problemen" (gemeint ist die expressionistisch-metaphysische Auffassung germanischer Prägung).

Frankreich (1923-1940)

Paris nach dem Ersten Weltkrieg war, was das Kulturleben betrifft, eine aufbrausende Weltstadt stark kosmopolitischer Prägung. Seit dem frühen Tod von Debussy galt Maurice Ravel als der führende französische Komponist, doch wurde er seit einigen Jahren vom Wahlfranzosen Igor Strawinsky überschattet. In dessen Kielwasser und unter der doppelten

Patenschaft von Erik Satie und Jean Cocteau behaupteten sich die Mitglieder der jungen „Groupe des Six" mit heiterer Aggressivität als der führende Nachwuchs der französischen Musik. Der Kunst des durch die Niederlage erdrückten Mitteleuropa wurde zwar große Aufmerksamkeit geschenkt (dazu gehörte etwa die denkwürdige Pariser Premiere von Schönbergs *Pierrot Lunaire* unter Darius Milhaud im Jahre 1923), jedoch drang sie nicht bis ins tiefere Bewusstsein der schaffenden Künstler.

Außer Rolf de Marés „Ballets Suédois", die sich nun an der Seite der Russischen Truppe Diaghilews behaupteten, zählten die großen Symphoniekonzerte von Serge Koussewitzky zu den wichtigsten Offenbarungen des Pariser Musiklebens. Durch sie konnte sich das Publikum über die neue Musik auf dem Laufenden halten. Künstlerisch und literarisch war das Pariser Kulturleben nicht weniger glänzend. Montparnasse wurde zum Haupttreffpunkt der Maler, Dichter, Schauspieler und Musiker, und es hauste hier unter anderem eine ganze Reihe prominenter amerikanischer Dichter, die sogenannte „lost generation" (Hemingway, T. S. Eliot, Scott Fitzgerald u. a.). In diesem erstaunlichen Wirbel gab es natürlich auch mancherlei modebedingte Leichtfertigkeit. „Neu um jeden Preis" hieß es allzu oft, indem ein Künstler den anderen an Modernismus zu übertrumpfen suchte.

Als nun Martinů, der die französische Sprache noch ganz ungenügend beherrschte, an einem Oktobertag des Jahres 1923 in Paris ankam, fühlte er sich vorerst völlig außer Fassung. Er wanderte den ganzen Tag mit seinem einzigen Koffer in der Hand durch die Straßen und verbrachte seine erste Pariser Nacht in der begeisterten Betrachtung des Treibens und der Lichter. Nach einigen Tagen war er zwar einquartiert, jedoch dauerte die Anpassungszeit noch mehrere Monate. Er meldete sich bei Albert Roussel, mit dem er bereits am 15. Oktober zusammentraf. Bald darauf begann der geplante Unterricht. Er sollte sich allerdings auf Besuche in Abständen von etwa einem Monat beschränken und etwa zwei Jahre dauern. Roussel, der damals im vierundfünfzigsten Lebensjahr stand, war nach einer Jugend als Marineoffizier erst spät zur Musik gekommen. Sein Opus 1 veröffentlichte er als Dreißigjähriger! Er komponierte wenig und sorgfältig; seine ersten Versuche waren noch stark dem Stilkreis seines wichtigsten Lehrers Vincent d'Indy und der von diesem gegründeten Schola Cantorum verhaftet, bis sich allmählich seine persönliche Aussage durchsetzte. Auch in seinem Fall hatte Debussy als der entscheidende Befreier gewirkt. Nun stand er auf der Schwelle letzter schöpferischer Reife.

Handwerklich hatte Martinů kaum noch etwas zu erwerben. Roussel aber half ihm entscheidend, sich selber zu finden, auch manches zu opfern und zu verwerfen. In einer späteren Huldigung an seinen inzwischen verstorbenen Meister schrieb Martinů: „Was ich bei ihm suchte, war Ordnung, Klarheit, Maß (mesure), Geschmack, genauen, empfindsamen, unmittelbaren Ausdruck, kurzum: die Vorzüge der französischen Kunst, die ich stets bewundert habe, und die ich wünschte, inniger kennen zu lernen." Schon nach wenigen Monaten gelang Martinů der endgültige Durchbruch zur eigenen Aussage. Doch sind in diesen Zeugnissen seiner schöpferischen Volljährigkeit erstaunlich wenig Spuren von Roussels Einfluss spürbar. Freilich denken wir bei der Beurteilung von Roussels Musik stets an seine reifsten Schöpfungen. Roussel hat aber sein künstlerisches Ideal erst mit der *Suite en Fa* aus dem Jahre 1926 zum ersten Male verwirklicht, und alle seine Hauptwerke (u.a. die *3.* und *4 Symphonie*) fallen in das nun folgende Jahrzehnt. Auch Martinůs erste vollgültige Meisterwerke stammen aus den Jahren 1925 (*Streichquartett Nr. 2*, H. 150) und 1926 (*La Bagarre*, H. 155). Zu dieser Zeit erreichen beide Komponisten jene sprühende Urkraft der Rhythmik, jene kräftige Polyphonie, jene köstlich gepfefferte polytonale Harmonik und die Formbeherrschung, die sie zu Großmeistern ihrer Zeit erheben. Ist es zu gewagt, in diesem Falle von gegenseitigem Einfluss zu sprechen? Roussel hat stets die größte Bewunderung für seinen Schüler geäußert. Es entwickelte sich bald eine rege Freundschaft zwischen den beiden Männern. Als Martinů seinem Lehrer ein paar Jahre später (1930) seine köstliche *Serenade* für Kammerorchester (H. 199) widmete, wünschte Roussel, das Stück selbst komponiert zu haben. Und er pflegte zu sagen: „Ma gloire, ça sera Martinů!"

Der erste Winter in Paris war für Martinů eine Zeit fast völliger Schaffensruhe. Uns ist nur das *1. Streichtrio* (H. 136), das als seine erste Arbeit unter Roussels Führung entstanden ist, übrig geblieben. Martinů entdeckte das Leben in Paris mit wachsender Begeisterung. Seine Vorliebe galt den Quais an der Seine mit ihren zahlreichen Bouquinisten und ihrer eigentümlichen Fauna von Clochards. Später gestand er seinem Biografen Šafránek, dass er während seines siebzehnjährigen Aufenthaltes in Paris zusammengezählt ein volles Jahr am Seineufer verbracht habe. Abends saß er gerne auf einer Kaffeeterrasse, und das Café du Dôme in Montparnasse wurde bald zu seinem festen Standort.

Mit größter Aufmerksamkeit verfolgte er das Pariser Musikleben. Eine Zeit lang schickte er auch Rezensionen an eine Prager Zeitung. Der

„Groupe des Six“ schenkte er nicht allzu große Beachtung und meinte sogar: „Der Wunsch, Neues um jeden Preis zu schaffen, wäre mir eher ein Hindernis.“ Er bedauerte den Mangel an Ordnung und an innerer Logik im schöpferischen Werdegang sowie die Suche nach der bloßen Sensation. Eine Ausnahme macht er zwar: bei Arthur Honegger. Seine größte Begeisterung aber galt Igor Strawinsky, dessen neueste Schöpfungen, die den Beginn einer neoklassizistischen Wendung andeuteten, er allerdings weniger schätzte als die früheren Meisterwerke. Gelegentlich wird der Einfluss von *Petrouchka* und auch vom *Sacre du Printemps* spürbar, seine Lieblingswerke aber waren *L'Histoire du Soldat* und besonders *Les Noces*. Über das letztgenannte Werk, dessen Einfluss noch im 2. Satz der *Kytice* (*Blumenstrauß-Kantate*, H. 260, 1937) deutlich hervortritt, verfasste er damals einen begeisterten Aufsatz. Die kühle, „abstehende“ Haltung Strawinskys, seine „objektivierende“, stilisierende Bühnenästhetik entsprachen genau den damaligen Vorstellungen Martinůs, der mit allen Mitteln gegen die Auffassung des „Gesamtkunstwerkes“ reagierte.

Im Sommer 1924 kehrte Martinů nach Hause zurück. In der stillen Zurückgezogenheit der Vysočina entstand innerhalb weniger Tage das Werk, das mit Urgewalt die schöpferische Pause abbrach und in seiner schroffen Abkehr von einer noch nahen Vergangenheit den entscheidenden Stilwandel in seinem Schaffen dokumentiert: das symphonische Rondo *Half-Time* (H. 142). Martinů hat selbst zugegeben, dass ihm dieser erste große Durchbruch zur eigenen Tonsprache ganz unerwartet kam. Noch im selben Jahr, am 7. Dezember 1924, leitete Talich die Uraufführung an der Spitze der Philharmonie. Die Kritik war scharf, man griff den Einfluss Strawinskys an. Ganz entgegen seinen Gewohnheiten und seiner bescheidenen Natur ergriff Martinů die Feder zu einer Rechtfertigung seines Standpunktes, die mit den Worten schloss: „Ich kann warten und bin überzeugt, dass mir die Zeit Recht geben wird.“ Schon im Mai des folgenden Jahres erklang *Half-Time* wieder in Prag, im Rahmen des 3. Weltfestes der jungen IGNM, diesmal mit viel größerem Erfolg.

Während seiner Pariser Jahre ist Martinů jeden Sommer nach Polička zu seiner Mutter und seiner Schwester zurückgekehrt (sein Vater war 1923 gestorben), bis die politischen Verhältnisse dies nach 1938 unmöglich machten. In Polička sind manche wichtigen Werke entstanden oder begonnen worden, so 1925 das *1. Klavierkonzert* (H. 149), 1926 die Ouvertüre und der 1. Aufzug der Oper *Voják a tanečnice* (*Der Soldat und die Tänzerin*, H. 162), 1927 das Ballett *On tourne* (*Man filmt*, H. 163) und das *Streichquintett* (H. 164), 1929 die *Phantasie für zwei Klaviere* (H. 180), 1930 der Klavierzyklus *Borová* (H. 195) und der Kopfsatz des *1. Cellokonzertes* (H. 196). War ihm in *Half-Time* der erfolgreiche Durchbruch ins musikalische Neuland gelungen, so kann das *2. Streichquartett* (H. 150), das Martinů in seinem neuen Zimmer von Montparnasse (11bis, rue Delambre) am 30. Oktober 1925 vollendete, als sein erstes echtes Meisterwerk gelten. Es wurde bei der Uraufführung auch eindeutig als solches anerkannt, errang sogar in Prag einen Triumph und eröffnete dem Komponisten die Aussicht auf eine internationale Laufbahn. Es war auch die erste Komposition, die außerhalb der Tschechoslowakei verlegt wurde, nämlich bei der berühmten Universal-Edition in Wien, der Förderin vieler neuer Talente. Kurz danach, im Mai 1926, komponierte Martinů das Orchesterstück *La Bagarre*, in welchem er nun auch auf symphonischer Ebene sein erstes Meisterwerk schuf. Dieses Werk, später ein Glanzstück der Tschechischen Philharmonie unter Talich, wurde am 18. November 1927 in Boston unter Koussewitzky uraufgeführt. Der große Dirigent gehörte von nun an zu den wichtigsten Vorkämpfern der Musik Martinůs.

In seiner kleinen Pariser Stube führte der Komponist ein äußerst bescheidenes, ja ärmliches Leben. Er kochte sich selbst das Essen auf einem kleinen Petroleumherd. Eine köstliche Karikatur aus dieser Zeit zeigt ihn, den Kochherd zwischen den langen ausgestreckten Beinen, mit der einen Hand kochend und mit der anderen komponierend. Aber der Strom der neuen Kompositionen floss trotz der kärglichen Lebensumstände mit ungebrochener Kraft. Zwischen dem Sommer 1925 und dem Sommer 1926 ging er durch eine kurze, aber charakteristische Phase des Neoklassizismus hindurch (Hauptwerke: *1. Klavierkonzert* [H. 149]; Ballett *Vzpoura* [*Aufruhr*, H. 151]; *Violinsonate in d-Moll* [H. 152]; *Concertino für die linke Hand* [H. 173]; Teile aus der Oper *Der Soldat und die Tänzerin* [H. 162]). Das letztgenannte Werk, das ihn bis zum 19. Juni 1927 beschäftigte, ist sein Opernerstling und erlangte bei seiner Uraufführung (Brno, 5. Mai 1928) einen schönen Erfolg.

Während dieser ersten Pariser Jahre war Martinů wie sein ganzes Leben lang stets verliebt, und die Widmungen vieler kleinerer Stücke legen davon Zeugnis ab. Aber nun wurde es ernst: Im November 1926 lernte er während einer Zirkusvorstellung ein junges Mädchen kennen. In seiner typischen scheuen Weise drückte ihr Martinů einen Zettel mit Name und Adresse in die Hand. Der große, damals recht hagere Mann mit den edlen Gesichtszügen und dem jugendlichen Aussehen gefiel ihr sofort. Sie sahen sich wieder, gingen oft ins Kino und wurden bald unzertrennlich. Im Frühjahr 1929 wechselte der Komponist sein Zimmer von

Montparnasse gegen eine bescheidene Wohnung im Geschäftsviertel von Paris (10, rue Mandar, zwischen der Börse und den Markthallen). Am 21. März 1931 fand die Heirat im Rathaus des 2. Bezirkes von Paris statt. Charlotte Quennehen, um vier Jahre jünger als ihr Mann, stammte aus der Gegend von Compiégne, 90 Kilometer nördlich von Paris. Bis zu ihrem Tode im Jahre 1978 (sie überlebte ihren Mann also um fast zwei Jahrzehnte) lebte sie weiterhin in ihrer Heimat, im Dorf Vieux-Moulin, mitten im herrlichen Wald von Compiégne, unweit des berühmten Rethondes, wo am 11. November 1918 der Waffenstillstand den Ersten Weltkrieg beendet hat. Sie kam aus einer Familie von einfachen Landleuten, aber ihr wacher, neugieriger Geist zog sie bald in die Großstadt. Das tatkräftige Mädchen verdiente sein tägliches Brot als Maßschneiderin in einem der großen Pariser Modehäuser. Ihre harmonische Anmut wurde überstrahlt von wunderbaren blauen Augen. Das Leben hatte sie nie verwöhnt, und sie heiratete den Komponisten, der noch schwer um die Anerkennung ringen musste, im Bewusstsein, dass ihr tägliches Leben dadurch nicht erleichtert würde. Und in der Tat hat sie fast immer ihren Teil des Hausgeldes verdienen müssen, sogar in Amerika, als ihr Mann schon eine Weltberühmtheit geworden war. Während achtundzwanzig Jahren ist sie ihm eine treue und ergebene Gefährtin gewesen, die ihm stets die nötige Ruhe zum Schaffen besorgen konnte, auch als dies den Verzicht auf manche große und kleine Freuden des Lebens bedeutete. Sie hat ihn ihr Leben lang treu geliebt und verehrt und bot ihm alles, was sie konnte. Die Urteile über sie, namentlich seitens Martinůs französischen Biografen Guy Erismann, hören sich manchmal scharf, ja sogar herzlos an. Sie war zwar empfindsam und liebte seine Musik, aber ihre Bildung war eben die eines bescheidenen Mädchens vom Land. Nach einigen Jahren, als der sinnliche Rausch vorbei war (sie war immerhin siebenunddreißig Jahre alt, als sie ihn heiratete) und die Ehe wohl aus gegenseitiger Entscheidung kinderlos blieb, fand sich Bohuš gegenüber dem Reiz anderer Frauen wieder mehr verfügbar. Aber er hat sie nie verlassen wollen, und wenn sie auch manchmal schwer gelitten hat, so war sie für manches schmerzhafte Opfer bereit, um ihn nicht zu verlieren. Wir werden das im Laufe dieser knappen Biografie wenigstens zweimal erleben.

Um 1927/1928 pflegte Martinů im Café du Dôme ein paar junge Komponisten zu treffen, Mitteleuropäer wie er, die ebenfalls in Paris ihre geistige Heimat gefunden hatten. Sie waren alle fast um ein Jahrzehnt jünger als er, doch seine jugendliche Erscheinung ließ sie den Altersunterschied nicht empfinden. Mit dem Rumänen Marcel Mihalovici (geb. 1898), dem Ungarn Tibor Harsanyi (geb. 1898) und dem Schweizer Conrad Beck (geb. 1901) bildete Martinů bald eine Gruppe der Vier, die Albert Roussel sogleich „Les Constructeurs“ taufte. Sie ist der Urkern der berühmten „Ecole de Paris“, der sich später noch weitere Komponisten anschlossen, wie der Russe Alexander Tscherepnin (geb. 1899), der Pole Alexander Tansman (geb. 1897) und der Österreicher Alexander von Spitzmüller (geb. 1894).

Die „Ecole de Paris“ hat kein „Programm“ veröffentlicht, aber jedes Mitglied war aus ähnlichen Gründen nach Paris gekommen wie diejenigen, die Martinů zur Auswanderung aus der tschechischen Heimat bewogen hatten. Während der dreißiger Jahre wurde der französische Komponist Pierre-Octave Ferroud (1900–1936) zu ihrem wirksamsten Vorkämpfer, und die Kammermusikgesellschaft „Le Triton“, die er gegründet hatte, brachte die meisten ihrer Werke zur Uraufführung. Eine rege Freundschaft vereinigte die Mitglieder der Gruppe auch über ihre gemeinsame Pariser Zeit hinaus. Nach dem Zweiten Weltkrieg trafen sie sich mindestens einmal im Jahr, soweit die Entfernungen dies zuließen. Harsanyi starb schon 1954, und seit Martinůs Ableben sind auch die anderen gestorben, Spitzmüller schon 1962, später Mihalovici (1985) und Tansman (1986), die beide französische Staatsbürger wurden und in Paris weiterlebten, während der 1983 verstorbene Conrad Beck bald wieder nach Basel zurückkehrte. Tscherepnin schließlich (1977 verstorben) fand in Amerika eine neue Heimat.

Martinůs schöpferische Entwicklung wurde in den Jahren 1927 bis 1929 stark vom Jazz beeinflusst, von *La Revue de Cuisine* (*Die Küchenschau*, H. 161) bis zum Ballett *Échec au Roi* (*Schach dem König*, H. 186, Februar 1930). Außer den Kompositionen, die schon im Titel ihre Herkunft verraten (*Le Jazz*, H. 168; *Jazz-Suite*, H. 172), sind auch einige Kammermusikwerke (u.a. das *Sextett für Klavier und Bläser*, H. 174 und die *Violinsonate Nr. 1*, H. 182) durch Jazzmerkmale gekennzeichnet. Vor allem aber tritt der Jazz in Martinůs damaligen Opernschöpfungen hervor, und zwar schon in *Der Soldat und die Tänzerin*.

Die drei nächsten Opern sind auf französische Textbücher komponiert. Seit jeher wurde Martinů durch die Welt des Traumes gefesselt. Die Offenbarungen des Unterbewusstseins, die Aufhebung des normalen Begriffes der Zeit, die „Entdoppelung“ (Dédoublement) der menschlichen Persönlichkeit waren Probleme, die seiner verträumten Natur entsprachen. Es war daher unvermeidlich, dass er eines Tages die Beziehung zu der damals in höchster Blüte stehenden surrealistischen Bewegung finden würde. Er befreundete sich mit Georges Ribemont-Dessaignes, dessen Ruf als Schöpfer von erfolgreichen avantgardistischen Bühnenwerken und als Herausgeber der Zeitschrift „Bifur" sich über Frankreichs Grenzen hinaus verbreitet hatte. Für Martinů schuf er drei Opernlibretti, die sich durch ihren skurrilen, knirschenden Humor auszeichnen. Die künstlerisch erfreuliche Zusammenarbeit führte aber zu keinem praktischen Erfolg: Zu Martinůs Lebzeiten gelangten weder die einaktige Posse *Larmes de Couteau* (*Messertränen*, H. 169) noch die abendfüllenden *Les Trois Souhaits* (*Die Drei Wünsche*, H. 175) zur Aufführung. Die weitere Zusammenarbeit schien aussichtslos, deshalb blieb die dritte Oper, *Le Jour de Bonté* (*Der Wohltätigkeitstag*, H. 194), unvollendet. Allerdings war die Mühe nicht völlig verloren: Heute darf man die Ribemont-Dessaignes-Opern als wichtige vorbereitende Stufen zu *Juliette* (H. 253) betrachten.

Langsam, aber sicher wuchs Martinůs Erfolg. 1927 fingen mehrere Verlage an, sich für ihn zu interessieren: in Paris als erster Max Eschig, bald danach „La Siréne Musicale". Alphonse Leduc und Robert Deiss sowie der Schott-Verlag in Mainz brachten zahlreiche Werke heraus und bestellten weitere. Während der sechs Jahre 1927–1932 schuf Martinů siebzig neue Werke!

Die zweite Hälfte des Jahres 1929 ist wohl die einzige Zeitspanne in seinem schöpferischen Leben, die deutliche Spuren des Experimentierens zeigt. Einige Kompositionen aus diesen Monaten, vor allem die *Phantasie für zwei Klaviere* (H. 180) und das *3. Streichquartett* (H. 183), erstaunen durch ihre kühne Tonsprache, durch ihre herbe, dissonante Harmonik, die die Grenzen der Tonart oft überschreitet, und, im Falle des Quartetts, durch ihre ungewöhnliche Instrumentalfarbe.

Das Jahr 1930 bringt einen neuen Wendepunkt in seinem Schaffen. Paris hat ihm nun alles beigebracht, was er zur eigenen Aussage benötigt: Die Zeit der Assimilierung ist vorüber. Im Mai 1930 formuliert sich die neu gewonnene Freiheit der Polyphonie zum ersten Male in einem gültigen Meisterwerk, in den *Cinq piéces bréves* für Klaviertrio (H. 193), dessen rasche Niederschrift in zehn Tagen sogar den Komponisten selbst überraschte. Um dieselbe Zeit beginnt Martinůs fast zehnjährige Auseinandersetzung mit dem Concerto Grosso, und er gelangt im *1. Cellokonzert* (H. 196), in der *Serenade für Kammerorchester* (H. 199) und besonders im *Streichquartett mit Orchester* aus dem folgenden Jahre (H. 207) schon zu erfolgreichen Lösungen, denen noch überzeugendere folgen sollten.

Am 23. November 1930 vollendete er ein kurzes Kammerwerk mit dem Titel *Les Rondes* (H. 200). Es sollte ursprünglich *Mährische Tänze* heißen. Im Schaffen der ersten Pariser Jahre war das National-Volkstümliche verhältnismäßig stark zurückgetreten. Nun, im Vollbesitz seiner Meisterschaft, nimmt er den künstlerischen Kontakt mit der Heimat wieder auf und hat ihn nie mehr aufgegeben. Während der zweiten Hälfte seiner Pariser Jahre wird Martinů zum bewussten Nationalkomponisten, ohne jedoch seine französischen Beziehungen zu lösen. „Tschechische" und „französische" Werke folgen einander nun ununterbrochen, und in der Instrumentalmusik sind beide Stilsphären meistens nicht mehr voneinander zu unterscheiden.

Die Jahre 1931 bis 1936 sind die der großen volkstümlich-tschechischen Bühnentrilogie: *Špalíček* (H. 214, 1931-1932), *Hry o Marii* (*Marienspiele*, H. 236, 1933-1934) und *Divadlo za bránou* (*Das Vorstadttheater*, H. 251, 1935-1936), der man noch die beiden Funkopern aus dem Jahre 1935 (*Hlas lesa/Stimme des Waldes*, H. 243 und *Veselohra na mostě/Komödie auf der Brücke*, H. 247) anschließen darf. Nach den beiden französischen Opern *Juliette* (H. 253, 1936-1937) und *Alexandre Bis* (*Zweimal Alexander*, H. 255, 1937) folgte dann noch im Sommer 1937, als Epilog dieser tschechischen Reihe, die große Funkkantate *Kytice* (*Blumenstrauß*, H. 260). Wenn man die erstaunliche Reihe der Instrumentalschöpfungen aus den dreißiger Jahren betrachtet, erscheint es fast unglaublich, dass Martinů inzwischen fast dauernd an einem Bühnenwerk arbeitete: Die Komposition der *Juliette* ist zum Beispiel kaum zwei Wochen nach dem Abschluss des *Vorstadttheaters* begonnen worden.

Im November 1930 erhielt Martinů seine erste Berufung aus der Heimat, und zwar wurde ihm eine Professur am Brünner Konservatorium angeboten. Diese Berufung und mehrere spätere lehnte er ab: Er fühlte sich zu einer Rückkehr noch nicht bereit und wollte zuerst die schöpferische Ernte seiner Experimentierjahre einbringen. Ein Verlassen von Paris, das ihm seine materielle Lage gewiss erleichtert hätte, betrachtete er damals als „Fahnenflucht". Als er sich dann später zur Rückkehr in die Heimat entschloss, scheiterten verschiedene Versuche: Er bewarb sich zweimal um eine Kompositionsprofessur am Prager Konservatorium (als Nachfolger seines Lehrers Suk, der 1935 starb, und als Nachfolger J. B. Foersters, der 1939 in den Ruhestand trat) und wurde jedes Mal nicht aus künstlerischen Gründen abgewiesen.

Im Mai 1932 komponierte Martinů in der kurzen Zeit einer Woche eines seiner kammermusikalischen Hauptwerke, das *Streichsextett* (H. 224). Er reichte es bei dem jährlichen Wettbewerb um den amerikanischen Coolidge-Preis (von der Mäzenin Elizabeth Sprague Coolidge gestiftet) ein und erhielt den ersten Preis. Hierüber eine köstliche Anekdote, die seine Bescheidenheit zeigt: Der beträchtliche Scheck in Dollars lag etwa zehn Tage auf seinem Nachttisch, da er glaubte, seine Freunde hätten ihm einfach einen Streich gespielt! Erst als er über seinen Erfolg in der Zeitung las, konnte er sich davon überzeugen lassen. Das Geld war übrigens höchst willkommen, da Frau Martinů damals krank war und einige Zeit in einer Klinik verbringen musste.

In der Heimat wurde sein Bühnenschaffen nationaler Prägung durch Auszeichnung gewürdigt: *Špalíček* erhielt den Preis der Tschechischen Akademie für Kunst und Wissenschaft sowie den Preis der Smetana-Stiftung und für die *Marienspiele* wurde ihm der Tschechische Staatspreis, die damals höchste Auszeichnung des Landes, zugedacht.

Im November 1932 hatten die Martinůs abermals die Wohnung gewechselt. Bis März 1935 wohnten sie in einer ruhigen, entlegenen Ecke des Pariser 14. Bezirkes, wo eine Reihe kleiner Häuschen von zwei oder drei Zimmern einen großen Garten umgaben. Dort hauste eine ganze Künstlersiedlung in fröhlichem Zusammenleben (u. a. die tschechischen Maler František Tichý und Jan Zrzavý, dieser ein lebenslanger Freund des Komponisten), und Martinů hatte die große Freude, über ein Stück Garten zu verfügen und dort mit liebevoller Sorgfalt seine Blumen zu pflegen. Während des heißen Sommers 1935 musste das Ehepaar dann im Vorort Malakoff unter unmöglichen Verhältnissen wohnen. Ein wenig später fand sich eine neue Wohnung im 6. Stock (ohne Aufzug!) im südlichen Teil von Paris (31, avenue du Parc Montsouris), in der die Martinůs bis nach Kriegsausbruch blieben.

Inzwischen besserte sich ihre materielle Lage allmählich mit dem wachsenden Ruhm des Komponisten, sodass sie Ende 1937 zwei Monate in Nizza verbringen konnten. Die schöpferische Arbeit wurde aber auch dort nicht unterbrochen. Sie hatte einige Monate vorher mit dem Abschluss der Oper *Juliette* am 24.1.1937 einen neuen Gipfel erreicht. Die Uraufführung dieses Hauptwerkes, zu dem Martinů bis zu seinem Tode ein besonders inniges Verhältnis behielt, fand am 16. März 1938 im Prager Nationaltheater unter der Leitung von Václav Talich statt. Es sollte der letzte große Triumph in der Heimat sein, an welchem Martinů noch persönlich teilnehmen konnte.

Am 3. November 1937 hatte er sein *Concerto Grosso* (H. 263) vollendet, das zusammen mit den *Tre Ricercari* (H. 267) und dem *Doppelkonzert* (H. 271), beide aus dem folgenden Jahr, diese Gattung in der Neuzeit einen neuen Höhepunkt hat erreichen lassen. Mitten in diesem

Schaffensrausch, im November 1937, kam eine dreiundzwanzigjährige tschechische Komponistin, Vítězslava Kaprálová (Vitulka), aus Prag, und bat ihn um Kompositionsunterricht. Das hoch begabte Mädchen hatte schon ein beträchtliches Schaffen aufzuweisen und wurde nun Martinůs erste namhafte Schülerin. Sie hatten einander schon einige Monate früher in Prag kennen gelernt, aber nun entbrannte zwischen ihnen eine leidenschaftliche, gegenseitige Liebe, wohl die größte in Martinůs Leben, die fast zweieinhalb Jahre dauern sollte. Sie wurde seine Písnička (Liedchen), er ihr Špalíček. Die vollständige Skizze von *Juliette* und das ihr im Geheimen gewidmete *Fünfte Streichquartett* (H. 268) liefern in ihren Originalhandschriften ein erschütterndes autobiografisches Zeugnis davon. Sie wurde die lebendige Verkörperung seiner Juliette, wie sie manchmal ausweichend, unerreichbar und auch in andere Männer verliebt war. Charlotte wusste natürlich von dem Verhältnis und litt. Als sich Martinů zu einer Trennung von seiner Gattin schon entschieden hatte, hatte Vitulka inzwischen Abstand genommen und heiratete mit seiner Zustimmung den tschechischen Dichter Jiří Mucha (Verfasser der Worte zu Martinůs *Feldmesse*), starb aber schon wenige Wochen später an einer plötzlichen Krankheit im Juli 1940 in Montpellier während des französischen Exodus: Sie war erst fünfundzwanzig Jahre alt.

Im Juni 1938 fuhr Martinů zum letzten Male in die Tschechoslowakei, wobei er nicht ahnen konnte, dass es sich um einen Abschied für immer handelte. Er besuchte Prag, Polička und die kleine mährische Ortschaft Tři Studně (Drei Brunnen) (kaum 25 km von Polička entfernt), den Wohnsitz der Familie seiner Schülerin. Es begannen sich nun dunkle Wolken über dem politischen Horizont zu sammeln. Der Anschluss Österreichs im März 1938 bedeutete eine direkte Bedrohung der Tschechoslowakei. Während des Sommers spitzte sich die Spannung weiter zu. Unter diesen beängstigenden Verhältnissen begann Martinů im August 1938 in Vieux-Moulin, dem kleinen Heimatdorf seiner Gattin, sein *Doppelkonzert* zu skizzieren. Das Werk war für das Basler Kammerorchester bestimmt, dessen Dirigent Paul Sacher den Komponisten auf sein Landgut Schönenberg einlud. Am 11. September trafen Martinůs auf dem Schönenberg ein, wo das Konzert schon achtzehn Tage später vollendet wurde, und zwar an jenem verhängnisvollen 29. September des Münchner Abkommens, das die Heimat des Komponisten der Macht Hitlers auslieferte.

Paul Sacher, der um die Neue Musik hochverdiente Dirigent des von ihm gegründeten Basler Kammerorchesters und des Collegium

Musicum Zürich, hatte Martinů schon 1933 aufgeführt und im Oktober 1936 persönlich kennen gelernt. Mit Paul und Maja Sacher verband Martinů eine lebenslange Freundschaft, und seine letzten Lebensjahre hat er meistens als Gast auf dem Schönenberg verbracht. Auf Paul Sachers Anregung sind insgesamt drei wichtige Auftragswerke aus seiner Feder entstanden, nämlich das eben erwähnte *Doppelkonzert*, von vielen als der Höhepunkt seines Schaffens betrachtet, das *Concerto da Camera* für Violine (H. 285) und *Toccata e Due Canzoni* (H. 311). Zwei ebenfalls unter Sachers Leitung uraufgeführte Werke sind dessen Gattin Maja zugeeignet: die anmutige *Sinfonia Concertante* (H. 322) und das großartige Oratorium *The Epic of Gilgamesch* (H. 351).

Nach der ungeheuren schöpferischen Spannung, die innerhalb weniger Monate die Concerto-Grosso-Trilogie, das erschütternde *5. Streichquartett* und das bedeutende *Klavierconcertino* (H. 269) hervorgebracht hatte, stockte während kurzer Zeit der Schaffensrausch. Zögernd verließen Martinůs den friedlichen Schönenberg und kehrten, von der politischen Lage tief bedrückt, nach Paris zurück.

Im März 1939 fand die Unabhängigkeit der Tschechoslowakei nach kaum zwanzig Jahren ein tragisches Ende: Das Land erlag der braunen Macht und wurde dem „Tausendjährigen Reich“ einverleibt. Noch im Mai reichte Martinů zwar eine Kandidatur als Kompositionslehrer ins Prager Konservatorium ein (sie wurde abgelehnt), aber er fühlte sich schon in der Verbannung. Im Januar hatte er sich zum ersten Mal nach den Lebensmöglichkeiten in den Vereinigten Staaten durch seinen Freund und späteren Biografen Šafránek, der dorthin ausgewandert war, erkundigt. Er ahnte, dass bald auch Frankreich der nazistischen Hölle erliegen würde.

Den letzten Sommer des Friedens verbrachte er im stillen Vieux-Moulin, wo er acht prächtige *Madrigale* auf tschechische Volkstexte schrieb. Es sind dies die ersten Vokalwerke, die ausdrücklich als Madrigale bezeichnet sind (H. 278), obwohl ihn die Gattung schon jahrelang gefesselt hatte. Sie bilden die erste einer langen Reihe von Huldigungen des Verbannten an die ferne Heimat.

Als der Krieg ausbrach, meldete sich Martinů sofort bei der Gesandtschaft der tschechischen Exil-Regierung in London als Freiwilliger. Der Neunundvierzigjährige wurde natürlich nicht angeworben, aber er schrieb einen heute verschollenen Militärmarsch und die erschütternde *Polní mše* (*Feldmesse*, H. 279) für die Division von tschechischen und slowakischen Freiwilligen, die sich zum Kampf an der Seite der Franzosen vorbereitete.

Nach der Vollendung der Messe im Dezember 1939 stockte seine Inspiration abermals vor der beängstigenden Wirklichkeit. Die ersten Monate des Jahres 1940 brachten die Verlängerung der „drôle de guerre“. Martinů arbeitete damals sein Ballett *Špalíček* für großes Orchester um. Am 9. Februar konnte er noch der Uraufführung des *Doppelkonzerts* in Basel beiwohnen und die außerordentlich starke Wirkung dieses Werkes erleben.

Am 10. Mai erfolgte der deutsche Durchbruch auf der Westfront. Neun Tage später spielte Pierre Fournier die Uraufführung der dramatischen *1. Cellosonate* aus dem vorigen Jahre (H. 277). Eine beklemmende Abschiedsstimmung beherrschte dieses Konzert, eines der letzten vor der Besatzung von Paris. Am 11. Juni entschlossen sich Martinůs zu fliehen: Die Deutschen waren in gefährlicher Nähe von Paris, und der Komponist stand als „Résistant“ und als Anhänger der Londoner Beneš-Regierung auf der schwarzen Liste der Nazis. Es konnte nur ganz leichtes Gepäck mitgenommen werden. Sämtliche Partituren und Manuskripte mussten in Paris zurückbleiben. Treue Freunde wussten sie in Sicherheit zu bringen, doch sind manche erst zehn oder zwölf Jahre nach Kriegsende wieder aufgetaucht. Martinů selbst hat sie in Amerika schwer vermisst. Nach einer strapaziösen Eisenbahnfahrt landete das Ehepaar zunächst in dem kleinen Dorf Rancon, in der Nähe von Limoges. Im benachbarten Dorf Villefavard fanden sie den Dirigenten Charles Munch, seit Jahren ein Freund und Vorkämpfer Martinůs. Einen Monat später musste der Ort vor den nahenden Deutschen wieder verlassen werden. Nach einem gescheiterten Versuch, die spanische Grenze in den Pyrenäen zu überschreiten, trafen Martinůs schließlich Anfang August in Aix-en-Provence ein.

In der anmutigen südfranzösischen Universitätsstadt konnte Martinů sich endlich wieder etwas erholen. Seine materielle Lage sah allerdings sehr schlimm aus, und er war für das tägliche Brot auf die Hilfe seiner Freunde angewiesen. Diese Hilfe ließ nicht lange auf sich warten. Sie kam vor allem von Paul Sacher, aber auch aus Amerika, wo Šafránek die Übersiedlung vorbereitete, und auch aus ganz unerwarteten Quellen: Der Genfer Musikkritiker Aloys Mooser veranstaltete eine Geldsammlung in seiner Zeitschrift „Dissonances“, die guten Erfolg bei schweizerischen Musikfreunden hatte, obwohl der Name des Komponisten nicht genannt werden durfte. Endlich öffnete sich für kurze Zeit die Zonengrenze Frankreichs, und es kam einiges Gepäck aus Paris, mit Winterkleidung und der Partitur wenigstens des Doppelkonzertes.

Martinů fing fast sogleich wieder an, zu komponieren. Drei wichtige Werke stammen aus den letzten Monaten von 1940 in Aix: *Fantaisie et*

Toccata für Klavier (H. 281), die *Sinfonietta Giocosa* (H. 282) und die am 30. Dezember vollendete *Sonata da Camera* (H. 283) für Cello und Orchester (H. 283), als Dank für die Hilfe aus Genf geschrieben und für den Cellisten Henri Honegger gedacht.

Inzwischen kümmerte sich Martinů eifrig um die verschiedenen Visen, die zur Auswanderung unerlässlich waren. Mit dem amerikanischen Visum hatte er keine Schwierigkeiten, und auch das spanische Durchreisevisum (die Schiffe nach Amerika fuhren nur noch ab Lissabon) war bald vorhanden. Doch die französischen Behörden von Vichy (in denen der Pianist Alfred Cortot eine entscheidende und wenig glorreiche Rolle spielte!) verweigerten die Ausreisegenehmigung. Bis eine direkte Vermittlung der amerikanischen Botschaft die Sache geklärt hatte, war das spanische Visum abgelaufen und das Schiff „Excambion" mit den von Sacher vorsorglich belegten zwei Liegebetten hatte Lissabon verlassen! Mitten in diesen traurigen Verhältnissen entstand in einem ungeheizten Zimmer (der November war besonders rau) die unbeschwert heitere *Sinfonietta Giocosa*! Der Komponist dachte auch an eine groß angelegte Chorkantate, ein Auftrag Paul Sachers, aber das Werk wurde erst fünfzehn Jahre später mit seinem *Gilgamesch* (H. 350) verwirklicht.

In den ersten Januartagen 1941 konnten die Martinůs endlich Aix verlassen. Am 8. Januar überschritten sie mit einem einzigen Koffer die spanische Grenze und trafen bald darauf in Lissabon ein. Es dauerte aber noch fast drei Monate, bis sich ein Schiff nach Amerika finden ließ. Die Zeit verging sehr langsam, in tödlicher Untätigkeit und inmitten einer chaotischen und mutlosen Menge von Flüchtlingen aus ganz Europa. Am 21. März schiffte sich das Ehepaar schließlich auf der „Exeter" ein, und zehn Tage später landete der todmüde, stark abgemagerte Mann mit seiner treuen Gefährtin in New York.

Amerika (1941–1953)

Zum dritten Mal sah sich der nun Fünfzigjährige vor der Notwendigkeit einer schwierigen Umstellung seines Lebens. Sein Ruf war in Amerika zwar durch Koussewitzky und andere Dirigenten begründet worden, aber das lag Jahre zurück, und nun musste alles von neuem begonnen werden: Seine Kompositionen, alle in Europa verlegt, waren in Amerika kaum vorhanden, und er hatte insgesamt nur vier seiner Partituren mitbringen können: das *2. Klavierkonzert* (H. 237), das *Concerto Grosso* (H. 263), das

Double concert (*Doppelkonzert*, H. 271) und die neue *Sinfonietta Giocosa* (H. 282). Wollte er die amerikanischen Konzertsäle erobern, so musste dies durch neue Schöpfungen geschehen: Er brauchte kaum ein Jahr dazu!

Die ersten Monate waren besonders schwierig. Martinů war der englischen Sprache nicht kundig, er fühlte sich einsam und verloren. Miloš Šafránek, bei dem er damals wohnte, spricht von einer Periode der Betäubung. Obwohl ihn die Freiheit einer wahren Demokratie nach Monaten der Bedrückung tief beglückte, fühlte er sich in New York nicht wohl und konnte sich auch später dieser ungeheuren Stadt nicht recht anpassen. Vor allem fehlten ihm seine täglichen Abendspaziergänge, um die Gedanken des Tages abzuklären. Es gab keine gemütlichen Kaffeeterrassen wie in Paris. „Nein", schrieb er, „hier muss man immer weiter gehen, Block um Block, endlos, und je weiter man geht, je mehr zwingen einen die Gedanken und die einförmige Umgebung zum schneller und schneller Gehen, bis man aufhört zu denken und mit dem Zählen der Blocks beginnt. Nein, ich kann nicht behaupten, dass meine Erinnerungen aus New York nur glückliche sind."

Vorerst war er außerstande, zu komponieren, und erholte sich einige Wochen auf dem Lande. Anfang Juli ließ er sich auf der kleinen Insel Martha's Vineyard in Edgartown (Mass.) nieder, und dort begann er endlich wieder, sich schöpferisch zu betätigen. Die Arbeit galt einem neuen Auftrag Paul Sachers, den er noch in Lissabon empfangen hatte. Schon am 8. August war das *Concerto da Camera* für Violine (H. 285) vollendet, das Paul Sacher im folgenden Januar zur erfolgreichen Uraufführung brachte.

Wenn er nicht komponierte, las er englische Bücher und ging täglich ins Kino, sodass er die Sprache bald meisterte. Auf dieselbe Weise hatte er sich seinerzeit des Französischen bemächtigt und sollte er in den fünfziger Jahren Italienisch lernen. Am 16. September nahm er eine neue Wohnung auf Long Island, in Jamaica, unweit von New York, wo er sich mit einem Amerika-Tschechen namens Frank Rybka befreundete. Dort blieb er bis Mitte Juni 1942. Am 14. November 1941 aber fand ein entscheidendes Ereignis statt: In Boston wurde unter der Leitung Koussewitzkys das *Concerto Grosso* uraufgeführt, und am nächsten Morgen war Martinů dank des triumphalen Beifalles in Amerika sozusagen im Handumdrehen eine Berühmtheit! Am 24. Januar 1942 fand in New York ein Konzert der dortigen Philharmonie zugunsten des „Czechoslovak Relief Fund" (Hilfsfonds für die Tschechoslowakei) statt, dessen Programm „die Unsterblichen der symphonischen Musik der Tschechoslowakei" (the Czechoslovak Immortals of Symphonic Music) ankündigte: Smetana, Dvořák, Janáček, Martinů. Damit war Bohuslav Martinůs Stellung in der Musikgeschichte zum ersten Male öffentlich bestimmt!

Anfang 1942 bekam er den Auftrag von der Koussewitzky Foundation für ein großes Orchesterwerk. Er nahm ihn mit Begeisterung an, da er das Bostoner Orchester mit seinen vielen französischen Mitgliedern mehr als alle anderen schätzte, und entschloss sich selbst für eine Symphonie. Er wagte sich aber nicht gleich an seinen ersten Versuch in dieser Gattung heran, sondern zögerte noch mehrere Monate damit. Er schrieb eine Reihe kleiner Lieder auf tschechische Volkstexte (*Nový Špalíček*, H. 288), denen zwei weitere Reihen folgten (H. 294 und 302). Sie dokumentieren seine ununterbrochene Beziehung zur Heimat auch in diesen Jahren des reinen Instrumentalschaffens (bis 1948 wurde keine andere Vokalkomposition mehr vollendet!).

Im Mai begann er, an der Symphonie zu arbeiten. Er hatte sich gerade in seinem Sommerquartier in Middlebury (Vermont) niedergelassen, als ihn Ende Juni eine plötzliche Berufung von Koussewitzky als Kompositionslehrer bei der Sommerschule des Berkshire Music Center in Lennox (Mass.), bei Tanglewood, erreichte. Trotz seiner noch ungenügenden Sprachkenntnisse sagte er zu und begann seinen ersten erfolgreichen Unterricht in Amerika am 1. Juli 1942. Der Kurs dauerte sechs Wochen, während derer er an der Symphonie tüchtig weiterarbeitete. Am 1. September vollendete er sie in Manomet (Mass.), am Meeresufer. Am 13. November 1942 erlebte sie ihre triumphale Uraufführung in Boston.

Schon während der Arbeit an der *1. Symphonie* (H. 289) wusste Martinů, dass eine zweite bald folgen werde. Von nun an entstand jedes Jahr eine neue Symphonie (bis 1946), und jedes Mal im Frühjahr oder Frühsommer. Im Herbst 1942 zogen Martinůs in eine kleine Wohnung in der Stadtmitte New Yorks. Sie war von Wolkenkratzern umgeben, und die Sonne schien nie hinein, doch wurden in ihr manche der sonnigsten Kompositionen aus Martinůs Feder geschrieben. Die Gattin des Komponisten hatte Arbeit in einer Fabrik von Kinderkleidung gefunden und war dort voll beschäftigt. Die Sommermonate (Mai bis Oktober) aber wurden jedes Jahr auf dem Lande, möglichst in der Nähe des Meeres, verbracht: 1943 in Darien (Conn.), 1944 in Ridgefield (Conn.) und 1945 in Cape Cod, South Orleans (Mass.). Die Symphonien wurden alle an diesen Orten komponiert oder wenigstens vollendet. Die *2. Symphonie* (H. 295) war ein Auftrag der Tschechischen Gemeinschaft der Stadt Cleveland. Ihre Uraufführung unter der Leitung von Erich Leinsdorf am 25. Geburtstag der unabhängigen Tschechoslowakei (28. Oktober 1943) wurde der Anlass zu einem großen patriotischen Fest, und das Zusammensein mit seinen Landsleuten in der gemeinsamen Hoffnung auf eine baldige Befreiung der Heimat brachte Martinů tiefe Beglückung.

Am selben Tag war in New York das erschütternde *Památník Lidicím* (*Gedenkstück für Lidice*, H. 296), ein Auftrag der Tschechischen Regierung in London, zum ersten Mal aufgeführt worden. Bis Anfang Januar 1944 folgten die Uraufführungen einander in dichter Reihenfolge (u. a. des *Konzertes für zwei Klaviere*, H. 292 und des *Violinkonzertes Nr. 2*, H. 293), das Ergebnis unermüdlicher Schaffenskraft und das Zeugnis wachsender Anerkennung.

In diese Zeit fällt seine Bekanntschaft mit Albert Einstein. Es waren vor allem dessen völlig undogmatische Haltung, sein Verwerfen jeder offenbarter Wahrheit und auch sein tief menschliches, „artistisches" und von leichtem Humor gefärbtes Herantreten an die großen wissenschaftlichen Probleme, die Martinů fesselten und ihm den Menschen näher brachten. Für Einstein, der ein guter Geiger war, hat er die *Five Madrigal Stanzas* (H. 297) geschrieben, die der Widmungsträger dann auch zu seiner großen Freude (mit Robert Casadesus am Flügel) spielte.

Anfang 1944 schrieb Martinů, überwältigt von bitterem Heimweh, in düsterer Stimmung seine großartige tragische *3. Symphonie* (H. 299). Die Nachricht der alliierten Landung in der Normandie (6. Juni 1944) überraschte ihn in Ridgefield während der Arbeit am Schlusssatz der Symphonie und fand ihren unmittelbaren Ausdruck im verklärten Ausklang dieses Werkes.

Der Sommer des Kriegsendes 1945 brachte die Vollendung der strahlenden *4. Symphonie* (H. 305). Mit ihr erreichte Martinů den Zenit seines amerikanischen Schaffens: Die Rückkehr in die Heimat erschien nun in greifbarer Nähe. Die ersten Nachrichten aus der befreiten Tschechoslowakei waren aber traurig: Die Mutter des Komponisten war 1944 im 89. Lebensjahr gestorben, und auch der treue Freund Stanislav Novák starb plötzlich am 20. Juli, nachdem er sich noch durch ein freudiges Telegramm gemeldet hatte. Er hatte den Mord in Auschwitz durch die Nazis seiner jüdischen Frau samt Kinder und Familie nicht ertragen können und nahm sich das Leben. Dagegen kam im September die lang ersehnte Berufung an das Prager Konservatorium als Kompositionslehrer. Martinů nahm sie für den Herbst 1946 an, da er im kommenden Winter noch wichtigen Uraufführungen (unter anderem seiner *3.* und *4. Symphonie*) beiwohnen wollte. Im befreiten Europa kamen seine neuen Werke nun eines nach dem anderen zur Erstaufführung: Sein Name stand auf dem Programm des ersten Konzertes im befreiten Paris. In Genf dirigierte Ansermet an der Spitze des Orchestre de la Suisse Romande die erste europäische Aufführung einer Martinů-Symphonie (*1. Symphonie*, 28. Februar 1945). Am 7. Februar 1946 wurde auch das Prager Publikum erstmals mit einer Symphonie des größten lebenden Komponisten seines Landes bekannt (*2. Symphonie*, Tschechische Philharmonie unter Rafael Kubelík). Bei seinem ersten Gastkonzert der Nachkriegszeit in Paris am 23. Februar 1946 dirigierte Paul Sacher die Pariser Erstaufführung des *Doppelkonzertes*.

Inzwischen war aber bei Martinů eine seltsame Ermattung eingetreten. Nach Vollendung des symphonischen Scherzos *Thunderbolt P-47* (H. 309) am 15. September 1945 stockte der seit vier Jahren ununterbrochene Schaffensrausch plötzlich. Der folgende Winter verlief in unglücklicher Stimmung, und zu der so lange ersehnten Rückkehr nach Europa konnte sich Martinů nicht recht entschließen. Da aus Prag keine Nachricht mehr eintraf, nahm er die Berufung zu den Sommerkursen des Berkshire Music Centers zum zweiten Male an, und zwar für Juli und August 1946. Zögernd unternahm er im Februar die Komposition seiner *5. Symphonie*, die sich bis zum 13. Mai hinausschob. Anstelle der glückseligen Stimmung der vorigen Symphonie herrscht hier ein sonderbares Zwielicht, ja stellenweise bricht sogar der Ausdruck bohrend-rebellierenden Schmerzes durch. Was damals in Martinůs Innerstem sich abspielte, welches die Gründe dieses plötzlichen Schattens auf seinem Leben, dieser jähen Enttäuschung gewesen sind, wird wohl stets ein Geheimnis bleiben. Jedenfalls beginnt hiermit die zweite, schöpferisch weniger fruchtbare Hälfte seiner amerikanischen Periode.

Als ich diese Zeilen vor achtunddreißig Jahren in der ersten Ausgabe schrieb, war die Wahrheit schon manchen bekannt, durfte aber nicht geäußert werden. Im Herbst 1945 trat eine Frau in Martinůs Leben ein, seine letzte große Liebe (wohl die wichtigste seit und mit Vitulka Kaprálová). Rosalyn (Roe) Barstow war eine schöne, schwarzhaarige, intelligente, geistreiche und kultivierte amerikanische Jüdin. Sie war Anfang vierzig, also fünfzehn Jahre jünger als er (mit Vitulka waren es fünfundzwanzig Jahre Altersunterschied gewesen) und geschieden, also frei. Das eheliche Leben mit Charlotte hatte für ihn längst jeden Reiz verloren. Sie war ihm total ergeben, ruinierte sich für ihn die Augen mit ihrer Näharbeit, diente ihm als musterhafte Hausfrau, die ihm auch seine liebsten tschechischen Kochrezepte zubereitete, aber mehr konnte sie ihm nicht mehr schenken. Psychologisch war sie veraltet und er vertrug ihr ewiges „Petit Père" („Väterchen") immer weniger. Er fühlte sich jung und kräftig, voller Lust zum Leben und zur Liebe, das genaue Gegenteil eines „Väterchen". Kurzum, er war für ein neues großes Liebesabenteuer bereit und verfügbar. Nach wenigen Wochen wusste Charlotte davon und litt unbeschreiblich. Sie lehnte jeden Scheidungsvorschlag schroff ab. Die Idee, ihn zu verlieren, erfüllte sie mit panischem Schrecken. Guy Erismann beurteilt sie hämisch und herzlos, als er von „üblicher Erpressung" spricht, als sie mehrmals drohte, sich durchs Fenster zu stürzen, denn Martinů selbst hatte stets wenigstens Mitleid mit ihr.

Nach Vollendung der *5. Symphonie* (H. 310) widmete sich Martinů einem neuen Auftrag Paul Sachers, den er im vorigen Oktober erhalten hatte: der *Toccata e Due Canzoni* (H. 311). Am 10. Juni verreiste seine Gattin allein nach Europa, um ihre Familie zu besuchen. Sechs Monate sollte diese erste große Trennung in ihrem ehelichen Leben dauern.

Am 1. Juli begann Martinů seinen Sommerkurs in Great Barrington, etwa 20 Kilometer von Tanglewood. Am Abend des 17. Juli saß er mit einigen Studenten im gemütlichen Gespräch. Er begab sich auf die Terrasse, um ein wenig Luft zu schöpfen, und vertiefte sich in seine Gedanken. Als er wieder ins Zimmer hinein wollte, waren Fenster und Türen geschlossen und die Lichter ausgelöscht. Er wagte nicht, zu rufen und suchte nach einer Treppe in den Garten hinunter. Er tappte in der Finsternis den geländerlosen Rand der Terrasse entlang, stürzte plötzlich ab und schlug auf den drei Meter tiefer gelegenen Steinboden auf. Blutig und bewusstlos lag er mit einem schweren Bruch der rechten hinteren Schädelseite. Der Hörnerv war schwer beschädigt, doch wurde wie durch ein Wunder das Rückenmark nur leicht getroffen. Glücklicherweise entdeckte ihn die Köchin sofort in diesem Zustand, und so konnte er in aller Eile in das benachbarte Spital gebracht werden. Zwei Tage lag er bewusstlos, und fünf Wochen musste er im Spital bleiben. Dort wurde er von Roe betreut und gepflegt, und an Charlotte schrieb er beruhigend, ihre Rückkehr aus Europa hätte keine Eile, es ginge ihm schon viel besser. Anfang September konnte er zum ersten Male wieder ein paar Schritte ohne Hilfe machen, aber noch Mitte November traute er sich nicht unbegleitet auf die Straße. Er litt an Gleichgewichtsstörungen und konnte monatelang seinen Kopf nicht beugen, was ihn zwang, auf einem 45 Grad geneigten Schreibbrett zu arbeiten. Das Gehör des rechten Ohres blieb bis zu seinem Tode schwer behindert. Noch jahrelang beklagte er sich über summende Geräusche und häufige Kopfschmerzen.

Die damaligen Verbindungen zwischen Europa und Amerika waren noch recht kümmerlich, sodass Frau Martinů erst Mitte Dezember zurückkehren konnte. Sie fand ihren Mann stark abgemagert, aber schon ziemlich erholt und ... tüchtig komponierend!

Der Unfall hatte die Arbeit an der *Toccata e Due Canzoni* am Anfang des letzten Satzes unterbrochen. Schon am 3. Oktober konnte Martinů aber die Partitur vollenden, die, rechtzeitig eingereicht, zum zwanzigsten Geburtstag des Basler Kammerorchesters unter Paul Sacher am 21. Januar 1947 mit durchschlagendem Erfolg uraufgeführt wurde. Inzwischen hatte der Komponist in Amerika zu Weihnachten sein *Streichquartett Nr. 6* (H. 312) vollendet. Die Widmung dieses hoch bedeutenden Werkes an seine neue Liebe und ergebene Pflegerin Roe Barstow blieb eine geheime (genau wie die des *5. Quartetts* an Vitulka). Sechs Monate später sollte Charlotte die Widmung des weit harmloseren *7. Quartetts* (sein letztes) erhalten.

Die Rückkehr nach Europa und in die Heimat war nun auf unbestimmte Zeit verschoben. Im Sommer 1947 reiste Frau Martinů abermals allein nach Europa, wo sie der Uraufführung der *5. Symphonie* unter Kubelík im Rahmen des Prager Frühlings (28. Mai 1947; das Werk ist der Tschechischen Philharmonie zugeeignet) beiwohnen konnte. Der Komponist verbrachte ruhige Ferien auf dem Lande mit seinem Freunde Rybka ... und Roe. Sein Schaffen war in den nun folgenden Jahren noch merklich von dem Unfall überschattet: In den fünf Jahren 1947 bis 1951 entstanden nur 23 neue Kompositionen, darunter sehr wenig umfangreiche Werke. Freilich auch einige Meisterwerke, wie die *Drei Madrigale* für Violine und Viola (H. 313), die *Drei tschechischen Tänze* für zwei Klaviere (H. 324), die beiden neuen *Klaviertrios* (H. 327 und 332) und die *Sinfonietta „La Jolla“* (H. 328).

Im Juli 1947 kam ein junger Komponist aus Brno, Jan Novák (geb. 1921), mit einem Stipendium nach Amerika. Im September wurde er Martinůs Schüler und blieb es bis zu seiner Rückkehr in die Heimat im Februar 1948. Der hoch talentierte junge Mann war von Martinůs völlig unakademischer Arbeitsmethode zunächst etwas erschüttert, passte sich jedoch rasch an, und die Unterweisung öffnete ihm schließlich unerhörte Gesichtskreise. Man kann sich vorstellen, dass das Verhältnis Martinůs zu seinem Lehrer Roussel einmal sehr ähnlich gewesen war! Jan Novák, der den Einfluss seines Lehrers bald überwand, entwickelte sich zu einem der bedeutendsten tschechischen Komponisten seiner Generation und komponierte auch nach seinem Exil als Folge der Sowjetinvasion von 1968 unermüdlich weiter. Er starb in 1984 in Deutschland.

Am 29. Februar 1948 stürzte die tschechische Regierung, und die Kommunistische Partei kam zur Macht. Dieses Ereignis, das Martinůs spätere Beziehungen zu seiner Heimat in so entscheidender Weise bestimmen sollte, scheint zwar sein Schaffen damals kaum beeinflusst zu haben. Er arbeitete weiter an seinem *3. Klavierkonzert* (H. 316), das aber infolge seiner eigenen Bemerkung am Tage des tragischen Todes (wahrscheinlich ein provozierter Selbstmord) von Jan Masaryk, am 10. März, vollendet wurde. Das Jahr 1948 brachte auch seine Rückkehr zur Vokalmusik auf tschechische Volkstexte. Die *Fünf Madrigale* (H. 321) nehmen die Reihe der Schöpfungen dieser Art nach langer Pause wieder auf: Bis zum Schluss wird sie sich nunmehr mit kaum einer Unterbrechung fortsetzen. Zum ersten Male seit elf Jahren entsteht auch wieder ein Bühnenwerk: das Ballett *The Strangler* (H. 317).

Im Sommer 1948 konnte Martinů auch endlich wieder nach Europa zurückkehren. Er besuchte Frankreich und verbrachte einige Tage auf dem Schönenberg bei Paul und Maja Sacher. In Paris waren seine Berührungen mit den Vertretern der neuen tschechischen Regierung wenig aussichtsreich, mit der Rückkehr in die Heimat war kaum zu rechnen.

Im folgenden Sommer reisten die Martinůs abermals in die Alte Welt. Dieses Mal wurde außer Frankreich auch Italien besucht. Dieses Land hatte Martinů bereits 1922 kennen gelernt, als er dort an einer Konzertreise der Tschechischen Philharmonie teilnahm. Er hatte sich gleich in die südliche Landschaft und in die freundliche, lebendige Bevölkerung verliebt. Italien hatte stets eine bevorzugte Stelle in seinem Herzen inne. Er fuhr dorthin, sooft er nur konnte, und verbrachte an seinem Lebensabend schließlich fast ein ganzes Jahr in Rom.

Während der Jahre 1950 und 1951 blieb er in den Vereinigten Staaten. Sein sechzigster Geburtstag (8. Dezember 1950) wurde von der gesamten amerikanischen Presse gebührend gewürdigt. Das Jahr 1951 brachte die Überwindung der schöpferischen Ebbe. Es entstand der 1. Satz einer neuen Symphonie, die allerdings erst zwei Jahre später vollendet wurde. Allmählich trat eine Abkehr von den klassischen Formgebilden zugunsten einer neuen Gestaltungsfreiheit hervor. Das *Rhapsody-Concerto* für Viola und Orchester (H. 337) aus dem Frühjahr 1952 ist vielleicht das früheste Zeugnis dieser Wendung von der „Geometrie" hinüber zur „Phantasie", um des Komponisten eigene Worte zu gebrauchen, obwohl wenigstens im letzten Satz der *Toccata e due Canzoni* (H. 311) aus dem verhängnisvollen Jahr 1946 ein wichtiger Vorbote davon erkennbar ist.

Inzwischen hatte er sich auch wieder dem Opernschaffen zugewendet. Sein völlig vergessener Funkeinakter *Komödie auf der Brücke* (H. 247) hatte nach sechzehnjährigem Dornröschenschlaf bei seiner bühnenmäßigen

New Yorker Erstaufführung am 28. Mai 1951 einen Triumph erzielt. Innerhalb weniger Monate wurde er zum Welterfolg, und die Kritiker des „New York Music Circle“ wählten ihn zur „besten neuen Oper des Jahres 1951“! Amerika begann sich nun auch für Martinůs Bühnenschaffen zu interessieren. 1951 und 1952 entstanden als Auftragswerke zwei Kurzopern für das amerikanische Fernsehnetz: *What Men Live By* (H. 336) und *The Marriage* (H. 341) - es sind seine ersten Werke auf englische Texte. Doch näherten sich die amerikanischen Jahre ihrem Ende; es zog ihn nach Europa zurück, obwohl er gerade jetzt (1952) die amerikanische Staatsbürgerschaft - und damit einen gültigen Reisepass - erhalten hatte. Der Sommer 1952 war wieder einer größeren Europareise gewidmet, die über Nizza, Rom und Österreich nach Vieux-Moulin führte, wo der größte Teil der *3. Cellosonate* (H. 340) entstand. Eigentlich schiffte sich Martinů mit Roe nach Europa ein, in der Absicht, mit ihr weiterzuleben, nachdem sie sich schon während der früheren Europareisen getroffen hatten. Charlotte hatte aber davon erfahren, flog sofort über den Ozean (der Gesundheitszustand des Komponisten gestattete ihm keinen Flug) und ertappte die beiden bei ihrer Ankunft in Cherbourg. Es folgte eine peinliche Auseinandersetzung bei dem Saint-Lazare Bahnhof in Paris, aber als er seine Frau wiederfand, die seit zwei Stunden im Regen auf ihn wartete, ließ er Roe alleine nach Italien weiterfahren. Zwar sahen sie einander auch noch später, aber nach der endgültigen Rückkehr des Ehepaares Martinů nach Frankreich wanderte Roe nach Israel aus, wo sie zum zweiten Male heiratete. Dort verliert sich ihre Spur, da sie in Israel unter dem uns unbekannten Namen ihres neuen Gatten weiterlebte.

Paul und ganz besonders Maja Sacher, die sich beide Charlotte und ihrem Schmerz sehr nahe fühlten, nahmen die Situation Bohuš so übel, dass der sonst sehr rege Briefwechsel fast zwei Jahre lang (15.6.1952 bis 8.6.1954) unterbrochen wurde. Als sich der Komponist über die Gründe dieses Schweigens erkundigte, brauchte es ein persönliches Treffen auf dem Schönenberg, um dem Streit ein Ende zu bringen. Inzwischen hatte er sich ja von Roe endgültig getrennt. Viele Jahre nach seinem Tode erwähnte sie die Existenz eines hochinteressanten Briefwechsels von mehr als dreihundert Briefen. Aber Sacher kaufte ihn nicht, auch bei der Universität Princeton tauchte er nicht auf, und sie muss ihn wohl vernichtet haben: Ein unersetzbarer Verlust als Zeugnis dieser Jahre!

Die wuchtige *6. Symphonie* (*Fantaisies symphoniques*, H. 343), eines der meistgespielten Werke Martinůs, schließt die amerikanische Periode und eröffnet in großartiger Weise die letzte Schaffensphase. Am 23. April

1953 wurde der letzte Satz der *6. Symphonie* - wie ihre Vorgängerinnen eine Frucht der amerikanischen Jahre - vollendet, und am 5. Mai verließen Martinůs die Neue Welt, wohin sie nur noch einmal zurückkehren sollten. Doch hatte die Symphonie noch nicht ihre endgültige Gestalt erreicht: Ihr 1. Satz, der schon zwei Jahre früher konzipiert worden war, wurde unmittelbar nach der Ankunft in Paris gründlich instrumental überarbeitet und am 26. Mai vollendet. Bis zur Uraufführung des Meisterwerkes sollten allerdings noch fast zwanzig Monate vergehen.

Die letzten Jahre (1953-1959)

Nach der Vollendung der *6. Symphonie* nahm Martinů in Brüssel als Mitglied der Jury am Kompositionswettbewerb „Königin Elisabeth" teil und wohnte am 9. Juni einem feierlichen Empfang im Palaste der Königin bei, unternahm noch einen kurzen Abstecher nach Holland und kehrte nach Paris zurück. Die Ferien verbrachte er teils in der Bretagne (Juli), teils in Vieux-Moulin (August). Anfang September ließen sich Martinůs in Nizza nieder, das für die nächsten zwei Jahre ihr ständiger Wohnsitz blieb. In seiner Tonsprache, vor allem in seiner Klangfarbe, verband sich nunmehr mediterranes Leuchten auf bezaubernde Weise mit der angeborenen slawischen Leidenschaft. Die zunehmende Abkehr von allen vorherbestimmten Schemata, die neue Neigung zur „Phantasie", ergaben jenen faszinierenden Neoimpressionismus, der wieder an die große Liebe aus seiner Jugendzeit, Debussy, anknüpft und seinen Spätstil prägt.

Die amerikanische Stiftung „John Simon Guggenheim Memorial Foundation" hatte Martinů einen namhaften Zuschuss für die Komposition einer Oper verliehen. Auf der Suche nach einem Libretto entschied er sich zuerst für Georges Neveux *Plainte Contre Inconnu* (*Anklage gegen Unbekannt*, H. 344), erkannte jedoch bald, dass sich der Stoff kaum als Libretto eignete. So blieb dieser Versuch ein Torso (H. 344). In den umfangreichen Plänen, mit vollständigem Text und Bühnenentwurf, findet sich der Ausdruck „l'horreur de l'insistance" (Abscheu vor dem Erzwingenwollen), den wir als Wahlspruch seines ganzen Wesens und Schaffens bezeichnen möchten.

Nach längerem Zögern entschied er sich schließlich für Goldonis *La Locandiera*, aus welcher er zwischen dem 15. Dezember 1953 und dem 1. Juli 1954 als erste Frucht der südlichen Sonne die heitere Oper *Mirandolina* (H. 346), sein einziges Werk mit italienischem Textbuch, schuf.

Die Arbeit wurde im April durch eine Fahrt in Goldonis Heimatland unterbrochen. Während dieser Reise, die einen Monat dauerte und vor allem durch die Toskana und Umbrien führte, machten auf Martinů vor allem die Fresken von Piero della Francesca in Arezzo einen unvergesslichen Eindruck. Ein Jahr später entstand als Niederschlag dieses Erlebnisses das große Orchestertriptychon *Les Fresques de Piero della Francesca* (H. 352).

Mit den vielen Freunden und Verwandten in der Tschechoslowakei führte Martinů einen stets zunehmenden Briefwechsel. Seine seelische Beziehung zur fernen Heimat wurde immer kräftiger, während ihm als amerikanischem Staatsbürger das geliebte Land unerreichbar blieb. Desto mächtiger erhob sich nun die Stimme der Vysočina in seinem Schaffen. Den Beginn machte im Juli 1954 die Vertonung einer kurzen Huldigung an die Geburtsstätte, die Jakobskirche in Polička (*Hymnus k svatému Jakubu/Hymnus an Sankt Jakob*, H. 347). Unmittelbar darauf schrieb er die fünf Vokalduette *Petrklíč* (*Schlüsselblume*, H. 348), die die Reihe der Spätwerke auf volkstümliche tschechische Texte eröffnen. Im Juli 1955 erhielt er eine Sammlung von Dichtungen eines Dichters von Polička, Miloslav Bureš. Er war durch diese unmittelbare Stimme der Heimat zu Tränen gerührt und setzte sofort eines der Gedichte als schlichte Kantate im Volkston. *Otvírání studánek* (*Reinigung der Quellen*, H. 354), heute vielleicht sein volkstümlichstes Werk im eigenen Lande, eröffnet den Zyklus der vier Bureš-Kantaten, deren letzte er wenige Monate vor seinem Ableben vollendete.

Im September 1954 erfuhr Martinů, dass Nikos Kazantzaki im nahen Antibes wohnte. Er hatte schon kurz vorher den Entschluss gefasst, dessen Roman *Le Christ recrucifié* (*Der wiedergekreuzigte Christ*) als Stoff für eine Oper zu benutzen, und so zögerte er nicht, den von ihm hochverehrten griechischen Dichter aufzusuchen. Kazantzaki erklärte sich mit dem Plan einer Oper einverstanden, und aufgrund des sich alsbald entwickelnden geistigen Verstehens machten sich die beiden Männer in den nun folgenden Monaten an die gemeinsame Ausarbeitung eines Textbuches. Martinů ließ das Werk jedoch noch anderthalb Jahre in sich heranreifen und begann erst im Februar 1956 mit der Komposition der Oper, die unter dem Titel *Greek Passion* (*Griechische Passion*, H. 372 I, II) sein einziges Musikdrama und sein krönendes Vermächtnis an die Nachwelt wurde.

In Nizza entstanden inzwischen weitere Hauptwerke: das großartige, wuchtige Oratorium *Gilgamesch - The Epic of Gigamesh* (H. 351), die Erfüllung eines fünfzehnjährigen Wunsches von Paul Sacher nach einem großen Chorwerk, die dramatisch geballte *Klaviersonate* (H. 350), die einzige ihrer Gattung im Martinůschen Schaffen, und das sonnige *Oboenkonzert* (H. 353). Anfang 1955 erreichte ihn aus Amerika die Nachricht des durchschlagenden Erfolges seiner *6. Symphonie*, die am 7. Januar unter ihrem Widmungsträger Charles Munch ihre Uraufführung in Boston erlebt hatte. Ende des Jahres wählte der New York Music Circle die Symphonie zum besten Orchesterwerk des Jahres 1955, Martinů selbst hörte sie aber erst am 24. März 1956, ebenfalls in Boston.

Am 5. Oktober waren Martinůs nach zweieinhalbjähriger Abwesenheit nach Amerika zurückgekehrt. Der Komponist, der zum Mitglied des „National Institute of Arts and Letters" gewählt worden war, verbrachte sieben Monate in New York und nahm seinen Unterricht in der Mannes School of Music nach dreijähriger Unterbrechung wieder auf. Seine insgesamt dreijährige Tätigkeit an diesem Institut ist neben dem Unterricht an der Princeton University (1948-1951) seine wichtigste pädagogische Verpflichtung gewesen. Während dieses letzten Aufenthaltes in Amerika entstand die *Sonate für Viola und Klavier* (H. 355) und vor allem das vierte Klavierkonzert (*Incantation*, H. 358). Kaum vierzehn Tage nach Abschluss dieses Meisterwerkes begann er am 20. Februar die Komposition der Oper *Greek Passion* (*Griechische Passion*), für die er, dem Rate Kazantzakiss folgend, bei griechischen Freunden des Dichters noch Dokumente gesammelt hatte. Er sehnte sich aber nach Europa und verließ die Vereinigten Staaten zum letzten Male Anfang Mai 1956.

Von Mai bis August wohnte er auf dem Schönenberg, wo ihm Paul Sacher ein geräumiges Landhaus zur Verfügung gestellt hatte. Er arbeitete an einem Klavier, das einst Clara Schumann gehörte, und die *Griechische Passion* machte gute Fortschritte. Anfang Oktober konnte er einen lange ersehnten Wunsch erfüllen und für einen ganzen Winter nach Rom gehen als „composer in residence" der Amerikanischen Akademie in der Heiligen Stadt. Dort wurde die Urfassung der *Griechischen Passion* abgeschlossen. Außerdem entstanden zwei neue Bureš-Kantaten, die kernigen *Zbojnické písně* (*Rebellenlieder*, H. 361), die symphonische Dichtung *The Rock* (*Der Felsen*, H. 363) und, inmitten drückender Sommerhitze, die beiden ersten Sätze des Orchesterwerkes *The Parables* (*Die Parabeln*, H. 367).

Nachdem Martinů sich im August in der reinen Bergluft von Arosa erholt hatte, traf er Anfang September wieder auf dem Schönenberg ein. Bis auf wenige Unterbrechungen blieb das Sachersche Landgut nunmehr sein Hauptwohnsitz. Seine Arbeit galt zunächst einem neuen *Klavierkonzert* (*Nr. 5, in B, Fantasia Concertante*, H. 366), einem Auftrag der Zürcher

Pianistin Margrit Weber. Dieses letzte konzertante Werk aus seiner Feder wurde Anfang Januar 1958 beendet; es folgte am 9.2.1958 die vollendete dritte *Parabel*. Unmittelbar danach, nach der schroffen unerwarteten Ablehnung der *Griechischen Passion* seitens Covent Garden in London, die die Uraufführung unter der Leitung von Rafael Kubelík hätte bringen sollen, begann er mit der vollständig überarbeiteten zweiten Fassung. Sie sollte ihn bis Januar 1959 beschäftigen, obwohl inzwischen unter anderem noch das Orchesterwerk *Estampes* H. 369 sowie der Operneinakter *Ariane* H. 370 entstanden. Am 24. Januar 1958 leitete Paul Sacher an der Spitze des Basler Kammerchors und -orchesters die Uraufführung von *Gilgamesch*, die sich zu einem der größten Erfolge in Martinůs Komponistenlaufbahn steigerte. Um diese Zeit dachte Martinů wieder ernsthaft an einen Besuch in der Heimat, wo seine älteren Geschwister beide krank lagen (und bald darauf kurz nacheinander starben). Ein reger Briefwechsel blieb aber wiederum ohne Ergebnis.

Somit verbrachten Martinůs den Sommer 1958 in Frankreich, und zwar an der Atlantikküste, in Royan und in La Baule. Es waren die ersten Ferien in seinem Leben, die der nun Achtundsechzigjährige mit seinen Tantiemen bezahlen konnte! Am 25. Oktober begab er sich für einige Tage nach Basel, wo Paul Sacher sein *Streichsextett* (H. 224) zum ersten Mal in der Fassung für Streichorchester aufführte. Kurz nach seiner Rückkehr in Nizza wurde er plötzlich von einer schweren Magenkrise heimgesucht. Das ärztliche Urteil war Besorgnis erregend: Er litt an einem Magengeschwür, das eine sofortige Operation erforderte. Er reiste sogleich wieder nach Basel, wo er am 14. November im Bürgerspital operiert wurde. Dort lag er drei Wochen. Im Bewusstsein seines ernsten Zustandes verfasste er sein Testament, in dem er seine Gattin zur Gesamterbin erklärte: Außer seinem künstlerischen Vermächtnis hatte er nicht viel zu hinterlassen! Anfang Dezember kehrte er auf den Schönenberg zurück, wo er nun in Sachers eigenem Haus wohnte. Seine wieder aufgenommene Arbeit galt der Vollendung der zweiten Fassung der *Griechischen Passion*, die am 15. Januar 1959 endlich abgeschlossen vorlag. Zehn Tage später wohnten Martinůs der deutschen Erstaufführung der *Juliette* in der Hessischen Staatsoper Wiesbaden bei. Für den Komponisten, der sein Lieblingswerk seit der Prager Uraufführung im Jahre 1938 nicht mehr gehört hatte, war diese Wiederbegegnung ein erschütterndes Erlebnis.

Wohl im Bewusstsein seines nahen Endes entfaltete Martinů nun zum letzten Mal seine ungeheure Schaffenskraft: Elf neue Werke entstanden in rascher Folge während der vier nächsten Monate. Ob instrumental oder vokal, zeugen sie fast alle von der stets innigeren Beziehung zur Heimat: Im *Nonett* (H. 374) umrahmen zwei fröhliche Beschwörungen der böhmischen Dorfmusiken eine erschütternde Klage nach der unerreichbaren Vysočina. Daneben schuf er zum ersten Mal ganz schlichte Kinderchöre. Die meisten dieser Spätwerke waren Aufträge aus der Tschechoslowakei. So fanden die künstlerischen Beziehungen zu dem Geburtsland zum Schluss auch endlich wieder eine Belebung, und im Zusammenhang mit der Wandlung der kulturpolitischen Verhältnisse wurden seine Werke nach jahrelangem Verbot in der Tschechoslowakei wieder häufig aufgeführt. Er sehnte sich, seine Heimat noch einmal wiederzusehen, doch verbot dies nun auch sein gesundheitlicher Zustand. Es bestand leider kein Zweifel mehr, dass er an Magenkrebs litt und dass es nunmehr eine Frage von Monaten sei.

Am 1. April begab er sich noch einmal nach Nizza. Dort begann die Arbeit an einem fünf Jahre alten Auftrag der „Israeli Music Publications“ in Tel-Aviv, dessen Direktor Peter Gradenwitz, den er während der Sommerferien 1954 in St. Moritz kennen gelernt hatte, ein Werk auf biblischen Text von ihm haben wollte. So entstand die letzte Komposition Martinůs, die wuchtige *The Prophecy of Isaiah* (*Weissagung des Jesaja*, H. 383), deren 2. Satz am 6. Mai 1959 vollendet wurde. Zwar dachte er noch an weitere Sätze, doch kam es nicht mehr dazu.

Am 23. Mai setzte eine neue schwere Magenkrise ein. Eine Woche später lag er im Sanatorium Liestal bei Basel, wo ihn der Chefarzt Dr. Scholer persönlich betreute. Die Geschwulst hatte sich derartig entwickelt, dass er von nun an künstlich ernährt werden musste. Zu dieser Zeit kamen die letzten Besuche aus der Heimat: der Pianist Josef Páleníček, der Dichter Miloslav Bureš und schließlich auch noch der Verleger Karel Šebánek (der mehrere seiner Kompositionen in seinem Melantrich-Verlag herausgegeben hatte, ehe dieser verstaatlicht wurde, und nun Leiter des Tschechischen Musikfonds war). So durfte er sich wieder einmal in seiner Muttersprache ausdrücken.

Am 30. Juni kehrte er auf den Schönenberg zurück, obwohl er dort täglich künstlich ernährt werden musste. Er wollte seine *Weissagung des Jesaja* weiterführen, kam aber über eine vierzigtaktige Skizze (H. 383 A) nicht mehr hinaus. Es sind jedoch nicht diese düsteren Töne der Mahnung, mit denen er von dieser Welt Abschied nahm. Sein letzter musikalischer Gedanke galt Polička. Die dortige Musikschule war nach ihm benannt worden, und die Schüler wünschten sich einen tönenden Wahlspruch aus der Feder ihres großen Landsmannes. Am 16. Juli schrieb die müde Hand diese letzte Zeile Musik (H. 384), in welcher er durch die frischen Kinderstimmen seiner Heimat den eigenen Namen besingen lässt. Während der letzten Wochen seines Lebens arbeitete er auch noch an der französischen Fassung seiner geliebten *Juliette*, die er praktisch vollenden konnte. Er war noch voller Zukunftspläne und dachte unter anderem an eine komische Oper nach Labiche, *Le plus heureux des trois*. „Nun", meinte der Todkranke, „will ich etwas schreiben, worüber sich die Leute ergötzen!" Wie Bartók bedauerte er, „mit vollen Koffern abgehen zu müssen".

Sein Zustand wurde jeden Tag schlimmer, es traten Atembeschwerden ein, seine Beine waren geschwollen und die Ernährung wurde stets schwieriger. Er wollte nicht zurück ins Sanatorium, da er ahnte, dass er es nicht mehr lebend verlassen würde. Am 3. August enthüllte ihm ein von Maja Sacher herbeigerufener Spezialist im Privatgespräch wie nahe das Ende war. Er nahm die verhängnisvolle Nachricht mit großer Ruhe an und sprach bloß ein leises „merci!". Wonach er am 8. August wieder nach Liestal geführt wurde. Während der letzten zwei Wochen des Leidens saß seine treue Gattin Tag und Nacht an seinem Bett. Still und friedlich sprach er über das reich erfüllte Leben, über die guten und bitteren Stunden. Über seinen Tod redete er, als sei es der eines fremden Menschen. Allen, die ihn pflegten und die ihm beistanden, zeigte er rührende Dankbarkeit. Maja Sacher sagte er einmal, er würde über sie viel Gutes im Paradies erzählen. Er schied in einem Zustand großen inneren Friedens als gläubiger Christ aus dieser Welt. Nie hatte er sich von seiner tschechischen Bibel getrennt. Am 16. August wurde er kirchlich vermählt. Er war es bisher nur bürgerlich gewesen. Er drückte den festen Willen aus, in Polička bestattet zu werden, sobald es die Verhältnisse gestatten würden. Es geschah aber erst in 1978, als Charlotte starb, volle elf Jahre vor der Befreiung seiner Heimat.

Am Donnerstag, den 27. August 1959, setzte eine Lungenentzündung ein. Am nächsten Morgen begann der letzte Todeskampf. Am Abend verabschiedete er sich noch im vollen Bewusstsein von seiner Gattin und von Paul und Maja Sacher. Um halb acht entschlief er friedlich. Er wurde an einem einsamen, stillen Waldrand auf dem Schönenberg zur Ruhe gelegt.

Der Mensch

Bohuslav Martinů war ein Mann von überdurchschnittlicher Statur (1,85 Meter), er war schlank und feingliedrig, auch in späteren Jahren. Über dieses jugendliche Gerüst (er hielt sich stets schön aufrecht) ragte ein längliches, auffallend schmales Haupt empor. Der dunkle Haarwuchs, der nur zögernd grau wurde, gab die hohe, edle Stirn frei. Die nicht sehr großen, aber lebhaften und ausdrucksvollen blauen Augen lagen ziemlich tief unter den Brauen. Die fein geformte, gerade Nase überdachte einen kurzen und wohlgeformten Mund und ein bescheidenes, wenig ausgreifendes Kinn rundete das feine Oval ab. Die länglichen, gewölbten Ohrmuscheln verrieten das feinfühlige Gehör. Zwei senkrechte Falten über der Nase ließen aber ahnen, dass unter dieser scheinbaren Zärtlichkeit Willen und Tatkraft keineswegs fehlten. Ein gutmütiges Lächeln konnte die Gesichtszüge zu fast kindlicher Freude und Unmittelbarkeit aufhellen, und unzählbare kleine Falten umgaben dann vorübergehend die Augenwinkel. Die Stimme war hell, aber nicht laut. Bis zu seiner letzten Krankheit war Martinů ein kerngesunder Mensch, und auch sein schlimmer Unfall im Jahre 1946 hinterließ erstaunlich wenig Spuren. Als er 1926 sein Orchesterwerk *La Bagarre* zu Serge Koussewitzky brachte, war dieser über die Reife des Stückes erstaunt, da er glaubte, sein Verfasser sei etwa zweiundzwanzig Jahre alt: Dabei war er damals sechsunddreißig! Auch die Fotos aus den Kriegsjahren in Amerika zeigen erstaunlich jugendliche und frische Gesichtszüge. Im reifen Alter rief seine hohe, elegante Silhouette mit dem feinen Kopf eher die Vorstellung eines Diplomaten als die eines Künstlers hervor. Auf einem kurzen Liebhaberfilm aus den fünfziger Jahren in Italien erinnert er aber mit seiner fast schlotterigen Gangart und dem schüchternen Lächeln unwillkürlich an den französischen Filmkomiker Jacques Tati.

In Martinů vereinigen sich böhmische und mährische Charakterzüge. Sein Geburtsort Polička gehört geografisch noch zu Böhmen, ethnisch aber schon zu Mähren. Der Böhme ist kraftvoll, energisch, hat starken Lebenswillen und kernigen, derben Humor. Seine Volksmusik ist vor allem rhythmisch und tanzend, seine Lebensauffassung realistisch. Der Mähre dagegen ist feinfühliger, verträumter, er stammt aus einer sanfteren, südlicheren Landschaft. Seine Volksmusik ist melodisch, lyrisch und elegisch, ihre Rhythmen sind geschmeidiger und weniger kräftig betont, durch sanfte Folgen von Terzen und Sexten im wiegenden Sechs- beziehungsweise Neunachteltakt gekennzeichnet.

In fremder Gesellschaft konnte Martinů wortkarg und versonnen sein, und viele haben ihn für menschenscheu gehalten, was er keinesfalls war. Er war eben eine träumerische Natur und scheute sich davor, aufzufallen oder aufdringlich zu sein. Auch im täglichen Leben galt sein Wahlspruch: „L'horreur de l'insistance".

Diese Zurückhaltung und Bescheidenheit betrafen auch seine berufliche Tätigkeit. Er hatte gar keinen Geschäftssinn und lebte fast bis zum Ende in verhältnismäßiger Armut. Seiner Gattin und seinen Freunden befahl er immer wieder, „keine Propaganda" für sein Schaffen zu machen; er wollte sich allein auf den eigenen Wert seiner Musik verlassen. Dieser schüchterne Mann war nämlich von seiner Berufung stets völlig überzeugt; mit stillem Starrsinn ging er unauffällig den Weg, von dem er fühlte, dass er ihm beschieden war. Schon am Anfang seiner schöpferischen Laufbahn war er überzeugt, dass die Zukunft ihm recht geben würde. Er lebte ganz für sein Schaffen und war gewiss einer der fleißigsten Komponisten in der Musikgeschichte. Neben dem Komponieren pflegte er stundenlang zu lesen, und er verbrachte viele Stunden bei Buchantiquaren. Die Pariser „Bouquinistes" waren eine der großen Freuden seiner Existenz, und in Amerika vermisste er sie sehr. Er hatte aber auch eine große Liebe für Blumen und Tiere. Jedes Mal, wenn er über ein Stück Garten verfügen konnte, pflegte er seine Blumen mit tiefer Beglückung. Und wie viele Male hat er einen verletzten oder vom Nest gefallenen Vogel aufgenommen und sorgsam gehütet!

In Amerika war sein Erfolg rasch und durchschlagend. Er hätte ihn leicht ausnutzen und ein Vermögen damit verdienen können. Doch die Methoden des Erfolges nach der Art des „American Way of Life" waren ihm fremd. So blieb er arm, und seine Gattin musste fast bis ins sechzigste Lebensjahr hart arbeiten. Wie wir schon aus seiner Biografie erfuhren, hatte sie es ohnehin schwer. Der Komponist brauchte vor allem Ruhe zum Schaffen, und die meisten Abende wurden zu Hause verbracht. Überdies duldete Martinů kein fremdes Personal im Hause, und auch die Mahlzeiten sollten nach Möglichkeit von seiner Gattin zubereitet werden (er hatte ihr tschechische Kochrezepte beigebracht). Obwohl er sie nie verließ, pflegte er stets Beziehungen zu anderen Frauen, und zwei davon wuchsen zu dauernder, leidenschaftlicher Liebe. Dieser große Arbeiter, dieser zurückgezogene Mensch war keineswegs ein Asket.

Mit tiefer, lächelnder Weisheit wusste er die Freuden des Lebens und die Schönheiten der Umwelt zu kosten. In seiner eigenen, stillen Weise war er ein echter Lebensgenießer, den eine schöne Landschaft, eine angenehme Gesellschaft, eine hübsche Frau oder ein köstliches Glas Wein beglücken konnten. Seiner Umwelt erschien er immer bei gleicher Laune, denn er war wenig mitteilsam und behielt seine Gefühle und seine Leiden für sich. Ein unentbehrliches Element seines täglichen Lebens waren die langen, einsamen Abendspaziergänge, während derer sich die vielen Gedanken des arbeitsamen Tages zu fruchtbaren Ergebnissen abklären konnten.

Durch einen amerikanischen Reporter (Januar 1942) erfahren wir, dass er früh aufstand und sofort nach dem Frühstück arbeitete. Er komponierte am Klavier, wo er die Grundrisse des Werkes festlegte, worauf die Ausarbeitung und die Reinschrift am Arbeitstisch erfolgten. Einige vorhandene Skizzen zeigen, wie rasch diese Ausarbeitung war. Manche heiklen Probleme wurden allerdings erst während der abendlichen Spaziergänge gelöst.

Martinůs geistige und literarische Interessen waren erstaunlich vielseitig. Nicht nur las er die großen Klassiker der Weltliteratur, Romane, Dichtungen, Theaterstücke, sondern auch ungezählte Bücher über Naturwissenschaft, Psychologie und Philosophie. Das erste Buch, das er sich in englischer Sprache vornahm, war eine Übersetzung von Oswald Spenglers *Untergang des Abendlandes*! Während des Krieges begeisterte er sich für Physik, Kosmologie und für die Theorie der Relativität, die seinem undogmatischen Geiste weit besser als jede Metaphysik entsprach. Besonders aber fühlte er sich durch die indische und die chinesische Weisheit angezogen. An der einen schätzte er vor allem die unermüdliche Suche nach Wahrheit und dem tiefen Sinn des Lebens, wie auch die Anwendung der Phantasie und der Erfindungskraft als schöpferisches Forschungsmittel nach einem höheren Bewusstsein, an der andern die Unbefangenheit des freien Denkens, die Verwerfung jeder offenbarten Wahrheit und die Betonung der menschlichen Beziehungen.

Unter seinen Zeitgenossen schätzte er besonders Antoine de Saint-Exupéry, Georges Neveux und Nikos Kazantzakis, die er alle drei persönlich kannte und die ihn zu wichtigen Schöpfungen inspirierten.

Saint-Exupéry, den er in New York während des Krieges traf, stand der fernöstlichen Weisheit auffallend nahe und drückte des Komponisten eigene Gedanken mit erstaunlicher Übereinstimmung aus. Martinů bemerkte einmal, seine ganze Lebensauffassung sei in den Inschriften zu den beiden ersten Sätzen der *Parabeln* (H. 367, siehe S. 264), die aus

Saint-Exupérys nachgelassenem Vermächtniswerk *La Citadelle* stammen, zusammengefasst, und fügte hinzu: „Nicht, wie das Leben sich entwickelt, sondern die Tatsache, dass es überhaupt existiert."

Der surrealistische Dichter Georges Neveux, den er schon Anfang der dreißiger Jahre in Paris kennengelernt hatte, war für ihn der Deuter der Traumwelt. Verträumt war Martinů ja seit je, und schon auf der Schulbank pflegte er in seiner inneren Welt Zuflucht zu suchen. Der Traum ist ihm aber nie der lähmende Gegner der Tat gewesen, und er hat ihn nie vom wahren Leben und von der Menschheit abgeschlossen. Im Gegenteil suchte er darin die tiefere Deutung der Wahrheit durch die Erforschung ihrer Verlängerung im geheimnisvollen Unterbewusstsein. Wie für die Surrealisten, wie für Georges Neveux, wurde ihm der Traum, zum Enthüller, zum Schlüssel, der die Entzifferung der diesseitigen Rätsel gestattet. Auch hier liegt Indien nahe. Über die Rätsel des Auslöschens des Zeitbegriffes, der Übereinanderschichtung von Vergangenheit und Gegenwart, über die Entdoppelung des Ich, endlich über die unmerkliche Umkehrung der Verhältnisse zwischen Traum und Wirklichkeit hat er sein Leben lang (schon im Ballett *Der Schatten* aus dem Jahre 1916) nachgedacht. Georges Neveux brachte ihm mit der *Juliette* die denkbar schönste dichterische Verkörperung seines langjährigen Suchens. Auch in seinem Schaffen pflegte Martinů sich weitgehend auf sein Unterbewusstsein und seinen Instinkt zu verlassen, der ihn außerhalb der vertrauten Formschablonen wundersam ausgewogene Strukturen als Ergebnis organischen Wachstums finden ließ.

Seinem Gedächtnis traute er weniger, und es war in der Tat nicht unfehlbar. Besonders was seine so zahlreichen Kompositionen betraf, war er sich öfters unschlüssig über ihre Entstehung. Er hat damit seinen Biografen die Arbeit nicht erleichtert. Sämtliche Werkverzeichnisse, die er zögernd und nach langem Drängen verfasste, sind lückenhaft und voller Irrtümer. Während der letzten Jahre schrieb er auf dem Schönenberg auf Paul Sachers Wunsch hin ein solches Verzeichnis, in dem es heißt: „Nach 1940 sind die Angaben mehr oder weniger zuverlässig; vorher ist es – ‚Mythologie'! ..." Und als er in den Kriegsjahren einmal seine Streicherpartita aus dem Jahre 1932 in einer Radioübertragung übertragen hörte, hatte er dieses Werk völlig vergessen und freute sich über seine Wiederentdeckung ...

Im Werk von Nikos Kazantzakis fand Martinů den Ausdruck seiner ethischen und sozialen Auffassungen, seiner Gefühle für die Mitmenschen, kurzum, seines von tiefem Christentum geprägten fortschrittlichen Humanismus. Der edle Idealismus des großen Griechen, seine glühende Leidenschaft in der Verteidigung der Unterdrückten, sein aus reinster christlicher Liebe schöpfendes Mitgefühl für die leidende Menschheit konnten bei einem Martinů nur begeisterte Teilnahme hervorrufen.

Das religiöse Gefühl stand jedem kirchlichen Formalismus fern. Er hat uns auch keine geistliche Musik im engeren, liturgischen Sinne hinterlassen. Christ war ihm der Mittler, der Bote des Friedens und der Brüderlichkeit, der Schöpfer auch des inneren Friedens und der Harmonie. Das bezeugen *What Men Live By* (H. 336) und *Mount of Three Lights* (H. 349), das bezeugt vor allem das erschütternde Ergebnis seiner Zusammenarbeit mit Nikos Kazantzakis, *The Greek Passion* (H. 372). Durch sein ganzes Schaffen leuchtet christliche Gnade: durch die franziskanische Einfachheit so vieler Melodien, durch die strahlende Freude oder die rührende Demut so vieler Sätze. Frau Martinů erkannte in fast jedem Hauptwerk ihres Gatten einen Augenblick, „wo sich der Himmel öffnet". Tatsächlich gibt es ihn fast immer, großartig wie am Schluss der *3. Symphonie* (H. 299) oder innig wie in der Mitte des letzten Satzes der *Sechsten* (H. 343). Aber auch den Gerichtsherrn besingt Martinů in Gott. Jede Form der menschlichen Ausbeutung oder Unterdrückung empörte ihn zutiefst und rief seinen heftigsten Protest hervor. „Solch eine Welt muss untergehen", mahnt Manolios am Ende der *Griechischen Passion*, und das letzte vollendete Werk, *The Prophecy of Isaiah* (Weissagung des Jesaja, H. 383), wiederholt diese Mahnung mit erneutem Nachdruck.

Obwohl Martinů sich politisch nie aktiv betätigte, war er ein überzeugter Demokrat und ein heftiger Feind jeder Art von Diktatur. Er bewies es, als seine Heimat von der nazistischen Unterdrückung heimgesucht wurde. Bekanntlich konnte er sich während seiner letzten Lebensjahre nicht zur Rückkehr in die inzwischen kommunistisch gewordene Tschechoslowakei entschließen: Das war die große Tragödie seiner Existenz. Aber nie sprach er ein Wort gegen sein Land, und als einige tschechische Emigranten des Senders „Voice of America" in München ihm auf seinem Krankenbett in Liestal eine Erklärung abringen wollten, wies er sie schroff aus dem Zimmer – mit ihnen hatte er nichts gemeinsam, in seinem Herzen weilte kein Groll, nur endloses Heimweh.

Die kurzlebige Hoffnung des Prager Frühlings 1968 und die darauf folgende grausame Unterdrückung hat er Gott sei Dank nicht mehr erlebt. In der ersten Ausgabe dieses Buches schrieb ich: „Martinů ist ein Sohn der tschechischen Nation, er gehört dorthin, und auch seine Grabstätte in freundlicher, aber fremder Erde darf nur eine vorläufige sein: in Polička wartet sein letzter Ruheplatz auf ihn.“ Dieser Wunsch hat sich inzwischen längst erfüllt.

Der Künstler

Quellen und Einflüsse

Am 4. August 1942, anlässlich eines Rundfunkkonzertes, wurde Martinů in einem Interview der „New York Herald Tribune" über die Quellen seiner Musik befragt. Er nannte in seiner Antwort die Volksmusik der Tschechoslowakei, das englische Madrigal der Renaissance und Debussy. Als vierte Quelle möchten wir das Concerto Grosso der Barockzeit hinzufügen.

Die Volksmusik versteht sich von selbst. Auf sie sind die meisten Eigenarten seiner Melodik und seiner Rhythmik zurückzuführen, also der eigentliche Urbestand seiner Tonsprache. Im Gegensatz zu Janáček oder zu Bartók unterzog er sie nie einer wissenschaftlichen Forschung, sondern schöpfte aus ihr ganz instinktiv. Im erwähnten Interview gesteht er, dass er manchmal echte Volkslieder verwendet habe, meistens aber Themen im Geiste der Volksmusik frei erfunden habe. Dies erinnert an Bartóks „eingebildete Folklore".

Der böhmische Volkscharakter drückt sich hauptsächlich durch rhythmische Elemente und eine kernige Lebensfreude aus. Diese Elemente treten vor allem in der volkstümlichen Bühnentrilogie aus den dreißiger Jahren und im lustigen „Marionettenstil" mancher Instrumentalwerke aus dieser und gelegentlich aus späterer Zeit, mit ihren fröhlichen Polkarhythmen, hervor:

1/ *Kytice*, H. 260, Intrada (5. Satz)

2/ *Nonett*, H. 374, 1. Satz

Wesentlicher aber ist der mährische Anteil. Seine typischen Melodiebildungen, darunter ein melodisches „Wahrzeichen“, dem man ab Mitte der dreißiger Jahre immer wieder begegnet (man beachte die aufwärts steigende Septime in zwei Sprüngen „a“ im folgenden Beispiel), sind unverkennbar mährisch:

3/ *Sinfonietta „La Jolla“*, H. 328, aus dem 1. Satz

Die meistens engen Melodieschritte mit ihrer weichen, kantablen Eigenart spiegeln die zärtliche, bald elegische, bald leidenschaftliche Stimmung der mährischen Volksweisen wider. Ihre wiegende, auffallend freie Rhythmik, mit der Vorliebe für Sechsachtel- beziehungsweise Neunachteltakte, findet am Anfang des 2. Satzes der *2. Symphonie* eine schöne Verkörperung:

4/ *2. Symphonie*, H. 295, 2. Satz

Das merkwürdigste Wahrzeichen von Martinůs Tonsprache aber ist harmonischer Art. Es ist die berühmte „mährische Kadenz“, die in der Kunstmusik zum ersten Mal in der großartigen Koda von Leoš Janáčeks Rhapsodie *Taras Bulba* (1918) erscheint (Janáček hat sie später nie mehr benutzt!), und die außer Martinů kein namhafter Komponist verwendet hat:

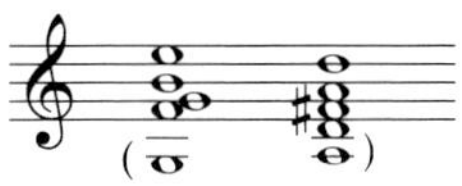

5/ *mährische Kadenz*

Diese für die mährische Heimat so typische Wendung, mit der unerwarteten, jedoch völlig konsonanten und trotz des Querstandes wohl klingenden Auflösung aus der 2. Stufe, hat für Martinů stets eine tiefere Bedeutung gehabt. Das zeigt zum Beispiel ihr erschütterndes Auftreten am Schluss des großen lyrischen Themas der *Juliette*, das die erste Erscheinung der Heldin im 1. Aufzug der Oper begleitet. Wir geben das ganze Thema als klassisches Beispiel der Verschmelzung melodischer und harmonischer Elemente mährischer Herkunft in Martinůs reifer Tonsprache wieder:

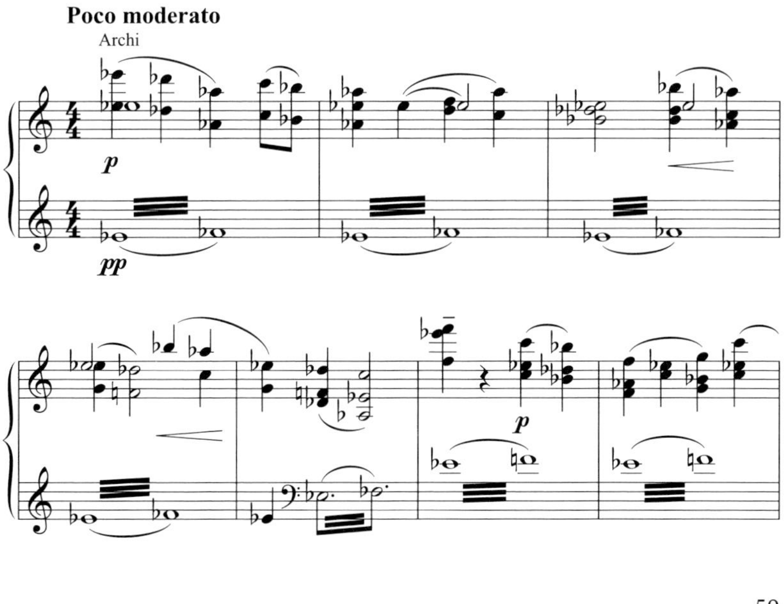

6/ *Juliette*, H. 253, 1. Aufzug, Klavierauszug S. 78

Wie weit diese Verschmelzung führt, sollen zwei weitere Beispiele zeigen. Das erste, aus dem Trio des Scherzos der *4. Symphonie*, soll Martinů einmal als seine schönste Melodie bezeichnet haben („weil sie natürlich ist“, meinte er dazu). Sie ist ganz frei erfunden:

7/ *4. Symphonie*, H. 305, 2. Satz, Trio

Das zweite, das große Hauptthema aus dem Finale der *5. Symphonie*, macht sich dagegen eine Volksweise (die leicht verändert im 1. Satz der *Sinfonietta „La Jolla"* erscheint) in freier Art zu eigen:

8/ *5. Symphonie*, H. 310, 3. Satz

Am unmittelbarsten ist der Einfluss der Volksmusik natürlich im umfangreichen Vokalschaffen über tschechisch-mährische Volkstexte zu spüren. Wenn Martinůs melodische Tonsprache vor allem vokale Prägung aufweist, so ist das an erster Stelle auf die Folklore zurückzuführen.

Das englische Madrigal der Renaissancezeit entdeckte Martinů am 5. Januar 1922 (im Interview meint er irrtümlich, es sei schon vor 1914 gewesen), als die „English Madrigal Singers" in Prag gastierten und Byrd, Weelkes, Bateson, Gibbons und Morley aufführten. Die ganz freie Polyphonie, die auf jede künstliche oder mechanische Fortspinnungstechnik verzichtet, Fuge und Imitation meidet und sich dadurch sowohl von den Niederländern als auch von J. S. Bach unterscheidet, war für ihn eine

Offenbarung. Nicht weniger beeindruckte ihn die rhythmische Freiheit dieser Musik, die jede periodische Symmetrie verwirft und sich abseits des Taktstriches entwickelt. Auch die biegsame, ganz der menschlichen Stimme angepasste Linienführung begeisterte ihn: Er fand in dieser Musik Merkmale, die ihn an die Volksmusik aus seiner Heimat erinnerten, und in der Tat fesselt das englische Madrigal heute noch unzählbare Musikfreunde durch seine seltsame Verschmelzung von schlichter Volksgebundenheit und kunstvoller Verfeinerung. Ein Beispiel aus Martinůs Spätschaffen soll die innige Zusammenfassung von Volksmusik und Madrigaltechnik zeigen.

9/ *Madrigals* (*Part-Song Book*), *Am Donaustrom*, H. 380

Wie tief und allumfassend der Einfluss der französischen Musik, besonders derjenigen Debussys, in Martinůs Jugend war, wie zögernd er ihn überwinden konnte und wie die heimatliche Volksmusik ihm dazu verhalf, wurde schon in der Lebensbeschreibung erwähnt. Dieser Einfluss war dreifach. Erstens wirkte er als Befreiung von der deutschen Nachromantik, die damals im Prager Musikleben allmächtig war. Er öffnete ihm ganz neue ästhetische Richtungen, die seiner Natur weit besser entsprachen. In Debussy fand Martinů die Abkehr von vorherbestimmten Formschemen, die Abscheu vor jedem übertriebenen Ausdruck (Verlaines „Prends l'éloquence et tords-lui son cou" könnte auch ihm als Leitwort dienen!), die bündige Eleganz der Aussage, die Reinheit und die Verfeinerung der Tonsprache. Was ihn nach Frankreich zog (man vergleiche seine Huldigung an seinen Lehrer Roussel, S. 25), war in Debussys Kunst mit unübertrefflicher Vollkommenheit zusammengefasst.

Zweitens hat Debussys harmonische Befreiung auf Martinů einen gewaltigen Eindruck gemacht. Bis in die reifste Schaffenszeit sind Einflüsse der Harmonik Debussys in seinem Werk deutlich zu verfolgen. Sie sind vor allem in seiner großen „französischen" Oper *Juliette* zu beobachten, einmal sogar in ganz naiver Nachahmung.

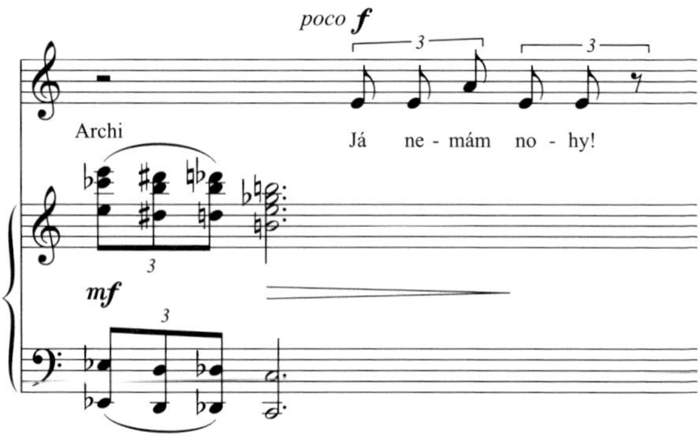

10/ *Juliette*, H. 253, 2. Aufzug, Klavierauszug S. 11

Vor allem erinnern manche harmonische Wendungen an *Pelléas et Mélisande*, wohl trotz allen Unterschieden die einzige Oper (auch Traumoper!) der Musikgeschichte, die mit *Juliette* innigere Beziehungen hat. Manchmal wird in der Musik von Michel der Schatten Golauds heraufbeschworen (ist er denn nicht, wie Golaud, die Verkörperung des menschlichen Schicksals?). Siehe diese herben, mannhaften Akkordfolgen:

11/ *Juliette*, H. 253, 1. Aufzug, Klavierauszug S. 114

Und die choralartigen Harmonien, die den Andenkenhändler begleiten, gemahnen an die ehrwürdige Figur Arkels: In beiden Fällen wird der Begriff des Alters bzw. der Vergangenheit zum tönenden Ausdruck gebracht.

12/ *Juliette*, H. 253, 2. Aufzug, Klavierauszug S. 129

In seinen letzten Jahren fand Martinů im Rahmen seines neoimpressionistischen Spätstils neue Anknüpfungspunkte mit der Tonsprache des großen Franzosen. Im folgenden Beispiel (harmonisch ein Wunderwerk) wird man auch auffallend an Sibelius' Tondichtung *Tapiola* erinnert (der Finne stand in seinem Spätschaffen ebenfalls unter dem Einfluss Debussys!), obwohl Martinů, der Sibelius nicht schätzte, dieses Werk wohl gar nicht kannte:

I
II
Fl.
III
I
Ob.
II
III
I
Clar.
II
III
I
II
Fag.
III
mf

I
II
Fl.
III
I
Ob.
II
III
I
Clar.
II
III
I
Fag.
II
III

13/ *Parabeln*, H. 367, 2. Satz

Drittens hat das Orchester Debussys zur Entwicklung von Martinůs Sinn für Klangfarbe entscheidend mitgewirkt. Dabei gelangt er von der sklavischen Nachahmung der Jugendwerke über eine Phase der radikalen Verwerfung (Anfang der Pariser Jahre) zur Wiederaufnahme auf der Stufe höchster und persönlichster Vollendung (*Juliette* und die symphonischen Spätwerke). Im Interview vom 4. August 1942 legte Martinů vor allem auf den „Geist“ (gemeint war die Kunstauffassung) der Musik von Debussy Nachdruck. Als sein Lieblingswerk bezeichnete er die *Nocturnes*. Der zeitweise Einfluss von Paul Dukas macht sich vor allem im Ballett *Istar* geltend, wie es die beiden Hauptthemen dieses umfangreichen Werkes bezeugen:

14/ *Istar*, H. 130, zwei Hauptthemen

Wir kommen nun zur vierten Hauptquelle, dem Concerto Grosso aus der Barockzeit, das Martinů in seinem Interview zwar nicht erwähnte, dessen Rolle in seinem Schaffen man aber gar nicht hoch genug einschätzen kann.

Das Concerto Grosso trat erst verhältnismäßig spät in sein schöpferisches Leben, gegen 1930, als er sich vor allem für Corelli (der sein Leben lang einer seiner Lieblingskomponisten bleiben sollte) und für Bachs *Brandenburgische Konzerte* begeisterte. Gewiss lag die Rückkehr zur Instrumentalkunst des Barock damals gewissermaßen in der Luft. Jedoch bedeutete sie für Martinů weit mehr als ein bloßes modisches Nachahmen, als unfruchtbares Herumspielen mit ein paar thematischen Formeln, die man mit „falschen“ Tönen versetzte. Keine Stilübung wie bei Strawinsky, auch wenn es bei Martinů einige Spuren einer solchen gibt. Im Concerto Grosso fand er die Verkörperung seines neuen Form- und Klangideals. Erstens gab es ihm die Möglichkeit, dem thematischen Dualismus der beethovenschen Sonatenform und dessen Folgen auf psychologischem und expressivem Gebiet zu entkommen; an seine Stelle trat die motivische Fortspinnung aus einer Urzelle, die sein ganzes reifes Instrumentalschaffen kennzeichnet und seine Neigung zur Klarheit, zur Fasslichkeit und zur Beherrschung des Ausdruckes weit befriedigender erfüllt. Zweitens kam das Concerto Grosso seiner klanglichen Vorstellung der „Kammermusik in sinfonischem Rahmen“, die ihm schon lange vorschwebte, unmittelbar entgegen. Dieses Wesen des Concerto Grosso bestimmte auch seine Erneuerung der Gattung der Symphonie (siehe S. 227).

Martinů selbst hat seine Auffassung in einem kurzen Aufsatz anlässlich der Uraufführung von *Toccata e Due Canzoni* in den „Mitteilungen des Basler Kammerorchesters“ klargestellt: „Der Unterschied zwischen jenen beiden Großformen (der Symphonie und des Concerto Grosso) ist in den Lehrbüchern der Musikgeschichte noch nicht genügend erklärt und hervorgehoben worden. Es ist nicht nur die Abwechslung von Soli und Tutti, die hier eine entscheidende Rolle spielt, wir sind hier im Herzen der absoluten Musik oder der Musik schlechthin. Hier besteht noch nicht jenes ausgesprochene Bedürfnis nach Farben und Instrumentaleffekten, nach klanglichen oder gefühlsmäßigen „Steigerungen“, die einen sonst so oft in eine Richtung drängen, in die man eigentlich gar nicht will, und die auch manchmal die melodischen Linien und die musikalischen Gedanken durch alte „Schemata“ verarmen lassen, die nichts mit der wahren Musik zu tun haben. Weniger sichtbare Gefühle und laute Klänge, dafür aber mehr dichte musikalische Formen: Das ist das Concerto Grosso.“

Die Beispiele 15 und 16 zeigen typische Concerto-Grosso-Motivbildungen, die, ohne ihre klassische Herkunft zu leugnen, sich vorzüglich zur Fortspinnungsarbeit eignen.

Allegro ma non troppo (♩ = 92 – 96)
gr. Fl.
I
Ob. II
III
I
Clar. II
(Si♭)
III
Cr. I
(Fa) II
Pno. I
Pno. II
Allegro ma non troppo (♩ = 92 – 96)
I
Vl. II
III
Vla.
Vc.
Cb.

15/ *Concerto Grosso*, H. 263, 1. Satz

I

Poco allegro (♩ = 120)
à 2
Fl. I II
f
Ob. I II
poco f
Fg. I II
poco f
Cr. (F)
mf
Poco allegro (♩ = 120)
I
Vl.
II
f
f
Vla.
f
I
Vc.
II
div.
f
f
Cb.
f

16/ *Sinfonietta Giocosa*, H. 282, 1. Satz

Es folgen zwei weitere Beispiele, diesmal langsamen Sätzen entnommen, die Martinůs Wiederbelebung der klanglichen und polyphonen Welt des Concerto Grosso in völlig neuem Stilgewand zeigen. Man bemerke, dass das zweite einer Symphonie, und zwar der dramatischsten von allen, der Dritten, entnommen ist.

II

17/ *Concerto da Camera für Violine und Streichorchester, mit Klavier und Schlagzeug*, H. 285, aus dem 2. Satz

18/ 3. *Symphonie*, H. 299, aus dem 2. Satz

Es bleibt eine Inspirationsquelle zu erwähnen, die erst seine letzten Werke, diese aber entscheidend, prägte: Es ist dies der Einfluss von Italien, der zur schillernden Klangpracht und zum sonnigen Glanz seines Orchesters beitrug, aber auch bisweilen seine melodische Erfindung bestimmte. Das folgende Beispiel kann wohl seine geografische Herkunft kaum verleugnen.

19/ *Parabeln*, H. 367, aus dem 3. Satz

Was für einen musikalischen Geschmack hatte nun Martinů, wer waren seine Lieblingskomponisten und welche lehnte er ab? Seine Quellen und Muster wurden schon erwähnt. Er liebte vor allem die Großmeister der Renaissance, Palestrina, Orlando di Lasso, die italienischen und englischen Madrigalisten, die ersten Pioniere des Oratoriums und der Oper: Cavalieri und natürlich Monteverdi. In seinen Spätjahren entdeckte er noch mit Begeisterung die herben, großartigen Polyphonien von Pérotin (12. Jahrhundert), die nach seiner eigenen Aussage die Chöre von *Gilgamesch* entscheidend beeinflusst haben. Unter den Meistern des Concerto Grosso schätzte er Corelli vor allen anderen wegen der Klarheit und Fasslichkeit seiner Tonsprache. Überhaupt fühlte er sich mehr zur italienischen und zur französischen Tonkunst hingezogen als zur deutschen, was ja seiner allgemeinen geistigen und ästhetischen Haltung entsprach. Von Bach schätzte er vor allem die *Brandenburgischen Konzerte* und die *Suiten* (das, was Bach mit Italien und Frankreich verbindet). Seiner Fugenkunst aber zog er die freie, vom Geiste der menschlichen Stimme geprägte Polyphonie der Renaissance vor. Wir wissen aus seinen Schuljahren, dass er die strengen Regeln des Kontrapunktes nie erfassen konnte. Mozarts Kunst blieb ihm stets das unerreichbare Ideal. In ihm, wie sonst nur noch in Debussy, fand er die Verkörperung der wundersamen Harmonie zwischen Geist, Herz und Materie. In ihm fand er die Bündigkeit der Form, die Ausgewogenheit der Aussage, die Reinheit des Ausdruckes und die Fähigkeit, den Hörer zutiefst zu erschüttern, ohne je die Grenzen der Schönheit und der Musik zu überschreiten. Bei Haydn, mit dem er auf dem Gebiet der Instrumentalmusik, besonders der Kammermusik, so viele Berührungspunkte hat, schätzte er die Weisheit, die Bescheidenheit, den Humor, die Freude am Handwerklichen, die reiche Erfindung neuer Formen innerhalb harmonischer, klassischer Grundsätze: Es könnte dabei auch von Martinů selbst die Rede sein, der diesem Meister mit seiner *Sinfonie Concertante* in B aus dem Jahre 1949 (H. 322) eine schöne Huldigung dargebracht hat.

Zu den Großen der deutschen Romantik hatte Martinů wenig Beziehungen. Beethoven gegenüber empfand er eine tiefe Ehrfurcht, und dessen Streichquartette waren ihm stets ein wahres Erlebnis. Eine Aufführung von Beethovens *Quartett* Opus 135 wurde zum Anlass der Komposition seines eigenen *6. Quartettes*. Und das anerkannte Muster seiner *3. Symphonie* (H. 299) war Beethovens *Eroica*. Auch Schubert liebte er sehr. Zu Brahms, ein Komponist, der vor dem Zweiten Weltkrieg in Frankreich kaum aufgeführt wurde, fand er erst in Amerika ein näheres Verhältnis, und er schätzte seine Musik in zunehmendem Maße. In manchen Kammermusikwerken der Amerikajahre, namentlich in deren Klaviersatz, ist ein gewisser Einfluss des Hamburger Meisters festzustellen.

Dagegen mochte er Wagner nicht, und Strauss hatte ihn nur vorübergehend am Anfang seiner Laufbahn beeinflusst. Auch die deutschen Nachromantiker, Bruckner, Reger und sogar der Deutschböhme Mahler, sagten ihm so gut wie gar nichts. Unter den Romantikern hatte er eine Vorliebe für Berlioz, den er häufig unter Václav Talich als Mitglied der Tschechischen Philharmonie spielte, und später besonders in der Interpretation seines Freundes Charles Munch schätzte. Er wollte sogar seine *6. Symphonie* ursprünglich *Nouvelle Symphonie fantastique* nennen. Auf seine Vorliebe für Debussy, Dukas, Roussel, Ravel brauchen wir nicht zurückzukommen. Unter den Zeitgenossen schätzte er besonders Strawinsky, aber auch Frank Martin. Arthur Honegger war der einzige unter den „Six“, den er wirklich bewunderte, und die Bewunderung war gegenseitig und äußerte sich in einer wahren Freundschaft. Was er über andere Große der Neuen Musik dachte, etwa über Bartók, Prokofieff, Schostakowitsch, Milhaud oder Hindemith, ist dem Verfasser dieses Buches nicht näher bekannt. Zum Stilkreis der Wiener Schule konnte er kein näheres Verhältnis haben, obwohl er die Kunst Alban Bergs sehr bewunderte.

Wie stand es mit seinen Vorfahren in der tschechischen Musik? Smetana, dessen Geburtsort in unmittelbarer Nähe des seinen liegt, hat er immer hoch geschätzt. Dessen gesunder Einfluss half ihm, um 1916 über den erstickenden Bann des Treibhaus-Impressionismus hinwegzukommen. Auch noch in manchen Spätwerken Martinůs ist die Gegenwart

Smetanas vernehmbar, wenn auch nur im Geiste: zum Beispiel in *Mirandolina* (H. 346). Und wer sich das großartige eröffnende Orchestertutti der Tondichtung Aus *Böhmens Hain und Flur* mit seinen mächtigen Synkopen und seinen parallelen Sexten einmal daraufhin anhört, wird hier eine Hauptquelle von Martinůs Symphonik entdecken (vgl. den Beginn der *1. Symphonie* bzw. der *Fresken*).

Über Antonín Dvořák pflegte Martinů in seinen ersten Pariser Jahren eher herablassend zu sprechen. Später fand er jedoch eine Beziehung zu diesem Meister, der neben ihm selbst der größte tschechische Schöpfer auf dem Gebiet der Kammer- und Orchestermusik gewesen ist. Im *7. Streichquartett* (H. 314) sind sogar deutliche Anklänge an Dvořák zu hören.

Mit Janáčeks eigenwilliger Kunst, mit seiner kühnen Genialität, konnte Martinů nur wenig Gemeinsames haben. Die ganz seltenen Begegnungen mit seiner Kunst (z. B. im Andante der *2. Symphonie*) vollziehen sich auf dem Gebiet der mährischen Volksmusik.

Seine Stellungnahme zu der damals neuesten Musik endlich, zum postwebernschen Serialismus der fünfziger Jahre wie zur elektronischen beziehungsweise konkreten Musik, war durch die Aufgeschlossenheit des fortschrittlich gesinnten Menschen gekennzeichnet: In seiner Musikbibliothek fanden sich zahlreiche Partituren von Boulez, Nono, Stockhausen und sogar Bo Nilsson. Er misstraute freilich der „Neuerung um jeden Preis" und wollte niemals Mittel und Ziel miteinander verwechseln, indem er stets an der Vorherrschaft der menschlichen Aussage über die bloße Technik festhielt. Einen neuen Ausdruck zu erzielen schien ihm wichtiger, als mit neuen Stilverfahren zu experimentieren. Und schließlich blieb er sich selbst stets treu: Er war ein Mann seiner Generation und versuchte niemals, die Jüngeren durch Anwendung technischer Neuerungen zu „überholen". Als er inmitten der römischen Sommerhitze am 2. Satz der *Parabeln* arbeitete, hörte ihn einmal seine Frau wunderschöne Akkordfolgen am Klavier spielen (wahrscheinlich waren es die aus Beispiel 13). „Das klingt doch ganz wie Debussy", rief sie ins Zimmer hinein. „Ist mir lieber, als wenn es Boulez ähnlich wäre", lautete die vergnügte Antwort.

Die künstlerische Auffassung und die Ausdruckswelt: Ethik und Ästhetik

Martinů war vor allem ein Humanist, und der unmittelbare Kontakt mit der Menschheit, mit der Menschheit seiner Zeit, war stets sein Hauptanliegen. Er wollte ihr Freude und Harmonie bringen und nicht ihr die Nerven zerstören (siehe den Kommentar zur *2. Symphonie*, S. 234). Auch meinte er, die Technik sei Sache des Fachmannes und sollte den Durchschnittshörer nicht bekümmern und seinem Verständnis nicht im Wege stehen. Die goldene Regel von Rameau, „Cacher l'art par l'art même", war auch Martinůs schöpferischer Leitfaden. Vor jedem Formalismus und jedem technischen Leerlauf zeigte er stets Abscheu. Nach der Aufführung des *Konzertes für zwei Klaviere und Orchester* (H. 292) bei den Festspielen von Besançon, im September 1955, kam eine Dame zu ihm und dankte ihm für die seelische Ermutigung, die diese Musik ihr in einer schwierigen Phase ihres Lebens gegeben habe. Auf solche Zeugnisse war Martinů besonders stolz, und sie beglückten ihn mehr als die großartigsten Rezensionen. Bei einer Uraufführung war er vor allem darum besorgt, dass seine menschliche Botschaft verstanden wurde. War Martinů ein Ausdrucksmusiker? Ja und nein. Er hat kaum ein Werk geschrieben, das nicht eine gefühlsmäßige Erfahrung dokumentiert, doch es war ihm auch stets bewusst, dass zur Vollendung eines Kunstwerkes eine zeitliche und psychische Distanzierung unerlässlich sei. In unveröffentlichten handschriftlichen Notizen aus dem Jahre 1943 schreibt er: „Ein Mensch, der von einem Gefühl überwältigt ist, ist dadurch momentan verhindert, es auszudrücken." Er fügt hinzu: „Gefühl in Gemütsruhe wieder heraufbeschwören" und „Im Falle äußerster Erschütterung ergibt sich Verwirrung." Diese Haltung ist die eines Klassikers im mozartschen Sinne, nicht die eines Romantikers. Aus einem der Tagebücher aus dem Sommer 1943 lesen wir: „Ich schätze die von meinen Werken am höchsten, die eher unpersönlich sind. *Trio* (*Cinq pièces brèves*, H. 193) *Tre Ricercari* (H. 267). Absolute Vollkommenheit ist unpersönlich." Und er bemühte sich zeit seines Lebens nie, ein so hochsubjektives Werk wie etwa das *Streichquartett Nr. 5* aufführen oder drucken zu lassen. Und doch ging es ihm um die menschliche Berührung im beethovenschen Sinne. Seine Haltung war allerdings niemals egozentrisch; er wollte weniger seine eigenen Gefühle der Umwelt mitteilen als versuchen, den Gefühlen der Menschheit einen abgeklärten und dadurch allgemein gültigen

Ausdruck zu verleihen. Dazu steht in den erwähnten Aufzeichnungen: „Die künstlerische Darstellung kann auch bedeuten, dass das Kunstwerk dem Hörer etwas über das Wesen seiner *eigenen Weltanschauung* (von Martinů unterstrichen) mitteilt."

Solche eine Auffassung deckt sich mit seiner Vorliebe für die einfachsten Vorwürfe aus dem alltäglichen Leben. Sie hat aber die Ablehnung jeder grundlosen Aggressivität zur Folge und damit die scheinbare Einfachheit seiner Tonsprache. Martinůs Musik ist für den Durchschnittshörer nur in seltenen Fällen „schwer". Sie ist fast immer wohl klingend und, für damalige Verhältnisse, auffallend konsonant. Inzwischen haben ja Konsonanz und Harmonie in der zeitgenössischen Musik häufig einen neuen Platz zurückgewonnen. Die meisten Berufskritiker haben ihn damals daher als einen „Traditionalisten" bezeichnet, was freilich mit der verblüffenden Neuheit (und der allerdings sorgfältig verhehlten Kompliziertheit) seiner Tonsprache keineswegs übereinstimmt. Nur ist das Mittel bei ihm stets hinter dem Zweck versteckt, da das Handwerk („wie es gemacht wird") die Angelegenheit des Schöpfers oder des Fachmannes bleiben soll und das Publikum nichts angeht. Die meisten zeitgenössischen Komponisten pflegen, ohne dass dies mit dem Wert ihres Schaffens etwas zu tun hat, ihre technischen Neuerungen und „Kühnheiten" gern hervorzuheben. Nicht so die alten Meister, man denke an Mozarts angeblich „leichte" Musik und an die herablassenden Urteile des romantischen Zeitalters über sie! Auch Martinů geht es vor allem um eine unmittelbare Fasslichkeit des Ausdrucks, er möchte die Aufnahmefähigkeit des Hörers nicht beeinträchtigen. Dies trifft besonders für seine Harmonik zu, die scheinbar glatt und konsonant wirkt, unter ihrem Wohlklang aber bei näherer Untersuchung ein überaus kunstvolles Übereinanderschichten verschiedenster Tonarten und rücksichtslose Tonreibungen aufweist.

Was Martinůs Arbeitsmethode betrifft, haben wir schon feststellen können, dass er leicht und schnell komponierte. Wir haben aber auch erfahren, dass er, wie ein Haydn unserer Zeit, ein äußerst fleißiger Künstler war. Dem Leitwort „Nulla dies sine linea" ist er seit seinem zwanzigsten Lebensjahr treu geblieben. Wie Strawinsky war er vom Wert der handwerklichen Arbeit des Alltags fest überzeugt. „L'inspiration vient en travaillant comme l'appétit vient en mangeant" (Die Inspiration kommt beim Arbeiten wie der Appetit beim Essen), meint der Russe, und Martinů drückt es wie folgt aus (Notizen von 1943): „Das Spontane in der Kunst wird durch vollkommene Vertiefung in das Arbeitsthema erreicht. Spontaneität ist das Ergebnis von längerer schöpferischer Tätigkeit."

Der Begriff „Spontaneität" ist ein Hauptschlüssel zur Kunst Martinůs. Er hat sich stets auf sein Unterbewusstsein und auf seinen Instinkt verlassen, wenn eine scheinbar unlösbare Schwierigkeit ihm im Wege stand. Er war davon überzeugt, dass unausgeschriebene, geheimnisvolle Gesetze der allumfassenden Weltharmonie auch die schöpferische Tat des Künstlers bestimmen, und dass die Lösung vieler Probleme der Komposition aus dem Jenseits der Traumwelt erforscht werden muss, um dann im hellen Tageslicht des Diesseits entziffert und verwertet zu werden.

Martinů war ein Schöpfer der Freude in seinem eher freudlosen, inzwischen noch finsterer gewordenen, Zeitalter. Auch wenn er uns in seinen dramatisch bewegendsten Werken zu Tränen erschüttert (*Double concert*, H. 271; *3. Symphonie*, H. 299; *Griechische Passion* H. 372), ist stets ein versöhnender Ausklang vernehmbar, der uns zu trösten weiß. Töne der Verzweiflung sind selten zu hören, und immer werden sie zum Schluss ausgeglichen. Auch die Sehnsucht nach der Heimat, die besonders in seinem Spätschaffen hervortritt, ist mannhaft, niemals niederdrückend.

Wie oft dagegen weiß Martinů uns durch seine zündende Lebensfreude mitzureißen! Besonders seine rhythmische Eigenart und seine einmalige Agogik der Geschwindigkeit, die auch bei gemäßigtem Tempo den Eindruck großer Schnelligkeit hervorruft, tragen dazu bei. Martinůs Ausdruckswelt ist erstaunlich reich und umfassend. Nur fehlt jede Unklarheit, jede Zweideutigkeit in seinem Schaffen. Gehässigkeit, Ironie und Spott finden in seiner Tonsprache keinen Ausdruck: Man erinnere sich an die beiden Stellen in der zweiten Fassung der *Griechischen Passion*, wo die Musik fehlt! Auch schwüle Sinnlichkeit ist in seinem Schaffen nicht vorhanden, aber er weiß wohl für leidenschaftliche Liebe die Töne heftigster Erregung anzuschlagen (*Juliette*, H. 253; *The Epic of Gilgamesh,* H. 351; *Greek Passion*, H. 372) und in einigen großen Instrumentalwerken).

Seine am mozartschen Vorbild geschulte Zurückhaltung der Aussage, seine Abneigung gegen übertriebene Beredsamkeit („horreur de l'insistance") äußern sich nicht nur in der Bündigkeit der Form (fast keines seiner Instrumentalwerke überschreitet eine halbe Stunde Aufführungsdauer, und das Epos der *Griechischen Passion* hat er auf weniger als zwei Stunden zu verdichten gewusst!), sondern auch in der Bescheidenheit des Instrumentalaufwandes wie in seinen Angaben für Tempo und Dynamik. „Poco", „moderato", „non troppo" usw. sind Anweisungen, denen wir in seinen Partituren immer wieder begegnen und die der tönenden Wirklichkeit nicht immer entsprechen: Wie viele „Moderatos" sind in der Tat zündende Allegrosätze! Und wie oft klingt sein Kammerorchester, als spielten hundert Mitglieder einer Philharmonie!

Der stilistische Werdegang

Man kann vier stilistische Perioden in Martinůs Schaffen unterscheiden, die den Hauptabschnitten seines Lebenslaufes entsprechen.

1. Die Jugendperiode (bis zur Abreise nach Paris). Der entscheidende Einfluss von Debussy und von der französischen Schule der Impressionisten wirkt sehr stark und sogar hemmend auf die Eingebung des jungen Komponisten. Eine befreiende Gegenwirkung erzielen allmählich die heimatliche Volksmusik, andeutungsweise schon vor 1914 unter anderem in den vielen kleinen Liedern und den *Loutky* für Klavier, und das Beispiel der großen tschechischen Klassiker, ab 1915/16 vor allem Smetana, gelegentlich auch Dvořák, zum Beispiel im *1. Streichquartett* (H. 117). Bis 1923 wird der impressionistische Hauptstrom, der im Ballett *Istar* seinen Gipfelpunkt erreicht, immer wieder von Schöpfungen im klaren, schlichten Nationalton (unter anderem *Stín/Der Schatten*, H. 102; die *Sechs Klavierpolkas*, H. 101; das verschollene Ballett *Koleda*, H. 112; die *Tschechische Rhapsodie*, H. 118 und die *Kleine Tanzsuite*, H. 123) unterbrochen. Das im letzten Prager Jahr 1922 entstandene Ballett *Kdo je na světě nejmocnější?* (*Wer ist der Mächtigste auf der Welt?* H. 133) nimmt in seiner Abkehr vom Impressionismus, in der Anwendung neuer Stilmittel (Polytonalität, Jazz) und in seinem köstlichen Humor die nächste Stilstufe schon vorweg.

2. Die Pariser Jahre (1923–1940) zerfallen in zwei Phasen. Bis 1930 sind es Jahre der Assimilierung neuer Stilmittel und des Durchbruchs zu eigener Aussage. Nach kurzer schöpferischer Pause findet Martinů in *Half-Time* (H. 142, 1924) zum ersten Mal seine eigene Tonsprache, wenn auch unter dem vorübergehenden Einfluss Strawinskys. 1925 entsteht sein erstes vollgültiges Meisterwerk auf dem Gebiet der Kammermusik (*2. Streichquartett*, H. 150) und im folgenden Jahre das erste auf dem Gebiet der Symphonik (*La Bagarre*, H. 155). Es sind Jahre des rastlosen Schaffens und auch gelegentlichen Experimentierens: Auseinandersetzung mit dem Neoklassizismus (1925 bis 1926), mit der Jazzmusik (1927–1930), mit der Oper (ab 1926), mit dem Ballett, Ende 1929 sogar mit den Grenzen der

Tonalität (*Phantasie für zwei Klaviere*, H. 180; *3. Streichquartett*, H. 183). Die Tonsprache dieser Jahre ist herb und kräftig, völlig unsentimental. Die melodische Erfindung ist bündig und klar, die Rhythmik weitgehend beherrschend, kantig und scharf, bisweilen motorisch, die Harmonik dissonierend und polytonal, manchmal mit auffallender Kühnheit, die Polyphonie dicht und manchmal verwickelt, die Instrumentation kernig und herb, ohne ins Spröde zu verfallen, der Formumriss ausgewogen. In diesen Jahren der Reaktion gegen die Vergangenheit treten der Impressionismus völlig und das Tschechisch-Volkstümliche weitgehend (aber nie ganz) zurück. Es ist die Phase des weltbürgerlichen Mitglieds der „Ecole de Paris".

Ab 1930 sind alle äußerlichen Einflüsse endgültig überwunden. Martinů ist der Meister seiner eigenen Tonsprache. Mit den *Cinq pièces brèves für Klaviertrio* (H. 193, 1930) verwirklicht er zum ersten Mal sein Ideal einer freien Polyphonie. Im selben Jahre beginnt seine Auseinandersetzung mit dem Concerto Grosso, das von nun an seine ganze künstlerische Auffassung bestimmt. Martinů hat den Wendepunkt erreicht, wo er wieder ein Nationalkomponist wird und dem Volksgeist seiner Heimat in einer Reihe hochorigineller Bühnenwerke huldigt. Es entsteht die große volkstschechische Bühnentrilogie *Špalíček* (H. 214, 1931-1932), *Hry o Marii* (*Die Marienspiele*, H. 236, 1933/34), *Divadlo za bránou* (*Das Vorstadttheater*, H. 251, 1935/36), zu der sich die beiden Funkopern *Hlas lesa* (*Stimme des Waldes*, H. 243) und *Veselohra na mostě* (*Komödie auf der Brücke*, H. 247; beide 1935), die große Kantate *Kytice* (*Blumenstrauß*, H. 260, 1937) und mehrere Chorsammlungen gesellen. Auch die Instrumentalmusik erhält eine stets zunehmende tschechische Prägung. Der „französische" Martinů aber schenkt uns das Wunderwerk der Juliette und auch manche Instrumentalwerke. Der Einfluss der heimatlichen Folklore bringt als Kennzeichen der frühen Dreißigerjahre Martinůs jenen merkwürdigen „Marionettenstil" hervor, der mit seinen drolligen, trippelnden Polkarhythmen (viel Staccato), seiner köstlich gepfefferten polytonalen Harmonik, seiner trockenen, lockeren, farbenfrohen Instrumentation und seinem Ausdruck froher Laune an die Holzschnitte (Špalíček) und an die zierlichen Tanzpuppen der heimatlichen Volkskunst gemahnt. Später wird der melodische Atem breiter, der Ausdruck ruhiger und lyrischer, und dementsprechend tritt nun mehr das mährische Volkselement in den Vordergrund. Die Harmonik entschärft sich unmerklich, mit einem deutlichen Hang zur Pankonsonanz, und die Stimmführung beschwört mehr und mehr vokale Vorstellungen herauf. Die Instrumentation lässt nun einer großzügig-schwebenden Streicherlyrik mehr Platz, während das Klavier als rhythmisches Instrument etwas zurücktritt, um eher eine Bereicherung der Tonfarbe und der Agogik (mittels üppigen Figurationswerkes) zu bringen. Nach dem Abschluss des kleinen Einakters *Alexandre Bis* (Frühjahr 1937) tritt das Bühnenschaffen für die nächsten elf Jahre ganz zurück. Im Jahre 1938 erreicht Martinů einen Gipfelpunkt in seinem Schaffen mit dem *Concerto Grosso*, den *Tre Ricercari*, dem *5. Streichquartett*, dem *Klavierconcertino* und dem großartigen *Doppelkonzert*.

3. Die Jahre in Amerika (1941-1953) kann man ebenfalls in zwei Perioden teilen. Nach einer kurzen Anpassungszeit - das herrliche *Concerto da Camera* für Violine (H. 285, 1941) gehört als reines Concerto Grosso eigentlich noch in die Stilsphäre der letzten Pariser Jahre - beginnt die Zeit der großen Symphonien. Sie erstreckt sich bis 1946, bis zum Abschluss der *5. Symphonie* (H. 310), und bringt eine reiche Ernte von konzertanten Werken und von Kammermusik, während das Vokalschaffen bis auf einige volkstschechische Lieder ganz zurücktritt. Es ist dies die „klassische" Stilphase in seinem Schaffen, die Zeit des ästhetischen Ausgleichs. Die weiten Melodiebögen entfalten sich im Rahmen freier, synkopenreicher Rhythmik, mit einer Vorliebe für wiegende oder schwingende Sechsachtel- und Neunachteltakte statt der harten Rhythmik der dreißiger Jahre. Die Agogik befreit sich dabei in zunehmendem Maße vom Taktstrich. Die neu gewonnene epische und lyrische Ruhe äußert sich auch in der stets durchsichtigeren, einfacheren Harmonik und in der kantablen Stimmführung. Im Orchester überwiegt nun satter Streicherklang, vom Schwarm der Holzbläser und von Klavierfigurationen umgeben. Die Formschemata werden freier und breiter, bleiben jedoch stets ausgewogen und bündig. Es ist in Martinůs Schaffen eine Zeit der Erfüllung und der Ernte.

Im Juli 1946 erfolgt der schlimme Unfall, aber schon im vorangehenden Winter waren Zeichen der Enttäuschung und der Ermattung eingetreten. Bis etwa 1951 folgen einige weniger fruchtbare Jahre; die Werke werden seltener und kürzer, wenn auch einige Meisterwerke darunter sind. Ab 1948 erfolgt die Rückkehr zur tschechischen Volksquelle und somit zur Vokalmusik; im selben Jahr schreibt Martinů auch wieder ein Bühnenwerk (sein letztes Ballett, *The Strangler/Der Würger*, H. 317, 1948), dem bald neue Opern folgen werden.

Die Stilwandlung zu den letzten Schaffensjahren vollzog sich nicht auf einmal, und die unmerkliche Schwelle der Jahre 1951/52, als die

6. Symphonie Gestalt annahm, liegt noch vor seiner Rückkehr nach Europa. Auch der Oper wandte er sich mit den beiden für das Fernsehen geschriebenen Werken *What Men Live By* (*Wovon die Menschen leben*, H. 336, 1951/1952) und *The Marriage* (*Die Heirat*, H. 341, 1952) schon damals wieder zu.

4. Martinůs letzte Schaffensphase fällt weitgehend mit seinen letzten Europajahren (1953–1959) zusammen. Sie wird gekennzeichnet durch eine neue Freiheit der Form und der Struktur, durch die Abkehr von der „Geometrie" zugunsten der Fantasie (Martinůs eigene Worte), durch die stets engere Beziehung zur fernen Heimat und zu ihrer Volksmusik und durch den wichtigen Platz des Vokalen in seinem Schaffen. Die Zusammenwirkung von formaler Freiheit und vom sonnigen Einfluss der Aufenthalte in Nizza und in Italien führen zu jener schillernden Orchesterpracht und melodischen Üppigkeit italienischer Prägung, zu jener harmonischen Verfeinerung, die dieser Spätphase den Charakter eines Neu-Impressionismus, einer faszinierenden Verschmelzung slawischer und romanischer Stileigenarten, verleihen. Es sind die Jahre letzter Reife, die Jahre des befruchtenden Rückblicks und der Synthese. Zu der großen Liebe seiner Jugendzeit, Debussy, findet Martinů ein neues, originelles Verhältnis, während zahlreiche Chor- und Vokalwerke den wieder neu gewonnenen Anschluss an die Heimat dokumentieren. Im letzten, noch erstaunlich fruchtbaren Schaffensjahr herrscht sogar in den Instrumentalwerken wie dem *Nonett* (H. 374) und den *Variationen über ein slowakisches Lied* (H. 378) der nationale Charakter vor. Schließlich findet während dieser Jahre auch sein soziales und humanes Empfinden in betont geistlicher Prägung verstärkten Ausdruck. Nach den Meisterwerken des Neoimpressionismus, der *6. Symphonie* (H. 343), den *Les Fresques de Piero della Francesca* (H. 352), *Les Paraboles* (H. 367) und der *Incantation* (4. Klavierkonzert, H. 358) ist die Zeit des letzten Vermächtnisses durch die *Griechische Passion* (1956–1959) gekommen.

Die Tonsprache

Im Rahmen eines Handbuches müssen wir auf musiktechnische Analysen verzichten, und so beschränken wir uns hier darauf, das bisher gewonnene Bild zu vervollständigen und den Grundriss durch einige Beispiele zu beleben.

Wir haben bereits darauf hingewiesen, wie sehr Martinůs *Melodik* dem Geiste der menschlichen Stimme verpflichtet ist. Die darin zum Ausdruck kommende Bindung an die heimatliche Volksmusik erklärt auch ihren dem germanischen, vor allem dem romantisch-expressionistischen Stilkreis fremden Charakter, der eher zur französischen Musik, vor allem zu Debussy, neigt. Martinů bevorzugt kleine Melodieschritte unter Vermeidung von zu großen oder dissonanten (wenig singbaren) Sprüngen, Diatonik, modale Wendungen, besonders die mixolydische Septime der mährischen Volksmusik, die auch in der Tonsprache Janáčeks eine große Rolle spielt. Auch der aufsteigende Oktavsprung beziehungsweise die aufwärts steigende kleine Septime mit Zwischenschritt über die kleine Terz (siehe Beispiel 3) gehört zu den Eigenarten seiner Melodik. Die typische Tonfolge h-cis-e-h beherrscht auch die großartige Triumphhymne in E-Dur am Schluss der *3. Symphonie.*

Welch genialer Melodiker Martinů war, bezeugen zwei herrliche lyrische Seitenthemen aus seinen Symphonien:

20/ *4. Symphonie*, H. 305, aus dem 4. Satz

21/ 6. *Symphonie*, H. 343, aus dem 1. Satz

Neben der großen Bedeutung der Melodie spielt das Thema bei Martinů kaum eine Rolle. Auch wenn er Melodiebildungen erfand, die den Erfordernissen eines wahren Themas entsprechen, unterzog er sie nur ganz selten einer Durchführung oder Ausarbeitung im beethovenschen Sinne. Solche scharf geprägten, geschlossenen Themen fehlen in seinem Schaffen keineswegs, und aus manchen hätte ein anderer Komponist eine große Sonatendurchführung entwickelt. Zwei überzeugende Beispiele:

22/ 1. *Cellosonate*, H. 277, 1. Satz

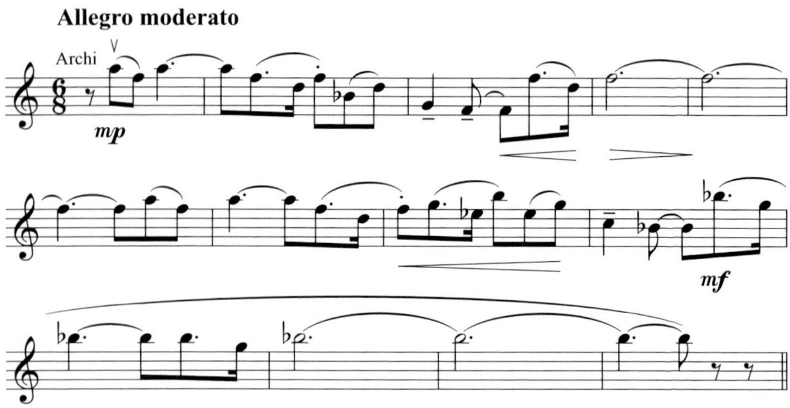

23/ *2. Symphonie*, H. 295, 1. Satz

Er bevorzugte die motivische Fortspinnungsmethode des Barock, eine kurze Urzelle, die sich organisch zu üppigen Melodiebildungen entwickelte. Dieser „offenen“, asymmetrischen Form, in der höchstens ein kurzes „da capo“ am Schluss des Satzes die klassische Wiederholung vertritt, entsprechen „offene“ Melodiestrukturen, denen die Prägnanz und der scharfe Umriss des klassischen Themas fehlen. Dies hat zur Verwirrung jener beigetragen, die seine Werke mit riemannschen Methoden zu analysieren suchten.

Der Urkeim einer großen Symphonie kann ganz unscheinbar sein (*3. Symphonie*: e-f-dis-e, vergleiche Beispiel 24; *4. Symphonie*: f-d-f, vergleiche Beispiel 25; *6. Symphonie*: f-ges-e-f bzw. f-e-ges-f). Das folgende Beispiel gibt die ersten Takte der *3. Symphonie* wieder, es zeigt zugleich die Vorzüge von Martinůs Fortspinnungstechnik und die Dichte seines polyphonen Denkens (man beobachte auch die kühnen Tonreibungen!) (siehe nächste Seite).

Allegro poco moderato (♩ = 100)
Harp
Piano
8b
Allegro poco moderato (♩ = 100)
Violins I
Violins II
Violas
pizz.
Violoncellos
pizz.
Doublebasses
pizz.
Ob. I II
à 2
Clar. I (B) II
à 2
Pno.
8b
Vl. I
Vl. II
Vla.
arco

24/ *3. Symphonie*, H. 299, Beginn

Aus der Urzelle der *4. Symphonie* wächst allmählich folgende schöne Melodie empor.

25/ *4. Symphonie*, H. 305, aus dem 1. Satz

In ähnlicher Weise wird das große Thema aus dem Finale der *5. Symphonie* (siehe Beispiel 8) aus der Urzelle f-ges-es gewonnen.

Eines der schönsten Beispiele freier, endloser, nicht thematisch gebundener Melodik ist im 1. Satz der *1. Symphonie* zu finden. Zugleich zeigt es Martinůs freie Synkopierung und seine Unabhängigkeit vom Taktstrich. Solche Bildungen folgen nur den Gesetzen der menschlichen Physiologie, des Pulses und des Atems. Sie sind rein vokal empfunden:

26/ *1. Symphonie*, H. 289, aus dem 1. Satz

Ähnliches kann auch vom Anfang des *Concerto da Camera* für Violine (H. 285) gesagt werden.

Auf die Bedeutung der *Rhythmik* in seiner Tonsprache hat Martinů in dem erwähnten Interview vom 4. August 1942 mit besonderem Nachdruck hingewiesen. „Das ist, weil ich ein tschechischer Komponist bin", erklärte er, „und die tschechische Volksmusik ist scharf rhythmisch." Die

Synkopierung der Jazzmusik, mit der er sich bekanntlich während der zwanziger Jahre eingehend auseinandersetzte, schien ihm mit derjenigen der tschechischen (bzw. mährischen) Volksmusik wesensverwandt.

Die folgenden Beispiele zeigen die Entwicklung vom vierkantigen, polkaartigen „Marionettenstil" der frühen dreißiger Jahre (Beispiele 27 und 28, siehe aber auch Beispiele 1 und 2) über die synkopenreiche Geschmeidigkeit der vierziger Jahre (siehe Beispiele 7, 8, 21, 24 und besonders 26), bis zur totalen Freiheit der letzten Zeit, die durch die Miteinbeziehung irrationaler Notenwerte einem „notierten Rubato" oft sehr nahe kommt (Beispiel 29, siehe aber auch Beispiele 13, 19 bzw. 40):

27/ *Serenade für Kammerorchester*, H. 199, 4. Satz

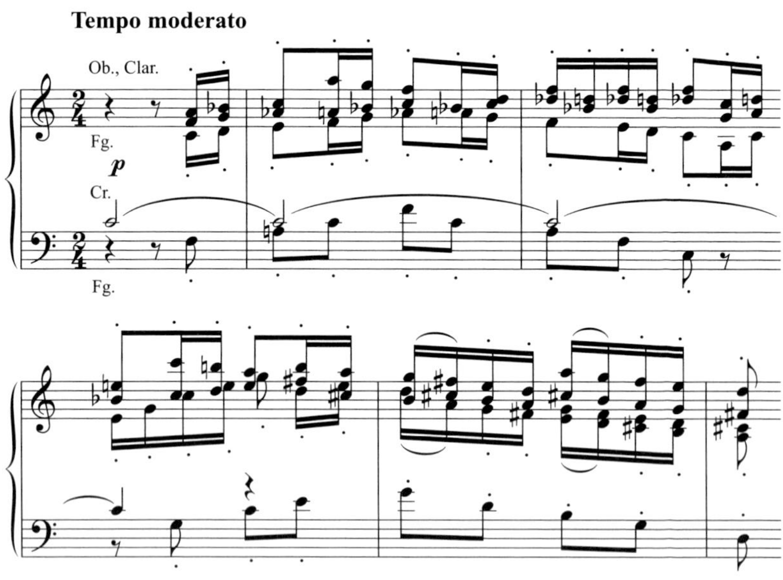

28/ *Streichquartett mit Orchester*, H. 207, 3. Satz

29/ *5. Klavierkonzert, „Fantasia Concertante in B“*, H. 366, 1. Satz

Martinů war zu seiner Zeit einer der letzten großen *Harmoniker* der Musikgeschichte, zugleich ein Vorläufer der heutigen Wiedergeburt der Harmonie. Er hat den Bereich der Konsonanz entscheidend erweitert, zu einer Zeit, in der fast alle seine Zeitgenossen auf die Dissonanzen zugingen, und es schien, als gäbe es auf dem Gebiet der Konsonanz kaum noch etwas zu entdecken. Martinů war damals auch der letzte Meister, der sich fest an die Tonart hielt, sie jedoch kühn und neuartig zu erweitern wusste. Von der Panchromatisierung und der Atonalität Wiener Prägung wendeten ihn alle Merkmale seiner Tonsprache und seiner menschlichen Natur ab. Die Zwölftontechnik verwarf er zwar nicht, er konnte ihre Ergebnisse sogar bewundern, für ihn konnte sie aber nicht den geringsten Zweck haben, sie lag außerhalb seiner klanglichen Welt. Aber mit der Polytonalität, dem Übereinanderschichten verschiedenster Tonarten, hat er sich eingehend beschäftigt. Seine Anwendung dieses Stilmittels ist ganz persönlich und hat zum Beispiel mit der eines Milhaud, Strawinsky oder Prokofieff nichts gemeinsam. Seinem Lehrer Roussel steht er zwar in der *Serenade* (H. 199), die er ihm widmete (vielleicht gerade deswegen), etwas näher. Jedoch ist die Polytonalität bei ihm weniger das Ergebnis von einem „Kontrapunkt von Akkorden“ (wie bei Milhaud) als von einer reinen Polymelodik, meistens vokalen Ursprungs.

Das folgende Beispiel ist einem der extremsten, rücksichtslosesten Stücke Martinůs, der *Phantasie für zwei Klaviere* (H. 180, 1929), entnommen und zeigt wie das folgende, freundlichere, dass die Polytonalität auch als eine Art Klangfarbe verwendet werden kann:

30/ *Phantasie für zwei Klaviere*, H. 180

31/ *Serenade für Kammerorchester*, H. 199, aus dem 4. Satz

Beispiel 31 gehört in den Stilbereich der „Marionetten“. Beispiel 41 (siehe bei „Kontrapunkt“) zeigt die Polymelodik in der frühen Stufe von 1930, als sie Martinů zum ersten Mal völlig beherrschte. Die Beispiele 32 und 33 dagegen erweisen die Verfeinerung und Ausdrucksbereicherung, die die Polytonalität als rein harmonisches Verfahren im Reifestil der Kriegsjahre gewonnen hat:

32/ *3. Symphonie*, H. 299, aus dem 1. Satz

33/ *4. Symphonie*, H. 305, 3. Satzes

Im *5. Streichquartett* (H. 268, 1938), tonal und harmonisch wohl Martinůs kühnster Wurf, dient sie als Ausdruck höchster Spannung und Herzensangst (siehe gegenüberliegende Seite).

Trotz seiner meisterhaften Stimmführung, trotz des Vorherrschens des Kantablen, Vokalen in seiner Tonsprache, ist Martinůs musikalisches Denken weitgehend vom Harmonischen bestimmt, wodurch er sich von der Wiener Schule oder von Hindemith unterscheidet und wiederum den Franzosen nahe kommt. Manchmal wird ein melodischer beziehungsweise thematischer Gedanke sogar aus dem Harmonischen hergeleitet, sodass er ohne ihn gar nicht mehr zu erfassen ist. Wir führen ein schönes Beispiel an: den edlen Hauptgedanken aus dem langsamen Satz des *1. Cellokonzertes* (H. 196, siehe S. 102).

34/ *5. Streichquartett*, H. 268, 1. Satz

35/ *1. Cellokonzert*, H. 196, aus dem 2. Satz

Hiermit sind wir zur reinen Mono-Tonalität zurückgekommen. Innerhalb ihrer Grenzen, die den meisten unter seinen Zeitgenossen zum verhängnisvollen Gitter geworden waren, wusste er mit unerschöpflicher Erfindungskraft neue Schätze zu entdecken. Das folgende Beispiel 36 möge zeigen, was in seinen Händen aus dem uralten, längst ausgedienten Verfahren der Sequenz geworden ist.

Pno. I
Pno. II
I
Vl.II
III
Vla.
Vc.
Cb.
mf
poco f

36/ *Concerto Grosso*, H. 263, aus dem 3. Satz

Das nächste Beispiel aus der erschütternden Trauerode des Largos der *1. Symphonie* zeigt das vollendete Einverleiben der „mährischen Kadenz" (Beispiel 5) in seine harmonische Sprache:

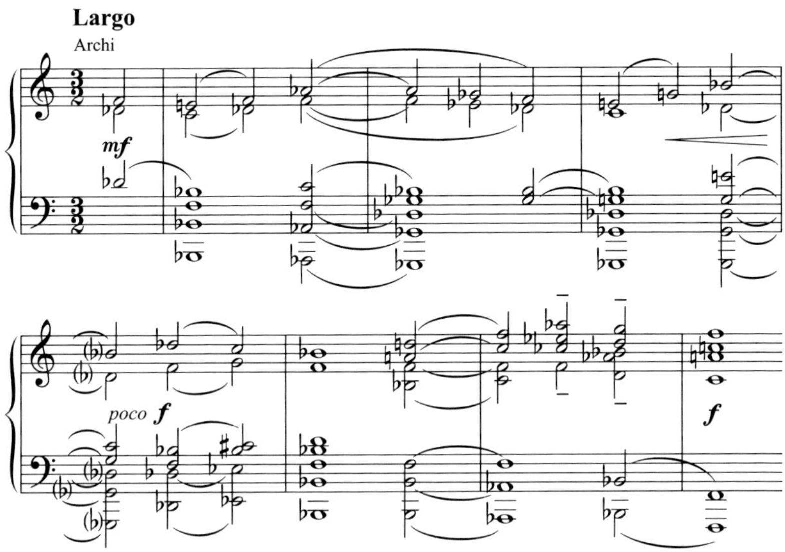

37/ *1. Symphonie*, H. 289, aus dem 3. Satz

Im *Doppelkonzert* (H. 271, 1938) erreicht auch der Choral einen neuen Höhepunkt:

38/ *Doppelkonzert*, H. 271, 2. Satz

Auf das harmonische Einwirken Debussys wurde schon früher hingewiesen (siehe Beispiele 10 bis 13). Wir dürfen jedoch den Aspekt „Harmonik" nicht verlassen, ohne eine der eigenwilligsten Erscheinungen von Martinůs Spätstil zu erwähnen. Sie ist zugleich melodischer, rhythmischer, harmonischer, polyphoner und klanglicher (instrumentaler) Art. Die unmerkliche Umspielung eines melodischen Leitfadens durch eine Menge von Nebenstimmen, die nie selbstständig geführt werden, sich bald von der Hauptlinie ablösen, bald in ihr wieder zergehen, hat nur noch in der Musik des Nahen Ostens, in der Volkskunst der Araber oder der Türken ihresgleichen. Man könnte bei diesem Auswuchs des Impressionismus von einem „heterophonen Unisono" sprechen. Gute Beispiele davon finden sich in den *Parabeln*, vor allem aber im sonderbaren Meisterwerk der *Incantation* (*4. Klavierkonzert,* H. 358, 1956). Ihm sind die Beispiele 39 und 40 (siehe S. 108–111) entnommen, von denen das zweite auch Martinůs Polymetrik („notiertes Rubato") zeigt.

Zum Problem der Tonart in Martinůs Werk haben wir festgestellt, dass er seiner Treue zur tonalen Tonsprache niemals abschwor, und dass er sie auch nie durch künstliche Stilmittel verhehlte. Er scheut weder die vertrautesten Kadenzen und Auflösungen (mit Vorliebe für modale Plagalkadenzen, die viel öfter vorkommen als die vertrauten Dominantkadenzen) noch die reinen Freuden des Dreiklangs. Nur gedeihen sie in einer neuartigen Umgebung. Der Musiker unserer Zeit zerbricht sich den Kopf, um ohne Dreiklänge und ohne Konsonanz *auch* die Freude auszudrücken. Martinů weiß, dass jeder Gefühlsbereich seine eigenen Ausdrucksmittel benötigt, und dass die kunstvollsten Umschreibungen das richtige Wort nie ersetzen können. Und so schreibt er rein tonal und konsonant, so oft ihn seine Eingebung dazu veranlasst.

In der Einführung zu den Symphonien (siehe S. 227) wird der Leser Näheres über die strukturelle Rolle der Tonalität in Martinůs Instrumentalschaffen erfahren. Es sei hier kurz erwähnt, dass er auf die tonale Einheit eines Satzes oder eines Werkes weitgehend verzichtet, und dass er der „evolutiven" Tonart mit struktureller und psychologischer Begründung huldigt, wie es Anfang des 20. Jahrhunderts schon zwei große Symphoniker, Gustav Mahler und Carl Nielsen, getan haben. Wenn ein Werk ausnahmsweise eine tonale Einheit bekräftigt (wie z. B. das *5. Streichquartett* in g-Moll), so wirkt diese nicht wie eine Erfüllung, ein beruhigendes Sicherheitsgefühl wie bei den klassischen und romantischen Meistern, sondern im Gegenteil wie die Offenbarung eines unentrinnbaren

*) Vl. I, II au talon, mordent, secco

39/ *Incantation*, H. 358, 1. Satz

Poco moderato (♩. = 92 – 98)
div.
f molto
Violini I
Violini II
Viole
Violoncelli
Contrabbassi
Vl. I
Vl. II
Vle
Vc.
Cb.

40/ *Incantation*, H. 358, 2. Satz

Schicksals, eines beklemmenden Gefängnisses. Auch Gustav Mahler hatte es in seiner 6. Symphonie so empfunden.

Die Anzahl der Werke, in denen kein tonales Zentrum festzustellen ist, ist sehr gering. Einmal handelt es sich um einige „Experimente“ wie die *Phantasie für zwei Klaviere* (H. 180) und das *3. Streichquartett* (H. 183), beide von 1929. Das andere Mal, so in den *Estampes* von 1958 (H. 369), verwischt der neoimpressionistische Schleier der letzten Jahre gelegentlich die Tonart, die zum Schluss doch durchbricht.

Auf die Merkmale von Martinůs *Kontrapunkt* brauchen wir nach dem schon Gesagten kaum noch zurückzukommen. Wir wissen, dass er den klassischen Schulkontrapunkt verwarf und niemals begriff, und dass seine rein melodische Polyphonie - oder besser gesagt Polymelodik - aus den großen Vorbildern der Renaissance, vor allem des englischen Madrigals, hervorgeht. Den Beispielen 9, 17 und 18, beziehungsweise 24 und 40, seien hier noch ein paar weitere hinzugefügt. Die Beispiele 41 und 42 (S. 112-114) dokumentieren die stilistische Entwicklung im Bereich des Kontrapunktes, von den *Cinq pièces brèves* für Klaviertrio (H. 193) von 1930 bis zu dem *2. Klavierquintett* (H. 298) von 1944.

41/ *Cinq pièces brèves* für Klaviertrio, H. 193

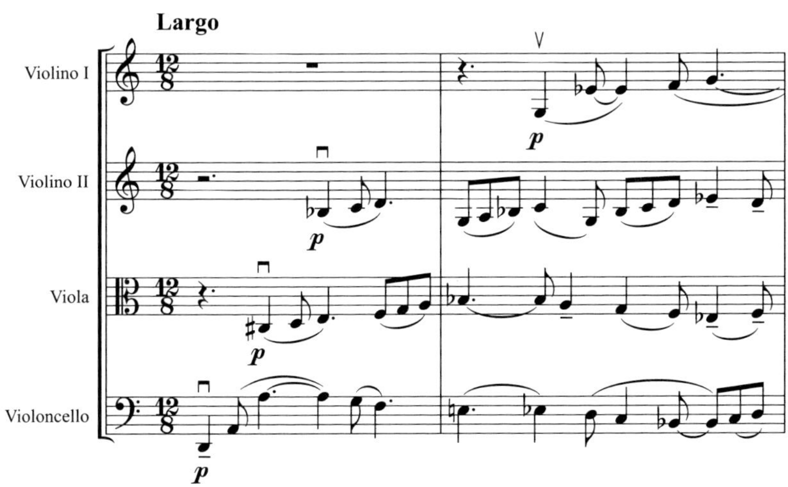

42/ *2. Klavierquintett*, H. 298, aus dem 4. Satz

Zu welchen Höhen erschütternder Expressivität Martinůs reine polymelodische Stimmführung gelangen kann, sollen zwei weitere Beispiele aus dem *Doppelkonzert* (H. 271) und aus dem *Klavierquartett* (H. 287) von 1942 bezeugen.

43/ *Doppelkonzert*, H. 271, aus dem 2. Satz

Adagio
Violino
Viola
Violoncello
pp
p cantabile
pp
p
mp
p
p
p dolce
p

44/ *Klavierquartett*, H. 287, Ende des 2. Satzes

Ein letztes Beispiel zeigt ein für Martinů verhältnismäßig seltenes Spielen mit engen Intervallschritten und Halbtondissonanzen am Anfang des *6. Streichquartettes*:

45/ *6. Streichquartett*, H. 312, 1. Satz

Auch der langsame Satz aus dem *Streichquartett mit Orchester* (H. 207) bietet ein interessantes Beispiel dieser Schreibweise.

An der Instrumentation und am Orchestersatz ist Martinůs Originalität wohl auch für den Laien am leichtesten erkennbar. Sein erstes Instrument war die Geige, und obwohl er sie nach seinem Austritt aus der Tschechischen Philharmonie (1923) kaum mehr spielte, hat sie als kantables Instrument „par excellence" sein instrumentales Denken weithin beherrscht. Für die Streichinstrumente behielt er stets eine große Vorliebe – wie reich hat er auch das Cello in seinem Schaffen bedacht! Er wusste aus ihnen ein erstaunliches Klangvermögen zu erzeugen, ohne jemals ihre natürlichen Möglichkeiten zu übersteigen. Das gilt auch von seiner Behandlung anderer Instrumente. Deswegen ist seine Musik für die Aufführenden äußerst dankbar, wenn auch keinesfalls leicht.

Er weiß den Streichern, der Grundlage seines Orchesters, eine erstaunliche Klangfülle abzugewinnen, auch in der Kammermusik. Man denke an das Wunderwerk der *Drei Madrigale* (*Duett Nr. 1*) für Violine und Viola (H. 313, 1947), wo das Spiel der zwei Instrumente die Üppigkeit eines Streichquartetts oder -quintetts heraufbeschwört. Auch seine *Quartette*, namentlich das fünfte und das sechste, erreichen eine seltene klangliche Pracht. Mit den bescheidensten Mitteln wird die höchste Wirkung erreicht. Als Vorbild seiner Orchestertechnik für Streicher allein sei die *Partita* (Suite I) aus dem Jahre 1931 (H. 212) hervorgehoben. Hier kann man die Bewegungsagogik, die reichen Figurationen, die Trillerketten, die Tremoli und die ihm eigenen „gekreuzten Anschläge“ (batteries croisées) am besten beobachten: Im ganzen Streicherkörper schwirrt es, schnurrt es herum wie in einem Bienenkorb. Dieses seltsame, unermüdliche Brausen beschwört auch den Eindruck einer räumlichen Ausdehnung; ohne dynamische Übersteigerung wird der größte klangliche Reichtum erzielt.

Auch für Holzblasinstrumente hatte Martinů eine Vorliebe. Als reine Melodieinstrumente lagen sie ihm nahe, und er teilte die Freude der klassischen Meister an einer Soloflöte, -oboe oder -klarinette. Aber auch das Holz beteiligt sich in entscheidendem Maße an der erwähnten Bewegungsagogik, mit verblüffenden Resultaten wie zum Beispiel in den einprägsamen Eröffnungstakten der *6. Symphonie* (H. 343).

Die Vorherrschaft der Streicher und Holzbläser kommt seinem klassischen und impressionistischen Klangideal entgegen. Das Blech und das Schlagzeug werden dagegen mit einer Sparsamkeit und einer Vorsicht eingesetzt, die in der Musik des 20. Jahrhunderts mit Ausnahme von Debussy wohl beispiellos sind. In manchen Spätwerken, wie etwa in *Incantation*, wird das Schlagwerk zwar als verfeinertes Klangfarbenmittel verwendet, aber nicht zu der von Martinů als antimusikalisch verpönten Sensation des Lärms. Um so eindrucksvoller ist das seltene Hervortreten von Blech (man denke an die *3. Symphonie* oder an die gewaltige Wirkung des einsamen C der Trompete im Schlusstakt der *Toccata e due Canzoni*) und Schlagzeug. Die dramatische Rolle der Pauken im *Doppelkonzert* ist geradezu niederschmetternd und das behutsame Einsetzen des Beckens im Schlusssatz des *Concerto da Camera* für Violine (H. 285) oder in *Toccata e Due Canzoni* erzielt erstaunliche Wirkungen.

Das Bild des Martinůschen Orchesters wird entscheidend vervollständigt durch ein gar nicht klassisches Element: das Klavier. Martinů war ein guter Pianist, obwohl er nach seiner Auswanderung nach Paris kaum noch öffentlich spielte. Überhaupt war er nicht in der Darstellung der eigenen Werke tätig, weder als Instrumentalist noch als Dirigent. Teils aus Schüchternheit, vor allem aber, weil er dem Komponieren keine Zeit wegnehmen wollte. Sein solistischer Klaviersatz ist gewandt, wohl klingend und wirkungsvoll, aber keineswegs revolutionär. Arpeggien, Läufe, Figurationen rein klassischer Prägung beherrschen ihn weitgehend, dazu erinnern die üppigen Akkordbildungen, die warmen Folgen von Sexten und Terzen, besonders in den Werken seiner Amerikajahre, manchmal auffallend an Brahms. Die heitere Behändigkeit der Klassik feiert im „Toccatenstil“ neoklassizistischer Prägung des *1. Klavierkonzertes* und in anderen Werken wie *Sinfonietta Giocosa* eine fröhliche Auferstehung. Doch die Hauptrolle, die Martinů dem Klavier anvertraut, ist sein originelles Einverleiben in das Orchester. Aus dem Orchester namentlich der amerikanischen Jahre, auch der großen Symphonien (mit Ausnahme der sechsten), ist dieser eigentümliche Gast nicht wegzudenken. Er spielt keine solistische Rolle, auch nicht die eines „Primus inter pares“, sondern wirkt als rhythmisches Rückgrat, als klangliche Bereicherung, als Bindeglied zwischen den Instrumentalgruppen und ist entscheidend für die figurative Belebung. Er trillert, tremoliert, zerlegt Akkordbildungen. Manchmal vertritt er die Rolle der Harfe. Als Martinů in seinem impressionistischen Spätstil ein neues Verhältnis zur Harfe fand, verschwand das Klavier wieder aus seinem Orchesterbild. In einigen Werken aus den letzten Jahren aber, in *Gilgamesch*, in *Incantation*, in den *Estampes*, auch in seinem letzten Kammermusikwerk *Musique de Chambre No 1* (H. 376, 1959), vereinen sich Klavier und Harfe im wundersamen, neuartigen Zwiegespräch.

Martinů, der mit dem bescheidensten Klangkörper die Fülle eines großen Symphonieorchesters heraufzubeschwören wusste, und der dies vor allem durch die individuelle rhythmische beziehungsweise agogische Mitwirkung jedes Instrumentes erzielte, war auch, an modernen Verhältnissen gemessen, äußerst zurückhaltend und vorsichtig mit der Dynamik. In seinen handschriftlichen Notizen aus dem Jahre 1943 bedauerte er „die moderne Tendenz zur Übertreibung der dynamischen Angaben, die dem Aufführenden keine Freiheit mehr lässt“, und er hob die Terrassendynamik des barocken Zeitalters mit ihren Echowirkungen als Muster hervor. Er bezeichnete sich selber als einen „Concerto-Grosso-Typus“. Das Concerto Grosso bestimmt seine ganze Orchestertechnik der „Kammermusik im sinfonischen Rahmen“, mit der Abwechslung von Tutti und kleinen Gruppen von Solisten. In der Tat sind seine sämtlichen

Symphonien instrumental genommen Orchesterkonzerte, in denen jeder Instrumentalist persönlich bedacht wird.

„Kammermusik im sinfonischen Rahmen": Das bedeutet auch eine Abkehr von jeder übertriebenen Lautstärke. Klangliche Fülle, gewiss, ein Schwarm von hundert singenden Stimmen, aber kein Lärm. Martinů ist wohl einer der „leisesten" Komponisten der Neuzeit. Rohe Klanggewalt konnte in seinem Sinne nur die Zerstörung der Nerven seiner Zuhörer zur Folge haben, und das wollte er genauso wenig wie Mozart. Außerdem schien ihm dynamisches Überbieten nicht zu Unrecht eine Offenbarung der schöpferischen Ohnmacht.

Form und Struktur

Martinů war das Gegenteil eines Formalisten, und wir haben seine Abscheu vor jeder vorherbestimmten Bau- oder Sprachschablone, die eigentliche Ursache seines Misserfolges als Konservatoriumsschüler, schon mehrmals betont. Er teilte die Auffassung Debussys, nach der jedes Kunstwerk seine eigene Form erzeugt, und maß der Ursprünglichkeit, der Natur, dem schöpferischen Unterbewusstsein die entscheidende Rolle im Entstehen des Werkes zu. Für ihn war eine abgeschlossene Komposition auch kein toter, ein für alle Mal geschlossener Gegenstand, sondern ein lebendiges Wesen, dessen organisches Gedeihen sich bei einer Aufführung und bei der Aufnahme durch jeden Hörer weiter vollzog. Über die Begriffe „Form" und „Struktur" hat er sich in ein paar Zeilen (im Einführungstext zur Premiere der *4. Symphonie*, Dezember 1945) geäußert, die als wesenswichtiger Beitrag zu der Kenntnis seiner Kunstauffassung hier unbedingt wiedergegeben seien:

„Eine Gesamtanalyse kann zwar ein Bild des Grundrisses und der Struktur des Werkes geben, aber sie wird uns dem Verständnis der Form kaum näher bringen. Die Form aber ist der Geist des Werkes und hängt von vielen anderen Faktoren ab als die thematische Arbeit, der strukturelle Plan oder das Gleichgewicht der angewandten Elemente. Die Struktur eines Werkes ist etwas Festgesetztes und Bestimmtes, die Form dagegen ist lebendig; ihr Ausdruck, ihr Sinnbild ist stets ein neues Rückwirkungselement im Augenblick der Verwirklichung des Werkes; sie ist eine wirksam und plastisch ereignete Empfindung, nicht etwa im Laufe der Analyse, sondern wiederum in der aktiven Annäherung und Haltung des Zuhörers, das heißt, im Laufe der eigentlichen Mitteilung, der Aufführung, des Anvertrauens an das Gedächtnis und der Aufnahme in das geistige Innere."

Damit verwarf Martinů den statischen Begriff der Form und ersetzte ihn durch den dynamischen, dem biologischen Verfahren nahen Begriff des „organischen Wachstums". Durch ihn erklärt sich sein Verzicht auf die thematische Durchführung der Klassik, wo das Ausgangsthema etwas von vornherein Vollendetes ist und der ganze Ablauf des Satzes aus ihm hergeleitet werden kann und muss. Bei Martinů dagegen wird das Thema in seiner vollendeten Gestalt erst durch das Wachstum erreicht. Seine Musik baut sich auf den primitivsten, unscheinbarsten Urzellen auf und wie die organischen Urkeime in der Natur, brauchen auch sie den ernährenden Humus, um gedeihen zu können. Hier spielt nun das Martinů eigene Figurationswerk neben den schon erwähnten klanglichen beziehungsweise agogischen Elementen die Rolle eines Nährbodens, auf welchem sich das Zusammenwachsen der Zellen vollzieht. Daher ist die Natur dieser Figurationen für die Eigenart der Themenbildungen entscheidend. In einem Martinůschen Instrumentalsatz ist die allgemeine Anfangsrichtung, der rhythmische und harmonische Drang zukunftsbestimmend; die klassische Bithematik würde hier mit ihrer Einführung eines thematischen Gegensatzes die störende Wirkung eines fremden Körpers in einem biologischen Verfahren zur Folge haben. So kann auch der Versuch einer akademischen Analyse einer Partitur von Martinů dem Fachmann einzig die Erkenntnis bringen, dass Martinů wenig mit einem Traditionalisten zu tun hat.

Die barocke Fortspinnungstechnik des Concerto Grosso entspricht den Erfordernissen von Martinůs tönender Biologie am besten, wodurch sie in seinem Schaffen die Bedeutung eines Stilmittels oder sogar einer Ästhetik weit überschreitet.

Die Sorge um formale Übersichtlichkeit und Ausgewogenheit, das Bestreben nach Bündigkeit und Fasslichkeit des Ausdrucks riefen nach einigen strukturellen Anhaltspunkten. Gewöhnlich begnügt sich Martinů mit einem einfachen, meistens sehr kurzen da capo, das den Satz abrundet. Man findet in seinem Werk auch einige Beispiele von Sonatenform und Rondoform; ihr Grundriss bleibt jedoch durch das Wegbleiben jeder geprägten Themabildung merkwürdig verschleiert und kommt dem Hörer kaum zum Bewusstsein. Noch seltener sind natürlich die strengen, geschlossenen Formen der Variation oder der Fuge zu treffen, ebenso wenig wie bei Debussy. Der Ausgangspunkt der späten *Cellovariationen über ein slowakisches Lied* (H. 378) ist eine kurze lyrische Melodiebildung, kein

Thema, und erhält auch keine akademische Ausarbeitung, zu welcher sie gar nicht geeignet ist.

Martinůs Formideal verwirklichte sich am überzeugendsten in seinem Spätschaffen, von der *6. Symphonie* an, als er den endgültigen Weg zur *Phantasie* fand. *Incantation* und die *Parabeln* sind wundersame Ergebnisse eines völlig freien und organischen Gedeihens, die sich würdig mit Debussys *Jeux* messen können.

Martinůs Wirkung auf die junge tschechische Musik war auffallend gering, sein Einfluss auf die lebendige Musik der übrigen Welt kaum wahrnehmbar. Aber vielleicht hat gerade der Umstand, dass er der unmittelbaren Gegenwart nicht „zeitgenössisch" genug erschien, auf die Dauer eher zur Stärkung seiner Stellung beigetragen. Es gehört zum Paradox seiner Kunst, dass sie dem Laien leicht zugänglich ist, dem Fachmann dagegen immer wieder neues Kopfzerbrechen bereitet. Er bedient sich des tonalen Vokabulars, das vertraute Vorstellungen heraufbeschwört, geht aber in der Entwicklung seiner Formgesetze aus dem organischen Wachstum eines jeden Werkes, unmittelbar an Debussy anschließend, durchaus eigene Wege. Er hat dadurch die Idee der Symphonie neu belebt, überhaupt der Großform neue Möglichkeiten eröffnet, und darin liegt wohl auch, jenseits der tonalen oder atonalen Tonsprache, um die bisher vor allem gerungen wurde, seine Botschaft an künftige Musikergenerationen.

Der Komponist spricht

A. Einführungstext zur ersten Symphonie anlässlich der Uraufführung in Boston

Program notes for the first symphony (13th November, 1942)

The form of the symphony is one of the great problems of contemporary composers. The past centuries have left us a form well established, not only in structure but in its contents of elevated expression and grandeur. The Ninth Symphony of Beethoven is an example. The Romantic and post-Romantic epochs have added a further and a very earnest ideology – sentiments tragic, pathetic, even grandiloquent, have placed the symphony at the highest level of musical composition. It is certainly not my intention to dispute this natural and logical position. I wish only to clarify a certain conviction which has resulted from the development of the form in our time. In spite of several attempts of contemporary composers to change the structure, to find another solution in writing a symphony in a single movement, in five parts, etc., its essential nature remains unchanged, with rare exceptions. There enter here the problems which disturb the composer when he begins a work and when he assembles his musical, ideological and technical material.

To forestall misinterpretation of my remarks and to avoid seeming dogmatic, I should like to offer as my own, the thoughts and sentiments with which I have undertaken the present work. The large proportions, the expansive form of the symphony necessarily force the composer to put himself on a high plane. The concept of elevated thought is certainly incontestible, the question really becoming what we consider elevated thought to be. What I maintain as my deepest conviction is the essential nobility of thoughts and things which are quite simple and which, not explained in high-sounding words and abstruse phrases, still hold an ethical and human significance. It is possible that my thoughts dwell upon objects or events of an almost everyday simplicity familiar to everyone and not exclusively to certain great spirits. They may be so simple as to pass almost unnoticed but may still contain a deep meaning and afford great pleasure to humanity which, without them, would find life pale and flat. It could also be that these things permit us to go through life more easily, and, if one gives them due place, touch the highest plane of thought. One must also recognise the truth that a work so great and weighty as the Ninth Symphony of Beethoven could have been conceived only at a certain moment in history with the convergence of certain conditions, and could not have been written just by anyone and just at anytime. A different point of view could falsify creative activity at the start, and could force the composer into a tragic and pathetic attitude, which would result in nothing else than a *tour de force.* It is possible *a priori* for intended tragedy and pathos to be not tragic at all, and every composer must be wary of false magnitude. Each composer and each creator of our epoch feels himself, to a certain extent, obligated to espouse sentiments of grandeur and tragedy. But this is no natural human feeling.

I have long pondered over the question, and should like here to note its consequences upon the course of music. The tendency, the desire to be greater than one is, can lead directly to an over-emphasis which, to say the least, is not essential music. Over-emphasis can certainly strain the limits of music and sound, and by sound I mean dynamics. One inevitably comes to the point where the actual instruments can no longer support the weight of an expression that exaggerates dynamism; they cannot support expression and still keep faith with certain aesthetic laws which we rightly prize. Even the natural capacity of our ears and nerves is strained. There is still another grave consequence which dynamics conceal: the tendency to mask a lack of real music and to replace it with noise. The result adds nothing to the true beauty of the art, for the sheer excitation of the nerves cannot be a just aesthetic goal. I am aware that this way of expression has its admirers, but I am not thereby convinced that this is the true realm of music, for my aim is something different. I know, too, that that is the way of many in our epoch, but neither can this justify for me the use of noise in music. Sheer orchestral power does not necessarily imply either grandeur or elevation.

If we look at the question from the point of view of technique, the consequences are characteristic. This dynamic urge necessarily displaces the balance of the basic function in the orchestra. The strings, which have traditionally furnished the basic element, can no longer do so, their fortissimo sonority being covered when the composer leans heavily upon the brass and percussion. In this way the whole conception of a work becomes 'brass', while we lose the charm, the amiability, even the passion of the stringed instruments and their great variety of expression. We are aroused, but not exactly happy, and that we must leave a concert in a state of fatigue is in itself not a favourable sign.

As for my symphony, it follows the classical division into four parts - Allegro, Scherzo, Largo, Allegro. In preserving this plan, I have also followed an aesthetic plan which my conviction dictates, and this conviction is that a work of art must not transcend the limits of its possibility in expression. I lived in France long enough to learn what is the significance of *mesure.* I have avoided elements which seem to me alien to the expressive purpose of the work. The basis of the orchestra is in the quintet of the strings, which does not prevent solo passages for the woodwinds, while the brass and percussion fulfil their due part. I have tried to find new sound combinations and to elicit from the orchestra a unified sonority in spite of the polyphonic working which the score contains. It is not the sonority of impressionism, nor is there the search for colour, which rather is integral in the writing and the formal structure. The character of the work is calm and lyric.

B. Beitrag zu einem amerikanischen Musikbuch [1943]

From 'The Book of Modern Composers', edited by David Ewen; Alfred Knopf, New York 1950

I think I am better at writing music than in writing about it. I do not like placing the creative process under a microscope, to explain a work, to look at the molecules (so to speak) instead of examining the body as a whole. So far as I am concerned, a work should live by itself, and not as a result of analyses. I do not think that it is necessary for the public to enter the laboratory, where it understands nothing, and where the artist himself sometimes needs to reflect a long time in order to grasp the meaning of things.

I think the greatest danger facing contemporary music is that it seeks, through analyses and explanations, to justify itself; it seems afraid of not appearing sufficiently 'contemporary' or 'modern'. All this can only end in creating a mental attitude which is not at all favourable to the composer in giving free play to his ideas. It can only restrain him from expressing himself fully, completely, and honestly.

We play continually with the words 'modern' and 'contemporary', and by doing so we complicate for ourselves the creative process, which is, in itself, quite mysterious and complicated. To chase after novelty, at any price, is obviously not a good system. It has nothing whatsoever to do with the desire to seek new musical expression. New musical expression should arise from the subject-matter, should be the result of a composer's personality and experiences, it should not be the result of unusual technical means. Technical means are the artist's private business. The technique comes out of the work itself; not the work from the technique. Music is not a question of calculation. The creative impulse is identical with the wish to live, to feel alive.

In a difficult world of social upheavals, of political chaos, it is more necessary than ever not to obscure our artistic purpose. We should keep our ideals clear, our convictions firm, and maintain the artistic faith that represents and speaks for our life and work. The composer should concern himself with this, and not with a useless play with words.

C. Antwort auf eine Rundfrage: „Für oder gegen die moderne Musik?“ [1956]

Réponse á une enquête: «Pour ou contre la musique moderne?»

Ce fameux «divorce» qui a séparé le public et la nouvelle musique est un mythe éternel. Il faudra toujours du temps pour qu'une création s'impose. Il convient de définir, non pas le terme «divorce», mais le terme «public». Il y a un public des concerts, de la radio, du film, etc. ... Mĕme la musique moderne a son public.

Autre chose. Quand un artiste conçoit l'œuvre avec l'intention qu'elle déplaise, il ne devrait pas ĕtre étonné que cela ne plaise pas. Ecrivant «pour demain», il demande cependant d'ĕtre loué aujourd'hui. Quand l'artiste s'isole, le public s'isole aussi.

Dieu seul saura reconnaître les siens.

Werkverzeichnis

Vorwort zur zweiten Ausgabe (2006)

Es gab viele Gründe für diese revidierte und erweiterte zweite Ausgabe des Werkverzeichnisses. Dazu gehört die Neueinteilung der Werke in Kategorien und ihre neue Reihenfolge, um sich der geplanten kritischen Gesamtausgabe anzupassen.

1. Es wurden inzwischen etwa dreißig Werke neu entdeckt. Sie wurden mit entsprechenden „bis"-Nummern versehen und reihen sich somit in das chronologische Nummernverzeichnis ein. Dieses hat sich inzwischen so sehr im Musikleben der ganzen Welt verbreitet, dass die H.-Nummern unbedingt beibehalten werden mussten. Eine einzige Ausnahme bildet das *1. Violinkonzert*, das die durch Wegfall der *Zwei Lieder auf Neger-Volksdichtungen* (siehe Kapitel „Klavierlieder") nun frei gewordene und zeitlich benachbarte Nummer 226 erhält. Somit konnte für dieses Hauptwerk auf die immer wieder Verwirrung stiftende „bis"-Nummer verzichtet werden. Eine Liste der neuen „bis"-Nummern folgt.
2. Die Chronologie mancher schon früher nummerierten Werke wurde inzwischen näher bestimmt, aber auch hier wurde die bisher geläufige H.-Nummer beibehalten. Die richtige chronologische Stellung solcher Werke wurde mit einem „recte" in Klammern neben der H.-Nummer erwähnt. Eine Liste dieser „recte"-Nummern liegt ebenfalls bei.
3. Fünf Hauptwerke liegen in zwei bzw. drei Fassungen vor und erhielten entsprechend eine römische I, II bzw. III neben der H.-Nummer. Auch sie werden ergänzend genannt.
4. Seit der ersten Ausgabe dieses Buches sind viele dort zwar erwähnte (und mit einer H.-Nummer versehene), aber damals fehlende Werke inzwischen erfreulicherweise wieder aufgetaucht. Darunter viele Hauptwerke, die hier zum ersten Mal ausführlich beschrieben werden. Eine Tabelle zeigt den Stand der noch fehlenden Werke im Juli 2006 (knapp fünfzig Werke) an. Die meisten sind ganz frühe Jugendwerke und kleinere Kompositionen. Als Hauptwerke seien erwähnt: das frühe abendfüllende Ballett *Koleda* (H. 112) und ein weiteres Ballett *Le Jugement de Paris* (H. 245), das aber vielleicht nie komponiert wurde; zwei wichtige Kammermusikwerke: das einzige *Bläserquintett* (H. 187) und das *Trio für Flöte, Violine und Fagott* (H. 265); die drei *Apollinaire*

Lieder (H. 197); und endlich zwei Gelegenheitswerke für Orchester (*Festliche Ouvertüre zum Sokolfest* H. 211 und *Militärmarsch* H. 280, der vielleicht nie komponiert wurde).

5. In dieser neuen Ausgabe konnte auf eine Diskografie verzichtet werden. Inzwischen liegen nämlich fast alle Hauptwerke auf CD vor, oft sogar in mehreren Einspielungen. Es fehlen zwar noch einige Bühnenwerke, vor allem *Divadlo za bránou* (*Das Vorstadtheather*, H. 251) und *What Men Live by* (*Wovon die Menschen leben*, H. 336) sowie eine komplette Aufnahme der *Drei Wünsche*. Von all diesen Werken sind Einspielungen geplant. Dann sollten noch einige der Frühwerke für Orchester aufgenommen werden (die *Kleine Tanzsuite* H. 123 und das Triptychon *Míjející půlnoc/Schwindende Mitternacht* H. 131).
6. Die Abkürzungen „K“ (käuflich) und „L“ (leihweise) in den Hinweisen zur Ausgabe sind nur da angegeben, wo es sich um die szenischen und orchestralen Werke, die Kantaten und das Oratorium handelt.
7. Die in der ersten Ausgabe vorhandene Verlagstabelle erscheint mir ebenso überholt wie die Hinweise für ausübende Künstler, da sich Martinů inzwischen in der Musikpraxis etabliert hat. Die gegenwärtige Zugehörigkeit (April 2006) der Verleger von Martinůs Werken findet man in der Übersicht im Anhang.
8. Die Bibliografie, vor allem in tschechischer, aber auch in englischer, deutscher bzw. französischer Sprache, hat sich inzwischen so erweitert, dass wir uns auf eine strenge Auswahl beschränken mussten.

Vorwort zur ersten Ausgabe (1968)

Dieses Verzeichnis führt zum ersten Mal das Gesamtwerk von Bohuslav Martinů auf, die veröffentlichten wie die unveröffentlichten Werke. Diese sind in chronologischer Reihenfolge mit Nummern versehen und in Gattungen eingeteilt. Die Reihenfolge fast aller Werke, die nach Martinůs Ankunft in Paris im Jahre 1923 entstanden sind, kann genau festgestellt werden, sei es durch die Daten, die der Komponist auf seinen Originalhandschriften angegeben hat, sei es durch ein Tagebuch, das Frau Charlotte Martinů ab 1940 sehr sorgfältig führte, oder, in Ermangelung dieser beiden Hauptquellen, durch Briefe oder Zeugnisse von Verlegern, Freunden und andern ihm nahestehenden Personen. Für manche Werke konnte nur das Jahr der Komposition festgestellt werden. In diesem Falle gründet unsere Nummernfolge auf Wahrscheinlichkeiten, namentlich auf den wenigen Zeitabschnitten von oft nur wenigen Wochen, während derer der große Arbeiter Martinů unseres Wissens keine neue Partitur abgeschlossen hat.

Für die Werke, die vor 1923 entstanden und fast alle unveröffentlicht sind und die wohl auch kaum im Druck erscheinen werden, es sei denn in einer künftigen kritischen Gesamtausgabe, mussten wir mit nicht immer ganz gesicherten Mutmaßungen arbeiten, obwohl auch dort wenigstens das Entstehungsjahr fast immer einwandfrei feststeht. Höchstwahrscheinlich werden künftige Ausgaben dieses Verzeichnisses viele Berichtigungen, Ergänzungen und vielleicht auch neu entdeckte Werke bieten. Die Nummernfolge sollte jedoch keine Änderung mehr erfahren, und wir hoffen, dass sie in Zukunft im praktischen Musikleben Verwendung finden und die Identifizierung der zahlreichen Werke des ungemein fruchtbaren tschechischen Meisters erleichtern wird.

Während der Drucklegung dieses Buches tauchten drei bisher unbekannte Kompositionen auf. Die laufende Nummerierung konnte aber nicht mehr geändert werden, und so wurden diese drei Werke an der entsprechenden chronologischen Stelle mit einer „bis“-Nummer eingereiht. Es sind dies: die *Dumka* (Nr. 3) für Klavier (H. 285bis, siehe Seite 418); und die drei Klavierlieder H. 184bis, siehe Seite 474). Somit ist die Gesamtzahl der Kompositionen Martinůs auf 387 gewachsen, obwohl sein letztes Werk noch immer die Nummer 384 trägt.

Zum Gebrauch des systematischen Werkverzeichnisses

Die Kompositionen im Katalog werden in dieser Reihenfolge beschrieben: Dem Titel jeder Komposition steht die durchlaufende chronologische Ordnungsnummer voran (z. B.: H. 25 = Halbreich-Verz. Nr. 25). Eine zusammenfassende chronologische Übersicht findet man auf Seite 496.

E: Es folgen Ort und Datum der Entstehung.

W: Falls vorhanden, die Widmung des Werkes. In Anführungszeichen ist die Originalfassung von Martinů angegeben, in Klammern dann die knappe Übersetzung.

Text: Verfasser des Textes (Librettisten usw.) und weitere Angaben zum Text.

UA: Falls vorhanden, Ort und Datum der Uraufführung und Namen der wichtigsten Mitwirkenden.

WA: Gegebenenfalls auch Ort und Datum weiterer wichtiger Aufführungen.

BS: Die genaue Instrumental- beziehungsweise Vokalbesetzung ist nach der internationalen Kodifizierung angegeben (mit vier Zahlen für Holzbläser und vier für Blechbläser). Instrumentenabkürzungen beziehen sich auf die deutsche Schreibweise (Abkürzungsverzeichnis siehe S. 135).

D: Neben der gesamten Aufführungsdauer, die sich auf relevante Aufnahmen stützt, findet der Leser eine genaue Beschreibung einzelner Sätze bzw. Teile mit Tempoangaben, Taktart, Tonartangaben (falls zwei Tonarten aufgeführt werden, stehen diese für die Anfangs- und Schlusstonart des Satzes), Anzahl der

Takte und Aufführungsdauer. Letztere ist natürlich nur als informative Angabe zu verstehen, eventuelle Abweichungen dürften jedoch zehn Prozent nicht überschreiten.

A: So weit wie möglich wird der Aufbewahrungsort des Autographen (oder einer Fotokopie davon) genau angegeben. Auch weitere Quellenangaben sind soweit vorhanden an dieser Stelle zu finden. Einige der Autographen wurden bereits digitalisiert, eine vorläufige Liste (Stand April 2006) findet man auf Seite 555.

F: Falls vorhanden, Kopie des Autographen in Form der Faksimiles oder Kopie von fremder Hand.

Ausg: Alle Einzelheiten über die Ausgabe werden angegeben: Verlag, Ort und Datum des Erscheinens, Verlagsnummer falls vorhanden, Form der Ausgabe (KA - Klavierauszug, P - Partitur, ST - Stimmen, TP - Taschenpartitur, K - käuflich, L - leihweise). Die gegenwärtige (April 2006) Zugehörigkeit der Verlage wird in der Verlagstabelle auf Seite 559 erläutert.

V: Zum Schluss wird der Besitzer der Verlagsrechte angegeben. Verlagsrechtlich sind Martinůs Werke an verschiedene tschechische, deutsche, österreichische, französische, englische, amerikanische und israelische Verlage gebunden. Neu aufgefundene Werke aus Martinůs Frühschaffen sind noch nicht im Druck erschienen - die Verlagsrechte befinden sich bei der Bohuslav-Martinů-Stiftung (im Katalog sind sie als verlagsrechtlich „frei“ bezeichnet).

Die kurzen Werkbeschreibungen sollen vor allem der Orientierung dienen, dem ausführenden Künstler oder dem Programmgestalter die Wahl erleichtern und dem Konzertbesucher eine kurze analytische Einführung bieten. Sie erheben keinen Anspruch auf Vollständigkeit. Im Zusammenhang mit diesen Erläuterungen sei dem Leser das Nachschlagen im einführenden Teil empfohlen.

Abkürzungsverzeichnis

Allgemeine Abkürzungen:

A	Autograph
Ausg	Ausgabe
BS	Besetzung
ČR	Česká republika (Tschechische Republik)
D	Aufführungsdauer
Deko.	Dekoration
Dir.	Dirigent
E	Entstehungszeit und -ort
EA	Erstaufführung
Ex.	Exemplar
F	Faksimile (auch Kopie, sowie Kopie von fremder Hand)
K	Käuflich
KA	Klavierauszug
L	Leihweise
Mlle	Mademoiselle
Mme	Madame
m. Wdh.	mit Wiederholung
Nr.	Nummer
OH	Originalhandschrift
OP	Originalpartitur
P	Partitur
S.	Seite(n)
s.	siehe
Singst.	Singstimme(n)
St.	Stimmen
SR	Slovenská republika (Slowakei)
Sz.	Szene

T.	Takt(e)
Titels.	Titelseite
TP	Taschenpartitur
UA	Uraufführung
V	Verlagsrechte
W	Widmung
WA	weitere wichtige Aufführung(en)
z. T.	zum Teil
z. Z.	zur Zeit
*	verschollenes Werk

Signaturen, Abkürzungen der Archive, Museen und musikwissenschaftlichen Zentren:

Bär	Bärenreiter-Archiv, Kassel
BaH	Boosey & Hawkes, London - New York
BNF	Bibliothèque national de France
ČMH	České muzeum hudby, Praha (Tschechisches Museum für Musik, Prag), Abteilung des Nationalmuseums (Národní muzeum)
ČRO	Český rozhlas, Praha (Rundfunkarchiv zu Prag)
ESCH	Max Eschig, Paris (in Bibliothèque nationale de France, Paris)
Inst. BM	Institut Bohuslava Martinů, Praha (Bohuslav-Martinů-Institut, Prag)
LED	Alphonse Leduc-Archiv, Paris (Signatur der Kopie im Bohuslav-Martinů-Institut)
LOC	Library of Congress, Washington
MZM	Moravské zemské muzeum, Brno (Mähriches Landesmuseum, Brünn)
NBM	Nadace Bohuslava Martinů, Praha (Bohuslav-Martinů-Stiftung, Prag)
NM	Národní muzeum, Praha (Nationalmuseum, Prag)
PBM	Památník Bohuslava Martinů, Polička (Bohuslav Martinů Archiv in Polička)
P. N.	Editions Pierre Noël, Paris
PSS	Paul Sacher Stiftung, Basel

Abkürzungen der Verlage:

A. L.	Alphonse Leduc, Paris
AMP	Associated Music Publishers, Inc., New York
Bär	Bärenreiter, Kassel
B&H	Boosey & Hawkes, London - New York
ČHF	Český hudební fond, Praha (Tschechischer Musikfond, Prag)
D. S.	Éditions Durand-Salabert-Eschig, Paris
H.	Editions Heugel, Paris
H. M.	Hudební matice, Praha (Gesellschaft zur Förderung der Musik, Prag)
IMP	Israeli Music Publications Ltd., Tel Aviv
M. E.	Editions Max Eschig, Paris
M. U.	Miloš Urbánek, Praha
Pan	Panton International, Prag (Mainz)
P. N.	Editions Pierre Noel, Paris
R. D.	R. Deiss, Paris
Sch	Schott-Verlag, Mainz
SHV	Státní hudební vydavatelství (Tschechischer Staatsverlag für Musik, Prag)
S. M.	La Siréne Musicale
SMP	Southern Music Publishing Co.
SNKLHU	Státní nakladatelství krásné literatury, hudby a umění, Praha (Staatsverlag für Literatur, Musik und Kunst, Prag)
SU	Editio Supraphon, Praha
U. E.	Universal Edition, Wien

Abkürzungen der Instrumente und Singstimmen:

A	Alt
B	Bass
Bar	Bariton
BBar	Bassbariton
Beck.	Becken

Cel.	Celesta
Cemb.	Cembalo
Eh.	Englischhorn
Fg.	Fagott(e)
Fl.	Flöte(n)
Glock.	Glocken
gr. Schl.	großes Schlagzeug
gr. Tr.	große Trommel
Hf.	Harfe
Hor.	Horn (Hörner)
Kast.	Kastagnetten
Kb.	Kontrabass
Klar.	Klarinette(n)
kl. Tr.	kleine Trommel
Mezz	Mezzosopran
Militärtr.	Militärtrommel
Ob.	Oboe(n)
Pf.	Pianoforte (Klavier)
Pk.	Pauke(n)
Pos.	Posaune(n)
Rührtr.	Rührtrommel
S	Sopran
Sax.	Saxophon
Sax. alto	Altsaxophon
Schl.	Schlagzeug
Str.	Streicher
T	Tenor
Tamb.	Tamburin
Tri.	Triangel
Trp.	Trompete(n)
Ttam	Tamtam
Vc.	Violoncello

Vci.	Violoncelli
Vi.	Violine
Vla.	Viola
Vle.	Violen
Vn.	Violinen
Xyl.	Xylophon

Erster Teil: Bühnenwerke und Filmmusik

1. Opern (Kategorie 1)
2. Ballette (Kategorie 2)
3. Schauspielmusik (Kategorie 3)
4. Filmmusik (Kategorie 4)

Zur Einführung: Mit sechzehn Opern und fünfzehn Balletten ist Martinů einer der fruchtbarsten Bühnenkomponisten der Neuzeit. Diese Produktion ist allerdings sehr ungleichwertig und reicht von der kurzen Gelegenheitsarbeit bis zum großen Meisterwerk. Die ersten Versuche des Komponisten, für die Bühne zu schreiben, galten ausschließlich dem Tanz, und er hatte schon zehn Ballettpartituren geschaffen, als er im 37. Lebensjahr seine erste Oper vollendete. Dagegen trat das Ballett nach *Špalíček* (H. 214) - dem Hauptwerk auf diesem Gebiet -, d.h. nach 1932, weitgehend zurück. Zwischen 1937 und 1948 ist eine Unterbrechung im Bühnenschaffen Martinůs festzustellen, die sich praktisch mit dem großen symphonischen Schaffensrausch der Amerikajahre deckt: Damals galt sein Interesse bis auf ganz wenige Ausnahmen ausschließlich der Instrumentalmusik. Chronologisch zerfallen die Opern somit in zwei Hauptgruppen. Sieben sind abendfüllend, sieben weitere ein- bzw. zweiaktig. Zwei blieben unvollendet.

Martinůs Opern gehören den verschiedensten Gattungen an, obwohl der Komponist stets eine Vorliebe für die komische Oper zeigte, mehr oder weniger von surrealistischen Einwirkungen beeinflusst. Sein erster und zugleich erfolgreicher Versuch galt einem köstlichen musikalischen Lustspiel mit satirischen bzw. parodistischen Zusätzen: *Voják a tanečnice* (*Der Soldat und die Tänzerin,* H. 162). Danach folgten die drei Werke, die in Zusammenarbeit mit dem französischen Surrealisten Georges Ribemont-Dessaignes geschrieben wurden, dessen grillenhafte Vorlagen wohl daran schuld waren, dass sie unaufgeführt blieben. Das dritte, *Le Jour de bonté* (*Der Wohltätigkeitstag*, H. 194), wurde nicht mehr vollendet. Jedoch gingen die Erfahrungen, die diese Arbeit Martinů gebracht hatte, nicht verloren: Durch sie sollte das Wunderwerk der *Juliette* (H. 253) möglich werden. Martinůs nächste abendfüllende Oper wurde das Mysterienspiel *Hry o Marii* (*Les Jeux de Marie*, *Marienspiele* H. 236), das lange

Jahre auf seine Wiederbelebung warten musste. Es folgten zwei Einakter für den Tschechischen Rundfunk, von denen der zweite, *Veselohra na mostě* (*Komödie auf der Brücke*, H. 247), nach dem Krieg ein Welterfolg wurde. *Divadlo za bránou* (*Das Vorstadttheater*, H. 251) bietet eine köstliche Verschmelzung von Oper und Ballett (der erste Aufzug ist eine wortlose Pantomime), und bleibt das schönste Ergebnis von Martinůs Vorliebe für die Welt der Commedia dell'arte, für den Geist des Stegreifspiels. Die Produktion der dreißiger Jahre gipfelt endlich in der lyrischen Oper *Juliette* (H. 253), einem einmaligen Versuch eines rein poetischen Tonspiels: Die entscheidende Schlüsselposition dieses umfangreichsten Bühnenwerks Martinůs wird noch untersucht. Danach kam nur noch *Alexandre bis* (*Zweimal Alexander*, H. 255), ein kleiner Einakter im Buffostil.

Das Opernschaffen der Nachkriegszeit wird mit zwei Fernsehopern eröffnet, die in Amerika entstanden sind: eine „Pastoral"-Oper mit religiösem Hintergrund und eine rein komische Oper. Der Versuch eines abendfüllenden Werkes nach Georges Neveuxs *Plainte contre Innconu* (*Anklage gegen Unbekannt*, H. 344) scheiterte: Nur der 1. Aufzug wurde teilweise komponiert. Dagegen krönte Martinů sein Schaffen auf dem Gebiet der Opera buffa mit *Mirandolina* (H. 346), nach Goldonis *La Locandiera*. Nun wagte sich der Fünfundsechzigjährige zum ersten und letzten Mal an die höchste Gattung der Oper, an das Musikdrama, heran: *The Greek Passion* (*Griechische Passion*, H. 372), sein Vermächtnis an die Nachwelt, nimmt eine Stellung in seinem Schaffen ein, an die nur noch die *Juliette* heranreicht. Martinůs letzte Oper (vor der Vollendung der *Griechischen Passion* komponiert) wurde der lyrische Einakter *Ariane* (H. 370), der trotz seines bescheidenen Umfanges zu seinen besten Bühnenschöpfungen gehört.

Die Umstände seines Lebenslaufes erklären, weshalb diese Opern in so vielen verschiedenen Sprachen komponiert wurden. Mit Ausnahme der in französischer Sprache gesetzten Ribemont-Dessaignes-Opern und des ebenfalls französischen *Alexandre bis* wurden zwar alle Vorkriegsopern (auch *Juliette*) tschechisch vertont. Dagegen wurden die Originalfassungen der beiden Fernsehopern aus den fünfziger Jahren und der *Griechischen Passion* in englischer Sprache verfasst, während *Ariane* zum Französischen zurückkehrt und *Mirandolina* endlich den Einzelfall einer Oper auf italienische Worte darstellt. Es dürfte für das karge Bühnenleben Frankreichs kennzeichnend sein, dass keine der französischen Opern Martinůs vor seinem Tode jemals in seiner Wahlheimat inszeniert wurde. Auch *Juliette* hätte wohl ihre Uraufführung nicht mehr vor dem Krieg erlebt, wenn

Martinů sie nicht tschechisch komponiert und ihr somit den Zugang zum Prager Nationaltheater gesichert hätte.

Heute erfreuen sich alle wichtigen Opern von Bohuslav Martinů großer Beliebtheit in seiner tschechischen Heimat, wo sie regelmäßig auf den Spielplänen aller städtischen Bühnen erscheinen und neben den Opern von Smetana, Dvořák, Janáček und Fibich Bestandteil des Grundrepertoires geworden sind. In den übrigen Ländern ist es noch nicht so weit. Zwar setzen sich die beiden Hauptwerke, *Juliette* und *Griechische Passion*, namentlich in der erst jüngst rekonstruierten ersten Fassung, langsam durch, und die köstliche, leicht inszenierbare *Komödie auf der Brücke* ist überall zu hören. Dagegen verdienen *Die Marienspiele*, *Mirandolina* und *Ariane*, weit mehr Aufmerksamkeit, als ihnen bis jetzt geschenkt wurde.

Wenden wir uns nun dem Ballettschaffen zu, so erscheint es viel ungleichwertiger. Von den fünfzehn Werken sind drei heute verschollen, darunter das abendfüllende Jugendwerk *Koleda* (H. 112), ein volkstümliches Ballett mit Gesang, das wahrscheinlich manches aus *Špalíček* vorwegnahm. Letztere Partitur ist wohl das überragende Meisterwerk in der Reihe, das einzige, das sich in ihrer Bedeutung an den besten Opern messen kann. Allerdings ist dieses abendfüllende, von Martinů selbst übrigens als Ballettoper bezeichnete Werk mit Soli und Chor so sehr dem tschechischen Volksgeist verbunden, dass es sich als Bühnenwerk im Ausland wohl kaum durchsetzen wird. Die beiden Orchestersuiten und die *Geisterbraut* (aus dem Ballett *Špalíček*) dürften es aber dem Konzertpublikum weitgehend erschließen. Nur ein anderes Ballett ist noch abendfüllend, und zwar *Istar*, Martinůs Abschied vom französischen Impressionismus und sein Hauptwerk vor der Abreise nach Paris. In Prag ist es, um die Hälfte gekürzt, neu inszeniert worden; an eine vollständige Darstellung ist kaum noch zu denken. Die übrigen Ballette aus den Pariser Jahren (vor *Špalíček*) sind von Jazz und neoklassizistischer Polyphonie geprägt (eine köstliche Mischung!) und manche davon wurden erst jüngst aufgefunden und uraufgeführt.

Die wenigen Film- und Bühnenmusiken endlich haben geringere Bedeutung und werden hier nur der Vollständigkeit wegen erwähnt.

Kategorie 1: Opern

162. VOJÁK A TANEČNICE (Der Soldat und die Tänzerin). Komische Oper in drei Aufzügen und zehn Bildern

E: 1. Aufzug: Polička, Juli-September 1926 (Ouvertüre 20.8.1926). 2. und 3. Aufzug: Paris, 1927. Vollendet am 19.6.1927.

Text: (tschechisch) J. L. Budín (alias Jan Löwenbach), frei nach dem Lustspiel von *Pseudolus* von Plautus. Deutsche Übersetzung K. Honolka.

UA: Brno, Nationaltheater, 5.5.1928. Dir.: F. Neumann; Regie: O. Zítek; Bühnenbild: B. Babánek; Hauptrollen: A. Pelz (Kalidorus), Z. Otava (Pseudolus), J. Čihák (Bambula), A. Čvanová (Fenicie).

WA: (stark gekürzt) Prag, 15.12.2001.

BS: Simon, Bürger von Athen (Bar); Frau Malina, seine Gattin (A); Kalidorus, ihr Sohn (T); Pseudolus, ihr Diener (Bar); Bambula, Stadtverordneter und Besitzer eines Tanzlokals in Athen (B); Fenicie, Tänzerin bei Bambula (S); Aloisie, Geliebte von Pseudolus (A); Harpax, Militärordonnanz aus Sparta (T); ein Koch (T); die Hauswartin (S); zwei Pförtner (T, B); eine Statue (B); eine Laterne (T); der Mond (T); die Negerin (S), Sprechrollen: Cato; Plautus; ein Herr mit einer Perücke; ein bärtiger Herr; der Regisseur.
Tänzer und Tänzerinnen; Diener und Dienerinnen; Krieger; Bürger; Leute in der Kulisse.
Orchester: 2222-2330-Pk.-Pf.-Str.

Deko.: 3 Bühnenbilder (je eins pro Aufzug).

D: Abendfüllend. Ca. 135' (50'+45'+40')
1. Aufzug: Ouvertüre (siehe H. 162 A) und 6 Auftritte. Insgesamt (ohne Ouvertüre) 1.625 T. (1.205 mit Kürzungen der UA).
2. Aufzug: Einleitung (Pantomime), Zwischenspiel I und 6 Auftritte. Insgesamt 1.322 T. (1.277 T.).
3. Aufzug: Vorspiel, Zwischenspiel II und 7 Auftritte. Insgesamt 1.321 T. (1.057, bzw. 712). Die hübsche Ouvertüre (Allegretto moderato, $^2/_4$, G-D, 151 T., BS 2021-2200-Pk.-Pf.-Str.) wurde bei der UA leider gestrichen. Dieser Aufzug benötigt ein kleines Bühnenorchester (2 Ob., 1 Fg., 2 Trp., 1 Pos., Pk.).

A: PBM (Ac 114/1-3, Ac 113 - Ouvertüre).
a) Ouvertüre (broschiert), 49 S.

b) 1. Aufzug, 193 S.
c) 2. und 3. Aufzug, zusammen gebunden (je 167 und 123 S.).

F: Inst. BM, Prag (PBM Ac 114/1-3, PBM Ac 113).
Ausg: DILIA, Prag 1966.
V: Panton International Mainz (ČR, SR: DILIA, Prag).

Handlung: Die Grundhandlung des Plautus ist beibehalten: Kalidorus ist in die Tänzerin Fenicia verliebt; zu seinem Entsetzen erfährt er, dass der Besitzer des Tanzlokales, Bambula, das Mädchen an einen Unterhändler von Sparta verkaufen will, ja dass er schon einen Vorschuss bekommen hat und nunmehr die Militärordonnanz Harpax erwartet, die den Saldo mitbringen und die Tänzerin gleich mitnehmen soll. Seinen schlauen Diener Pseudolus bittet Kalidorus um Hilfe, da seine Mutter zwar Verständnis zeigt, sein Vater aber nichts davon hören will: Der junge Mann braucht Geld, um seine Geliebte freizukaufen. Pseudolus besorgt sich das nötige Geld bei der Mutter in Abwesenheit ihres Gatten und gibt sich dem nun eintretenden Harpax als Bambulas Vertrauter aus. Es gelingt ihm, von der Ordonnanz den Verkaufsvertrag zu erhalten. Nun ruft Pseudolus seine Geliebte Aloisia herbei, die sich als spartanischer Soldat verkleidet und mittels des Vertrages und des Geldes Fenicia empfängt und mitnimmt. Als sich der richtige Harpax bei Bambula meldet, merkt dieser, dass er betrogen wurde. Trotz seiner Wut ist nichts mehr zu ändern: Kalidorus stellt seine Braut seinen Eltern vor, und der Vater, den die hübsche Tänzerin an seine eigene Jugend erinnert, gibt seine Zustimmung.

Über dieses Grundthema haben Dichter und Komponist endlos und geistreich phantasiert. So hat sich das Werk zu einer heiteren Parodie voller Satire und witziger Anachronismen entwickelt. Die „Modernisierung“ antiker Vorlagen lag damals in der Luft, sei es auf ernste (Honeggers *Antigone*, Strawinskys *Oedipus Rex*) oder auf heitere Weise (Christinés *Phi-Phi*), und so besitzt Bambulas Nachtlokal ein echtes Neger-Jazzorchester. Wie schon in Prokofieffs *Liebe zu den drei Orangen* tritt das Publikum in die Handlung ein, unterbrechen je der Regisseur, der Souffleur, ja sogar Plautus, Cato und Molière den Verlauf der Verwicklung. Vergangenheit und Gegenwart, Bühne, Saal und Kulissen, Bühnenschau, Operette und Tanz, alles verschmilzt zu einer tollen Phantasie, die dem Zuschauer den Atem raubt. Martinůs Musik ist entsprechend bunt und lebendig, bald neoklassizistisch, wie in manchen anderen Werken aus den Jahren 1925–1927 (so vor allem in der Ouvertüre, der sogar die Vorzeichen nicht fehlen, und im größeren Teil des 1. Aufzuges), bald parodistisch und jazzartig. Der 1. Aufzug hinterlässt einen geschlosseneren Eindruck als die anderen (Schuld daran hat vor allem das Libretto), jedoch enthalten auch die beiden anderen Aufzüge ihre Glanzstücke, so z.B. die Pantomime des Kochs und der Bestecke zu Beginn des 2. Aufzuges (mit deutlichen Anspielungen auf die *Revue de Cuisine*, H. 161) und die verschiedenen Jazz-Stücke im selben Aufzug; so auch der Gegensatz vom „aristokratischen“ Tanz von Plautus, Cato und Molière (im feierlichen Menuettrhythmus für Streicher) und vom „demokratischen“ Tanz der Volksmenge (eine rohe „Java“ für Blechbläser) im 3. Aufzug. Bei der Wiederaufnahme des Werkes in der Prager Staatsoper 2001 wurde die Oper fast um die Hälfte gekürzt, wobei viel Köstliches geopfert wurde und man gar nicht so drastisch hätte verfahren müssen, auch wenn manche Striche vielleicht notwendig gewesen sind. Jedenfalls zeigt dieser Opernerstling Martinůs schon die Hand des geborenen Bühnenkomponisten.

169. LARMES DE COUTEAU (Messertränen).
Oper in einem Aufzug

Früher irrtümlich als *Les Larmes du couteau* bekannt.

E: Paris, 15.-24.3.1928.

Text: (französisch) G. Ribemont-Dessaignes. Deutsche Übersetzung Iris Wenderholm, tschechische Übersetzung Eva Bezděková.

UA: Brno, Staatstheater, 22.10.1969. Dir.: V. Nosek; Regie: L. Ogoun; Bühnenbild: V. Štolfa; Hauptrollen: L. Lesmanová (Mutter), J. Jánská (Eleonora), R. Tuček (Satan).

WA: UA der deutschen Fassung: Berlin, 28.7.1998. Regie: Ch. von Götz; Dir.: H. Enke; Bühnenbild: V. Weltgen.
New York, 18.11.2002.
Filmversion: Tschechisches Fernsehen, 1998,
Regie: J. Nekvasil;
Dir.: J. Bělohlávek.

BS: Eleonore (S); die Mutter (A); Satan (T).
Jazzorchester: 0111-Sax.alto-0220-Tenorbanjo-Ttam-Pf.-2 Geigen und 1 Vc. (Soli). Insgesamt 14 Musiker (+Akkordeon hinter der Bühne). Ein Bühnenbild.

D: 20'
Insgesamt 651 T. (7 Auftritte).

A: PBM (Ac 115), 107 S. Auch KA (Ac 116), 42 S. (davon 40 S. Musik).

F: Inst. BM, Prag (PBM Ac 115, PBM Ac 116).

Ausg: DILIA, Prag 1982.
V: Panton International, Prag (ČR, SR: DILIA, Prag).

Handlung: Ihr knirschender Surrealismus erscheint ganz zeitgebunden. Während des ganzen Stücks bleibt ein Gehenkter auf der Bühne hängen! Es ist Saturn, in welchen sich Eleonora verliebt hat. Vergebens versucht ihre Mutter, Eleonoras Aufmerksamkeit auf Satan, den Liebhaber aller Frauen, abzulenken. Schließlich heiratet sie ihren Gehenkten, der aber dafür nicht zum Leben erwacht. Sie will seine Eifersucht durch Liebäugeln mit einem Rad fahrenden Neger erwecken, der Radfahrer entpuppt sich aber als Satan. Die verzweifelte Eleonora nimmt sich das Leben. Dann wird der Gehenkte aber plötzlich wieder lebendig, und auch das Mädchen erwacht. Der Auferstandene ist Satan! Ehe er verschwindet, erklärt er Eleonora: „Entsinne dich, du kennst mich nicht: Ich bin, ich war und werde immer jeder andere sein!"

Die Uraufführung, die für Baden-Baden geplant war, fand nie statt: Schuld daran war weniger Martinůs Musik (im echten Jazzstil, wie viele Werke aus den späten zwanziger Jahren) als die gräuliche Handlung. Das kurze Werk hat vor allem dokumentarischen Wert, als frühes Zeugnis von Martinůs Vorliebe für surrealistische Persönlichkeitsspaltungen (vgl. *Juliette*, *Alexandre bis*, *Ariane*).

175. LES TROIS SOUHAITS ou LES VICISSITUDES DE LA VIE (Die Drei Wünsche oder Die Wechselfälle des Lebens) (Tři přání aneb Vrtkavosti života). Film-Oper in drei Aufzügen, mit Vor- und Nachspiel

E: Paris, November 1928 bis 1.6.1929. 1. Aufzug: November 1928 bis Januar 1929.
2. Aufzug vollendet am 8.4.1929. 3. Aufzug vollendet am 28.5.1929 (das Orchesterzwischenspiel *Le Départ*, H. 175 A, vollendet am 15.5.1929). KA bis 1.6.1929.
Text: (französisch) G. Ribemont-Dessaignes. Deutsche Übersetzung M. Gammel, tschechische Übersetzung E. Bezděková.
UA: Brno, Staatstheater, 16.6.1971. Dir.: V. Nosek; Regie: E. Schorm; Bühnenbild: L.Vychodil; Hauptrollen: J. Souček (Juste), M. Šafránková (Indolende), E. Výmolová (die Fee Nulle), J. Škrobánek (Adolphe).

WA: UA der französischen Originalfassung Lyon, 22.5.1973. Sie wurde im 3. Aufzug sehr stark gekürzt. Dir: J.-P. Jacqulliat; Regie: L. Erlo; Bühnenbild: J. Rapp.
Berlin, 29.11.2000 (mit reduzierter Orchesterbesetzung).
Augsburg, 2.3.2002.

BS: Nina Valencia (Indolende, S); Serge Eliacin (Adolphe, T); Arthur de Sainte-Barbe (Monsieur Juste, Bar); Lilian Nevermore (Die Fee Nulle, Mezz); das Dienstmädchen Adélaide (A); Eblouie Barbichette (S); die Negerin (S); 10 kleinere Rollen; Chor; Sprechchor; Männerquartett; Gemischtes Soloquartett. Orchester: Großes Symphonieorchester (2222-4331-Pk.-Schl.-Pf.-Str.). Jazzinstrumente: 2 Sax., Jazzfl., Flexaton, Banjo, Pf., Akkordeon.

Deko.: 9 Bühnenbilder.

D: Abendfüllend. Schätzungsweise 135' (40'+50'+45')
1. Aufzug: Vorspiel und 6 Auftritte (2 Bilder). Insgesamt 1.085 T.
2. Aufzug: 5 Auftritte (2 Bilder). Insgesamt 1.311 T.
3. Aufzug: 4 Auftritte. Insgesamt 1.390 T. Der 2. Auftritt ist die Filmmusik, für kleines Bühnenorchester (0022-0210-2 Vn., 1 Vla.). 8 kurze Sätze (insgesamt 401 T. 13'). Mit Ausnahme des fünften der acht Teile (*Le Bateau*), der Gesangsdialog enthält, ergibt sich daraus eine hübsche Konzertsuite (siehe H. 175 B). Der 3. Auftritt ist das Orchesterzwischenspiel *Le Départ* (siehe H. 175 A).

A: 1. PBM (Ac 117/1-5), vollständige Orchesterpartitur (dreibändig), 1. Aufzug: 227 S. + Titels.; 2. Aufzug: 220 S. + Titels.; 3. Aufzug: Insgesamt 235 S. Der 3. Aufzug ist eine Mappe mit drei getrennten Heften. Das zweite Heft (S. 16-61) enthält die Filmmusik, das dritte (S. 61-153) *Le Départ*.
2. PBM (Ac 118), KA (November 1928 bis 1.6.1929). Drei getrennte Bänder von je 98, 92 und 61 S. Vom dritten Aufzug fehlen die Filmmusik und *Le Départ*.
3. MZM, Brno (A 40603 - Skizze). Die fast vollständigen Skizzen mit Titel *Les Vicissitudes de la Vie*. Insges. 102 S. Vom dritten Aufzug nur die Filmmusik und *Le Départ*.

F: Inst. BM, Prag (PBM Ac 117, PBM Ac 118).

Ausg: DILIA, Prag 1970, 2000 P, 2001 KA.

V: Panton International, Prag (ČR, SR: DILIA, Prag).

Handlung: Im Vorspiel sind wir auf einer Filmbühne. Gedreht wird der Film *Die drei Wünsche.* Die Filmhandlung erstreckt sich über die ersten beiden Aufzüge. Monsieur Juste flieht vor seinem alten und hässlichen Weib Indolende und geht auf die Jagd, wo er die Fee Nulle gefangen nimmt. Im Tausch für ihre Freiheit verspricht sie ihm die Erfüllung dreier Wünsche. Indolende verlangt sogleich Reichtum. Daraufhin verwandelt sich das Haus in einen prächtigen Palast, in welchem ein großes Fest zu Ehren der Verlobung von Adolphe und Eblouie stattfindet. Als Geschenk verspricht ihnen die Fee das Goldene Schloss auf der Goldenen Insel. Im 2. Aufzug sind wir auf dem Schiff, das zur Insel segelt. Alle sehnen sich nur nach Gold und wiegen deswegen immer mehr, während die Fee diese Habgier und den Mangel jeder Liebe bejammert. Unter dem Gewicht des Goldes sinkt das Schiff. Die beiden Ehepaare landen auf der wüsten Insel, auf der nur eine Negerin wohnt.
Durch das Gold erdrückt äußert Juste nun den zweiten Wunsch: Sein Weib soll wieder jung und schön sein. Sobald dies geschehen ist, verlieben sich Adolphe und Indolende ineinander. Eblouie ist eine arme verlassene Bettlerin geworden. Auch Juste ist traurig und vergessen, daher sein dritter Wunsch: geliebt zu sein. Mit Leidenschaft stürzt ihm Eblouie in die Arme, jedoch empfindet er nur Entsetzen vor der elenden Bettlerin: Mit schmerzlicher Sehnsucht blickt er in Indolendes Richtung, die Adolphe stets umarmt. Wahnsinnig vor Eifersucht schlägt Eblouie Juste tot. Er stirbt mit den Worten: „Das Leben ist schwer“. Die Geschichte ist zu Ende. Wieder befinden wir uns auf der Drehbühne. Während eines Augenblicks der Unaufmerksamkeit Arthurs verabredet sich Nina mit Serge. Der Regisseur kündigt die festliche Uraufführung des Filmes an. Im dritten Aufzug findet sie statt (die ganze Geschichte wird stark gekürzt mit Begleitung der Filmmusik wiederholt). Im darauf folgenden Orchesterzwischenspiel (*Le Départ*) zeigen uns Lichtbilder die Flucht von Nina und Serge nach New York. Dort spielt sich das letzte Bild in einer Bar ab. Arthur sitzt traurig an einem einsamen Tisch, während Nina und Serge inmitten einer großen Menschenmenge tanzen und sich unterhalten. Die verschiedenen Personen des Films sind anwesend, darunter die Negerin und die Fee Nulle, jetzt die Schauspielerin Lilian Nevermore, die sich als nackte Kabaretttänzerin entpuppt und schließlich betrunken mit der armen Eblouie tanzt. Die Stimmung steigert sich im wilden Rausch des Alkohols und der Jazzmusik, nur Arthur sitzt alleine und traurig. Allmählich leert sich die Bar, die Lichter gehen aus, als letzte Gäste verlassen Nina und Serge schwer betrunken den Saal. Der einsame Arthur bleibt

auf der dunklen Bühne und seufzt: „Das Leben ist schwer". Die Musik erstirbt über einer fahlen Erinnerung an das Lied vom Gold und von der Lieblosigkeit aus dem 2. Aufzug.

Kein anderes Werk Martinůs ist so sehr zeitgebunden wie diese Oper, in der man ein französisches Gegenstück zu den bitteren Jazzopern eines Křenek, Hindemith oder gar Kurt Weill erkennen darf. Deswegen ist es ein wahrer Jammer, dass das Werk zur Zeit seiner Entstehung nicht aufgeführt wurde: Szenisch und musikalisch hatte es viel Neuartiges, Kühnes und Originelles zu bieten. Das in der Ausgabe von 1968 Gesagte hat auch noch heute Gültigkeit: Nun ist die Zeit aber dahin und die Oper ist nur noch ein fesselndes Dokument. Da eine Inszenierung sowieso eine sehr heikle und kostspielige Angelegenheit wäre, müssen wir auf eine spätere Zeit hoffen, bis die historische Distanzierung ausgleichend und objektivierend gewirkt hat. Im Konzertsaal dürfte sich aber *Le Départ* (H. 175 A) durchsetzen. Fünfunddreißig Jahre später ist diese Zeit gekommen: Die späte UA und einige andere Produktionen haben die Wichtigkeit und Lebensfähigkeit des Werkes bewiesen. Die Zusammenarbeit mit Ribemont-Dessaignes hatte sich zu einer wahren Freundschaft entwickelt, und viele Anregungen, auch im Bezug auf die Bühnenarbeit, stammen vom erfinderischen Martinů. Die Miteinbeziehung des Films nimmt ähnliche Experimente, namentlich von Milhaud (*Christophe Colomb*) oder Alban Berg (*Lulu*), um mehrere Jahre vorweg. Die Musik ist fast durchweg von einer rasenden Rhythmik getrieben, von wilden Jazzsynkopen aufgepeitscht. Überhaupt spielt hier der Jazz eine Rolle wie in kaum einem anderen Werk Martinůs. Auch die Verwendung der Jazzsolisten ist geschickt und erfolgreich. Im Vokalen ist vor allem die meisterhafte Behandlung der großen Ensembleszenen hervorzuheben. Dem bitteren, bisweilen angreifbaren Zeitstück liegt eine tiefere Moral zugrunde, die im Vokalquartett mit Klavier am Anfang des 2. Aufzuges wörtlich ausgedrückt wird: „Es war einmal ein großes goldenes Schiff, das auf dem goldenen Meer segelte, ein großes schweres Schiff, das ohne Liebe segelte (...) Goldenes Schiff, zu schweres Herz, sinken wie Blei, goldener Sarg für den Tod." Die Musik dazu gemahnt sonderbar an manches Moritat von Kurt Weill.

194. (recte 200/201) LE JOUR DE BONTÉ (Der Wohltätigkeitstag) (Den dobročinnosti). Oper in drei Aufzügen (unvollendet)

E: Paris, 2. Hälfte 1930 bis April 1931 (Fertigstellung des Textes: 30.7.1930.).

Text: (französisch) von G. Ribemont-Dessaignes (nach einer Anregung von I. Ehrenburg). Deutsche Fassung von C. Hoffmann. Tschechische Fassung von V. Fux.

UA: České Budějovice, Jihočeské divadlo (Südböhmisches Theater), 28.3.2003 in der Einrichtung von M. Kaňák. Dir.: M. Kaňák; Regie: J. Průdek; Bühnenbild: P. Godefroid; Hauptrollen: D. Klán (Lucas), S. Sem (Nicolas), K. Hájovská (Blonde).

BS: Blonde (S); die Hausbewacherin (Concierge) in II/4 (S); die Verzweifelte (Mezz); eine Frau in II/3 (tiefer A); Lucas (T); Nicolas (T); der Briefträger (T); der arme Tropf (B); der Polizist (BBar); der Bürgermeister (B); verschiedene kleine Rollen; gemischter Chor.
Orchester: 0121.0210. Pk-Schl. (Beck., gr. Tr., Rührtr.). Pf., Str. (in Kammerorchesterbesetzung).

D: komponierte Musik 75', M. Kaňáks' Einrichtung ca. 82'
I. Aufzug 1232 T. 44' 25''
1. Auftritt 110 T. 5' 25''
2. Auftritt 574 T. 19' 35''
3. Auftritt (gesprochen). 1' 30''
4. Auftritt 548 T. 17' 55''
II. Aufzug 898 T. 30' 10'
Ouverture 47 T. 2' 15''
1. Auftritt 97 T. 3' 30''
2. Auftritt 145 T. 2' 45''
3. Auftritt 249 T. 14' 15''
4. Auftritt 360 T. 7' 25''. Hier bricht Martinůs P ab. Der fünfte Auftritt sowie der dritte Aufzug wurden nicht komponiert.

A: A der OP und der KA in der PSS in Basel. Beide sind unvollständig erhalten, ergänzen einander aber bis auf eine ganz kurze Stelle.
Die OP umfasst 302 S. (171 + 131). Gegen Schluss des ersten Aufzuges fehlt S. 163, leider genau an der Stelle, an der der KA abbricht, nach T. 1165. Zwar gibt uns die letzte S. von KA noch die T. 1.166–1.169, aber dann fehlen 4 T. (mehr nicht, wir nummerieren sie 1.170–1.173) bis zum Abbruch der Steigerung, dem ein schriller Pfiff folgt. Die Stelle ist leicht zu ergänzen. Der großartige Chor in I/2 (T. 367–424) ist textlos komponiert: An dieser Stelle brauchte Martinů Worte, bekam sie aber nicht. In der Einrichtung von M. Kaňák wird dieser

Chor (wortlos) nach dem Ende des Torsos gesungen.
Der KA umfasst 92 S. und bricht nach T. 1169 des ersten Aufzuges ab. Auch fehlen die S. 55-64 (T. 685-775), aber in beiden Fällen kann die Musik anhand der OP ergänzt werden.

F: Inst. BM, Prag.

V: Panton International, Prag.

Handlung: 1. Aufzug. Ein französisches Dorf. Pastorales Vorspiel: Die junge Blonde weidet ihre Kühe und kehrt dann ins Dorf zurück. 2. Vorhang: Der Dorfplatz. Die beiden Dorfburschen Lucas und Nicolas liebäugeln erfolglos mit Blonde. 3. Lebhafte Dorfszene (mit Chor). Der Briefträger (mit Fahrrad, vgl. den berühmten Film von Jacques Tati *Jour de Fête*, 1948) verteilt die Post. Aus der Zeitung entnehmen Lucas und Nicolas die Nachricht, dass am nächsten Tag in Paris ein Wohltätigkeitstag stattfindet und beschließen, am selben Abend noch dorthin zu fahren, um an ihm aktiv teilzunehmen. 4. Am Bahnhof schlafen sie auf einer Bank ein und träumen, dass sie eine Frau und Tochter prügelnden Mann zum Guten bekehren und dafür vom Polizisten eine Auszeichnung erhalten. Aber der Bahnbeamte weckt sie auf und ruft zur Abfahrt.

2. Aufzug. In Paris. 1. Es regnet. Als die beiden Freunde einer Dame ihren Schirm anbieten, werden sie beschimpft und geohrfeigt. 2. Der Polizist jagt sie davon, da sie den Verkehr behindern. Am Seineufer wird ein junges Mädchen nach einem Selbstmordversuch aus dem Wasser gerettet. Lucas und Nicolas, die Hilfe anbieten, beschimpft und bewirft sie mit Steinen. 4. An einem Markt wollen sie einem Berufsbettler Essen anbieten, das der stets Unzufriedene ihnen an den Kopf wirft. Hier bricht Martinůs Torso ab. 5. Der Portier eines Hotels gibt sich als der einzig Unglückliche im Haus, worauf die beiden seinen Dienst übernehmen. Sie wollen das sich zankende Paar Jules und Sylvie versöhnen, werden aber abermals verprügelt und hinausgeworfen.

3. Aufzug (Zusammenfassung). Lucas und Nicolas nehmen schließlich Sylvie unter ihren Schutz und kaufen ihr die teuersten Kleider: Nichts ist gut genug für sie. Im einen Lokal, wo Sylvie mit Lucas tanzt, während Jules mit einer anderen Frau liebäugelt (Eifersuchtsszene), knallt plötzlich ein Schuss, der eine kleine Zeitungsverkäuferin tötet. Die Polizei verhaftet die beiden Freunde, deren Brieftasche samt Ausweise gestohlen wurden, und sie schlafen erschöpft auf einer Bank auf der Wache ein. Im Traum aber wenden sich alle Ereignisse des Tages zum Guten, sie werden sogar (wieder) ausgezeichnet. Im letzten Auftritt wachen sie auf einer

Bank in ihrem Dorf auf. Ob alles nur ein Traum war? Jedoch meldet die vom Briefträger gebrachte Zeitung vom großen Erfolg des gestrigen Wohltätigkeitstages, zu dem die beiden entscheidend beigetragen haben sollen. Doch niemand glaubt ihnen! Alle begeben sich zur Ostermesse, während die Glocken klingen, mit abschließendem „Halleluja".

Bis 1995 galt das Werk als verschollen, es gab auch keine genaue Beschreibung der Partituren und ihres Vollendungszustandes. Für den bei Martinů so ungewöhnlichen Abbruch der Arbeit gibt es verschiedene Erklärungen. Mit der Aussicht auf eine UA in Deutschland konzipierte Martinů die Oper gleich zweisprachig. Aber die deutsche Fassung ist so grässlich, so stur und schlicht in der Sprache wie im Geiste „verdeutscht", dass er wohl den Mut verloren haben muss, zumal die Pläne in Deutschland bald scheiterten, nachdem der Schott-Verlag den Entwurf als für deutsche Verhältnisse zu einfach (!) erklärt hatte. Tatsächlich wurde Ribemont-Dessaignes bissiger, geistreicher Humor zu biederer Humorlosigkeit abgestumpft, obwohl seine Bitterkeit durch flache Bosheit eher verschärft wurde. Der deutsche Verfasser hatte offensichtlich keine Ahnung von Frankreich. Aber an Martinůs Scheitern sind auch schwerwiegendere Gründe Schuld. Seit Jahresanfang beschäftigte er sich mit dem großen Projekt *Špalíček*, das in der Heimat gute Aussichten hatte und das ihm weit näher am Herzen lag. Schließlich fällt der Moment des Abbruchs mit seiner Heirat mit Charlotte Quennehen zusammen. Wir wissen aus dem Briefwechsel, dass nun dringende Brotarbeit (Kammermusik, z.T. auch pädagogischer Art) wenigstens für die Anschaffung von Möbeln für die Wohnung des jungen Ehepaares Vorrang haben musste.

Die Partitur ist ein sehr originelles Werk, das im Schaffen Martinůs seinesgleichen sucht. Aus seinem bescheidenen Kammerorchester (kein Problem für ihn, im Gegenteil!) gewinnt er erstaunliche Farbenpracht und die Behandlung des Chores ist großartig. Dem Libretto entnimmt man, das das Dorf ein französisches sein soll, aber schon der als pastorales Vorspiel konzipierte erste Auftritt versetzt uns in eine rein tschechische Landschaft. Wir hören schon die Klänge der Hirtinnenlieder in H. 209 (*Hlásání pasaček*), die im folgenden Juli entstanden, und selbst *Kytice* scheint vorweg genommen. Martinů sehnte sich damals nach einer solchen Musik, sie lag sozusagen „in der Luft". Es folgt eine rein tschechische Dorfszene: Der kleine Gänsehirt könnte aus Polička sein! Bürgermeister, Briefträger und Polizist sind urfranzösisch: Unser Pariser Tscheche bringt Wahl- und Geburtsheimat köstlich zusammen. Das *Allegretto moderato* (T. 950) im vierten Auftritt ist rein klassisch, fast mozartisch (erinnert wird fast wörtlich an den Beginn des *Divertimento/Concertino* für die linke Hand H. 173), aber dann kommt beim Einschlafen der beiden Freunde auf der Bahnhofsbank Martinůs erste Traumsequenz (mit fernem Chor!) und kurz darauf spielt der Polizist einen Walzer auf dem Akkordeon, ebenfalls eine Novität in Martinůs Schaffen! Und der erste Aufzug schließt mit seiner ersten Eisenbahntoccata (vgl. den dritten Aufzug von Juliette).

Mit dem zweiten Aufzug verändert sich der Charakter der Musik sofort zu trüber Großstadtstimmung mit Jazzrhythmen. Wie geschickt blendet Martinů die Klänge der beiden Klarinetten über den des Fagotts, um einen Saxophonklang vorzutäuschen! Bald wird die Musik zwar heiterer, bleibt aber weiterhin „großstädtisch". Der dritte Auftritt (mit dem ertrunkenen Mädchen) entwickelt sich zu einer breiten, freien Rondoform in großartiger Trauerstimmung, in welcher Sologesang und Chor, Orchestertutti und Kammermusik (viele Holzbläsersoli) ständig abwechseln. Die Partitur bricht nach einem kräftigen Höhepunkt zu unserem ewigen Bedauern ab. Der vom Inszenierungsteam der Uraufführung (J. Průdek, M. Kaňák) vorgeschlagene Schluss der Oper ist zwar theatralisch ziemlich wirkungsvoll, zerstört aber vollkommen die bisher gewonnene musikalische Spannung und klingt eher lahm. Aber es gibt wohl keine bessere Lösung, und dieser meisterhafte Torso sollte unbedingt gerettet werden!

236. HRY O MARII (LES JEUX DE MARIE) (Die Marienspiele). Ein Zyklus von vier Mirakelspielen

E: Paris, Mai 1933–26.6.1934.
1. *Die Weisen und die törichten Jungfern*: vollendet am 22.4.1934.
2. *Mariken von Nimégue*: 1. Fassung (H. 236/2 I) (französischer Text, für kleines Orchester: 0330-0220-Schl.-Pf.-Str.; erhebliche Unterschiede in der Musik, wegen des Textes): Paris, Mai 1933 - Honfleur 18.7.1933. 2. (endgültige) Fassung (H. 236/2 II): vollendet am 21.3.1934.
3. *Die Geburt des Herrn*: vollendet am 1.4.1934 (Ostern).
4. *Schwester Paskalina*: vollendet am 26.6.1934.
Mit der langen Unterbrechung zwischen den beiden Fassungen von H. 236/2 hat der Komponist somit ca. sechs bis sieben Monate an dieser Oper gearbeitet. Das Werk entstand also in der Reihenfolge: 2 I (Mai bis 18.7.1933), 2 II, 3, 1 und

4 (März bis 26.6.1934). In der Zwischenzeit entstanden H. 226 (endgültige Fassung) bzw. 233, 234 und 235.

Text: (tschechisch).
1. Französischer Text aus dem 12. Jahrhundert, tschechische Bearbeitung von V. Nezval.
2. Flämisches Mirakelspiel aus dem 15. Jahrhundert, Text von H. Ghéon (original französisch in H. 236/2 I), tschechische Fassung von V. Závada.
3. Nach alten mährischen Volksballaden.
4. J. Zeyer und B. Martinů.
Deutsche Übersetzung K. Honolka.

UA: Brno, Nationaltheater, 23.2.1935. Dir.: A. Balatka; Regie: R. Walter; Bühnenbild: F. Muzika. Hauptrollen: M. Hloušková (der Erzengel Gabriel), B. Žlábková (Mariken), V. Střelcová (Schwester Paskalina).

WA: Prag, 6.2.1936.

BS: 1. 2 Mezz; 1 A; 1 T; 1 Bar; 2 B; Gemischter Chor; 9 Tänzerinnen. Orchester: 2020-4120-Pk.-Schl. (gr. Tr., Beck.)-Pf.-Str. (ohne Vn., dagegen mindestens je 8 Vle. und Vc.).
2. 2 S; 1 A; 1 T; 1 Bar; 2 B; 1 Sprecher; Männerchor; Frauenchor; Tänzer und Tänzerinnen. Orchester (H. 236/2 I) 0330-0220-Schl., Pf., Str. (H 236/2 II): 2222-4231-Pk.-Schl. (gr. Tr., 2 Kl.Tr. ohne Saiten, 1 Rührtr., Tamb., Beck., Tri., Xyl.)-Pf.-Str.
3. 1 S; 1 Mezz; 1 Bar; 1 B; Frauenchor; Gemischter Chor; Kinderchor. Orchester: 2202-4110-Pk.-Tri.-Str.
4. 2 S; 1 Mezz; 1 Soloquartett (SATB); Gemischter Chor; Tänzer und Tänzerinnen. Orchester: siehe H. 236/2 II.
Zusätzliches Bühnenorchester: Harmonium, Streichquintett, Pk.

Deko.: 4 bis 8 Bühnenbilder, je nach der Inszenierung.

D: Abendfüllend. Ca. 131' (20'+ 43'+ 21'+ 47').
1. *Panny moudré a panny pošetilé* (Die weisen und die törichten Jungfern). Kurzes Vorspiel zum 2. Teil, vorgetragen vor geschlossenem Vorhang. Insgesamt 483 T.
2. *Mariken z Nimègue* (Mariken von Nimègue), Mirakelspiel in I Aufzug. 5 Auftritte (3 Bilder). Insgesamt 1171 T. (II Fassung H. 236/2 II). I. Fassung (H. 236/2 I) 1004 T.
3. *Narození Páně* (Die Geburt des Herrn), Pastorale in einem Bild. Vorspiel zum 4. Teil, vorgetragen vor geschlossenem Vorhang. Insgesamt 614 T.

4. *Sestra Paskalina* (*Schwester Paskalina*), Legende in einem Aufzug. 3 Auftritte (3 Bilder). Insgesamt 1.189 T.

A: a) Vollständige OP im Archiv des Nationaltheaters in Prag. Vier Hefte von je 35 + 4, 144 + 4, 31 + 2 und 136 + 4 S.
b) OP des 3. Teiles im PBM (Ac 119) 44 S. + 1 S. Angaben.
c) PSS Basel, OP von H. 236/2 I. 169 S. + 1 Titels. (P - 2. Teil).
d) KA PBM (Ac 120/1-4) Vier Hefte: 1. 23 S. + Titels. (Paris, 28.4.1934). - 2. 50 S. + 4 Titels. (Einführende Angaben französisch; später Bühnenangaben tschechisch; Ghéons französischer Originaltext z.T. beigefügt, schwer lesbar). - 3. 18 S. + 2 Titels. (Paris, 9.4.1934). - 4. 53 S. + 4 Titels. (sehr unübersichtlicher Rohentwurf, viele Striche und Überklebungen).
e) NM ČMH Tr B 265 KA von H. 236/2 I 61 S. (von 9 bis 69 nummeriert).
f) NM ČMH, Prag (Tr B 282 - Skizze zu H. 236/3, 4 S.)

F: Inst. BM, Prag (PBM Ac 119, PBM Ac 120/1-4).
Inst. BM, Prag (XYZ 026).

Ausg: DILIA, Prag 1965, P und ST L. KA K.

V: DILIA, Prag.

Handlung: 1. Der „Sponsus", dessen Text und Musik in der Pariser Nationalbibliothek aufbewahrt wird, ist wohl das älteste liturgische Spiel (2. Hälfte des 12. Jahrhunderts), das Latein und Volkssprache (hier Altfranzösisch) vermischt. Die Handlung stützt sich auf das Gleichnis von den weisen und den törichten Jungfern (Matth. 25, 1-13).

2. Das ursprüngliche flämische Mirakelspiel (Ende des 15. Jahrhunderts) ist stark vereinfacht und gekürzt worden, es behält jedoch den Charakter einer Gauklerbühnenvorstellung. Auf dem Wege von der Stadt nach Hause trifft Mariken im Walde den Teufel. Erst erschrickt sie, jedoch weiß der Teufel bald, das Mädchen durch seine Beschreibung eines reichen, wollüstigen Lebens zu verlocken. Nun wird sie seine Gefährtin und nimmt an seinem Verwüstungs- und Ausschweifungswerk teil. In einer Dorfschänke tanzt sie wild und unzüchtig. Jedoch wohnt sie der Aufführung eines geistlichen Spiels auf einer Gauklerbühne am Dorfplatz bei, die ihre Reue weckt. Der Teufel weigert sich aber, sie freizugeben. Es folgt ein theologischer Wortstreit mit dem Sohn Gottes (aus dem Bühnenstück). Endlich sichert die Vermittlung der Mutter Gottes Marikens Rettung und ewige Seligkeit, denn ihre Reue war aufrichtig.

3. Nichts anderes als eine frische, naive Darstellung der Geburt Christi im Geiste der alten mährischen Volksdichtungen.

4. Die Vorlage ist ein Mirakelspiel aus dem 13. Jahrhundert spanisch-französischen Ursprungs, das u.a. auch Maeterlinck (in *Soeur Béatrice*) übernahm. Auch hier hat Martinů die Handlung stark vereinfacht und stilisiert, während er gleichzeitig manches aus dem Bereich der Commedia dell'arte und der Volkslyrik entlehnte. Im Traum erscheint der Teufel der Schwester Paskalina und flüstert ihr ein, ihr Kloster zu verlassen und mit einem von ihr geliebten Ritter zu leben. Die junge Nonne erwacht und entflieht. Die Mutter Gottes aber steigt von ihrem Säulenfuß herab, kleidet sich in Paskalinas Schleier und nimmt deren Platz im Kloster ein, damit niemand ihre Abwesenheit bemerkt. Inzwischen ist es dem Teufel nicht gelungen, die Seele Paskalinas zu gewinnen, denn sie liebt ihren Ritter mit reiner Liebe. In seiner Wut tötet der Teufel den Ritter und lässt Paskalina dafür beschuldigen. Das zweite Bild zeigt uns den Scheiterhaufen auf dem Stadtplatz, auf welchem das Mädchen hingerichtet werden soll. Jedoch erhört die Mutter Gottes ihr Flehen, löst ihre Ketten und vertreibt die Flammen. Im letzten Bild klopft das Mädchen an die Tür ihres Klosters, wo sie erfährt, dass Schwester Paskalina dort stets anwesend war und zur Erbauung und Freude der Gemeinschaft lebte. Sie tritt in ihre Zelle, wo sie die Mutter Gottes wieder auf ihrer Säule erblickt, nimmt ihren Schleier und sinkt erschöpft auf ihr Bett nieder. Ob das alles nur ein Traum war?

Eine Bemerkung zur ersten Fassung von *Mariken de Nimègue* H. 236/2 I: Diese Frühfassung wurde auf französische Worte komponiert und weicht von der späteren auch durch ihren geringeren Umfang ab (1.004 T. anstatt 1.171 T., geschätzte Spielzeit: 37'). Titel, Bühnenanweisungen und gesprochene Stellen (selbst für den Chor) stehen im Autograph der Originalpartitur in französischer Sprache. Einzelne Worte des gesungenen Textes sind ins Tschechische übersetzt. Farbstifteintragungen zeigen, dass diese Partitur zur Probenarbeit benutzt wurde, vielleicht für eine Aufführung in Frankreich als Einakter, die dann nicht zustande kam. Im Klavierauszug (NM ČMH Tr B 265) sind den Singstimmen keine Worte unterlegt, obwohl alles Übrige auf Französisch vorliegt. Der Klavierauszug wurde offensichtlich für Brno vorbereitet, wo die tschechischen Worte erst später eingebaut werden sollten. In der tschechischen Fassung wurden die Ouvertüren und auch weitgehend die letzten 5 Szenen (vom Spiel des Maskaron an) bis auf die Prosodie kaum verändert. Die drei ersten Szenen dagegen sind zum Teil drastisch umgearbeitet und etwas verlängert. Der Orchesterklang der früheren Fassung klingt härter, nüchterner und gewissermaßen kammermusikalischer, weniger symphonisch. Sie ist bis heute (2005) unveröffentlicht und unaufgeführt.

Die *Marienspiele* gehören zu Martinůs stärksten und eigenwilligsten Bühnenschöpfungen. In diesem ersten geistlichen Bühnenwerk (von den späteren Opern kann man gewissermaßen *Wovon die Menschen leben* und *Griechische Passion* dazurechnen) treffen wir manche konstanten Merkmale seiner Einstellung zur Oper: starke Stilisierung, Einbeziehung von Tanz und Pantomime im Sinne eines Gesamtkunstwerkes, Theaterstück innerhalb des Theaterstückes (wie schon in den *Drei Wünschen* und später in *Griechische Passion*), Zweideutigkeit von Traum und Wirklichkeit (siehe *Juliette*), Spaltung der Persönlichkeit (ein immer wiederkehrendes „Leitmotiv" von Martinůs Dramatik, von den *Messertränen* bis zu *Ariane*). In allen vier Teilen ist das Bühnenbild stets dreiteilig wie die mittelalterlichen Altare. Im ersten Stück spielt der Chor (auf den das musikalische Schwergewicht fällt) zugleich die Rolle des Publikums; die Jungfern tanzen, nur eine singt; der Bräutigam (Christ) singt, wird aber auf der Bühne nur durch einen Lichtstrahl verkörpert. In *Mariken de Nimègue* soll das Bühnenbild rau und primitiv im Sinne der alten Gauklerbühnen sein. Mariken und der Teufel werden abwechselnd durch Sänger oder Tänzer verkörpert. Die *Geburt des Herrn* ist ein mehr statisches, fast oratorienhaftes Zwischenspiel. Hier gemahnt die Musik an Martinůs Volkskantaten, im Kinderchor schon deutlich an *Das Maifest der Brünnlein*. *Schwester Paskalina* endlich weist dunklere, herbere Tonfarben auf als die früheren Teile. Das Bühnengeschehen ist stark stilisiert, vieles spielt sich nur im Inneren der Seele Paskalinas ab, deswegen beschränkt sich die Handlung auf die drei wesentlichsten Momente: Der Ritter erscheint überhaupt nicht; die Mutter Gottes hat hier, im Gegensatz zu *Mariken*, nur eine stumme Rolle. Dieser letzte Teil ist am stärksten der Traumwelt verhaftet.

Die Musik der *Marienspiele* ist vorwiegend schlicht und volkstümlich, jedoch behandelt der Komponist die grundsätzlich einfache Thematik mit erstaunlicher Erfindungskraft und Verfeinerung. Als glanzvoll erweisen sich die Chorsätze: In keiner zweiten Oper Martinůs (abgesehen von der *Griechischen Passion*) ist ihnen eine derartig hervorragende Rolle beschieden worden. Besonders die geistlichen Frauenchöre in *Schwester Paskalina* (zu denen die *Vier Marienlieder* H. 235 als Vorstudie dienten) gehören zum Herrlichsten, was wir auf diesem Gebiet von Martinů besitzen. Als ebenso inspiriert erweisen sich Stellen wie etwa der große

Verlockungstanz oder das Maskenspiel in *Mariken* und vor allem das ergreifende Gebet Paskalinas auf dem Scheiterhaufen.

243. HLAS LESA (Die Stimme des Waldes). Funkoper in einem Akt

E: Paris, April-Mai 1935 (vollendet am 5.5.1935).
Text: (tschechisch) Vítězslav Nezval.
UA: Prager Rundfunk, 6.10.1935. Dir.: O. Jeremiáš. Hauptrollen: A. Slavická (die Braut), J. Gleich (der Jäger), M. Šlechtová (die Wirtin).
WA: Szenische EA Brno, 22.5.1964.
Filmversion Tschechisches Fernsehen und Supraphon 2001. Regie und Drehbuch: J. Nekvasil. Dir.: J. Bělohlávek.
BS: Die Braut (S); der Jäger (T); die Wirtin (A); 3 Räuber (T, Bar, B); Sprecher.
Orchester: 2121-2110-Pk.-Schl. (gr. Tr., Rührtr., Tri.)-Pf.-Str. (4432).
Deko.: Bei Bühnenaufführung 1 Bild.
D: 37'
Vorspiel und 4 Auftritte. Insgesamt 909 T.
A: A der P im Archiv des Prager Rundfunks (64 S. + 2 Titels.)
NM ČMH (Depositum NBM) 8 S. (Angang der Oper).
Ausg: DILIA, Prag 1965, P (1443), KA (1448) L.
V: DILIA, Prag.

Handlung: Die Braut trifft ihren Liebhaber, den Jäger, im Wald. Jedoch wird er von Räubern gefangen genommen. Um ihn zu retten, verkleidet sich die Braut als Räuber. Der Jäger wird zum Tode verurteilt. Der Scharfrichter wird ausgelost, das Schicksal bezeichnet glücklicherweise die verkleidete Braut, die ihren Geliebten zur „Hinrichtung“ in die Tiefe des Waldes entführt.

Dieser harmlose Grundstoff wurde die Vorlage der ersten Funkoper der Musikgeschichte. Wie Šafránek berichtet, dienten Martinů seine jugendlichen Erfahrungen in der „Blindengalerie“ des Prager Nationaltheaters (die billigste Reihe ohne Sicht), und er war somit imstande, eine Oper zu schaffen, deren Handlung auch ohne Bühnenaufführung leicht zu verfolgen ist. Aber das hübsche Werklein hat sich in szenischer Darstellung (u. a. im Nationaltheater von Brno, 1964) ebenfalls als wirkungsvoll erwiesen. Der Erfolg der zweiten Funkoper hat den der *Stimme des Waldes* jedoch in den Hintergrund gerückt. Die Musik ist schlicht und lyrisch.

247. VESELOHRA NA MOSTĚ (Komödie auf der Brücke). Funkoper in einem Akt

E: Vollendet in Paris, 10.12.1935.

Text: (tschechisch) nach V. K. Klicpera. Englische Fassung von W. Schmolka, auch freie englische Adaption des Librettos von T. Kushner (2003); deutsch von E. Roth; französisch von B. Horowicz.

UA: Prager Rundfunk, 18.3.1937. Dir.: O. Jeremiáš.

WA: Szenische EA Ostrava, 9.1.1948.
Brno, 27.11.1948.
New York, 28.5.1951.
Weitere Erstaufführungen: Venedig 1951; ferner Stockholm, Rom, Toronto, London, Köln, Heidelberg, Zürich, Prag, Brno, Vichy usw. (darunter auch Fernsehproduktionen).

BS: Popelka (S); Eva (A); Hans (Bar); der Brauer (B); der Schulmeister (T); 3 Sprechrollen.
Orchester: 1111-2110-Pk.-Schl. (Beck., gr. Tr., Militärtr.)-Pf.-Str.

Deko.: Bei Bühnenaufführung 1 Bild.

D: 38'
Vorspiel und 6 Auftritte. Insgesamt 1.070 T. (1.086 T. m. Wdh.).

A: A der P im Archiv des Prager Rundfunks (64 S. + 4 Titels.).
MZM, Brno (A 40604, 8 S. Bleistiftskizzen).

Ausg: Boosey & Hawkes, London-New York 1951 (B&H 17982). P und ST L. KA K., DILIA, Prag 1960.

V: Boosey & Hawkes, London-New York (ČR, SR: DILIA, Prag).

Handlung: Der Schauplatz ist eine Brücke über einem Fluss, der zwei einander gegenüberstehende Armeen trennt. Zeit: Beginn des 19. Jahrhunderts. Die junge Popelka kommt von der linken (feindlichen) Seite auf die Brücke, jedoch lässt sie die rechte Schildwache nicht durch. Der Brauer kommt von rechts. Auch er muss auf der Brücke bleiben, vertreibt sich aber die Zeit in angenehmster Weise mit dem Mädchen, deren Bräutigam Hans plötzlich von rechts erscheint. In seiner Eifersucht wirft er ihr auch vor, im feindlichen Lager gewesen zu sein. Sodann kommt Eva, die Gattin des Brauers, von links. Hans reizt ihre Wut, indem er ihr vom Kuss des Brauers und Popelkas erzählt. Eva will wissen, wo ihr Mann den Nachmittag verbrachte: „Staatsgeheimnis" ist die Antwort. Jetzt stürzt noch ein fünfter Gast von links hinein: Es ist der Schulmeister, der nichts anderes im Kopf hat als das Rätsel von einem eingesperrten Reh, das ihm sein Freund, der Offizier, stellte. Plötzlich bricht eine furchtbare Schlacht los. In tödlicher Gefahr zwischen den beiden Feuern versöhnen sich die beiden Ehepaare: Der Brauer erklärt, er hätte dem Obersten wichtige Informationen gebracht, deswegen sei er verschwunden. Hans verzeiht seiner weinenden Popelka. Der einsame Schulmeister sucht verzweifelt nach der Lösung seines Rätsels. Auf einmal hört die Schlacht auf; aus der Ferne ertönen Siegesrufe. Die Schildwache dankt dem Brauer für seine wertvolle Auskunft und bestätigt zugleich, dass Popelka im feindlichen Lager nur ihren Bruder aufsuchen wollte. Dem Schulmeister enthüllt er endlich die Lösung des Rätsels: Es gebe einfach keine! Jubelnd feiern alle den Sieg und das Stück endet mit einem heiteren Militärmarsch.

Bei ihrer Uraufführung erlebte diese anmutige Kleinigkeit einen hübschen Erfolg, um dann Vergessenheit zu geraten. Erst durch die von Studenten der Mannes School in New York zu Ehren des 60. Geburtstags ihres Lehrers Martinů erfolgte szenische Aufführung vor einem Publikum, in dem sich auch New Yorker Kritiker befanden, kam es zum Durchbruch. Die New Yorker Kritiker wählten sie zur besten Oper des Jahres 1951. Seitdem erfreut sich die *Komödie auf der Brücke* einer Beliebtheit, wie sie nur wenigen Bühnenwerken der Neuzeit zuteilwurde. Gewiss lässt sich dieser Erfolg erklären: Das Stück ist frisch, heiter, lebenssprühend, die Handlung ist wirksam und einfach, die Inszenierung leicht und an gelungenen Kurzopern, vor allem im Buffostil, ist unsere Zeit nicht reich! Ob im Funk, im Fernsehen oder im Theater, die Wirkung ist stets erfreulich und spontan. Die humorvolle Musik ist dem typisch tschechischen „Marionettenstil“ Martinůs stark verhaftet: Eine Darstellung mit Holzpuppen, z.B. von einem Jiří Trnka, wäre durchaus denkbar gewesen und wäre dem Wesen des Stücks und der Musik wohl am nächsten gekommen. Der Komponist schenkt uns mit seinen Rezitativen, Cavatinen, Arien und geistreichen Ensembles - mit Blick auf die Zeit, in der die Handlung spielt - auch köstliche Parodiestücke der klassischen bzw. romantischen Oper. Mit diesem Werklein hat Martinů den Anschluss zur Gattung des neapolitanischen Intermezzo buffo des 18. Jahrhunderts wiedergefunden, die er durch Miteinbeziehung des tschechischen Volksgeistes neu zu beleben weiß. Wenn man die *Komödie auf der Brücke* mit Bezug auf die Meisterwerke Martinůs auch nicht überschätzen soll, so darf man sie als schmackhafte Posse wohl genießen.

251. DIVADLO ZA BRANOU (Das Vorstadttheater). Opera buffa in drei Aufzügen (1. Aufzug: Ballett-Pantomime; 2. und 3. Aufzug: Opera buffa)

E: Paris, 18.6.1935–30.4.1936 (2. Aufzug vollendet am 6.11.1935).
Text: (tschechisch) vom Komponisten, nach Vorentwürfen von J.-G. Debureau und Moliére unter Einbeziehung von Texten zu tschechischen Volksliedern (aus den Sammlungen von Bartoš, Erben und Sušil). Dialoge unter Mitwirkung von L. Štraus (u. a. im Teil des 3. Aufzuges nach Moliéres *Fliegendem Doktor*). Deutsche Übersetzung R. Brock.
UA: Brno, Nationaltheater, 20.9.1936. Dir.: A. Balatka; Regie: R. Walter; Bühnenbild: F. Muzika; Hauptrollen: M. Figarová (Colombine), E. Gabzdyl (Harlekin), I. Váňa-Psota (Pierrot), O. Strejček (Der Wirt), M. Řezníčková (Katuška).
WA: Olomouc, 25.5.1958.
BS: Colombina (S); Katuška (Mezz); die Großmutter (A); Pierrot (Bar); Harlekin (T); der Bürgermeister (B); der Nachtwächter (B); der Wirt (B); (Sänger und Tänzer); gemischter Chor. Orchester: 2222-4220-Pk.-Schl. (gr. Tr., Beck., Rührtr., Tri., Tamb., Xyl.)-Pf.-Str.
Deko.: Beliebig, auch mit 1 Bühnenbild möglich.
D: Abendfüllend. Ca. 110' (31'+ 43'+ 36')
1. Aufzug: 6 Auftritte. Insgesamt 1292 T. (1.536 T. m. Wdh.).
2. Aufzug: 4 Auftritte. Insgesamt 1669 T. (1.716 T. m. Wdh.).
3. Aufzug: 3 Auftritte. Insgesamt 1282 T. (1.408 T. m. Wdh.).
A: (Orchesterpartitur) in PBM (Ac 121/1-3) drei Hefte (je eins pro Aufzug), je 77, 115 und 88 S. (ohne Titels.). Vollständige, aber rohe Arbeitspartitur, mit Spuren vieler Verbesserungen. A des KA in PBM (Ac 122), nur erster Aufzug, 40 S.
F: Inst. BM, Prag (PBM Ac 121, PBM Ac 122).
Ausg: DILIA, Prag 1956. Ungedruckt (DP. 1151). P und ST L. Noch kein käuflicher KA (2006).
Siehe jedoch H. 251 A (Orchestersuite *Commedia dell'arte*).
V: DILIA, Prag.

Handlung: Die Handlung erwächst ganz aus dem Geist der Stegreifkomödie und bedarf daher kaum einer näheren Beschreibung. Im ersten Aufzug (Ballett-Pantomime) treten die vertrauten Figuren der italienischen

Commedia dell'arte auf: Colombina und Harlekin sind ineinander verliebt, Pierrot ist eifersüchtig. Verschiedene volkstümliche Stegreifszenen folgen einander (so z. B. mit dem Gastwirt, mit dem Kuchenbäcker, mit Pierrot als Friseur usw.). Zum Schluss erschießt Pierrot Harlekin, der jedoch bald „aufersteht" und seine Colombina heiratet. Hauptquelle zu diesem Aufzug waren die Pantomimen von Jean-Gaspard Debureau, des genialen, in Kolín in Böhmen von einer tschechischen Mutter geborenen französischen Mimen aus der ersten Hälfte des 19. Jahrhunderts.

Die eigentliche Opera buffa (2. und 3. Aufzug) führt grundsätzlich dieselbe Handlung weiter, jedoch erscheinen jetzt neben den früheren Figuren neue tschechisch-volkstümlicher Prägung, so die Dienstmagd Katuška, die den schlafenden Pierrot aufwecken will, der Nachtwächter, dessen Hilfe sie beansprucht, und der Bürgermeister. Die Oper endet mit einem glänzenden Hochzeitsensemble, das der Komponist seinem Biografen Šafránek später als „rossinisch" beschrieb.

Das Vorstadttheater bildet den letzten Teil jener tschechisch-volkstümlichen Bühnentrilogie (deren frühere Teile *Špalíček* und *Die Marienspiele* sind), die Martinůs schöpferische Hauptarbeit während der frühen dreißiger Jahre darstellt, und die mit der Kantate *Kytice* (*Blumenstrauß*) noch ein Nachspiel erhalten sollte. Es ist ein höchst origineller, allein dastehender Versuch, den heimatlichen Volksgeist mit der italienischen Commedia dell'arte und der Pantomime der Brüder Debureau zu verschmelzen. Der Grundriss der Haupthandlung des Opernteiles (2. und 3. Aufzug) stammt nämlich von Charles Debureau, mit Einbeziehung (im 3. Aufzug) einer Szene aus Molières jugendlicher Posse *Le Médecin volant*. Tschechisch sind dabei nicht nur einige wichtige Rollen und die Sprache, sondern vor allem die Musik. Sie wurde größtenteils auf tschechische Volksweisen komponiert, noch lange bevor eine Textgrundlage dazu existierte. Martinů sah sich also gezwungen, einen Librettisten heranzuziehen, der ihm auf eine fertige Handlung und eine vorhandene Musik Worte anpassen sollte: Eine äußerst schwierige und ungewöhnliche Aufgabe, für welche sich der rechte Mann nicht leicht finden ließ! Zum Teil schuf der Komponist die textliche Grundlage selbst, indem er die ursprünglichen Worte der benutzten Volksweisen verwendete, soweit ein auch nur lockerer Zusammenhang mit der Handlung darin zu finden war. Den rettenden Dichter fand er aber erst sehr spät in der Person von Leo Štraus, der u. a. den Text zu der Szene nach Molière schuf. Wie heikel die ganze Aufgabe war, lässt sich aus dem prächtigen Schlussensemble des

2. Aufzuges ersehen, wo drei verschiedene Textgruppen sich miteinander vermischen!

Martinůs Hauptbestreben, ähnlich wie in den unmittelbar vorausgehenden Bühnenschöpfungen, ist jenem des wagnerschen Gesamtkunstwerkes genau entgegengesetzt. Es ging ihm um reines Theaterwesen und -leben, um eine scharfe Trennung und Stilisierung der verschiedenen Kunstgattungen und gleichzeitig um unmittelbare Volkstümlichkeit. Wie hätte er sein Ideal besser verwirklichen können als durch Miteinbeziehung des Stegreifgeistes. Die unbekümmerte, spontane Freude am Spiel (wobei Tanz, Gesang und Pantomime sich viel mehr kontrastierend ergänzen als kumulativ auftürmen) spiegelt sich auch in der Partitur wider, die zum Geistreichsten und Ursprünglichsten gehört, das wir aus seiner Feder besitzen. Hier ist alles heitere Bewegung, Freude an Melodie und Rhythmus, bunte, aquarellartige Klangfarbe. Obwohl sich die verschiedenen Teile des Werks zu einer überzeugenden Einheit verbinden, kann man sich den ersten Aufzug (Ballett ohne Gesang) auch als selbstständiges Stück vorstellen. Die köstliche Orchestersuite „Commedia dell'arte" (H. 251 A) hat ihn zum größten Teil dem Konzertpublikum zugänglich gemacht.

Als zum Ballett neigende Oper ist *Divadlo za bránou* genauso ein faszinierendes Mittelding zwischen beiden Gattungen wie das zur Oper neigende Ballett *Špalíček*. Als einziges Hauptwerk im Opernschaffen Martinůs hat *Divadlo za bránou* in letzter Zeit fast keine neue Produktion erlebt. Das liegt wohl an vielen bühnentechnischen Problemen, auch finanzieller Art: Eine Ballettoper ist immer eine kostspielige Angelegenheit. Das betrifft das ganze Repertoire dieser Art seit Lully und Rameau. Nur die immer seltener werdenden Häuser mit eigenen Ballettgruppen können das Problem bewältigen.

253. JULIETTE (Juliette ou la Clé des Songes). Lyrische Oper in drei Aufzügen

E: Paris, 17.5.1936–24.1.1937. (1. Aufzug vollendet am 17.6.1936; 2. Aufzug vollendet am 3.11.1936, KA am 15.11.1936.)

W: Gewidmet Václav Talich.

Text: Tschechisches Buch des Komponisten, nach dem gleichnamigen Theaterstück von G. Neveux. Französische Fassung B. Martinů, deutsche Übersetzung L. Kaufmann, neue Textfassung (2001) A. Březina, D. Bernet, englische Textfassungen G. Thomsen, W. Schmolka, D. Pountney.

UA: Prag, Nationaltheater, 16.3.1938. Regie: J. Honzl; Dir.: V. Talich.; Bühnenbild: F. Muzika; Choreographie: J. Jenčík; Hauptrollen: O. Horáková (Juliette), J. Gleich (Michel).

WA: EA in deutscher Sprache (deutsche Fassung von L. Kaufmann): Wiesbaden, 25.1.1959.
Neue deutsche Textfassung (von A. Březina und D. Bernet) Bregenz, 17.7.2002.
EA in französischer Sprache (in der Übersetzung von B. Horowitz) Paris, (Konzertfassung in Salle Gaveau) 26.11.1962. Paris, (Palais Garnier) 6.11.2002.
EA der Textfassung von Martinů Opera Bastille Paris, 3.2.2006. Alle bisherigen Aufführungen benutzten die Textfassung von B. Horowicz, da Martinůs eigene Fassung erst im Frühjahr 2003 vom Verfasser in Polička aufgefunden wurde (siehe unten).

BS: Die beiden Hauptrollen: Juliette (S) und Michel (T). Weitere Rollen: 5 Mezz; 2 A; 3 T; 3 Bar; 6 B; 1 Sprechrolle; gemischter Chor.
Orchester: 3322-4331-Pk.-gr. Schl.-Glocken-Akkordeon (auf der Bühne)-Pf.-Str.

Deko.: 3 Bühnenbilder.

D: Abendfüllend. Ca. 146′ (45′ + 61′ + 40′).
1. Aufzug: 8 Auftritte (1 Bild), 811 T.
2. Aufzug: 13 Auftritte (2 Bilder), 1.266 T.
3. Aufzug: 8 Auftritte (2 Bilder), 766 T.

A: 1. Im Archiv des Nationaltheaters 3 gebundene Bände, je ein Band pro Aufzug. Arbeitspartitur, mit Spuren vieler Verbesserungen, 1. Aufzug: 134 S. + 2 Titels.; 2. Aufzug: 185 S. + 2 Titels.; 3. Aufzug: 116 S. + 2 Titels. Insgesamt 435 S. Musik.
2. A der vollständigen Klavierskizze (Bleistift) im MZM Brno (A 29760). Ein riesiges Konvolut von 54 S., mit vielen nachträglichen Tinteneinträgen, mit Widmung an „Písnička“ (Vítězslava Kaprálová), mit zahlreichen Personaleintragungen, die praktisch ein Tagebuch von Martinůs Zusammenleben mit seiner geliebten Schülerin darstellen und daher von unschätzbarem Dokumentarwert für seine Biografie sind - der Schluss der Oper fehlt. Die letzte S. des Tagebuches trägt das Datum 1. Februar 1939.
3. PBM (Ac 123 - KA, 209 S. + 3 Titels.).
4. PBM (Ac 124 KA, Vokalstimme) 2. Aufzug, 5. Auftritt, 2 S.

5. PBM (Ac 246 - KA der Andenkenszene im 2. Aufzug mit französischen Worten - aus H. 253 A, 1939 - Vokalstimmen, 3 Soli mit Klavier).
6. A des KA von Martinůs eigener Bearbeitung von 3 Szenen vom April 1939 (H. 253 A), Nr. 1 ist jetzt in PBM (Ac 246) 8 S. + 2 Titels., Nr. 2 (24 S. + 2 Titels.), und Nr. 3 (15 S. + Titels.) liegen in NM ČMH (Depositum NBM).
7. Unter der Signatur Af 248/1-3 besitzt PBM einen dreibändigen KA eines Kopisten von insgesamt 431 S., die eine fast vollständige französische Fassung in Martinůs Hand enthält. Diese bisher gar nicht berücksichtigte Quelle basiert weitgehend auf Georges Neveuxs Original. Die sehr wenigen fehlenden Stellen können leicht ediert werden. Diese Fassung in französischer Sprache soll in Zukunft die authentische darstellen und rasch durch eine gedruckte Ausgabe zugänglich gemacht werden. Martinů hat daran auf seinem Krankenlager bis knapp vor seinem Tode gearbeitet und die Arbeit so gut wie vollendet. Diese Fassung erschien zum ersten Mal im September 2002 in Nr. 210 der Pariser Zeitschrift „L'Avant-Scene Opéra" anlässlich der dortigen Aufführungen im Opéra Garnier im November, wurde aber in dieser sowieso problematischen (und stark gekürzten) Produktion nicht berücksichtigt.

F: Inst. BM, Prag (PBM Ac 123, PBM Ac 124, PBM Ac 246, BaH 009 - Kopie von fremder Hand)

Ausg: Melantrich, Prag 1947. KA K (von Karel Šolc, M. 278). Übernommen von DILIA, Prag 1959, 2004. Bühnenabteilung des Tschechischen Staatsverlages (DP. 2026, P und ST L; KA K). Außer ČR und SR: Bärenreiter-Verlag, Kassel (Alkor). Revidierte Neuausgabe von A. Březina mit den beiden Originalsprachen (Tsch. Und Fr.) sowie englischer (D. Pountney) und deutscher Fassung (D. Bernet und A. Březina), DILIA 2005.

V: DILIA, Prag.

Handlung: 1. Aufzug. Michel Lepic, ein junger Buchhändler aus Paris, kommt in einer kleinen südfranzösischen Hafenstadt an. Vor einigen Jahren sah er dort an einem Fenster ein junges Mädchen, das am Klavier eine Romanze sang, und verliebte sich in sie, musste jedoch sofort wieder abreisen. Nun sucht er sie wieder auf. Stadt und Einwohner haben sich aber merkwürdig verändert: Die Uhren sind zeigerlos und die Leute haben ihr Gedächtnis verloren und leben nur im Augenblick. Dies führt zu allerlei Zwischenfällen, die Michel vorerst unverständlich bleiben. Alle Leute sehnen sich gierig nach seinen Erinnerungen, da er der Einzige im Lande ist, dessen Gedächtnis über zehn Minuten zurückreicht. Der Emigrant aus Polen findet flüchtige Splitter aus seiner Vergangenheit, während er Akkordeon spielt. Michel kann sich durch manche Einzelheiten davon überzeugen, dass die Stadt dieselbe ist und dass er nicht träumt. Als er der ihn bewundernden Bevölkerung seine erste Kindheitserinnerung erzählt, wird er zum Stadtkapitän ernannt und erhält als Wahrzeichen seiner Würde eine Pistole, deren einzige Kugel er aber keinesfalls abschießen darf. Dem Mann mit dem weißen Helm, dem das im Hafen verankerte Schiff gehört, erzählt Michel die Gründe seiner Anwesenheit in der Stadt. Als er alleine zurückbleibt, ertönt plötzlich die Romanze aus einem nahen Fenster, und das junge Mädchen erscheint. Es trägt dasselbe Kleid, dasselbe Haarband wie damals. Nach ganz kurzer Unterhaltung verschwindet es, verspricht jedoch, gleich wiederzukommen. Inzwischen erscheint der Briefträger, der nur dreijährige Briefe verteilt: je älter, desto wertvoller für die vergangenheitslosen Leute! Der überglückliche Michel schwebt in reinster Märchenstimmung. Nun erscheint das Mädchen (Juliette) noch einmal und verabredet sich mit Michel am selben Abend im Wald.

2. Aufzug. In der kleinen Waldlichtung wartet Michel auf Juliette. Drei fremdartige Herren (von Frauen dargestellt) wandern auf der Suche nach einem Waldfest vorbei. Sodann erscheint Väterchen Jugend (le Père La Jeunesse), der eine kleine Weinschänke aufstellt, in welcher ein altes Ehepaar ein Gläschen Weißwein trinkt, während der Gastwirt ihnen angebliche Erinnerungen aus ihrer Jugend erzählt: Wie alles andere in dieser Traumstadt sind es reine Phantasien, die den Greisen jedoch ein wenig Glück schenken. Kaum sind sie weg, tritt eine unheimliche Frauengestalt ein: Es ist die Handleserin, die die gemütliche Stimmung der vorangehenden Szene zerstört und Michel Unheilvolles verkündet. Sie verschwindet, Weinschänke und Wirt mit ihr. An deren Stelle steht nun Juliette. Inmitten der geheimnisvollen Stille der Waldeinsamkeit folgt ein zärtliches Zwiegespräch, ein einmaliger Augenblick fast greifbarer Erfüllung und Glückseligkeit. Aber ein Andenkenhändler (ein in diesem Land äußerst erfolgreicher Beruf) tritt ein. Juliette begeistert sich für seinen Kram, vor allem für eine Reihe Photos aus Spanien, in welchen sie die Bilder einer Reise mit Michel zu erkennen glaubt. Nur schwer vermag Michel sie zu überzeugen, dass sie beide ja noch gar keine gemeinsame Vergangenheit besitzen. Der Händler entfernt sich endlich. Michel erzählt nun dem jungen Mädchen die nüchterne Wahrheit seiner früheren Reise, bei der er sie zum ersten Male hörte und sah. Juliette ist über diese Phantasielosigkeit schwer enttäuscht, sie wird bissig und höhnisch, will entfliehen, sodass der verzweifelte und gereizte Michel mit der Pistole auf sie schießt. Mit einem weit hallenden Schrei verschwindet das Mädchen. Auf einmal sieht sich Michel von der Stadtmenge umgeben, die ihn sofort hinrichten will. Ein geflüsterter Ratschlag der Wahrsagerin rettet ihn: Er beginnt, von seinen Erinnerungen zu erzählen, sodass die bezauberten Leute ihr Vorhaben bald vergessen haben. Sie verlassen ihn.

Verwandlung. Wir befinden uns wieder bei der Hafenanlage wie im ersten Aufzug. Ein Laufsteg führt nun zu dem zum Auslaufen bereiten Schiff. Michel bittet die beiden Matrosen, sich mit einer Tragbahre auf die Suche des Mädchens im Walde zu begeben. Sobald sie abgetreten sind, erscheint der Mann mit dem weißen Helm: Auf seine Frage antwortet Michel, dass er in der Tat der Passagier sei, der noch diese Nacht fortsegeln soll. Inzwischen kehren die Matrosen zurück. Sie haben lediglich den Schleier des Mädchens gefunden. Bedrückt sinkt Michel nieder, aber plötzlich beginnt er, heftig an Juliettes Haustür zu klopfen. Am Fenster erscheint eine alte Dame, die, aus ihrem Schlafe geweckt, wütend erklärt, außer ihr lebe seit langen Jahren kein Mensch in diesem Haus. Nun läutet es zum Lichten des Ankers, und der verzweifelte, betäubte Michel betritt langsam den Laufsteg. Da erklingt aus dem Fenster die Romanze von Juliette. Zerstreut hört er zu, dann verschwindet er im Schiff.

3. Aufzug. Eine große Halle, einem Reisebüro ähnlich. Es ist das Zentralamt der Träume, wo sich jeder beim Angestellten einen beliebigen Traum bestellen darf, nachher jedoch wieder hinaus, zurück ins alltägliche Leben muss. Michel, der nur einen Gedanken im Kopf hat, seine Juliette unbedingt wiederzufinden, beobachtet verschiedene Gäste des Traumamtes: Ein kleiner Hotelpage träumt von Buffalo Bill; ein blinder Bettler sehnt sich nach dem Mittelmeer, wird aber schroff abgewiesen, da Bettler nur einmal in der Woche träumen dürfen; ein Zuchthäusler träumt von der Freiheit, ein Lokomotivführer von seiner verstorbenen Tochter. Die meisten aber nennen stets einen Namen, der das Ewigweibliche zu verkörpern scheint: Juliette. Michel ahnt ihre Gegenwart hinter einer verschlossenen Tür, ja er hört sogar ihre verlockende Stimme. Vergebens warnt ihn der Beamte vor dem furchtbaren Schicksal, das diejenigen erwartet, die die vorgeschriebene Frist überschreiten: Wer nicht mehr aus der Traumwelt herauskommt, der wird irrsinnig! Vergebens zeigt ihm der Wächter, dass hinter der Tür niemand ist. Schon will Michel nachgeben, da ruft Juliette von neuem. Auf Michels bange, sehnsuchtsvolle Fragen gibt sie jedoch keine Antwort mehr.

Verwandlung. Nun sind wir wieder in der kleinen Hafenstadt und die ganze Geschichte beginnt von vorne, kreisförmig, endlos. Die Traumwelt hat die Wirklichkeit verfinstert und vertrieben.

Das höchst eigenwillige, poetische Theaterstück von Georges Neveux, 1927 vollendet, 1930 unter heftigem Protest in Paris uraufgeführt, kam den Wünschen Martinůs genau entgegen: Den bitteren, grillenhaften Phantasien eines Ribemont-Dessaignes fügte es die unentbehrliche menschliche Wärme hinzu, durch welche die Hauptrollen erst glaubhaft wurden. Seit vielen Jahren war Martinů durch die Fragen der Verschmelzung von Traum und Wirklichkeit, von Vergangenheit und Gegenwart sowie der Spaltung der Persönlichkeit bezaubert. Dies brachte ihn der surrealistischen Bewegung näher, die damals in Frankreich ihre höchste Blütezeit erreichte, und wovon das Stück von Neveux ein Hauptwerk bildete. Auch am Ende seines Lebens hat Martinů noch zweimal im Werk Neveux' Inspiration geholt: Im gescheiterten Versuch, *Anklage gegen Unbekannt* als Oper zu komponieren (H. 344) und im lyrischen Einakter *Ariane* (H. 370).

Als Kunstwerk und als Bekenntnis nimmt *Juliette* eine Zentralstellung im Lebenswerk Martinůs ein. Auch chronologisch steht das Werk genau im Mittelpunkt seines Schaffens. Keine zweite Schöpfung hat ihm so sehr am Herzen gelegen. Das Zitat an einem kritischen Wendepunkt im 3. Satz der *Symphonie Nr. 6* (die Takte 125 bis 138 entsprechen den Takten 45 bis 58 des 5. Auftritts im 2. Aufzug der Oper; Klavierauszug Seite 116) hat wohl eine tiefere autobiografische Bedeutung. Es entspricht nämlich einem Wendepunkt in seinem Leben, nämlich die Trennung von seiner letzten großen Liebe Roe (Rosalyn) Barstow. Aber die ganze Oper entstand in erstaunlicher, unheimlicher Traumvorahnung seiner Liebe zu Vitulka Kaprálová, die Martinů zum ersten Male gegen Ende desselben Jahres 1937 traf, und die ihm als wahre Verkörperung seiner Juliette erschien. Auch sie schoss nur blitzartig durch sein Leben, bis zu ihrem frühen Tod im Sommer 1940. In mancher Hinsicht hat er in Michel einen Wahlbruder gefunden, einen schwärmerischen Idealisten auf der Suche nach dem Ewigweiblichen als Verkörperung von Jugend, Schönheit und friedlicher Harmonie. Jedoch stellt der Opernheld nur die weichere, verträumte, passive Seite des Komponisten dar. Ihm fehlen die männlichen Züge, die nüchterne Vernunft, auch die reine Freude an der handwerklichen Tat und an der geistigen Leistung, die als Wahrzeichen des schöpfenden Künstlers bei Martinů stets so stark waren. Wie hätte dieser denn sonst sein verwundbares Alter Ego beschwören können?

Juliette ist, mit zweieinhalb Stunden Aufführungsdauer, Martinůs umfangreichstes Werk überhaupt. Theatralisch ist es gelungen. Die Vorlage ist ein idealer Opernstoff, der nach Musik geradezu ruft. Nach der Uraufführung bekannte Neveux selbst, erst jetzt habe er sein Werk zum ersten Mal gehört. Martinů hat sich sehr eng an den Text von Neveux gehalten. Seine wenigen Eingriffe wirken stets zum Vorteil der dramatischen Plastik. Im 2. Aufzug wurde Neveux' Wahrsager zu einer viel unheimlicheren Frauengestalt. Im 3. Aufzug verzichtete der Komponist auf die Figur des sehr ausgelassenen Angestellten. Wesentlich ist nur seine verdeutlichende Erweiterung des Schlusses: Bei Neveux blieb Michel unentschieden an der Türschwelle stehen, bei Martinů dagegen sehen wir den Traum von neuem beginnen. Martinůs Opernbuch ist fast durchweg eine treue tschechische Übersetzung des Originaltextes. Wie oben erwähnt hat er selbst eine Rückübertragung ins Französische am Ende seines Lebens in Angriff genommen und praktisch vollendet (die drei Bruchstücke H. 253 A hatte er schon im April 1939 verfasst).

Musikalisch bezeugt *Juliette* ihre Zentralstellung in Martinůs Schaffen, indem sie als stilistischer Knotenpunkt die verschiedenen Bestandteile seiner Tonsprache zu einer Einheit verbindet. Nach einer stattlichen Reihe von Bühnenwerken rein tschechischen Ursprungs kehrt nun Martinů zu einem französischen Stoff zurück, und dementsprechend treten gallische Stilmerkmale wieder stärker in den Vordergrund. Seit *Istar* hatte er kein Werk mehr geschrieben, in welchem der Einfluss Debussys so stark spürbar war. Keine sklavische Nachahmung, gewiss, und doch erinnern die harmonischen Wendungen, der Tonfall des Rezitativs, der Orchestersatz (mit dem von Debussy geliebten Englischhorn), bisweilen ganz auffallend an die Zauberwelt von *Pelléas*. Somit schlägt das Werk auch eine Brücke zum neo-impressionistisch geprägten Spätschaffen Martinůs (*Fresken*, *Paraboles* usw.). Aber auch die Tonsprache der nunmehr nahen Symphonien wird hier zum ersten Mal deutlich vorweggenommen, schon in der schillernden Orchesterpracht des stets wiederkehrenden „Traumschlüssel“-Themas gleich am Anfang der Partitur. Auch die große Verwandlungsmusik im 2. Aufzug (zwischen dem 7. und 8. Auftritt), ein kräftiger Allegrosatz im typischen 6/8-Takt, könnte schon aus einer der Symphonien stammen. Die zierliche Neoklassik der frühen dreißiger Jahre erreicht in der raffinierten Spitzenarbeit der tänzelnden Menuettrhythmen etwa des 1. und 5., besonders aber des 1. Auftritts des 2. Aufzugs (der vermeintlichen Spanienreise) neue Höhepunkte. Ist der „französische Stil" mehr der typisch gallischen Gestalt Michels vorbehalten, so fehlt in der Oper keineswegs das tschechisch-volkstümliche Element, das vor allem die zahlreichen Nebenfiguren (namentlich die Einwohner der Traumstadt) kennzeichnet. Sei es im ungestümen tschechisch-mährischen Toccatenstil etwa der Zänkereiszene der beiden Händlerinnen (die durch ihre ostinaten Bildungen eine seltene Übereinstimmung mit der Tonsprache Janáčeks darstellt), sei es in den zahlreichen Stellen im špalíčekschen Marionettenstil (z.B. Anfang des 7. Auftritts im 1. Aufzug), oder einfach im bündigen, lebenssprühenden Konversationsstil der meisten Gruppenszenen: Das Heimatliche lebt in *Juliette* kräftig fort. Jenseits jeder nationalen Zugehörigkeit, es sei denn in vergeistigter Form, steht die zauberhafte Erscheinung der Titelheldin. Mit ihrem späten Auftreten gegen Ende des 1. Aufzuges erfährt die Musik einen wundersamen Wandel: mit unendlicher, fast schmerzlicher Süße spielen die geteilten Solostreicher eine lyrische Melodie, die in warmen, satten Harmonien die reinsten, innigsten Gefühlsbereiche des Komponisten enthüllt und die (man möchte sagen sinnbildlich) zum ersten Mal die geliebte „mährische Kadenz", Martinůs ureigenstes künstlerisches Mittel, erklingen lässt. Außer diesem „Thema der Juliette" durchlaufen noch einige andere „Leitmotive" die Oper, allerdings ganz unsystematisch und in weitem Abstand. So u.a. der die Oper eröffnende und abschließende „Traumschlüssel"-Themenkomplex oder manch klagende Wendungen der Musik Michels (mit dem charakteristischen Englischhorn), oder das kadenzartige Motiv, das den Begriff Gedächtnis verkörpert, und das Vladimír Karbusický zu Recht mit Smetanas *Vyšehrad*-Motiv verglich, oder vor allem die schlichte, harmonisch jedoch raffinierte Romanze der Juliette. Tiefere Bedeutung als diese „Leitmotive" im herkömmlichen Sinne besitzen allerdings die weit voneinander entfernten Wiederholungen vollständiger Orchesterepisoden in einem ganz neuen und andersartigen vokalen und dramatischen Zusammenhang. Solche scheinbar unlogischen Wiederholungen (sie wirken tief beeindruckend und erscheinen auch in manchen Instrumentalwerken Martinůs) zeugen von einem ungemein scharfsinnigen Eindringen in das Wesen des Traums; wem ist im Schlaf dieser schemenhafte Kreislauf nicht aufgefallen?

Auf den Orchesterzauber der *Juliette* kann nicht genug hingewiesen werden. Zwischen den wenigen Werken für große Besetzung aus den zwanziger Jahren (*La Bagarre*, *La Rhapsodie* usw.) und den amerikanischen Symphonien ist sie das einzige Werk, in dem sich das Orchester in wahrer symphonischer Pracht entfaltet, bald mit üppig impressionistischem Glanz, bald mit kammermusikalischer Verfeinerung und Durchsichtigkeit. Die Verwendung des Soloklaviers als Bote der innigsten Empfindungswelt verdient besondere Erwähnung. Durch sie wird die rührende Szene des Père la Jeunesse (3. Auftritt des 2. Aufzuges) zu einem lyrischen Kleinod, den Martinů für Rudolf Firkušný als Klaviersolo zum Konzertgebrauch bearbeitete (siehe H. 253 C unter Kategorie 26). Fast jede Seite der Partitur müsste man hervorheben: Selten ist Martinůs Inspiration derartig anhaltend, üppig und originell gewesen. Auch hier folgt aber der Komponist seinem Leitwort „L'horreur de l'insistance“: Die Gipfel lyrischen Schmelzes heben sich gegenüber den entspannteren, bald zu rauschender rhythmischer Freude sich erhebenden, bald bis zu nüchternem, musiklosem Gespräch sich vereinfachenden Szenen um so überwältigender ab. Obwohl Michel umfangmäßig zweifellos die Hauptfigur der Oper ist, entzündet sich die Musik erst an der Titelheldin zur höchsten Inspiration, weshalb der Schluss des 1. Aufzuges und vor allem die große Waldszene im 2. Aufzug als die Höhepunkte des Werkes zu betrachten sind. Den 3. Aufzug dachte sich Neveux gewissermaßen als enthüllenden Anhang, dessen bloße Aufgabe es war, die frühere Handlung dem Zuschauer zu verdeutlichen. Martinů aber, vor allem durch den neu erfundenen und beigefügten Schluss, hat ihn musikalisch auf die gleiche Stufe gestellt. Die köstlichen Nebengestalten, etwa des Bettlers oder des Lokomotivführers (mit einer unheimlichen Eisenbahntoccata), hat er mit großer Erfindungskraft zu beleben gewusst. Und das zyklische Anknüpfen an den Beginn wird durch ganz unwesentliche Veränderungen zur kaum bemerkbaren Variation der endlosen Traumwirklichkeit.

Juliette ist die schönste Frucht der tschechisch-französischen Kultursymbiose, zu der Martinů sein Leben lang so viel beigetragen hat. Diese Huldigung an seine Wahlheimat ist in Frankreich mindestens genauso zu Hause wie in Böhmen. Sie bezeugt aber, wie eng die Temperamentsverwandtschaft zwischen slawischen und lateinischen Völkern ist, wie fremd dagegen sich das germanische Wesen zu ihnen verhält. Das hat auch die Wiesbadener Inszenierung von 1959 unterstrichen, deren düsterer, schwerfälliger Expressionismus dem Geiste des Werkes so ferne liegt und im Gegensatz zum hellen Zauberimpressionismus der Uraufführung in

Prag stand. Die Bregenzer Inszenierung im Sommer 2002 war womöglich noch schlimmer. *Juliette* gehört unbedingt in das Bühnenleben des französischen Sprachraums. Die nun vollendete französische Fassung sollte es diesem Meisterwerk gestatten, dort ebenso zum Repertoirestück zu werden, wie es in Martinůs tschechischer Heimat der Fall ist.

255. ALEXANDRE BIS (Zweimal Alexander).
Opera buffa in einem Aufzug

E:	Paris, vollendet am 8.3.1937.
Text:	(französisch) André Wurmser. Deutsche Fassung von K. Honolka. Tschechische Fassung E. Bezděková.
UA:	Die geplante UA im Rahmen der Pariser Weltausstellung 1937, mit Bühnenbildern und Kostümen von J. Lurçat, fand nicht statt. UA Mannheim, 18.2.1964. Dir.: G. Calder; Regie: G. Amberger; Bühnenbild: M. Krali.
WA:	Brno, 5.6.1964.
BS:	Armande (S); Philomène bzw. die Erzählerin (Mezz); Oscar (T); Alexandre (Bar); das Porträt bzw. der Erzähler (B). Kein Chor. Kammerorchester: 1111-1110-Pf.-Str. (ohne 2.Vn.).
Deko.:	1 Bühnenbild.
D:	38' 11 Auftritte (Orchesterzwischenspiel vor dem 9. Auftritt). Insgesamt 995 T.
A:	PBM (Ac 125) - P (105 S. + 2 Titels.) in fünf nicht gebundenen Heften.
F:	Inst. BM, Prag (PBM Ac 125).
Ausg:	Bärenreiter, Kassel 1962 (B. A. 4314). P KA und ST L.
V:	Bärenreiter, Kassel

Handlung: Die Posse spielt in einem bürgerlichen Empfangszimmer in Paris von 1900. Über dem Kamin hängt das Porträt eines vornehmen, bärtigen Herrn. Das Dienstmädchen Philomène arbeitet mit ihrem Federbesen. Alexander (der Herr des Bildes) erscheint mit einem Koffer in der Hand: Seiner Frau Armande erklärt er, er wolle den Vetter aus Amerika an der Bahn abholen. Nach seinem Abgang unterhalten sich Philomène und das Porträt traurig über den Verrat des Ehebrechers Alexander. Bald erscheint Armande, die ihren jungen Anbeter Oscar empfängt, ihm aber nicht nachgeben will. Es lässt sich der Vetter anmelden, jedoch entpuppt

er sich als der nun bartlose Alexander. Trotz der Warnungen des Porträts, sie soll dem wahren Alexander treu bleiben, lässt sie sich vom „Vetter" umarmen. Unter dem traurigen Kommentar von Philomène und dem Bild verdunkelt sich die Bühne. Wie im Traum erblickt Armande verschiedene Spukerscheinungen, bis sie, von den beiden Alexandern umgeben, unter dem leeren Rahmen des Bildes sitzt. Philomène, als Göttin der Ehe (mit ihrem Federbesen als Zepter), und die beiden Alexander verfluchen die Ehebrecherin. Ein „Teufelsballett" (kleine bärtige Tänzerinnen im Tutu) entfaltet sich unter Mitwirkung der zwei stets in strenger Symmetrie sich bewegenden Alexander. Plötzlich erscheint Oscar, er vertreibt die „Teufel", Alexander I und II und Philomène, und vermag Armande zu einer Verabredung zu überreden. Als der allerdings bartlose Alexander I mit seinem Koffer in der Hand zurück nach Hause kommt, erkennt er kaum mehr seine elegante, verjüngte, frech und aufreizend gewordene Frau, die bald danach von Oscar abgeholt wird und mit ihm unter Gelächter entschwindet. Das letzte Wort hat das Porträt: „Wer sein Gesicht ändert und zweimal geliebt werden will, sollte den Spruch nicht vergessen, der sagt: niemals zwei ohne drei!"
Dieses Werklein ist nichts als eine harmlose, witzige Parodie des „Style 1900". Schon Wurmsers geistreiches Textbuch wimmelt von Zwölfsilbern, Wortverdrehungen, Übertreibungen und anderen Spezialitäten der aufgeblasenen „Grand Opéra". Martinů, der durch die Wahl dieses Vorwurfes abermals seine Vorliebe für Persönlichkeitsspaltungen, Verschmelzung von Traum und Wahrheit, von Vergangenheit und Gegenwart, diesmal im Scherzhaften, bezeugt, hat eine leichtfertige, reizend gewürzte Partitur dazu komponiert, in welcher er den parodistischen Hang des Stoffes durch zahlreiche Anspielungen auf die Oper bzw. die Operette der Jahrhundertwende unterstrichen hat. Die Tonsprache ist hier natürlich rein „französisch", und die muntere Polka, die das Trio von Armande und den beiden Alexandern begleitet, hat mit Böhmen nichts zu tun. Die abschließende Fratze des Porträts („Ainsi soit-il") ist ein deutliches Gegenstück zu *Cosi fan tutte*, was der heitere, „klassische" Orchesterkehraus bestätigt.

336. WHAT MEN LIVE BY (Wovon die Menschen leben). Pastoral-Oper in einem Aufzug

E: New York, 20.12.1951–11.2.1952.
Text: (englisch) vom Komponisten, frei nach einer Erzählung von L. Tolstoj. Deutsche Fassung von E. Roth. Auch tschechische Fassung von E. Bezděková.

UA: New York, Mai 1953 (Fernsehen).
WA: Bühnenmäßige EA Interlochen (USA) 1.8.1954.
Plzeň, 9.5.1964.
BS: Martin Avdeitsch (Bar); ein alter pilgernder Bauer (B); Stepanitsch (B); eine Frau mit einem Kind (S); eine alte Frau (A); ein Junge (Sprechrolle); der Erzähler (T); kleiner Chor.
Kleines Orchester: 2232-2110-Pk.-Schl.-Pf.-Str. (44332 bis 66432).
Deko.: 1 Bühnenbild.
D: 40'
Ein Vorspiel und 5 Auftritte. Insgesamt 1.044 T.
A: P. in NM ČMH (Depositum NBM) - 89 S. + Titels.
Die der ersten 61 T. in NM ČMH (9 S.) (Depositum NBM) sowie 2 S. Skizzen (im Konvolut zum zweiten Cellokonzert H. 304).
KA in PBM (Ac 126) 57 S. + Titels.
F: F. OP in PBM (FAc 54) 89 S. + Titels. Einige gestrichene Stellen (eine davon, auf S. 4–49, betrifft 14 T.) wurden dementsprechend nicht gedruckt.
Inst. BM, Prag (PBM Ac 126).
Ausg: Boosey & Hawkes, London-New York 1953 (B&H 17358). P und ST L. KA K.
V: Boosey & Hawkes, London-New York.

Handlung: Ein armer alter Schuster lebt allein in einem tiefen Erdgeschosszimmer, durch dessen Fenster er nur die Füße der auf der Straße vorbeieilenden Menschen sehen kann. Ein alter pilgernder Bauer, dem er gesteht, er sei des Lebens müde, rät ihm, die Heilige Schrift zu lesen. Der Schuster stößt auf die Stelle des Besuches Jesu beim reichen Pharisäer. Wie im Traum hört er eine geheimnisvolle Stimme, die ihm ins Ohr flüstert: „Morgen komme ich zu dir!" Er weiß, dass Christus sich mit Vorliebe zu einfachen Leuten begab, und am nächsten Morgen erwartet er gespannt den angekündigten Besuch. Er bietet einem armen Soldaten ein Glas warmen Tee, schenkt einer armen Bettlerin mit ihrem Kind einen alten Rock, nachdem er sie gewärmt und verköstigt hat. Dann überredet er eine alte Frau, der ein Junge einen Apfel aus dem Korb gestohlen hat, den Dieb nicht auszuliefern, und der Junge trägt dann den schweren Korb dem Großmütterchen nach Hause. Abermals bricht die Abenddämmerung herein und der Schuster, der noch immer vergebens auf den Besuch des Herrn wartet, sieht plötzlich die freundlichen Gestalten der Menschen, denen er behilflich gewesen war, vor sich. Aus der Bibel liest er nun: „Was ihr getan habt an einem von diesen Geringsten meiner Brüder, das habt ihr an mir getan", und begreift, dass sein Wunsch erfüllt wurde.

Nach beinahe vierzehn Jahren Unterbrechung kehrte Martinů nur zögernd zur Oper zurück: Seit *Alexandre bis* hatte er, mit Ausnahme des Balletts *The Strangler*, kein Bühnenwerk mehr geschrieben. Der völlig unerwartete Erfolg seines Einakters *Komödie auf der Brücke*, der sechzehn Jahre nach seiner Entstehung, am 28. Mai 1951, seine glänzende internationale Laufbahn antrat, hatte neue Aufträge seitens des Fernsehens zur Folge. So entstand zuerst der lyrische Einakter nach Tolstoj. Wie in allen seinen Kompositionen geistlicher Prägung überwiegt auch hier das Brüderliche, rein Menschliche der Religion gegenüber der abstrakten Mystik, die seinem Wesen stets fern lag. Man darf das kurze Werk als eine bedeutsame Zwischenstufe auf dem Weg, der von den *Marienspielen* zur *Griechischen Passion* führt, bezeichnen. Die Tonsprache ist schlicht und durchsichtig, anders als in den *Marienspielen*, wo sie herb-volkstümlich und scharf rhythmisch war. Hier überwiegt im Gegenteil das Melodische, Lyrische, und die Harmonik teilt die zarte, rein klassische Eigenart, die die Instrumentalwerke aus derselben Zeitspanne kennzeichnet. Ein Hauch edler Güte schwebt um die stille, bescheidene Partitur, die sich auch als reines Bühnenstück und nicht nur als Fernsehoper behaupten dürfte.

341. THE MARRIAGE (Die Heirat). Komische Oper in zwei Aufzügen

E: New York, 5.10.–30.11.1952.

Text: (englisch) vom Komponisten, frei nach dem Lustspiel von N. Gogol. Die englische Übersetzung von A. Baksky diente als Grundlage zu Martinůs eigenem Libretto. Deutsche Fassung von E. Roth. Tschechische Fassung von E. Bezděková.

UA: New York, 7.2.1953 (Fernsehen).

WA: UA der Oper in reduzierter Orchesterbesetzung (U. Zimmermann-C. R. Hirschfeld): Bonn, 21.9.1989.
Tschechische EA Prag, 2.3.1959.
Brno, 22.5.1960.

BS: Podkoljosin, ein Regierungsbeamter (Bar); Štěpán, sein Diener (Sprechrolle); Fjokla Iwanowna, eine Heiratsvermittlerin (Mezz); Katschkarjow, Podkoljosins Freund (T); Agafja, eine

Kaufmannstochter (S); Arina, ihre Tante (A); Dunjaschka, ihr Dienstmädchen (Sprechrolle); Iwan, ein Regierungsbeamter (B); Anutschkin und Zewakin, pensionierte Offiziere (T).
Orchester: 2222-2201-Pk.-Schl.-Pf.-Str.
Reduzierte Orchesterbesetzung von Udo Zimmermann und C. R. Hirschfeld: 2-1(= Eh.) -1(=Bassklar.) 1 (Kontrafg.) - 1110-Pk.-Schl.-Pf.-Str. (1.1.1.1.1).

Deko.: 2 Bühnenbilder.

D: 61' (33' 30''+ 27' 30'')
1. Aufzug: 7 Auftritte (2 Bühnenbilder). Insgesamt 969 T.
2. Aufzug: 7 Auftritte (2 Bühnenbilder). Insgesamt 774 T.

A: NM ČMH (Depositum NBM) 156 S. + Titels.

F: PBM (FAc 55), 158 S. (93+64). Für die Druckausgabe hat Martinů sehr viel gestrichen!
Inst. BM, Prag (BaH 003).

Ausg: Boosey & Hawkes, London-New York 1953 (B&H 17384). P und ST L. KA (von Max Wolff) K.

V: Boosey & Hawkes, London-New York.

Handlung: Das berühmte Lustspiel Gogols zeigt uns den alternden Beamten Podkoljosin, der zwar gerne heiraten möchte, sich aber doch nicht dazu entschließen kann. Vergebens sucht die Heiratsvermittlerin eine hübsche, junge Braut für ihn; vergebens treibt ihm sein Freund Katschkarjow sämtliche Mitbewerber aus dem Wege; vergebens überzeugt er das Mädchen, das sich sogar ernstlich verliebt: Der unverbesserliche Junggeselle flieht vor dem letzten Entschluss, springt aus dem Fenster und überlässt seine verzweifelte Braut ihrer Ohnmacht, um schließlich erschöpft, aber beruhigt in seiner Wohnung niederzusinken, wo sein alltägliches, dürres Leben von neuem beginnt. Wie schon in *Juliette* fällt der Vorhang über der kreisläufigen Wiederholung des Anfangs.

Schon während er an *What Men Live By* arbeitete, wusste Martinů, dass er als Stoff seiner nächsten Fernsehoper die Komödie Gogols wählen würde, über welche schon Mussorgsky eine nach dem ersten Aufzug abgebrochene Oper komponiert hatte. Martinů hat den Dreiakter des Russen auf zwei Akte zusammengedrängt (wobei sein erster Aufzug den beiden ersten von Gogol entspricht), den Anklang an den Beginn jedoch neu hinzugefügt. *Die Heirat* ist nicht ein Hauptwerk des Komponisten, der hier mit leichter, flüssiger Feder eine Parodie in seinem bekannten

Komödienstil geschrieben hat, ohne jedoch in höhere Inspirationsflüge zu geraten, die der Stoff ohnehin nicht verlangte. Das erfolgssichere Stück besitzt ausgezeichnete Theaterwirkung und lässt sich auch sehr gut als kurze Oper bühnenmäßig darstellen. Die Vokalpartien verlaufen durchgehend im geistreichen Rezitativ- und Konversationsstil und verdichten sich bisweilen zu humorvollen Ensembles. Die Arie der Agafja im 2. Aufzug ist der einzige Augenblick lyrischer Entfaltung. Der Orchestersatz weist zahlreiche köstliche humoristische Ausflüge auf. An Bedeutung steht aber *Die Heirat* hinter Martinůs Meisterwerk auf dem Gebiet der heiteren Oper, *Mirandolina*, entschieden zurück.

344. PLAINTE CONTRE INCONNU (Anklage gegen Unbekannt). Oper in drei Aufzügen (unvollendet)

E: Nizza, Herbst 1953 (anhand Mihule-Monografie).

Text: (französisch) vom Komponisten, nach dem gleichnamigen Bühnenwerk von G. Neveux.
Es liegt nur der größere Teil des 1. Aufzuges vor. Die vorhandene Partitur bricht mitten im 3. Auftritt ab.

UA: Bisher keine szenische Aufführung. Konzertfassung Brno, 1.12.1980. Dir.: V. Nosek; Hauptrollen: Prascovie (A. Barová), R. Novák (le Procureur), M. Ungrová (Dora Tambov), V. Krejčík (Michel Tambov), J. Hladík (Plouchkin), J. Holešovský (Kopak).

BS: Prascovie (Mezz); le Procureur (der Staatsanwalt) (B, Bar); Dora Tambov (S); Michel Tambov (T); Plouchkin (B); Kopak (T); Pacha (S); eine Frau (A); Chor.
Orchester: 3232-4231-Pk.-Schl.-Pf.-Str.

D: D des vorhandenen Torsos: ca. 29' 45'' (die Schätzungen des Komponisten, ca. 17' 10'', sind wie immer viel zu knapp gerechnet).
Vorspiel (Andante, $^4/_4$, e), 30 T. 2' 10'' (B. M. ca. 1' 35'').
1. Auftritt (Prascovie, der Staatsanwalt), 148 T. 4' 05'' (B. M. ca. 3' 40'').
2. Auftritt (die Vorigen, dazu Dora und Michel Tambov, Plouchkin und Kopak), 377 T. 14' 20'' (B. M. ca. 10' 10'').
3. Auftritt (dieselben): bricht ab nach 167 T. 9' 10'' (B. M. ca. 1' 45'')
Der gesamte erste Aufzug sollte demnach ungefähr 35 oder 40 Minuten dauern (nach Martinůs Schätzungen ca 23' 30'').

A: Früher bei Frau Martinů in Vieux-Moulin, z. Z. nicht nachweisbar. 73 S. Orchesterpartitur (S. 71 fehlt; S. 73 ist nur zur

Hälfte beschrieben). Dazu: 12 S. Particell (sehr skizzenhaft): Sie entsprechen dem Vorspiel und dem 1. Auftritt; es folgt der Anfang des Textes (ohne Musik!) zum 2. Auftritt, ferner 2 S. Bleistiftskizzen.
Autographes Libretto (Skizzen) PBM (Na 66).

F: Inst. BM, Prag (XYZ 025) - Das gesamte Material stammt aus dem Tschechischen Musikfond.

V: Panton International, Prag.

Handlung: Es geht um einen regelrechten Prozess, die fünf Personen, vier Männer und eine Frau, die alle Selbstmord aus Verzweiflung begehen wollen, einem Anwalt unterbreiten: Der Angeklagte sei Gott - falls es ihn gibt! Als die Frau aber in ihrem Leib die ersten Zeichen einer Schwangerschaft spürt, wollen sie alle am Leben bleiben (die Männer sollen das Kind betreuen) und der Anwalt ist es, der sich sein unnützes Leben nimmt!

Um die Musik ist es unendlich schade. Gleich das von herber Großartigkeit geprägte Orchestervorspiel steht im Kielwasser der soeben vollendeten *Symphonie Nr. 6*, dessen Gegenwart den leichteren, mehr flüssigen Konversationsstil der gesungenen (teilweise auch gesprochenen) Teile noch mehrmals unterbricht, während die breite Lyrik der Arie der Dora kurz vor Abbruch des Fragments schon auf die *Griechische Passion* hindeutet.

Nach Abschluss seiner *Symphonie Nr. 6* sah sich der endgültig nach Europa heimgekehrte Martinů nach einem Operntext um, da er von der John Simon Guggenheim Memorial Foundation einen bedeutenden Zuschuss zur Komposition eines neuen Bühnenwerkes erhalten hatte. Der Einakter von George Neveux, eine seltsame Parabel vom menschlichen Glück, fesselte ihn sogleich, jedoch musste er bald einsehen, dass das Stück zu statisch und zu handlungsarm war, um sich für eine Oper zu eignen. Dabei hatte er schon mit der Zustimmung von Neveux ein vollständiges Opernbuch mit Regieanweisungen niedergeschrieben. Sein scharfer Bühneninstinkt warnte ihn rechtzeitig vor der Vergeblichkeit seines Vorhabens. So blieb *Anklage gegen Unbekannt* einer der ganz wenigen Torsos, die Martinů hinterlassen hat. Schon vor der Jahreswende fand er die gesuchte Vorlage in *Mirandolina*. Durch die Initiative des Dirigenten und Dramaturgen Václav Nosek kam es am 3. Oktober 1980 zu einer einmaligen Einstudierung des Torso durch das Nationaltheater Brünn, die glücklicherweise auch auf Tonträger festgehalten wurde.

346. MIRANDOLINA. Komische Oper in drei Aufzügen

E: Nizza, 15.12.1953-1.7.1954 (2. Aufzug vollendet am 7.5.1954; 3. Aufzug am 23.6.1954; Saltarello am 3.6.1954).

Text: (italienisch) vom Komponisten, nach dem Lustspiel *La Locandiera*, von C. Goldoni. Deutsche Fassung von C. Stueber. Tschechische Fassung von R. Vonásek.

UA: Prag, Smetana-Theater (heute Staatsoper), 17.5.1959. Dir.: V. Kašlík; Regie: L. Mandaus; Bühnenbild: F. Tröster; Choreographie: A. Landa; Hauptrollen: M. Tauberová (Mirandolina), P. Kočí (der Cavaliere Rippafratta), O. Kovář (der Conte Albafiorita), J. Horáček (der Marchese Forlimpopoli), J. Procházková (Hortensia), Š. Štěpánová (Dejanira).

WA: UA der Originalfassung in Italienisch Wexford, 18.10.2002.

BS: Mirandolina, Gastwirtin (S); Hortensia und Dejanira, Komödiantinnen (S bzw. A); Fabrizio, Kellner (T); Diener des Cavaliere (T); der Conte Albafiorita (T); der Cavaliere Ripafratta (B); der Marchese Forlimpopoli (B); ein Juwelier (stumme Rolle); Ballett.Orchester: 3222-4330-Pk.-Schl.-Str.

Deko.: 4 Bühnenbilder.

D: 103' (35+31+4 [Saltarello] + 33).
1. Aufzug: 8 Auftritte (2 Bühnenbilder) und ein Orchesterintermezzo vor dem 8. Auftritt. Insgesamt 1.173 T.
2. Aufzug: 6 Auftritte (2 Bühnenbilder) und ein Orchesterinterludium vor dem 2. Auftritt. Insgesamt 965 T.
Anschließend: Saltarello (Ballett), 247 T. (siehe H. 346 A).
3. Aufzug: 6 Auftritte (2 Bühnenbilder) und ein Orchesterintermezzo vor dem 4. Bild. Insgesamt 1.172 T.

A: z. Z. nicht nachweisbar.

F: Abschrift des KA von fremder Hand mit autographen Eintragungen beim Verleger in Kassel (228 + 120 nummerierte S.)

Ausg: Bärenreiter, Kassel 1959 (B. A. 3551). P und ST, KA L. (B. A. 3551 a).

V: Bärenreiter, Kassel.

Handlung: 1. Aufzug. Der Marchese und der Conte verweilen im Gasthaus, weil sie beide in die hübsche Wirtin Mirandolina verliebt sind. Der Marchese ist vollkommen pleite und kann ihr nur seine „Protektion“ anbieten, dagegen überschüttet sie der Conte mit kostspieligen Geschenken. Der Cavaliere aber macht sich über beide lustig: Er, der geborene

Frauenfeind, wird solcher Schwäche nie erliegen! Auch als Mirandolina erscheint und die beiden anderen mit ihr in Liebeleien wetteifern, bleibt er kalt, fast grob. Allein auf der Bühne zurückgeblieben, beschließt Mirandolina in einer groß angelegten Arie, auch den widerspenstigen Cavaliere auf die Knie zu zwingen. Nun tritt der treue Kellner Fabrizio ein, der Mirandolina ehrlich liebt, ihrer Gegenliebe aber nicht sicher ist und wegen ihrer Liebäugeleien mit der Kundschaft an Eifersucht leidet. Ihr Entschluss, den Cavaliere von nun an persönlich zu bedienen, nährt seine Zweifel.

Verwandlung. Im Zimmer des Cavaliere. Mirandolina bringt ihm die schönste Wäsche, erkundigt sich nach seinen Speisewünschen, spottet über den grotesken Eifer des Conte und des Marchese und erklärt ihm, dass sie auf ihrer Freiheit bestehe und dass sie ihm in seinem Frauenhass völlig Recht gebe. Der Cavaliere ist durch diese schmucklose Vernunft beeindruckt. Nach dem Abmarsch der Wirtin will seine Unnahbarkeit schon dem ungewöhnlichen Reiz Mirandolinas weichen, mit einiger Mühe beherrscht er sich schließlich.

2. Aufzug. Zwei Komödiantinnen melden sich, geben sich als große Damen aus und wünschen ein Zimmer. Die schlaue Mirandolina hat die Wahrheit bald entschleiert, bewahrt aber das Geheimnis. Nun erscheint der Marchese, der in Gegenwart der beiden Schauspielerinnen Mirandolina mit großer Feierlichkeit ein schönes seidenes Taschentuch schenkt. Zu seinem Ärger übertrumpft ihn aber sogleich der Conte mit einem Diamantgeschmeide.

Verwandlung. Im Zimmer des Cavaliere. Der mürrische Edelmann genießt die köstlichen Speisen, die ihm Mirandolina mit eigener Hand zubereitet hat. Von ihrer Liebenswürdigkeit und von ihrem kulinarischen Talent überwältigt, lässt er sie sogar rufen, um sie persönlich zu komplimentieren! Die Wirtin lässt sich zu einem Glas Wein einladen, und der Cavaliere fühlt sich zunehmend bezaubert. Ihr Gespräch wird eine Weile vom unzeitig eintretenden Marchese unterbrochen, der sich gefräßig auf die Tafelüberbleibsel stürzt. Als er endlich fort ist, stimmt Mirandolina das in jeder italienischen Opera buffa übliche Trinklied (Brindisi) an. Sie hinterlässt einen glühenden Cavaliere, dem nichts als die Flucht übrig bleibt. Er rüstet sich zur Abreise. Als ihm Mirandolina schluchzend die Rechnung bringt, ist er der Niederlage schon nahe. Da benutzt die Wirtin die letzte, treffsicherste Waffe: eine fingierte Ohnmacht. Der bestürzte Cavaliere bricht in eine glühende Liebeserklärung aus und holt einen Topf Wasser. In dieser Lage wird er von allen Bewohnern erwischt.

Seine Verlegenheit kennt keine Grenzen mehr, als alle sich in einem großartigen Ensemble über ihn lustig machen. Es folgt als Zwischenspiel das Ballett über den Saltarello.

3. Aufzug. In ihrem Zimmer bügelt Mirandolina eifrig; Fabrizio holt ihr die Eisen vom Feuer. Noch immer ist er eifersüchtig und ahnt ihre Gefühle nicht. Der Cavaliere lässt ihr eine goldene Flasche mit einem Kräftigungsmittel zuschicken, die sie verächtlich in den Wäschekorb wirft. Als der Cavaliere erscheint, hängt sie ihm den Brotkorb höher, indem sie jetzt Fabrizio mit zärtlicher Stimme anredet. Der Cavaliere steht allein in machtloser Wut und verlässt endlich das Zimmer. Nun treten Conte, Marchese und die beiden Komödiantinnen ein und kommentieren erheitert die Situation.

Verwandlung. Mirandolina hat sich aus Angst vor dem rasenden Cavaliere in ein dreitüriges Zimmer eingesperrt. Schon meldet sich der Wüterich und will die Türe aufbrechen. Fabrizio steht der Wirtin schützend zur Seite, auch Conte und Marchese betreten bald das Zimmer. Dem Cavaliere wird nun endlich geöffnet. Zusammen mit den beiden anderen Edelleuten wirft er zuerst Fabrizio hinaus, da er in seiner Verliebtheit dessen Gegenwart nicht mehr dulden kann. Dann wird er vom Conte gereizt und will mit ihm im Duell kämpfen, schaut sich nach einer Waffe um, ergreift den Degen des Marchese trotz dessen Protest, aber aus der Scheide zieht er bloß eine halbe Klinge empor. Seine Wut kennt keine Grenze mehr. Nun treten Fabrizio und die Komödiantinnen wieder ein für das groß angelegte, an klassischen Mustern geschulte Finale. In aller Öffentlichkeit kündigt Mirandolina ihre Heirat mit Fabrizio an. Der Cavaliere stürzt rasend hinaus und das Stück klingt in heiterem Jubel aus.

La Locandiera ist wohl Goldonis bekanntestes Lustspiel, dazu ein idealer Opernstoff. Trotzdem hatte sie vor Martinů kein namhafter Komponist komponiert (die Oper des französischen Komponisten Maurice Thiriet stammt aus den Jahren 1957–1959). *Mirandolina*, Martinůs einziges Werk auf italienischen Text (und in prosodischer Hinsicht vortrefflich gelungen), ist die erste wichtige Schöpfung, die in Nizza entstand und somit das früheste Werk, das jene Farb- und Lichtfreude des sonnigen Südens als Merkmal des späten Schaffens aufweist. Von allen abendfüllenden Opern Martinůs ist sie wohl die am wenigsten symphonische, dafür aber auch die bühnenmäßig wirkungsvollste. Mozart, Rossini und natürlich auch Smetana haben diesem heiteren, unbeschwerten Werk Pate gestanden. Die Auffassung ist rein klassisch, ebenso der Orchestersatz, in welchem

Holzbläser und Streicher überwiegen. Arien, Duette, Ensembles folgen einander im Sinne der besten Traditionen, ohne dass Martinůs ureigenste Tonsprache jemals verloren geht. Wie in seinen meisten Opern geht der flotte Konversationsstil gelegentlich ins reine, musiklose Gespräch über, jedoch stets nur für kurze Augenblicke. Auf die Verwandtschaft des glänzenden *Saltarello* (ein erfolgreiches Konzertstück, siehe H. 346 A) mit dem Scherzo der *4. Symphonie* wurde schon hingewiesen. An völlig gelungenen Spielopern in der Nachfolge der echten italienischen Opera buffa der Mozartzeit ist unser herbes, trübes Zeitalter recht arm. Der *Mirandolina* sind auf diesem Gebiet wohl nur noch Prokofieffs *Verlobung im Kloster* und Roberto Gerhards Vertonung desselben Lustspieles von Sheridan *La Duenna* an die Seite zu stellen. Martinůs Werk wurde mit großem Erfolg in seiner Heimat und in Deutschland aufgeführt. Im Festival von Wexford (Irland) fand Ende 2002 die verspätete UA der Originalfassung auf Italienisch statt, die auch in einer CD-Aufnahme vorliegt. Jedoch sollte es vor allem in Italien, in dieser Originalfassung, heimisch werden. Erst im sonnigen Süden und in Goldonis eigenem Wortlaut wird es sein wahres Gesicht enthüllen.

370. ARIANE (Ariadne). Lyrische Oper in einem Aufzug

E: Schönenberg-Pratteln, 13.5.-15.6.1958.

Text: (französisch) vom Komponisten, frei nach dem Bühnenwerk *Le Voyage de Thésée* von G. Neveux. Deutsche Fassung von F. Schröder. Tschechische Fassung von E. Bezděková.

UA: Gelsenkirchen, 2.3.1961. Dir.: L. Romansky. Regie: R. Schenkel.

WA: Brno, 23.10.1962. Dir.: R. Týnský; Regie und Bühnenbild: M. Wasserbauer; Hauptrollen: M. Šupurkovská (Ariadne), P. Růžička (Theseus und Minotaurus), J. Janda (Burun).

BS: Ariadne (S); 7 Jünglinge aus Athen, darunter: Theseus (Bar); Burun (T); 5 weitere Jünglinge (T und B); der Minotaurus (B oder Bar); der Wächter (T); der alte Mann (B); kein Chor.
Orchester: 2222-2220-Pk.-Schl.-Hf.-Cel.-Pf.-Str.

Deko.: 1 Bühnenbild.

D: 42'

Drei Bilder. Sinfonia Nr. 1 (T. 1-29, 41 T. m. Wdh.);
Prolog (T. 30-74, dann Sinfonia Nr. I da Capo); Erstes Bild (T. 75-443);
Sinfonia Nr. 2 (T. 444-516, 130 T. m. Wdh.); Zweites Bild

	(T. 517-755); Sinfonia Nr. 3 (T. 756-785); Drittes Bild (T. 796-1015). Insgesamt 1.015 T. (1.125 T. m. Wdh.).
A:	OP in PBM (Ac 128) 80 S. KA in PBM (Ac 129) 65 S.
F:	Inst. BM, Prag (PBM Ac 128, PBM Ac 129). OP in PSS, Basel.
Ausg:	Bärenreiter, Kassel 1960 (B. A. 3532). P und ST L. KA des Komponisten K (B. A. 3532a).
V:	Bärenreiter, Kassel.

Handlung: 1. Bild. Am Meerufer von Knossos erwartet der Wächter die sieben Jünglinge, die den Minotauros töten sollen. Bald landen sie mit Theseus an ihrer Spitze. Der alte Mann (Stadttrommler) erklärt ihnen, der Minotauros kämpfe nur bei Nacht. Theseus bleibt allein zurück und will einen Maulbeerbaum fällen. Plötzlich erscheint Ariadne, die es ihm verbietet. Auch sie wartet auf den Minotaurus, den sie liebt, ohne ihn je gesehen zu haben. Als sie ihn herannahen hört, fleht sie Theseus an, er solle fliehen, ehe es zu spät sei. Da erkennt Theseus in ihr die Frau, die ihm fürs Leben bestimmt ist. Der Stadttrommler kündigt die Hochzeit der Königstochter mit einem jungen Fremden an. Ariadne gibt sich zu erkennen: Die Königstochter sei sie, der Fremde aber Theseus.

2. Bild. Die Gefährten von Theseus bedauern, dass er, durch Ariadne besiegt, seine Pflicht, den Minotaurus zu töten, vergessen hat. Burun, einer der sechs, rüstet sich zum Kampf. Ariadne ahnt die Gefahr, aber schon ertönt Buruns Todesschrei hinter der Bühne. Nun müsse Theseus auf Ariadne verzichten und sie vergessen, sonst sei er verloren. Theseus bleibt allein, er schwört, seinen Freund Burun zu rächen und fordert den Minotaurus heraus. Dieser erscheint in der Gestalt eines zweiten Theseus: Stets nimmt er die Gestalt seiner Gegner an, denn dadurch wird er unbesiegbar. Ein Ungetüm kann ein Held überwinden, aber er würde es nicht wagen, sich selbst zu vernichten. Theseus aber begreift, dass der Minotaurus sein gestriges Selbst, sein kurzfristiges Glück mit Ariadne verkörpert: Diese Versuchung muss er überwinden. Er tötet den Minotaurus, dessen letzter Ruf an Ariadne gerichtet ist. Diese erblickt die Leiche und spricht zu Theseus: „Mir war bewusst, dass er dir ähnelte".

3. Bild. Theseus und die fünf überlebenden Burschen verlassen die Stadt. Ariadne blickt dem sich entfernenden Boot nach. Sie besingt ihr eintägiges Glück und verzichtet auf jedes andere, da es an dessen Einmaligkeit nie heranreichen würde. Sie fasst den Entschluss, auf einer wüsten Insel weiterzuleben.

Seit dem zum größten Teil verschollenen Meisterwerk Monteverdis aus dem Jahre 1608 kann man nahezu vierzig Bühnenwerke über das Ariadne-Thema aufzählen. Im 20. Jahrhundert sind wohl die Oper von Richard Strauss und das Ballett *Bacchus et Ariane* von Albert Roussel die wichtigsten und bekanntesten. Martinů schuf *Ariane* als „Entspannung“ (!) mitten in der mühevollen Überarbeitung der *Griechischen Passion*. Er befand sich in einer Klemme und brauchte irgendeine Ablenkung. Den Vierakter seines Freundes Neveux drängte er zu einem einzigen, dreiteiligen Aufzug zusammen. Schon die dritte der *Parabeln* für Orchester (H. 367) hatte ihren Ursprung in *Le Voyage de Thésée* gefunden. Drei Monate nach dessen Vollendung schuf er nun diese eigenartige „lyrische Oper“, ein Werk voll aparten Zaubers, das man entschieden als eine seiner Hauptschöpfungen betrachten darf. Zum letzten Mal kommt Martinů dem Problem der Persönlichkeitsspaltung nahe, diesmal aber nicht mehr im Rahmen einer märchenhaften Traumwelt wie in *Juliette*, sondern in Gegenwart des Todes. Hier geht es um die letzten Dinge, und Neveux hat mit den Mitteln der modernen Psychoanalyse den alten Mythus mit ungemeinem Scharfsinn aufgehellt. Form und Tonsprache des Werks sind sehr originell und bei Martinů einmalig: Der Komponist beruft sich auf die ersten Opern des italienischen Frühbarocks mit ihren scharfen Stilisierungen, ihren Orchesterritornellen („Sinfonie“) und ihren üppigen Vokalkoloraturen. Als ausgesprochene Koloratursopranpartie sucht die Rolle der Ariadne in Martinůs Schaffen ihresgleichen. Sie wurde durch die Kunst der Maria Callas angeregt, für die die Rolle speziell bestimmt war, doch wird sie wohl nie einen Blick auf die Partitur geworfen haben. Die herrliche, von ergreifender Sehnsucht erfüllte Schlussarie (über 200 Takte und 10 Minuten lang!) dürfte sich als Meisterwerk der Vokalkunst jeder großen Arie von Puccini oder Strauss zur Seite stellen. Kaum weniger bezaubernd sind die zweistimmigen A-cappella-Gesänge der sieben Burschen, mit ihrer eigenartigen, wahrscheinlich den Vorbildern griechisch-orthodoxer Liturgie entlehnten Heterophonie (die Nähe der *Griechischen Passion* wird in ihnen spürbar). Ganz besondere Aufmerksamkeit verdient die Klangfarbe, die diesmal den Schleier eines schimmernden Impressionismus zugunsten einer schärferen Klarheit und eines hellen südländischen Glanzes ablegt und die durch die aparte Verwendung von Harfe, Klavier und Schlagzeug ein helles Leuchten gewinnt.

372. GREEK PASSION (Griechische Passion).
Oper in vier Auszügen
372. I „Londoner" Fassung

E: 20.2.1956 bis 8.1.1957.
Vorbereitung des Textbuches (in Zusammenarbeit mit Nikos Kazantzakis): Nizza, August 1954 bis Oktober 1955; New York, November 1955 bis Januar 1956.
Komposition: 1. und 2. Aufzug: New York, 20.2.1956 - Schönenberg-Pratteln, ab Mai 1956. - 2. Aufzug am 28.7.1956 in Schönenberg abgeschlossen. - 3. Aufzug: Schönenberg, Anfang August 1956 - Rom (ab 15.10.1956), dort vor dem 18.11. vollendet. - 4. Aufzug: Rom, November 1956 bis Anfang Januar 1957 (die *Rebellenlieder*, H. 361, wurden schon am 8.1.1957 begonnen). Am 1.2.1957 bestätigt ein Brief von der U. E. Wien den Empfang der vollständigen OH des 4. Aufzuges. Die Komposition dieser Fassung hat also ca. 10 Monate beansprucht.

Text: (englisch) vom Komponisten, frei nach dem Roman *Der Wiedergekreuzigte Christ* von Nikos Kazantzakis.
Griechische Fassung von Christina Lazaridi (2004).

UA: Bregenz, 20.7.1999. Dir.: U. Schirmer; Regie: D. Pountney; Bühnenbild: S. Lazaridis; Hauptrollen: N. Stemme (Katerina), Ch. Ventris (Manolios), A. Clarke (Kostandis), E. Silins (Fotis), E. Ruuttunen (Grigoris); Chöre: Kammerchor Moskau, Kinderchor der Musikhauptschule Bregenz; Wiener Symphoniker.

WA: EA der griechischen Fassung: Thessaloniki, 10.6.2005.
London, 22.4.2000.
Bremen, 30.5.2003.

BS: Hauptrollen: Lenio (S); Katerina (S oder Mezz); Manolios (T); Yannakos (T); Michelis (T); Panait (T); Nikolio (T oder Knabenstimme); Grigoris (BBar); Archon (in der zweiten Fassung Patriarcheas, BBar); Fotis (BBar); Kostandis (B); Andonis (T); Dimitri (Bar); Ladas (gesprochen); Erzähler (gesprochen); dazu noch 7 kleinere Rollen, Knabenchor, zwei gemischte Chöre.
Orchester: 3333-4331-2 Pk.-3 Schl.-Cemb. (nur in der Frühfassung von I/1,2)-Streicher.
Auf der Bühne: Blockfl., Klar., Akkordeon, 1 Vi.

Deko.: 7 (unter Umständen 6) Bühnenbilder.

D: 130′ (mit der früheren Fassung der Szenen 1 und 2 des 1. Aufzuges, heute üblich 135′).
1. Aufzug (4 Auftritte). 678 T. (in der Frühfassung 888), 38′ 55″ bzw. 44′ 10″
2. Aufzug (4 Auftritte). 603 T., 27′
3. Aufzug (5 Auftritte). 823 T., 31′ 25″
4. Aufzug (3 Auftritte). 586 T., 32′ 30″.

A: Es wurde von Martinů zur Herstellung der zweiten Fassung verwendet, wobei etwa 30% des ursprünglichen Bestandes in ihr aufgenommen wurden (mit Umnummerierung der betreffenden S.). Der Rest wurde an verschiedenen Stellen zerstreut, zum größeren Teil liegt er heute in der PSS Basel (auch die Frühfassung des Anfangs), ein beträchtlicher Teil ist aber im Privatbesitz des Verfassers dieses Buches in Brüssel (Geschenk von Frau Charlotte Martinů). Das Ergebnis der langen, peinlichen Detektivarbeit von Aleš Březina (auf dessen Einzelheiten in diesem Rahmen nicht weiter eingegangen werden kann) führte zum beglückenden Ergebnis, dass schließlich keine einzige S. der ersten Fassung verloren gegangen war. Diese OH umfasste ursprünglich 238 S., von welchen 136 sich jetzt im Besitz der PSS Basel befinden. Einzelheiten sind in der Ausgabe der ersten Fassung sowie in Růžena Dostálová, Aleš Březina, *Řecké pašije. Osud jedné opery. Korespondence Nikose Kazantzakise s Bohuslavem Martinů* nachzulesen. Dazu kommen noch (ebenfalls in PSS) die 35 S. der früheren Fassung der Auftritte 1 und 2 des ersten Aufzuges sowie ein weiteres, kürzeres Fragment des unvollständigen ersten Aufzuges (15 S.), das aber für die Bühnenpraxis (im Gegensatz zur soeben erwähnten Variante) kaum infrage kommen dürfte.
Universal Edition, Wien - Fragmente.
PBM (Ac 251) - Fragment (17 S.).
PBM (Ag 252) - Fragment (56 S.).
Universal Edition, Wien - KA von K.-H. Füssl.

Ausg: Universal Edition, Wien 1998, OP L. KA von Karlheinz Füssl und Adam Klemens K (U.E. 31003).

V: Universal Edition, Wien.

372. II „Zürcher“ Fassung

E: Februar 1958 bis 15.1.1959.
Schönenberg-Pratteln, 9.2.1958 (Abschluss der *Paraboles* H. 367) und 13.5.1958 (Beginn der *Ariane* H. 370). Diese Arbeit wurde durch die Niederschrift der *Estampes* (H. 369) bzw. der *Sonate für Cembalo* (H. 368) vom 15.3. bis zum 2.4. unterbrochen (ab hier nur noch 4. Aufzug.). Nizza, September 25.10.1958 (durch die erste ernste Krise der Magenkrankheit unterbrochen). Schönenberg-Pratteln, Dezember 1958 bis 15.1.1959. Die Arbeit an dieser Fassung hat also ca. sechs Monate beansprucht.

Text: wie H. 372 I., jedoch teilweise verändert bzw. gekürzt.

UA: Zürich, Stadttheater, 9.6.1961. Dir.: P. Sacher; Regie: H. Graf; Bühnenbild: T. Otto; Hauptrollen: S. Warfield (Katerina), G. Peterson (Manolios), R. Kerns (Kostandis), H. Borst (Fotis), J. Pease (Grigoris); Chor des Stadttheaters Zürich, Chor des Stadttheaters Luzern.

WA: Brno, 3.3.1962.
Linz, 18.9.1962.
Perugia, 23.9.1962.

BS: Wie H. 372 I, es fehlen nur ein Paar kleinere Rollen (der Kapitän und der Schulmeister im ersten Aufzug, Dimitrios im dritten Aufzug) sowie der Erzähler. Archon heißt hier Patriarcheas.
Orchester: wie in H. 372 I, aber das Cemb. fehlt und ein Pf. tritt jetzt im ganzen Werk auf.

Deko.: 7 (unter Umständen 6) Bühnenbilder.

D: 107' (26'+24'+ 33'+24').
1. Aufzug. 4 Auftritte (1 Bühnenbild). Insgesamt 602 T.
2. Aufzug. 4 Auftritte (3 Bühnenbilder). Insgesamt 569 T.
3. Aufzug. 5 Auftritte (3 Bühnenbilder). Insgesamt 722 T.
4. Aufzug. 2 Auftritte (1 Bühnenbild). Insgesamt 607 T.

A: A der OP beim Verleger U. E. in Wien. 245 S. (mit Einbeziehung von den aus H. 371 I übernommenen S.). (60+51+55+79 S.) Orchesterpartitur in der Originalhandschrift: 1. Aufzug, S. 1-60; 2. Aufzug, S. 61–111; 3. Aufzug, S. 112–176; 4. Aufzug, S. 177–245.
PSS, Basel (Skizzen 1. Szene des 1. Akts).
PSS, Basel (P - Reinschrift mit Korrekturen, unvollständig).
PSS, Basel (Fragment der 1. + 2. Szene des 1. Akts).

PSS, Basel (Fragmente verschiedener Teile).
Ausg: Universal Edition, Wien 1961, OP L (U. E. 12766). KA vom Komponisten K (U. E. 12763).
VR: Universal Edition, Wien.

Handlung: Trotz mancher Nebenpersonen in den ersten beiden Szenen (Kapitän, Schulmeister) weicht die Handlung von der zweiten Fassung nur im Schlussteil des vierten Aufzugs von der früheren ab, der also gesondert beschrieben werden muss. Für die restliche Handlung halten wir uns an die zweite Fassung und nennen nur die wenigen Unterschiede.

a) Gegen Mitte des ersten Aufzugs stand das Zusammentreffen von Manolios und seiner Braut Lenio ursprünglich vor seiner Unterhaltung mit seinen Freunden, den „Aposteln“.

b) Am Schluss des dritten Aufzugs wurde das schöne von Manolios erzählte Gleichnis vom Mönch, der nach Jerusalem pilgern wollte, sein ganzes Geld aber einem Bettler mit hungerndem Weib und Kindern gab und in ihm Christus erkannte, aus Zeitgründen leider gestrichen: Ein bedauerlicher Verlust!

1. Aufzug. Der Dorfplatz von Lycovrissi, einer griechischen Siedlung in Kleinasien, zu Beginn des 20. Jahrhunderts. Inmitten fröhlichen Glockengeläuts geht die Ostermesse zu Ende. Der Priester Grigoris teilt der Bevölkerung mit, er wolle nun die Darsteller des Passionsspieles des kommenden Jahres bestimmen. Kostandis, der Dorfwirt, soll Jakobus sein, der Straßenhändler Yannakos, Petrus; Michelis, der Sohn des reichen Patriarcheas, Johannes; Panaït (der heftig dagegen protestiert), Judas; die Witwe Katerina, die Dorfdirne, Maria Magdalena. Als Darsteller Christi endlich nennt er den jungen Schafhirten Manolios, der zugleich von Freude und Schauder überfallen wird. Nun verlässt die Volksmenge die Bühne, und Manolios unterhält sich mit seinen drei Freunden, den „Aposteln“, über die Schwere ihrer Aufgabe: Waren schließlich der Heiland und seine Jünger nicht einfache Leute wie sie? Manolios bleibt allein in der Abenddämmerung. Da erscheint seine Braut Lenio, die sich nach dem Tag der Hochzeit erkundigt. Jedoch verweilen seine Gedanken anderswo. Nun hört man aus der Ferne die Stimmen einer Prozession. Die wieder anwesenden Dorfbewohner beobachten die sich nähernde Menge: Es ist ein Flüchtlingszug, von ihrem Priester geführt, dessen elende Schar bald erschöpft auf den Dorfplatz niedersinkt. Von Mitleid erfüllt blickt Katerina sie an, aber Panaït verfolgt sie mit seiner Eifersucht („Hier ist kein Mann für dein Bett!“), worauf sie ihn „Judas“ ruft. Priester Grigoris erscheint, schon eilt ihm der Flüchtlingspriester Fotis mit offenen Armen entgegen, muss aber die harte Stimme hören: „Wer seid ihr? Was wollt ihr? Welche Sünde büßt ihr ab?“ Fotis erklärt, die Türken hätten sein Dorf abgebrannt und die Bevölkerung verjagt. Nun wollen sie alle Land, um wieder Wurzeln zu schlagen. Manolios bittet Grigoris um Erbarmen („Erhöre sie, Christus hungert!“). Der unwürdige Priester weist ihn ab, in gespannter Stille erwarten alle sein Urteil. Da bricht ein junges Mädchen, Despinio, aus Schwäche tot zusammen. Grigoris behauptet, es sei an Cholera gestorben, sodass die entsetzten Dorfleute die Flüchtlinge abweisen. Fotis aber erklärt, sie sei verhungert und fleht um des Dorfes Überfluss. Die barmherzige Katerina schenkt als Erste ihren kostbaren Schal, zum Zorn Panaïts, der ihn ihr gegeben hatte. Schließlich raten Manolios und seine Freunde den Flüchtlingen, auf dem nahen Sarakinaberg zu übernachten, dort könnten sie sich in Ruhe niederlassen. Unter Leitung ihres Priesters ziehen die Flüchtlinge fort.

2. Aufzug. Yannakos sitzt vor seinem Haus und spricht zu seinem Esel, der den Esel darstellen soll, auf dem Jesus in Jerusalem einzog. Katerina kommt aus dem Nachbarhaus und erzählt, dass sie von Manolios geträumt hat. Nun erscheint der alte Geizhals Ladas (Sprechrolle), der Yannakos überredet, den Flüchtlingen ihr Geld und ihren Schmuck gegen Lebensmittel abzunehmen. Er gibt dem Straßenhändler drei Goldstücke als Vorschuss.

Verwandlung. An einem Brunnen außerhalb des Dorfes steht Manolios: Plötzlich fühlt er sich von einem schrecklichen Schmerz durchbohrt, als wäre er gekreuzigt. Katerina erscheint: Manolios verfolge sie im Traum und erscheine ihr als rettender Engel. Der Schafhirt flieht entsetzt vor ihren Liebeserklärungen.

Verwandlung. In der kahlen Landschaft der Sarakina gründen die Flüchtlinge ihr neues Dorf: Priester Fotis weiht unsichtbare Tore ein. Der Dorfälteste legt die Gebeine der Vorfahren in ein Grab, wo ihn selbst der Tod ereilt. Yannakos beobachtet alles mit Erschütterung, er bereut seine Habgier, beichtet bei Fotis und gibt ihm das Gold des Ladas.

3. Aufzug. Eine entlegene Schäferhütte zu später Abendstunde. Manolios bittet seinen Freund Nikolio, ihm auf seiner Flöte vorzuspielen. Aber bald schläft er ein. Im Traum erscheinen ihm seine Braut Lenio, die dringend nach dem Tage der Hochzeit fragt, Priester Grigoris, der ihm sein unchristliches Leben vorwirft, Katerina, die jede Nacht von ihm träumt und Yannakos, der ihn fragt, wie er der Christus sein und gleichzeitig an seine Hochzeit denken könne. Dann verwischen sich die Erscheinungen und Manolios sieht nur noch eine verschleierte Frau. Er glaubt, es sei die Mutter Gottes, doch sieht er wieder Katerina. Der Schafhirt erwacht wie nach einem Albtraum. Lenio steht vor ihm. Sie ist auf den Berg gestiegen, um eine endgültige Antwort wegen der Hochzeit zu bekommen. Manolios kann ihr nur versichern, dass er sie liebt, dann ergreift er die Flucht und eilt zum Dorf. Lenio und Nikolio stehen allein an der Schwelle zur Hütte. Der junge Hirte ergreift seine Flöte, sein Spiel wird immer leidenschaftlicher, bis er sich im wilden Liebesrausch auf das Mädchen stürzt.

Verwandlung. Manolios geht ins Haus Katerinas, bittet sie, nicht mehr an ihn zu denken und ruft sie „Schwester". Katerina fühlt sich von einer schweren Last befreit und nennt den Schäfer ihren Erlöser.

Verwandlung. In der frischen Morgenfrühe genießt Yannakos am Wegrand sein „franziskanisches" Frühstück von Brot, Oliven und Zwiebeln. Er trifft Katerina, die ihr Schaf zu den Flüchtlingen hinaufträgt. Sie bekennt, dass aus der Sünderin die Büßerin Maria Magdalena geworden sei und Yannakos versteht sie. Die friedliche Stimmung wird vom Auftritt des Priesters Grigoris, dem die Dorfältesten folgen, gestört. Der zornige Priester ist empört über Manolios, der behauptet, von Christus erleuchtet zu sein und die herkömmliche Ordnung stört. Panaït meint, sein Einfluss bringe die Revolution ins Land. Manolios aber kommt inmitten einer kleinen Schar von Anhängern, denen er predigt und die er überredet, ihren Überfluss den Flüchtlingen zu schenken. Trotz Grigoris Warnungen folgen die Dorfleute der Aufforderung des Schafhirten. Zürnend marschiert der Priester ab. Über die inzwischen leer gewordene Bühne fällt der Abend. Als Nikolio fröhlich vom Berge hinunterholpert und Manolios seine Absicht, Lenio zu heiraten, mitteilt, ist er von dessen Gleichgültigkeit ganz überrascht. Nun sitzt Manolios mit seinen Jüngern und Katerina ruhig und andächtig in der stillen Dämmerung. Die geheimnisvolle Gegenwart Christi umgibt sie alle. Auf Yannakos schüchterne Frage „Wer ist da?" antwortet nur ein Echo.

4. Aufzug. Auf dem Dorfplatz findet die fröhliche Hochzeit von Nikolio und Lenio statt. Der heitere Reigen wird durch das plötzliche Erscheinen des Priesters Grigoris auf der Kirchenschwelle unterbrochen. Er hält eine lange, von Hass erfüllte Rede und verstößt Manolios aus der christlichen Gemeinde. Die Dorfleute rufen ihm erschreckt nach, jedoch stehen die drei „Apostel" zu ihrem ausgestoßenen Freund. Dieser, der noch nichts ahnt, erscheint außer Atem: er kommt vom Berge. In einer breit entwickelten Arie klagt er sich des Hochmuts und der Eitelkeit an. Nun beugt er sich in der Erkenntnis der allmächtigen Weisheit Gottes.

Aber die Leute auf der Sarakina verhungern. Sie halten es nicht mehr aus: Schon hört man sie heranlaufen. „Ihr zwangt uns zum Kampf", erklärt Manolios, „denn in dieser Welt kann nichts geschehen ohne blutiges Leid. Solche Welt muss untergehen! Lasset uns Feuer legen, dass sich die Welt läutere!" Die wütende Dorfmenge wirft sich auf ihn, und der Judas Panaït tötet Manolios. Ab hier weichen die beiden Fassungen stark voneinander ab.

I. Fassung (H. 372 I). Die Erzählung des Sprechers führt uns ein Paar Monate später (der Winter ist eingetroffen) auf den Sarakina Berg, wo die frierenden, hungernden Flüchtlinge ein karges Weihnachtsfest feiern (im schroffen Gegensatz erklingen aus dem fernen Dorf das Glockengeläute und Halleluja-Jubeln der gleichgültigen Dorfgemeinde) und die Leiche von Manolios betreuen. Katerina ist mit ihnen. Sie singt die ergreifende Todesklage („Der Name des Jünglings"), die in der zweiten Fassung an einer anderen Stelle erscheint. Hier beginnt der (zusätzliche) dritte und letzte Auftritt des vierten Aufzuges mit der vom Erzähler vorgetragenen Traumvision des schlafenden Fotis: Sein ganzes Leben lang lief er einem gelben Vogel (der Hoffnung) nach, ohne ihn je fangen zu können. Als Fotis erwacht, bestätigt er, nie werde er das Nachlaufen aufgeben. Der Schluss (Abmarsch der Flüchtlinge) ist hier kürzer und nüchterner.

II. Fassung (H. 372 II). Im Augenblick des Todes von Manolios betritt der Zug der Flüchtlinge den Dorfplatz. Zusammen mit den ernüchterten Dorfleuten knien sie am toten Schafhirten nieder. Priester Fotis fleht Gott um Erbarmen an, dann singen Lenio und Katerina eine ergreifende Totenklage, Gebet und Lied zugleich. Endlich ruft Fotis seine Landsleute zum Abmarsch auf: Sie müssen fort, ins Ungewisse, aber in der Hoffnung auf den Herrn.

Martinůs einziges Musikdrama hat ihn fast fünf Jahre lang beschäftigt. Sogar die eigentliche Kompositionsarbeit nahm die für ihn ungewöhnlich lange Zeit von sechzehn Monaten in Anspruch. Während dieser Jahre hat er nicht weniger als dreiundzwanzig andere Werke vollendet, darunter sogar eine andere Oper (*Ariane*, H. 370). Er hatte Kazantzakis durch den Roman *Zorba der Grieche* entdeckt und traf ihn dann persönlich in Antibes (Südfrankreich), wo der Schriftsteller wohnte; es war im Sommer 1954. Bald erhielt Martinů die Genehmigung, den *Wiedergekreuzigten Christus* als Oper zu komponieren. Der ungemein fesselnde Roman besaß hohe dramatische Möglichkeiten: Später drehte Jules Dassin den französischen Film *Celui qui doit mourir* darüber, und auch eine Theaterfassung wurde in Paris gezeigt. Allein die Abfassung eines Textbuches stellte Martinů schon vor die schwierigste Aufgabe, die er je zu lösen hatte. Der fast 600 Seiten umfassende Roman, eine mächtige Freske mit unzählbaren Verzweigungen und Nebenfiguren, sollte auf einen Opernabend verdichtet werden. Martinů zog die Handlung straff zusammen, opferte auch manche interessante Rollen (z.B. den Kapitän, der in der ersten Fassung noch nicht fehlte) und schärfte vor allem den Grundkonflikt, indem er ihn durch Weglassen der Türken (die im Roman eine wesentliche Rolle spielen und die ursprünglich vorkommen sollten, mit z.B. dem Agha in der Rolle des Pilatus) in beengter Zeitfrist allein zwischen Griechen abspielen ließ. Martinůs Bestrebungen nach äußerster Bündigkeit führten zum Erfolg: Seine Oper dauert in der ersten Fassung zwei und eine Viertelstunde, in der zweiten kaum mehr als sieben Viertelstunden, fast vierzig Minuten weniger als *Juliette.* Damit erscheint das kazantzakissche Epos, von allem Nebensächlichen befreit, in seiner ganzen lapidaren Größe. Jedoch waren mit der Fertigstellung des Textbuches die Schwierigkeiten keineswegs zu Ende: Je mehr sich Martinů in die Komposition vertiefte, desto stärker wuchs in ihm sein Verantwortungsgefühl gegenüber einem so erhabenen Grundthema. Im Laufe der Jahre, besonders als die ersten drohenden Zeichen der Erkrankung eintraten, betrachtete er die *Griechische Passion* als sein Lebenswerk, als sein künstlerisches und geistiges Vermächtnis. Als er, kaum acht Monate vor seinem Ableben, den letzten Doppelstrich ziehen durfte, bemerkte er erleichtert: „Nun kann ich sterben!" Die letzte Freude der Aufführung ist ihm leider nicht mehr vergönnt gewesen.

Die *Griechische Passion* bildet den Gipfelpunkt von Martinůs Spätschaffen, ja zusammen mit *Juliette* sogar eine Spitzenleistung überhaupt. Zugleich ist sie das erschütterndste Zeugnis seines tief an das Christentum gebundenen Humanismus. Wie Kazantzakis sah er in Christus vor allem den Vermittler von menschlicher Brüderschaft, von Nächstenliebe und Frieden in der Gestalt eines schlichten und demütigen Menschenkindes (siehe auch *What Men Live By*). Aber auch die leidenschaftliche Anklage gegen Verfolgung und soziale Unterdrückung teilte er mit dem griechischen Dichter. Kazantzakis aus reinster christlicher Liebe schöpfendes Mitgefühl für die leidende Menschheit fand in Martinů begeisterte Anteilnahme.

Die inzwischen vom Komponisten als endgültig betrachtete Fassung unterscheidet sich von der früheren vor allem durch das Weglassen großer Textabschnitte, die viel Rezitative ergeben hätten. Aus dem Drama mit Musik wurde ein lyrisches Musikdrama, in welchem das Kantable, Melodische bei weitem überwiegt. Im Gegensatz zu den meisten früheren Opern, die zahlreiche Parlando-Stellen aufweisen, wird der mächtige tönende Strom hier nur zweimal unterbrochen, und jedes Mal mit tiefer Bedeutung: Im 2. Aufzug bei der Abmachung zwischen Yannakos und dem Geizhals Ladas; im 3. Aufzug beim plötzlichen Auftritt des zornigen Priesters Grigoris mit den Dorfältesten. Zum Ausdruck von Geiz und Gehässigkeit besaß Martinůs Leier keine Saiten. Er konnte solchen Leuten keine Musik gönnen.

Der Komponist hat sein Musikdrama absichtlich als eine Volksoper gestaltet und seine Tonsprache entsprechend vereinfacht. Gerade dadurch aber gewinnt die Musik eine lapidare Großartigkeit, einen breiten epischen Zug, eine mächtige „al fresco"-Wirkung, wie sie Martinů bisher noch nicht erreicht hatte. Dabei zeigt sie alle Vorzüge seines Spätstils: breiter melodischer Atem; üppige und verfeinerte Behandlung des Orchesters, mit jener in südlicher Helle glänzenden Klangpracht, die auf seine langen Aufenthalte in Nizza und in Rom zurückzuführen ist; Chorsatz von imponierender Würde und Kraft, wie schon in *Gilgamesch*, in mancher Hinsicht ein Vorläufer der *Griechischen Passion*. Darüber ein Hauch letzter Verklärung, eine Weisheit, eine Ergebung in greifbarer Nähe des höchsten Bewusstseins (siehe auch die „Berggipfel"-Stimmung der ersten *Parabole*), die nur einem großen Menschen im Herbst seines Lebens gegönnt sind. Obwohl Martinů seine tschechische Eigenart mit französischen Einflüssen auch in diesem Werk nicht leugnet, ließ er sich von der griechisch-orthodoxen Liturgie inspirieren, was vor allem im *Kyrie* und im Psalm des 1. Aufzuges zutage tritt. Dem Ratschlag Kazantzakiss folgend, hatte er im Herbst 1955 griechische Freunde des Dichters in New York aufgesucht, um Näheres über griechische Volksmusik und Liturgie und im weiteren Sinne über die Art und Weise des hellenischen Volkes zu erfahren. Für das Hochzeitsbild des 4. Aufzuges suchte er vergebens nach einem geeigneten griechischen Volkstext und wählte schließlich die Stelle *Wie ein Apfelbaum* aus dem Hohen Lied.

Schon in einem Brief vom 24.10.1954 betonte Kazantzakis die Wichtigkeit des Chores: Das Werk sollte vor allem eine „Massenoper" sein. Gewiss wird dem Chor eine entscheidende Rolle zugeteilt, wie vielleicht nur noch in Martinůs anderer großen geistlichen Oper, *Marienspiele*. Der Einzug (später der Abmarsch) der Flüchtlinge entfaltet seine herrliche Polyphonie in achtstimmigen Doppelchören.

Schon die ersten Orchestertakte in feierlicher Osterstimmung versetzen uns in die erhabene Stimmung eines Weihefestspieles, die uns bis zum verklärten B-Dur der Schlusstakte (seit jeher Martinůs entscheidende Tonart der Erlösung und des inneren Friedens) nicht mehr verlässt. An Leitmotiven findet sich nur wenig, allerdings Charakteristisches und Ausdrucksstarkes: so z.B. die stattliche Plagalkadenz, die das Religiöse, Übermenschliche zu bezeichnen scheint; so vor allem das schlichte, edel sich aufschwingende lyrische Thema der Verklärung, das zwar erst spät erscheint (zum ersten Male im Glaubensbekenntnis der Katerina im 3. Aufzug), in der zweiten Hälfte der Oper aber stets an Bedeutung gewinnt. Die Rolle Katerinas hat der Komponist besonders liebevoll bedacht: Gleich ihre Gabe an die Flüchtlinge im 1. Aufzug wird von seinem melodischen Wahrzeichen mährischer Prägung (vgl. „Der Künstler" Beispiel 3) begleitet!

Aus dem Erfindungsreichtum wäre noch vieles zu erwähnen: im 1. Aufzug etwa die frische, jugendliche Erscheinung Lenios und die herzzerreißende, schlichte, wortlose Todesklage der Despinio; im 2. Aufzug das schöne, von slawischer Leidenschaft durchdrungene Zwischenspiel zum letzten Bild und dieses selbst, das mit herber, männlicher Größe den Aufbau des neuen Dorfes auf dem Berge zeigt; im 3. Aufzug, den Nikolios' sehnsuchtserfüllter Schalmeiruf (Englischhorn) eröffnet, der Traum des Manolios, jene geniale Erfindung des Traummenschen Martinů, der im Roman bei weitem nicht so ausgeprägt war; die glühende Verwandlungsmusik nach dem Sichfinden von Lenio und Nikolio, in welcher der fast greise Komponist den Liebesrausch noch einmal mit vulkanischer Gewalt beschwört; sodann die Nachtszene bei der Witwe Katerina, die sich auf dem Hintergrund eines Ziehharmonikaliedes abspielt, mit einem kleinen volkstümlichen Walzer wie in *Juliette.* Das darauf folgende düstere, beklommene Orchesterzwischenspiel, das sich plötzlich in die helle Es-Dur-Morgenstimmung des nächsten Bildes auflöst; und endlich der innige, versonnene Ausklang des Aufzuges, mit seiner zarten, geheimnisvollen Abendstimmung, die an Emmaus gemahnt; im 4. Aufzug die heitere Dorfhochzeit; dann, gewissermaßen als expressiver Höhepunkt der Oper, die große Bekenntnisarie des Manolios; und schließlich die erschütternde Schlussszene, an der Martinů so endlos herumgefeilt hat, mit der wunderschönen Litanei der Katerina („Der Name des Jünglings war im Schnee geschrieben") und dem schmerzlichen Abmarsch der Flüchtlinge, den der ruhevolle Orchesterabgesang zu lindern weiß. Zum Schluss zitieren wir kurz des Komponisten eigene Worte, die man als Glaubensbekenntnis auffassen darf: „Zwei Grundgedanken ziehen durch das ganze Werk: die vererbten christlichen Grundsätze des Menschen und die Verantwortung für die Mitmenschen. Den Gläubigen, die nach Nächstenliebe streben, stehen die Selbstsüchtigen gegenüber, die ihre Hilfe den Mitmenschen verweigern. Jede Person wird ihrer Bestimmung zugeführt: zum Guten oder zum Bösen. Die mächtigen Urkräfte, die lange unter der Oberfläche gebrodelt haben, brechen plötzlich hervor und schleudern alle zum zerstörenden Höhepunkt der ‚Großen Passion' empor."

Über die Vor- bzw. Nachteile beider Fassungen werden die Meinungen wohl noch lange auseinandergehen. Ich habe mit der zweiten vierzig Jahre lang glücklich gelebt. Martinů hat ja schließlich die erste Fassung aufgegeben, die Partitur aufgelöst und zum Teil verschenkt und betrachtete somit die zweite als voll- und endgültig. Gewiss entstand die zweite Fassung nach dem Scheitern der geplanten Uraufführung in Covent Garden, wobei politische Gründe, namentlich der damalige Konflikt zwischen Großbritannien und Griechenland um Zypern eine Rolle gespielt haben dürften, aber auch der offizielle „Master of the Queen's Music" Sir Arthur Bliss griff sehr negativ ein! Aber vor allem war Martinů mit der Lösung des recht heiklen Problems des vierten Aufzuges offensichtlich noch nicht zufrieden. Die Gegenwart eines Erzählers ist eine wahre Schwäche (Martinů soll sein Herauslassen nicht bedauert haben). Überhaupt enthält die erste Fassung viel gesprochenen Dialog, während die beiden dialogischen Stellen der zweiten Fassung, hoch motiviert erscheinen und sich vom Rest des Werkes scharf abheben. Viele im Keim auftauchende Themen in der ersten Fassung (z. B. das schöne Thema der Katerina) erreichen erst in der zweiten Fassung ihre volle Blüte. Aleš Březina behauptet, dass Manolios in der zweiten Fassung zu sehr als „Held" hervorgehoben sei. Aber Martinůs Briefwechsel zeigt, dass er gerade das wollte. Kurzum, die erste Fassung ist wohl bühnenmäßig dramatischer und beweglicher, die zweite dagegen musikalisch weit geschlossener und - wagen wir das Wort - großartiger, auch wenn sie damit statischer und ins Oratorische gesteigert wird. Manches aus der ersten Fassung vermissen wir in der zweiten (die stimmungsstarke Herbst- bzw. Wintermusik im vierten Aufzug), aber das lässt sich auch umgekehrt sagen (das erschrockene *Amen-Amen-Amen* der Dorfgemeinde als Manolios exkommuniziert wird). Es ist schön, dass es die beiden Fassungen jetzt gibt: Sie sollten beide als gleichwertig weiterleben!

Zum Schluss noch eine vielsagende Stelle aus einem Brief Martinůs an Nikos Kazantzakis: „Ich kann die ganze Handlung nicht mit einbeziehen, dagegen habe ich aber unbegrenzte Möglichkeiten, sie musikalisch aufheben zu lassen, die unmittelbare Gestaltung von Seelen, Glauben und Schicksal dieser Menschen emporzuheben, und ich kann die Blätter des Feigenbaums zum Beben bringen und die Nacht füllt sich mit Düften wie in Ihrem Buch, und das vermag weder Fernsehen, noch Film, nicht einmal Theater zu verwirklichen." Man denkt unwillkürlich an eine berühmte Stelle aus Mozarts Briefwechsel, wo die Allmacht der Musik verherrlicht wird.

Kategorie 2: Ballette

89. NOC (Die Nacht). Notturno. Meloplastische Szene in einem Aufzug

E:	Polička, 1913–1914. Vollendet am 9.1.1914.
Text:	(Entwurf) von A. Kohout; nicht aufgeführt.
BS:	Orchester: 3332-4331-Pk.-Schl. (gr. Tr., Beck., Rührtr., Tamb., Ttam, Kast., Xyl.)-3 Hf.-Cel.-Glock.-Pf.-Str. Frauenchor.
D:	Ca. 45–60' Insgesamt 1.481 T.
A:	PBM (Ac 130) Orchesterpartitur 213 S. + Titels.
F:	Inst. BM, Prag (PBM Ac 130).
V:	Panton International, Prag.

Handlung: Am Meeresufer spielt ein alter Faun, von einer jungen Najade belauscht, eine zärtliche Weise auf seiner Flöte. Das friedliche Abendbild wird vom Eintritt einer heiteren Gruppe junger Nymphen und Faune gestört. Ihr fröhlicher Reigen lockt die Najade heran, die bald dem schönsten der jungen Faune folgt. Der einsame alte Faun greift nach seiner Flöte, nach dem einzigen Trost, der ihm bleibt.

Unter dem Eindruck der Prager Vorstellungen des Russischen Ballettes von Diaghilew entstand Martinůs erstes Bühnenwerk, das ihn ganz im Bann des Impressionismus zeigt. Die Musik, die schon von beachtenswertem Können (vor allem in der Orchestertechnik) zeugt, bleibt der entnervenden Treibhausstimmung der „Fin de siècle"-Ästhetik der Vorlage verhaftet. Der Einfluss von Debussy, namentlich des *Prélude a l'Apres-Midi d'un Faune*, wirkt hemmend. Gestopfte Hörner, Streichertremoli, Harfenglissandi, sehnsuchtsvolle Englischhorn-Kantilenen: Das alles gehört zur Rüstkammer der damaligen modernen Musik. Von Martinůs Eigenart ist kaum etwas zu spüren.

***93. TANCE SE ZÁVOJI (Schleiertänze). Meloplastische Tanzszenen**

E: Prag, 1912 bis Juli 1914.
W: Gewidmet Olga V. Gzowska.
A: Verschollen.

102. STÍN (Der Schatten). Ballett in einem Aufzug

E: Polička, 1916. Vollendet zu Weihnachten 1916.
Text: (Entwurf) von A. Kohout; nicht aufgeführt.
BS: Kleines Orchester: 2222-2000-Beck.-Hf.-Cel.-Pf.-Str. Eine Sopranstimme hinter der Bühne.
D: Ca. 50'-60'
Insgesamt 2.563 T.
A: PBM (Ac 132) Orchesterpartitur 162 S. + Titels.
PBM (Ac 131) - Skizze.
F: Inst. BM, Prag (PBM Ac 131, PBM Ac 132).
V: Panton International, Prag.

Handlung: Am Abend in einem Park. In der Ferne erklingt ein Lied. Ein junges Mädchen erscheint und beginnt neben dem Brunnen zu tanzen. Bald erblickt es sein Ebenbild im Wasser, das aus dem Brunnen emporsteigt und es zu einem wilden Tanz zwingt, nach welchem es erschöpft niedersinkt. Da erscheint der Tod (eine Frau mit einem schwarzen Schleier). Das Ebenbild wird durch den Tod herangezogen und verschwindet unter dessen Schleier. Das Mädchen, das sein Ebenbild vergeblich zu erretten sucht, stürzt tot zusammen. Hinter der Bühne erklingt wieder das Lied.

Vergleich man dieses Ballett mit dem früheren, ist der Unterschied in musikalischer Hinsicht groß: Kaum würde man ahnen, dass beide Werke innerhalb von drei Jahren vom selben Komponisten verfasst wurden! Anstelle des schwülen Postimpressionismus tritt eine helle, klare, ganz schlichte Tonsprache tschechisch-volkstümlicher Prägung. Wie in den sechs Klavierpolken aus derselben Zeit (H. 101) ist der heilsame Einfluss Smetanas und der einheimischen Volksmusik zu spüren. Wenn auch der eigentliche Stoff noch weitgehend einer originellen Persönlichkeit entbehrt und bisweilen verblüffend unbekümmert und naiv klingt, so weist diese Partitur (sie wurde wohl nie aufgeführt, weil sich die Darstellerin während einer vollen Stunde buchstäblich zu Tode getanzt hätte!) doch deutlich in eine fruchtbare Zukunft. Zum ersten Mal tritt der Rhythmiker Martinů in den Vordergrund; zum ersten Mal wird das Kammerorchester mit dem charakteristischen Klavier eingesetzt, in einer Weise, die schon *Špalíček* oder *Blumenstrauß* vorwegnimmt; zum ersten Mal werden frei erfundene Volksweisen (hier meistens im Walzertempo) zum musikalischen Grundstoff. Endlich ist hier auch Martinůs früheste Auseinandersetzung mit dem Thema der Persönlichkeitsspaltung zu erkennen. Als Kunstwerk nebensächlich, ist dieses Werk doch eine wichtige Etappe in Martinůs Werdegang.

***112. KOLEDA (Weihnachtslieder bzw. -geschenke). Ballett in vier Aufzügen über alte Weihnachtsbräuche des tschechischen Volkes, mit Gesang, Tanz und Rezitation**

E: Polička, 1917.

Text: (Entwurf und Worte) vom Komponisten.
Die P (für Soli, Frauenchor und Orchester) ist verschollen.
Das Textbuch befand sich im Besitz von Miloš Šafránek und kam nicht mit Šafráneks Nachlass nach Polička; das Textbuch ist z. Z. verschollen.
Das Werk bestand aus einem Prolog und 4 Aufzügen (26 Auftritten).

A: PBM (Ae 170, Ae 171, Ae 172). Vorarbeiten, bzw, Stimmenmaterial. 2 große Blätter mit Koleda, wahrscheinlich Violinstimme. ($^2/_4$, C) 65 T. 1. S. mit *Písnička o Ježíškovi* (Jesus Liedchen) ($^3/_4$), 44 T., auch Kopien traditioneller Weihnachtslieder.

F: Inst. BM, Prag (PBM Ae 170, PBM Ae 171, PBM Ae 172).

V: Frei.

Das Werk bestand aus einem Prolog und 4 Aufzügen (26 Auftritten). Das abendfüllende Werk war wohl ein wichtiger Vorläufer von *Špalíček*. Durch das erhaltene Textbuch können wir uns eine typisch national geprägte Partitur, mit zahlreichen Zitaten aus Weihnachtsliedern des tschechischen Volkes, vorstellen. Auch durch die Vokal- und Instrumentalbesetzung (mit Frauenchor im Orchester) wird *Špalíček* vorausgenommen. Nach den Erklärungen des Komponisten ist es nicht ganz ausgeschlossen, dass die Partitur in Frankreich einmal wieder auftauchen wird.

130. ISTAR. Ballett in drei Aufzügen und fünf Bildern

E: Polička/Prag, 1918–1921. Vollendet am 21.11.1921. Der neue *Tanz der Priesterinnen* im 1. Aufzug (siehe H. 130 C) wurde im November 1923 in Paris nachkomponiert.

Text: (Entwurf) vom Komponisten frei nach J. Zeyer und nach der alten babylonischen Sage von Istar eingerichtet.

UA: Prag, Nationaltheater, 11.9.1924. Dir.: V. Maixner. Bühnenbild: B. Feuerstein und O. Kerhart. Choreographie: R. Remislavský. Im selben Theater 1948 in einer Neuinszenierung wieder aufgeführt.
Weitere Neuaufführung (um die Hälfte gekürzt): Smetana-Theater, Prag, Mai 1964.

BS: Orchester: 3322-4331-Pk.-Schl. (gr. Tr., Beck., Rührtr., Ttam)-Hf.-Str. Frauenchor ad lib. am Ende des 3. Aufzugs.

Deko.: 5 Bühnenbilder.

D: 118' (abendfüllend)
1. Aufzug. Der Tod Tammuz'. Insgesamt 666 T.
2. Aufzug (3 Bühnenbilder). Die Liebe der Königin Istar. Insgesamt 1.132 T. (394+359+379).
3. Aufzug. Die Wiedergeburt des Frühlings. Insgesamt 818 T.

A: 1. NM ČMH (Tr B 518) Orchesterpartitur 262 S. + 4 Titels., (1. Aufzug T. 1–74,
2. Aufzug T. 75–186, 3. Aufzug T. 189–262).
10 S. für den nachkomponierten Tanz (H. 130 C), dessen P aber nicht im Museum liegt.
2. PBM (Ac 133) 12 S. Bleistiftskizzen.
3. KA in NM ČMH (Depositum NBM).

F: Inst. BM (PBM Ac 133), digitalisierte Version des Klavierauszuges unter Signatur ABM 0111-0114.

Ausg: DILIA, Prag 1967 P und ST L. Siehe auch: Orchestersuiten Nr. 1 und 2 (H. 130 A und B, Kategorie 8).

V: Panton International Mainz (ČR, SR: DILIA, Prag).

Handlung: 1. Aufzug. Der Tod Tammuz'. Tammuz, von der Königin Istar geliebt, wird von der Königin der Unterwelt, Irkalla, entführt. Nach langem und abenteuerlichem Suchen findet Istar ihn und versucht, ihn ins Leben zurückzubringen. Irkalla erscheint mit ihrem Gefolge. Sie siegt im Kampf und trägt den sterbenden Tammuz fort. Die schmerzerfüllte Istar beschließt, Tammuz aus der Unterwelt zu retten. Dorthin begibt sie sich jetzt.

2. Aufzug. Die Liebe der Königin Istar. Der Kampf Istars in der Unterwelt. Um Irkalla zu erreichen, muss sie durch drei Tore gehen. Bei jedem Tor muss sie Schmuck, Krone, Schleier usw. hinterlassen. Endlich steht sie vor Irkalla, zerrissen und zerschunden. Sie reizt sie zum Kampf und tanzt ihren Liebestanz. Die Götter entscheiden sich zu ihren Gunsten, und Irkalla wird verwundet. Tammuz und Istar verlassen die Unterwelt.

3. Aufzug. Die Wiedergeburt des Frühlings. Als Istar die Erde verließ, erfasste eine schlimme Winterkälte das Land, sodass die Freude aus den Herzen der Menschen verschwand. Mit ihrer Rückkehr kommen der Frühling, die Sonne und die Freude wieder. Istar dankt den Göttern für ihre Errettung, die ihr eine weiße Lotosblume auf einer Wolke heruntersenden. Die Blume macht Istar und Tammuz unsterblich. Die Wolke verhüllt ihren Liebeskuss und beide steigen auf ihr zum Himmel.

Mit dieser abendfüllenden Partitur legte Martinů kurz vor seiner Auswanderung nach Frankreich seine letzte Auseinandersetzung mit dem französischen Impressionismus vor. Das Werk ist also kein Ausgangspunkt, sondern die Zusammenfassung einer Stilphase, die er gleich danach überwinden sollte. An sich ist es ein wertvolles, wirkungsvolles Bühnenwerk, allerdings erst in stark gekürzter Fassung, wie es die einstündige Neuinszenierung im Prager Smetana-Theater (heute Staatsoper) im Mai 1964 bewiesen hat. Die Musik ist reich an schönen Eingebungen, üppig und raffiniert instrumentiert. Die wahre Eigenart Martinůs lässt sie aber noch kaum vorausahnen. Dem stets starken Einfluss Debussys stellen sich der noch überwältigendere von Dukas und Roussel an die Seite. Die beiden Hauptthemen, die die ganze Partitur zyklisch beherrschen (die Musik entwickelt sich in der Art einer riesigen symphonischen Dichtung), können ihre Herkunft aus dem Werk Dukas kaum leugnen. Das lyrische Thema der Istar, die Verkörperung vom Guten und vom Licht (in As-Dur) gemahnt sehr stark an das Ballettwerk *La Péri* des französischen Meisters (was sich allerdings durch die Ähnlichkeit der beiden orientalischen Vorwürfe erklären ließe), während das rhythmische Thema der Irkalla, der Verkörperung des Bösen und der Finsternis (in h-Moll), geradezu aus dem *Zauberlehrling* entschlüpft ist. An Roussels *Festin de l'Araignée* erinnern manche Tänze aus dem 1. Aufzug (vgl. den 3. Tanz der Priesterinnen und den Walzer der Eintagsfliege), während der kräftigere Roussel der *Evocations* z. B. im 3. Bild des 2. Aufzuges (Spiel der violetten Schatten) oder in der großen Frühlingssymphonie des 3. Aufzugs heraufbeschworen wird. Als Gipfelpunkt der Partitur möchte man den großartigen H-Dur-Ausklang des 2. Aufzugs bezeichnen, daneben auch den Schluss des Balletts. Beide sind neben anderen bedeutenden Stellen in der 2. Orchestersuite (H. 130 B) enthalten. Den Zauber der impressionistischen Klangpracht hat Martinů in seinem Spätschaffen in viel originellerer und kräftigerer Weise neu zu beleben gewusst. Jedoch verdient auch dieses Jugendwerk als wichtige Etappe in seinem schöpferischen Werdegang und als schönes Werk, im Konzert zu erklingen und auch wieder getanzt zu werden.

***130 C. ISTAR. Tanz der Priesterinnen. Nachtrag zum 1. Aufzug**
E: Paris, November 1923.

Als Einlage vor der UA nachkomponiert. Siehe oben.

133. KDO JE NA SVĚTĚ NEJMOCNĚJŠÍ? (Wer ist der Mächtigste auf der Welt?) Ballettlustspiel in einem Aufzug und vier Bildern
E: Prag, 1922 (nicht näher feststellbar).
Text: (Entwurf) vom Komponisten, frei nach einem englischen Märchen.
UA: Brno, Nationaltheater, 31.1.1925. Dir.: B. Bakala. Choreographie: J. Hladík. (Am selben Abend wurde Janáčeks Tieroper *Das schlaue Füchslein* uraufgeführt.)
WA: Prag, Nationaltheater, 17.2.1927. Dir.: J. Vinkler; Regie und Choreographie: R. Remislavský; Bühnenbild: F. Berger.
EA der Fassung für Tanzpuppen (Marionetten): Prag, April 1960, im Marionettentheater der Musikakademie, Prag. Dir.: F. Dyk; Regie: L. Palečková. Prager Rundfunkorchester.
BS: 3333-4331-Pk.-Schl. (gr. Tr., Beck., Rührtr., Tamb., Ttam, Xyl.)-Cel.-2 Hf.-Pf.-Str.
D: 60'
Insgesamt 1.442 T. (davon 882 T. mit 36' Aufführungsdauer in der Orchestersuite H. 133 A enthalten).
A: z. Z. nicht nachweisbar.
F: 1. Kopie der Orchesterpartitur und des KA von fremder Hand im Archiv des Nationaltheaters, Prag. Diese Kopie (P) umfasst 295 S. und trägt am Schluss den Vermerk: Brno, 28.12.1924. 2. PSS, Basel. KA in einer Kopie fremder Hand. Beide Kopien des KA sind einander sehr ähnlich.
Ausg: DILIA, Prag 1968 P (1502), KA (502).
V: Panton International, Prag (ČR, SR: DILIA, Prag).

Handlung: Das Ehepaar Maus wünscht für seine Tochter einen Mann, der der Mächtigste auf der Welt sei. Deswegen haben sie den Prinzen der Mäuse zugunsten der Sonne abgelehnt. Jedoch verdeckt eine schwarze Wolke die Sonne. Da es eine alte und mürrische Wolke ist, freut sich Fräulein Maus, sie durch den Wind weggetrieben zu sehen. Der Wind aber stößt machtlos gegen die Mauer. Da bieten die Eltern die junge Maus der Mauer an, die ihnen das aber übel nimmt, da die Mäuse ihre Feinde sind. Nun stürzt die Mauer, durch die Mäuse untergraben, auf einmal zusammen: Zweifellos sind also die Mäuse die Mächtigsten auf der Welt, sodass ihr Prinz Fräulein Maus heiraten kann: fröhliche Hochzeitsfeier.

Martinůs letzte größere Kompositionsarbeit vor seiner Abreise nach Paris steht im denkbar größten Gegensatz zu *Istar* und zeigt schon die völlige Abkehr vom Impressionismus. Wir haben es hier mit einem heiteren, bisweilen grotesken Lustspiel zu tun. Mit einer Posse, die bis auf die Anwendung des großen Orchesters schon in die Stilwelt der nächsten Pariser Ballette gehört. Der „Schimmy Fox-Trot" (sic!) (in der Orchestersuite nicht enthalten, steht zwischen Nr. 3 und 4 der Suite) ist eines der frühesten Beispiele von Jazzrhythmen im Schaffen Martinůs nach den verschiedenen Klavierstücken aus den Jahren 1919–1921 (H. 122, H. 123bis, H. 126bis, H. 127bis). Die Partitur hat aber noch andere erfolgreiche Sätze aufzuweisen, namentlich ein zierliches Serenaden-Menuett (Suite Nr. 2), einen großen, schwungvollen Walzer in Es-Dur mit Anklängen an den *Rosenkavalier* (Suite, Nr. 6) und die abschließende, hinreißende *Polka Kalamajka* (Suite, Nr. 8), die das Werk in heiterer, tschechischer Stimmung beendet. Das Werk ist von seiner Bühnenwirkung her erfolgsversprechend und lebensfähig; auch als Tanzpuppenstück hat es sich durchgesetzt.

151. VZPOURA (Aufruhr). Ballett-Sketch in einem Aufzug

E: Paris/Prag, 1925. Vollendet am 1.11.1925.

Text: (Entwurf) vom Komponisten.

UA: Brno, Nationaltheater, 11.2.1928. Dir.: F. Neumann; Bühnenbild: O. Zítek. Choreographie: I. Váňa-Psota.

BS: Orchester: 2222-2210-Pk.-Schl. (gr. Tr., Rührtr.)-Pf.-Str.
Auf der Bühne: Vi., Vc., Trp., kl. Tr. Hinter der Bühne: eine Frauenstimme.

D: Ca. 30'
Insgesamt 504 T. (553 T. m. Wdh.).
1. *Tanz des Vogels – Tanz der Mäuse* (Walzer).

2. *Die Klavierstunde.*
3. *Harlekins Serenade.*
4. *Tanzszene in der Bar.*
5. *Finale.*

A: Det Kongelige Bibliotek (Dänische königliche Bibliothek), P 89 S. + 2 Titels. - Mit Text (Regieanweisungen, Libretto) von Martinů in englischer, französischer und teilweise auch tschechischer Sprache.
Det Kongelige Bibliotek (Dänische königliche Bibliothek), Klavierauszug 35 S. + Titels. und Umschlagseite; dazu ein loses Blatt mit 12 T. Musik (1 Zeile). Ohne Entstehungsdatum.
NM ČMH (Tr B 110) unvollständig, z. T. skizzenhaft, 18 S. S. 1 Titel, S. 3-6 Particell des 1. Teils, S. 7-18 OP des 2. Teils (nummeriert 1-12, roher Zustand).

F: Inst. BM, Prag (XYZ 057).
Inst. BM, Prag (XYZ 057kv).
Vollständige Kopie von fremder Hand des A und des KA im Archiv des Nationaltheaters in Brno.

Ausg: DILIA, Prag 1969KA L.

V: Panton International, Prag (ČR, SR: DILIA, Prag).

Handlung: Gemeint ist der Aufruhr der Noten (die tiefen sind fett und bärtig, die hohen hager und blass). Während einer Klavierstunde sind sie vom schlechten Spiel des Schülers so entsetzt, dass sie aus dem Klavierkasten stürzen, das Klavier zerstören und den Lehrer samt Schüler wegjagen. Ohne Musik trampeln sie im wilden Siegestanz. Nun kann Harlekin seine Flötenserenade unter dem Fenster der Geliebten nicht mehr richtig blasen, da die Noten das hohe C gefangen halten. Er bemüht sich vergebens, den Ton herauszuholen, bis er endlich jammervoll erklingt. Ein alter Herr kann sein stumm gewordenes Grammophon nicht mehr reparieren. In der Bar und auf der Straße lärmt es inzwischen furchtbar: Straßensänger, Militärmarsch (der dauernd „entgleist"), Tango der spanischen Tänzerin und Jazzmusik vereinen sich mit Autohupen und Mengengeschrei zu einem grässlichen Getöse. Das entfesselte Orchester spielt rasend das Erstbeste. Plötzlich stockt der Lärm und die Bühne verfinstert sich. In bedrückender Stille meldet der Rundfunk die letzten Nachrichten: Die Noten machen Generalstreik! Die Musikschulen schließen ihre Türen, die ohnehin schon wenig beschäftigten Orchestermusiker demonstrieren auf den Straßen gegen Arbeitslosigkeit, die Instrumentenfabriken erzeugen jetzt Spielwaren, Kritiker und Ästheten wollen sich das Leben nehmen, die Gesellschaft für Urheberrechte geht Bankrott, Strawinsky verkriecht sich auf einer wüsten Insel des Stillen Ozeans, die IGNM wird unter polizeilichen Schutz gesetzt. Nun wird es auf der Bühne wieder hell: Ein Komponist sitzt am Schreibtisch, jedoch fällt ihm nichts ein. Da hört man eine Frauenstimme, die hinter der Bühne das tschechische Volkslied *Muzikanti, co děláte* („Musikanten, was macht ihr denn?") singt. Singend erscheint ein junges Mädchen in Nationaltracht. Der Komponist beobachtet es bezaubert, da setzt es sich auf seine Knie, während im Hintergrund das hohe weiße Schattenbild der Eingebung sichtbar wird. Die Noten lauschen neugierig. Der Komponist schreibt nun eifrig, während die Eingebung die Noten im versöhnlichen Fugato zusammenbringt. Ihrem fröhlichen Reigen schließen sich alle Personen der Handlung an, und der Rundfunk meldet, dass alles wieder in Ordnung sei.

Über einen humorvollen, originellen Entwurf eigener Erfindung hat Martinů eine geistreiche, schwungvolle Partitur geschrieben, die dem heiteren, anspruchslosen Werk eine erfolgreiche Bühnenwirkung sichert. Die frische, fast naive „Skizze" (Ballett-Sketch) gehört musikalisch in zwei verschiedene, sich ergänzende Stilwelten: Der Hauptteil, mit seinen modernen Tänzen (Tango, Foxtrott) und seiner köstlich gepfefferten polytonalen Harmonik, macht das Werk zum unverkennbaren Kind seiner Zeit. Das groß angelegte Finale in G-Dur dagegen ist ein hübsches Stück im neoklassizistischen Stil. Es weist eine der wenigen Fugenarbeiten Martinůs auf und reiht sich an manche Werke aus derselben Zeitspanne (*Klavierkonzert Nr. 1*, *Violinsonate in d-Moll* bzw. *Der Soldat und die Tänzerin* und das *Concertino für die linke Hand*), die alle eine „klassische" Phase dokumentieren. *Aufruhr* wäre ein wunderbares Kinderballett.

153. THE BUTTERFLY THAT STAMPED (Motýl, který dupal) (Der Schmetterling, der stampfte). Ballett in einem Aufzug

E: Paris, vollendet am 9.3.1926.

Text: Von R. Kipling (englisch bzw. Übersetzungen). Entwurf des Komponisten nach dem gleichnamigen Märchen von R. Kipling. Bis heute nicht aufgeführt.

BS: Orchester: 2222-2320-2 Pk.-Schl. (gr. Tr., Beck., Rührtr., kl. Tr., Tri.)-Pf.-Str. Frauenchor (nur in Nr. 1, 3, 12 und in der Ouvertüre). Sprecher.

D: Ca. 30′
Ouvertüre und 12 Nummern. Insgesamt 965 T. (1.072 T. m. Wdh.).
Ouvertüre - Vor Suleimans Palast - Die Tänze vor Suleiman und seinen Frauen - Die zänkischen Königinnen - Die Unterhaltung zwischen Suleiman und Balkis - Tanz der Schmetterlinge - Tanz der Schmetterlinge und der Blumen - Fortsetzung - Tanz der versammelten Schmetterlinge - Fortsetzung (3 weitere Sätze) - Finale.

A: A der Ouvertüre PBM (Ac 134) 7 S. + Titels.
PBM (Ac 135) 172 S. +3 Titels.
A des KA PBM (Ac 136). 59 S. Am Schluss: Fine Paris Mars 1926.

F: Inst. BM, Prag (PBM Ac 134, PBM Ac 135, PBM Ac 136).

Ausg: Das Ballett wurde nicht gedruckt. Jedoch erschien eine Orchestersuite im Tschechischen Musikfonds (siehe H. 153 A, Kategorie 4).

V: Panton International Mainz.

Handlung: König Suleiman (Salomo) lebt in seinem Palast mit seinen 999 Frauen und seiner geliebten Balkis. Er ist der Zänkereien der Königinnen überdrüssig. In der Umgebung lebt ein Schmetterling, der durch sein bloßes Stampfen Wunder erwirken kann. Balkis, die ihren König von seinen Frauen befreien und sie zur Vernunft bringen will, redet Frau Schmetterling ein, ihren Gatten zum Stampfen herauszufordern. Als er nun stampft, verschwindet Suleimans Palast in die Lüfte. Frau Schmetterling ist entsetzt. Auf ihre flehende Bitte stampft der Schmetterling noch einmal und der Palast, aus dem die heulenden Königinnen entfliehen, kehrt zurück. Balkis erklärt ihnen, dass es Suleiman sei, der Frau Schmetterling eine Warnung geben wollte. Sie sind davon so erschüttert, dass sie sich vornehmen, sich von nun an besser zu benehmen. Der dankbare Suleiman fragt Balkis, wie sie auf den Gedanken kam. „Weil ich dich liebe und weil ich die Frauen kenne", lautet die Antwort.

Martinů hat hier wieder etwas Neues fertig gebracht: Seine Musik, in welcher impressionistische Anklänge zwar nicht zu überhören sind (die Musik bzw. der Walzer der Schmetterlinge gemahnt an Roussels *Festin de l'Araignée*), versetzt uns geschickt und leicht ironisch in eine stark stilisierte Welt von Tausendundeiner Nacht. Die Vokalisen des Frauenchors, die lang gezogenen Kantilenen der Flöte oder des Englischhorns, der rhythmische Puls von Schlagzeug und Klavier, dies alles klingt ausgesprochen „orientalisch“, obwohl auch hier der Komponist sich selbst treu bleibt. Die Aufführungspläne scheiterten bald an einer praktischen, rein finanziellen Frage: Martinů hatte um die Genehmigung Kiplings erst nach Abschluss der Arbeit ersucht, als der Dichter dann übermäßige Ansprüche an den Komponisten stellte. Die Partitur, die breite Auszüge von Kiplings Text mit oder ohne musikalischem Hintergrund zitiert, eignet sich genauso gut für eine Rundfunkübertragung (als Funkmärchen) wie für eine Ballettvorstellung, für welche Martinůs übliche Regieanweisungen übrigens fehlen. Neuerdings erschien eine Konzertsuite (H. 153 A).

159 (recte 163/164). LE RAID MERVEILLEUX (Podivuhodný let) (Der wunderbare Fernflug). Ballet mécanique

E: Paris, 17.9.1927.
W: Für das Theater Beriza komponiert.
Text: (Entwurf) vom Komponisten (französisch).
UA: (Scheiterte am Konkurs des Beriza-Theaters) 8.1.1980 Tschechoslowakischer Rundfunk - Vltava.
Bühnenpremiere Polička, 25.6.1994. Staatsphilharmonie Brünn, Dir.: V. Nosek.
Filmversion für das tschechische Fernsehen (1999).
Regie: J. Nekvasil, Dir.: J. Bělohlávek.
BS: 2 Klar., Trp., Fg., Pf., Ttam, 2 Vn., 2 Vle, Vc.
D: 19'
Tableau 1: *Un oiseau* (Ein Vogel) (Andante moderato-Moderato) 90 T. 2' 30''
Tableau 2: *Une hélice* (Ein Propeller) (Allegro vivo) 129 T. 3' 35''
Tableau 3: *Les cartes* (Die Karten) (Poco Andante-Più moderato) 82 T. 2' 50''
Tableau 4: *Les réflecteurs et les affiches* (Die Scheinwerfer und die Plakate) (Allegro vivo-Poco meno) 250 T. 4' 25»
5: *La mer* (kein neues Tempo) 105 T. 5' 40''. Bricht bei T. 86 ab. Insges. 656 T. (mit 19 T. Ergänzung).
A: A in Berlin (Staatsbibliothek). Die Originalhandschrift eines vollständigen Textentwurfs mit Regieanweisungen (französisch) liegt im Archiv der Prager Nationalbibliothek.
F: PBM (FAc 49) 68 S. Es fehlen die drei Schlussseiten, 19 T., die der Komponist Evžen Zámečník, ein Komponist aus Brno, ergänzt hat.

Ausg: Handschriftliche Kopie von fremder Hand im Archiv der Tschechischen Philharmonie P ST L.
V: Panton International, Prag.

Das „mechanische" Ballett (ohne Personen!) stellt mittels Lichtbildern, Scheinwerfern und Untertitel in der Art eines stummen Films den tragisch gescheiterten Atlantikflug von Nungesser und Colli (Anfang 1927) dar. Der Vorhang fällt über die endlose, leere Ozeanfläche. Das Werk ist in einem streng neoklassizistischen Stil geschrieben. Die Bilder 1 und 3 enthalten sogar regelrechte Fugen, eine Seltenheit bei Martinů. Vieles, namentlich das 2. Bild, ist eine Vorstudie zum unmittelbar danach entstandenen Streichquintett H. 164. Am Schluss spielen die Streicher eine großartige Trauerhymne. Auch als Konzertwerk höchst wertvoll.

161. KUCHYŇSKÁ REVUE (La revue de cuisine) (Die Küchenschau). Jazzsuite und Ballett in einem Aufzug
E: Paris, Ostern 1927.
W: Gewidmet Frau Božena Nebeská.
Text: (Entwurf) von Jarmila Kröschlová, mit dem Titel *Kuchyňská revue aneb Pokušení svatouška hrnce* (Die Küchenschau oder Die Versuchung des heiligen Kochtopfes).
UA: UA des Balletts: Prag, 17.11.1927, im Hause der Künstler. Choreographie von J. Kröschlová, es tanzte ihre Balletttruppe. Musikalische Leitung: S. Novák.
UA der Konzertsuite: Paris, 5.1.1930. Concerts Cortot.
BS: Klar., Fg., Trp., Vi., Vc., Pf.
D: 21'
Insgesamt 739 T.
1. *Prologue*: Allegretto (la marche) ($^2/_4$, G), T. 1-36.
2. *Úvod* (Einleitung) (Tempo di marche [sic!]) ($^2/_4$,G), T. 37-107.
3. *Tanec kvedlačky kolem hrnce* (Tanz des Rahmschlägers um den Topf). (selbes Tempo, Es-C-D-E), T. 108-219.
4. *Tanec hrnce a pukličky* (Tanz des Topfes mit dem Deckel). Allegro ($^3/_4$, g), T. 220-267.
5. *Tango* (Der Liebestanz). Lento ($^4/_4$, c), T. 268-355.
6. *Souboj* (Zweikampf). Poco a poco allegro-Tempo di Charleston (ab 398) ($^2/_2$, c-B), T. 356-456.
7. *Mezihra* (Entreacte). Allegro moderato, T. 457-479.

8. Adagio (Trauermarsch), dann Andante-Moderato-Vivo, T. 480–548.
9. Tempo di Marche (Anfangsthema), T. 549–573.
10. Allegretto ($^{2}/_{4}$, D), T. 574–739.
In der Suite H. 161 A (Kategorie 22, bzw. 8) fehlen nur die Sätze 4, 7 und 8. Nr. 6 (Charleston) dauert dort wegen der Reprise 1 Minute länger.

A: PSS, Basel (54 S.). Die P umfasst unten einen vollständigen KA (für Ballettproben).
A der Klavierfassung bei Alphonse Leduc, 25 S. + Titels.

F: Inst. BM, Prag (XYZ 055 - Ballett).
Inst. BM, Prag (LED 001 - Suite).

Ausg: Suite: Alphonse Leduc, Paris 1930[1] (A. L. 17700). P und ST (A. L. 17 701), TP (A. L. 17700 bis) K.
Ballett: Alphonse Leduc, Paris 2004 (A. L. 29516) revidiert von Ch. Hogwood und A. Březina

V: Alphonse Leduc, Paris.

Handlung: Die nahe Hochzeit von Topf und Deckel wird durch den unternehmungslustigen Rahmschläger gefährdet, dessen Zauber Topf erliegt. Topf ist so heftig entflammt, dass Deckel von ihm herunterfällt und in eine Küchenecke rollt. Nun möchte Lappen Deckel verführen, aber der ordnungsliebende Besen fordert Lappen zum Kampf heraus, was Rahmschläger begeistert. Die beiden gereizten Streiter fechten bis zum Beinbruch. Wieder will Rahmschläger mit dem Topf liebäugeln, aber Topf sehnt sich nun nach Deckel, der nirgends mehr zu finden ist. Der riesige Schatten eines Fußes erscheint plötzlich, der Deckel mit einem Tritt aus seiner Ecke holt. Besen führt ihn zurück zum Topf, während Rahmschläger und Lappen in einen wilden Tanz ausbrechen. Happy End.

Eine Kleinigkeit, gewiss, aber eine erfolgreiche. Noch viele Jahre später war der bescheidene Martinů auf sein Werk sehr stolz. Mit vollem Recht fand er die Partitur technisch genauso vollkommen wie eine seiner großen Symphonien. Ohne großen Orchesteraufwand, ja sogar ohne jedes Schlagzeug, hat er eine echte Jazzkomposition geschaffen, die, wenn sie auch stark zeitgebunden ist, auch heute noch erfreulich spontan und frisch klingt. Als Konzertsuite erklang sie auch sehr oft und weckte sofort die Aufmerksamkeit des Verlegers Leduc, der anschließend einen Vertrag für eine ganze Reihe von Kompositionen mit Martinů schloss.

Sie erschien sogar als Plattenaufnahme, zu einer Zeit, als kaum ein anderes Werk Martinůs aufgenommen war.

163. ON TOURNE (Natáčí se!) (Man filmt). Ballett in einem Aufzug mit Zeichenfilm und Marionetten

E: Polička, Juni-August 1927. (Ouvertüre vollendet am 7.8.1927).
Text: (Entwurf) vom Komponisten (französisch).
UA: Brno, 8.1.1979, Nationaltheater, Dir.: V. Nosek.
BS: Orchester: 2222-2330-Pk.-Schl. (Xyl., Beck., Tri.).-Pf.-Str., Personen (Puppen): zwei Matrosen, ein Taucher, dazu: eine Perle, ein Hummer, ein Fisch, Fische.
D: 31' 50''
Insges. 1.011 T. (1.242 T. mit Ouvertüre).
Ouvertüre - Allegretto ($^{2}/_{4}$, C) mit Coda Allegro vivo, 231 T. 4' 40''
Nr. 1 *Le jeu des Marionnettes* (Das Spiel der Marionetten). Allegretto ($^{2}/_{4}$, F), 103 T. 2'
Nr. 2 *La danse des poissons* (Tanz der Fische). Allegro vivo ($^{3}/_{4}$, C polytonal - e), 238 T. 4' 55''
Nr. 3 *Le scaphandre tourne la manivelle* (Der Taucher dreht). Allegretto ($^{4}/_{8}$ g moll, polytonal), 146 T. 3' 40''
Nr. 4 *La danse d'une perle* (Der Tanz einer Perle). Moderato ($^{3}/_{4}$, versch. Tonarten), 139 T. 6' 50''
Nr. 5 *Le scaphandre laisse son appareil* (Der Taucher lässt seinen Apparat liegen). Andante ($^{4}/_{4}$), 14 T. 1'
Nr. 6 *Un homard devient amoureux d''une perle et lui fait la cour - Le scaphandre chasse le poisson et perce le homard* (Ein Hummer verliebt sich in eine Perle und macht ihr den Hof - Der Taucher verjagt den Fisch und ersticht den Hummer). Allegretto ($^{4}/_{8}$, polytonal), 98 T. 3' 40''
Nr. 7 Finale. *Le scaphandrier fait sa déclaration, mais les matelots, inquiets, le font remonter* (Der Taucher erklärt seine Liebe, aber die bekümmerten Matrosen ziehen ihn wieder hoch). Allegretto moderato ($^{3}/_{4}$) - Allegretto ($^{2}/_{4}$) - Allegro, 273 T. 5' 05''
A: 1. NM ČMH (Tr B 217) - P 147 S. (die 33 S. lange Ouvertüre ist getrennt gebunden, obwohl die Nummerierung der Partiturseiten fortläuft). Auf 2 gesonderten S. ist das vollständige Szenario (auf Französisch) in Schreibmaschine eingeklebt mit dem Untertitel *Un film inédit*. KA vierhändig 41 S. + Titels.,

die Ouvertüre fehlt. Dazu Skizze.
A eines vollständigen Textentwurfes mit Regieanweisungen (französisch) liegt im Archiv der Prager Universitätsbibliothek. (Vgl. H. 159).

F: Inst. BM (ČMH 017).
Ausg: DILIA, Prag 1981 P KA L.
V: Panton International, Prag (ČR, SR: DILIA, Prag).

Handlung: Eine sehr originelle Mischung vom Puppenspiel und Zeichenfilm (auch *Le Raid merveilleux* bezieht den Film mit ein). Die Bühne ist in zwei Hälften geteilt: oben die Meeresfläche, ein Schiff mit zwei Matrosen und einem Taucher (Marionetten); unten der Meeresboden mit phantastischer Flora und Fauna. Der Taucher landet auf dem Meeresboden, zündet seine Laterne an und beginnt zu filmen (Zeichenfilm). Es folgt die Liebesszene zwischen einem Hummer und einem Fisch, von einer Perle unterbrochen, die den Hummer anlockt. Auch der Taucher verliebt sich in die Perle. Im Augenblick, wo er sie küssen will, ziehen ihn die beiden Matrosen wieder hinauf.

Schon die köstliche, rhythmus- und farbenfrohe Ouvertüre mit ihrem neckenden, ansteigenden Trompetenthema und der wichtigen Rolle des Klaviers im Orchester gibt sich rein klassisch und polytonal und gemahnt schon sehr stark an den Beginn der *Serenade* H. 199. Der *Tanz der Fische* ist entsprechend flüssig und „wässrig". In Nr. 3 konzertieren Oboe und Trompete, es folgt eine köstliche Jazzepisode, die in Nr. 6 noch einmal wiederkehrt. Herz des Werkes ist aber der bezaubernde *Tanz der Perle* (Nr. 4), die als „prima ballerina" ein ausdruckvolles „Adage" erhält: Mit seiner klassischen und konsonanten Polyphonie zeigt er Martinů in unmittelbarer Nähe zu Bach, wie auch der Mittelteil, in dem zwei Soloviolinen die Holzbläser ablösen (der ganze Satz ist reine Kammermusik). Das Finale verhält sich ebenfalls lyrisch-polyphon, aber das eröffnende Trompetenthema sichert einen heiteren, lebhaften Kehraus. Im Konzertsaal äußerst unterhaltend und lebensfähig.

186. ÉCHEC AU ROI. Ballet noir. (Schach dem König. Schwarzes Ballett). Jazz-Ballett in einem Aufzug. Schwarzes, weißes und rotes Ballett

E: Paris, 10.1.–17.2.1930.
Text: (Entwurf) von André Coeuroy (französisch).

UA: Brno, Staatstheater 11.4.1980. Dir.: J. Štych; Choreographie: L. Ogoun; Bühnenbild: V. Štolfa.
BS: Orchester: 2222-2230-Pk.-Schl. (gr. Tr., Beck., Rührtr., Tamb.)-Pf.-Str. Eine Sprechstimme. Eine Altstimme ad lib.
D: Ca. 25'
Insgesamt 782 T.
1. *Pas-de-Trois clownesque* (Allegro vivo). 162 T.
2. a) *Pas des Cavaliers* (Tanz der Springer) (Poco Allegro); b) *Danse de Fous* (Tanz der Läufer) (Moderato); c) *Danse de Tours* (Tanz der Türme) (Allegro marcia). Insgesamt 77 T.
3. *Solo des Reines* (Solo der Damen) (Valse-Boston, mit wortloser Altstimme, ad lib. durch eine Flöte zu ersetzen). 69 T.
4. a) *Le Défi* (Die Herausforderung) (Allegro); b) *Ouverture espagnol* (Spanische Ouvertüre) (Allegro). 41 T.
5. *La partie d'échecs* (Die Schachpartie) (Allegro moderato, Fuge in f). 184 T.
6. *Blues* (Episode des Kreuz-As). 110 T.
7. *Échec et mat* (Schachmatt) (Allegro, Stretto der Fuge). 35 T.
8. Finale (Allegro vivo, gekürzte Wiederholung von 1). 104 T.
A: NM ČMH (Tr B 218) - KA, 55 S. + Titels. Der Titel ist mit einem stilisierten Schachbrett unterstrichen. Schön in Leinen gebunden.
F: F der P Max Eschig, Paris auch PBM (FAc 50) 178 S. + Titels. Inst. BM, Prag (ESCH 002 - P).
Ausg: Max Eschig, Paris 1966. (M. E. 9644) P und ST L.
V: Max Eschig, Paris.

Handlung: Aus drei Türen erscheinen das Kreuz-As, der doppelweiße Dominostein und der Würfelbecher. Der Würfel rollt den Schachteppich aus und kündigt die verschiedenen Steine an, die nacheinander aus der Schachtel springen und sich auf den Teppich stellen. Nun kann die Partie beginnen: Das Kreuz-As spielt schwarz, der Dominostein weiß, der Würfel ist zugleich Ansager und Schiedsrichter. „Spanische Ouvertüre", die gleich vom Würfel unterbrochen wird: Der Teppich liegt schlecht gerichtet. Der Würfel wirft alle Steine um, dreht den Teppich, und bald beginnt die Partie von neuem (Fuge). Jeder eroberte Stein verlässt das Spiel und stellt sich im Hintergrund vor die Schachtel. Plötzlich ruft der Würfel: „Schach dem König!" Allgemeine Verwirrung. Das Kreuz-As muss auf den Schachteppich hinabsteigen, um die Lage näher zu beobachten. Während seiner langen Überlegungszeit schlummern die Steine allmählich ein (Blues). Endlich ist der Gegenzug gefunden: Die Partie wird im stets beschleunigten Rhythmus fortgesetzt (Stretto der Fuge) bis der schwarze König schachmatt ist. Er wird im Trauerzug weggetragen, während die Weißen einen Siegestanz anstimmen. Dann verschwinden alle Steine im Nu in die Schachtel zurück, Kreuz-As, Dominostein und Würfel rollen den Teppich zu und verschwinden ebenfalls. Vorhang.

Schon die eröffnende, groß angelegte polytonale Orchestertoccata kündet eine bedeutende Partitur an. Der witzige Vorwurf, die leichte Ironie vieler köstlicher Einzelheiten in der Musik (z. B. das Zitat des volkstümlichen französischen Soldatenliedes „As-tu vu la casquette du Père Bugeaud?" beim Eintritt der Majestäten) soll über den Wert des Werkes nicht täuschen! Neben sehr gelungenen Jazzepisoden (Boston, Blues), die zu den letzten ihrer Art im Schaffen Martinůs gehören, enthält dieses Schachballett die einzige durchgeführte Fuge des Komponisten, ein gekonntes Stück kräftiger Polyphonie (f-Moll) mit nahezu 200 Takten. Martinů, der immer einen freien Kontrapunkt bevorzugte, hat den strengen Satz als der strengen mathematischen Logik des Schachspiels entsprechend aufgefasst. In der „Spanischen Ouvertüre" hat er sich die Gelegenheit zu einer munteren Parodie nicht entgehen lassen. Mittels ganz unwesentlicher Einrichtungsarbeit könnte die vollständige Partitur auch durchaus im Konzert heimisch werden. Nach ihrem fast dreißigjährigen Verschwinden wird sie nun verlegt.

214. I und II ŠPALÍČEK. Ballett mit Gesang in drei Aufzügen und neun (in der 2. Fassung elf) Bildern. Folge von volkstümlichen Spielen, Märchen und Bräuchen

214. I Erste Fassung

E: Paris, 20.1.1931–11.2.1932. *Legenda o svaté Dorotě* (Die Legende von der Heiligen Dorothea) (1. Bild des 3. Aufzuges) wurde als erste zwischen 20. und 26.1.1931 niedergeschrieben. Der 1. Aufzug entstand zwischen 17.11. und 10.12.1931. (Klavierauszug zwischen 11.12. und 19.12.), der 2. Aufzug zwischen 22.12.1931 und 14.1.1932, *Svatební košile* (Die Geisterbraut) zwischen 30.1. und 11.2.1932.

Text: Text und Entwurf vom Komponisten (tschechisch), frei nach alten tschechischen Legenden, Märchen, Liedern und Kinderreimen. Für *Svatební košile* griff er auf die berühmte, auch von Dvořák (und später von Martinůs Schüler Jan Novák) benutzte Ballade von K. J. Erben zurück.

UA: Prag, Nationaltheater, 19.9.1933. Dir.: J. Charvát. Regie und Choreographie: J. Jenčík. Bühnenbild: J. M. Gottlieb.
NB: In dieser UA wich die Reihenfolge der Bilder von der endgültigen bedeutend ab, siehe unten!

WA: Brno, Nationaltheater, 25.11.1933.

BS: Sopran, Tenor, Kinder- bzw. Frauenchor, Bass (nur im Bild der Heiligen Dorothea).
Orchester: 2222-2220-Pk.-Schl. (gr. Tr., Beck., Rührtr., Tri.)-Pf.-Str.
NB: Die Besetzung der Legende von der Heiligen Dorothea verzichtet auf die Flöten und kommt mit weniger Streichern aus. Sie blieb in der 2. Fassung unverändert.

D: 140' (50'+52'+38' Martinůs eigene Schätzung für 1. und 2. Aufzug).
1. Aufzug insges. 1.905 T. (1.938 T. m. Wdh.).
2. Aufzug insges. 1.941 T. (2.051 T. m. Wdh.).
3. Aufzug insges. 764 T.

(Die vom Komponisten geschätzte Dauer ist, falls vorhanden, in Klammern aufgeführt.)

1. Aufzug

Ouvertüre 58 T.

Prolog 67 T.

Bild I

Kohoutek a slepička (Hahn und Hühnchen) 137 T. (3').

Bild II

Auftritt 1 *Pohádka o kocourovi v botách* (Märchen vom gestiefelten Kater)122 T. (78 m. Strich) 2' 10''

Auftritt 2 *Tanec se zajícem* (Tanz mit dem Hasen) 216 T. (164 m. Strich) 2' 40''

Auftritt 3 *Pečení zajíce* (Der Hase wird am Spieß gebraten) 35 T.

Příchod krále a jeho průvodu (Ankunft des Königs) 139 T. 1' 20'' (daraus: Tanz des Katers 69 T.)

Auftritt 4 *U černokněžníka* (Im Palast des schwarzen Priesters) 245 T. 5' 25''

Bild III

Auftritt 1 *Hra na „pannu“* (Spiel mit der Puppe) 104 T. 2' 30''
Auftritt 2 *Hra na hastrmana* (Spiel mit dem Wassergeist) 29 T.
Zwischenspiel 18 T. fehlt in der zweiten Fassung.
Bild IV
Pohádka o kouzelné mošně (Märchen von dem verzauberten Bettelsack).
Auftritt 1 *Na poli* (Auf dem Feld) 162 T. 4'
Auftritt 2 *Cesta k zakletému zámku* (Der Weg zum verzauberten Schloss) 77 T. 2' 30''
Auftritt 3 *V zakletém zámku. Černý muž* (Im verzauberten Schloss. Der schwarze Mann. 90 T. 2' (daraus: Tanz des Todes 38 T. 2').
Auftritt 4 *Tanz des Engels* (Musik der Ouvertüre) 50 T. 1' (Auftritte 3 und 4 fehlen in der zweiten Fassung.)
Auftritt 5 *Cesta k peklu* (Weg zu Hölle) (Oboe Solo) 36 T. 2'
Auftritt 6 *Před branou pekla* (Beim Höllentor) 65 T. (91 T. m. Wdh.) 4'
Auftritt 7 *Před branou nebe* (An der Himmelspforte) 194 T.

2. Aufzug (entspricht dem 3. Aufzug in der 2. Fassung).
Ouvertüre 122 T. (fehlt in der zweiten Fassung).
Bild I
Vynášení smrti (Das Austragen des Todes).
Auftritt 1 27 T. (fehlt in der 2. Fassung).
Auftritt 2 *Vynášení smrti* (Das Austragen des Todes) 120 T. (2' 40'')
Zwischenspiel 24 T. 1'
Bild II
Pohádka o Popelce (Märchen des Aschenbrödels).
Auftritt 1 *Příchod otce* (Ankunft des Vaters) 130 T. (0' 30'')
Auftritt 2 *Hra na královnu* (Spiel der Königin) 121 T.
(Die Wiederholung, also die letzten 68 T., fehlt in der zweiten Fassung).
Auftritt 3 *Hra na Hřímbabu* (Spiel von Hřímbaba) 110 T. 2' 20'' (fehlt in der 2. Fassung).
(Das Stück fehlt in der OP vom 214 I und ist nur im KA als Auftritt 10 von 214. I erhalten).
Auftritt 4 28 T. 3'
Auftritt 5 *Na plese* (Auf dem Ball) (Tempo di Valse) 426 T. 7'

Zwischenspiel 16 T. 1'.
Auftritt 6 *Na návsi - Svítá* (Auf dem Dorfplatz wird es heller) 58 T.
Auftritt 7 *Hra na zlatou bránu* (Spiel des goldenen Tores) 112 T. 4'
Auftritt 8 *Tanec skupiny da*m (Tanz der Damengruppe) 82 T. 1' 30''
Auftritt 9 *Tanec skupiny venkovských děvčat* (Tanz der Dorfmädchen) 149 T. (201 T. m. Wdh.) 2' 40''
Auftritt 10 *Kolo děvčat se rozestoupne a objeví se Popelka* (Der Reigen der Mädchen öffnet sich - Aschenbrödel erscheint) 51 T.

Bild III
Česká svatba (Tschechische Hochzeit)
Auftritt 1 110 T. 3' 50''
Auftritt 2 Polka 205 T. (226 T. m. Wdh.) 4' 30'' (inkl. langer gesprochener Stelle)
Auftritt 3 *Loučení nevěsty a cesta k ženichovi* (Abschied der Braut und Fahrt zum Bräutigam) 50 T. (71 T. m. Wdh.)

3. Aufzug
Bild I
Legende von der Heiligen Dorothea. 300 T. 10'.
Bild II
Svatební košile (Die Geisterbraut) (nur in H. 214 I).
BS 3 Solisten (S,T,B), Frauenchor, Orch. 2222-2220-Pk, Pf. (vierhändig), Str. 464 T. 27' (g-B) (Martinůs 20' sind viel zu knapp gerechnet).

A: A der OP NM ČMH (Tr B 195: *Svatební košile*, 104 S. + 3 Titels.), 1. Aufzug (Tr B 197), 195 S. + 2 Titels, 2. Aufzug (Tr B 198) 161 S. +Titels. Die Legende der Heiligen Dorothea fehlt.
A des OP der Legende der Heiligen Dorothea in PSS Basel, 80 S. (75 S. beschrieben).
A des KA des 1. Aufzuges NM ČMH (Tr B196) 79 S.
A des KA bei fremder Hand PBM Af 226/1-3 (280 S.).

F: Inst. BM, Prag (XYZ 031kv - Klavierauszug des zweiten Aufzugs; PBM Af 226/1).

Ausg: Diese 1. Fassung ist bis jetzt unveröffentlicht mit Ausnahme von Geisterbraut (*Svatební košile*) (DILIA, Prag 2004).

V: DILIA, Prag

214. II Zweite Fassung

E: Paris, Februar - 17.5.1940 (1. Aufzug beendet am 30.3.). Bearbeitung für großes Orchester (mit Ausnahme der Legende von der Heiligen Dorothea, die unverändert blieb und nur etwas gekürzt wurde). Ob die neue Musik zu dieser Fassung erst jetzt komponiert wurde ist nicht sicher, denn stilistisch könnte sie genauso gut aus der Zeit der 1. Fassung stammen.

Text siehe I. Fassung.

UA: Prag, Nationaltheater, 2.4.1949. Dir.: Václav Kašlík. Bühnenbild: J. Svoboda. Regie und Choreographie: N. Jirsíková.

BS: 2. Fassung: 3222-4231-Pk.-Schl. (gr. Tr., Beck., Rührtr., Tri.,Wood-block)-Pf.-Str.
Legende von der Heiligen Dorothea (beide Fassungen): wie 1. Fassung des ganzen Balletts, jedoch ohne Flöten und mit weniger Streichern.

Deko.: 11 Bühnenbilder.

D: 102' (32'+30'+40')
1. Aufzug 1200 T.
2.Aufzug 1048 T. (1.090 T. m. Wdh.).
3.Aufzug 1463 T. (1.492 T. m. Wdh.).
Die zweite Fassung ist somit um etwa 900 T. kürzer als die erste Fassung.
Das Bild von der Heiligen Dorothea dauert 10'. Die Zeitangaben des Komponisten in der OH der zweiten Fassung (35-38'; 38-40'; 40-45') sind zu breit geschätzt.

1. Aufzug
Prolog 69 T.
Ouvertüre 60 T.
Bild I
Auftritt 1 *Hra na „pannu"* (Spiel mit der Puppe) 90 T.
Auftritt 2 *Hra na hastrmana* (Spiel mit dem Wassergeist) 29 T.
Auftritt 3 *Hra na vlčka* (Spiel mit dem Wölfchen) 51 T.
Auftritt 4 *Kohoutek a slepička* (Hahn und Hühnchen) 126 T.
Bild II
Pohádka o kocourovi v botách (Märchen vom gestiefelten Kater).
Auftritt 1 76 T.
Auftritt 2 149 T.

Auftritt 3 *Pečení zajíce* (Der Hase wird am Spieß gebraten) 96 T.
Auftritt 4 149 T. *Tanec lva* (Tanz des Löwen), *Tanec krahujce* (Tanz der Sperber), *Tanec malé myšky* (Tanz der kleinen Maus).
Auftritt 5 (neu, 187 T.).
a) Vorspiel: *Palác* (Das Schloss) 6 T.
b) *Tanec kocoura* (Tanz des Katers) 48 T.
c) *Tanec primabaleriny před králem* (Tanz der 1. Ballerina und des Königs) 24 T.
d) *Tanec malé myšky a kocoura* (Tanz der kleinen Maus und des Katers) 13 T.
e) *Produkce jongleura* (Auftritt des Gauklers) 37 T.
f) *Tanec akrobatů* (Tanz der Akrobaten) 18 T.
g) *Finále sboru* (Finale des Ballettkorps) 41 T.

2. Aufzug
Pohádka o ševci a kouzelné mošně (Märchen von dem bezauberten Bettelsack; oder: Märchen von Schuster und vom Tod)
Auftritt 1 Náměstí a ševcovská dílna (Markplatz mit Schuster Werkstätte) 76 T. (Neu.)
Auftritt 2 269 T. (Neu.)
a) *Švec se chystá do světa* (*Der Schuster bereitet sich zur Reise vor*) 48 T. (mit Solosopr. und Frauenchor)
b) *Tanec koně* (Pferdetanz) 50 T.
c) *Tanec motýla* (Tanz des Schmetterlings) 42 T.
d) *Tanec čmeláka* (Tanz der Hummel) 84 T.
e) Zwischenspiel (m. Solotenor) 45 T.
Auftritt 3 *Černé město* (In der finsteren Stadt) 154 T.
a) Andante 24 T.
b) *Příchod princezny* (Ankunft der Prinzessin) 9 T.
c) *Zápas motýla s obrem* (Kampf des Schmetterlings mit dem Riesen) 96 T.
d) *Odjezd ševcův* (Abgang des Schusters) 25 T.
Auftritt 4 *Kouzelná mošna* (Der goldene Beutel) 162 T.
Auftritt 5 *V zakletém zámku. Černý muž a smrt* (Im verzauberten Schloss. Der schwarze Mann und Tod) 76 T.
Auftritt 6 *Před branou pekla* (Beim Höllentor) 49 T.
Auftritt 7 *Před branou nebe. Tanec smrti* (Beim Himmelstor. Tanz des Todes) 118 T.

3. Aufzug
Bild I
Legenda o svaté Dorotě (Legende der Heiligen Dorothea) 300 T.
Vorher: Ouvertüre mit Solosopran. 48 T. (neu): Insges. 11'
Bild II
Vynášení smrti (Das Austragen des Todes).
Auftritt 1 hier neues Vokalstück von 144 T. (Ersetzt 2. Aufzug, Bild I, Auftritt 1 der ersten Fassung).
Auftritt 2 *Hra na královnu* (Spiel der kleinen Königin) 120 T.
Auftritt 3 *Popelka doma* (Aschenbrödel zu Hause) 16 T.
Bild III
Pohádka o Popelce (Märchen von Aschenbrödel).
Ples na zámku (Ball im Schloss) 337 T.
Bild IV
Náves (Auf dem Dorfplatz) 43 T.
Hra na zlatou bránu (Spiel des goldenen Tores) 59 T. (mit Solotenor).
Tanec dam (Tanz der Damen) 68 T.
Tanec venkovských děvčat (Tanz der Dorfmädchen) 56 T.
Kolo děvčat se rozestoupne a objeví se Popelka (Der Reigen der Mädchen öffnet sich und Aschenbrödel erscheint) 49 T.
Česká svatba (Tschechische Hochzeit).
Auftritt 1 100 T.
Auftritt 2 Polka 93 T. (109 T. m. Wdh.)
Loučení nevěsty a cesta k ženichovi (Abschied der Braut und Fahrt zum Bräutigam) 34 T.

A: A der OP PBM (Ac 137).
Drei gebundene Bände, 1. Aufzug: 126 S. + Titels. 2. Aufzug: 103 S. + 2 Titels. 3. Aufzug: 3 S. Vorspiel, danach die eingeklebte OH der *Legende von der Heiligen Dorothea* aus dem Jahre 1931 (50 S. + 2 Titels.), dann 4 unbeschriebene S. und schließlich 82 Partiturseiten.

Ausg: Orbis, Prag 1951. KA von Karel Šolc (EO 548). Von DILIA übernommen P (DP 1346) und ST L. KA K. DILIA, Prag 1956 P L. ČHF 392, 393.

V: DILIA, Prag.

Die beiden Orchestersuiten (siehe H. 214 A und B, Kategorie 8) erschienen bei Panton, Prag, in TP. P und ST L im Tschechischen Musikfonds, Prag. Siehe auch H. 214 C (Kategorie 26): Walzer und Polka für Klaviersolo eingerichtet.

Zusammenfassende Bemerkungen zu den Unterschieden zwischen beiden Fassungen:
1. In der zweiten Fassung wird das *Märchen vom gestiefelten Kater* um 187 T. neuer Musik bereichert, die den 1. Aufzug abschließen.
2. In der zweiten Fassung wird das *Märchen des verzauberten Bettelsacks* um 499 T. neuer Musik bereichert. Es bildet jetzt den gesamten 2. Aufzug.
3. Der 2. Aufzug der ersten Fassung ist im 3. Aufzug der zweiten Fassung stark gekürzt worden, da er jetzt von der *Legende von der Heiligen Dorothea* eröffnet wird. Die 48 T. Ouvertüre mit Solosopran sind neu.
4. In der ersten Fassung besteht der 3. Aufzug nur aus der *Legende der Heiligen Dorothea* und der *Geisterbraut* (Svatební košile).

Handlung: (In der Reihenfolge von H. 214 II) *1. Aufzug.* Nach dem gesungenen Vorspiel zerfällt der Aufzug in zwei Teile. Zuerst tragen Kinder einige Spiele vor: von der Puppe, vom Wassernix, vom Wölfchen, vom Hähnchen und vom Hennchen. Es folgt das Märchen vom Gestiefelten Kater. Ein junger Bauer ist betrübt: Sein Vater hat ihm nichts als einen Kater hinterlassen. Dieser, als Edelmann verkleidet, heitert ihn durch seinen Tanz wieder auf. Er fängt einen Hasen und brät ihn, von einer fröhlichen Kinderschar umgeben, am Spieß. Nun kommt der König mit seinem Gefolge. Der Kater reicht ihm die Wunder bewirkende Hasenpfote, die seine Zahnschmerzen heilt. Der junge Bauer gefällt der Königstochter. Er erhält sie unter der Bedingung, das Königreich von einem bösen Zauberer zu befreien. Bauer und Kater begeben sich in den Palast des Zauberers. Dieser verwandelt sich, dem Wunsche des Katers folgend, in verschiedene Tiergestalten, um seine Zauberkunst zu beweisen: in einen Löwen, in einen Falken und schließlich in eine Maus, die der Kater fängt und tötet. Der junge Bauer darf die Königstochter heiraten. Der Aufzug schließt mit der Hochzeit.

2. Aufzug. Das Märchen vom Schuster und vom Tod. Der Schuster unternimmt eine große Reise ins Ausland. Von einem Schmetterling geführt, erreicht er die Schwarze Stadt, deren Bevölkerung die durch einen furchtbaren Riesen entführte Prinzessin beweint. Der Schmetterling tänzelt um den Kopf des Riesen herum, bis dieser wahnsinnig wird und der Schuster ihn mühelos erschlagen kann. Der Schuster verlässt die dankbare Stadt. Nun besät er ein Getreidefeld, aber der Grüne Jäger tauscht ihm sein Getreide gegen einen verzauberten Bettelsack aus. Der Schuster erreicht das verhexte Schloss, wo der Schwarze Mann und der Tod ihn zum Kartenspiel zwingen. Der Schuster verliert, der Tod will ihn mitnehmen, aber der Schuster steckt ihn in den Bettelsack und setzt seine Wanderung fort. Da der Tod im Sack zu schwer wiegt, versucht der Schuster, ihn loszuwerden. Aber am Höllentor weisen ihn die erschrockenen Teufel ab, sodass sich der Schuster an die Himmelspforte begibt. Dort raten ihm die Engel, den Tod zu befreien. Er öffnet den Sack, und der Tod führt ihn in den Himmel.

3. Aufzug. In einem Bauernzimmer erleben wir eine Vorstellung im Volksstil der Legende von der heiligen Magd Dorothea, die sich Christus geweiht hatte, den König als Gatten ablehnte und darum enthauptet und später heiliggesprochen wurde. Es folgt der alte Volksbrauch vom Aufheben des Todes zu Ostern. Junge Mädchen ertränken eine Strohpuppe, die den Tod darstellt, und begrüßen den Frühling in der Gestalt eines bändergeschmückten Tannenbaumes, des „Maibaumes". Zunächst wird das volkstümliche Pfingstspiel von der Armen Königin von Kindern dargestellt. Der Vater bringt herrliche Ballkleider für Aschenbrödels Schwestern; Aschenbrödel (von einem kleinen Mädchen dargestellt) hat er aber vergessen und gibt ihm nur eine Haselnuss, die er auf dem Rückweg fand. Es folgt das Märchen von Aschenbrödel. Die Fee bringt ihm ein prächtiges Kleid. Nun wohnen wir dem Schlossball bei (großer Walzer). Der Prinz verliebt sich in Aschenbrödel und will es zurückhalten. Es entschlüpft, verliert aber seinen kleinen Schuh. Der Prinz, mit dem Schuh in der Hand, läuft ihm über den Dorfplatz nach, aber es versteckt sich im Häuschen. Die Dorfkinder spielen das Spiel vom Goldenen Tor und locken den Prinzen in ihren Reigen. Endlich erscheinen Aschenbrödels Schwestern und ihre Hofdamen, die vom Ball nach Hause kehren. Keinem Fuß ist der Schuh groß genug, sogar den Dorfmädchen nicht. Als Aschenbrödel auf der Türschwelle erscheint, erkennt der Prinz es auch im armen Arbeitskleid sofort. Der Schuh passt ihm, und die große tschechische Landhochzeit, die sich nun anschließt, beendet das Ballett mit einer hinreißenden Polka.

Das abendfüllende Ballett, Martinůs Hauptwerk auf diesem Gebiet, bildet einen entscheidenden Wendepunkt in seinem Schaffen. Nach achtjährigem Aufenthalt in Paris, dessen Ergebnis größtenteils Kompositionen französischer Prägung darstellten (Ausnahmen bilden nur ein paar Klaviertänze und der Opernerstling *Der Soldat und die Tänzerin*), bedeutet es einen plötzlichen, erstaunlichen Rückgriff auf das heimatliche Volkswesen. Erst jetzt fühlt sich der Vierzigjährige seiner in harter Arbeit erworbenen persönlichen Stilmittel sicher genug, um ein großes Werk im tschechischen Nationalstil zu entwerfen. Somit bildet *Špalíček* den ersten Teil seiner großen volkstümlichen Bühnentrilogie. Die *Marienspiele* und das *Vorstadttheater* folgen in kurzem zeitlichen Abstand.

Das Wort „Špalíček" lässt sich nicht übersetzen. Ursprünglich bezeichnete es ein geschnitztes Holzklötzchen, das auf Jahrmärkten verkauft wurde, später ein dünnes Heftchen mit Volksliedern. Der Titel des Werkes von Martinů entspricht natürlich eher der zweiten Auffassung, obwohl die erste auf den eigenartig „holzgeschnitzten" Marionettenstil vieler Teile der Musik hindeutet. Der Urkern des Werks (dem als wichtiger Vorläufer das verschollene Ballett *Koleda*, H. 112, vorausging) ist zweifellos das Bild von der Heiligen Dorothea, das zuerst komponiert wurde und eigentlich genauso gut seinen Platz im Rahmen der *Marienspiele* hätte finden können, was die engen Beziehungen zwischen beiden Werken betont. Von *Špalíček* aus führen ununterbrochene Leitfäden bis dicht an Martinůs Lebensende, bis an die „Bureš"-Kantaten. Die Vokalteile, namentlich die Frauen- oder besser Kinderchöre, weisen eine ganz neue, volkstümliche, originelle Schlichtheit auf. Der Orchestersatz ist farbig, die Harmonik kühn und polytonal, die ganze Thematik und Melodik jedoch von grundsätzlicher Einfachheit, sodass man schon beim ersten Anhören vieles mitsingen möchte.

Als Martinů *Špalíček* schuf, schrieb er mit vollem Bewusstsein ein Werk für sein Volk, und auch jetzt bestehen kaum Aussichten für vollständige Bühnenaufführungen außerhalb seiner Heimat, es sei denn im Rahmen von Gasttourneen tschechischer Truppen. Von allen Hauptwerken Martinůs erscheint *Špalíček* am meisten ortsgebunden: Jede sprachliche Übertragung, ja jede Darstellung durch andere als tschechische Künstler würde es weitgehend verfälschen. Für die weite Welt gibt es aber zwei prächtige Orchestersuiten (H. 214 A und B, siehe Kategorie 8), die im symphonischen Schaffen des tschechischen Meisters eine bevorzugte Stelle in Anspruch nehmen dürfen. Und schließlich bildet dieser farbenfreudige Blumenstrauß kein streng geschlossenes Ganzes: namentlich die beiden Märchen vom Gestiefelten Kater (1, 5–10) und vom Verzauberten Bettelsack (2. Aufzug, vollständig), die am wenigsten national gebundenen Teile des Werkes (die kurzen, unwesentlichen Teile mit Gesang können unter Umständen wegbleiben), sind selbstständige Kurzballette, die sich gesondert mit vortrefflicher Bühnenwirkung aufführen ließen.

Endlich muss noch unbedingt auf *Svatební košile* aufmerksam gemacht werden. Die Entfernung des Stückes aus dem Ballett hat es für lange Zeit fast der Vergessenheit geopfert. Aber es verdient einen Platz im Konzertleben als Martinůs vielleicht gelungenste, jedenfalls geschlossenste Kantate. Sie kommt deshalb auch in Kategorie 31 vor.

*245. LE JUGEMENT DE PARIS (Das Urteil des Paris). Ballett in einem Aufzug

E: Paris, Juli 1935. Text (Entwurf) von Boris Kochno; nicht aufgeführt.
A: Verschollen.
D: Ca. 30′.

Die Partitur dieses Ballettes über ein mythologisches Grundthema, das für die Ballets Russes des Colonel de Basil geplant war, ist verschollen; der Komponist soll es nicht bedauert haben. Hat er das Werk überhaupt komponiert?

317. THE STRANGLER (Der Würger). A Rite of Passage. Ballett für drei Tänzer

E: New York, vollendet am 16.5.1948.
W: Geschrieben im Auftrag von Martha Graham.
Text: Text und Entwurf (englisch) von Robert Fitzgerald.
UA: New London (Connecticut, USA), 15.8.1948. American Dance Festival. Das Tanzensemble von Martha Graham. Choreographie von Eric Hawkins.
BS: Fl. (bzw. Piccolo), Ob., Klar., Fg., Pf., Schlagzeug (reich besetzt, mit mexikanischen Instrumenten: 2 Pk., Beck., Gong, kl. mexikanische Trommel [Cochiti], „Deer-Hooves” [Rehhufe], „Cocoon rattle“ [Kokon-Klapper], „Metal disc rattle“ [Metallscheiben-Klapper], 2 wooden logs [Holzkloben]). 3 Sprecher (Ödipus, die Sphinx, der Chor).

D: 29'
A: BNF, Paris (Depositum Max Eschig) (58 S. + Titels.).
F: PBM (FAc 51).
Max Eschig, Paris.
Inst. BM, prag (PBM Fac 51).
Ausg: Max Eschig, Paris 1979 (M. E. 8508) P. ST. L.
V: Max Eschig, Paris.

Der Misserfolg bei der Uraufführung lag an der erotisch sehr gewagten Choreographie von Eric Hawkins; Martinůs Musik erzielte kaum Aufmerksamkeit. Der Text von Fitzgerald, abwechselnd von den drei Sprechern vorgetragen, ist eine ausgedehnte, ziemlich nebelige und symbolreiche poetische Umspielung des Treffens zwischen Ödipus und der Sphinx. Martinůs Partitur ist dem dramatisch-choreographischen Geschehen so eng verbunden, das an eine selbstständige Konzertaufführung kaum zu denken ist. Dabei weist sie alle Vorzüge seines Reifestiles auf, in dem jeder Takt von starker Eigenart geprägt ist. Die einfallsreiche Anwendung des ungemein stark besetzten Schlagzeugs ist sogar ein Unikum in seinem Gesamtschaffen. Der siegreiche Durchbruch des Ödipus wird von einer großartigen Aufhellung der Musik (C-Dur) untermalt, die sich bis zu der erhabenen Schlusshymne in B-Dur (der Tonart von Martinůs Erlösung) anhaltend steigert und sich mit seinen schönsten Verklärungsmusiken messen darf. Für künftige Bühnendarstellungen sollte das Werk aber von seiner schweren literarischen Bürde befreit werden, die seiner Wirkung eher im Wege steht.

Kategorie 3: Schauspielmusik

***179. SECHS PERSONEN SUCHEN EINEN AUTOR.**
Bühnenmusik zum Stück von Luigi Pirandello
Improvisation des Komponisten am Klavier während der Aufführung im Theater von Polička am 29.8.1929.

Die Musik wurde anscheinend nicht niedergeschrieben. Vielleicht handelt es sich aber um einige achttaktige Incipits (Tango, Allegretto), deren mit Unterschrift versehene Originalhandschrift in PBM liegen (PBM Aa 19/1, 2)!

248. OEDIPE. Bühnenmusik zu dem Stück von André Gide (Fassung in tschechischer Sprache!)

E: Prag, Januar 1936.
UA: Prag, Rundfunk, 7.2.1936. Regie: J. Honzl.
BS: Altstimme, Klar., Trp., 2 Vle., Pf., Orgel, Schlagzeug.
D: Insgesamt 373 T.
1. Vorspiel: Lento ($^3/_4$, d), 38 T. (= 1. Teil der Suite).
2. Melodram (Ödipus): Verschiedene Fragmente, insgesamt 93 T. (T. 35: Sprechchor; T. 79: Tiresias, Orgelsolo).
3. Zwischenspiel I: Poco moderato ($^4/_4$, c), 35 T. (= 2. Teil der Suite).
4. Melodram (verschiedene, meist sehr kurze Fragmente). Insgesamt 112 T.
5. Zwischenspiel II: Poco Allegro ($^4/_4$, c), 51 T. (= 3. Teil der Suite, siehe aber auch Teil 7).
6. Melodram (verschiedene kurze Fragmente). Insgesamt 34 T.
7. Abschluss ($^4/_4$, C), 10 T. (= Schluss des 3. Teils der Suite).
A: Im Rundfunkarchiv zu Prag. 41 S. (davon S. 1 = Titelseite), dazu 2 S. Skizzen und mehrere unbeschriebene S.
P und ST im Rundfunkarchiv zu Prag.
F: Inst. BM, Prag (ČRO 001).
Kleine Orchestersuite: siehe H. 248 A (Kategorie 8).
V: Panton International, Prag.

Kategorie 4: Filmmusik

134. SLOVÁCKÉ TANCE A OBYČEJE (Volkstümliche Tänze und Bräuche aus der Mährischen Slowakei). Musik zu einem Dokumentarfilm (Stummfilm)

E: Prag, 1922.
BS: Pf.
D: Introduktion (Andante, Allegretto, Poco meno messo, Allegretto, Poco Andante).
222 T.
1. Teil: *Fašank*. (Allegretto, Moderato, Allegro, Moderato con modo, Marcia, Allegretto) 345 T.
2. Teil: (Poco Andante - Kleine Königinnen (*Královničky*) - Spaziergang des Königs (*Jízda králů*), Allegro) 264 T.
3. Teil: (Moderato, Allegretto, Andante, Poco moderato, Andante, Moderato, Allegretto) 297 T.

4. Teil: (Andante, Poco moderato, Andante, Allegretto, Poco vivo) 211 T.
5. Teil: (Andante, Allegretto, Vivo, Allegretto) 213 T.
Insges. 1.552 T. Der Film muss wohl eine volle Stunde gedauert haben.

A: MZM (A 40611) 41 S. Sehr sauber geschrieben, in alten Leinen eingebunden, weder Titel noch Datum. Es handelt sich um eine Reihe kurzer Klavierstücke (kein KA) zur Begleitung eines Stummfilms.

V: Frei.

***223. MELO. Musik zu einem französischen Film**

E: Paris, 1932.
UA: UA des Filmes: Paris, 26.5.1932.
A: Verschollen.

Nur in der Šafránek-Monografie erwähnt.

***233. MARIJKA NEVĚRNICE (Untreue Marijka). Musik zu dem Film von Vladislav Vančura, nach dem Roman von Ivan Olbracht**

E: Prag, Weihnachten 1933.
UA: UA des Films: Prag, 2.3.1934.
A: Im Filmstudio zu Prag - z. Z. verschollen, PBM (Ac 144, 7 S. Bleistiftskizzen).
F: Inst. BM, Prag (PBM Ac 144).
V: Frei.

Die Partitur ist jetzt nicht mehr nachweisbar, aber der Film steht noch zur Verfügung. Mit einer Dauer von 72' ist er der einzige lange Spielfilm, zu dem Martinů Musik geschrieben hat und stellt damit seine wichtigste Arbeit in dieser Gattung dar. Die Handlung spielt sich in der abgelegenen Landschaft Rutheniens (Subkarpatische Ukraine) ab, die damals zur Tschechoslowakei gehörte. In wilder, rauer Wald- und Gebirgslandschaft lebten dort auch viele Juden (in traditioneller Kleidung) und Zigeuner. Es geht um eine Liebes- und Eifersuchtsgeschichte unter Holzfällern. Martinů schreibt u.a. „Jiddische“ Musik (mit Violinglissandi), herbe Männerchöre, namentlich als von der Violine begleitete Tänze, auch das geliebte Akkordeon fehlt nicht. Aber manche Stellen für Streichorchester gemahnen stark an die um zwei Jahre ältere *Partita* (H. 212), während andere *Kytice* (H. 260) vorwegnehmen. Der schönste und am breitesten durchgeführte Teil ist eine große lyrische Liebeszene, der die kräftige Musik folgt, die das Herabfahren der Flöße auf dem wilden Strom begleitet.

239. STŘEVÍČEK (Der Tanzschuh). Musik zu einem Dokumentar- und Werbefilm über die Firma von Tomáš Bat'a

E: Prag, 1.3.1935.
D: 8' 30''
(C-D), 138 T. (160 T. m. Wdh.).
BS: Klar., Trp., Pos., Pk., Tri., Ttam, Pf., Streicher.
A: NM ČMH (Depositum NBM) 10 S. + Titels. Mit Inhalts- und Zeitangaben.
F: Inst. BM, Prag (XYZ 040).
V: Frei.

240. MĚSTO ŽIVÉ VODY: MARIÁNSKÉ LÁZNĚ (Marienbad, Stadt der Lebenden Quellen). Musik zu einem Dokumentarfilm

E: Prag, 1935.
BS: Klar., Trp., Pk., Pf., Str. (in Kammerbesetzung).
D: 9' (mit Zwischenspiel 17')
250 T. (348 T. m. Wdh.), dazu Zwischenspiel (Poco Allegro, $^{2}/_{4}$, B-D), 144 T. (367 T. m. Wdh.), insgesamt. 394 T. (715 T. m. Wdh.).
A: NM ČMH (Depositum NBM) 15 S. + Titels. + 10 S. *Vložka* (Zwischenspiel).
F: Inst. BM, Prag (XYZ 041).
V: Frei.

Es wurde inzwischen bewiesen, dass die (auch von der Besetzung her passende) *Vložka* (Zwischenspiel) zu dieser Filmmusik gehört.

Zweiter Teil: Orchestermusik

1. Symphonien (Kategorie 5)
2. Werke für großes Orchester (Kategorie 6)
3. Werke für Kammer- bzw. kleines Orchester (Kategorie 7)
4. Suiten und Auszüge aus Bühnenwerken (Kategorie 8)

Kategorie 5: Symphonien

Allgemeines: Unter den Komponisten des 20. Jahrhunderts hat Ernest Ansermet Bohuslav Martinů einmal ganz zu Recht als „den Symphoniker" bezeichnet. Dabei hat sich kein anderer Meister der Vergangenheit oder der Gegenwart, ja nicht einmal Brahms oder Bruckner, so zögernd an die Großform der Symphonie herangewagt. Fast dreihundert Werke, darunter nicht weniger als zehn Opern, hatte Martinů hinter sich, als er sich im zweiundfünfzigsten Lebensjahr zum ersten Mal erfolgreich mit der Form der Symphonie auseinandersetzte. Wir wissen mindestens von zwei früheren, gescheiterten Versuchen, nämlich vom Symphoniesatz (H. 45) und von *La Rhapsodie* (H. 171), die ebenfalls als erster Satz einer Symphonie geplant war. Als er seine wirkliche Erste schrieb, hatte Martinůs Œuvre außerdem eine *Sinfonia Concertante* (H. 219) und eine *Sinfonietta giocosa* (H. 282) aufzuweisen. Den entscheidenden Schritt zur großen Symphonie tat er aber erst in Amerika, im Auftrag von Serge Koussewitzky. Das ungewöhnlich lang in der Werkstatt behaltene Opus erwies sich aber als so meisterhaft und für seinen Schöpfer so befriedigend, dass nun jährlich eine neue Symphonie entstand. Mit der fünften Symphonie aus dem Jahre 1946 findet dieser Schaffensrausch zunächst ein Ende. Die sechste Symphonie hebt sich zeitlich und stilistisch von den Schwesterwerken deutlich ab (das bezeugt schon der eigentliche Titel *Fantaisies Symphoniques*) und eröffnet somit Martinůs letzte Schaffensphase.

Die sechs Symphonien bilden eine geschlossene Reihe von Meisterwerken höchster Reife; keine einzige steht den anderen nach. Im Gesamtschaffen des Komponisten nehmen sie somit eine dominierende Stellung ein und zeichnen allein schon ihren Autor als einen Großen der Musik aus. In der tschechischen Musik reicht nur die Reihe der Dvořák-

Symphonien an sie heran, allerdings nicht mit derselben Bedeutung im Gesamtschaffen ihrer Zeit.

Was Ansermets Urteil rechtfertigt, ist die Tatsache, dass Martinů der Form der Symphonie erstaunliche neue Lösungen gebracht und ihr damit weite Perspektiven eröffnet hat. Von diesem lateinisch orientierten Slawen können wir keine grandiosen, bekenntnishaften, mit Pathos geladenen Werke etwa in der Nachfolge eines Bruckner oder Mahler erwarten. Martinůs künstlerisches Ideal lag gerade in entgegengesetzter Richtung. Außerdem betrachtete er die symphonische Tradition der deutschen Spätromantik als erschöpft und einer weiteren Entwicklung für unfähig. Eine Rückkehr zu normalerem Umfang (zeitlich und besetzungsmäßig) war aber nur dann möglich, wenn Inhalt und Struktur der Symphonie nicht ins Neoklassizistische zurückfielen, denn dann wäre nur Epigonenarbeit entstanden. Gerade hier zeigt sich Martinůs verblüffende und deswegen auch noch weitgehend missverstandene Originalität.

Dem Laien bereiten diese Werke keine Schwierigkeiten: Die Aufführungsdauer (durchschnittlich eine halbe Stunde) und die Orchesterbesetzung sind normal. Drei oder vier Sätze in der üblichen Folge und im kontrastierenden Tempo erwecken ganz vertraute Vorstellungen, die Tonsprache ist mild und tonal.

Sobald sich aber der Fachmann, der Analytiker, an die Symphonien heranwagt, verliert er Grund und gerät in totale Verwirrung. Martinů hat vor solcher Analyse immer wieder gewarnt. Jeder Versuch, die Symphonien im Lichte der traditionsgebundenen, bithematischen Durchführungstechnik zu untersuchen, muss scheitern. Das bezeugte z.B. schon Peter Evans in seinem Aufsatz über Martinů als Symphoniker (siehe „Tempo" Nr. 55/56, Herbst 1960). Vergebens sucht er nach erstem bzw. zweitem Thema, wo doch das Thema als solches ja gar nicht existiert!

Die thematische Dialektik der Klassik und Romantik ersetzt Martinů nämlich durch die motivische Fortspinnungstechnik aus einem Urkeim, wie wir sie in der Barockmusik bzw. von J. S. Bach kennen. Nach fast fünfzehnjähriger Auseinandersetzung mit dem Prinzip des Concerto Grosso, das er als einziger Komponist unserer Zeit zu neuem Leben zu erwecken gewusst hat, überträgt er dieses nun auf das Gebiet der Symphonie.

Bei dieser Fortspinnung ist die allgemeine Richtung, die vor allem der rhythmische Pulsschlag andeuten kann, von grundlegender Bedeutung und für das organische Wachstum des Satzes weitaus entscheidender als die eine oder andere Themenbildung. Von ihm getragen (und hier erscheint der wahre Zweck der oft missverstandenen Begleitungsagogik mit ihrem üppigen Figurationswerk) entwickeln sich die motivischen Kerne allmählich zu geschlossenen Melodiebildungen, zu großen lyrischen Bogen von erlesener Ausdruckskraft. Dieses „thematische Wachstum" kehrt den üblichen Schaffensprozess des Symphonikers gewissermaßen um, und in dieser Hinsicht erinnert es an einen anderen großen Erneuerer der Symphonie, dessen ebenfalls nur äußerlich traditionsgebundene Schöpfungen den Analytikern nicht weniger Kopfzerbrechen bereitet haben: Jean Sibelius. Bei Martinů liefern u.a. der 1. Satz der *4. Symphonie* (H. 305) oder der 3. Satz der *5. Symphonie* (H. 310) meisterhafte Beispiele dieses motivischen Sprießens. In der letzten Schaffensstufe, namentlich in der *6. Symphonie*, erhebt sich das Verfahren zu einer ständigen Metamorphosetechnik, die von manchen seriellen Arbeitsmethoden gar nicht so entfernt ist und die dem Komponisten nun vollständige formale Freiheit und Asymmetrie gewährt: Sie ist die Grundlage von Martinůs Abkehr von der „Geometrie" hin zur „Phantasie", um seine eigenen Worte zu gebrauchen.

Der Verzicht auf bithematische Dialektik, und damit auf Sonatenformbau, lässt die klassischen Tonartbeziehungen und sogar die tonartliche Einheit überflüssig werden. Genau wie das motivische Material, so wird auch die Tonikalität ständig fortentwickelt. Für einen Komponisten wie Martinů, der fest tonal denkt und auf die tonale Sprache nicht verzichten will, ist diese „evolutive Tonalität", wie man sie schon in den Symphonien von Gustav Mahler oder Carl Nielsen (später auch bei Malipiero) findet, die erfolgreichste Lösung, sich von der Vergangenheit zu befreien. Sie wird ihm zum strukturellen Arbeitsmittel oder verläuft mit psychologisch-dramatischer Begründung, wie im erschütternden Beispiel der *3. Symphonie* (H. 299). Die Einheit des rhythmischen Dranges und des motivischen Grundstoffes ersetzt im Bewusstsein des Hörers die hinfällig gewordene tonale Einheit.

Die Besetzung der Symphonien entfernt sich nicht vom üblichen Symphonieorchester. Nur das Klavier tritt (mit Ausnahme der *6. Symphonie*, H. 343) als unerwarteter und eigentümlicher Gast hinzu. Mit dem Schwergewicht auf den Streichern bzw. Holzbläsern klingt der Orchestersatz meistens klassisch und für moderne Verhältnisse erstaunlich verhalten. Blech und Schlagzeug werden sehr sparsam eingesetzt, was ihre Wirkung nur erhöht. Das ausgesprochen Originelle von Martinůs Orchestertechnik in den Symphonien liegt aber in der instrumentalen Verteilung der musikalischen Gedanken. Ein Wort genügt, um sie zu charakterisieren: Concerto Grosso-Technik. Die motivischen und klanglichen Einflüsse des Concerto Grosso sind nämlich hier unzertrennlich und ergänzen einander organisch. Die freie Abwechslung von Soli und Tutti, das Einschieben von kleinen „Concertini" in das orchestrale Gerüst lüften und erhellen die Klangfarbe und sorgen für die nötigen Gegensatzwirkungen anstelle der geopferten Themenkontrastierung. „Kammermusik im symphonischen Rahmen" hat Martinů dieses Verfahren genannt. Dem besonderen Reiz des Klangbildes trägt das in ganz eigener Weise behandelte Einschreiten des Klaviers bei (siehe den einführenden Teil, S. 119). Nun erklärt sich, weshalb so viele Analytiker, indem sie das Nebensächliche mit dem Grundlegenden verwechselten, das Rätsel von Martinůs Symphonik nicht zu entziffern vermochten: weil ihnen der Maßstab dazu fehlte.

In den Konzerteinführungen, die Martinů selbst verfasst hat, betont er stets die „ruhige, lyrische" Stimmung seiner Symphonien. Das trifft gewiss für die drei viersätzigen Symphonien zu (Nr. 1, 2 und 4), schon weniger für die zweideutige *5. Symphonie* und gar nicht mehr für die dramatische *3. Symphonie* oder die phantastische *6. Symphonie*. Aber auch in diesen heftigeren, mehr leidenschaftlichen Werken überschreitet er nie die Grenzen der harmonischen Schönheit. Wie Mozart ist er jeder rein physischen Lärmwirkung abhold, und Geräusch als solches ist auch in seinen mächtigsten Kraftausbrüchen - und diese fehlen in den Symphonien nicht! - niemals zu finden. „Reine orchestrale Kraftentfaltung hat nicht unbedingt Größe oder Erhabenheit zur Folge", schreibt Martinů in der Einführung zu seiner *1. Symphonie* (H. 289), die wir als grundlegendes Dokument seiner Ästhetik auf S. 124 ungekürzt wiedergeben. Er betont darin auch die Schönheit und Wichtigkeit äußerst einfacher Gefühle oder Gedanken und kehrt zu dieser Frage im Programmtext zur *2. Symphonie* noch einmal zurück, wo es heißt: „Wir kommen nun zum Problem des musikalischen Ausdrucks, zu der Tatsache, dass Komponisten noch nicht das Mittel entdeckt haben, Großes und Tragisches innerhalb rein musikalischer Grenzen auszudrücken, und diese Grenzen somit durch Anwendung von rein mechanischen und dynamischen Hilfsmitteln überschritten haben, mit Geräusch als Ergebnis, das mit dem besten Willen nicht als zum Bereich der Musik zugehörend betrachtet werden kann. (...) Kein ehrlicher Komponist wird als Ideal die Zerstörung der Nerven seiner Zuhörer wählen. (...) Es scheint mir, dass wir keinen beruflichen und technischen Ausdruck von Folter brauchen, sondern vielmehr mit Ordnung und Gemütsruhe ausgedrückte Gedanken."

Gehören die fünf ersten Symphonien auch zweifellos einem einheitlichen Stilbereich an und weisen somit gemeinsame Züge auf, so unterscheiden sie sich jedoch weitgehend durch Form- und Stimmungsgehalt. Auf die breite, epische *1. Symphonie* (äußerlich wohl die imponierendste, wie bei Brahms, dem anderen großen symphonischen Spätbeginner) folgt als kürzeste der sechs die innige, idyllische *2. Symphonie.* Nach der wuchtigen, bekenntnishaften *3. Symphonie* (ein „Ausnahmewerk" im schon erklärten Sinne) kommt die strahlende, glückliche *4. Symphonie.* Die stimmungsmäßig kompliziertere, kontrastreiche *5. Symphonie* bildet eine Art Epilog einer prächtigen Reihe, die sich mit ihr erschöpft. Erst sieben Jahre später bricht dann endlich die phantastische *6. Symphonie* mit Elementargewalt auf. Als neuer schöpferischer Beginn nach den Jahren der Brandung steht sie an der Spitze der letzten Reihe von Meisterwerken für Orchester (*Fresken*, *Paraboles*) und gehört schon in deren stilistische Nähe.

***45. ERSTER SATZ EINER SYMPHONIE**

E: Prag, 1912.
A: Verschollen.

Nur in der Šafránek-Monografie erwähnt. Siehe Werke für großes Orchester unter H. 45 (Kategorie 6).

289. SYMPHONIE Nr. 1

E: USA, Mai-September 1942.
1. Satz: Jamaica, Long Island, NY, 21.5.1942.
2. Satz: Middlebury, Vermont (VT), 26.6.1942.
3. Satz: Mah-Kee-Nac Lake, Mass., 14.7.1942.
4. Satz: Manomet, Mass., 1.9.1942.
W: „In Memory of Mrs. Nathalie Koussewitzky"
UA: Boston, 13.11.1942. Boston Symphony Orchestra, Dir.: S. Koussewitzky.
WA: New York, 21.11.1942. Boston Symphony Orchestra, Dir.: S. Koussewitzky.
Genf, 28.2.1945. Orchestre de la Suisse Romande, Dir.: E. Ansermet.
Paris, 23.12.1945. Orchestre de la Société des Concerts du Conservatoire, Dir.: Ch. Munch.
Prag, 27.5.1946. Tschechische Philharmonie, Dir.: Ch. Munch.

BS: 3333-4331-Pk.-Schl. (gr. Tr., Beck., Rührtr., Tri., Ttam, Tamb.)-Hf.-Pf.-Str.

D: 34'
1. Moderato ($^6/_8$, h-H), 299 T. 9'
2. Scherzo: Allegro ($^3/_4$) B) und Trio (Poco moderato, $^6/_8$, T. 233–308); Insgesamt 540 T. 7' 30''
3. Largo ($^3/_2$, es-e), 108 T. 8' 30''
4. Allegro non troppo ($^2/_4$, später auch $^3/_4$ bzw. $^6/_8$, g-B), 522 T. 9'

A: Library of Congress, Washington. 2 Bände (Insgesamt 160 S.; Bd. 1: I. 1–50; II. 51–85; Bd. 2: III. 86–104; IV. 105–160.).

F: Inst. BM, Prag (LOC 007).

Ausg: Boosey & Hawkes, London-New York 1947 (B&H 9062).
P und TP K, ST L, Editio Bärenreiter, Prag 1990, TP K. (H 7518).

V: Boosey & Hawkes, London-New York.

Diese Symphonie ist nicht nur die längste der sechs, sondern das ausgedehnteste Instrumentalwerk im ganzen reifen Schaffen Martinůs. Martinů hat also die normale Aufführungsdauer der klassischen Ära (Haydn-Mozart) nie überboten. Das Werk zeichnet sich durch epische Breite und Größe aus. Eine kurze Introduktion rein harmonisch-klanglicher Prägung, zwischen h-Moll und H-Dur schwankend, die zum Schluss abrundend wiederkehrt, geht dem eigentlichen 1. Satz voran. Dieser verläuft in einem großen lyrischen Bogen, dessen ständige und abwechslungsreiche Synkopierung rein melodischer Art ist. Keine thematischen Gegensätze, keine „Durchführung“ im traditionellen Sinn, keine dynamisch-psychologischen Höhepunkte, sondern eine geräumige, sich ruhig entfaltende „ewige Melodie“, die das Bildnis des endlos wogenden Meeresspiegels oder der weiten böhmischen Waldlandschaft beschwört. Ohne Wiederholung, ohne Symmetrie entwickelt Martinů einen meisterhaft ausgewogenen ersten Symphoniesatz, in dem das Sprießen der motivischen Urzellen die nötige Einheit anstelle der geopferten Sonatenform sichert. Das Stimmengewebe verdichtet sich oft zu massiven, jedoch durchscheinenden Blockharmonien, in denen die geliebte „mährische Kadenz“ (siehe S. 59) eine entscheidende Rolle spielt. Klanglich überwiegen die üppig geteilten Streicher. Ist die deutliche Anspielung des melodischen Auftaktes (T. 11) auf das „Dies Irae“ etwa als programmatisch im Sinne der Widmung zu erklären?

Es folgt ein groß angelegtes Scherzo, von fast beethovenschen, männlichen Drang durchpulst. Durch Einschaltung eines melodischen Seitengedankens (Solo-Oboe) gewinnt schon das eigentliche Scherzo, das in einer zündenden Stretta-Coda gipfelt, dreiteiliges Gepräge. Das ruhigere Trio, in welchem die Streicher ganz schweigen, hat pastoralen, stark volkstümlich gefärbten Charakter. Das Scherzo wird dann wörtlich wiederholt.

Das ernste, verhaltene Largo bringt eine ergreifende Klage, die das Subjektiv-Bekenntnishafte des Doppelkonzerts ins Feierlich-Monumentale steigert und somit universelle Bedeutung erlangt. Wie bekannt, hat Martinů sein *Gedenkstück an Lidice* (*Památník Lidicím*, H. 296) erst mehr als ein Jahr nach der Vernichtung des tschechischen Dorfes durch die Nationalsozialisten niedergeschrieben. Da die Zerstörung von Lidice am 10. Juni 1942 stattfand, darf man aber das Largo der ersten Symphonie (zwischen 27. Juni und 14. Juli entstanden) als Martinůs erste, spontane Reaktion auf das verhängnisvolle Ereignis deuten.

Diese Symphonie zeichnet sich durch musterhafte Verteilung kontrastierender Stimmungen aus. So folgt nun als Finale ein großer rondoartiger Satz, der sich vom heiteren Beginn durch abwechslungsreiche Episoden in einem großen Schwung bis zur strahlenden Freude, zum zündenden Rausch der triumphierenden Coda (sempre più vivo) emporhebt. Noch deutlicher als im Trio sind Anklänge an die ferne Heimat vernehmbar. Gegen Mitte des Satzes findet eine kurze Episode im $^{6}/_{8}$-Takt (Moderato, 40 Takte) den Weg zur Welt des ersten Satzes zurück. Ohne das geringste wörtliche Zitat (bei Martinůs nicht thematischer Dialektik wäre dieses unlogisch) erzielt der Komponist damit eine rein *gefühlsmäßige* zyklische Abrundung, der wir auch in späteren Symphonien begegnen werden.

Obwohl sie ohne die frühere Entwicklung Martinůs gar nicht denkbar wäre, schlägt er mit dieser Symphonie völlig neue Wege ein. Nur einige Orchesterstellen aus der Oper *Juliette* kündigen sie an, wie Šafránek richtig erkannt hat.

295. SYMPHONIE Nr. 2

E: Darien, Conn. (USA), 29.5.–24.7.1943 (1. Satz vollendet am 28.6., 2. Satz am 3.7., 3. Satz am 16.7.).

W: „To my Countrymen-Workers of Cleveland"

UA: Cleveland, 28.10.1943. Cleveland Orchestra, Dir.: E. Leinsdorf.

WA: Paris, 25.10.1945. Orchestre National, Dir.: M. Rosenthal. Genf, Dezember 1945. Orchestre de la Suisse Romande, Dir.: E. Ansermet. Brüssel, 5.1.1946. Orchestre National de Belgique,

Dir.: E. Ansermet. Prag, 7.2.1946. Tschechische Philharmonie, Dir.: R. Kubelík.

BS: 3332-4331-Pk.-Schl. (gr. Tr., Beck., Rührtr., Tri., Ttam)-Hf.-Pf.-Str.

D: 23'
1. Allegro moderato ($^6/_8$, d-B), 224 T. 6'
2. Andante moderato ($^9/_8$, wechselnd, c-F), 171 T. 7' 45''
3. Poco Allegro ($^2/_4$, C), 278 T. 4' 15''
4. Allegro ($^4/_4$, A-D), 191 T. 5'

A: NM ČMH (Tr B 315). Vollständige Bleistiftskizze (z. T. auch Tinte), 25 nummerierte S. Es fehlen aber die S. 4 (die sich wohl auf den 1. Satz bezogen).

F: 1. Früher bei Frau Charlotte Martinů in Vieux Moulin, z. Z. nicht nachweisbar. (99 S. + 2 Titels., I. 1-30; II. 31-41; III. 42-76; IV. 77-99).
2. Die endgültige Fassung (um 56 T. im Scherzo gekürzt) befindet sich beim Verleger in London (dort III. 42-74; IV. 75-97).

Ausg: Boosey & Hawkes, London-New York 1947. P und ST L. Ende 1966 wurde die P endlich gedruckt! Auch TP (B&H 19354).

V: Boosey & Hawkes, London-New York.

Schon vor Abschluss der *1. Symphonie* wusste Martinů, dass eine zweite bald folgen würde. Nach der längsten, anspruchsvollsten wurde sie zur knappsten, bescheidensten der sechs Schwestern. Keine kommt dem Ideal der „Kammermusik im symphonischen Rahmen“ näher, keine (mit der möglichen Ausnahme der vierten) ist tschechischer in Stil und Ausdruck als diese pastorale Idylle, die „es erfolgreich meidet, großartig zu werden“, wie ein Referent nach der Uraufführung zutreffend meinte. Martinů erscheint hier als der wahre Erbe Dvořáks, etwa dessen 6. oder *8. Symphonie.* Die Form ist übersichtlich und etwas traditioneller als die der *1. Symphonie.* So nähert sich der erste Satz wieder einer bündigen Sonatenform, mit einer gleich am Anfang erscheinenden Melodie der Streicher, deren deutlich thematischer Umriss jedoch nicht von einem kontrastierenden zweiten Gedanken, sondern nur von einem synkopierten Folgesatz (in g-Moll) schon im 16. Takt abgelöst wird. Der durchführenden Mitte fehlen die üblichen Spannungen und Steigerungen; nach einer freien Wiederholung schließt eine kurze Coda ganz unauffällig den poetischen Satz, der ein leicht verschleiertes, kaum von einem Hauch Melancholie berührtes Herbstbild wachruft. Es folgt ein schlichtes Andante, im wiegenden $^9/_8$ Takt der mährischen Volkslyrik; eine der ganz seltenen Gemeinsamkeiten mit der Kunst Janáčeks, allerdings nur deshalb, weil diese grundverschiedenen Künstler hier aus einer gemeinsamen Quelle schöpfen. Das Stück atmet tiefe Ruhe, von zarter Sehnsucht erfüllt, und erzielt die erlesensten Stimmungsabstufungen durch die einfachsten Mittel: biegsame Rhythmik, von der sowieso dauernd wechselnden Taktzahl völlig unabhängig, feinfühlige harmonische Abschattierungen, Kammermusikklang. Die Schlusstakte fangen einen Augenblick seltener Glückseligkeit ein. Nun entfesselt sich ein burschikoses Scherzo im Marschtempo, dessen erste sechs Seiten schon vor dem Rest der Symphonie niedergeschrieben worden waren. Der übliche Kontrast eines Trios fehlt, und der durchkomponierte Satz gipfelt in fröhlicher Stimmung mit einem der „Marseillaise“ entlehnten Trompetenruf („Aux armes, citoyens!“). Das Finale ist vom Scherzo nicht allzu verschieden; nach einer kurzen einleitenden Oboenmelodie von bezaubernder Frische steigert es vielmehr dessen Grundstimmung. In freier Rondoform sind hier wieder zwei verschiedene Gedanken verarbeitet. Der eine ist mit seiner beschwingten Figurationsagogik fast mozartisch, der andere ganz schlicht und singend wie eine tschechische Volksweise. Zum Schluss bricht die lange im Zaum gehaltene Freude unwiderstehlich aus, und die Symphonie endet mit einem sieghaften Blechbläserchoral in strahlendem D-Dur. Diese klassischste der sechs Symphonien ist somit auch die einzige, die in der Ausgangstonika endet. Weshalb sie so selten auf den Konzertprogrammen erscheint, ist schwer verständlich.

299. SYMPHONIE Nr. 3

E: Ridgefield, Conn. (USA), 2.5.–14.6.1944. (2. Satz vollendet am 26.5.)

W: „To Serge Koussewitzky and Boston Symphony Orchestra. For 20th Anniversary.“

UA: Boston, 12.10.1945. Boston Symphony Orchestra, Dir.: S. Koussewitzky.

WA: Prag, 13.10.1949. Tschechische Philharmonie, Dir.: Karel Šejna.

BS: 3332-4331-Pk.-Schl. (gr. Tr., Beck, Rührtr., Tri., Ttam)-Hf.-Pf.-Str.

D: 30' 30''

1. Allegro poco moderato ($^3/_4$, es-b), 516 T. (in der ersten gedruckten Ausgabe wurden 30 T. bei Ziffer 13 – nach T. 222 – weggelassen, die die neue von Sandra Bergmannová und

Aleš Březina revidierte Ausgabe wieder einstellt und die auch in der CD-Einspielung der Tschechischen Philharmonie unter Jiří Bělohlávek (Supraphon SU 3631-2 031, 2003) zu finden sind (samt weiteren Korrekturen und der Wiedereinstellung der acht VI-DE T. im dritten Satz). 9' 30''
2. Largo ($^3/_4$, wechselnd, c-C), 107 T. 10'
3. Allegro - Andante (ab T. 132) ($^4/_4$, häufig wechselnd, f-E), 246 T. mit den acht mit VI-DE bezeichneten T. vor Ziffer 9. 11'

A: (Skizzen) NM ČMH (Tr B 280). Das große Konvolut von 58 S. enthält sehr viele Bleistiftskizzen aus den Amerika-Jahren, meistens Orchestermusik und besonders für die *3. Symphonie.* Boosey & Hawkes, London (108 S. + Titels.; I. 1–48 ; II. 49–69; III. 70–108).

F: Inst. BM, Prag (BaH 011) (Kopie der Originalpartitur mit Notizen von fremder Hand - vielleicht von Koussewitzky).

Ausg: Boosey & Hawkes, London-New York 1949. P und ST L. Wie im Falle der *2. Symphonie* ist die P erst Ende 1966 im Druck erschienen. Auch TP (1967) K. (B&H 19427).

V: Boosey & Hawkes, London-New York.

„Die dritte Symphonie ist mein Stolz", äußerte Martinů in einem anlässlich seines 60. Geburtstages gehaltenen Rückblick auf sein symphonisches Schaffen, „sie ist tragisch im Ton, und ich hatte Heimweh als ich sie schrieb." Und er fügte sogar hinzu: „Und wenn meine Freunde meinen, dass ich bescheiden bin, so sage ich Ihnen, dass es nicht wahr ist." Das anerkannte Musterwerk war Beethovens Eroica.

Die Dritte schließt die Reihe der vier großen Bekenntniswerke, die vom Zweiten Weltkrieg und vom Schicksal der tschechischen Heimat inspiriert wurden. Die drei anderen sind das *Doppelkonzert* (H. 271), die *Feldmesse* (H. 279) und *Gedenkstück an Lidice* (H. 296). Die Symphonie bildet nicht nur die Krönung dieses „Kriegszyklus" (dessen Gesamtaufführung an einem Abend, und in der Entstehungsfolge wohl einen erschütternden Eindruck hinterlassen würde), sondern ihr Schlusssatz wirkt als befreiende, endgültige Lösung aller früher angehäuften Spannungen, als Epilog nicht nur des Werkes, sondern der verhängnisvollen Zeitspanne seit 1938. Nun durfte die sonnige Vierte entstehen. Die wundersame Stimmungswendung im Finale wurde durch die Nachricht der Landung der Alliierten in der Normandie (6. Juni 1944) verursacht, wie es die Entstehungszeit und Martinůs eigene Erklärung bestätigen. Rein musikalisch bildet auch das *Concerto da camera* für Violine (H. 285) eine wichtige Zwischenstufe vom *Doppelkonzert* zur *Symphonie.*

Dieses Werk hatte lange ein enttäuschendes Schicksal. Die Uraufführung ließ verhältnismäßig lange auf sich warten. Auch die verschiedenen Erstaufführungen folgten nur zögernd. Die bis 1966 ungedruckte Partitur wurde damals weniger gespielt als irgendeine andere der sechs Symphonien.

Während die drei viersätzigen Symphonien keinem Satz mehr Gewicht geben, sind die drei dreisätzigen, und ganz besonders die Dritte, entschieden „Finalsymphonien". Das inhaltliche und architektonische Schwergewicht einer Symphonie auf den Schlusssatz zu verlegen, ist schon manchem unter den Großen zum Verhängnis geworden. Bei Martinů ist der Versuch gelungen, weil er jede nachdrückliche Übersteigerung zu meiden weiß: Die beiden besten dieser Finalsätze (*3.* und *6. Symphonie*) klingen im verhaltenen Pianissimo aus.

Die Dritte zeigt eine meisterhafte Anwendung der „evolutiven Tonart" auf psychologisch-dramatischem Grund. So führt die Symphonie von der dunkelsten aller Tonarten (es-Moll) zur hellsten, zugleich benachbartesten (im Klangraum) und entferntesten (im Quintenzirkel): E-Dur. Zwischenstufen bilden b-Moll, c-Moll (bzw. C-Dur am Schluss des Largos) und f-Moll. Stimmungsmäßig ist der Orchestersatz herber und nüchterner als üblich, das Blech tritt rücksichtsloser hervor, und nur im 2. Satz wird ein verfeinerteres Klangbild erzielt.

Düster und spröde hebt der erste Satz mit seinem dreitönigen Urmotiv an. Eine polytonale Überlagerung nacheinander eintretender Melodieschichten in verschobenen Synkopen verarbeitet es und führt weitere Keimzellen ein, manche davon (so E-F-Fis-E im 15. Takt) von entscheidender Wichtigkeit für die ganze Symphonie. Mehrere Steigerungen führen zu einem traurigen Fagottsolo, dem die Rolle eines üblichen zweiten Themas zukommt. Der Mittelteil bringt einen für Martinů ungewöhnlich rohen Kraftausbruch. Auf die Wiederholung des Beginns folgt eine heftige Coda (Allegro, später Allegro vivo), die das Stück in unerbittlicher Steigerung zum wuchtigen b-Moll-Abbruch führt. Der Ausdrucksbereich dieses ersten Teiles ist schmerzlich, ja gequält.

Das folgende Largo ist vielleicht der höchste Gipfel, den die Einbeziehung des Concerto-Grosso-Prinzips in die Symphonie ermöglicht hat. Der Komponist selbst hat die Streicherpolyphonie mancher Stellen mit Corelli verglichen. Die Form ist einfach dreiteilig, jedoch erfährt dieser überlieferte Rahmen eine erstaunliche dramatisch-dynamische Erneuerung, indem die Steigerung des Mittelteils, 24 Takte lang vom angsterfüllten Klopfen der Pauke unterstrichen, erst mitten in der Wiederholung des ersten Teils ihren Höhepunkt erreicht. Neben solch erregenden Gipfelpunkten findet man Stellen von erlesener Innigkeit, wie das Flötensolo von Takt 15. Verzweiflung und Hoffnung lösen einander während des ganzen Satzes ab, letztere behält schließlich die Oberhand.

Das Finale zerfällt in zwei scheinbar beziehungslose Teile, die aber ein gemeinsames Urmaterial verarbeiten und dessen Gesamtbedeutung erst im Rahmen der ganzen Symphonie erscheint. Zuerst ein wildes, bohrend-rebellierendes Allegro in zusammengedrängter Sonatenform, das an die Allegroteile des Doppelkonzertes erinnert. Eine Übergangsepisode leitet nun den herrlichen, völlig unerwarteten Epilog ein: Auf der rosavioletten Schwelle der Morgendämmerung knüpft das Solofagott wie fröstelnd an den ersten Satz an; seine Hoffnung wird jetzt erfüllt: Zwei große Hymnen folgen einander, die erste ein friedlicher Gesang an die wiedergefundene Freiheit, jenseits der für immer abgelaufenen Angst und Nacht, in der Form eines Chorals für Solostreichquartett, die zweite ein Triumphlied zu Ehren der neuen Zeit brüderlichen Friedens. Hier behandelt Martinů das große Symphonieorchester mit einem an Gustav Mahler gemahnenden Glanz. Aufwärts strebend feiern die Hörner die Würde des Menschen mit mannhaftem Vertrauen. Eine lange, ruhige Coda in E-Dur, in der die Urzelle E-F-Dis-E ihren wahren Sinn enthüllt, beendet das Werk.

In der allgemeinen Anlage und im Stimmungsgehalt, man möchte sagen, im verborgenen „Programm“ erinnert diese Symphonie auffallend an Honeggers um zwei Jahre jüngere *Symphonie liturgique.* Nur ist bei Martinů der langsame Epilog länger und großartiger.

305. SYMPHONIE Nr. 4

E: New York (1. bis 3. Satz), Cape Cod, South Orleans (Mass.) (4. Satz), 1.4.–14.6.1945 (1. Satz vollendet am 17.4., 2. Satz am 2.5., 3. Satz am 22.5.).

W: „To Helene and Bill Ziegler“

UA: Philadelphia, 30.11.1945. The Philadelphia Orchestra, Dir.: E. Ormandy.

WA: Prag, 10.10.1946. Tschechische Philharmonie, Dir.: R. Kubelík.

BS: 4432-43 31-Pk.-Schl. (gr. Tr., Beck., Rührtr., Tri., Ttam)-Pf.-Str.

D: 31′ 30′′
1. Poco moderato ($^{6}/_{8}$, B), 209 T. 6′ 30′′
2. Scherzo: Allegro vivo (Trio: Moderato, T. 180–278) ($^{6}/_{8}$, g-D), 459 T. 8′ 15′′
3. Largo ($^{3}/_{4}$, Es-D), 166 T. (in der gedruckten Ausg. 163 T., siehe unten!). 9′ 45′′
4. Poco Allegro ($^{4}/_{4}$, c-C), 231 T. 7′

A: P. beim Verfasser dieses Buches in Brüssel (Geschenk von Frau Martinů) (102 S.; I. 1–32, II. 33–57, III. 58–71, IV. 72–102.). Dazu zwei Korrekturbogen, die u. a. die drei T. für Klavier Solo wiedergeben (sie befinden sich im Largo, Ziffer 5, nach T. 63!), die in der gedruckten Ausgabe irrtümlich fehlen.

F: PBM (FAa 36).
Inst. BM, Prag (LIP 005, XYZ 004).
NM ČMH (Tr B 596) mit autogr. Eintragungen des Komponisten.
Inst. BM (XYZ 050) Skizzen des 4. Satzes.

Ausg: Boosey & Hawkes, London-New York 1950 (B&H 16616). P und ST L., TP (Nr. 68) K., Editio Bärenreiter, Prag 1990[1] P K. (H 7519), neue Auflage z. Z. in Vorbereitung (revidiert von Charon Choa).

V: Boosey & Hawkes, London-New York.

Der formale Umriss dieser Symphonie kommt dem der ersten am nächsten, nur sind hier die Ecksätze kürzer zugunsten der Mittelsätze, was schon an sich den überwiegend lyrischen Charakter des neuen Werks betont. Im Vergleich zu den früheren Symphonien ist das Orchester ein wenig reicher an Holz; dagegen fehlt die Harfe.

Die Vierte ist ein sonniges, strahlendes Werk, und ihre Entstehungszeit (Sommer 1945) bildet eine Art Zenit in Martinůs amerikanischer Periode, nach welchem ein unmerklicher Abstieg beginnt, der bis 1953 (*6. Symphonie*) dauern wird. Als Martinů die Vierte schrieb, war der Zweite Weltkrieg zu Ende gegangen, sodass er in der Aussicht einer Heimkehr nach Prag wohl hoffen konnte, dass sie seine letzte amerikanische Symphonie sein würde. Daher die glückliche Stimmung des Werkes, das als einzige der sechs Symphonien in deutlichem Dur (und sogar in Martinůs Lieblingstonart B-Dur) beginnt. In keiner anderen ist die melodische Erfindung so üppig und dankbar, und keine ist in jeder Einzelheit so sorgfältig und liebevoll ausgemeißelt. Die schillernde, durchscheinende

Brillanz des Orchestersatzes übertrifft die der früheren Symphonien und deutet schon auf die letzten Orchesterwerke hin.

Der knappe erste Satz ist ein Musterbeispiel von Martinůs Technik motivischer Fortspinnung. Das Urmaterial steckt in den zwei ersten Takten: ein Terzmotiv (F-D-F) und die flinke Antwort der Bläser- und Klavierfigurationen. Die Form ist zweiteilig: abAB, wobei a (bzw. A) in ständiger Steigerung den ursprünglichen Entwurf allmählich zu einer voll entwickelten Melodie gestaltet, die in b (bzw. B) in beschleunigtem Tempo (Poco Allegro, später Più vivo) erscheint. Der zweite Teil des Satzes (AB) ist eine erweiterte, durchführende Wiederholung des ersten. Eine kurze Coda schließt das Stück mit einer fröhlichen Bejahung des Urmotivs. Es folgt ein groß angelegtes Scherzo, das wohl zu den erregendsten seiner Art zählt und gewissermaßen den Höhepunkt der Symphonie bildet. Das purzelnde Fagottthema gehört zu Martinůs unvergesslichen Einfällen. Wie in der ersten Symphonie bildet schon das eigentliche Scherzo eine breite dreiteilige Form mit mächtigen Steigerungen. Das Trio bringt eine heitere Dorfidylle, die zwar das Urmotiv des Scherzos verarbeitet, stimmungsmäßig aber eher an den l. Satz anknüpft. Die typisch tschechische Melodie hat Martinů einmal als seine schönste bezeichnet. Das ganze Scherzo wird sodann wiederholt. Neun Jahre später hat Martinů ihm ein Schwesterstück im hinreißenden Saltarello seiner Oper *Mirandolina* (H. 346) geschenkt.

Das Largo gehört zu seinen besten Schöpfungen. Trotz der deutlich erkennbaren, wenn auch sehr frei behandelten, Dreiteiligkeit hinterlässt es den Eindruck eines einzigen großen Melodiebogens von starker Ausdruckskraft, von erlesenen, oft polytonalen Harmonien getragen und durch hochdifferenzierte Klangfarbe gekennzeichnet. Auch die Concerto Grosso-Technik erscheint, z.B. beim Anwenden eines Concertinos von Solostreichern (2 Violinen und Cello). Der kräftige Schlusssatz kennt manche dramatischen Spannungen, die den übrigen Sätzen fremd waren. Nach kurzem Anlauf entwickelt er sich als ausgeprägte Sonatenform mit zwei deutlich differenzierten Hauptthemen, eine Seltenheit bei Martinů. Die Wiederholung bringt die Themen in umgekehrter Reihenfolge (vgl. 1. Satz des *Streichquintetts* H. 164). Als zweites Thema schreibt Martinů eine breite Streichermelodie voll slawischer, sehnsuchtsvoller Leidenschaft, die sich in der Wiederholung zu einer strahlenden Siegeshymne steigert. Eine kernige Coda in hellem C-Dur beendet das Werk, das glücklicherweise viel Verbreitung gefunden hat. Zweifellos hat die frühe Drucklegung (auch einer Taschenpartitur) dazu beigetragen.

310. SYMPHONIE Nr. 5

E: New York, Februar bis 13. Mai 1946 (1. Satz vollendet am 12.3., 2. Satz am 5.4.).
W: Gewidmet der Tschechischen Philharmonie.
UA: Prag, 28.5.1947. Tschechische Philharmonie, Dir.: R. Kubelík.
WA: New York, 24.1.1948. NBC Symphony Orchestra, Dir.: E. Ansermet.
BS: 3333-4331-Pk.-Schl. (gr. Tr., Beck., Rührtr., Tri., Ttam)-Pf.-Str.
D: 30′
1. Adagio ($^4/_4$) - Allegro ($^2/_2$) (Adagio, T. 1–37; 118–144; 246–257) (B), 257 T. 9′
2. Larghetto ($^3/_4$, F), 216 T. 9′
3. Lento ($^3/_4$) - Allegro ($^6/_8$) (Lento, T 1-61 und 129–180). (es-D), 371 T. 12′
A: z. Z. nicht nachweisbar.
F: Früher im Archiv der Tschechischen Philharmonie (101 S.; I. 1–32; II. 33–56; III. 57–101).
Jetzt: NM ČMH (Tr B 597).
Inst. BM (XYZ 019).
Ausg: Boosey & Hawkes, London-New York 1950. (B&H 16864). P und ST L. TP (Nr. 69) K. Neue Auflage in Vorbereitung (revidiert von Sharon Choa).
V: Boosey & Hawkes, London-New York.

Als Paul Sacher im Oktober 1945 Martinů den neuen Auftrag eines Werkes für Kammerorchester erteilte, antwortete der Komponist am 26. November: „Mit großer Freude komme ich Ihrem Vorschlag nach, ein Stück für Streichorchester zu komponieren, und es würde mich riesig freuen, es für Sie zu schreiben. Jedoch glaube ich, dass ich mit meiner symphonischen Schaffensphase noch nicht fertig bin; es gibt noch eine Fünfte, die niedergeschrieben werden will.“ Sie entstand aber erst ab Februar 1946, nach einer ungewöhnlich langen Schaffenspause von fünf Monaten. Martinů war damals in einem unglücklichen seelischen Zustand, dessen Gründe im biografischen Teil erwähnt wurden. Die Euphorie des vorigen Sommers war vorbei, und mit der Rückkehr in die Heimat zögerte er immer mehr. Das spiegelt sich in der neuen Symphonie deutlich wider. Alle anderen Symphonien lassen sich mühelos „taufen“: So wäre die erste die „epische“, die zweite die „idyllische“ oder „pastorale“, die dritte die „tragische“, die vierte die „lyrische“, die sechste endlich die „phantastische". Aber mit der fünften liegt alles viel schwieriger. Ihr Stimmungsgehalt ist erstaunlich schwankend und zweideutig, man möchte sie als die „Symphonie des Helldunkels" bezeichnen. Sie führt uns von der herben, gedrückten Adagio-Einleitung des Kopfsatzes (keine andere der sechs beginnt so zögernd) bis zum energischen Willensausbruch der abschließenden Takte, die das Werk aber im unbestimmten Unisono (weder Dur noch Moll) ausklingen lassen. Dieselbe Zweideutigkeit kennzeichnet auch die Tempoverhältnisse der drei Sätze. Während die beiden Ecksätze langsame und rasche Teile abwechseln lassen (mit dem Schwergewicht auf den raschen), verschmilzt der zweite Satz gewissermaßen die Eigenschaften der üblichen Mittelteile einer Symphonie, indem er ein langsames Scherzo - oder ein scherzohafter langsamer Satz - ist (etwa wie das Allegretto der 8. Symphonie von Beethoven). Martinů war bezüglich Formstruktur der Symphonie sehr zufrieden, und in der Tat schafft sie ein befriedigendes, von der klassischen Norm stark abweichendes Gleichgewicht. Jedoch quillt die Inspiration nicht mehr so üppig und frisch wie in der *4. Symphonie*, und die Klangfarbe ist entsprechend nüchterner.

Die Form des ersten Satzes ist wie in der vorigen Symphonie wieder zweiteilig (abAB), aber hier sind die a- (bzw. A-)Teile im Adagio gehalten. Der zweite Teil hat wieder durchführend wiederholenden Charakter und wird von einer knappen Coda gefolgt, deren Adagio-Tempo durch die Allegro-Agogik widersprochen wird und den Satz im vertrauensvollen B-Dur schließt. Die lebhaften Teile sind im Stil ziemlich „französisch" und erinnern bisweilen an Roussel. Martinů zog den zweiten Satz den anderen vor, und wir folgen ihm in seinem Urteil. Das in sehr freier Rondoform gesetzte Stück bezaubert durch große Verfeinerung und schwankt zwischen geistreicher Spitzfindigkeit und lastender Unruhe, obwohl die Coda, mit ihrem ganz flüchtigen Anklang an die Ouvertüre zur *Verkauften Braut*, entschieden scherzohaft ausklingt. Auch hier herrscht „Kammermusik im symphonischen Rahmen". Kleine Gruppen von Instrumenten lösen einander konzertant ab, und die Soloflöte (bei der Wiederholung die Solovioline) bekommt eine anmutige Melodie. Mit den ersten Takten des Finales (Martinůs längster und wohl gewichtigster Symphoniesatz) ändert sich die Stimmung plötzlich im Sinne einer Vertiefung und Ausdruckssteigerung. Es erklingt ein pathetisches Streicherlargo, das in reicher Polyphonie eine dreitönige Urzelle (F-Ges-Es) verarbeitet, die sich allmählich zum ausgeprägten Themengebilde entwickelt. Eine Steigerung führt zum Hauptsatz, ein entschlossenes Allegro, dessen punktierte Rhythmik an den 1. Satz der 7. Symphonie von Beethoven erinnert. An sich haben beide Stücke kaum etwas gemeinsam, jedoch hat Beethoven diesen Rhythmus derartig geprägt, dass sich die Reminiszenz einfach aufdrängt. Das motivische Material wächst zum erregenden Siegesgesang in D-Dur empor, der aber plötzlich abbricht. Eine veränderte Wiederholung der langsamen Einleitung bringt nun ganz verborgene (nicht wörtliche) zyklische Anspielungen auf die beiden ersten Sätze (vgl. *1. Symphonie*). Mit der Rückkehr zum Allegro-Tempo hören wir eine kurze Durchführung und eine regelrechte Wiederholung, die in eine groß angelegte Coda mündet. Hier erscheint das pathetische Largo-Motiv zum letzten Mal durch die mächtige Stimme der vier Hörner. Dann folgt eine beschleunigte Steigerung (più vivo), die sich von Moll nur zugunsten des unentschiedenen Unisono loszureißen vermag. So endet die Symphonie mit einem Pyrrhussieg.

343. SYMPHONIE Nr. 6 (FANTAISIES SYMPHONIQUES)

E: New York, 1951 - Paris, 26.5.1953.
Der 1. Satz wurde in der Urfassung (die von der endgültigen nur durch die Einbeziehung der beiden Klaviere abweicht) schon am 21.4.1951 in New York vollendet. Die ganze Symphonie wurde mit dem 3. Satz am 23.4.1953 in New York abgeschlossen. Die Umarbeitung der Instrumentation des 1. Satzes trägt das Datum: Paris, 26.5.1953.

W: Gewidmet Charles Munch, zum 75. Geburtstag des Boston Symphony Orchestra.

UA: Boston, 7.1.1955. Boston Symphony Orchestra, Dir.: Ch. Munch.

WA: Prag, 8.2.1956. Tschechische Philharmonie, Dir.: K. Ančerl.
Paris, September 1956. Boston Symphony Orchestra, Dir.: Ch. Munch.

BS: 4333-4331-Pk.-Schl.(gr. Tr., Beck., Rührtr., Tri., Ttam, Tamb.)-Str.

D: 27' 30''
1. Lento ($^3/_4$ bzw. $^9/_8$) - Allegro ($^4/_4$) (Lento: T. 1–33 und 238–260) (b-F), 260 T. 9'
2. Poco Allegro ($^6/_8$, Mittelteil $^4/_4$, b-B), 265 T. 7' 45''
3. Lento ($^4/_4$, wechselnd, h-Es), 209 T. 10' 45''

A: z. Z. nicht nachweisbar

F: PBM (Ag 236/1, 2; Ag 314) 111 S.; I. 1-37; II. 38–77; III. 78–111.
Inst. BM, Prag (LOC 008).

Der 1. Satz trägt die Korrekturen (Uminstrumentierung) und das doppelte Datum New York, 21.4.1951 und Paris, 26.5.1953. Bei Frau Martinů in Vieux-Moulin befand sich ein anderes F des 1. Satzes ohne Korrekturen. Z. Z. nicht nachweisbar.

Ausg: Boosey & Hawkes, London. New York 1957 (B&H 18243). P und ST L. TP K. (1968), Editio Bärenreiter, Prag 1990[1] P (H 7616). Neue Auflage z. Z. in Vorbereitung (revidiert von Aleš Březina).

V: Boosey & Hawkes, London-New York.

Die *5. Symphonie* trägt manche Zeichen unverkennbaren Ermattens. Nach ihr tritt eine weniger fruchtbare Periode ins Leben von Martinů ein, der zweite, mehr schattenhafte Teil seiner amerikanischen Jahre. Obwohl auch zwischen 1947 und 1952 manche Meisterwerke entstanden, sind die verhängnisvollen Folgen des schlimmen Unfalls von 1946 nicht zu verleugnen. Die *6. Symphonie*, ein völlig unerwartetes „Ausnahmewerk", wie wir sie schon kennen, leitet die letzte große Schaffensphase mit elementarer Gewalt ein. Schon 1951 waren unterirdische Triebkräfte tätig, denn der 1. Satz wurde schon damals niedergeschrieben. Zwei Jahre vergingen aber bis zur Vollendung der Symphonie, die bei der Uraufführung wie ein Vulkan ausbrach. Sie ist seitdem, neben dem *Doppelkonzert*, zu Martinůs meist gespieltem Orchesterwerk geworden. Auch wenn sie dieses glückliche Schicksal durchaus verdient, so sollten doch dadurch die früheren Symphonien nicht vernachlässigt werden; was leider der Fall ist (Ähnliches widerfuhr Dvořák mit der *Neuen Welt-Symphonie*).

Noch mehr als die dritte ist diese letzte Symphonie ein aus subjektiven Gefühlsbereichen entsprungenes Werk. Der bescheidene, wortkarge Autor hat das selbst bekannt: „Selbstverständlich haben die *Phantasien* und das *Doppelkonzert* einen ganz privaten Charakter, aber ich alleine weiß Bescheid darüber, und alle anderen Vermutungen sind nur Kino." (Brief an Miloš Šafránek vom 25.2.1958.) Es scheint, als ob Martinů durch die Komposition dieser Symphonie eine schwere innere Krise überwunden hätte und als ob diese Befreiung ihm neue schöpferische Aussichten öffnete. Die biografischen Daten bestätigen diese Tatsache.

Aber auch der äußerliche Anlass ist für die Eigenart des Werkes bestimmend: „Ich wünschte, etwas für Charles Munch zu komponieren", erklärt Martinů," seine spontane Annäherung zur Musik, durch welche sie in freier Art ihre Form gewinnt und ungehemmt fließt und ihrer Bewegung folgt, macht auf mich einen tiefen Eindruck, und ich liebe sie. Ein fast unmerkliches Zögern oder Beschleunigen spritzt der Melodie ein plötzliches Leben ein.“ Zuerst sollte das Werk *Nouvelle Symphonie fantastique* heißen, und den Titel hätte es ruhig behalten dürfen. In der Urfassung war das Orchester um zwei Klaviere bereichert (Martinů spricht von drei, was das Autograph der Partitur widerlegt). Im Laufe des Schaffens kam er aber wieder davon ab, auch von dem an Berlioz erinnernden Titel. Nun wurde der endgültige Name, *Fantaisies Symphoniques*, festgelegt, der dem Formgehalt der Symphonie besser entspricht, wenn sie auch stimmungsmäßig eine „Phantastische“ geblieben ist. Gegenüber den anderen Symphonien sind die Unterschiede zahlreich. Am meisten fällt die formale Freiheit auf, die totale Asymmetrie und häufige Tempowechsel zur Folge hat. Dieser reife Phantasiestil ist aber nur scheinbar rhapsodisch und beruht, wie wir schon wissen, auf ständiger motivischer Metamorphose, die das vollkommenste Stadium von Martinůs Urzellentechnik darstellt.

Auch der Orchestersatz hat sich durch Verzicht auf das Klavier geändert. Im Gegensatz zu den späteren Orchesterwerken fehlt hier sogar die Harfe. Dagegen wird das Schlagzeug öfter und farbiger als früher eingesetzt. Trotz dieser Opfer gewinnt das Klangbild noch an Verfeinerung und Differenziertheit und nähert sich einem Neoimpressionismus.

Dem bisherigen Stimmungsgehalt der Musik von Martinů fügt die *6. Symphonie* zum ersten Male etwas Unheimliches, Grillenhaftes, fast Spukhaftes hinzu, das in den späteren *Paraboles* und noch mehr im *Klavierkonzert Nr. 4* („Incantation“) seinen Gipfelpunkt erreicht.

Der erste Satz (besser: die erste Phantasie) beginnt mit einer langsamen Einleitung, die jeder Beschreibung trotzt: verblüffendes Brausen geheimnisvoller Gewässer, aus denen allmählich ein Trompetenmotiv heranwächst. Nachdem das wundersame Wimmeln (das durch Holzbläser und gedämpftes Solostreichtrio von 2 Violinen und einer Bratsche erzeugt wird) beendet ist, spielt das Solocello die Urzelle der Symphonie (F-Ges-E-F), wie wir sie schon aus der *3. Symphonie* kennen und die hier auch oft in der Umkehrung (F-E-Ges-F) erscheint. Sie geht auf Dvořáks *Requiem* zurück. Nun entfesselt sich ein wilder Allegrosatz, dessen dramatische Spannungen durch fast erschreckende Orchestersteigerungen erzeugt werden. Eine lyrische Gesangsperiode der Streicher, wie alles Übrige von der Urzelle abgeleitet, kehrt nach einem ausgedehnten Violinsolo am Schluss des Allegroteils (der sonst keine Wiederholungen kennt) wieder. Eine Reprise des eröffnenden Lentos rundet den Satz ab. Der Ausklang ist ruhig. Die zweite Phantasie ist ein ungestümes, unheimliches Scherzo, dessen Mittelteil Tempo und klangliche Gewalt noch steigert. Jedoch lösen auch hier große lyrische Perioden die dämonischen Ausbrüche ab, und das Stück endet ebenfalls in ruhiger Stimmung. Die dritte Phantasie, zugleich die längste, gehaltvollste und formal freieste, verläuft überwiegend im langsamen Tempo. Sie hebt mit einer ergreifenden Klage des ganzen Orchesters an und brütet dann melancholisch über dem Urkeim. Eine erste große Steigerung führt zum Herz des Satzes, das zugleich ausdrucksmäßig den Höhepunkt der ganzen Symphonie bildet. Ein helles, von einzelnen Bläsern schlicht begleitetes Klarinettensolo in Es-Dur beschwört für eine kurze Weile eine friedliche Landschaft aus der tschechischen Heimat. Aber bald verschleiert sich das schöne Wunschbild, und mit brutaler Wucht hebt die zweite große Steigerung an, die ein von tiefer Bedeutung erfülltes Selbstzitat aus der Oper *Juliette* enthält (siehe *Juliette*, S. 168), schließlich in einem wilden Allegro gipfelt und sodann abbricht. Ein verhaltener Choral in Es-Dur beendet das Werk mit einer breiten, stillen Gebärde.

Dieses schon klassisch gewordene Meisterwerk erhielt nach seiner Uraufführung den Preis der New Yorker Kritik (Critic-Circle) für das beste Orchesterwerk, das im Jahre 1955 zum ersten Mal aufgeführt wurde.

Kategorie 6: Werke für großes Orchester

Allgemeines: Diese Gruppe bietet zunächst ein Dutzend Jugendkompositionen, unaufgeführt und z. T. wohl auch unaufführbar. Zur Untersuchung des schöpferischen Werdegangs Martinůs haben sie großen dokumentarischen Wert, für die Konzertpraxis kommen sie aber kaum in Frage. Dann folgt die Trilogie der knappen, einsätzigen *Allegros symphoniques* (*Half-Time* H. 142, *La Bagarre* H. 155 und *La Rhapsodie* H. 171), der man stilistisch auch den Orchestersatz *Le Départ* (H. 175 A, siehe Werkgruppe 8) hinzufügen kann. Die nun folgenden dreißiger Jahre gehören ganz dem Kammerorchester bzw. dem Concerto Grosso. Als einziges, schwer einzuordnendes Übergangswerk stehen die *Inventionen* (für mittelgroßes Orchester). Während der amerikanischen Periode entstehen neben den Symphonien einige wichtige kurze Orchesterstücke (so vor allem *Gedenkstück für Lidice* H. 296, *Thunderbolt P-47* H. 309 und *Intermezzo* H. 330). Und endlich die letzten Orchesterschöpfungen in freier Phantasieform: zwei größere, die würdigen Nachfolger der Symphonien (*Les Fresques de Piero della Francesca* H. 352 und *Les Paraboles* H. 367), und zwei kleinere (*The Rock* H. 363 und *Estampes* H. 369).

4.bis Klavierskizze zu einem Orchesterwerk (wahrscheinlich Dumka Nr. 1?)

E: Ca. 1909.
A: PBM (Aa 57) 12 S.
Lückenhaft und unvollendet.
V: Frei.

11. DĚLNÍCI MOŘE (Les travailleurs de la mer) (Die Arbeiter des Meeres)

Skizze einer symphonischen Dichtung nach dem gleichnamigen Roman von Victor Hugo

E: Polička, 18.–20.4.1910.
BS: Großes Orchester.
A: MZM Brno (in A 40609).
V: Frei.

Dieser erste symphonische Versuch geht über eine vierseitige Skizze nicht hinaus.

15. SMRT TINTAGILOVA (La mort de Tintagiles) (Der Tod des Tintagiles)

Musik (Vorspiel) zu Maurice Maeterlincks gleichnamigem Puppenspiel. Im Autograph als „Opus 1“ bezeichnet!

E: Prag, 8.–21.6.1910.
BS: 3332-4431-Pk.-Schl. (gr. Tr., Beck., Ttam)-Hf.-Str.
Großer Orchestersatz von insgesamt 563 T. Verschiedene Tempi (Anfang „Grave“). Haupttonart c-Moll.
A: PBM (Aa 58) (87 S. + Titels.).
F: Inst. BM, Prag (PBM Aa 58).
Dazu 16 S. Bleistiftskizzen in MZM Brno (A 40608).
Der KA ist unter der Orchesterpartitur notiert.
V: Frei.

Dieses erste völlig ausgeführte Orchesterwerk, in zwei knappen Wochen niedergeschrieben, steht noch unter dem Einfluss der deutschen Spätromantik (Mahler, Strauss bzw. Wagner) und hat mit Debussy oder der symbolisch-impressionistischen Stilsphäre nichts gemein. Es enthält u.a. ein sechzig Takte langes Fugato, das schon Martinůs freie Behandlung der Fugenform vorausahnen lässt.

17. ANDĚL SMRTI (Der Todesengel)
Symphonische Dichtung nach dem zweibändigen Roman von K. Przerwa-Tetmajer. Im A als „Opus 14" bezeichnet!

E: Prag, 6.–13.7.1910. Šafránek meldet außerdem eine Klaviers-kizze (5.–13.7.1910) (9 S.).
BS: 3332-4431-Pk.-Schl. (gr. Tr., Beck.)-Hf.-Str. (mit 1., 2. und 3. Vn.). Großer Orchestersatz von insgesamt 608 T. Verschiedene Tempi (Anfang „Andantino scherzando").
A: PBM (Aa 59) 109 S. + Titels.
MZM Brno (in A 40608) Skizzen.
F: Inst. BM, Prag (PBM Aa 59).
V: Frei.

Programm: Um sich an seiner treulosen Geliebten zu rächen und um seine Liebe zu überwinden, schafft ein Bildhauer sein eigenes Grab, das sein Meisterwerk wird.

Der neunzehnjährige Martinů erlebte damals zum ersten Mal die Leiden unglücklicher Liebe. So entstand das wild subjektive, überladene, unreife Werk, mit seinen gewaltigen, unbeherrschten Gefühlsausbrüchen. Neben der noch immer überwältigenden deutschen Spätromantik sind aber auch die Einflüsse von Dvořák und - zum ersten Mal - von Debussy zu spüren. Diese beiden kurz nacheinander entstandenen Frühwerke zeugen wenigstens von einem ungemeinen Schaffenswillen.

45. Klavierauszug aus einem sehr langen Orchesterwerk

E: Um 1912. Könnte mit dem verschollenen H. 45 (*Erster Satz einer Symphonie*) identisch sein.
D: 1. Teil Allegro moderato 4/4, D, T. 1-321.
Zwischenspiel Allegro 7/4, D, T. 322-366.
2. Teil Mitte 3/4, C, T. 367-736.
3. Teil Reprise des 1. Teils 4/4 (mit zwei kurzen 3/4Stellen), D, T. 737-1127.
A: PBM (Aa 148) 28 S.
F: Inst. BM, Prag (PBM Aa 148).
V: Frei.

Tatsächlich eine dreiteilige Form, die einem Symphoniesatz entsprechen könnte.

*61. ANDANTE FÜR ORCHESTER (Skizze)

E: Polička, 1912.
A: Verschollen.
V: Frei.

Nur in der Šafránek-Monografie erwähnt.

90. KOMPOSITION FÜR GROSSES ORCHESTER

Ohne Titel und unvollständig überliefert

E: Polička, um 1913–1914.
BS: 2322-4000-Hf.-Cel.-Pf.-Ttam-Str.
D: Das erhaltene Fragment (der Anfang fehlt) umfasst 151 T. (wahrscheinlich Moderato).
A: PBM (Aa 60) 24 S. - Anfang fehlt.
F: Inst. BM, Prag (PBM Aa 60).
Ausg: Český hudební fond, Prag 1967.
V: Frei.

Zusammen mit H. 91 und H. 97 (und wohl auch dem verschollenen H. 96) zeigt dieses Stück die deutliche Abkehr von der deutschen Spätromantik und den wachsenden Einfluss von Debussy (im konkreten Fall sogar von Ravel). Der Orchestersatz ist durchsichtiger und besser beherrscht, und es erscheint sogar das später so bevorzugte Klavier. Das schwere Blech fehlt ganz.

91. NOCTURNE Nr. 1, in fis-Moll

E: Polička, um 1914–1915.
BS: 2222-4030-Hf.-Pf.-Str.
D: Langsamer Satz mit insgesamt 111 T.
A: PBM (Aa 61) 16 S.
F: Inst. BM, Prag (PBM Aa 61).
V: Editio Bärenreiter, Prag.

Das kurze Stück zeigt einen wesentlichen Fortschritt, weist zahlreiche Charakteristika des späteren Martinů auf (Synkopen, Harmonik, Gebrauch des Klaviers) und würde wohl auch heute noch eine gelegentliche Aufführung verdienen. Die verträumte Stimmung zeigt den jungen Komponisten ganz im Zauberreich des französischen Impressionismus gefangen.

***96. NOKTURNO (RŮŽE NOCI) (Die Rosen der Nacht)**
Als *Symphonischer Tanz Nr. 2* bezeichnet.

E:	Polička, 1915 (in der Šafránek-Monografie). Nach den *Chansons de Bilitis* von Pierre Louÿs.
A:	Šafránek meldet eine P mit 29 S., die aber z. Z. nicht nachweisbar ist. Nur Titelseite im MZM Brno (A 40602).
V:	Frei.

97. BALADA (VILA NA MOŘI) (Ballade: Villa am Meer)
Als *Symphonischer Tanz Nr. 4* bezeichnet. Nach Böcklins gleichnamigem Gemälde.

E:	Polička, um 1915.
BS:	2332-4031-Pk.-gr. Tr.-Pf.-Str. Großer langsamer Satz mit 306 T. (c-Es).
A:	PBM (Aa 62) 38 S. + Titels.
F:	Inst. BM, Prag (PBM Aa 62).
Ausg:	Český hudební fond, Prag.
V:	Frei.

Der einzige der „Symphonischen Tänze“, der uns überliefert ist. Auch dieses von stiller Trauer erfüllte Stück ist dem Impressionismus verhaftet. Die Ausarbeitung, namentlich des Orchestersatzes, hat hier an Sicherheit und Wirkung gewonnen.

123. MALÁ TANEČNÍ SVITA (Kleine Tanzsuite)

E:	Polička, vollendet am 26.10.1919 (2. Satz zuletzt geschrieben).
UA:	Brno (Rundfunk) 1963.
BS:	3322-4431-Pk.-Rührtr.-Tri.-Beck.-Hf.-Str. (stark geteilt). Pos. und Tuba nur im 4. Satz.
D:	36' 1. Tempo di Valse ($^3/_4$, G-Fis), 271 T. (449 T. m. Wdh.). 10' 30'' 2. Melodie (Píseň): Moderato ($^6/_8$, A-G), 192 T. 7' 3. Scherzo ($^3/_4$, b; Trio: Es), 433 Takte (631 T. m. Wdh.). 10' 30'' 4. Allegro alla Polka ($^4/_4$, später $^2/_4$,$^3/_4$, a-H), 212 T. 8'
A:	PBM (Aa 63); vier gesonderte Hefte von je 45, 29, 53 und 42 S. (+Titels.).

F: Stimmen von fremder Hand in PBM (Af 183).
Inst. BM (PBM Aa 63).
Inst. BM (PBM Af 183).
V: Frei.

Wie erquickend, nach so viel Treibhaus-Überfeinerung, nach all diesen schmachtenden Englischhorn-Klagen und endlosen Tremoli geteilter und gedämpfter Streicher auf einmal auf diese kerngesunde, muntere, unbefangene Dorfmusik zu stoßen! Auch die 6 *Klavierpolkas* (H. 101), das Ballett *Der Schatten* (H. 102) und gewissermaßen sogar die *Tschechische Rhapsodie* (H. 118) lehren uns, dass der Volksgeist, die einfachste Folklore und das große Beispiel der Kunst Smetanas damals für Martinů das schützende Gegengift gewesen sind, ohne das er vielleicht ein blasser Epigone Debussys geblieben wäre. Die „kleine“ Suite kann man als ein ländliches Divertimento betrachten, auch wenn sie zweifellos aus dem Rahmen gewachsen ist und durch ihre Ausdehnung die gewählte Benennung gar nicht mehr rechtfertigt. Diese Länge ist daran schuld, dass das Werk bis vor kurzer Zeit unaufgeführt blieb. Wenn es auch kaum im Konzertsaal heimisch werden wird, so kann es den passenden Rahmen aber gewiss im Rundfunk, oder noch besser, in Sommer- oder Kurkonzerten finden. Der Hauptteil des 3. Satzes verzichtet auf Streicher, die dagegen im Trio allein (und stark geteilt) erscheinen. Die verschiedenen Sätze lassen sich evtl. auch gesondert aufführen.

124. SEN O MINULOSTI (Traum von der Vergangenheit)

E: Prag, 1920.
BS: 33 (+Eh.) 22-4231-Pk.-Hf.-Str. (stark geteilt).
D: 12'
Insgesamt 238 T. Lento ¾, z.T. 4/4, C-G.
A: PBM (Aa 65) 38 S. + Titels.
F: Inst. BM, Prag (PBM Aa 65).
Ausg: Český hudební fond, Prag 1967. P und ST L. P bei Panton 1985 (P 2273) K.
V: Panton International Mainz.

Der zweite Teil aus dem dreiteiligen Orchesterzyklus *Háj satyrů* (*Im Walde der Satyren*). Die beiden anderen Sätze sind verschollen. Ein dem Impressionismus ganz verhafteter langsamer Satz, der seinen Namen in jeder Hinsicht rechtfertigt.

124.bis Andante (Fragment)

E: Um 1920.

D: Andante, 6/8, C. Bricht ab nach T. 9.

A: PBM (Aa 13) 2 S. Kein Klavierstück, sondern Reduktion eines Orchestersatzes.

F: Inst. BM (PBM Aa 13).

V: Frei.

131. MÍJEJÍCÍ PŮLNOC (Schwindende Mitternacht)

Dreisätziger Orchesterzyklus

E: Prag, 1922.

UA: (nur zweiter Teil *Modrá hodina*) Prag, 18.2.1923. Tschechische Philharmonie, Dir.: V. Talich.

BS: 3333-4331-2Pk.-Schl. (gr. und kl. Tr., Beck., Tri, Ttam)-2Hf.-Str. (stark geteilt).

D: 41'

1. *Satyři v háji cypřišů* (Satyren im Zypressenwald) Lento ($^9/_8$) - Moderato ($^3/_4$) - Allegro ($^6/_8$) - Tempo di Valse ($^3/_4$) - Andante. Versch. Tonarten (Schluss Des), 432 T. 14'

2. *Modrá hodina* (Die blaue Stunde) Andante ($^6/_8$) - Moderato ($^3/_4$) - Allegro usw.e-Moll, 335 T. 12'

3. *Stíny* (Schatten) Moderato ($^3/_4$) - Allegro ($^6/_8$ bzw. $^3/_4$) - Allegro moderato (C) - Allegro vivo ($^6/_4$) - Allegro (C) - Moderato ($^3/_4$) c-Moll, 413 T. 15'

A: NM ČMH (Tr B 219) (1. und 3.), Tr B 481 (2). Je 54, 44 und 80 S. + Titels. zu Beginn von 1.
PBM (Ad 160) nur Titels.
MZM Brno - Skizze.

F: Inst. BM, Prag (ČMH 002).
Inst. BM, Prag (PBM Ad 160).

V: Panton International, Prag.

Dieses große Orchestertriptychon erreicht mit über 40 Minuten Aufführungsdauer den Umfang einer Symphonie. Die drei Sätze, namentlich der erste und dritte, sind leider etwas zu ähnlich geraten, auch leidet das Werk an gewissen Längen. Wurde der Zyklus am 18.2.1923 vollständig aufgeführt? Die Originalhandschrift des 1. Satzes weist allerdings mit dickem Bleistift geschriebene Probezeichen (Ziffern) auf; außerdem liegt ein vollständiges Stimmenmaterial des 3. Satzes im Archiv der Tschechischen Philharmonie.

1. *Satyren im Zypressenwald*. Die Großform, obwohl etwas verschleiert, ist symmetrisch in sieben Teile geteilt (A B C B C B A). Eine lange Introduktion (T. 1-65), noch sehr dem Impressionismus verhaftet (Hornrufe über Streichergewebe mit Tremoli und Läufen), leitet zum walzerartigen Hauptsatz (T. 66-125) mit einem Flötenthema in As-Dur, der in einem kräftigen Allegro gipfelt, dessen Rhythmus der Hörner schon an den Kopfsatz von Roussels *3. Symphonie* (1930!) gemahnt. Ein kurzes, etwas gemäßigteres Zwischenspiel (T. 126-154) führt zur Fortsetzung des Hauptsatzes, der nun breit durchgeführt wird (T. 155-334) und ein neues Trompetenthema hinzufügt. Ein rasches Zwischenspiel (Allegro 6/8, T. 335-355) leitet zur kodaartigen Wiederholung des Walzers (T. 356-413), der bei T. 392 einen mächtigen Höhepunkt erreicht, der das Trompetenthema und die „Roussel"-Rhythmen vereint. Das Stück schließt mit einem ruhigen Epilog in Des-Dur (T. 414-432), das die Spannung abbaut.
2. *Die blaue Stunde* (*L'heure bleue*, wie Martinů das Stück in der französischen Übersetzung nennt) steht zeitlich dem großen Ballett *Istar* (H. 130) nahe und zeigt den Kulminationspunkt und zugleich das Ende seiner impressionistischen Phase. Was aber an diesem Stück neben Anklängen an Debussy *Fêtes* und vor allem *Jeux* unsere Aufmerksamkeit besonders weckt, ist die Ähnlichkeit mit dem 1. Satz der *Fresken*. Fast möchte man es als eine Art Vorstudie zu diesem späten Meisterwerk betrachten, aber 1955 hatte Martinů schon seit dreißig Jahren keinen materiellen Zugang zu seiner Jugendpartitur mehr, sodass es sich höchstens um eine Vorahnung handelt. Allerdings schon deswegen wäre es interessant, dieses sehr wirkungsvoll instrumentierte Stück wieder einmal zu hören.
3. *Schatten*. Dieser kräftigste, „symphonischste" der drei Teile verläuft wieder symmetrisch mit langsamer Einleitung (T. 1-50), Hauptsatz (T. 51-174), mit erstem Thema der Oboe in Es-Dur und zweitem als breite Melodie der Solovioline in e-Moll. Der lebhafte Mittelteil (T. 175-328) gipfelt in einem kurzem, heftigen Allegro vivo im 6/4-Takt (T. 233-255). Die gekürzte Reprise des Hauptsatzes (T. 326-379) beginnt mit dem Thema der Violine. In der Coda (T. 380-413) erreicht das Stück seinen mächtigen Höhepunkt, der sich zum Grave-Abschluss verbreitet.

142. HALF-TIME (POLOČAS) (Halbzeit)

Rondo für Orchester

E:	Polička, Sommer 1924.
UA:	Prag, 7.12.1924. Tschechische Philharmonie, Dir.: V. Talich.
WA:	Prag, 17.5.1925. Dieselben, im Rahmen des IGNM-Festes.
BS:	3222-4431-Pk.-Schl. (gr. Tr., Beck., Rührtr., Tri.)-Pf.-Str.
D:	9' 30''
	Allegro con brio ($^{3}/_{4}$, viele Taktwechsel!, C). 482 T.
A:	z. Z. nicht nachweisbar.
Ausg:	Český hudební fond, Prag 1955[1], 1959[2] (ČHF 412). P und ST L. Studienpartitur bei Panton, Prag 1963 (P 115) K.
V:	Panton International Mainz.

In der Laufbahn Martinůs, und noch viel mehr in seiner schöpferischen Entwicklung, bedeutet diese kurze Komposition wohl den entscheidenden Wendepunkt. Man braucht sie bloß mit den unmittelbar vorangehenden Werken zu vergleichen, um zu erkennen, welch ungeheurer Wandel nach neun Monaten Aufenthalt in Paris in seinem künstlerischen Bewusstsein stattgefunden hatte. Keine Spur mehr von verträumtem Impressionismus, sondern eine harte, mannhafte, motorische Energie. Im Orchester überwiegen jetzt die Bläser und das schlagzeugartig behandelte Klavier. Kühne polytonale Akkordballungen werden durch die hämmernde Rhythmik erbarmungslos hervorgehoben. Auch die Stimmführung ist straffer und dichter als in irgendeinem früheren Werk Martinůs. Die *Schwindende Mitternacht*, wie er unbewusst-prophetisch sein voriges Orchesterwerk genannt hatte, ist dem hellen Tag gewichen. Die krankhaften Faune sind herbe, lebensfrohe Fußballspieler geworden, deren erregendes Treiben im Laufe der frei rondoartigen Komposition kaum einen Augenblick Entspannung kennt.

Jedoch ist *Half-Time* noch kein Meisterwerk, sondern der fruchtbare Ausgangspunkt einer langen Entwicklung. Der Einfluss Strawinskys, der schon in den nächsten Werken weitgehend zurücktritt, ist nicht zu leugnen (*Sacre du Printemps*-Rhythmik und *Petruschka*-Harmonik). Aber trotzdem lässt sich das kernige Stück etwa mit Honeggers *Chant de Joie* oder *Rugby* durchaus vergleichen. In Martinůs Heimat wird es neuerdings oft gespielt.

155. LA BAGARRE (VŘAVA) (Das Getümmel)

E: Paris, Mai 1926.
UA: Boston, (USA), 18.11.1927. Boston Symphony Orchestra, Dir.: S. Koussewitzky.
WA: Prag, 9.12.1928 Tschechische Philharmonie, Dir.: V. Talich.
BS: 3332-4331-Pk.-Schl. (gr. und kl. Tr., Beck., Rührtr., Ttam)-Pf.-Str.
D: 9'
Allegro ($^{4}/_{4}$, c-C), 362 T.
A: NM ČMH (Tr B 147) 88 S. (zwischen S. 73 und 74 eine durchgestrichene Seite), der Titel lautet: *La Bagarre, Allegro pour un grand orchester* (sic!).
Ausg: Alphonse Leduc, Paris 1930 (A. L. 20749). P und ST L TP (erschienen 1950) K.
V: Alphonse Leduc, Paris.

Dieses symphonische Allegro in freier, jedoch ausgewogener dreiteiliger Form gehört zur selben Stilrichtung wie *Half-Time*, bedeutet allerdings gegenüber dem früheren Werk einen so entscheidenden Schritt vorwärts, dass man es als Martinůs erstes orchestrales Meisterwerk betrachten muss. Sein erstes Meisterwerk überhaupt war das *Streichquartett Nr. 2* (H. 150). *La Bagarre* war auch die erste Komposition Martinůs, die in Amerika erklang. Sie eröffnete somit seine lebenslange Beziehung zu Serge Koussewitzky, der sich nun an Václav Talich als einer der großen Vorkämpfer seiner Kunst anschloss. *La Bagarre* soll den Ansturm einer großen Volksmenge anlässlich eines erfreulichen Sensationsereignisses darstellen und dokumentiert Martinůs Vorliebe für einfache, spontane Gefühlsbereiche. Später fügte er auf sein Manuskript die Worte „in Erinnerung an Le Bourget“ (gemeint war die Landung Lindberghs nach seinem erfolgreichen Ozeanflug) hinzu, aber schon ein Jahr vor dieser Begebenheit hatte er sein Werk vollendet. Das prächtige Erfolgsstück, dessen breit aussingendes Seitenthema schon auf die späteren Symphonien hindeutet, gehörte von Beginn an zu Martinůs meistgespielten Schöpfungen.

168. LE JAZZ

E: Paris, Januar 1928.
UA: Brno (Rundfunk), 1962.
BS: 1020-3 Sax. (2 A. und 1 T.)-0220-Pk.-Schl. (gr. Tr., Rührtr., Beck.)-Banjo-Pf.-Str.-3 Singst., (1 Frau, 2 Männer; ohne Worte).

D: 5′
Keine Tempoangabe (wohl Allegro moderato) ($^2/_2$, B), 203 T. (227 T. m. Wdh.).
A: Im Archiv des Prager Rundfunks (34 S. + 2 Titels.).
Ausg: Český hudební fond, Prag 1980, bei Schott P und ST L.
V: Panton International Mainz.

In der Mitte seiner „Jazzperiode“ gestattet sich hier Martinů den Scherz eines echten Schlagers, in dem er vielleicht mit seinem Freund Jaroslav Ježek (eine Art tschechischem Gershwin), der damals auch in Paris wohnte, wetteifern wollte. Das anspruchslose Stück ist sorgfältig geschrieben, zügig instrumentiert und humorvoll. Für uns hat es einen zusätzlichen „zeitgebundenen“ Reiz. Es beweist aber auch, dass es für Martinů keine minderwertige oder erniedrigende Gattung gab. Aber noch mehr: Vgl. das Thema mit dem Gesangsthema aus dem 1. Satz der *Symphonie Nr. 6* (H. 343) oder mit dem Hauptthema des Kopfsatzes von Beethovens *Klavierkonzert Nr. 5*!

171. LA RHAPSODIE (auch: Allegro symphonique)
E: Paris, vollendet am 14.5.1928.
W: Pour Darney (siehe unten).
UA: Boston (USA), 14.12.1928. Boston Symphony Orchestra, Dir.: S. Koussewitzky.
WA: Prag, 12.3.1930. Tschechische Philharmonie, Dir.: E. Ansermet.
Paris, 3.4.1930. W. Straram und sein Orchester.
BS: 3332-4441-2 Pk.-Schl.(gr und kl. Tr., Beck., Rührtr.)-Pf.-Str.
D: 9′ 30″
Allegro ($^3/_4$, d-C), 398 T.
A: PBM (Aa 66) 80 S. + Titels.
F: Inst. BM (PBM Aa 66).
Ausg: Bärenreiter, Kassel 1961 (B. A. 4315). P und ST L.
Die von Aleš Březina edierte P druckreif bei Bärenreiter (2004).
V: Bärenreiter, Kassel.

Am 30. Juni 1918 wurde in Darney (Frankreich) vor dem ersten tschechoslowakischen Regiment zum ersten Male die tschechoslowakische Fahne gehisst. Zum zehnten Jahrestag dieses Anlasses schrieb Martinů das vorliegende Werk, das der Gelegenheit seinen ausgesprochen militärischen

Charakter (Blech!) verdankt. Es ergänzt die Trilogie der „Symphonischen Sätze“ mit einem prachtvollen Stück, das leider seinen Anfangserfolg nicht überlebt hat und erst wiederentdeckt werden muss. Mit *Half-Time* oder sogar mit *La Bagarre* verglichen, ist der Satz viel kontrapunktischer. Die Harmonik schwelgt in kernigen, knirschenden Scheinunisonos mit Halbtonreibungen, ein Hauptmerkmal des Stils Martinůs um 1930. Die kräftige Thematik und die Farbpracht der Blechbläser erinnern an Roussel oder noch mehr an Honegger (dessen *Rugby* im gleichen Jahr entstand). Aber zierliche Streicherconcertinos zeugen schon von Martinůs wachsendem Interesse für das Concerto-Grosso-Prinzip. Das Stück ist dreiteilig gebaut, mit einem breiten, friedlich gesangvollen Andante in der Mitte und einer verdichteten Wiederholung, die in einem mächtigen Blechbläserchoral ihren strahlenden C-Dur-Gipfel erreicht.

181 A. PRÉLUDE EN FORME DE SCHERZO

Orchestrierung (1930) des gleichnamigen Klavierstücks (Nr. 2 der *Huit Préludes*, H. 181, siehe Kategorie 26).

Die für Symphonieorchester geschriebene Partitur liegt beim Verleger Leduc in Paris.

V: Alphonse Leduc, Paris.

***211. SLAVNOSTNÍ OUVERTURA K SOKOLSKÉMU SLETU (Festliche Ouvertüre zum Sokol-Fest)**

E: Paris, Oktober 1931.
BS: Großes Orchester.
UA: Prag, 3.7.1932. Tschechische Philharmonie, Dir.: František Stupka.
A: Verschollen.
V: Frei.

219. SINFONIA CONCERTANTE Nr. 1, in G für zwei Orchester

E: Paris, Frühjahr 1932.
UA: Basel, 18.2.1958. Basler Orchestergesellschaft, Dir.: H. Münch.
BS: Orchester I: 0301-2000-Str. Orchester II: 2021-2231-Pk.-Str. Gesamtinstrumentarium: 2322-4231-Pk.-Str.
D: 20'
1. Allegro non troppo ($^4/_4$, G), 149 T. 6'
2. Vivace ($^2/_4$, a), 340 T. 3' 30''
3. Andante ($^3/_4$, C), 114 T. 6'

	4. Allegretto ($^{2}/_{2}$, g), 190 T. 4' 30''
A:	A der P im Archiv von Schott Music in Mainz (132 S. + Titels.).
Ausg:	Schott, Mainz 1953 (Nr. 37966). P und ST L. TP (ED 4403) K.
V:	B. Schott Söhne, Mainz.

Eine sehr interessante Anwendung des Concerto-Grosso-Prinzips zu einer Zeit, da Martinů sich mit diesem Problem aktiv auseinandersetzte. Stilistisch steht dieses Werk in der Nähe des *Streichquartetts mit Orchester* (H. 207). Beides sind kernige, herbe Werke mit scharf dissonierendem polytonalem Kontrapunkt, kräftigen Einsätzen des Blechs und mitreißender, motorischer Rhythmik. Jedoch fehlen weder ein köstlicher Humor (2. bzw. 4. Satz) noch eine ausdrucksreiche Lyrik im 3. Satz. Das Werk gilt als wichtiger Vorläufer des *Concerto Grosso* (H. 263) und des *Doppelkonzerts* (H. 271).

234. INVENTIONS

E:	Paris, Januar 1934.
UA:	Venedig (Biennale), 8.9.1934, Dir.: O. Piccardi.
BS:	2222-4220-Pk.-Schl. (gr. Tr., 2 kl. Tr., Rührtr., Beck., Tri., Woodblock, Xyl.)-Pf.-Str.
D:	12' 30''
	1. Allegro moderato ($^{2}/_{4}$ bzw. $^{4}/_{8}$, C), 168 T. 4'
	2. Andante moderato (nur Pf. und Str.) ($^{6}/_{4}$, wechselnd, F-B), 63 T. 4' 30''
	3. Poco Allegro ($^{2}/_{4}$, g-C), 200 T. 4'
A:	PBM (Aa 70) 55 S. + Titels.
F:	Inst. BM, Prag (PBM Aa 70).
Ausg:	Melantrich, Prag 1949 (M. 335). P K und L. ST L. TP K. Übernommen vom Staatsverlag (SHV), Prag.
V:	Editio Bärenreiter, Prag.

Dieses Werk nimmt eine ziemlich isolierte Position ein und lässt sich in jeder Hinsicht schwer einordnen. Seine mosaikartige Struktur und manche Feinheiten des Orchestersatzes scheinen auf eine viel spätere Entwicklungsphase hinzudeuten, während auch die Rhythmik und die Stimmführung gegenüber den früheren Werken eine gewisse Befreiung zeigen. Der 2. Satz ist für Streicher allein gesetzt, deren fast italienische Kantabilität zweimal von einer Klavierkadenz unterbrochen wird. In den

Ecksätzen wirkt das Schlagzeug farbiger als üblich, besonders das von Martinů sonst kaum mit einbezogene Xylophon.

***280. MILITÄRMARSCH**

E: Paris, Anfang 1940.
W: Gewidmet der Tschechoslowakischen Division in Frankreich.
A: Verschollen.
V: Frei.

Es steht nicht fest, ob dieses Werk komponiert oder nur geplant wurde. Bis heute war es jedenfalls nirgends nachzuweisen. Vielleicht beziehen sich ein Paar unbestimmbare Stellen aus dem Skizzenkonvolut zur *Feldmesse*, das in der PSS Basel liegt, auf dieses Werk.

296. MEMORIAL TO LIDICE (PAMÁTNÍK LIDICÍM) (Gedenkstück für Lidice)

E: Darien, Conn. (USA), vollendet am 3.8.1943.
W: Zum Gedächtnis der unschuldigen Opfer von Lidice.
UA: New York, 28.10.1943. Philharmonisches Orchester von New York, Dir.: A. Rodzinski (am 25. Jahrestag der Gründung der Tschechoslowakischen Republik).
WA: London, 21.8.1945. London Symphony Orchestra, Dir.: B. Cameron.
Prag, 14.3.1946. Tschechische Philharmonie, Dir.: R. Kubelík.
BS: 3332-4231-Pk.-Schl. (gr. Tr., Beck., Ttam.)-Hf.-Pf.-Str.
D: 9'
Adagio ($^{6}/_{4}$, wechselnd, c-C), 135 T.
A: PBM (Aa 71) 18 S.
F: F mit Titelseite im Archiv der Tschechischen Philharmonie (Prag).
Inst. BM (PBM Aa 71).
Ausg: Melantrich, Prag 1946 (M. 276). P K und L. ST L. Übernommen vom Staatsverlag, Prag (SHV). Auch neu gestochene sowjetische P, Moskau 1966.
V: Editio Bärenreiter, Prag.

Die völlige Vernichtung des tschechischen Dorfes Lidice durch die Nationalsozialisten, die dessen gesamte Bevölkerung umbrachten, gehört zu den grausamsten Ereignissen des Zweiten Weltkrieges (10. Juni 1942). Erst über ein Jahr später schrieb Martinů sein Gedenkstück, jedoch haben wir schon im Largosatz seiner *Symphonie Nr. 1* (H. 289) seine unmittelbare Rückwirkung auf die Tragödie erkannt. Nun aber schenkt uns Martinů eine großartige Trauerode, im edlen Pathos des Concerto-Grosso-Stils gehalten, die sich zu einem mächtigen Höhepunkt sammelt, in welchem wir in höchster Erregung ein dramatisches Zitat des Schicksalthemas aus der *5. Symphonie* Beethovens hören. Es wurde als Anspielung an das „Siegesindikativ“ der BBC („V“ für „Victory“) angewendet und wirkt bei jeder Aufführung erschütternd. Die Harmonien der stillen, dunklen Coda sind von ganz seltener Schönheit.

309. THUNDERBOLT P-47

Scherzo für Orchester

E: Cape Cod, South Orleans (Mass.), 1.–15.9.1945.
W: Gewidmet dem National Symphony Orchestra von Washington (D.C.).
UA: Washington (D.C.), 19.12.1945. National Symphony Orchestra, Dir.: H. Kindler.
BS: 3333-4331-Pk.-Schl. (gr. Tr., Beck., Rührtr., Tamb., Tri., Ttam)-Str.
D: 9'
Poco Allegro ($^2/_4$, f-d), ab T. 201: Trio (Moderato $^6/_8$), dann Scherzo da Capo. Insgesamt 316 T. (516 T. m. Wdh.).
A: PBM (Aa 72) 32 S.
F: Inst. BM (PBM Aa 72).
Max Eschig.
Ausg: Max Eschig, Paris 1990 (M. E. 7788) P und ST L. TP K.
V: Max Eschig, Paris.

Ein spätes Gegenstück zu *La Bagarre*! Mit diesem mitreißenden Scherzo schreibt Martinů wieder einmal ein „Lob der Geschwindigkeit“. Letztere wird allerdings durch die sinnreiche Agogik und nicht so sehr durch das verhältnismäßig gemäßigte Tempo erreicht. Der Komponist hat die Dirigenten vor zu großer Beschleunigung mit dem humorvollen Satz gewarnt, der auf der ersten Seite des Autographs steht: „If you go too fast, you will find yourself in a mess of (sic!) page 12 !!“ (Mess = so viel wie „Klemme“). Der Titel nennt den Namen des damals schnellsten amerikanischen Kriegsflugzeugs.

330. INTERMEZZO

E: New York, September 1950.
W: Gewidmet dem Louisville-Orchestra und seinem Dirigenten Robert Whitney.
UA: Louisville (Kentucky, USA), 29.12.1950. Die Widmungsträger.
BS: 2222-4230-Pk.-Schl. (gr. Tr., Beck., Tri., Tamb., Ttam)-Pf.-Str.
D: 9'
Allegro ma non troppo ($^6/_8$, D-B), 345 T. (Mittelteil: Poco meno, $^3/_8$: T. 117–176; Andante $^3/_4$: T. 177–211; Poco vivo T. 212–228).
A: Bibliothek des Peer Music Verlags in New York (53 S.).
F: Inst. BM, Prag (LOC 003).
Ausg: Southern Music Publishing, New York, bzw. Peer, Hamburg. P und ST L. TP Nr. 905–60 (erschienen 1965).
V: Southern Music Publishing, New York.

Dieses glänzende Orchesterstück lässt sich etwa mit Dvořáks *Scherzo capriccioso* vergleichen: eine schwungvolle, betont slawische Tanzrhapsodie in Scherzoform, mit einem ruhigen Mittelteil im Geiste einer schlichten Pastorale. Der Hauptteil steht in Martinůs vertrautem synkopierten $^6/_8$-Takt. Eine zündende Coda krönt das wirkungssichere Stück, das einen Konzertabend ebenso gut eröffnen wie beschließen mag: ein echtes Meisterwerk, wenn auch ein kleineres.

345. OUVERTÜRE

E: Nizza, 10.–15.11.1953.
W: „Composed and dedicated to Parent Association of the High School of Music and Art in NewYork“ (Zur Einweihung der Mannes School of Music).
UA: Nicht nachweisbar.
BS: 2222-4200-Pk.-Str.
D: 8'
Moderato ($^4/_4$, C) mit kurzem Mittelteil „Andante molto“. Insgesamt 149 T.
A: BNF, Paris (Depositum Max Eschig) (17 S. + Titels.).
F: PBM (FAa 37).
Inst. BM (PBM FAa 37).
Inst. BM (ESCH 018).

Ausg: Max Eschig, Paris 1965 (M. E. 7689). P und ST L.
V: Max Eschig, Paris.

Das kurze Gelegenheitswerk, Martinůs einzige Konzertouvertüre, bewegt sich innerhalb eines rein klassischen Stilbereichs. Das Hauptthema des rondoartigen Stückes gemahnt fast an Bach. Mit der Hauptgruppe des Orchesters lässt Martinů ein Concertino von sieben Soloinstrumenten (je drei: Flöte, Violine und Cello und vier: Oboe, zweite Violine, Viola, zweites Cello) abwechseln.

352. LES FRESQUES DE PIERO DELLA FRANCESCA
E: Nizza, 20.2.–13.4.1955 (1. Satz vollendet am 20.3.).
W: Gewidmet Rafael Kubelík.
UA: Salzburg, 26.8.1956. Wiener Philharmoniker, Dir.: R. Kubelík.
WA: Prag, 12.2.1959. Tschechische Philharmonie, Dir.: K. Ančerl.
BS: 4333-4331-Pk.-Schl. (gr. Tr., Beck., Rührtr., kl. Tr., Tri., Ttam, Xyl.)-Hf.-Str.
D: 18' 30''
1. Andante poco moderato ($^6/_8$, es-B), 176 T. 8'
2. Adagio ($^4/_4$, h-B), 88 T. 5' 30''
3. Poco Allegro ($^6/_8$, später $^3/_4$, Es-B), 205 T. 5'
A: PSS Basel (74 S. + Titels.) (eigentlich nur 68 S., die S. 24–29 sind eine genaue Wiederholung der S. 1-6).
NM ČMH (Tr B 313 - Skizze) 4 S., zusammen mit Skizzen zur *Sonate für Viola und Klavier* H. 355.
Ausg: Universal Edition, Wien 1956 (U. E. 12484/12521 LW). P und ST L. TP K.
V: Universal Edition, Wien.

Die acht Heiligkreuzfresken von Piero della Francesca, die Martinů während einer Italienreise im Frühjahr 1954 in der Franziskuskirche zu Arezzo hatte bewundern können, bilden die Inspirationsquelle zu seinem ersten großen Orchesterwerk seit der *Symphonie Nr. 6*. Die *Fresken* bilden somit den Mittelteil jener mächtigen Trilogie, die in den *Paraboles* ihren Endpunkt erreichen sollte. Auch sie sind im freien Phantasiestil des späten Martinů gehalten, allerdings mit mehr klassischem Gleichgewicht als die benachbarten Schöpfungen. So entspricht z. B. der Kopfsatz (der ausgedehnteste und wohl vollkommenste der drei) in seiner breiten Dreiteiligkeit einem echten ersten Symphoniesatz. Mit zwei anderen Sätzen von ähnlichem Umfang hätte aus dem Werk eine 7. Symphonie werden können, was aber zu dieser Zeit außerhalb Martinůs Interessensphäre lag. So wurden die Fresken schließlich zu einem schillernden Orchesterkonzert, das in seiner unvergleichlichen Farbpracht, seinem üppigen Klangbild und nicht zuletzt seinem Schwelgen in lyrischer Melodik wohl den Gipfelpunkt des „Italienischen", Mittelländischen in seiner Kunst bildet. Martinůs Bewunderung galt vor allem der einfachen, ungezwungenen Größe Piero della Francescas und seiner monumentalen, statischen Stille. Die *Fresken* sind keine „Programmmusik" im herkömmlichen Sinne, haben auch (bis auf die Nachahmung einer Trompete durch die Viola im 2. Satz) keine anekdotenhafte Einzelheit aufzuweisen und beziehen sich nur ganz allgemein auf die anregenden Gemälde. Der rein lyrische Kopfsatz, wohl eines der klanglich bezauberndsten Stücke Martinůs, geht auf das Bildnis der Königin von Saba und des Königs Salomo zurück. Seit der *Symphonie Nr. 4* hatte Martinů nicht mehr eine derartige Lebensfreude erreicht, womit er hier den genauen Gegenpol zur *Symphonie Nr. 6* schreibt. Das dichte, jedoch durchscheinende Stimmgewebe entspricht genau der leuchtenden Stille der Fresken von Piero della Francesca. Der zweite Satz, freier in der Gestaltung und weniger einheitlich in der Stimmung, bezieht sich auf den Traum des Kaisers Konstantin, während welchem ihm das Bildnis des siegenden Kreuzes erschien. Im dritten, lebhaften Satz fasst der Komponist seinen Gesamteindruck der Fresken zusammen, sodass das anfangs düstere und stürmische Stück in hymnischer Verklärung in der Lieblingstonart des Meisters endet. Die Fresken sind rasch zu einem der meistgespielten Werke Martinůs geworden.

363. THE ROCK (Skála) (Der Felsen)

Symphonisches Präludium

E: Rom, Februar-April 1957. (Am 17.4. war das Werk „fast fertig", nach einem Brief Martinůs an Miloš Šafránek. Nach Frau Martinů 12.2.-28.3.1957). Diese Daten beziehen sich wohl auf die in der PSS liegende Skizze, der die endgültige Redaktion im April folgte.

W: „To George Szell and the Cleveland Orchestra"

UA: Cleveland (USA), 17.4.1958. Die Widmungsträger.

WA: Prag, 22.5.1961. Die Prager Symphoniker (FOK-Orchester), Dir.: B. Liška.

BS: 3333-4331-Pk.-Schl. (gr. und kl. Tr., Beck., Rührtr., Tamb., Ttam) -Hf.-Str.

D: 13'
(verschiedene Tempi, Anfang Andante $^3/_3$, c-E), insgesamt 301 T.

A: Universal Edition, (41 S. + Titels.)
PSS, Basel - Fragment in Form einer Partiturreinschrift. Von den 41 S. sind nur 15 erhalten. Diese am 30.3.1957 fertig gestellte Fassung weicht von der endgültigen sehr stark ab, kann aber in ihrer heutigen Überlieferung nicht mehr rekonstruiert werden.

F: Inst. BM, Prag (U. E. 007).

Ausg: Universal-Edition, Wien 1960 (U. E. 12798 LW). P und ST L.

V: Universal Edition, Wien.

Der Auftraggeber (anlässlich des 40. Geburtstages des Cleveland Orchestras) wünschte eine einsätzige Komposition von ca. 12 Minuten Länge, was Martinů nur die Wahl zwischen einer Ouvertüre und einer symphonischen Dichtung ließ. Er entschloss sich für letztere, benannte sie jedoch „Symphonic Prelude" und ließ sich durch die Landung der ersten Pioniere in Neu-England im Jahre 1619, in der Erzählung des ersten englischen Statthalters, William Bradford, anregen. Es entstand eine typische „Phantasie" für Orchester, stilistisch und zeitlich etwa halbwegs zwischen *Fresken* und *Paraboles*. Wie das erstgenannte Werk gipfelt auch *The Rock* in einem breiten, hymnischen Ausklang. Der Orchestersatz ist ebenfalls üppig, farbenfroh und leuchtend. Die Komposition ist aber vor allem als deutliche Vorstufe zu den nur wenige Monate später entstandenen *Paraboles* zu werten, namentlich was Klang und Harmonik betrifft.

367. LES PARABOLES (THE PARABLES) (Paraboly) (Die Parabeln)

E: 1. Satz: Rom, 15.6.–1.7.1957 - 2. Satz: Rom, vollendet am 21.7.1957 - 3. Satz: Schönenberg-Pratteln, 12.1.–9.2.1958.

W: Gewidmet Charles Munch.

UA: Boston (USA), 13.2.1959. Boston Symphony Orchestra, Dir.: Ch. Munch.

WA: Tanglewood, 17.7.1959. Boston Symphony Orchestra, Dir.: Ch. Munch.
Besançon (Festspiele), 12.9.1960. Orchestre National de la

R.T.F., Dir.: Ch. Munch.
Prag, 9.2.1961. Tschechische Philharmonie, Dir.: K. Ančerl.

BS: 3334-4331-Pk.-Schl. (gr. und kl. Tr., Beck., Rührtr., 2 Militärtr., Tamb., Tri., Xyl.)-Hf.-Str.

D: 21'

1. *Parabole d'un sculpteur* (Parabel eines Bildhauers) (nach Textvorlage von Antoine de Saint-Exupéry): Andante pastorale ($^6/_4$, später $^2/_4$ Es-C), 171 T. 6' 30''

2. *Parabole du jardin* (Parabel des Gartens) (nach Textvorlage von Antoine de Saint-Exupéry): Poco moderato ($^4/_8$, wechselnd, b-B), 193 T. 7'

3. *Parabole du labyrinthe* (Parabel des Labyrinthes) (nach Textvorlage von Georges Neveux): Poco Allegro ($^4/_4$, später wechselnd, u. a. $^6/_8$, b-B), 241 T. 7' 30''

A: Beim Verleger in Kassel (78 S. + Titels.; I. 1-21; II. 22-44; III. 45-78).

Ausg: Bärenreiter, Kassel 1959 (B. A. 3840). ST L. TP (Nr. 108, erschienen 1961) K.
Die fehlerhaft gedruckte TP gibt weder die Widmung noch die Überschriften der verschiedenen Sätze wieder. Eine Neuauflage drängt!

V: Bärenreiter, Kassel.

Martinůs symphonisches Vermächtnis - wie man dieses Meisterwerk wohl nennen darf - entstand als Auftrag des Boston Symphony Orchestra. Zwischen der Komposition des 2. und 3. Satzes schrieb der Meister sein *Klavierkonzert Nr. 5* (H. 366). Die *Parabeln*, ihrem Titel gemäß durchaus keine Programmmusik, sondern „Gleichnisse", bilden wohl zusammen mit *Incantation* den Höhepunkt von Martinůs „Phantasie"-Kunst. Sie gewähren uns auch einen aufschlussreichen Einblick in sein philosophisches Denken, das damals u. a. von der altchinesischen Weisheit beeinflusst wurde. In den *Parabeln* tritt der tiefe Einfluss des späten Debussy besonders deutlich hervor, und man darf sie als eine der originellsten Nachfolgen etwa von *Jeux* ansehen. Unter diesem Neoimpressionismus ist natürlich keine bloße Nachahmung zu verstehen, zumal Martinůs tschechische Eigenart hier wieder besonders stark spürbar wird, während die melodische Üppigkeit und die sonnige Farbenpracht des Orchestersatzes das Werk in die „italienische" Stilsphäre rücken.

Parabel eines Bildhauers heißt der erste Satz, der wie der zweite von einem Ausschnitt von Antoine de Saint-Exupérys Buch *La Citadelle* angeregt wurde (Kap. 155 bzw. 186): Beim Betrachten einer Skulptur machen wir eine Wandlung durch, vielleicht keine bewusste, aber in diesem Augenblick wird unsere Eigenart durch die Ausstrahlung des gestalterischen Willens des längst verstorbenen Schöpfers bestimmt. Der großartige Anfang des Stückes atmet olympische Ruhe, und das Hornquartett beschwört die makellose Stille und weite Aussicht eines Berggipfels. Nach einem belebteren Mittelteil kehrt das Anfangsthema wie verschleiert („verwandelt"!) wieder und mündet in einen verträumten Abgesang.

Der zweite Satz trägt den Titel *Parabel eines Gartens*. Es ist eine ungetrübte, von der Weisheit menschlicher und künstlerischer Reife erleuchtete Betrachtung des ewigen Zyklus der Jahreszeiten, wobei der Herbst weniger Verfall als Versprechen des kommenden Frühlings bedeutet. In diesem bezaubernden Tonbild unübertroffener harmonischer und klanglicher Verfeinerung (man denkt bisweilen an Sibelius' spätes Meisterwerk *Tapiola*) offenbart sich die ganze Lebenserfahrung eines großen Geistes.

Das Motto des dritten Satzes geht auf das Theaterstück *Le Voyage de Thésée* des befreundeten Georges Neveux (dessen *Juliette ou la Clé des Songes* Martinů zu seiner Meisteroper H. 253 angeregt hatte) zurück. Als moderne Variante des Ariadne-Themas fesselte das Stück Martinů so sehr, dass er wenige Monate später (Mai 1958) den Einakter *Ariane* (H. 370) daraus schuf. Dieser Schlussteil heißt daher *Parabel des Labyrinthes* (mit dem Zitat „Schauet ihn an, den Theseus, den Mann, der den Minotaurus besiegen sollte, und der nun selbst von einer Frau besiegt wird!" als Überschrift) und bildet zweifellos den „aktiven" Teil des Werkes, seinen dynamischen und dramatischen Höhepunkt. Die mehrfach wiederkehrenden, wuchtigen Trommelrhythmen, die den Stadttrommler aus dem Stück verkörpern, stammen eigentlich aus eigenem Erlebnis: Die Stille des Landhauses auf dem Schönenberg wurde eines Nachts durch geheimnisvolle, im Wald marschierende Trommler gestört, die sich am nächsten Morgen als übende Teilnehmer des anstehenden „Basler Morgenstreiches" entpuppten!

Eine nähere Analyse der *Parabeln* kann die Bewunderung für dieses Meisterwerk nur noch steigern: Die motivische Fortspinnung und Metamorphose vollzieht sich hier durch alle drei Sätze und prägt der scheinbar so freien, rhapsodischen Komposition untilgbare Einheit ein. Auch dieses Werk dürfe sich, ähnlich wie die *6. Symphonie*, zu einem klassischen Repertoirestück unserer Zeit emporheben!

369. ESTAMPES (Rytiny) (Kupferstiche)

E: Schönenberg-Pratteln, 15.3.-2.4.1958.
W: To Robert Whitney and the Louisville Orchestra.
UA: Louisville (Kentucky, USA), 4.2.1959. Die Widmungsträger.
BS: 2222-4230-Pk.-Schl. (gr. und kl. Tr., Beck., Rührtr., Tri., Xyl.)-Hf.-Pf.-Str.
D: 16' 40''
1. Andante ($^4/_4$ bzw. $^6/_8$, schwebende Tonart), 119 T. 4' 50''
2. Adagio - Allegretto - Tempo I^{mo} ($^3/_4$, schwebende Tonart), 185 T. 6' 30''
3. Poco Allegro ($^4/_4$, unbestimmte Tonart bis Es), 140 T. 5' 20''
A: Bibliothek des Peer Music Verlags in New York (40 S.).
F: Library of Congress, Washington.
Inst. BM, Prag (LOC 001).
Ausg: Southern Music Publishing, New York 1962 (auch Peer, Hamburg) (Nr. 561-55). P und ST L. TP K.
V: Southern Music Publishing, New York.

Nach der großartigen „Geschichte für Charles“, wie Martinů die *Parabeln* bezeichnete, schrieb er als letztes Orchesterwerk diese drei aparten *Kupferstiche*, deren verfeinerte, schwebende Art dem Impressionismus wieder besonders nahe kommt. Ähnlich wie die spätere *Kammermusik Nr. 1* (H. 376) darf man sie als eine letzte Huldigung an die französische Kunst betrachten. Beide Werke erzielen ganz außergewöhnliche Klangwirkungen durch die Zusammenstellung von Harfe und Klavier. Tonartlich verhält sich das Werk in einer für Martinů einmaligen Unbestimmtheit. Als schwebendes Tonalzentrum lässt sich wohl bald Es-Dur deuten, jedoch wird es erst in den Schlusstakten einwandfrei vernehmbar. Die Stimmung der beiden ersten Sätze ist seltsam trübe und verschleiert und erst der lebhafte Schlusssatz lässt die Sonne durchscheinen. Kein Meisterwerk, aber eine faszinierende Klangstudie, die seltsam poetische Stimmungen beschwört.

Kategorie 7: Werke für Kammer- bzw. kleines Orchester

Allgemeines: Dem Kammerorchester hat Martinů wie kaum ein zweiter Komponist des 20. Jahrhunderts gehuldigt. Es entsprach seiner zurückhaltenden Natur, seiner Abkehr vom orchestralen „Lärm“ und vom Subjektivismus der romantischen Symphonik, seinem Streben nach Klarheit und Durchsichtigkeit und nicht zuletzt seinem leidenschaftlichen Interesse für das Concerto Grosso. Dazu gestattet ihm seine außerordentliche handwerkliche Kunst, aus den anspruchslosesten Zusammensetzungen (manchmal sind es kaum zwölf oder fünfzehn Instrumentalisten, vgl. die *Tre Ricercari*, H. 267) ein Maximum an Klangpracht und -fülle herauszuholen. Außer den hier angeführten Werken sind von Martinů noch ein gutes Dutzend Konzerte in Kammerorchesterbesetzung vorhanden. Die Mehrzahl dieser Werke und der folgenden stammt aus den dreißiger Jahren, Martinůs großer „Concerto-Grosso-Periode", während der er sich vom Symphonieorchester fast völlig abwandte. Zuerst kamen drei hübsche divertimentoartige Partituren aus den frühen dreißiger Jahren sowie die Übertragung des *Streichsextetts* (H. 224) für Streichorchester. Dann folgt die meisterhafte Trilogie von 1937–1938 (*Concerto Grosso*, *Tre Ricercari*, *Doppelkonzert*), die vielleicht mehr als irgendeine andere Werkgruppe zum Weltruhm Martinůs beigetragen hat. Sie wurde auch von jenen, die seiner Kunst eher fernstehen, als Meisterwerk anerkannt. Als späterer Nachzügler in dieser Stilrichtung ist dann noch das großartige Triptychon der *Toccata e due Canzoni* zu erwähnen. Mit Ausnahme des *Oboenkonzertes* (H. 353) hat Martinů nach der *Sinfonietta La Jolla* (H. 328) aus dem Jahre 1950, seinem Abschied vom Neoklassizismus, nichts mehr für Kammerorchester komponiert.

172. JAZZ-SUITE

E: Paris, Juni 1928 (1. Satz 7.6.1928; am Schluss: Ferien 1928).

UA: Musiktage Baden-Baden und Frankfurter Rundfunk, 7.6.1928 (es wurden nur die beiden ersten Sätze gespielt).

BS: 0111-0220-Pf.-Str. (Soloquartett). (Insg. 12 Musiker.).

D: 8' 45''

1. Prélude: Moderato poco Allegro ($^4/_8$, B-G), 115 T. 2'
2. Musique d'entracte: Tempo di Blues. (Nur Ob., Fg., Tr., Pf., 2 Vn., Vla.) 2/4, G, 104 T. 1' 4''
3. Musique d'entracte: Boston.$^3/_4$, E, 90 T. 2' 3''
4. Finale. Allegro (4/4, C), 131 T. 2' 30''

A: A des ersten Satzes in PBM (Aa 67) - 20 S. + Titels.
A der Sätze 2–4 in NM ČMH (Tr B 193) 3 gesonderte Hefte von je 9, 16 und 24 S.; nur der zweite Satz hat eine Titelseite.
PBM Aa 68 - Skizze (Finale).

F: Inst. BM, Prag (PBM Aa 67, PBM Aa 68).

Ausg: Panton, Prag 1980 P (P 1070) K.
V: Panton International Mainz.

Das Werk wurde in Baden-Baden anstelle der gescheiterten Aufführung des surrealistischen Einakters *Larmes de Couteau* (H. 169) gespielt. In manchen Quellen wird ein anderes in Baden-Baden aufgeführtes Werk unter dem Titel *Entr'acte* erwähnt. Dabei handelt es sich offensichtlich um H. 172 (vgl. die Untertitel der Mittelsätze). Jazz als erhobene Kammermusik, wie schon in *La Revue de Cuisine*.

***195. A BOROVÁ, TSCHECHISCHER TANZ Nr. 1**
Orchesterfassung (1931) des ersten der sieben Klavierstücke H. 195. Siehe Kategorie 26 (Werke für Tasteninstrumente/Klavier)
BS: Ob., Kl., Tr., Pf. und Str.
A: Die P bzw. das A lag beim Verleger Leduc, in Paris.; z. Z. verschollen.
V: Alphonse Leduc, Paris.

199. (recte 200) SERENADE für Kammerorchester
E: Paris, November 1930. Vollendet am 13.12.1930.
W: „A Monsieur Albert Roussel"
UA: Paris, 16.4.1931. W. Straram und sein Orchester.
WA: Genf, 16.1.1933. Orchestre de la Suisse Romande, Dir.: E. Ansermet.
BS: 1212-2210-2 Soloviolinen-Str. (66431). Insgesamt 33 Instrumente.
D: 12'
1. Allegro ($^2/_2$, D), 151 T. 3' 30''
2. Andantino moderato ($^2/_4$ bzw. $^4/_8$, G), 119 T. 3' 30''
3. Allegretto ($^2/_4$, f-F), 156 T. 2'
4. Allegro ($^2/_2$, C), 146 T. 3'
A: z. Z. nicht nachweisbar.
F: PBM (FAa 34) 77 S.
Inst. Bm, Prag (PBM FAa 34).
Ausg: Schott, Mainz 1931 (Nr. 3325). P (Nr. 32991) und ST L.
V: B. Schott Söhne, Mainz.

Seinem verehrten Lehrer konnte Martinů nur eine wertvolle Arbeit widmen, worauf Roussel in der Tat sehr stolz war: Er wünschte sogar, er hätte das Stück selbst komponiert! Dieses in seinem geringen Rahmen vollkommene Meisterwerklein gehört zu Martinůs gelungensten Arbeiten aus den früheren dreißiger Jahren. Kaum ein zweites Werk gewährt uns bessere Einsicht in seinen damaligen Stil. Die kernige polytonale Harmonik, feinfühliger und lichter als bei einem Milhaud, verdient schon allein eingehendes Studium. Die Thematik ist köstlich neoklassizistisch, wobei eine gewisse Huldigung an den Widmungsträger nicht zu übersehen ist. Der Klang ist bunt und durchsichtig, erreicht auch manchmal erstaunliche Fülle, so in jenen Stellen aus den Mittelsätzen, in denen die Streicher und Flöten schwirren und summen, dass es eine wahre Freude ist! Dem Titel bleibt auch die Stimmung treu (der ursprüngliche zweite Titel *Eine kleine Nachtmusik* - original auf Deutsch - wurde durchgestrichen), keine Tiefgründigkeit, sondern echte Serenadenatmosphäre, heiter, geistreich, bisweilen auch pikant. Die vier kurzen Sätze entsprechen der Form einer kleinen Symphonie. Der mit leichter und sicherer Hand geschriebene Kontrapunkt verursacht knirschende Halbtonreibungen, deren Wirkung aber durch die geschickte Instrumentation und die frohe Laune des Stückes gemildert wird. In zeitlicher Nähe von *Špalíček* bleibt dieses Kleinod vielleicht das schönste Beispiel von Martinůs tänzerischem „Holzpuppenstil", wenn es auch ganz dem „französischen" Stilbereich angehört. Wie alle damals bei Schott verlegten Werke konnte sich auch dieses einer raschen Verbreitung erfreuen.

202 A. ÉTUDES RYTHMIQUES für Streichorchester

Nr. 1, 2 und 6 aus dem gleichnamigen Werk H. 202 für Violine und Klavier, mit der Genehmigung des Komponisten 1958 von Rudolf Baumgartner für Streichorchester übertragen. Siehe Kategorie 14 (Kammermusik/ Duos für Violine und Klavier).

UA: Luzerner Musikfestwochen, August 1959. Lucerne Festival Strings, Dir.: R. Baumgartner.

D: 5' 30''

V: B. Schott Söhne, Mainz.

212. PARTITA (SUITE I) für Streichorchester

E: Paris, 7. November 1931.

UA: Prag, 3.12.1932. Tschechische Philharmonie, Dir.: V. Talich.

WA: Basel, 20.10.1933. Basler Kammerorchester, Dir.: P. Sacher.

BS: Beliebige Stärke, auch kleineren Besetzungen zugänglich.

D: 11'

1. Poco Allegro ($^{2}/_{4}$, C-G), 195 T. 3'
2. Moderato ($^{4}/_{4}$, A-G), 76 T. 2' 30''

3. Andante moderato ($^3/_4$, C), 67 T. 2' 30''
4. Poco Allegretto ($^3/_8$, F), 230 T. 3'

A: B. Schott Söhne, Mainz, (33 S.).
F: PBM (FAa 35).
Inst. BM, Prag (PBM FAa 35).
Ausg: Schott, Mainz 1932 (Nr. 3323). P und ST L.
V: B. Schott Söhne, Mainz.

Eine wirkungsvolle, recht musikantische Spielmusik, die erstaunliche Klangfülle und Farbenpracht aufweist, obwohl Martinů, im Unterschied zur *Serenade* (H. 199), hier nur im 2. Satz mit Gegenüberstellungen von Soli (hier ein Quartett in der klassischen Besetzung) und Tutti arbeitet. Die *Partita* ist betont lyrischer und tschechischer im Ton als die *Serenade*. So tritt im 1. Satz ein synkopiertes Thema auf, das schon den späteren Martinů der Symphonien vorwegnimmt, während eine scharf rhythmische Episode des Finales im dramatischeren Zusammenhang des *Doppelkonzertes* (3. Satz) fast wörtlich übernommen werden sollte. Beide Mittelsätze sind scherzo-intermezzoartig, ein ausgesprochen langsamer Satz fehlt in diesem heiteren Werk, das sich jedes Streichorchester aneignen sollte. Das Stück wurde 1934 in Antwerpen erfolgreich choreographiert.

215. DIVERTIMENTO (SERENADE IV) für Kammerorchester

E: Paris, vollendet am 29.2.1932.
W: „A la Société d'Etudes mozartiennes, á Paris."
UA: Prag, 16.10.1947. Mitglieder der Prager Symphoniker (FOK-Orchester).
BS: Vi. und Vla. Soli. 2 Ob., Pf., Str.
D: 7' 30''
1. Allegro ($^2/_2$, C), 119 T. 2' 30''
2. Andante moderato ($^3/_4$, F), 58 T. 2' 30''
3. Allegretto ($^2/_4$, D), 127 T. 2' 30''
A: NM ČMH, Prag, (Tr B 266) 25 S. + Titels.
Ausg: Melantrich, Prag 1949 (M. 366). P und ST L. TP (Nr. 13) K.
Übernommen vom Staatsverlag, Prag (SHV) ST (H 1503) K.
V: Editio Bärenreiter, Prag.

Nicht mit H. 199 zu verwechseln! Das anspruchslose, in der Tonsprache klassizistische Werklein ist entstehungsmäßig das erste in der Reihe der vier kleinen Kammerserenaden (siehe H. 216 [Kategorie 18 - Kammermusik/Trios ohne Klavier] bzw. H. 217 [Kategorie 22 - Kammermusik/Sextette] und H. 218 [Kategorie 23 - Kammermusik/Septette]. Hübsche, leichte Spielmusik. Ein kleiner Streicherapparat genügt.

224 A. STREICHSEXTETT

Fassung für Streichorchester

UA: Louisville (Kentucky, USA), 7.1.1951. The Louisville Orchestra, Dir.: R. Whitney.
WA: Basel, 24.10.1958. Basler Kammerorchester, Dir.: P. Sacher.
BS: Schon ab 6 Vn., 4 Vle., 4 Vci., 1 Kb. möglich.
Für volles Symphonie-Streichorchester weniger geeignet.
Ausg: Siehe H. 224 (Kategorie 22). P und ST K. Zusätzliche Kb.-Stimme. In dieser Form eine herrliche Streichersymphonie!
V: Associated Music Publishers, New York.

Besprechung siehe H. 224 (Kategorie 22 - Kammermusik/Sextette).

263. CONCERTO GROSSO für Kammerorchester

E: Paris, Oktober-November 1937 (vollendet am 3.11.1937).
W: Gewidmet Charles Munch.
UA: Boston (USA), 14.11.1941. Boston Symphony Orchestra, Dir.: S. Koussewitzky.
WA: Basel, 7.11.1947. Basler Kammerorchester, Dir.: P. Sacher (europäische Erstaufführung).
Prag, 14.5.1959. Prager Rundfunkorchester, Dir.: J. Meylan.
BS: 1330-2000-2 Pf.-Str. (Vn. dreifach geteilt).
D: 16'
1. Allegro ma non troppo ($^4/_4$, C), 120 T. 5'
2. Adagio ($^3/_4$, a-B), 87 T. 6' 30''
3. Allegretto ($^2/_4$, d-C), 194 T. 4' 30''
A: PSS, Basel (72 S.+ 2 Titels.). Auch 4 S. Skizzen zum dritten Satz.
F: Inst. BM, Prag (U. E. 003).
Ausg: Universal Edition, Wien 1948 (U. E. 11883). P und ST L. Die Herausgabe einer K TP wäre sehr nötig! (2006).
V: Universal Edition, Wien.

Nur ein einziges Werk hat der größte Erneuerer des Concerto Grosso ausdrücklich als solches bezeichnet. Aber dieses Werk steht auf dem Höhepunkt einer siebenjährigen Entwicklung auf der Suche nach einer modernen Verwirklichung dieser Form und als solches hat es der Komponist zu Recht als das erste erkannt, das des Namens völlig würdig war. Die beiden folgenden Werke vervollkommnen das Bild dann in Richtung einer größeren Verfeinerung (*Tre Ricercari*) oder einer dramatischen Zuspitzung (*Doppelkonzert*). Mit dem vorliegenden Werk ist die Stilebene des reifen Martinů erreicht, sind alle Form- und Strukturprobleme endgültig überwunden. Erstaunlicherweise haben alle Autoren, Šafránek folgend, die Komposition des *Concerto Grosso* auf die Zeit nach den *Ricercari* angesetzt. Selbst wenn die vorhandene Originalhandschrift dies nicht berichtigen würde, dann doch gewiss die Stilmerkmale! Denn die *Ricercari* erscheinen uns als eine abgeklärte Verdichtung des vorigen Werkes, das außerdem noch die engsten Beziehungen zum Ende 1937 entstandenen *Duo Concertant* (H. 264) zeigt. Klanglich ist das *Concerto Grosso* besonders interessant. Es lässt alle Instrumente gleichberechtigt miteinander konzertieren, bis auf den letzten Satz, in welchem die beiden Klaviere solistisch hervortreten. Eine klare Abgrenzung zwischen einem bestimmten Concertino und Tutti ist daher nicht vorhanden. Nach der Meinung des Komponisten erzielt die dreifache Teilung der Violinen bessere Ausbreitung des Streicherklangs und stärkere polyphone Wirkung. Die kräftige Thematik und die kernige, vierkantige Rhythmik wollen ihre Beziehung zu den *Brandenburgischen Konzerten* gar nicht verhehlen, aber zum Unterschied etwa zu Strawinskys *Dumbarton Oaks* geschieht das bei Martinů ohne Fratzen und ohne Verstellung. Die Harmonik bleibt köstlich „gepfeffert“ und der Kontrapunkt wirkt oft polytonal. Der langsame Mittelsatz erhebt sich von seiner düsteren Anfangsstimmung zu einem mächtigen Höhepunkt, der schon eine Stelle aus dem *Doppelkonzert* vorwegnimmt. Während die erregende Motorik des Kopfsatzes bisweilen auch an Roussels *Suite en Fa* gemahnt, löst sich der Stimmungsgehalt im letzten Satz zu einem heiteren Wettrennen in Toccatastil zwischen den Klavieren und dem Orchester und krönt so das Werk durch ein für Martinů typisches „Lob der Geschwindigkeit“. Ein unglückliches Schicksal hatte dem *Concerto Grosso* lange im Wege gestanden und hat die Uraufführung und die verschiedenen Erstaufführungen lange verzögert. Das prächtige Stück ist immer noch zu selten zu hören.

267. TRE RICERCARI

E: Paris, Januar-Februar 1938.
Vollendet am 23.1.1938; Laut Martinů-Biografie von J. Mihule aber - Grundlage ist ein nach Polička gesandter Brief - komponierte er die Komposition noch am 23.2.1938.

UA: Venedig (Biennale), 6. September 1938. Orchestra del teatro la Fenice, Dir.: N. Sanzogno.

WA: Paris, 8.5.1939. Concerts du Triton. Orchester der Société Philharmonique, Dir.: Ch. Munch.
Prag, 11.10.1939. Tschechische Philharmonie, Dir.: V. Talich (wohl die letzte Martinů-Erstaufführung in Prag vor der Befreiung der Tschechoslowakei).

BS: 1202-0200-2 Pf.-3 Vn. (evtl. verdoppelt: 8 bis 12)-3 Vci. (evtl. verdoppelt: 4 bis 6). Minimalzahl der Aufführenden: insgesamt 15. Maximalzahl: 27.

D: 14'
1. Allegro poco ($^4/_4$, C-F), 123 T. 4'
2. Largo ($^9/_8$, B), 38 T. 6'
3. Allegro ($^3/_4$, A-D), 144 T. 4'

A: MZM, Brno (A 29761) 12 S. Skizzen vom Januar 1938 (darunter eine Orchesterskizze zum ersten Satz, eine Seltenheit bei Martinů) die letzte unbeschrieben, nur ein Paar Worte an Vitulka (Kaprálová). Daneben zwei weitere S.
z. Z. nicht nachweisbar.

F: Inst. BM, Prag (MZM 001 - Skizze).

Ausg: Boosey & Hawkes, London 1939 (B&H 16732). P K und L. ST L. Als ursprünglicher Verlag war die U. E. vorgesehen. Die Sache scheiterte am Anschluss Österreichs an das Dritte Reich. Die Herausgabe einer K TP wäre sehr nötig! (2005)

V: Boosey & Hawkes, London-New York.

Das Werk entstand zur Zeit der größten Liebe zwischen Martinů und seiner Schülerin Vitulka Kaprálová. Um ihr Einblicke in die Kompositionsarbeit zu ermöglichen, zog er sie sogar z. T. als Mitarbeiterin hinzu. Infolge dessen sprachen sie von „unseren Ricercari", obwohl die fertige Partitur natürlich hundertprozentig von Martinůs Feder ist.

Die Uraufführung in Venedig erzielte einen wahren Triumph. Die Errungenschaften des vorigen Werkes überträgt Martinů nun vom großen Kammerorchester auf eine kleinere, sehr originelle Besetzung, in der die beiden Klaviere (auch räumlich) den übrigen Instrumenten als eine Art „Gegenorchester" gegenübergestellt sind. Die Stimmführung ist womöglich noch geschmeidiger, die Klangfarbe noch differenzierter und durchsichtiger geworden. Trotz der sehr dichten und komplizierten Polyphonie ist die Gesamtwirkung hell und schlicht, die Harmonik weniger gespannt und dissonant als im *Concerto Grosso*, die Rhythmik biegsamer und behänder. Kurz: Der Komponist beherrscht seinen reifen Stil nun mit meisterhafter Ungezwungenheit. War das *Concerto Grosso* die Krönung einer langen Entwicklung, so deuten die *Tre Ricercari* schon in die Zukunft: Ihre ausgesprochen lyrische Polymelodik und die Verwirklichung der „Kammermusik im symphonischen Rahmen" lassen die nunmehr nahe bevorstehenden Symphonien vorausahnen, während die Freiheit der durch die motivische Fortspinnung bestimmten Form auf den späten Phantasiestil hindeutet. Gemütsmäßig sind die *Tre Ricercari* ein helles, freudiges Werk, eine der glücklichsten Schöpfungen Martinůs. Diese Stimmung wird auch im zweiten Satz beibehalten, denn anstatt der düsteren Dramatik seines Vorgängers im *Concerto Grosso* begegnen wir hier einer wunderbar feinfühligen, pastoralen Idylle, in der die kristallklaren Vogelstimmen der Flöte und der Oboen sowie die beiden Klaviere einander in blühenden Arabesken antworten. Und kein Wort könnte die beschwingte, schwerelose Eile der Ecksätze beschreiben. Diesem Werk wird immer noch viel zu wenig Aufmerksamkeit geschenkt.

271. DOUBLE CONCERT (Konzert für zwei Streichorchester, Klavier und Pauken) (Doppelkonzert)

E: Vieux-Moulin, August 1938 - Schönenberg-Pratteln, 29.9.1938. Die P wurde dann noch bis zum 12.1.1939 überarbeitet, wobei die 16 Anfangstakte, 8 Takte im zweiten Satz und 4 Takte im dritten Satz neu komponiert wurden. Diese Stellen wurden in der Originalhandschrift überklebt und somit ist auch die frühe Fassung erhalten.

W: Gewidmet Paul Sacher. „A mon cher ami P. S. en souvenir du séjour calme et angoissé á Schönenberg entre les chevreuils et la menace de guerre." („An meinen lieben Freund P. S. in Erinnerung an den ruhigen und angsterfüllten Aufenthalt in Schönenberg zwischen den Rehen und der Kriegsdrohung.")

UA: Basel, 9.2.1940. Basler Kammerorchester, Dir.: P. Sacher.

WA: Genf, 6.2.1941. Orchestre de la Suisse Romande, Dir.: E. Ansermet.

Paris, 23.2.1946. Orchester der Société des Concerts du Conservatoire, Dir.: P. Sacher.
Prag, 24.4.1947. Tschechische Philharmonie, Dir.: P. Sacher.

BS: Stärke der Streicher: ab 10-10-8-8-4 (40). Auch mit größerer Besetzung möglich, jedoch weniger ratsam.

D: 21'
1. Poco Allegro ($^4/_4$, d), 241 T. 6'
2. Largo ($^3/_2$, h-H), 97 T. 8'
3. Allegro ($^3/_4$, c-h), 236 T. 7'

A: P in PSS, Basel (67 S. + 2 Titels.)
PSS, Basel (Skizze, 12 S.)

F: B&H (Stimmen von fremder Hand).
Inst. BM, Prag (BaH 008).

Ausg: Boosey & Hawkes, London 1946 (B&H 16300). P K und L. ST L.

V: Boosey & Hawkes, London-New York.

Wenn von Martinů nur eine einzige Komposition in die Musikgeschichte eingehen sollte, so wäre es wohl das *Doppelkonzert*, zweifellos sein berühmtestes und meistaufgeführtes Werk. Wie Šafránek zu Recht geschrieben hat, bedeutet es die höchste Verkörperung des Concerto Grosso in der Neuzeit. Bis zu seinem Lebensende hielt es Martinů selbst für seine eindrucksvollste Schöpfung. Er hat seine unwiderstehliche, elementare Ausdrucksgewalt sogar in den Symphonien nicht übertroffen. Die Basler Uraufführung erschütterte das Publikum tief, und der anwesende Arthur Honegger konnte nicht anders, als den Komponisten weinend zu umarmen. Bis heute ist diese Wirkung nicht verblasst. Es erscheint nun klar, dass man das *Doppelkonzert* etwa der *Musik für Streicher, Celesta und Schlagzeug* von Bartók (ebenfalls ein Auftragswerk Paul Sachers) würdig an die Seite stellen kann. Unserer Meinung nach übertrifft der Tscheche den Ungarn sogar durch die Dichte der Form, die Einheitlichkeit des Stoffes und vor allem durch die glühende Dramatik des Ausdrucks. Das *Doppelkonzert* bildet rein musikalisch den Gipfel- und Endpunkt der „Concerto-Grosso“-Trilogie (vgl. *Concerto Grosso* bzw. *Tre Ricercari*), während sein psychologischer Vorfahr wohl im 5. Streichquartett gesehen werden muss. Beide Werke erwuchsen aus einer tiefen inneren Krise (siehe *Streichquartett Nr. 5*, H. 268, Kategorie 19), die durch die drohende politische Lage noch zugespitzt wurde. Dies trifft vor allem für das *Doppelkonzert* zu, das zur Zeit der sogenannten Münchner Krise entstand und genau am Tag des Münchner Abkommens, das die Heimat des Komponisten Hitlers Macht übergab, abgeschlossen wurde. Während seines Aufenthaltes auf dem Schönenberg, wo der größere Teil der Partitur in kaum achtzehn Tagen niedergeschrieben wurde (aus Vieux-Moulin hatte Martinů nur die Skizze des 1. Satzes mitgebracht), hörte er mit größter Spannung die verhängnisvollen Nachrichten aus dem Radio. Der schroffe Gegensatz zwischen der immer düsterer werdenden internationalen Lage und der friedlichen Sommerlandschaft des Sacherschen Landsitzes bedrückte ihn sehr. Neben unheilvollen Vorahnungen, Entrüstung und schmerzerfüllter Herzensangst ist in der Musik auch das Trippeln der Schönenbergschen Rehe vernehmbar: ein unwirklicher Kontrapunkt der Unschuld über dem Hintergrund des aufsteigenden Unglücks.

Martinůs frühere Versuche, zwei Klanggruppen einander gegenüberzustellen, sei es in der ersten *Sinfonia Concertante* (H. 219, für zwei Orchester) oder in den *Tre Ricercari* (zwei Klaviere gegen dreizehn andere Instrumente), erreichen im *Doppelkonzert* ihr Ziel. Dabei sei betont, dass der Komponist die Wiedergabe durch ein Kammerorchester der klanglichen Durchsichtigkeit und der agogischen Genauigkeit wegen immer bevorzugt hat. Das Klavier erhält nur im Mittelsatz eine dort allerdings wichtige Solistenrolle, deren Ansprüche nicht so sehr technischer als interpretatorischer Art sind. Formal erreicht das Werk durch die motivische Einheit aller drei Sätze seine Geschlossenheit. Die Kühnheit und Dichte der kontrapunktischen Überlagerungen verursachen dissonante Reibungen, wie sie bei Martinů nur noch im benachbarten *Streichquartett Nr. 5* zu finden sind. Indessen wird auch hier durch die fließende, singende Polymelodik jede grundlose Härte gemieden. Die mitreißende Rhythmik endlich, die sich oft zu recht verwickelter Polyrhythmik steigert, trägt zur Wirkung des Konzertes ebenso viel bei, wie sie seine Aufführung erschwert. Aber wie immer bei Martinů ergibt ein sehr kompliziertes Partiturbild ein recht übersichtliches und problemloses Hörbild.

Der straffe Kopfsatz, der keinen Augenblick Entspannung kennt, verläuft in freier Dreiteiligkeit, wobei der kurze, durchführungsartige Mittelteil das Tempo beschleunigt und mittels einer atemberaubenden Steigerung in die gekürzte Reprise mündet. Diesem wuchtigen Stück folgt ein tiefgründiges Largo, das mit einem breiten Choral anhebt. Als Sinnbild des verletzten Vaterlandes verdichtet es sich bald zu einem leidenschaftlichen polyrhythmischen Stimmenkomplex, dessen agogische Verengung in einem gewaltigen Aufschrei gipfelt und sodann abbricht. Es folgt eine lange, grüblerische Betrachtung des Soloklaviers, wonach das Orchester eine zweite Steigerung beginnt. Die herrliche Polyphonie erreicht ihren Höhepunkt in einer ergreifenden Klage: „Weine, o heißgeliebtes Heimatland!"; durch ein glühendes Accelerando wird die Wiederholung des eröffnenden Chorals erreicht. Die stille Coda lässt ganz am Schluss, wie eine zögernde Hoffnung, die Durterz erklingen. Nun fährt der Schlusssatz mit erneuter Wucht los; in rhythmischen Abwandlungen verarbeitet er ähnliches Grundmaterial wie der erste Satz. Schließlich kommt es zu einem rasenden Tonstrudel (hier wird der Hörer vielleicht an Bartóks *Musik für Streicher* erinnert), dessen verzweifelter Ausbruch („Vivo") allmählich absinkt und in die Wiederholung des Klagegesanges aus dem 2. Satz mündet. Aber ein letztes Aufbäumen mannhafter Willenskraft führt die Musik durch ein Crescendo bis zur Reprise des großen Chorals, der das Werk in düsterer, aber großartiger Zurückhaltung beschließt. Letztere zeugt wieder einmal von Martinůs musterhafter Bescheidenheit und Selbstlosigkeit: Keine pathetische Selbstaufgabe, aber auch kein billiger Siegeszug, der im September 1938 sinnlosen und unglaubhaften Optimismus bedeutet hätte. Ein Martinů sieht die Sache einfacher und nüchterner: als Fürsprecher seines ganzes Volkes beißt er die Zähne zusammen und antwortet der Bedrückung und dem Widerwärtigen mit einem tatkräftigen „Doch!" Die wahre Auflösung des offen gebliebenen Dramas wird erst in der Coda der *Symphonie Nr. 3* (H. 299) erreicht, die entstand, als die Landung der Alliierten am 6. Juni 1944 die Befreiung Europas und der Tschechoslowakei ankündigte.

311. TOCCATA E DUE CANZONI

E: New York/Tanglewood/New York, 15.5.–3.10.1946. (1. Satz vollendet am 1.6., 2. Satz am 25.6., 3. Satz am 3.10.1946).

W: „Á Paul Sacher et son Kammerorchestre de Bâle pour la 20me anniversaire"

UA: Basel, 21.1.1947. Die Widmungsträger (Jubiläumskonzert zum zwanzigjährigen Bestehen des Basler Kammerorchesters.).

WA: Dieselben Interpreten wiederholen das Werk in Paris (11.12.1947) und in London (15.2.1949).
New York, 3.1.1949. Little Orchestra Society, Dir.: T. Scherman.
Prag, 2.12.1956. Prager Kammerorchester (ohne Dirigent).

BS: 1211-0100-Pk.-Schl. (Beck., Rührtr., Tri.)-Pf.-Str.

D: 27'
1. Toccata: Allegro moderato ($^3/_4$, e), 291 T. 8'
2. Canzone N° 1: Andante moderato ($^3/_4$, H-F), 147 T. 8' 30''

3. Canzone N° 2: Allegro (poco) - Adagio ($^{6}/_{8}$, Adagio, T. 38-98 und 177-227: $^{3}/_{4}$, c-D), 227 T. 10' 30''

A: PSS, Basel (56 S.+Titels.).

Ausg: Boosey & Hawkes, London-New York 1952 (B&H 17868). P K und L. ST L., TP K.

V: Boosey & Hawkes, London-New York.

Nach dem *Doppelkonzert* (H. 271) und dem *Concerto da Camera* für Violine (H. 285) ist dieses Werk das Ergebnis des dritten Auftrages Paul Sachers an Martinů; wie die beiden früheren wurde es zu einer bedeutenden, wertvollen Komposition. Nach fünf hintereinander entstandenen Symphonien, drei Konzerten und zwei weiteren Werken für großes Orchester kehrt Martinů wieder zu seinem geliebten Kammerorchester zurück. In seinem Einführungstext schrieb er selbst: „Nun kehre ich mit Vergnügen zu meiner Lieblingsform, dem Concerto Grosso zurück." Nach gründlicher Untersuchung der Unterschiede zwischen Symphonie und Concerto Grosso kommt er zu dem Ergebnis: „Weniger sichtbare Gefühle und laute Klänge, dafür aber mehr dichte musikalische Formen: das ist das Concerto Grosso. Ich darf wohl sagen, dass es mir ein wahres Vergnügen war, wieder in diesem an äußern Mitteln so sparsamen, innerlich aber so reichen Gebiet zu arbeiten." Unmittelbar nach dem Abschluss der *Symphonie Nr. 5* (vgl. H. 310) setzte sich Martinů an die Arbeit. Die beiden ersten Stücke wurden rasch beendet, dagegen ging es mit dem dritten nicht recht vorwärts. Er nahm die mehrmals abgebrochene Particelli von New York nach Tanglewood mit, wo er am 17. Juli jenen schweren Unfall erlitt (siehe Biografie, S. 41), der ihm fünf Wochen lang jede Tätigkeit verbot. Die zweite Canzone wurde überarbeitet und erfolgreich vollendet. Wie es Martinů hoffte, ist es unmöglich, die Stelle zu erkennen, an welcher die Komposition unterbrochen worden war. Auch in der Originalhandschrift ist nichts davon zu bemerken; Martinů hat den Satz nach seinem Unfall wohl von neuem abgeschrieben.

Das dreiteilige Gefüge ergibt schließlich eine Art konzertante Kammersymphonie, oder besser -partita. Wiederum ist die Klangfülle zu bewundern, die Martinů mit einer so bescheidenen Besetzung erzielt. Der streng klassizistische erste Satz entspricht seinem Titel so genau, dass man sich ihn gut in einer Orgelübertragung vorstellen könnte. Das großartige Stück fließt wie aus einem Guss. Der ursprüngliche Plan Martinůs, auf diesen Satz zwei „leichte, fröhliche, einfache Chansons", im Sinne der Canzone der Renaissance, folgen zu lassen, wurde durch das Eindringen von dramatischen Elementen, die er anfangs gar nicht beabsichtigt hatte, stark verändert. „Es war eines jener Werke", meinte er, „wo ich einfach meinen Eingebungen folgen musste, auch wenn ich keine rationale Begründung dafür angeben konnte." So wurde die erste, langsame Canzone zu einem lyrischen Ausdrucksstück von großer Schönheit, dessen ostinatoartiges Siebentonmotiv gegen Mitte des Satzes einer erhabenen Lichtung weicht. Dramatisch ist vor allem der Schlusssatz. Nach stürmischem, düsterem Anlauf stockt die Kraft plötzlich und es folgt eine ausgedehnte Klage im langsamen Tempo. Entschieden, fast wild, fährt das Allegro ein zweites Mal los und hält nun weit länger aus. Als die Klage (nun im breiten Adagio) wiederkehrt, strafft sich der Willen in einer kräftigen Coda zusammen (man denkt an die Schlusssteigerung des Doppelkonzertes) und beschließt das Werk im schwer eroberten D-Dur. Gewiss sind in diesem Satz die Spuren des Unfalles deutlich vernehmbar. Jiří Bělohlávek hat wohl als Interpret zum ersten Mal die volle Großartigkeit dieses Schlusses verwirklicht, indem er im sehr frei gestalteten dritten Satz des Werkes Martinůs früheste Auseinandersetzung mit dem Konzept Phantasie (vgl. z. B. das Finale der *Symphonie Nr. 6*) richtig erkannt hat. Das eine D der Trompete im letzten Takt wirkt gewaltiger als ein voller spätromantischer Blechbläserchor! Somit findet das Werk seinen Platz in der Reihe von Martinůs allergrößten Schöpfungen.

320. POZDRAV SOKOLSTVU A SLETU. Slavnostní fanfára (Gruß an die Sokol-Jugend und an das Sokol-Fest)

E: New York, 24.5.1948.
BS: 9 Blechbläser.
D: 1'
Maestoso 4/4, B-A, 32 T.
A: Verschollen.
Ausg: KA in: *XI.všesokolský slet v Praze 1948* Konfrontace, Zürich 1976.
Nur als KA erhalten.
V: Frei.

Diese Komposition ist eher ein festlicher Choral als eine Fanfare. Hauptmotiv ist das bei Martinů so oft anzutreffende „Vyšehrad"-Motiv (das das Gedächtnis in *Juliette* verkörperte). Auch mährische Kadenzen fehlen nicht. Die erste Hälfte kreist um B-Dur, die zweite entflieht in entfernte

Kreuztonarten (bis Gis-Dur). Die verschollene Fassung für neun Blechbläser sollte ziemlich leicht rekonstruierbar sein!

328. SINFONIETTA LA JOLLA in A-Dur

E:	New York, Januar bis 21. 3. 1950.
W:	„To the Musical Arts Society of La Jolla, California."
UA:	La Jolla, High School Auditorium, 13.8.1950. Dir.: G. Johannesen, Pianist, Dir.: N. Sokoloff.
WA:	Prag, 25.5.1957. Prager Kammerorchester (ohne Dirigent).
BS:	2222-2100-Pk.-Schl. (gr. Tr., Beck., Rührtr., Tri., ,1 Spieler)-Pf.-Str.
D:	20' 1. Poco Allegro ($^2/_2$, A), 293 T. 6' 2. Largo - Andante moderato ($^3/_4$, C-F), 171 T. 8' 3. Allegro ($^2/_4$, B-A), 353 T. 6'
A:	PBM (Aa 249) 65 S. + Titels. Zueignung an Willy und Charlotte Reber, denen das Autograph ursprünglich geschenkt wurde.
F:	Inst. BM, Prag (XYZ 007, XYZ 053, PBM Aa 249).
Ausg:	Boosey & Hawkes, London-New York 1953 (B&H 17293). P K und L. - ST L.
V:	Boosey & Hawkes, London-New York.

Auch diese Partitur, die ihr Schöpfer besonders liebte, gehört seit ihrer Veröffentlichung zum Grundbestand vieler Kammerorchester. Mehr als ihre Vorgängerin (die *Sinfonietta giocosa*, H. 282) verdient sie den Namen „Sinfonietta", denn hier tritt kein konzertierender Solist in den Vordergrund. Der Titel lautet einfach „for chamber orchestra". Der Formbau ist ausgewogen und klassisch, die Tonsprache durchsichtig, die Stimmung heiter wie zu den glücklichen Zeiten der Wiener Klassik. Dabei ist die Inspiration betont tschechisch. Der sprudelnde Kopfsatz bringt zweimal einen breiten lyrischen Gesang, in dem wir das Hauptthema aus dem Finale der *Symphonie Nr. 5* erkennen, das auf eine mährische Volksweise zurückgeht. Tief empfunden der versonnene, ungetrübte langsame Satz, der von einer kurzen Largo-Einleitung bzw. Coda eingerahmt wird. Das fröhliche Rondothema des Finales hätte Joseph Haydn summen können! Kurz vor dem taumelnden Kehraus wird noch eine sanfte Streicherepisode in H-Dur eingeschoben. Das bezaubernde Meisterwerklein bildet wohl Martinůs Abschied vom Neoklassizismus.

Kategorie 8: Suiten und Auszüge aus Bühnenwerken

Allgemeines: Zum Zwecke einer besseren Übersicht sind hier alle Bruchstücke aus den Bühnenwerken vereinigt worden, die in den Konzertsaal gehören und die überwiegend aus fremder Hand sind, weshalb sie in der künftigen kritischen Martinů-Gesamtausgabe wohl kaum einen Platz finden dürften. Die Musik der betreffenden Bühnenwerke wird hier nicht näher besprochen, da die Analyse in den Kategorien 1, 2 und 3 zu finden ist. Außerhalb Tschechiens, wo die meisten Opern und Ballette Martinůs Boden gefasst haben und z. T. Repertoirestücke geworden sind, werden die Orchestersuiten bzw. Ouvertüren wohl ihr bestes Verbreitungsmittel bilden, so vor allen die Ballette *Istar* (H. 130) und *Wer ist der Mächtigste auf der Welt*? (H. 133). Die beiden *Špalíček*-Suiten und *Commedia dell'arte* gehören zu den erfolgreichsten und unterhaltsamsten Orchestersuiten der neuen Musik und verdienen rege Aufmerksamkeit. *Le Départ*, aus der Oper *Die drei Wünsche* (H. 175), lässt sich *La Bagarre* (H. 155) oder *La Rhapsodie* (H. 171) würdig an die Seite stellen, während der mitreißende *Saltarello aus Mirandolina* (H. 346 A) uns mit einem glänzenden Orchesterscherzo beschenkt, das wegen seiner Kürze vor allem als Zugabe willkommen sein mag. Die Suite aus *La Revue de Cuisine* (H. 161 A) gehört längst zum Grundbestand der Kammermusikvereinigungen.

130 A. ERSTE ORCHESTERSUITE aus dem Ballett „Istar"

E: 1918–1921. Bearbeitung von František Bartoš, 1961.
BS: 3322-4331-Pk.-Schl. (Gr.Tr., Beck., Rührtr., Ttam)-Hf.-Str.
D: 24' 30''
1. Andante ($^6/_8$, C), 164 T. 9' 30''
2. Largo ($^4/_4$) – Allegro ($^3/_4$) (Des), 388 T. 6'
3. Allegro ($^4/_4$ bzw. $^2/4$ und $^3/_4$, F-H), 359 T. 9'
Ausg: Český hudební fond (Tschechischer Musikfond), Prag 1961 (ČHF 506). P und ST L. TP bei Panton, Prag 1964[1], 1990[2] (Studienpartitur P 301) K, Dilia L.
V: Panton International Mainz (ČR, SR: Dilia, Prag).

Diese erste Suite bringt aus dem ersten, als *Tammuz' Tod* bezeichneten Akt, erst die einleitende Exposition, im zweiten Teil dann den Kampf um die Leiche Tammuz' bis zu Istars Entschluss, ihrem Geliebten in die Unterwelt zu folgen, womit der erste Akt endet. Der dritte Teil ist der

Musik aus dem zweiten Akt (*Die Liebe der Königin Istar*) entnommen, die den Eintritt in das Rosentor begleitet.

130 B. ZWEITE ORCHESTERSUITE aus dem Ballett „Istar"

E: 1918–1921. Bearbeitung von František Bartoš, 1961.
BS: 3322-4331-Pk.-Schl. (gr. Tr., Beck., Rührtr., Ttam)-Hf.-Str.
D: 23' 45''
1. Lento - Allegro - Grave - Allegro moderato ($^4/_4$, später $^2/_4$, dann $^3/_4$, f-E), 379 T. 8' 30''
2. Moderato - Tranquille ($^6/_8$ bzw. $^3/_4$, C), 199 T. 10' 30''
3. Moderato ($^6/_8$, später $^3/_4$, C-E), 212 T. 4' 45''
Ausg: Český hudební fond (Tschechischer Musikfond), Prag 1962 (ČHF 526). P und ST L. TP bei Panton, Prag 1964[1], 1990[2] (Studienpartitur P 302) K, Dilia L.
V: Panton International, Prag (ČR, SR: Dilia, Prag).

Die zweite Suite schließt unmittelbar mit dem violetten Schattenspiel, dem Sieg Istars und mit ihrem Liebeslied an das Wiedersehen mit dem Geliebten an. Die weiteren beiden Teile sind dem dritten Akt (*Wiedergeburt des Frühlings*) entnommen, schildern vor allem die Ankunft des Frühlings und leiten dann zum eigentlichen Schluss des Werks über, in den als kathartische Verherrlichung ausklingenden *Tanz des Dankes*. Die beiden Suiten umfassen etwa zwei Drittel des Gesamtwerkes.

133 A. ORCHESTERSUITE aus dem Ballett „Kdo je na světě nejmocnější?" (Wer ist der Mächtigste auf der Welt?)

E: Prag, 1922. Bearbeitung von František Dyk, 1959.
UA: Prager Rundfunk, Dezember 1959, Dir.: F. Dyk.
BS: 3333-4331-Pk.-Schl. (gr. Tr., Beck., Rührtr., Tamb., Ttam, Xyl.)-Cel.-2 Hf.-Pf.-Str.
D: 36'
1. *Předehra* (Ouvertüre): Moderato ($^2/_4$, Fis), 96 T.
2. *Serenáda*: Tempo di Minuetto ($^3/_4$, C), 81 T.
3. *Pochod* (Marsch) ($^4/_4$, C-Cis), 98 T.
4. *Mezihra* (Zwischenspiel): Poco Andante (T. 1–15) und Menuet ($^3/_4$, Es-F), 53 T.
5. *Tanec slunečních paprsků* (Tanz der Sonnenstrahlen) Allegro ($^4/_4$, E-G), 125 T.

6. *Valčík* (Walzer) (mit 14-taktiger Andante-Einleitung) ($^3/_4$, Es), 265 T.
7. *Mezihra* (Zwischenspiel): Cadenza - Allegretto - Adagio ($^3/_4$, b), 65 T.
8. *Závěr* (Schluss): Polka Kalamajka: Allegretto (T. 1-25) - Polka ($^4/_4$, C-D), 99 T.

A: Handschrift František Dyks im Archiv des Prager Rundfunks. Die Suite enthält zirka drei Fünftel der Ballettmusik. Merkwürdigerweise fehlt hier der *Schimmy-Foxtrot*!
V: Panton International, Prag (ČR, SR: Dilia, Prag).

153 A. ORCHESTERSUITE aus dem Ballett „Motýl, který dupal" (Der Schmetterling, der stampfte)
E: Ballett: Paris, vollendet am 9.3.1926.
BS: 2222-2320-2 Pk.-Schl (gr. Tr., Beck., Rührtr., Kl.Tr., Tri.)-Pf.-Str.
D: 16'

1. *Zahrady Sulejmanovy* (*Vor Suleimans Palast*): Andante moderato ($^3/_4$) e), 48 T. 3'
2. *Orientální tanec* (*Orientalischer Tanz*): Allegretto ($^4/_4$, a), 53 T. 1' 30''
3. *Motýlí tanec* (*Tanz des Schmetterlings*): (Walzer) ($^3/_4$, e), 99 T. 2'
4. *Tanec s květinami* (*Tanz der Blumen*): Andante ($^4/_4$) a), 40 T. 3'
5. *Tanec před králem* (*Tanz vor dem König*): Allegro ($^4/_4$, g-D), 115 T. (1-112, dann 1-47 da capo, dann 113-115). 6' 30''.

Insgesamt 355 T. (402 T. m. Wdh.).
Die Suite umfasst die Nummern 1, 2, 5 und 6 aus dem Ballett. Nr. 1 = Nr. 1; Nr. 2 = Mittelteil von Nr. 2; Nr. 3 = Nr. 5; Nr. 4 = Nr. 6; Nr. 5 = Nr. 2 mit Ausnahme des Mittelteils.

Ausg: Český hudební fond (Tschechischer Musikfond), Prag 1965 (ČHF 1513).
(ČHF 1513). P und ST L.
V: Panton International Mainz (ČR, SR: Dilia, Prag).

161 A. SUITE AUS „Kuchyňská revue" (La Revue de cuisine)
Siehe Kategorie 2 (Ballette) und Kategorie 22 (Sextette)
E: Ballett: Paris, Ostern 1927 (23.4.1927)
UA: UA der Suite: Paris, 5.1.1930, Concerts Cortot.
BS: Klar., Fg., Trp., Vi., Vc., Pf.
Siehe unter Kategorie 2 (Ballette) und Kategorie 8 (Suiten und Auszüge aus Bühnenwerken - eigene Bearbeitungen).

D: 15'
Die Suite umfasst etwa drei Viertel der Ballettmusik:
1. Prologue: Allegretto (Marsch) $^{2}/_{4}$, C-G, 221 T. 4' (Nr. 1–3 des Balletts).
2. Tango: Lento $^{4}/_{4}$, c, 88 T. 3' 30'' (Nr. 4 des Balletts).
3. Charleston: Poco a poco Allegro. Tempo di Charleston $^{2}/_{2}$, c-B, 101 T. (43–80 wiederholt), 4', (Nr. 6 des Balletts, dort ohne Wiederholung), hier namentlich im Klaviersatz etwas leichter und dünner instrumentiert.
4. Finale: Tempo di Marcia. Allegretto 2/4, C-D, 190 T. 3'30'' (Nr. 9–10 des Balletts).
A: Alphonse Leduc, 53 S.
F: Inst. BM (LED 001).
Ausg: Alphonse Leduc, Paris 1930 (A. L. 17 700), P und ST (A. L. 17 701), TP (A. L. 17 700 bis) K.
V: Alphonse Leduc, Paris.

162 A. OUVERTÜRE DER OPER „Voják a tanečnice“ (Der Soldat und die Tänzerin)
E: Polička, vollendet am 20.8.1926 (also während der Komposition des 1. Aufzugs).
UA: Vgl. H. 162.
BS: 2222-2330-Pk.-Schl. (Beck., kl. Tr.)-Pf.-Str.
D: 6'
Allegro moderato ($^{2}/_{4}$, D), 429 T.
Ausg: Český hudební fond (Tschechischer Musikfond), Prag 1964 (H. 1526).
V: Panton International, Prag (ČR, SR: Dilia, Prag).

Ein heiteres Stück im neoklassizistischen (leicht parodistischen) Stil. (siehe H. 162, Kategorie 1).

175 A. LE DÉPART, symphonisches Zwischenspiel im 3. Aufzug der Oper „Les trois Souhaits“ (Die drei Wünsche)
E: Paris, vollendet am 15.5.1929 (also während der Komposition des 3. Aufzugs).
BS: 2222-4331 Pk.-Schl. (kl. Tr., Beck., Rührtr.)-Pf.-Str.
D: 10'
a) Lento ($^{4}/_{4}$), T. 1–48. (3')

b) Allegro vivo ($^2/_2$, C), T. 49–462. (7')
(siehe H. 175, Kategorie 1 – Bühnenwerke und Filmmusik/Opern).

Ausg: Český hudební fond (Tschechischer Musikfond), Prag 1965.
V: Panton International Mainz.

Ein groß angelegter Orchestersatz in der Form einer Ouvertüre (mit langsamer Einleitung), der es verdient, im Orchester-Repertoire neben *La Bagarre* und *La Rhapsodie* aufgenommen zu werden. Er gehört in dieselbe Stilsphäre und ist ebenso wertvoll.

175. B FILMMUSIK aus dem 3. Aufzug von „Les trois Souhaits" (Die drei Wünsche)

E: 3. Aufzug Paris, zwischen 8.4.1929 und 28.5.1929.
BS: 2 Kl., 2 Fg., 2 Trp., Pos., 2 Vn., Vla.
D: 9'
1. Ouvertüre. Poco Allegro ($^4/_4$, D), 34 T. 1'
2. Valse ($^3/_4$, d), 55 T. 1' 10''
3. Andante ($^4/_4$, es-A), 23 T. 1' 30''
4. *Le Festin de Fiançailles.* Vivo (3/4 dann $^4/_4$, g-B), 65 T. 1' 10''
5. *Le Naufrage.* Allegro ($^4/_4$, B), 40 T. 1'
6. *Adolphe et la Négresse.* Poco Allegro ($^4/_4$, C), 48 T. 1' 20''
7. *Juste-Eblouie.* Allegro vivo. – Morte de Juste. Finale (wechselnd, D-C), 82 T. 1' 50''

Ausg: Český hudební fond (Tschechischer Musikfond), Dilia, Praha 2000 P, 2001 KA.
V: Panton International, Prag (ČR, SR: Dilia, Prag).

Nur der fünfte Teil der Filmmusik (*Le Bateau*) fehlt hier, da er drei Singstimmen mit einbezieht. Die kleine Suite bildet eine noch ganz unbekannte, köstliche Bereicherung des Kammermusikrepertoires im Jazzstil etwa der *Revue de Cuisine.*_

214 A. ERSTE ORCHESTERSUITE aus dem Ballett „Špalíček" (2. Fassung H. 214 II)

E: (2. Fassung. H. 214 II) Paris, Februar – 17.5.1940. Einrichtung von Miloš Říha mit der Genehmigung des Komponisten.
BS: 3222-4231-Pk.-Schl. (gr. Tr., Beck., Rührtr.)-Pf.-Str.
D: 21'
1. *Předehra* (Vorspiel): Poco Allegro ($^2/_2$, D), 60 T. (Orchester-

teil des Vorspiels zum 1. Aufzug).
2. *Tanec se zajícem* (Der Tanz mit dem Hasen) (Akt 1, 6. Auftritt). Allegretto poco moderato $^3/_8$, G-D), 149 T.
3. *U černokněžníka* (Im Palast des Zauberers) (Akt 1, 9. und 10. Auftritt).
a) *Tanec stínů* (Tanz der Schatten): Moderato ($^4/_4$, c-D), 89 T.
b) *Tanec lva* (Tanz des Löwen): Moderato ($^4/_4$, b), 33 T.
c) *Tanec krahujce* (Tanz des Sperbers): Allegro vivo ($^3/_4$, B), 40 T.
d) *Tanec malé myšky* (Tanz der kleinen Maus): Allegretto ($^2/_4$, g), 76 T.
e) (Beginn des 10. Auftritts) *Proměna a tanec Kocoura v botách* (Verwandlung und Tanz des gestiefelten Katers): Lento ($^4/_4$, T. 1-6) und Allegretto ($^2/_4$, B-D), 79 T.
4. *Popelčin ples na zámku* (Aschenbrödels Ball auf dem Schloss) (Akt 3, Verwandlung und 3. Auftritt). Lento ($^4/_4$, T. 1-18) und Allegro moderato (Walzer) ($^3/_4$, a-g), 350 T. (357 T. m. Wdh.).
5. *Svatební polka* (Hochzeitspolka) (Akt 3, 4. Auftritt, bzw. Schlussszene). Moderato ($^2/_4$, C-F), 129 T. (143 T. m. Wdh.).
(siehe H. 214, Kategorie 2)

Ausg: Český hudební fond (Tschechischer Musikfond), Prag 1959 (ČHF 392). P und ST L. TP bei Panton, Prag 1963[1] (P 2547), 1987[2] K.

V: Panton International Mainz.

214 B. ZWEITE ORCHESTERSUITE aus dem Ballett „Špalíček“ (2. Fassung H. 214 II)

E: (2. Fassung. H. 214 II) Paris, Februar - 17.5.1940. Einrichtung von Miloš Říha, mit der Genehmigung des Komponisten.

BS: 3222-4231-Pk.-Schl. (gr. Tr., Beck., Rührtr., Tri.,Woodbl.)-Pf.-Str.

D: 23'

1. *Tanec čertů* (Tanz der Teufel) (Akt 2, 6. Auftritt). Allegro ($^4/_4$, c), 51 T. (93 T. m. Wdh.).
2. *Ševcova rozmarná zákaznice* (Des Schusters launige Kundin) (Akt 2, 1. Auftritt). Poco vivo ($^3/_4$, F-C), 50 T.
3. *Trh - Tanec čmeláka* (Am Markt - Tanz der Hummel) (Akt 2, 2. Auftritt). Moderato - un poco piú vivo ($^3/_4$, C-F), 134 T. (140 T. m. Wdh.).
4. *Vysvobození princeznino* (Befreiung der Prinzessin) (Akt 2, 3. Auftritt).

a) *Černé město* (Die schwarze Stadt): Andante ($^4/_4$), 24 T.
b) *Neštastná princezna* (Die unglückliche Prinzessin): Moderato ($^4/_4$, c), 19 T.
c) *Zápas motýla s obrem* (Der Kampf des Schmetterlings mit dem Riesen). Andante moderato ($^4/_4$, T. 1-9) und Allegretto moderato ($^3/_8$), 96 T.
5. *Tanec dvorních dam* (Tanz der Hofdamen und Landmädchen) (Akt 3, 4. Auftritt). Andante moderato ($^3/_8$, T. 1-68) und Allegretto ($^2/_4$, H-D), 124 T. (139 T. m. Wdh.).
6. *V zakletém zámku* (Im verwunschenen Schloss) (Akt 2, Verwandlung und 5. Auftritt). Poco Andante (T. 1-24) und Poco Allegro ($^4/_4$, f-c), 100 T.
7. *O kouzelné mošně* (Der Zauberbeutel) (Akt 2, 4. Auftritt). Moderato ($^3/_4$, G), 133 T.

Ausg: Český hudební fond (Tschechischer Musikfond), Prag 1959 (ČHF 393). P und ST L. TP bei Panton, Prag 1963[1], 1989[2] K.
V: Panton International Mainz.

Während die erste Suite aus dem ersten und dem dritten Aufzug schöpft, bringt die zweite, bis auf den dem dritten Aufzug entnommenen fünften Satz, wichtige Auszüge aus dem 2. Akt.

240 A. VLOŽKA Z FILMU MĚSTO ŽIVÉ VODY: MARIÁNSKÉ LÁZNĚ (Zwischenspiel aus dem Film Marienbad: Stadt der lebenden Quellen)

Vgl. H. 240, Kategorie 4 - Bühnenwerke und Filmmusik/Filmmusik
E: Prag, 1935.
BS: Klar., Trp., Pf., Str.
D: 8'.
Poco Allegro ($^2/_4$, B-D). 144 T. (367 T. m. W.)
V: Frei.

Ein hübsches Stück an der Schwelle zur Unterhaltungsmusik.

247. A KLEINE SUITE aus der Oper „Veselohra na mostě" (Komödie auf der Brücke)

E: Entstehung der Oper 1935. Die Suite wurde von Martinů (New York 1951) als Folge des durchschlagenden Erfolges der Oper in Amerika selbst bearbeitet.

BS: 1111-2110-Pk.-Schl. (gr. Tr., Beck., Rührtr.)-Pf.-Str. (Kammerorchesterstärke).
D: 6'
a) Introduktion und Poco Allegro (Ouvertüre der Oper) ($^4/_4$, später $^2/_4$, A-D), 76 T.
b) Andantino poco moderato (Arie der Popelka, 2. Auftritt) ($^6/_8$, B-E), 54 T.
c) Marcia (Finale der Oper) ($^2/_4$, B-F), 38 T. (54 T. m. Wdh.).
Die Suite wird ohne Pause durchgespielt.
Ausg: Boosey & Hawkes, London-New York 1952 (B&H 17107). P K und L. ST L.
V: Boosey & Hawkes, London-New York, (ČR, SR: Dilia, Prag).

248 A. KLEINE SUITE
aus der Bühnenmusik zu „Oedipe“ von André Gide
E und UA vgl. H. 248 (Kategorie 3)
UA: Suite: Brno (Rundfunk) 1964.
BS: Altstimme, Klarinette, Trompete, 2 Violen, Klavier, Orgel, Schlagzeug.
D: 5' 30''
1 Lento ($^3/_4$, d), 38 T.
2. Poco Moderato ($^4/_4$, c), 35 T.
3. Poco Allegro ($^4/_4$, c-C), 61 T.
Ausg: P und ST in Prag (Rundfunkarchiv) L.
V: Panton International, Prag.

251 A. COMMEDIA DELL' ARTE. Orchestersuite aus dem ersten Aufzug (Ballett-Pantomime) der Oper „Divadlo za bránou“ (Das Vorstadttheater)
E: 1935. Einrichtung der Suite von Miloš Říha.
BS: 2222-4230-Pk.-Sckl. (gr. Tr., Beck., Rührtr., Tarnb., Tri., Xyl.)-Pf.-Str.
D: 22'
1. Allegro poco moderato ($^4/_4$, T. 1–8) – Allegretto moderato ($^3/_8$, G-F), 163 T. (1. Auftritt).
2. Moderato ($^4/_4$, Es-G), 75 T. (3. Auftritt, 1.Teil).
3. Allegro non troppo ($^2/_2$; ab T. 25: $^2/_4$; ab T. 90: $^3/_8$, A-G), 195 T. (2. Auftritt).
4. Andante ($^2/_4$, T. 1–37) – Poco Allegro ($^4/_4$) (Des-B), 123 T.

(3. Auftritt, 2.Teil).
5. Moderato ($^3/_4$, T. 1-69) - Allegro ($^4/_4$, T. 70-136 und $^3/_4$, T. 137-201) - Poco Allegretto ($^4/_4$, G-F), 269 T. (304 T. m. Wdh.) (6. Auftritt, fast vollständig).

Ausg: Český hudební fond (Tschechischer Musikfond), Prag 1960[1] (ČHF 480). P und ST L. TP, P (2344), Studienpartitur (P 303) bei Panton, Prag 1965[2], 1983[3].

V: Panton International Mainz.

Diese köstliche Suite, deren Titel schon die heitere und geistreiche Stimmung ankündigt, übernimmt etwa zwei Drittel der Musik des ersten Aufzugs der Oper, eine Ballett-Pantomime für Orchester. Es fehlen nur der Schluss des dritten Auftrittes sowie der vierte und der fünfte Auftritt.

253 A. DREI BRUCHSTÜCKE aus der Oper „Juliette"

E: Vieux-Moulin, April 1939 (Datum der Konzerteinrichtung).

Text: Für diese Bruchstücke hat Martinů den französischen Originaltext von Georges Neveux benutzt. Vgl. H. 253, Kategorie 1.

UA: Im französischen Rundfunk (Datum nicht bekannt).

BS: 1. A, Bar, B, Pf. (kein Orchester!).
2. S, T, Bar, 4 Frauenstimmen (nicht solistisch). Orchester. Vgl. H. 253.
3. S, T, 3 Sprechrollen. Orchester vgl. H. 253.

D: 39'
1/Akt 2, 3. Auftritt (Die Erinnerungen), 55 T. 4'
2/Akt 2, 4. und 5. Auftritt, anschließend die 14 letzten T. (Orchester) des 2. Aktes. Insgesamt 375 T. 20'
3/Schlussbild des 3. Aktes (Orchesterzwischenspiel und 8. Auftritt), 231 T. 15'

A: Siehe H. 253 (S. 163)

F: Inst. BM, Prag (PBM Ac 246).
Inst. BM, Prag (LIP 010kv).

Ausg: Siehe H 253 (Kategorie 1).

V: Panton International Mainz.

Diese Bruchstücke kommen nur als Notlösung anstelle einer vollständigen Bühnenaufführung in Frage. Namentlich das 2. Bruchstück (die große Waldszene aus dem 2. Akt, das Herz der ganzen Oper) vermag auch im Konzert zu bezaubern. Da sich diese Oper aber neuerdings immer mehr durchsetzt, dürfte der Zweck dieser Bearbeitung hinfällig werden. Für die Herausgabe einer französischen Fassung der Oper ist Martinůs teilweise Übertragung aber wertvoll und ergänzt seine praktisch vollständige Fassung in PBM Af 248/1-3 (siehe Kategorie 1).

253 B. ORCHESTERSUITE aus der Oper „Juliette“

E: Entstehung der Oper 1936–1937. Einrichtung der Suite von Zbyněk Vostřák, 1969.

BS: 3322-4331-Pk. Schl. (gr. Tr., Beck., Ttam, Rührtr., Glock.), Cel., Pf., Str.

D: 15' 10''

1. Poco Andante (3/4, bzw. 4/4): T. 1–21. Poco Moderato (4/4): T. 22–49. Allegro (6/8): T. 50–83; (3/8) T. 84–131. Poco Andante (3/4 bzw. 4/4): T. 132–142. 142 T. 5' 35''

2. Vivo (4/4): T. 1–9. Molto meno mosso 3/4: T. 10–22. Andante moderato 3/4: T. 23–65, Poco Allegretto 3/4: T. 66–109. 109 T. 4' 30''.

3. Lento (4/4): T. 1–20. Moderato (4/4): T. 21–33. Allegro moderato (4/4): T. 34–50. Poco vivo (4/4): T. 51–62. Andante (3/4, bzw. 4/4): T. 63–78. 78 T. 5' 05''

Ausg: Panton International Prag 1970 (auch TP K).

V: Panton International Mainz.

Da Juliette keine in „Nummern“ aufgeteilte Oper, sondern ein geschlossenes Ganzes bildet, hat der Bearbeiter die schönsten Orchesterstellen in freier Folge „montiert“, wobei er dem musikalischen Verlauf den Vorrang gab, ohne sich an den Ablauf der Handlung halten zu können. So handelt es sich um eine symphonische „Phantasie“ dessen freie „Traumlogik“ Martinůs eigenen Vorstellungen erstaunlich nahe kommt, etwa im Sinne der von Richard Strauss selbst redigierten Konzertauszüge aus seinen eigenen Opern. Somit entstand eine glückliche Zusammenfassung, bzw. Synthese, die auch Konzertbesuchern einen klaren Vorgeschmack von Martinůs Meisteroper schenkt.

346 A. SALTARELLO aus der Oper „Mirandolina“

E: Nizza, vollendet am 30.6.1954. Der Saltarello entstand als letztes Stück der Oper, deren 3. Aufzug am 23.6.1954 abgeschlossen worden war.

BS: 3222-4330-Pk.-Schl.-Str.

D: 5'
Vivace ($^{6}/_{8}$, A), 247 T.
Ausg: Bärenreiter, Kassel 1959 (B. A. 3551b). P und ST L.
V: Bärenreiter, Kassel

Dieses glänzende Orchesterstück weist eine enge Verwandtschaft (Rhythmus, Thematik, Stimmungsgehalt) mit dem Scherzo der *Symphonie Nr. 4* auf, dessen zündende Wirkung es auch teilt. Es würde wohl eine käufliche Taschenpartitur verdienen!

Dritter Teil: Konzerte und konzertante Werke

1. Klavierkonzerte (Kategorie 9)
2. Violinkonzerte (Kategorie 10)
3. Cellokonzerte (Kategorie 11)
4. Konzerte für verschiedene Soloinstrumente (Cembalo, Viola, Oboe) (Kategorie 12)
5. Doppel-, Tripel- und Quadrupelkonzerte (Kategorie 13)

Allgemeines: Mit beinahe dreißig Kompositionen ist Martinůs Beitrag zur konzertanten Literatur wohl seit Mozart unübertroffen. Er hat Konzerte aller Arten und in allen Formen für die verschiedensten Instrumente geschrieben. Jedoch lässt sich diese Produktion deutlich in zwei Stilrichtungen einteilen: Auf der einen Seite finden wir die Werke, die sich auf die Tradition des Concerto Grosso berufen. Sie sind meistens, jedoch nicht immer, für mehrere Solisten bestimmt. Wichtige Ausnahmen bilden in dieser Hinsicht u.a. das *Cembalokonzert* (H. 246), die *Sonata da Camera für Cello* (H. 283) und das *Concerto da Camera für Violine* (H. 285). Auch die übliche Besetzung für kleineres Orchester kennt Ausnahmen (z.B. das *Streichquartett mit Orchester*, H. 207, oder das *Konzert für zwei Klaviere*, H. 292). Auf der anderen Seite hat Martinů der klassisch-romantischen Tradition des Solistenkonzertes virtuosen Charakters gehuldigt, manchmal auch mit mehreren Solisten: Das *Konzert für zwei Violinen Nr. 2* (H. 329) oder das *Konzert für Klavier und Violine* (H. 342) sind regelrechte Doppelkonzerte im Sinne eines Beethoven oder Brahms.

Dieser Bereich seines Schaffens besteht überwiegend aus Auftragsarbeiten und ist daher ziemlich ungleichwertig. Wenn Martinů den Solisten auch stets dankbare, wirkungsvolle Aufgaben zuteilt, weht nicht immer der Hauch unmittelbarer Inspiration. An die Spitze möchten wir vor allem das *Klavierkonzert Nr. 4* (*Incantation*, H. 358) stellen, eine seiner gewaltigsten Schöpfungen. Gleich daneben sind das *Concerto da Camera für Violine* (H. 285), das *Concertino für Klavier* von 1938 (H. 269) und das *Konzert für zwei Klaviere* zu nennen, jedoch gehören auch die drei *Cellokonzerte* und das *Klavierkonzert Nr. 5* (*Fantasia concertante*, H. 366) zu seinen Meisterschöpfungen. Der überragende Gipfel seiner Instrumentalkunst, das *Doppelkonzert für zwei Streichorchester, Klavier und Pauken* (H. 271), sei hier nur am Rande angeführt. Es gehört eigentlich in die Rubrik „Werke für Kammer- bzw. kleines Orchester" (Kategorie 7), zusammen mit den Schwesterwerken *Concerto Grosso* (H. 263) und *Tre Ricercari* (H. 267).

Kategorie 9: Klavierkonzerte

149. KONZERT für Klavier und OrchesterNr. 1, in D-Dur

E: Polička, August-September (vielleicht noch Oktober) 1925.
W: Gewidmet Jan Heřman. (Nach der Pariser Erstaufführung widmete Martinů den KA Lucette Descaves).
UA: Prag, 21.11.1926. J. Heřman und die Tschechische Philharmonie, Dir.: R. Manzer.
WA: Paris, 11.2.1928. L. Descaves und das Colonne Orchester, Dir.: G. Pierné.
BS: Soloklavier und Kammerorchester (Stärke 29 mit Solist). 2222-2210-Str. (44322).
D: 27' 15''
1. Allegro moderato ($^2/_4$, D), 338 T. 9' 15''
2. Andante ($^6/_8$, g), 107 T. 7' 30''
3. Allegro ($^3/_4$, D), 252 T. (338 T. m. Wdh.). 10' 30''
A: Früher bei Frau Charlotte Martinů in Vieux Moulin, (drei gesonderte Hefte I. 69 S.; II. 28 S.; III. 48 S.) z. Z. nicht nachweisbar.
F: Inst. BM, Prag (XYZ 043) - Kopie von fremder Hand.
KA von Karel Šolc (in seiner Handschrift) ebenda. Dieser KA wurde am 31.10.1925 abgeschlossen.
Ausg: Panton, Prag 1968 (P 767) KA K.
V: Panton International Mainz.

Ein heiteres Divertimento in neoklassizistischer Stilrichtung mit modernisierten Anklängen an Bach (im Rhythmus, in der dichten Polyphonie, im Schnitt der Allegrothemen) und an Scarlatti (im behänden, durchsichtigen Klaviersatz und in der humorvollen Behandlung der Ecksätze). Es fällt in die kurze Phase reiner Klassik, die u.a. auch die *Violinsonate in d-Moll* (H. 152) und das *Concertino für die linke Hand* (H. 173) dokumentieren. Aber man kann es auch gut bei den zeitgenössischen Werken eines Poulenc (*Concert Champètre*), eines Ernesto Halffter (*Sinfonietta in D*) und sogar eines Strawinsky einordnen. Die deutliche Trennung von

„Solo"- und „Tutti"-Episoden gibt dem Werk eine typisch barocke Formanordnung. Es verdient weit mehr Aufmerksamkeit, als ihm bis jetzt geschenkt wurde; wenn es auch etwas lang geraten ist.

173. (recte 154/155) DIVERTIMENTO (CONCERTINO) für Klavier (linke Hand) und Orchester, in G-Dur

E: Paris, 31.3.1926 als Divertimento. Die Überarbeitung vom 1928 (wobei das Werk auf *Concertino* umbenannt wurde) betrifft nur den Klaviersatz.
W: Gewidmet Otakar Hollmann.
UA: Prag, 26.2.1947. O. Hollmann und die Prager Symphoniker (FOK-Orchester).
BS: Klaviersolo (linke Hand) und Kammerorchester (1212-1000-Str. 4221 oder 8222).
D: 20'
1. Allegro moderato ($^4/_8$, G-D), 182 T. 5'
2. Andante ($^4/_4$, B), 83 T. 7'
3. Allegro con brio ($^4/_4$, G), 204 T. (262 T. m. Wdh.). 8'
A: NM ČMH (Tr B 148) 81 S. + Titels.
Ausg: Český hudební fond (Tschechischer Musikfond), Prag 1957 (ČHF 091). Panton 1976 Studienpartitur (P 1667) L, K.
V: Panton International Mainz.

Dieses Werk, das knapp vor *La Bagarre* entstand, bewegt sich im selben Stilbereich wie das vorangehende, gibt sich womöglich noch frischer und anmutiger und wendet sich in seiner ganz spontanen Unbefangenheit entschieden nicht an spitzfindige oder anmaßende Geister. Dem breiten Publikum bietet es aber köstliche Unterhaltung auf stets wertvoller Stilebene und bei meisterhaft gekonnter Satz- und Formtechnik.

237. KONZERT für Klavier und Orchester Nr. 2

E: Paris (Malakoff), Juli bis Weinachten, bzw. 31.12.1934. Umarbeitung des Orchesters: New York, vor Weihnachten 1944, zwischen der *Violinsonate Nr. 3* H. 303 (vollendet am 4.12.) und dem *Cellokonzert Nr. 2* H. 304 (begonnen am 20.12.)
W: Gewidmet Germaine Leroux.
UA: Prag, 13.11.1935. R. Firkušný und die Tschechische Philharmonie, Dir.: V. Talich.

WA: Paris, 31.1.1937. G. Leroux und das Orchester der Société des Concerts du Conservatoire, Dir.: P. Gaubert.

BS: (Fassung von 1944). Soloklavier. 3222-4230-Pk.-Schl. (gr. Tr., Beck., Rührtr., Tri.)-Str. Die Urfassung besetzte nur 2 Fl. und (außer Pk.) kein Schlagzeug.

D: 23'
1. Allegro Moderato ($^4/_4$, B), 202 T. 8'
2. Poco Andante ($^6/_4$, Es-G), 61 T. 8'
3. Poco Allegro ($^2/_4$, c-C), 322 T. 7'

A: Der Quellenbestand ist ungewöhnlich reich:
1. Orch. Partitur der 1. Fassung in PBM (Aa 138), 98 S. (Seite 55 leer). Sehr schönes, in Leinen gebundenes Widmungsexemplar mit goldenem(!) Titel
2. KA der 1. Fassung in PBM (Aa 139) 41 S., mit dem Vermerk „pour les vacances 1935".
3. 1. Fassung - 20 S. Bleistiftskizzen + 7 Seiten unvollständigen KA des 2. Satzes (fälschlich als 1. Klavierkonzert katalogisiert) in NM ČMH (Tr B 235)

F: 1. P der 2. Fassung in PBM (FAa 53) 79 S. Am Schluss: Paris Noël 1934 (réorchestré Noël 1944).
2. Abschrift aus fremder Hand (samt Aufführungsmaterial) dieser 1. Fassung (datiert 1937) in der PPS.
3. Abschrift aus fremder Hand der 2. Fassung in PSS Privatsammlung I.
4. Inst. BM (PBM Aa 138, PBM Aa 139)

Ausg: Český hudební fond (Tschechischer Musikfond), Prag 1960 (ČHF 444). P und ST L. - KA von Karel Šolc bei Panton, Prag 1960 (P 113), L, K.

V: Panton International Mainz.

Als einzige gewichtige Instrumentalschöpfung zwischen den Opern *Les Jeux de Marie* (*Die Marienspiele*, H. 236) und *Divadlo za bránou* (*Das Vorstadttheater*, H. 251) weist dieses ziemlich oft zu hörende Konzert starke tschechische Stilmerkmale auf. Es ist das am meisten „nationale" der fünf Klavierkonzerte. Der langsame Satz enthält zwei, das Finale sogar drei Solokadenzen. Im Jahre 1944 wurde nur der Orchestersatz etwas überarbeitet, die Musik blieb dieselbe. Daher handelt es sich hier im Gegensatz etwa zum *Cellokonzert Nr. 1* (H. 196) nicht um eine selbstständige Neufassung.

269. CONCERTINO für Klavier und Orchester

E: Paris, Juni 1938.
W: Gewidmet Juliette d'Arányi.
UA: Bratislava, 30.3.1947. L. Fuchsová und Orchester des Slowakischen Rundfunks, Dir.: O. Pařík.
WA: London, 5.8.1948, L. Fuchsová und The London Symphony Orchestra, Dir.: S. Robinson.
Brno, 10.11.1954. E. Nováková und Radiosymphonieorchestr Brno, Dir.: B. Bakala.
BS: Soloklavier. 2222-4220-Pk.-Schl.(gr. Tr., Beck., Rührtr., Tri.)-Str.
D: 22'
1. Allegro moderato (comodo) ($^{3}/_{4}$, h-H), 174 T. 7'
2. Lento ($^{4}/_{4}$, wechselnd, e-B), 94 T. 8'
3. Allegro ($^{2}/_{4}$, D-G), 308 T. 7'
A: P in PBM (Aa 75) (78 S. + Titels.)
F: Inst. BM, Prag (PBM Aa 75).
Ausg: Český hudební fond (Tschechischer Musikfond), Prag 1956 P (ČHF 025), Ausgabe für zwei Klaviere (ČHF 069). P und ST L. Panton, Prag TP (P 766) K.
V: Panton International Mainz.

Der herabsetzende Titel wirkt täuschend und hat dem hochbedeutenden Werk zweifellos geschadet. Dabei erweckt schon allein die Entstehungszeit (zwischen dem *Quartett Nr. 5* und dem *Doppelkonzert*) rege Aufmerksamkeit. Martinů hat hier wohl eine kurze, anspruchslose Entspannung zwischen gewichtigeren Aufgaben beabsichtigt, jedoch ist aus diesem Plan eine gehaltvolle, ernste Arbeit im Umfang eines wahren Konzertes geworden, die zu seinen besten konzertanten Schöpfungen zählt und den ursprünglichen Titel nicht mehr rechtfertigt. Nur selten ist Martinůs harmonische Sprache so kernig und schmackhaft, seine Polyphonie zugleich so klar und so kräftig wie in diesem Werk, das das ziemlich stark besetzte Orchester (kein Kammerorchester!), namentlich im 3. Satz, recht symphonisch behandelt und zwischen ihm und dem schwerelosen zierlichen (aber durchaus nicht leichten) Klaviersatz wirkungsvolle Gegensätze schafft. Die Ausdruckssphäre der Ecksätze liegt dabei mehr auf derber Entschlossenheit, aber dieser Eindruck kommt vom kräftigen Orchestersatz und von der herben, gepfefferten Harmonik, die vor polytonalen Akkordballungen nicht zurückscheut. Ein langes, verträumtes Klaviersolo eröffnet das poetische Lento, ein Stück von erlesener Zartheit und

Melancholie, dessen Schlusstakte zu den ergreifendsten Eingebungen ihres Schöpfers gehören. Es ist höchste Zeit, dieses Kleinod aus seinem Dornröschenschlaf zu erwecken.

271. DOPPELKONZERT für zwei Streichorchester, Klavier und Pauken

Siehe unter Werke für Kammer- bzw. kleines Orchester (Kategorie 7). Es handelt sich nicht um ein Konzert im herkömmlichen Sinne, wenn das Klavier auch namentlich im 2. Satz wichtige Solostellen vorzutragen hat.

282. SINFONIETTA GIOCOSA für Klavier und kleines Orchester

E: Aix-en-Provence, Oktober-November 1940 (1. Satz 14.10., 2. Satz 24.10., 3. Satz 4.11., 4. Satz 12.11.).

W: „A Germaine Leroux à son anniversaire le dernier cadeau de France. 1940" („Für Germaine Leroux zum Geburtstag das letzte Geschenk aus Frankreich 1940").

UA: New York, 16.3.1942. G. Leroux und das National Orchestra, Dir.: L. Barzin.

WA: Prag, 13.3.1947. G. Leroux und die Tschechische Philharmonie, Dir.: J. Krombholc.

BS: Soloklavier, 2202-2000-Str. (43232, verdoppelt ad lib.).

D: 28'

1. Poco Allegro ($^2/_2$, d-E), 239 T. 8'
2. Allegretto poco moderato ($^2/_4$, wechselnd, B), 186 T. 6'
3. Allegro ($^3/_8$, später $^2/_4$), mit Trio: Allegro moderato ($^3/_4$, T. 208–289) (Fis-C), 409 T. 7'
4. Andantino (moderato) (T. 1–31) - Allegro ($^2/_4$, e-G), 273 T. 7'

(Martinůs eigene Zeitangaben: 7'+6'+8'25''+8''= 29'25'')

A: Reduktion für 2 Klaviere, 65 S. (Titelseite fehlt) PBM (Aa 140) (etwas beschädigt)

F: PBM (Ag 205) Orchesterpartitur 105 S. + Titels. „A Germaine Leroux pour son anniversaire et pour mon arrivée en Amérique, New York. 1. April (sic!) 1941." Dazu noch: „Souvenir et congratulation pour la premiere à New York March 1942." Aus dem 2. Satz wurden für die gedruckte Fassung 25 T. gestrichen. Inst. BM, Prag (PBM Aa 140).

Ausg: Boosey & Hawkes, London-New York 1953 (B&H 17151). PK und L. - ST L. - KA von Karel Šolc, K.
V: Boosey & Hawkes, London-New York.

Dieses heitere Werk entstand in traurigsten Verhältnissen während des schlimmen Herbstes 1940 in Aix-en-Provence. Martinů arbeitete damals mit Mantel und Handschuhen in einem ungeheizten Zimmer, „aber", schrieb er, „das könnte man aus der Musik nicht erraten". Die Aufführungsdauer ist die einer richtigen Symphonie, aber die kleine Besetzung, die unbeschwerte neoklassizistische Stimmung und die führende Rolle des Klaviers rechtfertigen den gewählten Titel. Letzteres hat eine derartige Solistenrolle, dass man das Werk eigentlich unter den Konzerten anführen sollte. Kurz vor dem Schluss spielt es sogar eine richtige Virtuosenkadenz. Der Instrumentalsatz ist durchsichtig-kammermusikalisch, und oft lässt Martinů kleine Gruppen von Solisten (Concertini) im Sinne des Concerto Grosso abwechseln.

„Der höchste Ausdruck der Freude liegt in der Geschwindigkeit", meinte die Schriftstellerin George Eliot. Geschwindigkeit ist der vorherrschende Eindruck, den diese Partitur, nicht zuletzt durch das behände Figurationswerk, hinterlässt. Dazu entbehrt sie eines langsamen Satzes, den der zweite Satz im „Spaziertempo" ersetzt. Der erste Satz hebt mit dem festen, vierkantigen Rhythmus eines Brandenburgischen Konzertes an. Der dritte ist ein flinkes Scherzo, dessen Hauptteil mit einem ausgedehnten Quartett für Klavier, Flöte, Violine und Cello endet. Das eigentliche Trio im gemäßigten, zierlichen Menuett-Tempo fügt dem Klavier ein Bläserquintett (2 Oboen, 2 Fagotte, 1 Horn) hinzu. Die Reprise des Scherzos ist gekürzt; anstelle des Quartetts folgt eine rasche Coda. Dem heiteren, gelösten Finalsatz steht eine kurze Einleitung für Streicher voran, die in ihrer idyllischen Melodik (man beachte die feinfühligen Taktwechsel) den einzigen Ruhepunkt des munteren Werkes bildet. Diese Sinfonietta gehört zu den meistgespielten Werken Martinůs.

316. KONZERT für Klavier und Orchester Nr. 3

E: New York, 9.4.1947–10.3.1948 (1. Satz vollendet am 31.12.1947; 2. Satz am 15.2.1948).
W: Gewidmet Rudolf Firkušný.
UA: Dallas, Texas (USA), 20.11.1949. R. Firkušný und das Dallas Symphonieorchester, Dir.: W. Hendl.

WA: Prag, 7.1.1958. J. Páleníček und die Prager Symphoniker (FOK-Orchester), Dir.: A. Jansons.
BS: Soloklavier. 2222-4231-Pk.-Schl. (gr. Tr., Beck., Rührtr., Tri., Ttam)-Str.
D: 25'
1. Allegro (im A ohne Tempoangabe) ($^2/_4$, c-B), 319 T. 7' 30''
2. Andante poco moderato ($^9/_8$, später vor allem $^6/_8$ und $^3/_8$, g-F), 218 T. 9'
3. Moderato - Allegro (poco) ($^2/_4$, B), 405 T. 8' 30''
A: z. Z. nicht nachweisbar.
F: PNM ČMH (Tr B 571) 105 S. +Titels. Am Schluss die Anmerkung „vollendet am Todestag Jan Masaryks".
Ausg: Český hudební fond (Tschechischer Musikfond), Prag 1960 (ČHF 445). P und ST L. - KA von Karel Šolc bei Panton, Prag (P 114 - Ausgabe für zwei Klaviere) L, L. P (P 2272) K, L.
V: Panton International Mainz.

Ein wirkungsvolles, dankbares Konzert in der romantischen Nachfolge, für Martinů aber enttäuschend uncharakteristisch und epigonal. In der unverkennbaren Ermattung der Eingebung wohl der glücklicherweise nur vorübergehende Tiefpunkt der Brandungsjahre. Der kommunistische Putsch am 28.2.1948 erfolgte während der Komposition und laut Aleš Březina trägt das Finale unverkennbare Züge des Danse macabre. Die Substanz ist zwar nicht dünner als gewöhnlich, nur stammt sie viel mehr von anderen Meistern (vor allem von Brahms, dessen Einfluss im 1. Satz hemmend wirkt) als von persönlicher Inspiration. Das Andante hinterlässt einen Eindruck von Länge wie kaum ein anderer Satz in Martinůs Schaffen. Im munteren, national gefärbten Schlusssatz bessert sich die Lage. Die Traditionsgebundenheit vieler Virtuosen und ein glückliches Verlagsschicksal haben diesem Konzert eine Verbreitung gesichert, die das folgende weit mehr verdient.

358. KONZERT für Klavier und Orchester Nr. 4 („Incantation")
E: New York, 22.12.1955-6.2.1956.
W: „Commissioned by Fromm Music Foundation"
UA: New York, 4.10.1956. R. Firkušný und das The New York Philharmonic Orchestra, Dir.: L. Stokowski.
WA: Edinburgh, 30.8.1957. R. Firkušný und The Philharmonia Orchestra, Dir.: R. Kubelík.

Paris, 24.11.1960. R. Firkušný und das Orchester der Société Philharmonique de Paris, Dir.: L. Barzin.

BS: Soloklavier. 3222-4230-Pk.-Schl. (gr. Tr., Beck., Rührtr., Tri.)-Hf.-Str.

D: 18' 30''
1. Allegro (poco) ($^4/_4$, B-c), 237 T. 8' 30''
2. Poco moderato ($^3/_4$ bzw. $^2/_4$ und $^6/_8$, c), 333 T. 10'

A: P früher in der Fromm Foundation, Chicago (USA), z. Z. nicht nachweisbar.

F: P beim Verleger in Kassel (58 S. + Titels.; I. 1-32; II. 33-58).
Houghton Library Harvard University (reine Schrift, ohne Eintragungen), derer Kopie auch im Inst. BM (XYZ 051).
Inst. BM, Prag (NBM 031) - Kopie mit autographen Eintragungen des Komponisten sowie Eintragungen von fremder Hand.

Ausg: Bärenreiter, Kassel 1965 (B. A. 4318). P und ST L.
Bärenreiter, Kassel 1970 TP K (H 5022).

V: Bärenreiter, Kassel.

„Es wird wieder einmal so eine unheimliche Geschichte, alles nur ‚Zauberei', ich hoffe es wenigstens", berichtete Martinů an Miloš Šafránek während der Komposition. Anlässlich der Edinburgher Aufführung bezeichnete er das Werk als „den Ausdruck eines rastlosen Suchens nach der Wahrheit und der Bedeutung des Lebens, und zugleich als eine Huldigung an die Musik, den Zufluchtsort, die Kraft und die Waffe des Musikers". Diese für Martinů ungewöhnlich verbindlichen Äußerungen, und vor allem der Titel („Beschwörung") lassen uns erfahren, dass hier, ähnlich wie in der *Symphonie Nr. 6*, wieder böse, übernatürliche Kräfte im Spiel sind. Stilistisch bildet dieses erstaunliche Werk, zusammen mit den späteren *Paraboles*, wohl den Gipfelpunkt von Martinůs „Phantasie" und zugleich sein einziges konzertantes Beispiel. Mit der herkömmlichen Form des Konzertes hat das erschütternde Stück nichts mehr zu tun. Die ganz freie Zweisätzigkeit, abseits jeder Symmetrie oder Wiederholung, ist das Ergebnis von organischer Motivmetamorphose und schafft den genau angemessenen, erstaunlich bündigen Rahmen zum vulkanischen Stimmungsgehalt. Die letzte Verdichtung der Gedanken erhöht noch die Wirkung der Komposition, in der sich Martinů mit unübertroffener Elementargewalt ausdrückt. Während in den früheren Konzerten stets eine Zusammenarbeit von Solist und Orchester bemerkbar war, bekämpfen sich hier beide Partner in einem hoch dramatischen Dialog von lisztscher Dämonie. In seiner Art lässt sich *Incantation* wohl nur noch mit dem *Konzert für die linke Hand* von Ravel vergleichen, das ideal in dasselbe Konzertprogramm passen würde. Die Rhythmik ist feingliedrig und kompliziert, vom Taktstrich noch unabhängiger als zuvor, die Agogik von unendlicher Mannigfaltigkeit. Die hochdifferenzierte Harmonik deutet, wie in den *Paraboles*, auf den späten Debussy, während die schillernde Pracht des Orchesters wie schon in den *Fresken* den Einfluss des mediterranen Südens offenbart. Und doch ist die Grundstimmung düster und drohend. Schon bei der ersten Erscheinung des Solisten behauptet sich das bedeutungsvolle c-Moll, und nicht das eröffnende B-Dur, als die Haupttonart des Werkes. *Incantation* ist Martinůs bedeutendstes Konzert und eines der bedeutendsten überhaupt. Zwei Wochen nach der Vollendung dieses Werkes (dessen Verbreitung lange Jahre durch Drucklegungsverzögerungen gehemmt wurde) hat Martinů mit der Komposition der *Griechischen Passion* begonnen.

366. KONZERT für Klavier und Orchester Nr. 5, in B-Dur („Fantasia Concertante")

E: Schönenberg-Pratteln, 2.9.1957–3.1.1958. (1. Satz vollendet am 12.11., 2. Satz am 5.12.1957.)

W: Gewidmet Margrit Weber.

UA: Berlin, 31.1.1959. M. Weber und das RIAS-Orchester, Dir.: G. E. Lessing.

WA: Venedig (Biennale), 22.9.1959. M. Weber. Dir.: F. Scaglia.
Boston, 4. und 5.3.1960. M. Weber und Boston Symphony Orchestra, Dir.: Ch. Munch.

BS: Soloklavier. 3222-4230-Pk.-Schl. (gr. und kl. Tr., Beck., Rührtr., Tri., Woodblock, Xyl.)-Str.

D: 23' 30''
1. Poco Allegro risoluto ($^3/_4$, B), 250 T. 7' 30''
2. Poco Andante ($^3/_4$, F-G), 229 T. 10'
3. Poco Allegro ($^6/_8$, A-B), 222 T. 6'

A: P in PSS, Basel (80 S. + Titels.). Das Werk ist von Martinů einfach in der P als „Klavierkonzert in B" bezeichnet und als „Fantasia concertante" herausgegeben worden, obwohl dieser Titel in der Originalhandschrift fehlt. Er kommt aber im Briefwechsel mit der Widmungsträgerin häufig vor.
Autographe vollständige Skizze PPS, Basel, 19 S.

Ausg: Universal Edition, Wien 1959 (U. E. 12839 LW). P und ST L. KA (U. E. 12 841 LW) und TP (U. E. 13041 LW) K.
V: Universal Edition, Wien.

Die Entstehung dieses letzten Konzertes von Martinů fällt in die Zeit zwischen der Komposition der 2. und 3. *Parabole*. Obschon auf dem Schönenberg geschrieben, ist dieses vorwiegend lyrische Werk eine weitere Äußerung des südlichen, mittelmeerländischen Martinů, eine faszinierende Verschmelzung von böhmischer Lebensfrische und italienischer Kantabilität. Die Form ist wieder klassischer als im 4. Konzert, ohne ins Schablonenhafte zu verfallen. Mit dem Untertitel bezeichnet Martinů das Werk im Brief an Margrit Weber vom 6. Juli 1958 und auch im Brief an Karel Novák vom 29.10.1958, jedoch ist er für die Form des Werkes kaum zutreffend. Der erste Satz hebt kräftig, fast dramatisch an, verlässt aber bald die Ausgangsstimmung zugunsten begeisterter Naturbetrachtung und üppigen Wohlklangs. Das ausgedehnte Andante atmet wunderbare Ruhe und lässt das Klavier mit schubertscher Schlichtheit ein Lied der friedlichen Erfahrung am Abend eines fruchtbaren Lebens anstimmen. Der knappe, von heller Freude getragene Schlusssatz sichert dem Konzert einen wirkungsvollen Ausklang.

Kategorie 10: Violinkonzerte

226. (recte 228/233) KONZERT für Violine und Orchester Nr. 1
früher H. 232bis, da die Nummer 226 frei wurde - siehe unter Klavierlieder
E: Paris, zwischen Juni 1932 und Februar 1933, dann von September bis Dezember 1933(?).
W: Gewidmet Samuel Dushkin.
UA: Chicago 25., 26.10.1973. J. Suk und The Chicago Symphony Orchestra, Dir.: G. Solti.
WA: Tschechische Erstaufführung Prag, 24.9.1974. J. Suk und die Tschechische Philharmonie, Dir.: Z. Košler.
BS: Solovioline. - Orch.: 2222-4230-Pk, Schl. (Tri., kl. Tr., Beck,. große Bratsche).-Str.
D: 25'
1. Allegro moderato (4/4, E) 220 T. 10' 15''
2. Andante (3/8, C-D) 106 T. 6' 15'' Attacca
3. Allegretto (4/8, 55-129 und 315-365: 3/8, Es-C) 403 T. 8' 30''

A: 1. P früher im Moldenhauer Musikarchiv in Spokane - heute in Library of Congress in Washington (Moldenhauer Collection). Vollständige Orchesterpartitur (122 S.).
2. A des KA z. Z. nicht nachweisbar.

Ausg: Editio Supraphon Praha, 1979 (H. 5798) P K, (H 5797) KA (von Karel Šolc) K.

V: Editio Bärenreiter, Prag.

Im Laufe des Jahres 1932 befreundete sich Martinů mit dem Geiger Samuel Dushkin, für welchen Strawinsky kurz vorher sein *Konzert* und sein *Duo Concertant* geschrieben hatte und der bei ihm ebenfalls ein Konzert bestellte. Anfang September 1933 schrieb Martinů aus Paris nach Prag, dass er der Uraufführung von *Špalíček* (H. 214) im Nationaltheater (19. Sept. 1933) leider nicht beiwohnen könne, da Dushkin soeben aus Amerika zurückgekehrt sei und sie beide zusammen am Konzert weiterarbeiten sollten. Laut Šafránek, der von diesem Brief berichtet, ist das Konzert „unvollendet und verschollen". Es liegt jedoch eine vollständige Partitur vor, von deren Existenz mir während der Drucklegung der 1. Auflage dieses Buches im Juni 1968 mitgeteilt wurde (daher die bis frühere Nummer), sodass ich das Werk damals leider nicht mehr besichtigen konnte, mit Ausnahme einiger Probeseiten in Faksimile. Die Partitur trägt kein Schlussdatum (eine Seltenheit bei Martinů!). Die oben angegebenen Kompositionsdaten stützen sich nur auf biografische Wahrscheinlichkeiten, nämlich auf die „freien" Monate der Jahre 1932 und 1933. Ob das Werk bei dem Zusammentreffen mit Dushkin im September 1933 noch unvollendet war oder ob es nur noch überprüft bzw. überarbeitet werden sollte, ist nicht mehr festzustellen. Es ist jedenfalls bekannt, dass Dushkin nicht zufrieden war und das Werk weder annahm noch aufführte. Martinůs spätere Zusammenarbeit mit ihm sollte auf ähnliche Schwierigkeiten stoßen (siehe hierzu, H. 276 I bzw. 276 II).

Das äußert brillante, virtuose Werk (der Solopart ist außerordentlich schwer) ist ein typisches Produkt der damaligen Pariser Jahre (stilistisch-harmonisch steht es in der Nähe zum *Klavierquintett Nr. 1* H. 229). Der groß angelegte Kopfsatz, der ein Paar klanglich ausgesprochen originelle Details aufweist (z. B. die gedämpften Streichtriller mit Flatterzungenklängen der Flöten bei Takt 102), kennt nur ein mehr entspanntes lyrisches Zwischenspiel (T. 109–141). Das Andante ist eine frische pastorale Idylle (vgl. das Eröffnungstutti der Holzbläser), die schon die Stimmung des entsprechenden Satzes im *Violinkonzert Nr. 2* (H. 293) vorwegnimmt.

Das unmittelbar folgende abschließende Allegretto steigert die Virtuosität und die rhythmische Spannung (mit an Strawinsky gemahnenden Schlagzeugeffekten im Mittelteil) bis zur zündenden Coda. Die vom Taktstrich schon freien Synkopen deuten auf den späteren Martinů.

276. I SUITE CONCERTANTE für Violine und Orchester in D (erste Fassung)

E: Klavierskizze wohl schon ab Dezember 1938, Prélude: Paris, 8.2.1939; Intermezzo: Paris, 18.1.1939; Méditation: Paris, 15.1.1939; Finale: ohne Datum. Laut eines Briefes von Louise Dushkin an Serge Koussewitzky wurde die Suite schon im Februar 1939 beendet.
Ein weiterer Mittelsatz mit dem Titel „Scherzo-Caprice" (der die Gesamtzahl der Sätze in dieser Fassung auf fünf erhöht) befindet sich in Library of Congress (als zehnseitiges Particell).

UA: (mit Klavierbegleitung). New York, 7.4.1943. S. Dushkin und E. Itor Kahn.
(ohne Scherzo - Caprice) Prag, 27.5.2000. B. Matoušek und die Kammerphilharmonie Pardubice, Dir.: D. Bostock.

BS: Solovi. 3222-4230-Pk.-Schl. (wie in H. 276 II)-Pf. (nur im Finale)-Str.

D: 17' 45'' (mit Scherzo - Caprice 22' 30'')
1. Prélude: Allegro moderato ($^4/_4$, d), 78 T. 3'
2. Méditation: Largo ($^3/_4$, e), 100 T. 4' 30''
3. Scherzo-caprice (2/4, g) 238 T. 4' 45''
4. Intermezzo: Andantino (poco moderato) - Vivace (T. 79-201) ($^3/_4$, es-Fis), 214 T. (292 T. m. Wdh.). 5'
5. Finale: Allegro vivo ($^2/_4$, E-D), 366 T. 5' 15''

A: 1. Die Sätze 1, 2, 4, 5 sind beim Verfasser dieses Buches in Brüssel, der sie bei Frau Martinů in Vieux Moulin aufgefunden hat. Vier gesonderte Hefte von je 24, 6, 17 und 36 S. (+ Titels.).
2. A des 3. Satzes (nur Particell) wurde von Aleš Březina im Moldenhauer-Archiv in Spokane (USA) - heute Library of Congress in Washington - entdeckt.
3. KA von Erich Itor Kahn verschollen.

F: Inst. BM, Prag (XYZ 001).

Ausg: Schott, Mainz (in Vorb.), eingerichtet von A. Březina.

V: B. Schott Söhne, Mainz.

276 II SUITE CONCERTANTE für Violine und Orchester in D (zweite Fassung)

E: New York, Januar bis 15.2.1944.
W: „To Sam Dushkin"
UA: Saint Louis (USA), 28.12.1945. S. Dushkin und St. Louis Symphony Orchestra, Dir.: V. Golschmann.
WA: Europäische Erstaufführung Zlín (Tschechische Republik), November 1999. B. Matoušek und die Bohuslav Martinů Philharmonie Zlín, Dir.: T. Koutník.
BS: Solovioline. 2222-4231-Pk.,-Schl. (gr. Tr., Beck., Rührtr., Tri.)-Str.
D: 22' 40''
1. Toccata: Allegro un poco moderato ($^2/_4$, d), 165 T. 4' 15''
2. Aria: Andantino ($^6/_8$, wechselnd, h-B), 110 T. 7' 55''
3. Scherzo: Allegretto scherzando ($^4/_4$, im Trio, T. 67–166, $^3/_8$, f-e), 212 T. 4' 15''
4. Rondo: Poco Allegro ($^2/_4$, a-D), 276 T. 6' 15''

A: z. Z. nicht nachweisbar.
F: PBM (FAa 40) 68 S. + Titels. Trägt die Bemerkung: „in collaboration with/avec S. Dushkin" und das Datum „New York N.Y. 1944".
Schott, Mainz.
Inst. BM, Prag (SCH 002).
Ausg: Schott, Mainz 1955 (Nr. 4644). P und ST L. KA (Violinpart herausgegeben von S. Dushkin) K.
Schott, Mainz 2003 (Nr. 39 022) P L.
V: B. Schott Söhne, Mainz.

Für das im Schaffen Martinůs einmalige Hinausschieben der Komposition ist der Auftraggeber durch seine unaufhörlichen Ratschläge und Wünsche verantwortlich. Während seine peinlich genauen Angaben einen Strawinsky nicht störten und ihm sogar halfen (wie es das *Konzert* und das *Duo Concertant* bezeugen), wirkten sie auf den freien Schöpfer Martinů (der schon im Konservatorium keine von außen auferlegte Zucht ertragen konnte) hemmend und verursachten großen Zeitverlust. Die Existenz zweier völlig verschiedener Fassungen bildet ein zusätzliches Zeugnis dieser Schwierigkeiten. Dazu fiel der Beginn der Arbeit in eine ungünstige Zeit: Der übermenschliche Schaffensrausch, der im Doppelkonzert gipfelte, hatte Martinů vorläufig erschöpft. Schließlich entstand aber ein sehr wirkungssicheres Virtuosenstück, im Stil ziemlich anspruchsvoll und kompliziert. Beide Fassungen sind ebenbürtig.

Eine wahrscheinliche Chronologie der Entstehung lautet wie folgt: H. 276 I wurde wohl schon spätestens im Dezember 1938 skizziert (obwohl die wenigen Retuschen für die endgültige Fassung des *Doppelkonzertes* H. 271 erst am 12.1.1939 beendet wurden) und bis spätestens 8. Februar 1939 durchgeführt (Abschlussdatum des Intermezzo), da dann in rascher Folge die *Promenades* H. 274 und die *Bergerettes* H. 275 (vollendet am 20.2.1939) entstanden. Damit sind allerdings nicht alle Widersprüche gelöst. Der wichtigste betrifft einen Brief vom 22.2.1939 in welchem Louise Dushkin an Serge Koussevitzky meldet, es liege die vollständige Originalhandschrift der Partitur (und zwar in der genauen Satzfolge von H. 276 I) in ihren Händen. Vom *Scherzo-Caprice* besitzen wir zwar nur das schon erwähnte Particell, aber eine vollständige Partitur muss laut Louise Dushkin existiert haben, auch wenn sie z. Z. (2006) verschollen ist. Die Koussewitzky angebotene UA fiel durch, aber Dushkins ausdrückliche „Begeisterung" rechtfertigt keine „zweite Fassung" zu dieser Zeit (1939): Bis zum Sommer hätte Martinů ohnehin keine Zeit dazu gefunden. Erst die ziemlich negative Aufnahme der Uraufführung mit Klavierbegleitung (der Klaviersatz soll laut Programmzettel vom uraufführenden Erich Itor Kahn stammen?) im Frühjahr 1943 in New York (dessen Gründe sowieso unklar bleiben) wird Martinů dazu bewogen haben, das Stück für Dushkin neu zu komponieren. Somit ist die zweite Fassung (H. 276 II) Anfang 1944 entstanden. Die Originalhandschrift gibt zwar nur das Jahr 1944 und den Ort New York an, aber die Komposition fällt fast sicher in die Zeit zwischen der Vollendung der *Five Madrigal Stanzas* H. 297 (November 1943) und dem Beginn des *Klavierquintetts Nr. 2* H. 298 (15.2.1944). Beide Fassungen versuchen offensichtlich, sich an die Spielart und -technik Dushkins anzupassen. Das Werk war ursprünglich als Suite tschechischer Tänze geplant und das Ergebnis trägt in beiden Fassungen deutliche Spuren davon. Der Solopart ist rhythmisch schärfer, trockener und virtuoser als üblich und vermisst weitgehend die für Martinůs Violinmusik übliche wiegende Lyrik. Dagegen gemahnt es mehr an das wohl vom Auftraggeber vorgeschlagene Muster, nämlich Strawinskys für ihn komponiertes *Violinkonzert*. Wie in diesem Werk heißen die beiden ersten Sätze von H. 276 II gerade *Toccata* und *Aria* (Bemerkung von Aleš Březina, der auch betont, dass das Rondo von H. 276 II teilweise auf den 3. Satz des *Violinkonzerts Nr. 1* - jetzt H. 226 - zurückgreift, namentlich seine 3/8 Stellen in eine mehr „amerikanische" Stimmung einbaut). Der erste Satz von H. 276 I ist eine kürzere, andere Fassung der *Toccata* aus H. 276 II. Die übrigen Sätze sind selbstständig. Die *Meditation*, deren Besetzung nur 2222-2000 Streicher mit einbezieht, ließe sich wohl gesondert z.B. als Zugabe aufführen. Vom *Scherzo-Caprice* besitzen wir eine bis zum Schluss durchgeführte Skizze (in Tintenschrift), ziemlich roh, aber mit vollständigem Solopart. Sie gleicht einem ziemlich kompletten, nur stellenweise zu dünnen Klavierauszug und wäre wohl ergänz- und orchestrierbar.

285. CONCERTO DA CAMERA für Violine und Streichorchester mit Klavier und Schlagzeug

E: Edgartown, Mass. - Island Martha's Vineyard (USA), Juli - 8. August 1941 (1. Satz vollendet am 14.7., 2. Satz am 25.7.).
W: Gewidmet Paul Sacher und dem Basler Kammerorchester.
UA: Basel, 23.1.1942. Die Widmungsträger mit G. Flügel (Violine).
WA: Prag, 16.10.1957. I. Kawačiuk und das Orchester des Prager Rundfunks, Dir.: B. Bakala.
BS: Solovioline. Pf.-Pk.-Schl. (Beck., Tri., nur im 3. Satz)-Str.
D: 24'
1. Moderato, poco Allegro (6/8, f-F), 247 T. 7'
2. Adagio (6/4, e), 82 T. 8' 30''
3. Poco Allegro (3/4, c-C), 367 T. 8' 30''
A: P in PSS, Basel (67 S. + 2 Titels.).
15 Seiten Skizzen in PBM (Aa 76)
KA in PBM (Aa 141) (42 S. + Titels.)
F: Inst. BM, Prag (U. E. 002 - Partiturabzug - unterscheidet sich von dem A in PSS Basel; U. E. 002sp - Solostimme Abzug; PBM Aa 76, PBM Aa 141).
Ausg: Universal Edition, Wien 1955 (U. E. 12273). P K und L. ST L. KA K.
V: Universal Edition, Wien.

Ein herrliches Werk, wohl der Höhepunkt des Solistenkonzertes im Concerto-Grosso-Stil, und zugleich eines der wertvollsten Ergebnisse von Paul Sachers unzähligen Aufträgen! Der dramatisch-erregte Stimmungsgehalt und zahlreiche Stilmerkmale erheben dieses Werk zum bedeutenden Bindeglied zwischen dem *Doppelkonzert* und der *Symphonie Nr. 3*. Der Anteil des Solisten ist bereits in der gedruckten Fassung sehr schwierig und brillant (in der Urfassung sogar noch mehr), aber auch

Gelegenheiten zum dankbaren Aussingen fehlen nicht. Der düstere und dramatische erste Teil kennt keine Entspannung und sein von mächtigen Synkopenrückungen getriebener Puls vereinigt sich mit der sehr dichten motivischen Fortspinnung, um einen überwältigenden Eindruck zu hinterlassen. Jedoch erreicht das Konzert erst im nun folgenden Adagio seinen wahren Gipfelpunkt. Das verhaltene, von echt barocker Größe getragene Pathos sucht seit dem Adagio des bachschen *Violinkonzert in E-Dur* seinesgleichen! Formal gibt es sich als eine große, von meisterhafter Streicherpolyphonie begleitete Aria, die sich bogenförmig zu einem donnernden Höhepunkt (der entsprechenden Stelle im Largo des Doppelkonzertes auffallend ähnlich) erhebt. Der langsam herabsinkende Abgesang erreicht eine herzergreifende, unmittelbare Schönheit, wie man sie in ihrer idealen Einfalt nur noch im zeitlich nahen Adagio des *Klavierquartetts* wiederfindet. Heftig und dunkel fährt das Finale los, jedoch hellt sich die Stimmung bald auf, während der Charakter der Musik betont tschechisch wird. Das rondoartige Stück führt zu einer sonderbaren Solokadenz, in welcher die Violine eine ganz stille Melodie mit einfacher Klavierbegleitung ertönen lässt, worauf eine mitreißende Coda im raschen $^3/_8$-Takt das Werk wirbelnd zu Ende führt. In seiner Gattung steht es an der Spitze.

Besondere Beachtung verdient folgender Umstand: Die Originalhandschrift in der Paul Sacher Stiftung unterscheidet sich von der Originalhandschrift bei der Universal Edition (die als Grundlage zur Ausgabe diente) durch eine viel kompliziertere Solostimme und einen dichteren Orchestersatz. Die Vereinfachungen gehen wohl auf einen Vorschlag von Louis Kaufmann zurück.

293. KONZERT für Violine und Orchester Nr. 2

E: New York, 23.2.–26.4.1943.
W: „To Mischa Elman“
UA: Boston (USA), 31.12.1943. M. Elman und das Boston Symphony Orchestra, Dir.: S. Koussewitzky.
WA: Prag, 6.10.1948. A. Plocek und das Orchester des Prager Rundfunks, Dir.: A. Klíma.
BS: Solovioline. 2222-4331-Pk.-Schl. (gr. Tr., Beck., Rührtr., Tri.)-Str.
D: 28'

1. Andante - Poco Allegro - Moderato ($^3/_4$, im Allegroteil, T. 67–199, $^6/_8$, g-G), 256 T. 12'

2. Andante moderato ($^6/_8$, B), 152 T. 8'
3. Poco Allegro ($^2/_4$, später auch $^3/_4$ bzw. $^6/_8$, a-G), 355 T. 8'

A: PNM ČMH (Depositum NBM) 90 S.
Bleistiftskizzen NM ČMH (Tr B 314) 13 S.,
KA des 2. Satzes 7 Seiten (Tintenschrift, nicht ganz ausgeführt), dann noch eine weitere Seite Bleistiftskizzen.

F: PBM (FAa 41 - 90 S.; 1. 1-31; 2. 32-49; 3. 50-90), (FAa 42 - Solopart 12 S.).
Inst. BM, Prag (LIP 002, BaH 001).

Ausg: Melantrich, Prag 1949 P (M. 330) K und L. ST L. KA von Karel Šolc K. TP (M. 330a) K. Übernommen vom Staatsverlag, Prag (SHV) (H 5286) K.

V: Editio Bärenreiter, Prag.

Ein Vergleich zwischen H. 293 und H. 285, die in kurzem Zeitabstand komponiert wurden, zeigt mit musterhafter Klarheit den Unterschied zwischen den beiden Gattungen, denen Martinů in seiner konzertanten Produktion gehuldigt hat. Nach dem ernsten Kammerkonzert in der Nachfolge des Barocks schreibt er nun ein ausgesprochenes Virtuosenstück in der romantisch-symphonischen Tradition. Dieses Konzert entstand als echte Maßarbeit für Mischa Elman, der nach der Uraufführung der *Symphonie Nr. 1* (H. 289) unbedingt ein Konzert von Martinů haben wollte. Zu diesem Zweck lud er den Meister zu sich ein und spielte ihm eine halbe Stunde lang vor. Martinů hörte schweigend zu und verließ den enttäuschten Geiger ohne ein Wort der Zustimmung. Elman glaubte schon, auf das Werk verzichten zu müssen, aber zwei Monate später brachte ihm Martinů die fertige Partitur: Schon während Elmans kurzem Vortrag war ihm der Umriss des Konzertes klar geworden, und es erwies sich als der besonderen Interpretationskunst des Widmungsträgers genau angepasst, wie es die auf CD erhältliche Aufnahme der Uraufführung bezeugt.

Dieses Konzert ist ein vorwiegend lyrisches Werk. Es bildet eine Art Entspannung zwischen den beiden ersten Symphonien und will sich mit den überragenden Schöpfungen der Gattung Violinkonzert von Beethoven, Brahms, Bartók oder Bloch gar nicht vergleichen. Vielmehr erinnert es in der freien Anlage und in der betont nationalen Färbung an das schöne a-Moll Konzert von Dvořák. Nach kurzer dramatischer Gebärde des Orchesters und bündiger Kadenz des Solisten verläuft der ausgedehnte Kopfsatz in freier Dreiteiligkeit: zwei lyrische Andantes umrahmen ein Allegro im typischen, synkopenreichen $^{6}/_{8}$-Takt. Die kurze Schlusskadenz wurde auf Wunsch des Widmungsträgers nachkomponiert. Im idyllischen Andante moderato, einer ebenfalls dreiteiligen Pastorale von köstlich ländlicher Frische, konzertiert die Violine mit einem reduzierten Orchester, das sich auf Holz, Hörner und Streicher beschränkt. Auch das tänzerische Finale, in welchem das tschechische Element, wie im Konzert von Dvořák, am meisten hervortritt, verläuft dreiteilig, allerdings mit einer brillanten Solokadenz, von einer raschen Coda im $^{3}/_{8}$-Takt gefolgt.

307 A. ČESKÁ RAPSODIE (Tschechische Rhapsodie)
Bearbeitung von Jiří Teml
Originalfassung für Violine und Klavier siehe Kategorie 14 (Duos für Violine und Klavier)

Kategorie 11: Cellokonzerte

Viele Cellisten und Freunde des Instrumentes werden mit Freude erfahren, dass Martinů sie mit vier konzertanten Werken beschenkt hat. Dreißig Jahre lang war allerdings nur das Konzert aus dem Jahre 1930 (H. 196) im Druck zugänglich.

143. CONCERTINO für Cello, Bläser, Klavier und Schlagzeug, in c-Moll

E: Paris, Ende 1924. Vollendet am 4.12. oder am 15.12.1924 (wahrscheinlichWidmungsdatum).
W: „A monsieur Maurits Frank"
UA: Prag, 24.3.1949. I. Večtomov und die Tschechische Philharmonie, Dir.: V. Neumann.
BS: Solocello. 1221-1110-Pf.-Pk.-Schl. (kl. Tr., Beck.).
D: 13–14'
Einsätzig (Allegro $^{3}/_{4}$, c, später wechselnde Tempi), Insgesamt 326 T.
A: PNM ČMH (Tr B 483) 61 S. + 2 Titels.
F: Inst. BM, Prag (XYZ 017).
Ausg: Český hudební fond (Tschechischer Musikfond), Prag 1964. (ČHF 1423). P und ST L.
Panton, Prag 1973[2] (P 535) KA K.
V: Panton International Mainz.

Das knappe, einsätzige Stück entstand zur Zeit des ersten großen Erfolges, nämlich der Uraufführung von *Half-Time* (H. 142). Der niederländische Cellist M. Frank hatte mit Martinůs altem Freund Stanislav Novák soeben ein neues Quartett gegründet, für welches kurz danach das *Quartett Nr. 2* komponiert wurde. Der Bau des *Concertinos* ist sinnreich und gelungen: Ein Allegroteil führt zwei Themen ein, ein langsamer Mittelsatz führt sie durch und nach der veränderten Reprise geht eine große Kadenz des Cellos der C-Dur-Coda voran. Das Werk fesselt vor allem durch seine rhythmische Erfindungskraft und durch die aparte Besetzung (vgl. das *Cellokonzert* von J. Ibert bzw. das *Violinkonzert* von K. Weill oder das *Kammerkonzert* von A. Berg, alle um dieselbe Zeit entstanden!).

196 I. KONZERT für Cello und Orchester Nr. 1 (erste Fassung)

E: Polička/Paris, August–17.10.1930 (1. Satz Ende August in Polička vollendet).

UA: Berlin, 13.12.1931. G. Cassadó (Orchester und Dirigent nicht belegt).

WA: Prag, 19.4.1932. B. Heran und das Symphonieorchester des Prager Rundfunks, Dir.: O. Jeremiáš.

BS: 2222-2220- Pf.-Pk.-Str. (in Kammerorchesterbesetzung).

D: 26' 45''
1. Allegro moderato ($^4/_4$, D), 244 T. 9'
2. Andante poco moderato ($^4/_4$, wechselnd, G), 154 T. 10'
3. Allegro con brio ($^2/_4$, C), 352 T. 7' 45''

A: P Schott, Mainz, 120 S. (nach Schluss des 1. Satzes zwischen S. 49 und 50, eine Seite eines Andantino, 9 durchgestrichene bzw. verworfene T.).

F: PBM (FAa 38).
Inst. BM, Prag (PBM FAa 38).

Ausg: Schott, Mainz. 1. Fassung 1932 P (Nr. 1563) L, Violoncello Solo (46 432) L, KA (33026) K.

V: B. Schott Söhne, Mainz

***196 II. KONZERT für Cello und Orchester Nr. 1 (zweite Fassung)**

E: Paris, 1939 (zwischen Mitte Mai und Mitte Juli oder August-September?)

W: Gewidmet Pierre Fournier.

UA: Paris, 1939. P. Fournier und Orchestre de la Société Philharmonic de Paris, Dir.: Ch. Munch (anhand der Šafránek-Monografie).

WA: New York, 30.10.1952. P. Fournier und The Philharmonic Symphony Society of New York, Dir.: D. Mitropoulos.
BS: 2222-4231-Pf.-Pk.-Schl.-Str.
A: z. Z. verschollen. Diese Fassung ist heute nur durch eine LP-Einspielung aus dem Jahre 1966 aus der Sowjetunion dokumentiert, in der (vorzüglichen) Interpretation von Mikhail Khomitzer und dem Philharmonischen Orchester Moskau, Dir.: V. Jurowski. Sie erschien in der damaligen DDR unter der Nummer Melodia/Eterna 826
965. Ob sich die P bzw. das Aufführungsmaterial auf der diese Einspielung basiert heute noch irgendwo in Russland befindet, ist nicht klar.
Ausg: Dem Brief (13.6.1955) von Martinů an P. Fournier zufolge wurde die P von Schott nicht verlegt.
V: B. Schott Söhne, Mainz.

196 III. KONZERT für Cello und Orchester Nr. 1 (dritte Fassung)
E: Nizza, Juni-Juli 1955.
W: Gewidmet Pierre Fournier.
UA: Bayerischer Rundfunk, 1955. Genaues Datum und Interpreten unbekannt.
Lausanne, 5.12.1955. P. Fournier und das Orchestre de chambre de Lausanne, Dir.: V. Desarzens.
WA: Helsinki, 6.3.1956. M. Sádlo und das Orchester des Finnischen Rundfunks. Dir.: P. Berglund.
BS: 2222-4230-Pk.-Schl. (Beck., Rührtr.)- Str.
D: 25'
1. Allegro moderato (4/4, D) 212 T. 8'
2. Andante moderato (4/4, wechselnd, G) 152 T. 10'
3. Allegro (2/4, C) 319 T. 7'
A: P in British Library, London (61 S. + Titels.)
F: P Inst. BM, Prag (XYZ 052).
Ausg: Schott, Mainz. 3. Fassung 1958 (Nr. 39 272) P und ST L. KA K (4645).
V: B. Schott Söhne, Mainz.

Die Entstehung der zweiten bzw. dritten Fassung und ihre respektiven Uraufführungen sind sehr lückenhaft dokumentiert und noch weitgehend im Dunkeln, zumal jede schriftliche Spur der 2. Fassung heute fehlt. Am 27. Januar 1938 spielte Pierre Fournier unter der Leitung von Charles Munch in Paris die (damals einzige) erste Fassung. Mehr als ein Jahr später, am 28.4.1939, erwähnte Martinů seine Absicht, das Werk für großes Orchester umzuarbeiten, schrieb aber ausdrücklich, dass an der eigentlichen Musik nichts geändert werden sollte: Diese zweite Fassung, dessen einzige Spur heute bei der oben erwähnten LP-Einspielung zu finden ist, ist aber eine gründliche Überarbeitung, die einer Neukomposition nahe kommt. Dagegen ist die dritte Fassung nur eine Variante der zweiten, und nur aus praktischen Gründen habe ich beide nicht als 196 II A, bzw. 196 II B bezeichnet, was ihnen inhaltlich besser entsprechen würde. Nun steht dies wiederum im Widerspruch mit Martinůs Brief an Pierre Fournier vom 1955, in welchem es heißt, er habe sein Werk (wohl in der zweiten Fassung?) in einer Radioübertragung gehört und sich zu einer gründlichen Neubearbeitung entschlossen, an der er gerade arbeite, auch und vor allem was den Solopart betreffe. Nun war die Bearbeitung aber schon in der zweiten Fassung von 1939 erfolgt, gegenüber welcher die dritte Fassung nur einige Varianten einführt. Auch wenn die Originalhandschrift der zweiten Fassung wieder greifbar würde, lassen sich diese Widersprüche kaum erklären. Jedenfalls betrachtet Martinů die dritte Fassung als allein gültig. Es sei noch erwähnt, dass Martinů am 1. September 1955, anlässlich der Aufführung des *Konzertes für zwei Klaviere und Orchester* (H. 292) beim Festival von Besançon, den hoch begabten jungen tschechischen Cellisten Miloš Sádlo kennen lernte, und ihm wohl damals die Partitur der neuen Fassung überreichte, was zu der oben erwähnten Erstaufführung in Finnland führte.

Dieses wichtige und oft gespielte Werk ist Martinůs erstes „großes" Konzert (sein allererster Versuch im konzertanten Rahmen, das *Concertino* (H. 143), galt ebenfalls dem Cello) und bildet einen Meilenstein in seinem schöpferischen Werdegang. Keine andere Arbeit aus dieser Zeit weist so deutlich auf seine künftige Entwicklung hin, wenn auch die spätere Orchestrierung diesen Eindruck verstärkt: Sie wandelte ein Kammerkonzert mit Anspielungen auf die Concerto-Grosso-Gattung in ein regelrechtes Solistenstück symphonischen Ausmaßes. Rhythmisch und formal ist das Werk freier konzipiert als die meisten Kompositionen der frühen dreißiger Jahre. Der herbe, mannhafte Kopfsatz und das nur kurz von einer ruhigeren Episode unterbrochene heitere Finale rahmen ein breites, ausdrucksstarkes Adagio ein, dessen Hauptgedanken zu Martinůs edelsten Eingebungen gehören. Auf die zweite Fassung kann nur kurz eingegangen werden, sie kommt der dritten Fassung schon sehr nahe und in ihr finden wir eigentlich die Umarbeitung, die einer Neukomposition entspricht. In der Einspielung von Mikhail Khomitzer dauert sie 24' 52''. Gegenüber der dritten Fassung klingt der Orchestersatz eher dünner und lockerer. Einige Unterschiede gegenüber der dritten Fassung:

1. Satz bei Ziffer 6: Klarinettensolo statt Violinsolo. Takt nach Ziffer 12: Im Forte fehlt der Streicherakkord.
2. Satz: Der eröffnende Bläsersatz vor Eintritt des Solisten ist ganz anders instrumentiert.
   Die große Kadenz nach 7 ist etwas dünner im Klang (weniger Doppelgriffe) und ihr Ende (ab 9) ist in der zweiten Fassung stark gekürzt. Der Schlussakkord ist hier mit Flöten instrumentiert.
3. Satz: Die Stelle ab 2 Takte vor 7 und weiter ist anders instrumentiert. Auch die Kadenz vor 25 ist in dieser Fassung kürzer als in der letzten. Insgesamt gibt es hier etwas mehr Schlagzeug (u. a. das in der dritten Fassung fehlende Triangel).

In den Fassungen 2 und 3 wurden die Ecksätze wie folgt gestrafft (die Taktzahlen beziehen sich auf die dritte Fassung):

1. Satz: Das Tutti ab 100 bis 128 (1. Fassung) ist durch 109–115 ersetzt (Unterschied der Taktzahl wegen verschiedener Taktwechsel). Das Tutti ab 180 bis 204 ist durch 163–171 (Solo, kein Tutti) ersetzt.
3. Satz: Das Tutti ab 226 und das darauf folgende Solo ab 247 bis 275 ist durch die viel kürzere Stelle 236–242 ersetzt.

Der Orchestersatz blieb in kaum einem Takt unangetastet, obwohl der Solopart weitgehend derselbe blieb. Im Vergleich zur ersten Fassung fügt die letzte Fassung lediglich zwei Hörner und eine Posaune, sowie ein wenig Schlagzeug hinzu, verzichtet dagegen auf das Klavier, setzt aber in jedem Fall eine stärkere Streicherbesetzung voraus.

283. SONATA DA CAMERA für Cello und Kammerorchester

E: Aix-en-Provence, November-Dezember 1940. (1. Satz vollendet am 3.12., 2. Satz zu Weihnachten, 3. Satz am 30.12.1940)

W: „À Henri Honegger avec mon amitié la plus sincère" („À Henri Honegger avec mon amitié la plus sincère").

UA: Genf, 25.11.1943. H. Honegger und das Orchestre de la Suisse Romande, Dir.: E. Ansermet.

WA: Prag, 3.12.1947. H. Honegger und das Prager Rundfunk-Symphonieorchester, Dir.: W. Ducloux.

BS: Solocello. 1122-2000-Str. (10 bzw. 12 Vl., 4 Va., 4 Vc., 2 Kb.).

D: 26' 30''
1. Poco Allegro ($^{6}/_{8}$, h), 319 T. 10'
2. Andante poco moderato ($^{3}/_{2}$, e-C), 112 T. 9'
3. Allegro ($^{2}/_{4}$, F-E), 358 T. 7' 30''

A: PNM ČMH (Depositum NBM) 73 S. + Titels.; I. 1-30; II. 31-46; III. 47-73.

F: P PBM (FAa 61).
Inst. BM, Prag (XYZ 016).

Ausg: Editio Bärenreiter, Kassel. P und ST L. KA K Editio Supraphon Praha 1984 (H 6691). P K Bärenreiter, Kassel, Editio Supraphon Praha 1980 (B. A. 4319).

V: Bärenreiter, Kassel.

Die letzte Schöpfung vor der Abreise nach Amerika entstand in bitteren Verhältnissen und beißender Kälte als Dank für die Hilfe aus Genf, für den Genfer Cellisten H. Honegger, der sie erst in den sechziger Jahren der Öffentlichkeit freigab, nachdem er sie unzählige Male zur Aufführung gebracht hatte. Somit wurde eine bedeutungsvolle Bereicherung des Cellorepertoires allgemein zugänglich. Es handelt sich um eine Schwesterschöpfung des wenige Zeit später komponierten *Concerto da Camera* für Violine (H. 285), allerdings weniger gespannt und dramatisch und mehr elegisch im Ausdruck, der Natur des Soloinstrumentes entsprechend. Auch dieses Werk gipfelt im ergreifenden Mittelsatz, einer sehnsuchtsvollen Erinnerung an die ferne, unerreichbare Heimat. Die Datierung „Noël 1940“ hat tiefe Bedeutung. Der dritte Satz ist gelöst, fast heiter.

304. KONZERT für Cello und Orchester Nr. 2

E: New York, 20.12.1944-26.2.1945 (2. Satz vollendet am 31.1.1945).

UA: České Budějovice, 25.5.1965. A. Večtomov und die Prager Symphoniker (FOK-Orchester), Dir.: Z. Košler.

BS: Solocello. 2222-4230-Pk.-Schl. (gr. Tr., Beck., kl. Tr., Tri.)-Str.

D: 35'
1. Moderato ($^{6}/_{8}$ bzw. $^{3}/_{8}$, B), 416 T. 13'
2. Andante poco moderato ($^{6}/_{8}$, c-D), 205 T. 12'
3. Allegro ($^{2}/_{4}$, d-D), 367 T. 10'

A: Beim Verleger in New York (P - 80 S. + Titelseite: 1. 1-31; 2. 32-49; 3. 50-80).

PBM (Depositum PBM) (Solopart S. 1-18, KA S. 1-56, Skizzen - 30 S.).
F: Inst. BM, Prag (SCH 001).
Ausg: AMP (Associated Music Publishers), New York 1964. P und ST L. KA K. Studienpartitur K.
V: Associated Music Publishers, New York.

Dieses umfangreichste aller Instrumentalkonzerte Martinůs hatte ein eigenartiges Schicksal: Es blieb zwanzig Jahre lang unveröffentlicht und unaufgeführt. Unter den vier konzertanten Partituren für Cello ist dies die lyrischste. Die Grundstimmung ist heiter und friedlich, pastoral und betont tschechisch im Ausdruck. Das beglückende Werk enthält eine groß angelegte Solokadenz kurz vor dem Abschluss des dritten Satzes.

378 A. VARIATIONEN ÜBER EIN SLOWAKISCHES THEMA
Im Jahre 2004 hat Jiří Teml auf Wunsch der Cellistin Sonia Wieder-Atherton das ursprünglich für Cello und Klavier komponierte Werk (siehe Kategorie 15) für Solocello und Streichorchester mit Klavier oder Harfe überarbeitet. Eine Kopie dieser Bearbeitung befindet sich im Bohuslav-Martinů-Institut in Prag.

Kategorie 12: Konzerte für verschiedene Soloinstrumente (Cembalo, Oboe, Viola)

246. KONZERT für Cembalo und kleines Orchester
E: Paris, vollendet am 11.9.1935.
W: Gewidmet Marcelle de Lacour.
UA: Paris (Concerts du Triton), 29.1.1936. M. de Lacour.
BS: Cembalo Solo; 9 Instrumente: Fl., Fg., Pf., 3 Vn., 1 Vla., 1 Vc., 1 Kb. (Streicher verdoppelt ad lib., jedoch nicht ratsam).
D: 17' 30''
1. Poco Allegro ($^3/_4$, G), 206 T. 6'
2. Adagio ($^3/_8$, Es-B), 81 T. 5'
3. Allegretto ($^6/_8$ bzw. $^2/_4$, D-C), 291 T. 6' 30''
A: P Universal Edition, Wien (40 S.).

F: KA (45 S.) + Cembalostimme (34 S.)
Inst. BM, Prag (U.E. 001) Unvollständige Handschrift des KA von fremder Hand beim Verleger in Wien (45 S.)
Ausg: Universal Edition, Wien 1958 (U. E. 12786 LW). P K und L. ST L. KA K.
V: Universal Edition, Wien.

Eine köstliche Partitur französisch-neoklassizistischer Stilrichtung, die der Besetzung nach fast in die Kammermusikwerke einzureihen ist. Sie erzielt aus der Zusammenwirkung von Cembalo und Klavier einige bezaubernde Klangeffekte, die Frank Martins *Petite Symphonie Concertante* vorwegnehmen. Manche Stellen deuten schon auf spätere Werke, wie das *Concerto grosso* oder die *Sinfonietta giocosa*.

337. RHAPSODY-CONCERTO für Viola und Orchester
E: New York, 15.3.–18.4.1952.
W: Gewidmet J. Weissi.
UA: Cleveland (USA), 19.2.1953. J. Weissi und das Cleveland Orchestra, Dir.: G. Szell.
WA: Genf, 1953. Jascha Weissi und das Orchestre de la Suisse Romande, Dir.: E. Appia.
Prag 9.1.1969. R. Golan und die Tschechische Philharmonie, Dir.: Z. Košler.
BS: Solobratsche. 2222-4200-Pk.-Rührtr.-Str.
D: 18'
1. Moderato ($^6/_8$, B), 295 T. 8'
2. a) Molto Adagio ($^3/_8$, es), 123 T. - Cadenza. 6'
b) Poco Allegro ($^2/_4$, f), 138 T. - Andante molto tranquille ($^2/_4$, F), 15 T. 4'.
Zweiter Teil insgesamt 277 T. 10'
A: P z. Z. nicht nachweisbar.
KA beim Verleger in Kassel (23 S.).
F: P beim Verleger in Kassel (42 S. + Titels.).
PBM (FAa 43).
Inst. BM, Prag (PBM FAa 43).
KA Inst. BM, Prag (Bär 001).
Ausg: Bärenreiter-Verlag, Kassel 1962 (B. A. 4316). P und ST L. KA K (B.A. 4316a).
V: Bärenreiter, Kassel.

Wie drei Jahre später in der einzigen *Sonate* hat die Viola Martinů hier zu einem Werk in freier Form inspiriert, das von seiner damals wachsenden Vorliebe für die „Phantasie" zeugt. Allerdings ist hier der Formbau noch nicht so frei von Symmetrien wie es in manchen späteren Werken der Fall ist. Langsamer Satz und Finale sind durch die Kadenz getrennt, zum Schluss erfolgt eine kurze Erinnerung an den Mittelsatz. Das Werk ist vorwiegend melodisch, im Tonsatz und im Klang ganz schlicht und durchsichtig gehalten und schenkt dem vernachlässigten Instrument eine poetische Herbstelegie von ganz apartem Reiz. Der friedliche, sinnende Schluss ist besonders ergreifend. Eines der besten Konzerte für dieses Instrument.

353. KONZERT für Oboe und kleines Orchester

E: Nizza, April-Mai 1955 (vollendet am 12.5.1955).
W: „Dedicated to Jiří Tancibudek"
UA: Sydney, 8.8.1956. Der Widmungsträger mit dem Sydney Symphony Orchestra, Dir.: H. Schmidt-Isserstedt.
WA: Brno, 23.5.1960 und Prag, 27.5.1960. F. Hanták und die Staatsphilharmonie von Brno, Dir.: J. Vogel.
BS: Solooboe. 2021-2100-Pf.-Str.
D: 16' (17' 30'')
1. Moderato ($^6/_8$, B), 140 T. 5' 30''
2. Poco Andante ($^3/_4$, g-E), 75 T. 6'
3. Poco Allegro ($^2/_2$, e-D), 201 T. 4' 30'', bzw. 6'
A: P BNF, Paris (Depositum Max Eschig) (35 S. + Titels.).
F: PBM (FAa 44).
Inst. BM, Prag (PBM FAa 44), (ESCH 017), (XYZ 046, XYZ 058 - mit Eintragungen von Eugen Ormandy).
Ausg: Max Eschig, Paris. P und ST L. KA (von Martinů selbst), 1960 (M. E. 7094) K. TP (M. E. 7055), 19601, 19832 K.
V: Max Eschig, Paris.

Zusammen mit dem Werk von Richard Strauss war diese Komposition damals wohl das einzige Oboenkonzert der Neuzeit. Inzwischen wurde das Repertoire mit weiteren wichtigen Werken bereichert: Bruno Maderna (drei Konzerte), Elliott Carter, Heinz Holliger usw.; in der tschechischen Musik auch von Ilja Hurník. Ein heiteres, sonniges, von südlicher Wärme gereiftes Werk, das an den Solisten hohe Ansprüche (bis ges) stellt und im herrlichen langsamen Satz gipfelt, der in der Art eines ergreifenden

Rezitativs ganz frei verläuft. Das Konzert wird häufig aufgeführt. Eschig gab verschiedene voneinander abweichende Ausgaben des Klavierauszugs heraus. Dazu hatte Bohuslav Martinů im dritten Satz zwei durch ein kurzes Orchesterzwischenspiel getrennte Kadenzen geschrieben. Bei der Uraufführung fasste der Interpret beide zusammen in etwas gekürzter Form, bedauerte aber sofort seinen Fehler und spielte das Werk danach immer vollständig. Leider wurde die gekürzte Fassung gedruckt, obwohl das Werk auch von anderen Oboisten vollständig dargeboten wird. Eine Neuauflage wäre deswegen dringend (2005) erforderlich!

Kategorie 13: Doppel-, Tripel- und Quadrupelkonzerte

207. KONZERT für Streichquartett mit Orchester

E: Paris, Sommer 1931.
W: „Au Quatuor Pro Arte“
UA: London, 10.10.1932. Die Widmungsträger und das London Philharmonic Orchestra, Dir.: M. Sargent.
WA: Boston, 23.12.1932. Solisten R. Burgin, R. Gundersen, J. LeFranc, J. Bedetti und das Boston Symphony Orchestra, Dir.: S. Koussewitzky.
Prag, 14.3.1934. Prager Quartett und die Tschechische Philharmonie, Dir.: V. Talich.
BS: Solisten: 2 Vn., Vla., Vc.
Orchester: 2222-2220-Pk.-Schl. (gr. und kl. Tr., Beck., Rührtr., Tri.)-Str.
D: 18' 30''
1. Allegro vivo ($^2/_2$, G), 203 T. 5'
2. Adagio ($^4/_4$, c-C), 85 T. 8' 30''
3. Tempo moderato ($^2/_4$, F), 221 T. 5'
A: Schott, Mainz (88 S.) (mit dem Titel: *Quator à cordes avec orchestre*).
Ausg: Schott, Mainz 1932 (Nr. 3314). P und ST L. TP (Nr. ED 4593) K.
V: B. Schott Söhne, Mainz.

Die früheste völlig erfolgreiche Auseinandersetzung mit der Concerto-Grosso-Form. Ein Werk, dessen zahlreiche Aufführungen zum wachsenden Ruhm des Komponisten bedeutend beitrugen. Die Form ist streng klassisch, die Polyphonie dicht und kühn, die harmonische Sprache außerordentlich herb und dissonant. Zwischen dem derben, fast bachschen Kopfsatz und dem entspannteren Finale im Polka-Rhythmus steht ein ausgedehntes, düsteres Adagio, dessen für Martinů ungewöhnliche Chromatik sich zu einem erschütternden Höhepunkt emporhebt. Besonders dieser tiefgründige, grüblerische Satz lässt das Konzert als einen wichtigen Vorläufer der Meisterschöpfungen von 1937/38 erscheinen.

231. KONZERT für Klaviertrio mit Orchester

E: Paris, zu Ostern 1933.
Entdeckung des Verfassers (1962).
UA: Luzern, 31.8.1963. Solisten und Orchester der Festival Strings Lucerne, Dir.: R. Baumgartner.
BS: Solisten: Vi., Vc., Pf. - Streichorchester.
D: 21'
1. Poco Allegro ($^3/_4$, C), 202 T. 5' 40''
2. Andante ($^4/_8$, c-C), 144 T. 6' 55''
3. Allegretto ($^6/_8$, f-F), 104 T. (168 T. m. Wdh.). 4' 15''
4. Moderato, poco Allegro ($^4/_4$, A-D), 96 T. 4' 10''
A: PSS, Basel (43 S. + Titels.) (mit dem Titel: *Trio (piano) avec orchestre à cordes (Nr. 1)*.
F: Max Eschig, Paris.
PBM (FAa 39).
Inst. BM, (PBM FAa 39).
Ausg: Max Eschig, Paris 1965 (M. E. 7674). P und ST L. - Solost. K.
V: Max Eschig, Paris.

Dieses Werk blieb dreißig Jahre lang unbeachtet als Autograph liegen, da es alle Forscher ohne nähere Untersuchung mit der folgenden Komposition (H. 232) zu identifizieren glaubten: Die Übereinstimmung der Besetzung, der Haupttonart, der Anzahl der Sätze und endlich des Entstehungsjahres erklären diese Umstände. Der Verfasser hatte in Polička die Originalhandschrift von H. 232 gesehen, als ihm Frau Martinů die Existenz einer weiteren Originalhandschrift in Vieux-Moulin meldete, die sich als H. 231 entpuppte. Dieses Werk wurde damals vom Schott-Verlag abgelehnt, wobei die Einwände gerade den zweiten Satz betrafen, mit Abstand den wertvollsten der vier! Somit unterbrach Martinů die Arbeit an der Oper *Les Jeux de Marie* (*Marienspiele*, *Hry o Marii*) und komponierte einige Monate später H. 232, das aber ebenfalls nicht von Schott herausgegeben wurde. Der Verlag gab übrigens kein weiteres Werk von Martinů mehr heraus: Die politischen Verhältnisse hatten sich eben verändert. Außer der Oper meldet der Katalog keine weitere neue Komposition, bis im Januar 1934 die *Inventionen* (H. 234) entstanden.

Die Luzerner Uraufführung ließ H. 231 als eine der wertvollsten Schöpfungen der frühen dreißiger Jahre erscheinen, und wir möchten dem Werk den Vorrang über seinen unmittelbaren Nachfolger geben. Der Satz ist meisterhaft polyphon gearbeitet, die Anwendung der Instrumente lässt typische Concerto-Grosso-Merkmale erkennen. Die Harmonie ist oft polytonal und köstlich „gepfeffert". Das Werk gibt sich straffer, herber, schärfer rhythmisch und enger kontrapunktisch gehalten als H. 232. Das zeigt sich schon im kräftigen, schwungvollen Poco Allegro und im mehr derben, fast „brandenburgisch"-vierkantigen Finale, dessen Stimmführung sich schon auf der Höhe des *Concerto Grosso* des Jahres 1937 bewegt. Der 3. Satz ist ein echtes Scherzo (mit Trio und Reprise), rhythmisch beschwingt und brillant. Im Trio schweigt das Orchester, später sogar auch Violine und Cello. Die Krone jedoch gebührt dem wunderbaren, tiefgründigen Andante. Verhalten hebt das Klavier alleine an, erst nach 20 Takten gesellen sich beide Solostreicher zu ihm. In streng monothematischer, dichter Stimmführung wird ein Höhepunkt erreicht, in welchem das Orchester endlich im strahlenden Des-Dur eintritt. Während der nun folgenden Entspannung schweigt es wieder und nur der friedliche Schlussakkord lässt es noch einmal erklingen. Schon allein dieser Satz macht das Werk zu einer Meisterschöpfung.

232. CONCERTINO für Klaviertrio und Streichorchester

E: Paris, 20.–31.8.1933.
W: „Au Trio Hongrois"
UA: Basel, 16.10.1936. T. Harsanyi, W. Kägi, R. Sturzenegger und das Basler Kammerorchester, Dir.: P. Sacher.
WA: Prag, 29.10.1954. Das Suk-Trio und das Orchester der Tschechoslowakischen Armee.
BS: Solisten: Vi., Vc., Pf. - Streichorchester.
D: 20'
1. Allegro (con brio) ($^2/_4$, C), 184 T. 3' 30''
2. Moderato ($^6/_8$, c-Es), 82 T. 6' 30''
3. Adagio ($^6/_4$, g-F), 39 T. 6'
4. Allegro ($^2/_2$, D), 180 T. 4'
A: PBM (Aa 73) (39 S. + 2 Titels.) (mit dem Titel: *Concertino pour trio (avec piano) et orchestre à cordes (Nr. 2)*.

F: Inst. BM, Prag (PBM Aa 73).
Ausg: Melantrich, Prag 1949 (M. 284). P K und L. ST L.
V: Editio Bärenreiter, Prag.

Schon der Titel *Concertino* deutet auf ein weniger anspruchsvolles Werk als H. 231, und in der Tat haben wir es hier mit einer mehr lyrisch gefärbten, mehr entspannten und lockeren Komposition zu tun. Die raschen Ecksätze sind äußerst knapp gehalten; als Mittelsätze schreibt Martinů ein gemäßigtes Intermezzo (kein Scherzo!) und einen langsamen Satz. Beide Stücke sind rhythmisch-agogisch kompliziert und recht interessant.

252. KONZERT für Flöte, Violine und Orchester, in G-Dur
E: Paris, Oktober 1936 (in 10 Tagen komponiert).
W: Gewidmet Marcel Moÿse und Blanche Honegger.
UA: Paris, 27.12.1936. Die Widmungsträger mit dem Orchester der Société des Concerts du Conservatoire, Dir.: Ph. Gaubert.
WA: London, 1937 (BBC). Marcel Moÿse und Blanche Honegger.
Genf, 26.12.1937. Dieselben mit dem Orchestre de la Suisse Romande.
BS: Solisten: Fl. und Vi. - Orchester: 1222-2100-Pf.-Str.
D: 19'
1. Allegro moderato ($^3/_4$, G), 131 T. 5'
2. Adagio ($^4/_4$, e-Des), 91 T. 8' 30''
3. Poco Allegretto ($^2/_4$, F-G), 228 T. 5' 30''
A: z. Z. verschollen.
F: P Kopie von fremder Hand beim Verleger in Kassel (117 S.).
Ausg: Bärenreiter, Kassel 1961 (B. A. 3910). P und ST L. TP (113) K.
V: Bärenreiter, Kassel.

Ein köstliches, melodiefrohes Werk im „französischen" Stil, das den beiden Solisten äußerst dankbare Aufgaben schenkt und die Aufmerksamkeit aller Kammerorchester verdient. Im 1. Satz spielen beide Solisten eine knappe Kadenz, im ausdrucksreichen, ausgedehnten zweiten jedoch nur die Violine. Dafür wird die Flöte im Finale entschädigt, während eines kurzen Poco Andante, das den munteren Reigen vorübergehend unterbricht.

264. DUO CONCERTANT (Konzert Nr. 1) für zwei Violinen und Orchester
E: Nizza, November-Dezember 1937.

W: Gewidmet Georges und Victor Desarzens.
UA: Yverdon (Schweiz), 10.2.1938. Die Widmungsträger und das Orchestre de la Suisse Romande, Dir.: E. Ansermet.
BS: Solisten: 2 Violinen. Orchester: 2222-2210-Pk.-Beck.-Pf.-Str.
D: 16'
1. Poco Allegro (3/4, d-D), 152 T. 4' 30''
2. Adagio (3/4, g-E), 104 T. 6' 30''
3. Allegro (3/4, später 6/8, Des-C), 249 T. 5'
A: P beim Verleger in Kassel (92 S. + Titels.) (mit dem Titel: *Duo concertant pour deux violons et l'orchester*).
Skizzen (1 S., zusammen mit Skizzen zum *Concerto Grosso*), PSS Basel.
F: KA Inst. BM, Prag (XYZ 035) 30 S.
Ausg: Bärenreiter, Kassel 1963 (B. A. 4317). P und ST L. KA K (B. A. 4317a) TP K.
V: Bärenreiter, Kassel.

In zeitlicher und stilistischer Nähe des *Concerto Grosso* (H. 263) hält sich auch dieses Werk an das strenge klassische Formgefüge der Barocktradition, das Martinů durch seine Erfindungskraft zu neuem Leben erweckte.

292. KONZERT für zwei Klaviere und Orchester
E: New York, 3.1.–23.2.1943 (1. Satz vollendet am 7.1., 2. Satz am 22.1.1943.).
W: Gewidmet Genia Nemenoff und Pierre Luboschutz.
UA: Philadelphia, 5.11.1943. Die Widmungsträger und das Philadelphia Orchestra, Dir.: E. Ormandy.
BS: Solisten: 2 Klaviere. Orchester: 2222-2200-Pk.-Schl. (gr. und kl. Tr., Beck., Rührtr., Tri., Ttam)-Str.
D: 24' 30''
1. Allegro non troppo (3/4, später 2/4 bzw. 3/8, d-D), 378 T. 7'
2. Adagio (ohne Taktstriche, dann 3/4, b-F), 173 T. 10' 30''
3. Allegro (3/8, B), 452 T. 7'
A: z. Z. nicht belegt.
Skizze NM ČMH.
F: P beim Verleger in New York.
P Inst. BM, Prag (LIP 004) (100 S.; I. 1–40; II. 41–57; III. 58–100).

Ausg: Associated Music Publishers, New York 1948. P und ST L. K. P der 2 Soloklaviere (kein KA!) K (AMP 1953). Die P ist weder gestochen noch gedruckt.
V: Associated Music Publishers, New York.

Einer der größten Erfolge Martinůs, der erst 1966 in seiner Heimat erklungen ist! Schon im 3. Satz des *Concerto Grosso* (H. 263) und in den *Tre Ricercari* (H. 267) hatte er zwei Klaviere konzertierend einem Orchester gegenübergestellt. Stets im Geiste der von ihm bevorzugten Concerto-Grosso-Technik behandelte er die beiden Tasteninstrumente als eine Art „Gegenorchester". Auch hier geschieht es nicht anders, obwohl er zugleich den Solisten zahlreiche Gelegenheiten zum Entfalten einer funkelnden Virtuosität gewährt. Dieses Konzert gehört zweifellos zu seinen besten Arbeiten, es zeigt seine Persönlichkeit in voller Größe und vereinigt die Vorzüge der französischen Verfeinerung und der in Amerika neu gewonnenen Freiheit und Breite. Die harmonische Sprache ist polytonal und außerordentlich farbig, die Rhythmik abwechslungsreich und mitreißend. Die Ecksätze verlaufen wie glänzende Toccaten und hinterlassen einen Eindruck von berauschender Geschwindigkeit, während der rhythmisch sehr frei gehaltene, größtenteils ohne Taktstriche notierte Mittelsatz eine ausgedehnte und tiefe Meditation bietet, deren seelische Wirkung sich auch auf die strahlende Freude des Finales auswirkt.

322. SINFONIA CONCERTANTE Nr. 2, in B-Dur
E: New York, 15.1.-5.3.1949.
W: Gewidmet Maja Sacher.
UA: Basel, 8.12.1950. Das Basler Kammerorchester, Dir.: P. Sacher mit P. Manoliu, Violine, L. Fest, Cello, A. Gold, Oboe und H. Bouchet, Fagott.
WA: London, 16.12.1950. Boyd Neel Orchestra, Dir.: nicht bekannt.
BS: Solisten: Vi., Vc., Ob., Fg. Orchester: 2 Klar., 2 Hor., Pf., St. Die Klar. und Hor. sind in der Originalhandschrift als ad libitum angegeben, nicht aber in der gedruckten Ausgabe.
D: 21'
1. Allegro (non troppo) ($^4/_4$, B), 249 T. 8' 30''
2. Andante moderato ($^6/_8$, Es-F), 66 T. 5' 30''
3. Poco Allegro ($^6/_8$, B), 257 T. 7'
A: P PBM (Aa 77) 61 S. + Titels.

F: P Inst. BM, Prag (LIP 008, PBM Aa 77).
Ausg: Boosey & Hawkes, London-New York 1951 (B&H 17063). P L. ST L.
V: Boosey & Hawkes, London-New York.

Dieses bewusst im neoklassizistischen Stilbereich gehaltene Werk wurde durch Haydns berühmtes Werk (op. 84) in derselben Tonart und für dieselben vier Solisten inspiriert. Jahre zuvor hatte Martinů dieses Werk in Paris gehört und seitdem laut seiner eigenen Werkeinführung jahrelang nach der Partitur gesucht. Als er sie in Amerika endlich gefunden und durchstudiert hatte, schrieb er das vorliegende Werk als Huldigung an den Großmeister der Klassik. Von Haydns *Sinfonia* schreibt er: „In ihr ist das, was in Musik immer sein sollte: Freude und jene demütige, unprätentiöse Haltung, das Zeichen des einfachen und großen Menschen." Dies lässt sich genauso gut über seine eigene *Sinfonia* sagen, in der er wünschte, „ein wenig von der Bejahung des ruhigen und glücklichen Lebens wiederzugeben". In diesem sonnigen, problemlosen Werk ist ihm das gelungen. Stil, Klangfarbe und Stimmung stellen die anmutige Partitur in die Nähe der um ein Jahr jüngeren *Sinfonietta La Jolla* (H. 328). Ohne dem Schaffen Martinůs wesentlich Neues beizufügen, ist es ein lebensfrohes, meisterhaft geschriebenes Zeugnis von Martinůs spontanem Musikantentum, das den aufführenden Künstlern wie dem Konzertbesucher nur Behagen bringen kann. Den vier Solisten schenkte Martinů dankbare Aufgaben.

329. KONZERT für zwei Violinen und Orchester Nr. 2, in D-Dur
E: New York, 1.5.–10.6.1950.
W: Gewidmet den Brüdern G. und H. Beal („the Beal Twins").
UA: Dallas, 14.1.1951. Die Widmungsträger und das Dallas Symphony Orchestra, Dir.: W. Hendl.
WA: New York, 5.11.1951. Die Widmungsträger und das Sherman Chamber Orchestra, Dir.: T. Sherman.
BS: Solisten: 2 Vn. Orchester: 2222-4231-Pk.-Schl.-Str.
D: 19'
1. Poco Allegro ($^6/_8$, D-B), 245 T. 7'
2. a) Moderato ($^2/_4$) - Poco Vivo ($^3/_4$) - Tempo I^{mo} (B-D), 194 T. 5' 30''
b) Allegro con brio ($^2/_4$, D), 238 T. 6' 30''
A: PBM (Aa 78) 74 S. + Titels.; I. 1–30; II. 31–74.

F: Inst. BM, Prag (PBM Aa 78).
Ausg: Bärenreiter, Kassel 1962 (B. A. 3842), 1981^{2} P L, Supraphon Praha 1983 KA TP K.
V: Bärenreiter, Kassel.

Dieses Werk steht in starkem Gegensatz zu dem *Duo Concertant* von 1937 (H. 264). Dort ein streng polyphones, vorwiegend rhythmisches Werk in der Stilrichtung des Concerto Grosso, hier ein ausgesprochen symphonisches Doppelkonzert, lyrisch und virtuos zugleich. Das knappe Stück lässt die beiden Schlusssätze ohne Pause aufeinander folgen und verzichtet dabei auf einen echten langsamen Satz, den ein dreiteiliges Intermezzo mit lebhaftem Mittelteil ersetzt.

342. KONZERT für Violine, Klavier und Orchester
E: New York, 1.12.1952–10.3.1953.
W: Gewidmet Benno und Sylvia Rabinof.
UA: New York, 13.5.1954. Die Widmungsträger.
BS: Solisten: Vi. und Pf. Orchester: 2222-4231-Pk.-Schl. (gr. und kl. Tr., Beck., Tri., Ttam)-Str.
D: 29' 30''
1. Poco Allegro ($^{6}/_{8}$, d-E), 344 T. 11' 25''
2. Adagio ($^{3}/_{4}$, C), 128 T. 8' 30''
3. Allegro ($^{2}/_{2}$ bzw. $^{4}/_{4}$, c-C), 281 T. 9' 35''
A: PBM (Aa 79) (99 S. +Titels.; I. 1-39; II. 40-57; III. 58-99).
F: Inst. BM, Prag (PBM Aa 79).
Ausg: Bärenreiter, Kassel - Editio Supraphon Praha 1981 P L, 1983 KA K.
V: Bärenreiter, Kassel.

Dieses ausgedehnte, anspruchsvolle Stück ist erst 1967 auch in Europa erstmals erklungen. Seine Entstehungszeit liegt knapp vor der Vollendung der 6. *Symphonie*, deren ungeheurer Stilwandel jedoch kaum spürbar ist. Ein guter Durchschnitts-Martinů, wirkungsvoll und gekonnt, aber kein besonders inspiriertes Werk. Satzbau und Tonsprache sind verhältnismäßig konservativ, dazu sind die Ecksätze, namentlich der 1. Satz, etwas lang geraten. Das Adagio bildet den wertvollsten und ausdrucksvollsten Teil des Werkes, das die beiden Solisten nicht so sehr gegeneinander als gegen das Orchester konzertieren lässt.

Vierter Teil: Kammermusik

1. Duos für Violine und Klavier (Kategorie 14)
2. Duos für Violoncello und Klavier (Kategorie 15)
3. Duos für unterschiedliche Besetzungen (Kategorie 16)
4. Trios mit Klavier (Kategorie 17)
5. Trios ohne Klavier (Kategorie 18)
6. Streichquartette (Kategorie 19)
7. Quartette für unterschiedliche Besetzungen (Kategorie 20)
8. Quintette (Kategorie 21)
9. Sextette (Kategorie 22)
10. Septette (Kategorie 23)
11. Oktett (Kategorie 24)
12. Nonette (Kategorie 25)

Zur Einführung: „In der reinen Kammermusik", schrieb Martinů Ende 1946, während der Arbeit an seinem *Streichquartett Nr. 6*, „bin ich immer mehr ich selbst. Wenn ich Kammermusik zu komponieren beginne, kann ich die Freude nicht ausdrücken, mit der ich diese vier Stimmen führe. Der Mensch fühlt sich im Quartett wie zu Hause. Draußen regnet und dämmert es, aber die vier Stimmen merken es nicht, sie sind unabhängig, frei, tun was sie wollen, und dennoch bilden sie ein harmonisches Ensemble, schaffen etwas wie eine neue Einheit, ein harmonisches Ganzes."

Ein solches Bekenntnis zeugt von einer angeborenen Beziehung zur Kammermusik und sagt gleichzeitig viel über Martinůs Arbeitsmethode aus, die stets der freien polymelodischen Stimmführung den Vorrang über den strengen, „symmetrischen" Kontrapunkt gab. Auch viele seiner Orchesterwerke sind, wie er selbst betonte, „Kammermusik im symphonischen Maßstab". Es ist also kein Wunder, wenn Martinů als Kammermusikkomponist alle anderen Schöpfer der Neuzeit an Fruchtbarkeit übertraf und uns 90 Werke auf diesem Gebiet hinterließ. Schon als Zehnjähriger schrieb er als Erstlingswerk ein programmatisches Streichquartett. Es sollte ebenfalls ein Streichquartett (Nr. 2, H. 150) sein, das ihm als erstes vollwertiges Meisterwerk europäischen Ruhm brachte. Und in seinem Sterbejahr schuf er noch vier Kammermusikwerke. Alle Zusammensetzungen von zwei bis neun Instrumenten hat er gepflegt, von den klassischsten bis zu den apartesten. Auch manchen Gattungen, die heute vernachlässigt werden, zum Beispiel dem Klaviertrio, -quartett oder -quintett, ist er treu geblieben. Wenigstens fünfzehn dieser Schöpfungen sind Werke ersten Ranges, und Partituren wie die *Sonate Nr. 3 für Violine und Klavier* (H. 303), die drei *Cellosonaten* (H. 277, H. 286, H. 340), dann die *Drei Madrigale für Violine und Viola* (H. 313), *Streichquartett Nr. 5* (H. 268), das *Klavierquartett* (H. 287), das *Klavierquintett Nr. 2* (H. 298) oder das *Nonett* (H. 374) gehören zum Wertvollsten, was die Kammermusik zu bieten hat.

Kategorie 14: Duos für Violine und Klavier

Allgemeines: Dem geläufigsten aller Instrumentalduette (Violine und Klavier) hat Martinů (der als Interpret beide Instrumente beherrschte) Wertvolles anvertraut, obwohl er diese Zusammensetzung nach 1945 völlig vernachlässigt hat. An die Spitze möchten wir die *Sonate in d-Moll* (H. 152), die *Cinq Pièces brèves* (H. 184), die *Sonate Nr. 2 für Violine und Klavier* (H. 208) und vor allem die *Sonate Nr. 3 für Violine und Klavier* (H. 303) stellen.

3. ELEGIE

E: Polička, Ostern 1909.
W: Gewidmet Stanislav Novák mit dem Motto „Zlo se vrací“ (Das Böse kommt zurück).
D: (C-g), 195 T.
A: NM ČMH (Tr B 263 a,b) 6 S. + Titels.
F: Inst. BM, Prag (ČMH 010).
V: Editio Bärenreiter, Prag.

Die *Elegie* stellt das erste Zeugnis einer lebenslangen Freundschaft dar. Sie enthält bei Takt 18 das allererste synkopierte 7/8-Metrum Martinůs. Die Violine ist sehr geigerisch und ziemlich anspruchsvoll geschrieben (viele Doppelgriffe), im Unterschied zum „kindischen“ H. 13. Es liegt auch eine frühere, unreife Fassung von 193 Takten (ebenfalls 6 Seiten) vor, die vor allem in der zweiten Hälfte von der späteren abweicht.

***12. ROMANCE**

E: Smiřice, 1910.
W: Gewidmet Josefa Vognerová.

Die *Romance* wird nur in der Šafránek-Monografie erwähnt.

13. KONZERT in G-Dur

E: Polička, 1910.
D: 1. Moderato (C, G), 153 T. (247 m. Wdh.).
Largo (C, g), 119 T. (mit VI-DE zwischen T. 113-141).
3. Allegretto (¾, G), 332 T. (537 T. m. Wdh.)
A: NM ČMH (Tr B 264) - Klavierauszug (39 S., ohne Titels., bis 41 nummeriert, 23-24 leer).
F: Inst. BM, Prag (ČMH 011p, ČMH 011).
V: Panton International Mainz.

Die Solostimme ist ganz leicht, einem Schüler zugänglich (keine Doppelgriffe, reicht nur bis zum zweigestrichenen Cis), also kann das Konzert kaum für Stanislav Novák geschrieben worden sein, der die weit anspruchsvollere *Elegie* H. 3 erhalten hatte. Das Werk liegt nur im Klavierauszug vor und wurde wahrscheinlich nie orchestriert. Es steht in seiner lebensfrohen Stimmung Dvořáks volkstümlicher Seite sehr nah, manche Stellen im 2/4-Andantino in der Mitte des Finales zitieren sein *Violinkonzert* fast wörtlich.

***32. BERCEUSE (Wiegenlied)**

E: Polička, 1911.
A: Verschollen.

Die *Berceuse* wird nur in der Šafránek-Monografie erwähnt.

***33. ADAGIO**

E: Polička, 1911.
A: Verschollen.

Das *Adagio* wird nur in der Šafránek-Monografie erwähnt.

58. OFFERTORIUM
E: Polička, 28.3.1912.
BS: Violine und Orgel (ohne Pedal) oder Klavier.
D: ($^3/_4$, G), lückenhaft - bricht nach T. 112 ab.
A: PBM (in Ad 154), 1 S.
F: Inst. BM, Prag (in PBM Ad 154).
V: Frei.

***62. PHANTASIE**
E: Polička, Juli 1912.
UA: Polička, 15.7.1912.
A: Verschollen.

Die *Phantasie* wird nur in der Šafránek-Monografie erwähnt.

120. SONATE in C-Dur
E: Polička, 3.1.-2.2.1919.
W: „Milým hochům Stáňovi a K. Šolcovi věnuji. Bohuš." (Gewidmet den netten Freunden Stanislav Novák und Karel Šolc.)
D: 31' 20''
1. Allegretto (Moderato) ($^9/_8$ und $^6/_8$, C), 255 T. 8' 45''
2. Scherzo: Largo - Presto, mit Trio: Allegro con brio (Largo $^3/_4$, dann $^4/_4$, b-es, Trio in c), 225 T. (340 T. m. Wdh.). 5' 45''
3. Andante (Largo) ($^4/_4$, später $^3/_4$, d), 152 T. 7' 30''
4. Allegro ($^2/_2$, c-C), 418 T. 9' 20''
A: NM ČMH (Depositum NBM) 37 S. + 2 Titels.
PBM (Aa 26) - Skizze (20 S.).
F: PBM (FAa 19) 37 S. + 2 Titels.
Inst. BM (PBM Aa 26, PBM FAa 19).
Ausg: Panton, Praha 1973 (P 1215).
V: Panton International Mainz.

Martinů komponierte insgesamt 5 Violinsonaten, von denen er jedoch nur die drei letzten nummerierte und herausgab. Bei dieser C-Dur-Sonate handelt es sich um ein weitschweifiges, z.T. epigonales, jedoch nicht uninteressantes Werk, deutlich von der Sonate César Francks inspiriert (vgl. die Ecksätze!). Seit seiner Veröffentlichung wird es gelegentlich aufgeführt.

152. SONATE in d-Moll

E: Paris, Februar 1926.
W: Gewidmet Stanislav Novák und Karel Šolc.
UA: Prag, 30.3.1963. N. Grumlíková und J. Kolář.
D: 17'
1. Allegro moderato ($^{4}/_{4}$, d), 198 T. 6' 30''
2. Andante moderato ($^{3}/_{4}$, G), 97 T. 5' 30''
3. Allegro ($^{3}/_{4}$, D), 206 T. 5'
A: Früher bei Frau Martinů in Vieux-Moulin (Oise) (59 S. + Titels). Z. Z. nicht nachweisbar.
NM ČMH, Prag (Tr B 210), Skizzen 16 S.
Vom Verfasser 1962 in Vieux-Moulin entdeckt.
Ausg: Panton, Prag 1966 (P 536).
V: Panton International Mainz.

Es ist schwer verständlich, weshalb sich Martinů für dieses Werk nicht stärker eingesetzt hat. Er hat es nicht einmal mit einer Ordnungszahl versehen, während eine so unreife Komposition wie das *Streichquartett Nr. 1* von ihm nummeriert wurde. Diese d-Moll-Sonate ist ein streng klassisches Werk (die tonartliche Einheit ist bei Martinů ebenso selten wie die Vorzeichen im Partiturbild!), das stilistisch in der Nähe des *Klavierkonzertes Nr. 1* (H. 149), des *Concertinos für die linke Hand* (H. 173) und z.T. auch der Oper *Der Soldat und die Tänzerin* (H. 162) steht. An Geschlossenheit der Form und an Ausdruckskraft übertrifft diese Sonate die aus dem Jahre 1929 (H. 182) bei weitem. Ähnlich wie im benachbarten *Streichquartett Nr. 2* sind auch hier einige volkstümliche Züge (namentlich im brillanten Schlusssatz) in stark stilisierter Form spürbar. Durch seine Drucklegung hat sich dieses schöne Werk einen Platz im Konzertleben gesichert.

166. IMPROMPTU

E: Paris, 1927 (laut Šebánek-Katalog 1933; unsicher - in dem Fall: recte 228/232).
D: 6'
1. Poco Allegro (wechselnde Taktart, a), 66 T. 1' 30''
2. Andante moderato ($^{2}/_{4}$, wechselnd, E), 59 T. 3'
3. Allegretto moderato ($^{6}/_{8}$, g), 41 T. 1' 30''
A: PBM (Aa 27) 9 S. ohne Titels.
F: Inst. BM, Prag (PBM Aa 27).

Ausg: Hudební Matice, Prag 1934 (H. M. 589), übernommen vom Staatsverlag, Prag (SHV).
Editio Bärenreiter, Prag 1976[1], 1995[2] (H 5906).
V: Editio Bärenreiter, Prag.

Drei hübsche, geistreiche Miniaturen, die vor allem rhythmisch interessant sind.

182. SONATE Nr. 1
E: Paris, Oktober-November 1929 (Abschluss 4.11.1929).
UA: Paris, Ecole Normale de Musique, 5.11.1930. H. de Champigny (Vi.) und P. Maire (Pf.).
D: 19'
1. Introduction et Allegro ($^2/_2$, g-A), 109 T. 6'
2. Andante ($^4/_4$), 107 T. 8' 30''
3. Allegretto ($^2/_4$, g-G), 156 T. 4' 30''
A: Alphonse Leduc, Paris (37 S.).
F: PBM (FAa 20).
Inst. BM, Prag (LED 004, LED 004p).
Inst. BM, Prag (PBM FAa 20).
Ausg: Alphonse Leduc, Paris 1930 (A. L. 17688).
V: Alphonse Leduc, Paris.

Im starken Gegensatz zur d-Moll-Sonate schreibt Martinů hier ein brillantes Virtuosenstück, sehr frei und rhapsodisch in der Form. Das konzertante Element wird durch zahlreiche Solokadenzen der Geige (gleich am Anfang), im 3. Satz auch des Klaviers, betont. Chronologisch steht das Werk mitten in Martinůs „Jazz"-Periode. Melodik, Rhythmik und Harmonik sind in allen drei Sätzen stark vom Jazz bestimmt. Manche aparte Klangwirkungen im 2. Satz sowie die köstlich „gepfefferte" Harmonik sind vielleicht unter dem Eindruck der damals neuen Violinsonate von Ravel entstanden.

184. (recte 186/193 bzw. 192?) CINQ PIÈCES BRÈVES (fünf kurze Stücke)
E: Paris, 14.4.1930.
W: Gewidmet Miloš Šafránek.
UA: Paris, 5.5.1930. Interpreten: T. Harsányi (Pf.) und Mlle. Rithère (Vi.)

D: 11'
1. Allegro moderato ($^{2}/_{4}$, g-G), 72 T. 2'
2. Andante ($^{3}/_{2}$, a-A), 36 T. 2' 30''
3. Allegretto moderato (wechselnde Taktart, g), 58 T. 2'
4. Allegro vivo (Presto) ($^{2}/_{4}$, d), 105 T. 2'
5. Allegro (Poco moderato) ($^{4}/_{4}$, G), 77 T. 2' 30''
A: Alphonse Leduc, Paris (26 S.).
F: PBM (FAa 21 auch Aa 20 - Skizze).
Inst. BM, Prag (PBM Aa 20, PBM FAa 21).
Ausg: Alphonse Leduc, Paris 1930 (A. L. 17769).
V: Alphonse Leduc, Paris.

Diese Stücke stehen dem berühmten gleichnamigen Werk für Klaviertrio (H. 193) keineswegs nach. Die köstliche, bisweilen polytonale Harmonik, die rhythmische Lebhaftigkeit, die Eleganz und Bündigkeit der Form, sichern ihnen einen hohen Rang im Schaffen Martinůs und in der modernen Violinliteratur. Es sind glänzende Vortragsstücke.

188. A (recte 181/183) ARIETTE
E: Paris, 1930.
D: 1' 30''
Allegro ($^{3}/_{8}$, wechselnd, A), 133 T.
Ausg: Alphonse Leduc, Paris 1931 (A. L. 17905).
V: Alphonse Leduc, Paris.

Übertragung der *Vocalise-Etude* für Singstimme und Klavier (H. 188). Es existiert auch eine Fassung für Cello und Klavier (H. 188 B).

201. A SEPT ARABESQUES (ÉTUDES RYTHMIQUES)
E: Paris, 1931.
A: z. Z. nicht nachweisbar.
Ausg: R. Deiss, Paris, 1932 (R. D. 7465).
V: Éditions Durand-Salabert-Eschig, Paris.

Übertragung des gleichen Werks für Cello und Klavier (siehe H. 201).

202. (recte 216/217) ÉTUDES RYTHMIQUES (sieben Stücke)
E: Paris, 18.3.1932.
UA: Prag, Smetana-Saal, 3.2.1933, P. Rybář (Vi.), F. Polák-Pelleg.
D: 14'

1. Allegro ($^2/_2$, g-G), 60 T. 1' 30''
2. Poco allegretto ($^5/_8$, B-A), 76 T. 2'
3. Moderato ($^7/_8$, g), 42 T. 2' 30''
4. Allegretto moderato ($^4/_8$, wechselnd, C), 88 T. 2' 30''
5. Andantino ($^3/_8$-$^9/_{16}$, d-g), 45 T. 2'
6. Allegro moderato (rythme de jazz) ($^4/_4$, C-G), 46 T. 2'
7. Allegretto (avec pauses) (wechselnde Taktart, C-G), 64 T. 1' 30''

A: Schott, Mainz (22 S. + Titels.).
F: PBM (FAa 23) (deutsch!); köstliche Sprachmischung im Titel (*Rhythmische Etüden für Violon mit Piano*).
Inst. BM, Prag (PBM FAa 23).
Ausg: Schott, Mainz 1932 (Nr. 2224).
V: B. Schott Söhne, Mainz.

Diese Komposition ist nicht mit dem im Stil ähnlichen Werk H. 201 zu verwechseln! In den Jahren 1930 und 1931 schuf Martinů, gewissermaßen als „Brotarbeiten“, eine ganze Reihe instruktiver Stücke für Violine oder Cello. Als Unterrichtsmaterial sind sie vorzüglich, weil sie musikalisch stets frisch und inspiriert sind und den Schüler, genau wie Bartóks *Mikrokosmos* oder *Violinduette*, allmählich in die Musiksprache des zwanzigsten Jahrhunderts einzuführen vermögen. Der Rhythmiker Martinů entfaltet in ihnen seine unerschöpfliche Phantasie. Ihr künstlerischer Wert war überzeugend genug, um den Schweizer Dirigenten Rudolf Baumgartner zu einer teilweisen Übertragung für Streichorchester (namentlich Nr. 1, 2 und 6) veranlasst zu haben (siehe H. 202 A).

208. SONATE Nr. 2

E: Paris, Sommer 1931.
W: Gewidmet Hortense de Sampigny-Bailly.
UA: Paris, 20.1.1933. Die Widmungsträgerin.
D: 13'
1. Allegro moderato ($^4/_4$, D), 130 T. 5', 2. Larghetto ($^3/_4$, B-d), 77 T. 4' 30'', 3. Poco Allegretto ($^2/_2$ und $^4/_4$, G), 155 T. 3' 30''
A: NM ČMH (Tr B 213) - Skizze.
Ausg: R. Deiss, Paris 1932 (R. D. 7479).
V: Éditions Durand-Salabert-Eschig, Paris.

Eine elegante und ausgewogene Komposition, die Martinů von seiner „französischen“ Seite zeigt. Im von edler Melodik erfüllten Kopfsatz ist der Einfluss von Albert Roussel spürbar. Der dritte Satz arbeitet über geistreiche punktierte Rhythmen, die aber vom Jazzeinfluss der früheren Jahre weitgehend befreit sind. In ihrem beschränkten Ausmaß ist diese Sonate ein vollkommenes Meisterwerklein.

261. INTERMEZZO (vier Kompositionen)

E: Paris, 1937.
UA: Genaue Daten zur UA fehlen
D: 11' 30''
1. Moderato (wechselnde Taktz., F-D), 40 T. (80 T. m. Wdh.). 3'
2. Poco Allegro ($^2/_2$ und $^4/_4$, b-B), 52 T. (89 T. m. Wdh.). 2' 30''
3. Lento ($^3/_4$, d-G), 34 T. 2'
4. Poco Allegro ($^3/_4$, D-G), 74 T. (125 T. m. Wdh.). 4'
A: PBM (Aa 28) 11 S. + Titels.
F: Inst. BM, Prag (PBM Aa 28).
Ausg: Melantrich, Prag 1937 (Melpa 36 - Ol.P.637). Übernommen vom Staatsverlag, Prag (SHV) (H 5259), Editio Bärenreiter, Prag 1990[4].
V: Editio Bärenreiter, Prag.

Unterrichtswerk für fortgeschrittene Schüler (Grad „schwer“).

262. SONATINE

E: Paris, 1937.
UA: Genaue Daten zur UA fehlen
D: 11' 30''
1. Moderato ($^3/_4$, G-D), 149 T. 4'
2. Andante ($^4/_4$, d-G), 54 T. 4' 30''
3. Poco Allegretto ($^2/_4$, C-D), 131 T. 3'
A: PBM (Aa 29) 15 S.
F: Inst. BM (PBM Aa 29).
Ausg: Melantrich, Prag 1937[1]. Übernommen vom Staatsverlag, Prag (SHV) (H. 2172), Editio Bärenreiter, Prag 1994[9].
V: Editio Bärenreiter, Prag.

Hübsches instruktives Werk für Anfänger (Grad „leicht“).

297. FIVE MADRIGAL STANZAS

E: New York, November 1943.

UA: Genaue Daten zur UA fehlen
W: Gewidmet Albert Einstein.
D: 12' 45''
1. Moderato ($^9/_8$, später $^6/_8$ und $^3/_8$, B), 53 T. 3' 15''
2. Poco Allegretto ($^6/_8$, c-g), 75 T. 2' 10''
3. Andante moderato ($^6/_4$, wechselnd, c-A), 42 T. 4' 10''
4. Scherzando, poco Allegro ($^7/_8$, wechselnd, D). 64 T. 1' 40''
5. Poco Allegro ($^4/_4$, wechselnd, G), 64 T. 1' 30''
A: z.Z. nicht nachweisbar.
Ausg: AMP (Associated Music Publishers), New York 1950.
V: Associated Music Publishers, New York.

Es ist bekannt, dass Albert Einstein ein Geiger von guter Liebhaberstärke war. In Princeton, wo Martinů später selbst unterrichtete, pflegte er mit dem Pianisten Robert Casadesus Mozart-Sonaten zu spielen. Als großer Bewunderer des Vaters der Relativität eignete ihm Martinů diese verhältnismäßig leichten Stücke zu, die Einstein dann auch mit Begeisterung spielte. Die Stücke sind in schlicht lyrischem Ton gehalten und werden allen Liebhabern auch bescheidener Stärke viel Freude bringen.

303. SONATE Nr. 3
E: New York, November - 4. Dezember 1944.
UA: New York, 17.12.1945. A. Reyes, A. Balsam.
D: 24' 30''
1. Poco Allegro ($^6/_8$, b-C), 242 T. 6'
2. Adagio ($^3/_2$, a-D), 81 T. 6'
3. Scherzo ($^3/_8$, Trio $^3/_4$, B), 265 T. (455 T. m. Wdh.). 6'
4. Lento - Moderato - Allegro ($^3/_4$ es-D), 278 T. 6' 30''
A: Früher in Vieux-Moulin bei Frau Martinů (nur die S. 1-5).
Z. Z. nicht nachweisbar.
F: PBM (Ag 206) 59 S. + Titels. Die S. 12–15 sind von fremder Hand ausgeschrieben, sie entsprechen einer genauen Wiederholung der S. 1-4 (T. 1-65).
Inst. BM, Prag (PBM Ag 206).
Ausg: AMP (Associated Music Publishers), New York 1950.
V: Associated Music Publishers, New York.

Diese große Sonate, das einzige viersätzige Instrumentalduett aus Martinůs Reifezeit, ist ein Gipfelpunkt in seiner Kammermusik und wird auch häufig gespielt. Die Grundstimmung ist lyrisch und heiter, der Satz kristallklar und problemlos, die Form beherrscht und ausgewogen. Kein dramatisches „Ausnahmswerk“ also, wie etwa das *Doppelkonzert*, sondern ein reifes Zeugnis „tschechischen Klassizismus“ wie die *Zweite* oder die *Vierte Symphonie*. Das beschwingte, synkopenreiche Violinthema des ersten Satzes wird von einer flinken Klaviereinleitung eingeführt. Im idyllischen Adagio bezaubern die ausgewählten, impressionistischen Harmonien. Im heiteren Scherzo tritt das volkstümliche Element besonders hervor. Ursprünglich hatte Martinů die Sonate nur dreisätzig geplant, jedoch wollte ihm nichts einfallen, ehe das Scherzo niedergeschrieben wurde! Der Schlusssatz, der längste und gewichtigste der vier Sätze, hebt mit einer langsamen Einleitung im ernsten Ton an und sammelt allmählich Kräfte, die sich in einem von energischen punktierten Rhythmen durchpulsten Allegro entfalten und in einer glänzenden, wolkenlosen Coda in D-Dur (Allegro vivo) gipfeln.

307. RHAPSODIE TCHÈQUE

E: Cape Cod, South Orleans, Mass. (USA), 5.-19.7.1945.
W: „To Fritz Kreisler“
D: 12'
Lento - Andante poco moderato - Moderato - Allegretto - Adagio - Allegro non troppo (wechselnde Taktart, B-D), insgesamt 319 T.
A: PBM (Aa 30) 18 S.
F: Inst. BM, Prag (PBM Aa 30).
Max Eschig, Paris.
Ausg: Max Eschig, Paris 1962 (M. E.7188).
V: Max Eschig, Paris.

Die Rhapsodie ist ein brillantes Virtuosenstück im Volkston, das von der Kunst des berühmten Widmungsträgers angeregt ist. Die offensichtlich geplante Orchesterfassung hat erst der Komponist Jiří Teml im Auftrag der Martinů-Stiftung für das Prager Martinů-Festival 2001 verwirklicht (siehe Kategorie 10).

Kategorie 15: Duos für Violoncello und Klavier

Allgemeines: Martinů hat die Cellisten großzügig beschenkt - viele seiner Cellokompositionen stammen aus der Reifezeit. Vor allem die drei prächtigen Sonaten erfreuen sich großer Beliebtheit und zählen zu den international meistgespielten Werken des Meisters.

188. B (recte 181b/183b) ARIETTE

Siehe unter 188 A (Werke für Violine und Klavier, Kategorie 14).

Ausg: Fassung für Vc.: Alphonse Leduc, Paris 1931 (A. L. 17906).

189. (recte 200/201) NOCTURNES (vier Etüden für Cello und Klavier)

E: Paris, 1931 (anhand Mihule-Monografie).
W: „A Monsieur Karel Košt'ál" (Herrn Karel Košt'ál).
UA: Genaue Daten zur UA fehlen.
D: 14' 30''
1. Andantino moderato ($^3/_8$, a), 161 T. 3' 30''
2. Lento ($^4/_4$, G), 65 T. 4' 30''
3. Moderato ($^6/_4$, D), 68 T. 4'
4. Allegretto moderato ($^2/_4$, d-a), 128 T. 2' 30''
A: z. Z. nicht nachweisbar.
F: PBM (FAa 24) 24 S. + Titels.
Inst. BM, Prag (PBM FAa 24).
Ausg: Alphonse Leduc, Paris 1931 (A. L. 17984-17987).
V: Alphonse Leduc, Paris.

190. (recte 200/201) PASTORALES (sechs Stücke)

E: Paris, 1931 (anhand Mihule-Monografie).
UA: Genaue Daten zur UA fehlen.
D: 29'
1. Andante ($^4/_4$, es-As), 112 T. 7'
2. Allegretto moderato ($^2/_4$, G), 137 T. 2' 30''
3. Adagio ($^4/_8$, g), 117 T. 7'
4. Moderato ($^2/_4$, c-C), 149 T. 3'
5. Largo ($^4/_4$, c), 82 T. 6'
6. Allegretto ($^6/_8$, g), 134 T. 3' 30''
A: Alphonse Leduc, Paris (35 S. + Titels.).
F: PBM (FAa 25).
Inst. BM, Prag (PBM FAa 25).

Ausg: Alphonse Leduc, Paris 1931 (A. L. 17994-17999).
V: Alphonse Leduc, Paris.

Für die Hausmusik und den Unterricht Grad „mittelschwer" geeignet.

192. (recte 213) SUITE MINIATURE (sieben leichte Stücke)
E: Paris, 14.12.1931.
UA: Genaue Daten zur UA fehlen.
D: 12' 30''
1. Moderato ($^{2}/_{4}$, g-a), 76 T. 1' 30''
2. Poco Andante ($^{4}/_{4}$, a), 52 T. 2' 30''
3. Poco moderato ($^{3}/_{4}$, G), 54 T. 1' 30''
4. Andante ($^{4}/_{4}$, D-G), 44 T. 2' 30''
5. Poco Allegro ($^{3}/_{4}$, D), 54 T. 1' 30''
6. Allegretto ($^{3}/_{8}$, F), 90 T. 1' 30''
7. Moderato ($^{2}/_{4}$, D-G), 87 T. 1' 30''

A: Alphonse Leduc, Paris (21 S. + Titels.).
F: PBM (FAa 26).
Inst. BM, Prag (PBM FAa 26).
Ausg: Alphonse Leduc, Paris 1932 (A. L. 18009-18015).
V: Alphonse Leduc, Paris.

201. SEPT ARABESQUES (ÉTUDES RYTHMIQUES)
E: Paris, 1931.
UA: Genaue Daten zur UA fehlen.
D: 16'
1. Poco Allegro ($^{2}/_{4}$, C), 90 T. 2'
2. Moderato ($^{4}/_{4}$, G), 60 T. 2'
3. Andante moderato ($^{3}/_{8}$, h-A), 55 T. 3'
4. Allegro ($^{4}/_{4}$, D-G), 56 T. 2' 30''
5. Adagio ($^{6}/_{4}$, As), 36 T. 3'
6. Allegretto ($^{5}/_{8}$, g), 102 T. 1' 30''
7. Allegretto moderato (T. wechselnd, D-A), 65 T. 2'

A: z. Z. nicht nachweisbar.
Ausg: R. Deiss, Paris 1932 (R. D.7465), übernommen von Salabert, Paris (EAS 15357).
V: Éditions Durand-Salabert-Eschig.

Siehe Kommentar zu H. 202 für Violine und Klavier. Das Werk existiert auch in einer Fassung für Violine und Klavier (vgl. H. 201 A).

277. SONATE Nr. 1

E: Paris vollendet am 12.5.1939 (2. Satz am 4.5.1939).
W: „A Pierre Fournier“
UA: Paris, 19.5.1940. P. Fournier und R. Firkušný.
D: 19'
1. Poco Allegro (3/8, b), 332 T. 7'
2. Lento (4/4, es), 67 T. 6'
3. Allegro con brio (4/4, d-D), 221 T. 6'
Martinůs eigene Zeitangaben sind wie meistens bei ihm zu knapp geschätzt: 5' 15'' (5' 30'')+5' 30''+5' 30'' = 16' 30''
A: In der Österreichischen Nationalbibliothek in Wien (35 S. + Titels.).
F: PBM (FAa 57).
Inst. BM, Prag (PBM FAa 57).
Ausg: Heugel, Paris 1949 (H. 31218).
V: Alphonse Leduc, Paris.

Martinůs drei Cellosonaten sind in Form und Stil Geschwisterwerke und doch ist die Stimmung jedes Mal grundverschieden. So ist diese erste Sonate (der wir vielleicht den Vorrang geben möchten) ein leidenschaftliches Werk voll innerer Spannung, stark subjektiv empfunden, unter drohenden politischen und gedrängten privaten Umständen geschaffen. Der dramatische Kopfsatz kommt der klassischen Sonatenform näher als üblich. Der ausdrucksreiche langsame Satz wird von einem Klaviersolo eröffnet. Eine zündende Toccata beschließt das hochbedeutende Werk, das die erste seiner zahlreichen Aufführungen wenige Tage vor der Besatzung von Paris in beklemmender Abschiedsstimmung erlebte.

286. SONATE Nr. 2

E: Jamaica (Long Island), USA, November-Dezember 1941.
W: Gewidmet Frank Rybka.
UA: New York, 18.3.1942. L. Laporte Kirsch und C. Russell.
WA: Prag, 15.10.1946. B. Heran und O. Kredba.
D: 20'
1. Allegro (6/8, f), 319 T. 7' 30''
2. Largo (7/8, später 3/4, cis-E), 82 T. 7' 30''
3. Allegro commodo (3/4, c-G), 173 T. 5'
A: z. Z. nicht nachweisbar.
Ausg: AMP (Associated Music Publishers), New York 1944 (A. S. 194312).
V: Associated Music Publishers, New York.

Nicht minder ausdrucksreich und auf gleicher Höhe der Inspiration stehend, gibt sich diese Sonate doch objektiver und beherrschter als ihre Vorgängerin. Die üppige Melodik des von einem Klaviersolo eingeführten Kopfsatzes ist besonders dankbar. Ungewöhnlich ernst und sogar grüblerisch der langsame Satz, in seiner Tiefgründigkeit wohl das Herz der Sonate. Das wirkungssichere Finale, mit seinen volkstümlichen Anklängen, wird kurz vor dem Schluss von einer großen Solokadenz des Cellos unterbrochen, was seinen konzertanten Charakter unterstreicht. Diese „amerikanische" Cellosonate steht dem Schwesterwerk für Violine (H. 303) nicht nach.

290. VARIATIONEN ÜBER EIN THEMA VON ROSSINI

E: New York, Oktober 1942.
W: Gewidmet Gregor Piatigorsky.
UA: New York, 1.5.1943. Der Widmungsträger.
D: 8'
Thema: Allegro moderato ($^4/_4$, D). Es folgen 4 Variationen. Insgesamt 170 T. (185 T. m. Wdh.).
A: NM ČMH (Skizze Tr B 284) 8 S. (zusammen mit Skizzen zur *Madrigal Sonata* H. 291).
Ausg: Boosey & Hawkes, New York, 1949 (B&H 16505).
V: Boosey and Hawkes, London-New York.

Ein hübsches Virtuosenstück, das aber in der Bedeutung nicht an die Sonaten heranreicht. Das Thema wurde nicht direkt aus einem Werk von Rossini entlehnt. Es stammt aus Nicollo Paganinis Introduktion und Variationen über *Dal Tuo Stellato Soglio* aus Rossinis *Moses in Ägypten* (*Sonata a Preghiera*). Das rossinische Thema wird von Paganini in der Introduktion verwendet, während das von Martinů verwendete Thema eigentlich der von Paganini als Thema (Tempo alla Marcia) benannten ersten Variation entspricht. So sollte das Werk eigentlich Variationen über eine paganinische Variation über Rossini genannt werden.

340. SONATE Nr. 3

E: Vieux-Moulin, 10.9.-5.10.1952. Überarbeitung in New York, Oktober 1952.
W: „A la mémoire de Hans Kindler" (zur Erinnerung an Hans Kindler).
UA: Washington, D.C., 8.1.1953. Interpreten unbekannt.

WA: Prag, 20.10.1955. F. Smetana und J. Hubička.
D: 22'
1. Poco Andante - Moderato ($^6/_8$, später $^3/_8$, B-C), 411 T. 8' 30''
2. Andante ($^2/_4$, später $^4/_4$, es-Es), 119 T. 8'
3. Allegro (ma non Presto) ($^{12}/_8$, B-F), 168 T. 5' 30''
A: Skizzen (11 S.) The New York Public Library.
F: PBM (FAa 52).
Inst. BM, Prag (BaH 007).
Inst. BM, Prag (XYZ 059) - Skizzen.
Ausg: Staatsverlag, Prag (SHV) 1957[1] (H. 2360), Muzyka, Moskau 1968 (5597), Editio Bärenreiter, Prag 2002[4] (revidiert von Aleš Březina, Cello-Part Martin Sedlák).
V: Editio Bärenreiter, Prag.

Freier in der Form und im Rhythmus, heller in der Stimmung, schlichter in der Tonsprache, so erscheint diese „tschechischste“ der drei Sonaten. Sie stellt ein wichtiges Zeugnis der Übergangsphase zwischen dem „klassischen“ Stil der amerikanischen Zeit und der neu gewonnenen Freiheit der letzten Jahre dar. Das muntere Finale ruft das Bild eines Volkstanzes hervor. Die erste gedruckte Ausgabe gab die schwer edierte Cellostimme von František Smetana wieder, der das Werk bei der Uraufführung spielte. Erst die neue Ausgabe hat Martinůs authentische Partitur wiederhergestellt.

378. VARIATIONEN ÜBER EIN SLOWAKISCHES THEMA

E: Schönenberg-Pratteln, 12.3.1959.
UA: Prag, 17.10.1959. A.Večtomov und V. Topinka.
D: 8'
Insgesamt 322 T.
Thema: Poco Andante, rubato ($^4/_4$, f), 11 T.
Var. 1.: Moderato ($^2/_4$ und $^3/_4$, f-A), 39 T.
Var. 2: Poco Allegro ($^3/_4$, d-Es), 49 T.
Var. 3: Moderato ($^3/_4$, es-G), 37 T.
Var. 4: Scherzo Allegretto ($^3/_8$, e-B), 118 T.
Var. 5: Allegro ($^4/_4$, später $^2/_4$, B-E), 68 T.
A: Beim Verleger in Kassel (14 S. + Titels.).
Ausg: Bärenreiter, Kassel 1960 (B. A. 3969).
V: Bärenreiter, Kassel.

Martinůs allerletztes Kammermusikwerk ist, wie das wenige Wochen früher entstandene *Nonett* (H. 374), ein liebes- und sehnsuchtserfüllter Rückblick auf die Heimat. Das schöne, edle Thema (mit der typischen übermäßigen Quarte) wählte Martinů aus der berühmten Sammlung von Figuš-Bystrý (*Keby ja vedela - Wenn ich nur wüsste*). Als letzte Quintessenz tschechischen Klassizismus verdient das dankbare Stück einen Ehrenplatz neben den drei Sonaten. Auf Wunsch von Sonia Wieder-Atherton hat der tschechische Komponist Jiří Teml das Werk im Jahre 2004 für Solocello und Streichorchester mit Klavier oder Harfe überarbeitet (siehe unter Cellokonzerten in der Kategorie 11, H. 378 A).

Kategorie 16: Duos für unterschiedliche Besetzungen (16 A mit Klavier, 16 B ohne Klavier)

16 A: Duos für unterschiedliche Besetzungen mit Klavier

174. A SCHERZO für Flöte und Klavier

E: Siehe H. 174 (Kategorie 22, Sextette).
UA: Genaue Daten zur UA fehlen.
D: 2' 30''
Allegro vivo ($^2/_2$, C-Des), 108 T.
A: Siehe H. 174 (Kategorie 22).
Ausg: Panton, Prag 1966 (P 404).
V: Panton International Mainz.

Der 3. Satz aus dem Sextett für Bläser und Klavier (H. 174) erschien auch in einer Sonderauflage (ČHF 466) und bildet eine hübsche Zugabe zu der Flötensonate H. 306.

306. SONATE für Flöte und Klavier

E: Cape Cod, South Orleans, Mass. (USA), 15.6.-3.7.1945.
W: Gewidmet Georges Laurent.
UA: New York 18.12.1949, L. Schaefer und D. Rodriguez.
WA: New York, 6.5.1950. R. le Roy und G. Rivier.
D: 18'
1. Allegro moderato ($^3/_4$, Es-B), 212 T. 6' 30''
2. Adagio ($^6/_4$, wechselnd, es-Es), 82 T. 6' 30''
3. Allegro poco moderato ($^2/_4$, As), 230 T. 5'

A: A früher bei Frau Charlotte Martinů in Vieux Moulin.
Z. Z. nicht nachweisbar.
F: NM ČMH (Tr B 262), 33 S. (ohne Titel), dazu auch Faksimile der Flötenstimme (12 S.)
PBM (Af 222) - Flötenstimme.
Inst. BM, Prag (PBM Af 222).
Ausg: AMP (Associated Music Publishers), New York 1951.
V: Associated Music Publishers, New York.

Unmittelbar nach der strahlenden *Symphonie Nr. 4* und in derselben glücklichen Stimmung entstand diese reizende Idylle voller Naturrufe und Vogeltriller. Auch im zarten Adagio wird die innige Heiterkeit kaum von einem lichten elegischen Hauch umflort. Und im Finale ertönt der fröhliche Ruf des „whippoorwills", eines amerikanischen Vogels, der Tag und Nacht in Cape Cod zu hören war. Eine der ganz seltenen schönen Flötensonaten der Neuzeit. Das inzwischen neben Poulenc und Prokofjew zum Grundrepertoire der Flöte gehörende Werk musste erstaunlicherweise volle viereinhalb Jahre auf seine Uraufführung warten.

355. SONATE für Viola und Klavier
E: New York, 22.11.-16.12.1955.
W: „To Lillian Fuchs"
UA: New York, 12.3.1956. L. Fuchs und A. Balsam.
WA: Prag, 30.6.1959. J. Motlík und Z. Lochmanová.
D: 17'
1. Poco Andante - Moderato ($^3/_4$, später $^4/_4$, B-F), 199 T. 9' 30''
2. Allegro non troppo ($^4/_4$, später $^2/_4$, B-C), 274 T. 7' 30''
A: PBM (Aa 31) 29 S. + Titels.
NM ČMH (Tr B 313) - Skizze (8 S.), zusammen mit Skizzen zu *Les Fresques*, H. 352.
F: Inst. BM, Prag (PBM Aa 31).
Ausg: AMP (Associated Music Publishers), New York 1958 (95735).
V: Associated Music Publishers, New York.

Wie das drei Jahre früher entstandene *Rhapsody-Concerto* für Viola (H. 337), ist diese Sonate in freier Zweisätzigkeit entworfen, die Martinů um dieselbe Zeit auch im *Klavierkonzert Nr. 4* („Incantation") wählte. Frei sind auch die Rhythmik, der Periodenbau und überhaupt die Inspiration dieser echten „Phantasie" im Sinne des späten Martinů. Dem Charakter des Instrumentes gemäß ist die Stimmung vorwiegend lyrisch, mit einem Hang zum Rhapsodisch-Erzählerischen. Eine äußerst wertvolle Bereicherung des eher beschränkten Repertoires für dieses Instrument.

356. SONATINE für Klarinette (B) und Klavier

E: New York, vollendet am 20.1.1956.
UA: Genaue Daten zur UA fehlen.
D: 10'
Drei ineinander übergehende Teile. Insgesamt 322 T.
a) Moderato ($^4/_4$, Es), 172 T.; Allegro ($^2/_4$), 18 T.
b) Andante ($^4/_4$), 44 T.
c) Poco Allegro ($^2/_4$ und $^6/_8$, B), 106 T.
A: PBM (Aa 32) 19 S. + Titels. (eigentlich 15 S., da S. 7-10 mit 1-4 identisch sind).
F: Inst. BM, Prag (PBM Aa 32).
Ausg: Alphonse Leduc, Paris 1957 (A. L. 21698).
V: Alphonse Leduc, Paris.

Mitten in der Komposition der gewaltigen *Inkantation* entstanden die beiden hübschen Sonatinen: frisch und musikantisch.

357. SONATINE für Trompete (C oder B) und Klavier

E: New York, 2.2.1956.
UA: Genaue Daten zur UA fehlen.
D: 7'
Allegro moderato ($^4/_4$, wechselnd, f-F), 284 T.
A: PBM (Aa 33) 16 S.
F: Inst. BM, Prag (PBM Aa 33).
Ausg: Alphonse Leduc, Paris 1957 (A. L. 21699).
V: Alphonse Leduc, Paris.

16 B: Duos für unterschiedliche Besetzungen (ohne Klavier)

157. DUETT Nr. 1 für Violine und Cello

E: Paris, vollendet am 26.1.1927.
W: „A Stanislav Novák et Maurits Frank“
UA: Paris, 17.3.1927. Die Widmungsträger.

D: 11' 30''
1. Praeludium: Andante moderato ($^4/_4$), 83 T. 4'
2. Rondo: Allegro con brio ($^4/_4$), 199 T. 7' 30''

A: In der Prager Nationalbibliothek (17 S. + Titels.).
F: PBM (Af 221) - Kopie von fremder Hand.
Inst. BM (PBM Af 221).
Ausg: La Sirène Musicale, Paris 1928 (S. M. 144).
V: Max Eschig, Paris.

Die sehr heikle Gattung des Streichduetts hat Martinů mit Vorliebe und Erfolg gepflegt. Dieses zweisätzige Stück zeigt die besten Vorzüge der Pariser Jahre: scharfsinnige Rhythmik, meisterhafte Stimmführung, gewürzte Polytonalität. Ein glänzendes Virtuosenstück.

191. ÉTUDES FACILES À DEUX VIOLONS. Neun Violinduette mit zunehmender Schwierigkeitsskala (erste Lage) (zwei Hefte)

E: Paris, 1930.
UA: Genaue Daten zur UA fehlen.
D: 19'
Erstes Heft: 10'
1. Moderato ($^2/_4$, G-D), 66 T. 1'
2. Andante ($^2/_4$, G), 57 T. 2' 30''
3. Moderato $^3/_4$, D), 66 T. 1' 30''
4. Andante ($^3/_4$, D), 72 T. 3'
5. Poco Allegretto ($^3/_8$, C), 120 T. 2'

Zweites Heft: 9'
1. Allegro moderato ($^2/_4$, G), 90 T. 2'
2. Andante ($^4/_4$, D), 70 T. 3'
3. Poco Andante ($^5/_8$, g-G), 60 T. 2'
4. Moderato ($^3/_4$, G), 60 T. 2'

A: z. Z. nicht nachweisbar.
F: PBM (FAa 22) 31 S.
Inst. BM, Prag (PBM FAa 22).
Ausg: Alphonse Leduc, Paris 1932 (A. L. 18007 und 18008).
V: Alphonse Leduc, Paris.

Siehe Kommentar zu H. 202 für Violine und Klavier. Wertvolles Unterrichtsmaterial (Grad „leicht“).

313. THREE MADRIGALS (Duett Nr. 1) für Violine und Viola

E: New York, 17.2.–17.3.1947.
W: „To Lillian and Joseph Fuchs"
UA: New York, 22.12.1947. Die Widmungsträger.
WA: New York, 24.2.1950. L. Fuchs mit L. Persinger.
D: 15' 30''
1. Poco Allegro ($^4/_4$, D-B), 139 T. 4'
2. Poco Andante ($^3/_4$, g-B), 120 T. 6'
3. Allegro ($^2/_4$, D-G), 215 T. 5' 30''
A: Library of Congress in Washington, 21 S. + Titels.
F: Inst. BM, Prag (LOC 002).
Ausg: Boosey & Hawkes, London-New York 1949 (B&H 16506).
V: Boosey and Hawkes, London-New York.

Eine der erstaunlichsten Leistungen Martinůs. Seit Mozart hatte sich kein namhafter Komponist mehr an diese sehr schwierige Besetzung herangewagt. Gerade eine vorbildliche Aufführung eines Mozart-Duettes durch L. und J. Fuchs bewegte Martinů zur Komposition eines ähnlichen Werkes. Mühelos wird die harmonische und klangliche Fülle eines Streichquartetts erreicht, namentlich im bezaubernden Andante, wo Martinů mit seiner reichen Figuration wahre Wunder erzielt. Das Werk schließt mit einem zündenden Tanzstück im tschechischen Stil. Da dieses Meisterwerk auch für die Aufführenden äußerst dankbar ist, erfreut es sich großer Beliebtheit und ist öfter zu hören.

331. DUETT Nr. 2 für Violine und Viola

E: New York, vollendet am 13.10.1950.
W: „To Mrs. Rosalie Leventritt"
UA: New York, 5.1.1951. J. und L. Fuchs.
D: 14'
1. Allegro ($^2/_4$, e-F), 248 T. 5'
2. Lento ($^2/_4$, es-b), 123 T. 5'
3. Allegro (poco) ($^2/_4$, B), 190 T. 4'
A: BNF, Paris (Depositum Max Eschig) (21 S. + Titels.). Es fehlt S. 7 die mit S. 1 identisch ist.
F: Inst. BM (ESCH 024).
Ausg: Max Eschig, Paris 1964 (M. E. 7255).
V: Max Eschig, Paris.

Ein ernsteres, verhalteneres Gegenstück zum vorigen Werk. Die Ausdruckssphäre ist herber, nicht so unmittelbar, aber dieses Duett zeigt dieselben hohen Vorzüge wie die *Three Madrigals*.

365. DIVERTIMENTO für zwei Blockflöten (F)

E: Rom, 20.-24.5.1957.
UA: Genaue Daten zur UA fehlen.
D: 5' 05''
1. Moderato ($^2/_4$, B-F), 49 T. 1' 20''
2. Andante ($^4/_4$, F-D), 30 T. 2' 10'
3. Allegretto ($^6/_8$, F), 46 T. (74 T. m. Wdh.). 1' 35''
A: PSS, Basel, 3 S.
F: Inst. BM, Prag (XYZ 018).
Ausg: Max Eschig, Paris 1966 (M. E. 7636).
V: Max Eschig, Paris.

Eine hübsche Kleinigkeit, jedoch nicht ganz leicht!

371. DUETT Nr. 2 für Violine und Cello, in D-Dur

E: Schönenberg-Pratteln, 28.6.-1.7.1958.
W: Gewidmet Frau Trauti Mohr-Bally.
UA: (Privat) Basel, 4.3.1962. H. Schneeberger und D. Stähelin.
(Öffentlich) Basel, Frühjahr 1963 (IGNM), dieselben.
D: 10'
1. Allegretto ($^6/_8$, D), 96 T. 3'
2. Adagio ($^3/_4$, es-d), 77 T. 4'
3. Poco Allegro ($^2/_2$, D), 134 T. 3'
A: NM ČMH (Depositum NBM) - 14 S. + Titels.
F: PBM (FAa 27).
Inst. BM, Prag (PBM FAa 27).
Ausg: Max Eschig, Paris 1964 (M. E. 7187).
V: Max Eschig, Paris.

Mit diesem sehr schönen Werk, das Dr. Ernst Mohr anlässlich des 50. Geburtstages seiner Gattin bei Martinů bestellte, schließt der prächtige Kreis der vier Streichduette.

377. STÜCK FÜR ZWEI VIOLONCELLI

E: Schönenberg-Pratteln, März 1959.
W: „Dédié à Madame Trauti Mohr“ (Gewidmet Frau Trauti Mohr).

UA: Genaue Daten zur UA fehlen.
D: 1'
Poco Allegro ($^4/_4$, D), 34 T.
A: Früher bei Trauti Mohr-Bally, der aktuelle Aufbewahrungsort ist z. Z. unbekannt.
Ausg: In der *Violoncello Schule* von Susanne Hirzel. Band I (Erste Lage). Nr. 175. Bärenreiter, Kassel 1960 (B. A. 3741).
V: Bärenreiter, Kassel.

Kategorie 17: Trios mit Klavier

Allgemeines: Kein moderner Komponist hat der Triogattung mehr Aufmerksamkeit geschenkt als Martinů. In der üblichen Besetzung (Violine-Cello-Klavier) sind die Interpreten (mit Ausnahme des e-Moll-Trios von Schostakowitsch) und des zweiten Trios von Frank Bridge praktisch auf seine vier Trios angewiesen, was wertvolle Beiträge aus der Neuzeit betrifft. Mit vier Flötentrios (darunter eines mit Cembalo) hat Martinů außerdem an die Tradition des 18. Jahrhunderts, die Flöte als Kammermusikinstrument zu verwenden, als Erster erfolgreich wieder angeknüpft. Auch die beiden Werke für 2 Violinen und Klavier beziehen sich auf das barocke Zeitalter, namentlich auf die Triosonate.

193. CINQ PIÈCES BRÈVES (Fünf kurze Stücke). Klaviertrio Nr. 1
E: Paris, 20.–30.5.1930.
UA: Paris, 14.11.1930. Trio Filomusi.
WA: Prag, 14.12.1931. K. Hoffman, L. Zelenka, V. Štěpán.
Paris, 18.1.1933. Trio hongrois (Concerts du Triton).
BS: Vi., Vc., Pf.
D: 11' 30''
1. Allegro moderato ($^4/_4$, C), 45 T. 2'
2. Adagio ($^4/_4$, Es), 41 T. 3' 30''
3. Allegro ($^3/_4$, g-C), 46 T. 1' 30''
4. Allegro moderato ($^3/_4$, f-F), 86 T. 2'
5. Allegro con brio ($^2/_3$, C-G), 129 T. 2' 30''
A: Schott, Mainz (33 S. + Titels.).
F: PBM (FAa 28).
Inst. BM, Prag (PBM FAa 28).
Ausg: Schott, Mainz 1931 (Nr. ED 2183).
V: B. Schott Söhne, Mainz.

„Ich weiß nicht, wie ich dazu kam, das Trio zu komponieren; plötzlich, als ob mich eine fremde Hand geführt hätte, schrieb ich etwas vollkommen Neues." So entstand in der kurzen Zeit von zehn Tagen dieses Meisterwerk, ein entscheidender Wendepunkt in Martinůs schöpferischem Werdegang. Wie das *Streichquartett Nr. 2* also ein „unerwartetes" Werk und als solches ein besonders starkes. Die kühne, meisterhafte Polyphonie, von jeder hemmenden Symmetrie oder Schulgerechtigkeit befreit, erreicht hier zum ersten Mal jene Unabhängigkeit vom Taktstrich mit der Martinů die biegsame, üppige Polymelodik der Renaissance neu zu beleben weiß. Die Harmonik (erweiterte Tonalität) ist entsprechend frei. An die Stelle der thematischen Durchführung tritt nun endgültig die motivische Entfaltung winziger Keimzellen, die für seine spätere Entwicklung so entscheidend ist. Die formale Bündigkeit, die bewundernswerte Erfindungskraft erheben das häufig gespielte Trio zu den erfolgreichsten Arbeiten ihres Schöpfers.

198. SONATINE für zwei Violinen und Klavier

E: Paris, 1930.
UA: London 1931. The Sonata Players: M. Ramsay und B. Lindesay.
D: 13' 30''
1. Allegro (4/4, G), 92 T. 3'
2. Andante (4/4, c - C), 55 T. 4'
3. Allegretto (3/4, B), 107 T. (173 T. m. Wdh.). 3' 30''
4. Poco Allegro (2/2, D), 126 T. 3'
A: Alphonse Leduc, Paris.
F: PBM (FAa 29) 26 S.
Inst. BM, Prag (PBM FAa 29).
Ausg: Alphonse Leduc, Paris 1931 (A. L. 17909).
V: Alphonse Leduc, Paris.

Die *Sonatine* ist ein zierliches, heiteres Divertimento in Martinůs köstlichem und knusprigem „Marionettenstil" der frühen dreißiger Jahre.

213. SONATE für zwei Violinen und Klavier

E: Paris, Januar 1932.
W: Gewidmet den Londoner Sonata Players: M. Ramsay und B. Lindesay.
UA: London, 20.2.1934. Die Widmungsträgerinnen.

EA: Prag, 15.4.1935. S. Novák, R. Zika und V. Štěpán.
D: 12' 30''
1. Allegro poco moderato ($^{4}/_{4}$, B-G), 119 T. 4' 30''
2. a) Andante ($^{3}/_{4}$) - Allegretto $^{3}/_{8}$) (C), 89 T. 4' 30''
b) Allegro ($^{2}/_{4}$, D), 185 T. 3' 30''
A: z.Z. nicht nachweisbar.
Ausg: R. Deiss, Paris 1933 (R. D. 7498).
V: Alphonse Leduc, Paris.

Die *Sonate* ist ein gewichtigeres, mehr lyrisches Werk als die Sonatine. Der Umfang bleibt ähnlich, der Titel betont also den Unterschied im Gehalt. Beide Kompositionen ergänzen einander vorzüglich.

254. SONATE für Flöte, Violine und Klavier
E: Paris, Anfang 1937.
W: Gewidmet Frau Marcel Moÿse (Blanche Honegger).
UA: Radio-Paris, 1.7.1937. M. Moÿse, B. Honegger, L. Moÿse.
D: 16'
1. Allegro poco moderato ($^{4}/_{4}$, G), 126 T. 4'
2. Adagio ($^{6}/_{4}$, es-B), 36 T. 4'
3. Allegretto ($^{2}/_{4}$, D), 115 T. (214 T. m. Wdh.). 3' 30''
4. Moderato (poco Allegro) ($^{3}/_{4}$, g-C), 141 T. 4' 30''
A: Bärenreiter, Kassel (23 S.).
A von 4 Seiten Bleistiftskizzen in MZM Brno (A 40607).
Ausg: Bärenreiter, Kassel 1959 (B. A. 3326).
V: Bärenreiter, Kassel.

Das heitere, spielfreudige Werk schrieb Martinů als Auftrag desselben Künstlerpaares, das auch das Konzert H. 252 bei ihm bestellt hat. Beide Werke sind elegante Stücke im „französischen“ Stil.

274. PROMENADES für Flöte, Violine und Cembalo
E: Paris, Februar 1939.
D: 7' 30''
1. Poco Allegro ($^{2}/_{2}$, D-C), 62 T. 1' 30''
2. Adagio ($^{6}/_{4}$ und $^{3}/_{2}$, F-g), 25 T. 2' 20''
3. Scherzando ($^{3}/_{8}$, C-F), 137 T. 1' 30''
4. Poco Allegro ($^{2}/_{4}$, D), 104 T. 2' 10''
A: Seinerzeit bei Marcel Moÿse (USA) (18 S.).

Ausg: Bärenreiter, Kassel 1959 (B. A. 3327).
V: Bärenreiter, Kassel.

Das knappe viersätzige Werk bezaubert vor allem durch seine aparte Klangfarbe. Jedem Trio in dieser vor allem in der Barockmusik häufigen Besetzung sei es als köstliche moderne Ergänzung empfohlen. Es ist allerdings nicht leicht aufzuführen!

275. BERGERETTES (fünf Stücke für Violine, Cello und Klavier)
E: Paris, vollendet am 20.2.1939.
UA: Genaue Daten zur UA fehlen.
D: 18' 50''
1. Poco Allegro ($^3/_4$, d-C); Trio: Poco meno mosso ($^4/_4$), 73 T. (113 T. m. Wdh.). 4' 35''
2. Allegro con brio ($^3/_4$, B-H); Trio: Poco meno mosso ($^3/_4$), 70 T. (105 T. m. Wdh.). 3' 15''
3. Andantino ($^3/_4$, f-As); Trio: Moderato ($^3/_4$), 83 T. (111 T. m. Wdh.). 4'
4. Allegro ($^2/_2$, E-D), 111 T. 2'
5. Moderato ($^3/_4$, d-A); Trio: Poco Allegretto ($^6/_8$), 99 T. (154 T. m. Wdh.). 5'
A: z.Z. nicht nachweisbar.
F: Inst. BM, Prag (XYZ 028) 34 S. + Titels.
Ausg: Southern Music Publishing, New York 1963. Editio Supraphon Praha 1989 (H 7444).
V: Southern Music Publishing, New York.

Da es sich hier um eine Reihe kurzer lyrischer Stücke (vier daraus in Scherzo-da-capo-Form) handelt, hat Martinů dieses Werk nicht als vollgültiges Klaviertrio nummeriert. Es hat aber dieselben Vorzüge wie die drei „echten" Klaviertrios. Im Schaffen Martinůs entsprechen sie etwa dem *Dumky-Trio* von Antonín Dvořák (der ebenfalls vier Werke in dieser Besetzung hinterließ).

291. MADRIGAL-SONATA für Flöte, Violine und Klavier
E: New York, November 1942.
W: Anlässlich des 20. Jahrestages der League of Composers.
UA: New York (Town Hall), 9.12.1942. R. Freeman, R. Totenberg und E. Bontempo.

D: 11'
1. Poco Allegro ($^3/_4$, e-F), 118 T. 4'
2. Moderato - Allegro ($^6/_8$, bzw. $^2/_4$, B-G), 211 T. (Moderato T. 1-56 und T. 129-166). 7'

A: NM ČMH (Tr B 284). 8 S. Bleistiftskizzen (zusammen mit Skizzen zu den Rossini-Variationen H. 290).
Ausg: AMP (Associated Music Publishers), New York 1949.
V: Associated Music Publishers, New York.

Ein Kleinod lichter, anmutiger Lyrik, durchsichtig und problemlos im Satz, innig und heiter im Ausdruck, das sich gegen Schluss zu fast burschikoser Freude steigert, mit den köstlichen Vogelrufen der hohen Flöte und der Geigenflageolette.

300. TRIO für Flöte, Cello und Klavier

E: Ridgefield, Conn. (USA), 23.6.-31.7.1944. (erster Satz vollendet am 1.7., 3. Satz begonnen am 26.7.)
UA: New York, 28.2.1945. R. Le Roy, J. Scholz und S. Foster.
D: 17'
1. Poco Allegretto ($^4/_4$, F-C), 123 T. 5'
2. Adagio ($^6/_4$, c-B), 87 T. 6'
3. Andante - Allegretto scherzando ($^2/_4$, später $^3/_4$, C-G), 395 T. 6'

A: PBM (Aa 34) 42 S. + Titels.
F: Inst. BM, Prag (PBM Aa 34).
Ausg: AMP (Associated Music Publishers), New York 1950.
V: Associated Music Publishers, New York.

Ein feines, schlichtes Divertimento neoklassizistischer Prägung, das die Grundstimmung des vorigen Werkes fortsetzt und gleichzeitig die *Flötensonate* des folgenden Jahres (H. 306) vorwegnimmt. Neben Webers g-Moll-Trio wohl die wertvollste Schöpfung in dieser aparten Besetzung; viel gespielt. Das heitere Finale wird von einer kurzen Solokadenz der Flöte eingeleitet.

327. KLAVIERTRIO Nr. 2, in d-Moll

E: New York, 10.-22.2.1950.
W: Gewidmet dem MIT (Massachusetts Institute of Technology), Cambridge, Mass., USA, anlässlich der Eröffnung der Hayden Memorial Library.

UA: Cambridge, Mass. (MIT), 14.5.1950. Interpreten unbekannt.
WA: Prag, 15.2.1960. Das Tschechische Trio.
BS: Vi., Vc., Pf.
D: 16'
1. Allegro moderato ($^4/_4$, d-B), 152 T. 5'
2. Andante ($^2/_4$, g-E), 107 T. 6'
3. Allegro ($^2/_4$, g-B), 258 T. 5'
A: PBM (Aa 142) 40 S. + Titels.
F: Inst. BM, Prag (PBM Aa 142).
Ausg: Max Eschig, Paris 1961 (M. E. 6971).
V: Max Eschig, Paris.

Eines der edelsten und reinsten Kammermusikwerke Martinůs, von gallischer Verfeinerung und Durchsichtigkeit. Trotz Martinůs eigener Titelangabe („in d minor") bewahrt das Werk keine tonale Einheit. Dasselbe gilt für H. 332. Die beiden ersten Sätze gemahnen in ihrer ruhevollen, elegischen Stimmung an die letzten Meisterwerke eines Gabriel Fauré. Aber im zündenden, brillanten Allegro des 3. Satzes entfesselt sich der tschechische Volksgeist in schwungvollem Reigen. Das Werk ist innerhalb weniger Jahre zum Grundbestand vieler Trios geworden.

332. KLAVIERTRIO Nr. 3, in C-Dur
E: New York, 21.4.–15.5.1951. (1. Satz vollendet am 8.5.)
W: „A Leopold Mannes"
UA: New York, 25.2.1952. Mannes-Trio.
BS: Vi., Vc., Pf.
D: 19' 10''
1. Allegro moderato ($^4/_4$, C), 179 T. 7'
2. Andante ($^3/_4$, e-B), 104 T. 5' 40''
3. Allegro ($^6/_8$, später $^2/_2$, Es-F), 201 T. 6' 30''
A: PBM (Aa 35) 59 S. + Titels.
NM ČMH (Depositum NBM) Skizze 3 S.
F: PBM (FAa 31) - unterscheidet sich von Aa 35 durch die Titelseite und zahlreiche Striche.
Inst. BM, Prag (PBM Aa 35, PBM FAa 31).
Inst. BM, Prag (XYZ 064).
Ausg: Max Eschig, Paris 1963 (M. E. 7108).
V: Max Eschig, Paris.

Knapp ein Jahr nach dem vorigen Trio in d-Moll entstand ein neues. Es ist umfangreicher, anspruchsvoller, mehr konzertant, kurzgefasst und größer im Format. Welchem der beiden Werke die Krone gebührt, ist schwer zu sagen. Das Andante des vorliegenden Trios hat große Ausdruckskraft; der Schlusssatz ist eine großartige Toccata. Die späte Drucklegung hat die Verbreitung seinerzeit behindert.

Kategorie 18: Trios ohne Klavier

136. STREICHTRIO Nr. 1

E:	Paris, November 1923 (2. Satz vollendet am 17.12.).
UA:	Paris, 1924. Interpreten unbekannt.
WA:	Prag, 31.1.1925. Mitglieder des Ondříček-Quartetts, im Rahmen der Tschechischen Kammermusikgesellschaft. Prag, 4.12.2005. Mitglieder des Zemlinsky Quartetts, im Rahmen der Martinů-Tage in Prag 2005.
BS:	Vi., Vla, Vc.
D:	1. Allegro ($^4/_4$, d, wechselnd), 128 T. 5' 2. Andante ($^4/_4$, A), 91 T. 6' 3. Poco Allegro ($^4/_4$, G), 135 T. 4' 10''
A:	Det Kongelige Bibliotek (Dänische königliche Bibliothek) Partitur 25 S. (9+6+10 S.) + Titels. Det Kongelige Bibliotek (Dänische königliche Bibliothek) Stimmen 13 + 12 S. + Titels.
F:	Inst. BM (XYZ 056) - P. Inst. BM (XYZ 056p) - ST. (nur Vla. und Vc.).
Ausg:	Editio Bärenreiter, Prag 2006 (H 7965).
V:	Editio Bärenreiter, Prag.

Dieses allererste Werk, das Martinů in Paris komponierte, galt jahrzehntelang als verschollen. Der Verfasser konnte die Spur der Originalhandschrift bis 1938 im Prager Rundfunk nachweisen. Erst im September 2005 wurde das Autograph des Trios von Eva Velická (Bohuslav-Martinů-Institut) im Archiv der Dänischen königlichen Bibliothek entdeckt (zusammen mit der autographen Partitur und dem Klavierauszug des Balletts *La Révolte*, H. 151). Es handelt sich um eine höchst wichtige Entdeckung, denn dieses im Umfang bescheidene Werk hat in der schöpferischen Entwicklung Martinůs eine Schlüsselposition inne, als erstes in Paris nach fast einjähriger Schaffenspause entstandene Werk. Die früheren Kammermusikwerke, namentlich das „Erste“ *Streichquartett* H. 117 und die *Violinsonate* in C-Dur H. 120 waren vier und sogar fünf Jahre alt und gehören in eine nunmehr völlig überholte Stilphase. Unser Streichtrio steht an der Spitze von Martinůs Pariser Schaffen und nimmt die stilistischen Züge des im Herbst 1925 entstandenen 2. Streichquartetts H. 150 schon deutlich vorweg. Trotz seines bescheidenen Umfangs handelt es sich um ein vollgültiges Meisterwerk (vielleicht sogar Martinůs allererstes) und es dürfte sich rasch einen bevorzugten Platz in der Kammermusikpraxis erobern.

Die Tonsprache ist frei tonal, mit ungewöhnlich langen Klangflächen ohne Modulationen, der Ausdruck in den beiden ersten Sätzen vorwiegend lyrisch, im bündigen, mitreißenden Finale mit seinem fast volkstümlichen Hauptthema (das Stück ist praktisch monothematisch) dagegen keck rhythmisch. Im Kopfsatz bildet die Erscheinung eines kontrastierenden Themas in der Dominante nach A-dur (Moderato, T. 43) einen deutlichen Einschnitt, aber mehr den Beginn eines Mittelteils als ein zweites Sonatenthema. Das ausdruckstarke Andante bietet schon einen typisch „martinůschen“ expressiven Höhepunkt in C-Dur und das ganze Werk zeugt von erstaunlicher Meisterschaft des polyphonen Satzes.

216. SERENADE II

E: Paris, März 1932.
UA: Prag, 18.4.1939. V. Hanousek, J. Šebek, A. Hyksa.
BS: 2 Vn., Vla.
D: 7' 30''
1. Allegro ($^2/_2$, D), 82 T. 2'
2. Poco Andante ($^2/_4$, B), 70 T. 3' 15''
3. Allegro con brio ($^4/_4$, G), 64 T. 2' 15''
A: NM ČMH (Tr B 266) 6 S. + Titels. Der Titel lautet: *Kleine Serenaden, Nr. 2. B. Martinů. Serenade Kassace. Kleine Serenade. Aubade (Kassace).*
Ausg: Melantrich, Prag 1949 (M. 363). TP Melantrich Nr. 2. Editio Bärenreiter, Prag (H 1502).
V: Editio Bärenreiter, Prag.

Hier handelt es sich um die zweite in der Reihe der vier kleinen Serenaden, die Martinů im Februar und März 1932 frei nach dem Vorbilde mozartscher Divertimenti schuf. Es sind schlichte, aber geistreiche Miniaturen, in der Tonsprache ganz klassisch (siehe die Versetzungszeichen!), von böhmischem Musikantentum erfüllt und im „Marionettenstil" des benachbarten Balletts *Špalíček* (H. 214) gehalten. Die Besetzung für 2 Violinen und Viola ist wohl in der neueren Literatur nur noch bei Dvořák (*Terzetto* op. 74), bei Kodály (*Serenade* op. 12) und bei Frank Bridge zu finden. Im Autograph steht der Untertitel *Aubade* (Morgenmusik) im heiteren Gegensatz zum Haupttitel Serenade. Auch Gianfrancesco Malipiero schrieb eine *Serenata mattutina*, wobei er meinte, dass sich die Serenadengeber durch den Tagesausbruch überraschen ließen.

238. STREICHTRIO Nr. 2

E:	Paris, Spätsommer oder Herbst 1934.
W:	„Au Trio Pasquier"
UA:	Paris, 15.2.1935. Die Widmungsträger (Concerts du Triton).
BS:	Vi., Vla, Vc.
D:	15' 30''
	1. Allegro ($^4/_4$, wechselnd, C), 135 T. 8' 30''
	2. Poco moderato - Vivo - Allegro ma non troppo ($^3/_8$, später $^2/_4$ ab T. 66, D), 265 T. 7'
A:	BNF, Paris (Depositum Max Eschig) (29 S. + Titels.).
F:	PBM (FAa 63).
	Inst. BM (PBM FAa 63).
	Inst. BM, Prag (XYZ 062).
Ausg:	Heugel, Paris 1951 (H. 31297). ST und TP (P. H. 170).
V:	Alphonse Leduc, Paris.

Dieses Streichtrio ist vor allem durch die formale Freiheit interessant, die den späten „Phantasie-Stil" vorwegnimmt. Der erste Satz enthält einen langsamen Mittelteil. Der zweite bringt ein kadenzartiges Rezitativ, ein kurzes Scherzo und ein brillantes Finale. Der Instrumentalsatz ist betont konzertant, die Aufführung schwierig.

***265. TRIO für Flöte, Violine und Fagott**

E:	Nizza, Dezember 1937.
UA:	Paris, 14.3.1938 (Concerts du Triton).
A:	Verschollen.
V:	Frei.

Das Trio wird nur in der Šafránek-Monografie erwähnt.

Das Werk in der originellen Besetzung ist z. Z. leider nicht nachweisbar. Der Programmzettel der Uraufführung bestätigt seine Existenz.

266. LES MADRIGAUX (4 Stücke für Bläsertrio)

E:	Nizza, Dezember 1937 (vollendet am 1.1.1938).
W:	„Au Trio d'Anches de Paris“
UA:	Paris, 1938. Die Widmungsträger.
BS:	Ob., Klar., Fg.
D:	18' 20''
	1. Allegro moderato ($^3/_8$, B), 206 T. 3' 50''
	2. Lento ($^8/_4$, wechselnd, es-E), 40 T. 3' 30''
	3. Poco Allegretto (wechselnd, F-Es), mit Trio: Allegro vivo ($^2/_4$, As), 144 T. (212 T. m. Wdh.). 5' 25''
	4. Poco Allegro ($^9/_8$, f-F), 129 T. 5' 35''
A:	BNF, Paris (Depositum Max Eschig) (27 S. + Titels.)
F:	PBM (FAa 30).
	Inst. BM, Prag (PBM FAa 30).
Ausg:	Max Eschig, Paris 1951 (M. E.6073) ST und TP (1966).
V:	Max Eschig, Paris.

Ein erstaunlich herbes, trübes Werk.

Kategorie 19: Streichquartette

Allgemeines: Im Gegensatz zu den Quartetten von Bartók, Schönberg oder Bloch bilden die acht Werke dieser Gattung, die Martinů schrieb, keine geschlossene, einheitliche Reihe von gleichwertigen Meisterwerken und können sich deshalb im Hinblick auf ihre Gesamtbedeutung nicht mit der stattlichen Reihe der sechs Symphonien messen. Dass Martinů ein so unreifes Werk wie H. 117 als *Streichquartett Nr. 1* betrachtete, ist erstaunlich, zumal sein scharfer Sinn für Selbstkritik andererseits ein wertvolles Stück wie die *Violinsonate in d-Moll* (H. 152) ablehnte. Dabei galt sein allererster bekannter Kompositionsversuch gerade einem Quartett (über die Freude an der Streichquartettkomposition siehe S. 328, allgemeiner Einführungstext in die Kammermusik). An der Spitze steht zweifellos das *Streichquartett Nr. 5*, wohl die Krone seines gesamten Kammermusikschaffens und eines der größten Quartette seit Beethoven. Auch das *Streichquartett Nr. 2* und das *Streichquartett Nr. 6* gehören zu seinen Hauptschöpfungen.

1. TŘI JEZDCI (Die drei Reiter)

E: Polička, um 1902.
Nach der gleichnamigen Balladendichtung von Jaroslav Vrchlický.
UA: Bislang keine Aufführung nachgewiesen.
D: 12'
Allegro non Troppo - Largo - Andante - Allegro - Andante ($^4/_4$, D-g), 265 T. (301 T. m. Wdh.).
A: PBM (Aa 36) 8 S. Skizzen.
PBM (Aa 37) vollständiger, sehr sorgfältiger autographer Stimmensatz.
PBM (Af 179) Fragment der P (T. 1-53). 4 S. Bleistift.
F: Inst. BM, Prag (PBM Aa 36, PBM Aa 37, PBM Af 179).
V: Frei.

Martinůs frühester erwähnter Kompositionsversuch.

***60. STREICHQUARTETT**

E: Polička, 1912.
A: Verschollen.
V: Frei.

Das Streichquartett wird nur in der Šafránek-Monografie erwähnt. Die achtseitige Fragment-Skizze in Polička (PBM Aa 219) könnte mit H. 60 bzw. 63 und 64 zu tun haben.

***63. DVĚ NOKTURNA (Zwei Nocturnes)**

E: Polička, im Sommer 1912.
UA: Polička, 15.8.1912. Im Konzert der „Mládenecká kapela" (Burschenkapelle). St. Novák, B. Martinů, J. Vintr, J. Huska.
A: Verschollen.
V: Frei.

Die Nocturnes werden nur in der Šafránek-Monografie erwähnt.

***64. ANDANTE**

E: Polička, 1912.
A: Verschollen.
V: Frei.

Das Andante wird nur in der Šafránek-Monografie erwähnt.

103. STREICHQUARTETT in Es („Nulltes“)
(nur die ersten T. stehen in es-Moll, dann folgt Es-Dur)

E:	Polička, Anfang 1917.
UA:	Zürich, 7.5.1994, Drs-Quartett.
D:	36', bzw. 32' 30'' (siehe Beschreibung). 1. Allegro vivo (4/4, es-c), 227 T. (283 T. m. Wdh.) 12' 30'' 2. Largo religioso (4/4, e) 115 T. (173 T. m. Wdh.). 8' 30'' 3. Largo - Allegro - Largo - Maestoso (4/4, e-G) 294 T. 15'
A:	PBM (Aa 38) 1. Satz 10 S., 3. Satz 14 S. Das als 4. Satz angeführte Allegro con brio gehört zu H. 117. 2. Satz (Largo religioso) PBM (Aa 39) 4 S. (aber ohne Titel, der einer Aufführung in Polička am 9.1.1927 von einem Studentenquartett entnommen ist). A unvollständige Skizze der Sätze (1 und 3) in MZM (A40605) 28 S.
F:	Inst. BM, Prag (PBM Aa 38). Inst. BM, Prag (PBM Aa 39).
V:	Panton International, Prag.

Im PBM war das Finale von H. 117 irrtümlich als Finale von H. 103 angesehen, dagegen der 2. Satz, den Aleš Březina in das Werk zurückbestimmte, separat eingereiht worden. H. 103 ist ähnlich wie H. 117 ein unreifes, weitschweifiges Werk, wobei der Sprung vom früheren zum späteren Werk stilistisch relativ klein ist (daher die Verwechslung im PBM). Die beiden einander ziemlich ähnlichen Ecksätze basieren auf dem bekannten Kirchenlied „Näher mein Gott zu Dir“, das seit 1912 wegen seiner Rolle bei der Titanic-Katastrophe („Nearer my God to Thee“) Weltruhm genoss. Im langen Finale (das in der CD [Supraphon 81 9013-2 131, 1999] wegen eines Sprungs von 60 Takten nur 11' 30'' dauert, T. 171-230) wirkt seine Allgegenwart sogar hemmend. Es beschließt das Werk im Maestoso G-Dur. Diese beiden Ecksätze sind rhythmisch eintönig und vorwiegend homophon. Erst später sollte Martinů es lernen, rhythmische Vielfalt auch ohne Polyphonie zu erzielen. Auch ist die Ausdruckssphäre in ihrem düsteren Pathos uncharakteristisch. Das knappe *Largo religioso* (das trotz seines Titels das Kirchenlied nicht zitiert) gibt sich viel geschlossener in seiner einfachen Da-capo-Form und ist dabei Dvořák (*Largo* aus der *Neuen Welt Symphonie*) ganz naiv nachgeahmt.

117. STREICHQUARTETT Nr. 1

E: Polička, im Frühjahr 1918.

UA: Prag, 10.10.1927. Ševčík-Quartett, im Rahmen der Tschechischen Kammermusikgesellschaft.

D: 40'

1. Moderato - Allegro ma non troppo ($^4/_4$, e-Es), 176 T. (251 T. m. Wdh.). 9' 35''
2. Andante moderato ($^6/_8$, H-Fis), 147 T. 7' 30''
3. Allegro non troppo ($^3/_4$, As-G), 308 T. (458 Scherzo da Capo). 10' 15''
4. Allegro con brio ($^4/_4$, c-C), 326 T. 12' 40''

A: A der Sätze 1 bis 3 im Archiv des Prager Konservatoriums mit der Anmerkung *II. Kvartet, B. Martinů.* 28 S. + Titels. (26 beschriebene Musikseiten), die S. 16-17 (nach dem 2. Satz) sind leer. Ziemlich rohe Handschrift voller Korrekturen und Striche.
A des 4. Satzes im PBM (Aa 38) 14 S. Dort irrtümlich als Finale von H. 103 eingereiht. Aber seine Zugehörigkeit zu H. 117 wird durch das vollständige Stimmenmaterial im Prager Konservatorium bestätigt.

F: Inst. BM, Prag (PBM XYZ 060).

Ausg: Praha, Panton 1973 (P 1035), P und St.

V: Panton International, Prag.

Die Ecksätze dieses stilistisch noch sehr unreifen, technisch aber schon einwandfreien Werks verharren in der Nähe von Dvořák, während im Mittelsatz auch Einflüsse Debussys, ja sogar César Francks zu spüren sind. Wohl deswegen wurde das Werk (vom Komponisten?) stets als das „französische" Quartett bezeichnet. Stilistisch steht es der frühen *Violinsonate* in C-Dur H. 120 (die kaum ein Jahr später entstand) wohl am nächsten.

150. STREICHQUARTETT Nr. 2

E: Paris, 30.9.1925.

W: „Dem Kvartett [sic] Novák-Frank gewidmet"

UA: Berlin, 12.11.1925. Die Widmungsträger.

WA: Prag, 9.12.1925, und Paris, 17.3.1927. Dieselben.

D: 19' 30''

1. Moderato (Andante) - Allegro vivace ($^4/_4$, d), 261 T. (Moderato: T. 1-19). 7' 30''

	2. Andante ($^4/_4$, wechselnd), 110 T. 6'
	3. Allegro ($^2/_4$, D-G), 253 T. 6'
A:	Beim Verleger in Wien (35 S. + 2 Titels.).
F:	PBM (FAa 59).
	Inst. BM (PBM FAa 59).
Ausg:	Universal Edition, Wien 1927 (Nr. 8707). ST und TP.
V:	Universal Edition, Wien.

Dieses Werk stellt eine der wichtigsten Etappen in Martinůs schöpferischer Entwicklung dar. War die Orchesterkomposition *Half-Time* (H. 142) aus dem Jahr zuvor sein erster entscheidender Durchbruch zum eigenen Stil gewesen, so haben wir es hier mit seinem ersten vollgültigen Meisterwerk zu tun, das ihm außerdem gleich Weltruhm brachte. Bei mehreren Musikfesten (u. a. Baden-Baden 1927 und IGNM, Siena 1928) festigte es seinen Namen endgültig im Bewusstsein der Musikwelt. Auch heute noch bleibt seine Wirkung von ähnlicher Kraft. Es hat eine Schlüsselposition an der Spitze einer ganzen Reihe von Kammermusikwerken inne (u. a. *Streichquintett* H. 164, *Klaviertrio* H. 193, *Streichsextett* H. 224), und auch in späteren Jahren hat es Martinů stets hoch geschätzt. Eine ernste, verhaltene langsame Einleitung (wie man sie bei Martinů nur noch im *Streichsextett* und in den beiden letzten *Symphonien* findet) steht dem kräftigen, dicht polyphonen Allegro vivace voran. Das ausdrucksreiche Andante erreicht den ersten jener erschütternden dramatischen Höhepunkte, die in den größten Instrumentalschöpfungen Martinůs immer wieder zu treffen sind. Nach diesem tiefgründigen, von edler, männlicher Größe getragenen Stück bringt der Schlusssatz eine beschwingte, instrumental brillante Polka mit manchen Anklängen an die Tradition Smetanas. In seiner Mitte steht eine Solokadenz der ersten Violine.

183. STREICHQUARTETT Nr. 3

E:	Paris, 10.12.1929.
W:	„Au Quatuor Roth“
UA:	USA 1930 und Paris (SMI), 20.4.1932. Die Widmungsträger.
WA:	Prag, 10.5.1948. Tschechoslowakisches Quartett.
D:	15'
	1. Allegro ($^4/_4$, ohne Tonart), 148 T. 5'
	2. Andante ($^4/_4$, Es-C), 59 T. 5'
	3. Vivo ($^2/_2$, c-C), 218 T. 5'
A:	PBM (Aa 40) 28 S.

F: Inst. BM, Prag (PBM Aa 40).
Ausg: Alphonse Leduc, Paris 1931 (A. L. 17782). ST und TP.
V: Alphonse Leduc, Paris.

Das kurze Werk reicht zwar an Bedeutung an das *2. Quartett* nicht ganz heran, lockt aber durch seine Freude am Experimentieren, womit es sich an einige Werke aus derselben Zeitspanne (u. a. die *Phantasie für 2 Klaviere*, H. 180) anschließt. Stark dissonant und harmonisch wie tonartlich sehr frei, rhythmisch ziemlich kompliziert, enthält es außerdem ganz aparte Klangwirkungen. Stellen, wie der fast bruitistische Anfang bzw. Ausklang des Kopfsatzes, sind bei Martinů kaum ein zweites Mal zu finden. Es ist dies eine der ganz wenigen Partituren aus seiner Hand, in der das Intellektuelle, Geistreich-Kühle die Oberhand gewinnt und trotzdem lassen kurze Stellen namentlich aus dem 1. Satz sogar manches aus dem *5. Quartett* vorahnen. In einer guten Aufführung ist dieses Streichquartett ein wahres Kleinod!

256. STREICHQUARTETT Nr. 4
E: Paris, April-Mai 1937.
W: Gewidmet Frau Hélène Pucová.
UA: (Privat) Paris, 13.6.1938. Quatuor Lejeune.
(Rundfunk) Südwestfunk, Baden-Baden, 13.10.1960.
Das Novák-Quartett.
(Öffentlich) Donaueschingen, 15.10.1960. Das Novák-Quartett.
D: 19'
1. Allegro poco moderato ($^3/_4$, e-B), 176 T. 6'
2. Allegro scherzando ($^3/_8$, d-D), 264 T. 3' 30''
3. Adagio ($^3/_4$ und $^4/_8$, B-D), 121 T. 5'
4. Allegro ($^2/_2$, a-G), 206 T. 4' 30''
A: z. Z. bei der Widmungsträgerin in Paris, 38 S.
MZM Brno (in A 40606), 12 S. Bleistiftskizzen.
F: PBM (FAa 32).
Inst. BM, Prag (PBM FAa 32).
Ausg Staatsverlag (SHV), Prag 1963 (H.3832). ST und TP, Editio Bärenreiter, Prag 2004^2, revidierte Fassung (Editor Ivan Štraus und Aleš Březina) ST und P.
V: Editio Bärenreiter, Prag.

Dieses Quartett blieb zwanzig Jahre lang verschollen. Erst 1956 fand Miloš Šafránek die Originalhandschrift bei der Widmungsträgerin wieder auf. „Ein Böhme in Paris", meinte ein Kritiker sehr treffend bei der Uraufführung in Donaueschingen. In der Tat spricht hier der „französische" Martinů, und von seinen Quartetten steht dieses wohl Roussel am nächsten (der Vergleich zwischen dem 2. Satz und dem Scherzo des *D-Dur-Quartetts* von Roussel ist aufschlussreich). Kein tiefgründiges oder grandioses Werk, sondern eine heitere, geistreiche Spielmusik voll Feinheiten und Pointen. Aber auch die breite Lyrik der späteren Werke wird stellenweise vorweggenommen (so im 3. Satz und im Seitenthema des l.), während das tschechische Volkselement vor allem im lebensfrohen Finale zutage tritt. In seinem bewusst bescheidenen Umfang ist dieses Quartett ein vollkommen gelungenes Werk.

268. STREICHQUARTETT Nr. 5, in g-Moll

E Paris, April-Mai 1938.

W: Gewidmet Vítězslava Kaprálová.

UA: Los Angeles, Pro-Arte Quartett Juli 1938 (laut Brief Martinůs an Melantrich Verlag vom 8.8.1938).
Prag, 25.5.1958. Das Novák-Quartett.

D: 27' 30''
1. Allegro ma non troppo ($^4/_4$, g), 150 T. 6' 30''
2. Adagio ($^4/_4$, g-c), 101 T. 7'
3. Allegro vivo ($^9/_8$, c-g), 150 T. 6'
4. Lento - Allegro (Lento: T. 1-37) ($^4/_4$, g), 176 T. 8'
Martinůs eigene Zeitangaben (im A) sind wie fast immer zu knapp gerechnet. (5' 20''+5' 50''+3' 50''+6' 00'' = 21')

A: NM ČMH (Tr B 201) 31 S. Auf S. 5 (1. Satz) wurden 5 T. gestrichen.
MZM Brno (in A 29759), vollständige Skizze. 12 S. Ähnlich wie die ebenfalls im MZM Brno aufbewahrte Skizze zu *Juliette* ist diese Skizze ein unschätzbares Personaldokument zur Biografie Martinůs, mit einer Menge von Zeichnungen und Privateintragungen, die die Entstehungsgeschichte des Werkes als wahres Tagebuch seines Liebesverhältnisses zu Vítězslava Kaprálová (vgl. Janáčeks *2. Quartett*!) bezeichnen.

F: Inst. BM, Prag (ČMH 001).
Inst. BM, Prag (MZM 002).

Ausg: Staatsverlag (SHV), Prag 1959 (H 2860). ST und TP (KP. 143). Editio Bärenreiter, Prag 2005[3] (H 7941) (revidierte Fassung, Editor Adam Klemens und Aleš Březina) ST und P. Bis 2005 war der Stimmensatz nur leihweise erhältlich.
V: Editio Bärenreiter, Prag.

Unter gegebenen Umständen können sogar die größten Schöpfer sich selbst einmal übertreffen. Bei Martinů geschah dies mindestens zweimal im verhängnisvollen Jahr 1938. Eine schwere innere Krise fiel mit den grausamen politischen Ereignissen zusammen und verursachte beim Komponisten einen Zustand höchster Erregung. Dieses *5. Quartett* und kurz danach das wuchtige *Doppelkonzert* (H. 271) liefern uns darüber ein erschütterndes Zeugnis. Auf ihrem Gebiet sind beide Werke ebenbürtig. Naturgemäß wirkt das Quartett eindringlicher, subjektiver, während das Orchesterwerk das Erlebnis erweitert und zum Universalen steigert. Besonders das Quartett erstaunt durch seine unerhörte Spannung, die Kühnheit und Herbheit seiner Sprache, die außergewöhnliche Dichte der Gedanken. Unter dem Druck innerer Leidenschaft ist Martinů, der bescheidene, schlichte Mensch, dessen Wahlspruch stets „l'horreur de l'insistance" war und dessen künstlerisches Ideal sich auf gallische „mesure" berief, zum glühenden Bekenntnismusiker geworden. Unter allen „Ausnahmewerken" von seiner Feder ist dies das schroffste, kompromissloseste. Schon an äußerem Umfang (Spieldauer) übertrifft es alle anderen reifen Kammermusikwerke. Die Schwierigkeit der Aufführung gleicht der Auffassung für den Durchschnittshörer. Wenn aber ein Werk unmittelbar von Martinůs Größe überzeugen soll, dann unbedingt dieses Quartett, neben Janáčeks „Intimen Briefen" wohl der überragende Beitrag der neuen tschechischen Musik zu dieser Gattung.

Das Festhalten an der Haupttonart (das leidenschaftliche g-Moll, das auch Mozart in ähnlichen Umständen stets bevorzugte) ist für Martinů außergewöhnlich, ja einmalig, und nimmt bei ihm, der abseits jeder Atonalität in einer freien, erweiterten Tonalität seine naturgemäße Sprache gefunden hatte, dieselbe Bedeutung an wie bei der (in dieser Hinsicht ebenfalls einmaligen) tragischen 6. Symphonie in a-Moll von Gustav Mahler. Die einheitliche Tonart, in früheren Zeiten eine Bürgschaft von Sicherheit und Gleichgewicht, ist nun zum geistigen Gefängnis geworden. Überall herrscht hier düsteres Moll. Am Schluss des 2. Satzes wird die Unterdominante c-Moll mühevoll erreicht, in der das herbe Scherzo beginnt, das aber wieder in der Haupttonart endet. Gleich zu

Beginn des Kopfsatzes schaffen die rauen, dissonierenden Doppelgriffe und die unerbittliche Rhythmik die Grundstimmung, deren Heftigkeit den Hörer bezwingt. Das lyrische Element fehlt weitgehend und wenn es endlich erscheint, erhöht es eher noch die Spannung. Das Stück schließt mit einem großartigen Ritardando. Seltsam beklemmend ist das Adagio mit dem Herzschlag der gezupften Bratsche, das später auf die anderen Instrumente übertragen wird. Der Mittelteil steigert sich zu einem herzzerreißenden Notschrei und die Schlusstakte, stets mit dem Hintergrund des unheimlichen Klopfens, verdunkeln sich endlich doch von C-Dur nach c-Moll. Die Grundstimmung verlässt auch nicht das ungestüme, bisweilen sardonische Scherzo, ein raues, erbarmungsloses Spiel böser Kräfte.

Den Gipfel bildet das Finale. Zuerst eine ausgedehnte langsame Einleitung (37 T.), deren ergreifende Klage manches Mal an Ernest Bloch erinnert; dann rafft sich der Wille im männlichen Unisono des synkopierten Allegrothemas zusammen. Den Ausklang bildet ein grandioses Ritardando, das jenes aus dem ersten Satz noch übertrifft. Die kräftigen, dissonierenden Schlussakkorde zeugen von unerbittlichem Willen: Auch gegen jede sichtbare Hoffnung behauptet sich die Würde und Größe des Menschen! Das abschließende g-Moll spricht nicht von dumpfer Ergebung, noch weniger von unfruchtbarem Aufstand, sondern von einfacher, hellsehender Annahme. Auch hier hat das Unpathetische, Selbstlose, das Martinů stets innewohnt, endgültig gesiegt.

Dabei bleibt dieses großartige Quartett das erschütternde Zeugnis von Martinůs großer Liebe zu seiner Schülerin Vítězslava Kaprálová. Wohl deswegen hat er es zeit seines Lebens nie herausgeben oder aufführen lassen wollen. Es ist bekannt, dass er seine „objektiveren" Werke am höchsten schätzte. Während des Krieges ging die Partitur verloren. Erst 1955 konnte sie Miloš Šafránek wieder auffinden, der die hohe Bedeutung des Werkes sofort erkannt und den Komponisten von der Notwendigkeit seiner Publikation überzeugen konnte.

Dass Šafránek nur wenige Jahre später dem 5. Streichquartett in seinem Buch bloß ein paar gleichgültige Zeilen widmete, ist wohl mit der Rücksichtsnahme auf die damals noch lebende Charlotte Martinů zu erklären, die die Umstände der Werkentstehung natürlich sehr wohl kannte. Die Uraufführung fand erst ein Jahr vor dem Tode Martinůs statt; der Komponist hat dieses Werk somit nie gehört. Es ist der unbedingte Gipfelpunkt seiner Kammermusik und eines der größten Werke der Streichquartettliteratur aller Zeiten.

312. STREICHQUARTETT Nr. 6

E: New York, Oktober-Dezember 1946 (vollendet am 25.12.).
W: Gewidmet Roe Barstow (laut Brief Martinůs an Miloš Šafránek vom 19.11.1946).
UA: Cambridge, Mass. (USA), 1.5.1947. Das Walden-Quartett. Anlässlich des Symposiums der Musikkritiker an der Harvard University, die den Auftrag erteilte.
EA: Prag, 5.6.1955. Das Hába-Quartett.
D: 23' 30''
1. Allegro moderato ($^3/_4$, e), 263 T. 7' 30''
2. Andante ($^9/_8$, wechselnd, B-F), 130 T. 8'
3. Allegro - Allegro con brio ($^2/_4$, ab T. 98 $^2/_2$, B-C), 394 T. 8'
A: PBM (Aa 41) 53 S. + Titels.
F: Inst. BM, Prag (PBM Aa 41).
Ausg: Orbis, Prag 1950 (EO 194). ST und TP (Orbis 15). Snklhu (Státní nakladatelství krásné literatury, hudby a umění) (Staatsverlag für Literatur, Musik und Kunst, Prag) 1955 ST.
V: Editio Bärenreiter, Prag.

Nach seinem schweren Unfall im Sommer 1946 vollendete Martinů zuerst die *Toccata e Due Canzoni* (H. 311). Dann begann er, unter dem starken Eindruck einer vollkommenen Aufführung von Beethovens *Quartett* op. 135, die Komposition des vorliegenden Werkes, das er trotz Gehörbeschwerden und häufigen Schwindelanfällen ohne sichtbare Mühe vollendete. Gegenüber dem *Quartett Nr. 5* ist das sechste viel ruhevoller und objektiver. Die Krone gebührt dem herrlichen ersten Satz, der in seiner dichten Polyphonie und einheitlichen Thematik jedem Satz aus dem *Quartett Nr. 5* an die Seite zu stellen ist. Hier entsteht die mehr nach innen gekehrte Spannung durch die Stimmführung mit engen Intervallen, deren viele Halbtonschritte häufige Sekundreibungen verursachen. Der singende Kontrapunkt beruft sich auf Martinůs geliebte Polymelodik. Nicht ganz auf derselben Höhe stehen die beiden anderen Sätze. Das Andante bezaubert durch die originelle Agogik, die üppige Figuration und die dadurch entstehenden Klangwirkungen, büßt aber dabei etwas von der nötigen Kontrastwirkung zwischen den beiden Ecksätzen ein. Nach einem einleitenden Teil im schwungvollen, volkstümlich gefärbten Polkarhythmus, entfesselt das Finale ein heiteres Wettrennen in Form einer mitreißenden Toccata. Wie das für Vítězslava Kaprálová gedachte *5. Streichquartett* trägt das sechste eine geheime Widmung an eine geliebte

Frau, nämlich an Roe (Rosalyn) Barstow, die ihn nach seinem schweren Unfall vom 17. Juli 1946 vier Monate lang bis zur Rückkehr von Charlotte aus Europa betreut und gepflegt hat: Das Werk entstand genau in dieser Zeitspanne. Aus Rücksicht an Charlotte sind beide Widmungen selbstverständlich geheim geblieben und nie schriftlich festgelegt worden.

314. STREICHQUARTETT Nr. 7 (Concerto da camera)

E: New York, Juni 1947 (vollendet am 24.6.1947).
W: Gewidmet Charlotte Martinů.
UA: New York, Februar 1949. Das Kroll-Quartett.
WA: Prag, 8.6.1960. Das Vlach-Quartett.
D: 20'
1. Poco Allegro ($^3/_4$, F), 239 T. 7'
2. Andante ($^3/_2$, d-B), 86 T. 7' 30''
3. Allegro vivo ($^3/_2$, Es), 358 T. 5' 30''
A: PBM (Aa 42) 40 S. + Titels.
F: Inst. BM, Prag (PBM Aa 42).
Ausg: Southern Music Publishing, New York, 1958. Auch Peer, Hamburg (Nr. 464-480). ST und TP.
V: Southern Music Publishing, New York.

14 Monate lang (Okt. 1946 bis Dez. 1947) schrieb Martinů nichts als Kammermusik. Zwischen diesem letzten Quartett und dem 6. steht das Meisterwerk der *Three Madrigals* für Violine und Viola. Das *7. Quartett* ist ein ganz schlichtes, problemloses Stück, für Martinů ungewöhnlich konservativ in der Tonsprache, die sich in stilistischer Nähe der Romantik (Dvořák-Anklänge im Finale) hält. Ein frisches, lebensfrohes Werk, wenn auch nicht ein besonders starkes. Die Bezeichnung *Concerto da Camera* trifft eigentlich nicht zu; Martinů hat keinesfalls an eine Fassung für Streichorchester gedacht.

Kategorie 20: Quartette für unterschiedliche Besetzungen

139. QUARTETT für Klarinette, Horn, Cello und kleine Trommel, in C-Dur

E: Paris, April 1924 (am Schluss der Originalhandschrift, am Anfang steht Juni!).
D: 13'
1. Allegro moderato ($^{10}/_8$ bzw. $^9/_8$), 97 T. (159 T. m. Wdh.). 4' 30''

2. Poco Andante ($^{4}/_{4}$), 69 T. 5' 30''
3. Allegretto ma non troppo ($^{5}/_{8}$), 140 T. 3'

A: NM ČMH (Tr B 236) 21 S. (S. 8 leer). Im 3. Satz ein 20-taktiger Strich.
A handschriftliche Kopie fremder Hand (P und ST) im Konservatorium Brno.

Ausg: Panton, Praha 1985 (P 1419).

Nach dem *Streichtrio Nr. 1* (H. 136) handelt es sich hier um die erste erhaltene Partitur aus der Pariser Zeit. Ein köstlicher Wurf, der sowohl im Rhythmus wie in der aparten Instrumentation den unmittelbaren Einfluss des von Martinů neuentdeckten Strawinsky (vgl. vor allem mit *L'Histoire du Soldat*) zeigt.

287. KLAVIERQUARTETT

E: Jamaica (Long Island), USA. Vollendet am 21.4.1942.

W: Gewidmet Lucien Kirsch-Laporte und Elly Bontempo, B. Ocko und E. Lifschey, Mitglieder des Chamber Music Guild Quartet.

UA: Lennox (Mass.), Berkshire Music Center, August 1942. Die Widmungsträger.

BS: Vi., Vla, Vc., Pf.

D: 23'
1. Poco Allegro ($^{3}/_{4}$, d-D), 232 T. 6'
2. Adagio ($^{3}/_{4}$, wechselnd, g-d), 154 T. 9'
3. Allegretto poco moderato ($^{6}/_{8}$, B-G), 264 T. 8'

A: z. Z. nicht nachweisbar.

F: NM ČMH (Tr B 202) 43 S. + Titels.
Faksimile vom Stimmensatz (je dreimal 11 S.).

Ausg: AMP (Associated Music Publishers), New York 1951 (AMP 8142).

V: Associated Music Publishers, New York.

Ein Hauptwerk aus der Kammermusik der amerikanischen Kriegsjahre und wohl einer der ganz wenigen bedeutenden Beiträge des 20. Jahrhunderts zu einer Gattung, die Mozart, Schumann, Brahms, Dvořák oder Fauré manches Meisterwerk verdankt. Wunderbar straff und gespannt der Kopfsatz, der keinen Augenblick Erschlaffung kennt und die Instrumente meisterhaft konzertieren lässt. Das Adagio ist eine von Martinůs tiefsten und rührendsten Eingebungen, von besonders dichter Polyphonie. Hier schweigt das Klavier fast durchweg, nur im kurzen, etwas belebteren Mittelteil, im Geiste eines brahmsschen Intermezzos, umspielt es die Streicher mit hellen Koloraturen von bezaubernder Feinheit. Ergreifenderes, Unmittelbareres als die letzten zwanzig Takte dieses Satzes hat Martinů wohl kaum geschrieben. Nach dieser Meditation auf reinen, einsamen Höhen bringt der Schlusssatz die friedensvolle und erquickende Frische einer tschechischen Pastorale. Das Klavier übernimmt nun die Führung, es leitet das Stück allein ein und spielt kurz vor dem zündenden Stretto der Coda eine große Solokadenz.

315. QUARTETT für Oboe, Violine, Cello und Klavier

E: New York, 15.9.-21.10.1947.
W: Gewidmet Leopold Mannes.
UA: New York, November 1947. Das Mannes-Trio.
D: 13'
1. Moderato poco Allegro ($^3/_4$ bzw. $^3/_4$, f-F), 203 T. 5'
2. a) Adagio - Andante poco moderato ($^6/_8$, e-B), 82 T. 4'
b) Poco Allegro ($^2/_4$, B-C), 187 T. 4'
A: PBM (Aa 43) P, 33 S. + Titels.
PBM (Aa 44) St. 26 S.
F: Inst. BM, Prag (PBM Aa 43, PBM Aa 44).
Max Eschig, Paris.
Ausg: Max Eschig, Paris 1961 (M. E. 6969).

Wie Mozart hat Martinů der Oboe je ein *Quartett* und ein *Konzert* (H. 353) gewidmet. Das eine wie das andere sind heitere, unbeschwerte Werke, in denen sich Martinůs köstliches, hemmungsloses Musikantentum äußert. Kein „Problemwerk" also, sondern erlesenes Material für alle Kammermusikfreunde.

325. MAZURKA-NOCTURNE für Oboe, 2 Violinen und Cello

E: Renova (Haute-Savoie), August 1949.
W: Zum hundertsten Todestag von Chopin.
UA: Paris (Salle Gaveau), 3.10.1949. UNESCO-Konzert zum 100. Todestag von Chopin.
D: 7' 30
Moderato poco allegro ($^3/_4$, G-h), T. 1-79; Adagio ($^6/_8$, e-G), T. 80-112; T. 1-58 da Capo; Coda (Tempo I^{mo}, d), T. 113-122. Insgesamt 180 T. m. Wdh.

A: BNF, Paris (Depositum Max Eschig) (S. 4-12).
Privatbesitz (S. 1-3 + Titels.)
F: Inst. BM, Prag (ESCH 019, auch mit S. 1-3 + Titels.).
Ausg: Max Eschig, Paris 1965 (M. E. 7688). 1970 M. E. 7702 - Taschenpartitur, M. E. 7703 - ST.
V: Max Eschig, Paris.

Als Mittelteil der lyrisch-verträumten Mazurka erscheint ein pastoralähnliches *Nocturne* im $^6/_8$-Takt.

Kategorie 21: Quintette

35. KLAVIERQUINTETT („Nulltes“)

E: Polička, 6.6.-1.8.1911 (1. Satz vollendet am 19.6.).
BS: 2 Vn, Vla, Vc., Pf.
D: 1. Allegro con brio ($^3/_4$, G), 515 T.
2. Grave maestoso ($^4/_4$, Fis) - Scherzando capriccioso - Largo (Tempo I) (Schluss in D), 214 T.
A: PBM (Aa 45) 30 S. + Titels.
Stimmensatz (Aa 46) 15 S.
F: Inst. BM, Prag (PBM Aa 45, PBM Aa 46).
Ausg: In Vorb. (2005).
V: Boosey & Hawkes, London-New York.

Ungleichwertiges, z. T. aber schon recht interessantes Jugendwerk.

164. STREICHQUINTETT

E: Polička, 27.9.-5.10.1927.
W: À Madame Elizabeth Sprague-Coolidge.
UA: Pittsfield, Mass. (USA), 1928. Coolidge Festival.
WA: Liège (Lüttich), September 1930 (IGNM-Fest). Das Pro-Arte-Quartett und Lionel Tertis.
Prag, 5.10.1936. Das Prager Quartett (im Rahmen der Konzertreihe der Tschechischen Kammermusikgesellschaft).
BS: 2 Vn, 2 Vle, Vc.
D: 18'
1. Allegro con brio ($^2/_2$, d), 184 T. 5' 30''
2. Largo ($^4/_4$, a), 68 T. 7' 30''

3. Allegretto ($^{2}/_{4}$, G-D), 224 T. 5'

A: In der Library of Congress zu Washington, D.C. (USA), 25 S. + Titels.
PBM (Aa 47) - Skizze, 12 S.

F: NM ČMH (Tr B 287) 25 S. Zwischen T. 66 und 67 der Druckpartitur wurden 14 T. (ein Viola-Duett) zu Recht vom Komponisten gestrichen.
Inst. BM, Prag (LOC 010).
Inst. BM, Prag (PBM Aa 47).

Ausg: La Sirène musicale, Paris 1930 (S. M. 170 - TP). ST und TP.
Max Eschig, Paris 1930. M. E. 8448.

V: Max Eschig, Paris.

Das in der unglaublich kurzen Frist von einer Woche niedergeschriebene Werk setzt die Entwicklungslinie des um zwei Jahre älteren 2. Streichquartetts (H. 150) erfolgreich fort. Wie jenes Werk tat es seinerzeit viel, um den Namen des jungen Komponisten in der ganzen Welt bekannt zu machen. Auch in dieser ehemals klassischen Besetzung, für die vor allem Mozart, Mendelssohn, Dvořák, Bruckner und Brahms Meisterwerke geschrieben haben, ist Martinůs Beitrag einer der wenigen, der sich in der Literatur der Neuzeit neben diesen erhabenen Vorgängern zeigen darf. Der Kraft sprühende Kopfsatz arbeitet mit zwei Themen (eine Seltenheit bei Martinů) und verläuft in freier Sonatenform, die in der Wiederholung die Reihenfolge der Themen umkehrt. Auch während des sich breit aussingenden lyrischen Seitenthemas bleibt die alles beherrschende Triolenbewegung des Hauptgedankens stets im Hintergrund vernehmbar. Das ernste, tiefgründige Largo, das sich durch seine herrliche Polyphonie auszeichnet, beginnt verhalten mit einem Zwiegespräch der beiden Violen und entwickelt sich dann bogenförmig über einen mächtigen, ausdrucksstarken Höhepunkt. Das heitere Finale verläuft rondoartig über ein polkaähnliches Hauptthema, das bei seiner ersten Wiederholung (Mitte des Satzes) in freiem, polytonalem Fugato durchgeführt wird. Eine breite, fast hymnische Coda über dasselbe Thema krönt das Werk im strahlenden Fortissimo-Ritardando.

*187. BLÄSERQUINTETT

E: Paris, 1930.

UA: Nicht nachweisbar.

BS: Fl., Ob., Klar., Hor. und Fg.

A: Verschollen.
V: Frei.

Martinůs einziges Werk für die übliche Besetzung des Bläserquintetts ist z. Z. leider verschollen. Das Autograph war bis in die sechziger Jahre im Besitz von Miloš Šafránek, der sie aus unverständlichen Gründen an ein Antiquariat in Prag verkaufte, ohne wenigstens eine Kopie davon zu erstellen. Seitdem konnte sie nicht mehr nachgewiesen werden. Es ist eines der schwersten Verluste im Martinů-Katalog. Wird es jemals noch auftauchen?

229. KLAVIERQUINTETT Nr. 1
E: Paris, 16. März 1933.
UA: Paris 9.3.1934 Quatuor Inding, T. Harsányi (Concerts du Triton).
WA: Prag, 4.11.1935. Das Ondříček-Quartett und V. Štěpán.
BS: 2 Vn, Vla, Vc., Pf.
D: 18′ 30″
1. Poco Allegro ($^2/_2$, g-F), 185 T. 5′
2. Andante (poco moderato) ($^2/_4$ bzw. $^3/_4$, B), 75 T. 4′ 30″
3. Allegretto ($^4/_8$ und $^3/_8$, d), 183 T. (254 T. m. Wdh.). 4′
4. Allegro moderato ($^4/_4$) A), 131 T. 5′
A: NM ČMH (Tr B 242) 35 S. + Titels. + 2 S. sehr blasse Bleistiftskizzen.
Ausg: La Sirène musicale, Paris 1933[1] (S. M. 191). Max Eschig, Paris. 1974[2] (M. E. 8143).
V: Max Eschig, Paris.

Ein herbes, kräftiges, im Satz ziemlich kompliziertes Werk, dessen Finale leider nicht auf der Höhe der übrigen Sätze steht, während der Kopfsatz und das geistreiche Scherzo die besten Eigenschaften des damaligen „französischen“ Martinů offenbaren.

286.bis A MERRY CHRISTMAS 1941
D: 4′
Ausg: Benjamin Productions, Inc. P und ST.
V: Benjamin Productions, Inc.

Siehe unter Kategorie 26 (Klavier).
Es handelt sich hier um die sehr wirkungsvolle Bearbeitung von Roger Ruggeri and Hope Castagnola Bogorad für Bläserquintett (eines H. C.

Bogorad gewidmeten Klavierstücks). Wenn es auch kein Ersatz für das verschollene Werk H. 187 darstellt, bereichert es die betreffende Literatur mit einer glänzenden Zugabe.

298. KLAVIERQUINTETT Nr. 2

E: New York, 15.2.-14.4.1944.
W: To Miss Fanny P. Mason.
UA: (Privat) Boston, 31.12.1944. Paul Degreau und Solisten des Boston Symphony Orchestra.
(Öffentlich) New York, 4.3.1945. Elly Bontempo und das Guilet-Quartett.
EA: Prag, 18.11.1946. Fr. Maxián und das Ondříček-Quartett.
BS: 2 Vn, Vla, Vc., Pf.
D: 28'
1. Poco Allegro ($^{4}/_{4}$, später $^{3}/_{4}$ und $^{6}/_{8}$, F), 225 T. 6' 30''
2. Adagio ($^{3}/_{4}$, d-A), 133 T. 7'
3. Scherzo: Poco Allegretto und Trio (Poco moderato $^{2}/_{4}$ [$^{6}/_{8}$], später ^{3}/8; Trio $^{2}/_{4}$, d- A), 222 T. (357 T. m. Wdh.). 6' 15''
4. Largo - Allegro (non troppo) (Largo, T. 1-13 und 94-108, 12/8; Allegro $^{2}/_{4}$, d-D), 144 T. 8' 15''
A: Library of Congress in Washington, 58 S.
F: Inst. BM, Prag (LOC 011).
Ausg: AMP (Associated Music Publishers), New York 1957 (Nr. 95413-95459).
V: Associated Music Publishers, New York.

An Umfang und Bedeutung ist dieses Werk der unbestreitbare Gipfel der Kammermusik aus den amerikanischen Jahren. In jeder Beziehung reicht diese Komposition an das 5. Streichquartett heran. Seit Gabriel Fauré und Ernest Bloch hat wohl kein Komponist mehr dieser Gattung mit einem vergleichbaren Meisterwerk gehuldigt. Dabei handelt es sich nicht um ein dramatisches „Ausnahmewerk“ im Schaffen Martinůs, sondern um eine ausgewogene, vorwiegend lyrische Schöpfung im gereiften „tschechisch-klassischen“ Stil etwa der *2.* oder *4. Symphonie.* Das Lyrische, rein Melodische beherrscht gleich den ruhig anhebenden Kopfsatz, der sich später zu großer instrumentaler Brillanz steigert. Der langsame Satz gipfelt in einer ergreifenden Episode für Streicher solo, wo sich Martinůs Kunst des polymelodischen Kontrapunktes herrlich behauptet. Die Übereinanderschichtung von $^{2}/_{4}$- und $^{6}/_{8}$-Rhythmen im intermezzoartigen

Scherzo erinnert an Brahms. Der gewichtige Schlusssatz beginnt mit einem tief empfundenen Largo für Streicher solo, das kurz vor der von einem flinken Klaviersolo eingeleiteten raschen Coda noch einmal in seiner ganzen imponierenden Größe erklingt.

334. SERENADE für 2 Klarinetten, Violine, Viola und Cello, in F

E: New York, 8.10.–11.11.1951.
W: Gewidmet Rosalie Leventritt.
UA: New York, 4.1.1952.
D: 24'
1. Moderato poco Allegro ($^4/_4$, F-G), 116 T. 4' 45''
2. Andante ($^5/_4$, wechselnd, C-B), 89 T. 4' 50''
3. Poco Allegro ($^6/_8$, C), und Trio: molto vivo ($^4/_4$), 119 T. (194 T. m. Wdh.). 6' 25''
4. Adagio-Allegro (Adagio: T. 1–18 und 111–121) ($^4/_4$, wechselnd, B-F), 204 T. 8'
NB: Die beiden ersten Sätze folgen ohne Pause aufeinander.
A: PBM (Aa 48), 43 S.
F: Inst. BM, Prag (PBM Aa 48).
Max Eschig, Paris
Ausg: Max Eschig, Paris 1962 (M. E. 6945). ST und TP.
V: Max Eschig, Paris.

Diese vorwiegend lyrisch gestimmte Komposition, der die Mitwirkung der beiden Klarinetten einen ganz besonderen Reiz verleiht, ist ein viel tiefer empfundenes Werk als die fünf Serenaden aus den frühen dreißiger Jahren. Keine Gelegenheitsarbeit also, sondern ein vollgültiges, reiches Kammermusikwerk höchster Reife, das schon den nächtlichen Zauber der *Kammermusik Nr. 1* aus dem Sterbejahr 1959 vorwegnimmt. Der Schlusssatz wird von einem eindringlichen Adagio für Streichersolo eröffnet, das später in veränderter Form noch einmal wiederkehrt.

Kategorie 22: Sextette

161. KUCHYŇSKÁ REVUE (La revue de cuisine) (Die Küchenschau). Jazzsuite und Ballett in einem Aufzug

Siehe Kategorie 2 (Ballette) und Kategorie 8 (Suiten und Auszüge aus Bühnenwerken).

174. SEXTETT für Bläser und Klavier, in Es

E: Paris, 28.1.-4.2.1929.
UA: Bislang keine Aufführung nachgewiesen.
BS: Fl., Ob., Klar., 2 Fg. und Pf.
D: 15'
1. Prélude: poco Andante - poco Allegro ($^4/_4$, Es), 73 T. 3'
2. Adagio ($^4/_4$ und $^3/_4$, c), 59 T. 3' 30''
3. Scherzo (Divertimento I): Allegro vivo, für Flöte und Klavier ($^2/_2$, C-Des), 108 T. 2' 30''
4. Blues (Divertimento II) ($^4/_4$, d-D), 50 T. 3'
5. Finale (Allegro) - Poco vivo ($^4/_4$, G-Es), 85 T. 3'

A: PBM (Aa 50) 54 S.
F: Inst. BM, Prag (PBM Aa 50).
Ausg: Tschechischer Musikfond (ČHF 466), Prag 1960. Panton, Prag 1965 (P 403). Siehe auch H. 174 A (Kategorie 16).
V: Panton International Mainz.

Ein leichtes Divertimento, durch Jazz-Elemente köstlich gewürzt. Nur der in solcher Umgebung erstaunlich ernst wirkende 2. Satz liegt ganz außerhalb des Jazz-Stilbereichs. Zu beachten ist die ungewöhnliche Besetzung, die das Horn durch ein zweites Fagott ersetzt. Der 3. Satz, der auch in Sonderauflage erhältlich ist, lässt sich gut selbstständig aufführen und bildet eine hübsche Zugabe zu des Meisters *Flötensonate* (H. 306). Auf der Titelseite des Autographs lesen wir: Music Division. Library of Congress, Washington. „Pastorale M. 1929“. Dieses Werk wurde also für den Coolidge-Preis eingereicht.

217. SERENADE I

E: Paris, 25.3.1932.
UA: Prag, 16.10.1947 Prager Symphoniker (FOK-Orchester).
BS: 2 Klar., Hor., 3 Vn, Vla.
D: 7'
1. Allegro moderato ($^3/_4$, A), 68 T. 2'
2. Larghetto ($^3/_8$, D), 59 T. 3'
3. Allegro ($^2/_2$, G), 112 T. 2'

A: NM ČMH (Tr B 266) 13 S. + Titels. Der Titel lautet: *Kleine Serenaden, Serenády. B. Martinů. L'aubade (in la mineur)*. Kleine Serenade in a Moll (die Tonart stimmt gar nicht!). Wegen „Aubade“, siehe Bemerkung zu H. 216 (Kategorie 18).

F: PBM (Af 186) - ST von fremder Hand, nur Auswahl.
Inst. BM (PBM Af 186).
Ausg: Melantrich, Prag 1949 (M. 362). TP Melantrich Nr. 10. Übernommen vom Staatsverlag, Prag (SHV).
V: Editio Bärenreiter, Prag.

Für die vier kleinen Serenaden siehe die allgemeine Einführung zur Serenade II (H. 216, Kategorie 18: Trios ohne Klavier). Die Nummerierung Martinůs entspricht nicht der Entstehungsfolge, welche IV, II, I, III ist. Die Serenaden I und III sind schlichte Kammermusiken in aparten Besetzungen.

224. STREICHSEXTETT

E: Paris, 20.–27.5.1932.
W: „Dédié à Madame Elizabeth Sprague-Coolidge" (Gewidmet Elizabeth Sprague-Coolidge).
UA: Washington, 25.4.1933. Das Kroll-Sextett (W. Kroll, N. Berezowsky, L. Barzin, O. Saltikov, M. Prinz und O. Giskin); im Rahmen des Kammermusikfestes der Library of Congress.
Fassung für Streichorchester (H. 224 A): Louisville (Kentucky, USA), 7.1.1951. The Louisville Orchestra, Dir.: R. Whitney.
BS: 2 Vn, 2 Vle. und 2 Vci.
D: 18' 15''
1. Lento - Allegro poco moderato (Lento $^{3}/_{4}$, T. 1–24, Allegro $^{4}/_{4}$, c-C), 187 T. 7' 35''
2. Andantino - Allegretto scherzando - Tempo I^{mo} ($^{6}/_{8}$, Allegretto T. 38–106: $^{3}/_{8}$, F), 133 T. 6' 30''
3. Allegretto poco moderato ($^{2}/_{2}$, d-D), 180 T. 4' 10''
A: Library of Congress in Washington, 33 S. + 2 Titels.
PBM (Aa 51) Stimmensatz, 78 S. + Titels.
F: Inst. BM, Prag (LOC 009).
Inst. BM, Prag (PBM Aa 51).
Ausg: AMP (Associated Music Publishers), New York (194850481363). ST und TP.
V: Associated Music Publishers, New York.

Dieses Werk, das mit dem vollkommen angepassten Motto „Paris-Prague 32" eingesandt worden war, erhielt den ersten Preis im Coolidge-Wettbewerb, was Martinů damals aus finanzieller Not bedeutend heraushalf.

Aber auch zu seinem wachsenden Ruhm trug diese Auszeichnung bei. Neben Kompositionen von Brahms, Dvořák, Tschaikowsky und Schönberg (*Verklärte Nacht*) ist es ein bemerkenswertes Werk in dieser ziemlich seltenen Gattung. Es setzt die Stilrichtung des 2. Quartetts und des Streichquintetts fort und überzeugt durch die Kräftigkeit der Inspiration, die Bündigkeit und Klarheit der Form und die durchsichtige Üppigkeit des Streichersatzes im Dienste des unmittelbaren Ausdrucks. Das Sextett beginnt verhalten mit einer der ganz seltenen langsamen Introduktionen Martinůs. Es folgt ein kerniges Allegro. Der zweite Satz unterbricht ein kantables Andantino durch ein zierliches scherzoartiges Zwischenspiel im „Marionettenstil". Ein knapp gefasstes Finale schließt die hochwertige Komposition in froher, fast burschikoser Stimmung. In der auf Wunsch des Verlags vom Komponisten selbst besorgten Fassung für Streichorchester (mit zusätzlicher Kontrabassstimme) klingt das Werk vielleicht noch mitreißender und bereichert somit den Grundbestand der Streicherensembles um eine herrliche Kammersymphonie. Für diese klassische Besetzung (in jeder beliebigen Stärke) besitzen wir von Martinů wohl nichts Wertvolleres.

376. KAMMERMUSIK Nr. 1

E: Schönenberg-Pratteln, 14.2.-3.3.1959.
UA: Festliche Tage Neuer Musik, Braunschweig, 13.11.1959. Interpreten unbekannt.
BS: Klar. (B), Vi., Vla., Vc., Hf. und Pf.
D: 19' 20''
1. Allegro moderato ($^2/_4$, c-e), 262 T. 6'
2. Andante moderato ($^3/_4$, e-D), 122 T. 7'
3. Poco Allegro ($^3/_4$, später $^3/_8$, B), 236 T. (256 T. m. Wdh.). 7'
A: PBM (Aa 54) 49 S. + Titels.
F: Inst. BM, Prag (PBM Aa 54).
Ausg: Max Eschig, Paris 1966 (M. E. 7280). P, 1967 - ST L. - TP.
V: Max Eschig, Paris.

Dieses letzte umfangreiche Kammermusikwerk wollte Martinů zuerst *Les Fêtes Nocturnes* benennen (unter diesem Titel, der ihm viel besser entspricht, wurde es auch uraufgeführt); in einem Brief an Miloš Šafránek beschrieb er es als „eine echte Nachtmusik". Zum ungewöhnlichen Zauber, der die Stimmung dieses Werkes beschwört, trägt die originelle Besetzung bedeutend bei. Schon in *Gilgamesch* und im *Klavierkonzert Nr. 4* („Incantation") hatte der Komponist die erstaunlichen Klangwirkungen der Zusammensetzung von Harfe und Klavier erprobt. Es ist dies übrigens sein einziges Kammermusikwerk mit Harfe. Im Gegensatz zum kurz davor entstandenen *Nonett* (H. 374) ist das kein Werk folklorisierender Neigung, sondern ein mildes, inniges Atmosphärenstück neoimpressionistischer Prägung, eine letzte Huldigung an den französischen Stil.

Kategorie 23: Septette

200. (recte 199) LES RONDES

E:	Paris, 23.11.1930.
W:	Gewidmet Jan Kunc.
UA:	Paris, 18.3.1932. Concerts Cortot. Interpreten unbekannt.
BS:	Ob., Klar., Fg., Trp., 2 Vn, Pf.
D:	14' 1. Poco Allegro ($^1/_1$, C-D), 112 T. 1' 2. Poco Andantino ($^2/_4$ bzw. $^6/_8$, G), 61 T. 3' 3. Allegro ($^2/_2$, A), 104 T. 2' 4. Tempo di Valse ($^3/_4$, C-F), 85 T. 2' 5. Andantino ($^2/_4$, F-C), 115 T. 3' 30'' 6. Allegro vivo ($^2/_2$, C), 138 T. 2' 30''
A:	NM ČMH (Tr B 240) 45 S. + Titels. + ein getrenntes Titelblatt dunkelblaues Papier. Die Titelseite trägt die Angabe: *Suite des danses* (sic!) PBM (Aa 69) Stimmen, 73 S. + 2 Titels.
F:	Inst. BM, Prag (PBM Aa 69).
Ausg:	Orbis, Prag 1950 (H 208). ST und TP (Orbis Nr. 19). Übernommen vom Staatsverlag, Prag (SHV) (H 1505).
V:	Editio Bärenreiter, Prag.

Der kurze, farbenreiche Zyklus bewegt sich im lebensfrohen Stilbereich von *Špalíček* und von den kleinen Serenaden von 1932. Der Titel *Les Rondes* bezeichnet Reigentänze (das russiche Chorovod); der ursprüngliche Titel lautete *Mährische Tänze*. Das Werk steht Janáček näher als irgendein anderes von Martinůs Feder. In der Tat sind zahlreiche Anklänge an die Volksmusik der Heimat vernehmbar, vor allem im Finale, wo Martinů mit wenigen Instrumenten eine erstaunliche Klangfülle erzielt. Mitten in seiner „französischen"- und Jazz-Periode ist dies ein Stück von rein nationaler Inspiration, ein erster Meilenstein in Richtung *Špalíček*.

218. SERENADE III

E: Paris, 1.4.1932.
UA: Prag, 16.10.1947. Prager Symphoniker (FOK-Orchester).
BS: Ob., Klar., 4 Vn. und Vc.
D: 7' 30''
1. Poco Allegro ($^2/_2$, C), 95 T. 2'
2. Thema mit 4 Variationen: Andante poco moderato ($^3/_4$, später wechselnd, F), 175 T. 5' 30''
A: NM ČMH (Tr B 266) 14 S. + Titels. Der Titel lautet: *Kleine Serenade Nr. 3. Serenada. B. Martinů. Aubade (sol m).* Kleine Serenade in C. Die erste Tonartangabe ist natürlich falsch!
F: PBM (Af 186 - Stimmen von fremder Hand, nur Auswahl). Inst. BM (PBM Af 186).
Ausg: Melantrich, Prag 1949 (M. 365). ST und TP (Melantrich Nr. 12) (H 1502).
V: Editio Bärenreiter, Prag.

In Bezug auf die Entstehungszeit handelt es sich hier um die letzte der vier kleinen *Serenaden* (siehe bei *Serenade II* [H. 216, Trios ohne Klavier] und bei *Serenade I* [H. 217, Sextette]). Die Form des 2. Satzes, ein ausgeprägtes, klassisches Thema mit Variationen, ist für Martinů eine Seltenheit.

301. PHANTASIE für Theremin, Oboe, Streichquartett und Klavier

E: Ridgefield, Conn. (USA), September 1944 (vollendet am 1.10.). Das Autograph nennt Oktober.
W: „To Mrs. Lucia Rosen"
UA: New York, 3.11.1945. Die Widmungsträgerin mit dem Koutzen-Quartett und Robert Boom.
BS: Theremin bzw. Mixtur-Trautonium oder Ondes Martenot.
D: 15'
Largo - Poco Allegro (ab T. 170) - Tempo I^{mo} (ab T. 240), ($^3/_4$, G-D); 349 T.
A: Seinerzeit bei der Widmungsträgerin in New York. Z. Z. nicht nachweisbar.
F: Max Eschig, Paris - 37 S. + Titels.
PBM (FAa 33).
Inst. BM (ESCH 006, ESCH 006k - Kopie von fremder Hand).
Inst. BM (PBM FAa 33).

Ausg: Max Eschig, Paris 1973 (M. E. 7393 - TP, M. E. 8028 - ST).
V: Max Eschig, Paris.

Martinůs einzige Komposition für ein elektronisches Instrument, das er übrigens in ganz klassischer Weise verwendet. Das vorwiegend lyrische und melodische Stück bleibt dem üblichen Stil des „amerikanischen" Martinů treu, zeichnet sich dazu durch eine ausdrucksreiche Kantabilität aus.

Kategorie 24: Oktett

2. POSVÍCENÍ (Der Fasching) Ein Dorfbild
E: Polička, August 1907.
UA: Polička (Stadttheater), 1907. Dir.: František Preisler.
BS: Fl. und Streichorchester (3 Vn., 1 Vla., 2 Vc., 1 Kb.).
Drei ineinander übergehende Teile.
D: 7'
a) Andante (4/4, C), T. 1-58.
b) Allegro (3/4, ab T. 100 4/4, G), T. 59-128.
c) Allegro vivo (4/4, C), T. 129-180.
A: PBM (Aa 55 - P, 10 S. + Titels., Aa 56 - ST, 20 S.)
F: Inst. BM, Prag (PBM Aa 55, PBM Aa 56).

Das Stück basiert auf dem bekannten tschechischen Fastnachtlied *To je zlaté posvícení* (*Der goldene Fasching ist da*), das im ganzen ersten Teil erscheint, im Mittelteil (¾) überhaupt nicht und dann wieder ab der zweiten Hälfte des Schlussteils. Somit ergibt sich eine „klassische" Dreiteiligkeit A-B-A. Es wäre schön, dieses naive, anspruchslose Werklein einmal zu hören: Es ist ja Martinůs einziges Oktett geblieben!

Kategorie 25: Nonette

144. NONETT Nr. 1 (Fragment)
E: Paris, 1924-1925.
W: Gewidmet den Solisten der Tschechischen Philharmonie und Karel Šolc.
UA: Die UA des vollständigen Nonetts fand nie statt, auch das einzig erhaltene Finale wurde erst nach der Drucklegung uraufgeführt.

BS: Fl., Ob., Klar., Fg., Hor., Vi., Vla, Vc., Pf.
D: 1. Verschollen.
2. Verschollen.
3. Allegro moderato - Allegro ma non troppo ($^{6}/_{8}$, ab T. 16 $^{3}/_{8}$, C), 291 T. 6'
A: Die beiden ersten Sätze der autographen Partitur sind z. Z. verschollen, nur der 3. Satz ist erhalten (44 S. - unvollständig). Er befindet sich zusammen mit einer Abschrift der Klavierstimme der beiden ersten Sätze im Bohuslav-Martinů-Institut (22 S., Nachlass von Karel Šolc). Der übrige Stimmensatz ist ebenfalls z. Z. verschollen.
Die A der beiden ersten Sätze befanden sich bei M. Seliger bzw. Stanislav Novák in Prag. (51 S.).
PBM (Aa 49 - ein weiteres Fragment des dritten Satzes) nur 2 S.
F: Inst. BM, Prag (PBM Aa 49 - Fragment).
Inst. BM, Prag (XYZ 066, XYZ 066 kp).
Ausg: Panton, Prag 1974 (P 1331).
V: Panton International Mainz.

Ein kräftiges, lebensfrohes Stück im frühen „Pariser“-Stil.

335. STOWE PASTORALS (als „Pastorals“ im Druck erschienen)
E: New York, 5.-25.11.1951.
W: Gewidmet dem Ensemble der Familie Trapp (Auftrag von Radio Basel).
UA: Basel Konservatorium 7.5.1952, die Widmungsträger.
BS: 5 Blockflöten (2 Sopran, 2 Tenor - oder 1 Alt und 1 Tenor, 1 Bass), Klar., 2 Vn., Vc.
D: 10'
1. Poco Allegro ($^{4}/_{4}$, F-Des), 93 T. 3' 30''
2. Moderato (Poco Andante) ($^{4}/_{4}$ und $^{2}/_{4}$, Es-A), 78 T. 3'
3. Allegro poco moderato ($^{6}/_{8}$, G-E), 128 T. 3' 30''
A: PBM (Aa 52) 30 S. + Titels. Es fehlen die nicht ausgeschriebenen S. 8–10, die eine wörtliche Wiederholung von S. 1-3 sind.
F: Inst. BM, Prag (PBM Aa 52).
Ausg: Bärenreiter, Kassel 1960 (B. A. 3472). P und ST.
V: Bärenreiter, Kassel.

Ein ganz schlichtes, im tschechischen Volksstil geschriebenes Stück, das durch seine köstliche melodische und klangliche Frische bezaubert. Es enstand in Stowe (Vermont) für die Familie Trapp, die durch den Film *The Sound of Music* von Rodger and Hammerstein weltberühmt wurde. Ein Leckerbissen für Liebhaberkreise, auch für Schulen!

374. NONETT Nr. 2

E: Schönenberg-Pratteln, 9.1.-1.2.1959.
W: „Věnováno Československému Nonetu" (dem Tschechischen Nonett).
UA: Salzburger Festspiele, 27.7.1959. Die Widmungsträger.
BS: Fl., Ob., Klar., Fg., Hor., Vi., Vla., Vc., Kb.
D: 15' 40''
1. Poco Allegro ($^2/_2$, D), 226 T. 4' 45''
2. Andante ($^3/_4$, es-B), 90 T. 5' 15''
3. Allegretto ($^4/_8$, wechselnd, B-Es), 246 T. 5' 40''
A: PBM (Aa 53) 47 S. (eigentlich 39, da die Da-capo-Stellen nicht neu geschrieben, sondern zweimal verwendet wurden).
F: Inst. BM, Prag (PBM Aa 53).
Ausg: Staatsverlag (SHV), Prag 1959 (H. 3022). ST und TP (KP. 155). Auch Raubdruck Moskau 1975, TP.
V: Editio Bärenreiter, Prag.

Wie beim späten Mozart (man denke an das *Klarinettenquintett* oder an das *Es-Dur-Streichquintett*) verstecken sich hier hinter divertimentoartiger Anmut und lächelnder Keuschheit des Ausdruckes die tiefste Empfindung und die aufgeklärte Weisheit letzter Lebenserfahrung. Dazu ist dies unter allen Kammermusikwerken des Meisters wohl dasjenige, das die stärkste Beziehung zum heimatlichen Boden zeigt. Einerseits hat es Martinů tschechischen Künstlern sozusagen „auf den Leib" komponiert (das war seit Jahren nicht mehr geschehen) und andererseits fällt es in eine Zeitspanne (kurz nach der schweren Magenoperation), in welcher die Todesahnung die Gedanken des Verbannten mit zunehmender Kraft nach der geliebten Vysočina zog. Man kann dieses Werk nicht hoch genug schätzen: Trotz scheinbar bäuerischer Anspruchslosigkeit steht es an Bedeutung etwa dem *Quartett Nr. 5* oder dem *Klavierquintett Nr. 2* nicht nach! Der erste Satz ruft mit fast smetanaartiger Unmittelbarkeit die Vorstellung einer fröhlichen Dorfkapelle hervor, die einen kräftigen Marsch spielt. Erschütternd im stärksten Sinne des Wortes ist das Andante. Nach dem schönen Traum die harte Wahrheit: Im Spätherbst seines Lebens sehnt sich der kranke, müde Mensch in bohrendem Schmerz nach der fernen Heimat. Jedoch meidet auch hier Martinů jedes Pathos (wie bei Mozart, stets „l'horreur de l'insistance"), und das Stück erlischt in der ruhevollen Betrachtung ewiger Schönheit. Nun trippelt der Schlusssatz, zunächst fast zögernd, mit einem heiteren Geigensolo heran. Es ist ein Dorfspielmann, der bald seine Partner in einen beschwingten, rondoartigen Tanz mit sich hinreißt. Der rhythmisch sehr abwechslungsreiche, feinnervige Satz schließt mit einer breiten, sonnigen Hymne an Poličkas Hain und Flur. Wundersam poetisch der letzte Takt im zarten Pianissimo, als ob das schöne Wunschbild langsam entschwinde.

Fünfter Teil: Werke für Tasteninstrumente

1. Klavier (Kategorie 26)
2. 2 Klaviere (Kategorie 27 A)
   Cembalo (Kategorie 27 B)
   Orgel (Kategorie 27 C)

Allgemeines: Obwohl sein Hauptinstrument (wenigstens bis zu seiner Auswanderung nach Paris) die Violine war und obwohl er nie ein großer Pianist wurde, hat Martinů sein Leben lang eine Menge Klaviermusik komponiert: über 200 Einzelstücke. Sie entstanden während fast eines halben Jahrhunderts, obwohl ihre Anzahl nach 1940 viel geringer wird. Aber nur selten hat der Komponist dem Soloklavier Wesenswichtiges anvertraut. Viele Kompositionen wurden noch nicht herausgegeben (sind noch verlegerisch frei), und von vielen fehlen die Daten der Uraufführung. Neben vielen hübschen Vortragsstücken, von denen die erfolgreichsten aus der Fülle des böhmisch-mährischen Volkseigentums schöpfen, und manchen wertvollen leichten Kompositionen, die sich zum Unterricht gut eignen, findet man nur zwei anspruchsvolle Arbeiten, zwei Meisterwerke in der Großform: *Fantaisie et Toccata* (H. 281) und die einzige *Klaviersonate* (H. 350) aus dem Jahre 1954.

Kategorie 26: Klavier

***4. DUMKA**

E: Polička, 1909.
A: Verschollen.

Das Werk wird nur in der Šafránek-Monografie erwähnt.

5. FÜNF WALZER[1]

E: Prag, 14.1.-4.2.1910. 1. Andante 14.1.1910, Tempo di Valse 1.2.1910, Tempo di Valse (G) 3.2.1910, Tempo di Valse (Es-Fis) 4.2.1910.

D: Andante (a) 14.1., 143 T. (243 T. m. Wdh.).
1. Valse mignone (sic!) (c) „Scherzo“, 90 T. (149 T. m. Wdh.)
2. Tempo di Valse (G), 147 T. (189 T. m. Wdh.).
3. Tempo di Valse (a), 125 T. (164 T. m. Wdh.).
5. Tempo di Valse (Es-Fis), 171 T. (204 T. m. Wdh.).

A: NM ČMH (Tr B 238), 12 S.

V: Editio Bärenreiter, Prag.

***16. SMUTEČNÍ POCHOD (Trauermarsch)**

E: Prag, 1910.

A: Verschollen.

Das Werk wird nur in der Šafránek-Monografie erwähnt.

***20. IDYLA (Idylle)**

E: Polička, 1910.

A: Verschollen.

Das Werk wird nur in der Šafránek-Monografie erwähnt.

24. BALLADA (Ballade)

E: Prag, 10.10.1910.

A: PBM (Ad 152) - Skizze, unvollständig (bricht nach 61 T. ab).

F: Inst. BM (PBM Ad 152).

V: Frei.

25. SOUSEDSKÁ (Ländler)

E: Prag, 14.10.1910.

D: (3/4), 125 T. (153 T. m. Wdh.), ab T. 103 unvollständig ausgeführt.

[1] Bei dem bezeichneten Werk handelt sich um eine Sammlung von Kompositionen, die in einem zusammenhängenden Zeitraum am selben Ort entstanden sind. Der Autor hat diese Kompositionen unter einer Katalog-Nummer zusammengefasst und ihnen eine deutsche Werkbezeichnung gegeben; vom Komponisten ist kein Werktitel überliefert.

A: PBM (Ad 152) - Skizze.
F: Inst. BM (PBM Ad 152).
V: Frei.

28. POHÁDKA O ZLATOVLÁSCE
(Das Märchen vom Goldenen Vlies)

E: Prag, 23.10.-24.11.1910.
D: 1. *Pohádka* (Märchen) - beginnt mit 4 T. aus der Elektra von R. Strauss als Motto (Ruf des Orest!). Datum 14.11. (am Schluss) ($^4/_4$, c-Es), 156 T.
2. Pastorale - mit ausführlichem Motto von Alfred de Musset, Datum 23.10. (am Schluss) ($^2/_4$, a-D), 124 T. (199 T. m. Wdh.).
3. Dumka mit langem tschechischen Motto aus einem Stück über Zlatovláska (Prinzessin) ($^4/_4$, g), 80 T. (94 T. m. Wdh.).
4. Barkarola ($^6/_8$, d-Des), 224 T. (viele Wiederholungen).
*5. Valčík (Walzer) - fehlt.
A: NM ČMH (Tr B 214), 9 S., Walzer nur Titels.
Skizzen im PBM Ad 152. Der 5. Satz fehlt. Vieles auf drei Systemen, der Schluss vom ersten Satz sogar auf vier Systemen notiert.
F: Inst. BM, Prag (PBM Ad 152).
V: Frei.

Es handelt sich hier eher um einen Auszug aus einem Orchesterstück als um Klaviermusik; kaum interessant.

36. CHANSON TRISTE d-Moll

E: Polička, 2.10.1911.
D: Keine Tempoangabe ($^4/_4$, d), 83 T.
A: PBM (Aa 1), 5 S.
F: Inst. BM, Prag (PBM Aa 1).
V: Editio Bärenreiter, Prag.

42. Z POHÁDEK ANDERSENOVÝCH (Aus Andersens Märchenbuch)

E: Polička, 1.-7.1.1912.
D: 1. Polonaise ($^3/_4$, G), 73 T. (167 T. m. Wdh.).
2. Intermezzo ($^6/_8$ Es), 73 T. (118 T. m. Wdh.).
3. ohne Titel C,($^3/_4$ a-g), 82 T. (102 T. m. Wdh.).

4. Barcarolle $^6/_8$ ($^3/_4$ Ges-d), 54 T. (77 T. m. Wdh.).
5. Arabeske ($^3/_4$ A), 107 T. (173 T. m. Wdh.).
6. Valse mignone (sic!) ($^3/_4$, e), 110 T. (185 T. m. Wdh.).

A: PBM (Aa 3) Vollständige Reinschrift, 11 S.
PBM (Aa 2) Reinschrift, 3 S.
PBM (Ad 153) Skizzen (gemischt mit H. 59bis). Hier trägt jedes Stück einen Wochentag von Montag bis Samstag in der Reihenfolge 5., 4., 3., 1., 6., 2. Nr. 3 heißt hier *Novelleta*. Zu Sonntag gehört die unvollständige Skizze einer *Legenda* mit dem Datum 13.1.1912.

F: Inst. BM, Prag (PBM Aa 2, PBM Aa 3, PBM Ad 153).

V: Editio Bärenreiter, Prag.

46. PÍSEŇ BEZE SLOV (Lied ohne Worte, d-Moll)

E: Prag, 14.2.1912.

W: Gewidmet Fräulein Božena Pacoldová.

D: 3'
Moderato ($^6/_8$, d), 83 T.

A: Zusammen mit H. 47 im NM ČMH (Tr B 594) (beide Stücke: 4 S.).

Ausg: Als Beilage der Zeitschrift „Zlatá Praha“ vom 14.2. 1912 (Vol. XVI, Nr. 8). Neuauflage bei Chadím, Prag 1922. Martinůs erste gedruckte Komposition.

V: Frei.

47. NOCTURNE

E: Prag, 3.4.1912.

W: Gewidmet Fräulein Božena Pacoldová.

D: Andante cantabile/Religioso ($^3/_4$, Des), 100 T.
(Ab T. 44 Tempo di Valse [A]; Schluss Adagio).

A: Siehe H. 46 - auch datierte Skizze im PBM (Ad 154).

F: Inst. BM (PBM Ad 154).

V: Editio Bärenreiter, Prag.

56. BALADA (Ballade) Poslední akordy Chopinovy (Die letzten Akkorde Chopins)

Untertitel: *Kržecův obraz* (Das Bild von Kržec)

E: Prag, 1912.

UA: Polička, 14.8.1912. Der Komponist.

D: 3'
Lento ($^4/_4$, C), 79 T.
A: PBM (Aa 4), 3 S. + Titels.
Andere Version (Largo $^4/_4$, e), 81 T. - NM ČMH (Tr B 213), 2 S.
F: Inst. BM, Prag (PBM Aa 4).
V: Frei.

59.bis 5 KLAVIERSTÜCKE ZU OSTERN 1912[2]
E: 16.3.-17.4.1912.
D: *1. fehlt.
2. *Zelený čtvrtek* (Gründonnerstag) 4.4.1912, nach T. 50 da Capo „Vilma nejde!" (Wilma kommt nicht!).
3. *Velký pátek* (Karfreitag) 5.4.1912.
4. *Bílá sobota* (Karsamstag).
5. *Pondělí velikonoční* (Ostermontag) 8.4.1912.
6. ein weiteres Stück vom 17.4. „Nevermore (Schwein! Scheisskerl!)" (sic!)
A: PBM (Ad 154, Skizzenkonvolut). Reihenfolge unsicher.
F: Inst. BM, Prag (PBM Ad 154).
V: Frei.

Bei den *5 Klavierstücken* handelt es sich wohl um eine Art musikalisches „Tagebuch".

65. BALADA o Deštníku slečny Vilmy (Ballade über Fräulein Vilmas Regenschirm)
E: Polička, 1912.
A: PBM (Ad 153) Skizze. Sehr unvollständig, bricht nach 28 T. ab.
F: Inst. BM (PBM Ad 153).
V: Frei.

65.bis CHANSON
E: 1912.
A: PBM (Ad 153) 3 S. nur sehr skizzenhaft. $^3/_8$, dann $^3/_4$ Taktanzahl nicht bestimmbar.

[2] Bei dem bezeichneten Werk handelt sich um eine Sammlung von Kompositionen, die in einem zusammenhängenden Zeitraum am selben Ort entstanden sind. Der Autor hat diese Kompositionen unter einer Katalog-Nummer zusammengefasst und ihnen eine deutsche Werkbezeichnung gegeben; vom Komponisten ist kein Werktitel überliefert.

F: Inst. BM (PBM Ad 153).
V: Frei.

85. PRÉLUDE (über das Thema der Marseillaise)
E: Prag, 1913.
D: Andante (C, dann Allegro usw., A), 112 T.
A: NM ČMH (Tr B 272), 3 S. + Titels.
F: Inst. BM (ČMH 013).
V: Editio Bärenreiter, Prag.

Die punktierte Rhythmik beherrscht das ganze Stück. Ab T. 22 (Poco Allegro) „aux armes citoyens" im Bass (vgl. dasselbe Motiv im 3. Satz der Symphonie Nr. 2). Ab T. 56 (Moderato) Mittelteil über „Allons enfants de la patrie". Ab T. 82 (Allegro) die vollständige Marsellaise. Ab T. 103 kurze grandiose Coda. Warum entstand dieses brillante, kriegerische Stück 1913 (und nicht 1914)?

86. PRÉLUDE Nr. 2, in f-Moll
E: Prag, 1913.
D: Andante ($^6/_8$, f), 43 T.
A: PBM (Aa 8 - Reinschrift, Aa 9 - Skizze). 3 S. + Titels.
F: Inst. BM (PBM Aa 8, PBM Aa 9).
Ausg: In: *Drobné klavírní skladby*, Panton, Prag 1974, 1979², 1995³ (P 1333).
V: Panton International, Prag.

86.bis PRÉLUDE A-Dur
E: Polička 28.8.1913.
W: „Dětem Bergrovým: Božce, Lidce, Máně" (Gewidmet den Kindern der Familie Berger).
D: 3'
Allegro scherzando ($^3/_4$ A), 78 T. (125 T. m. Wdh.) (T. 48-73 Moderato quasi Trio).
A: PBM (Aa 7) 3 S. + Titels.
F: Inst. BM (PBM Aa 7).
Ausg: In: *Skladby pro Poličku*, Editio Supraphon Prag 1973 (P 5395) und in: *Drobné klavírní skladby*, Panton, Prag 1974, 1979², 1995³ (P 1333).
V: Editio Bärenreiter, Prag.

92. LOUTKY III (Marionetten III). 4 Klavierstücke

E: Polička, 1912-1914/1923 (anhand der Quellen wurde Nr. 4 noch kurz vor der Drucklegung umgearbeitet).

D: 9'

1. *Pierrotovo zastaveníčko* (Pierrots Ständchen). Scherzando (ma non troppo) ($^3/_4$) d), 73 T. (89 T. m. Wdh.). 1' 30''

2. *Valčík sentimentální loutky* (Die sentimentale Puppe tanzt Walzer) (Melancholische Puppenlieder 3). Poco moderato ($^3/_4$, Des), 108 T. 2' 30''

3. *Kolombína* (Colombine) (Berceuse). Andantino ($^6/_8$, Es), 76 T. 2' 30''

4. *Ples loutek* (Puppenball) (Melancholische Puppenlieder 5). Tempo di Valse ($^3/_4$, A), 133 T. (141 T. m. Wdh.). 2' 30''

A: PBM (Aa 5), 15 S. + 4 Titels. Sehr schöne Reinschrift mit deutschen (!) Titeln., NM ČMH (Tr B 215), Nr. 1., 3., 4 (16 S. + 3 Titels.) und Skizzen (H. 92: Nr. 1-3, H. 116: Nr. 2-5. Dieses Konvolut von 16 S. enthält auch Skizzen zu H. 36, eine Abschrift des *Poem* von Zdeněk Fibich u. a. bisher nicht identifizierte Skizzen.

F: Inst. BM (PBM Aa 5).

Ausg: Chadím, Prag 1922. Neuauflage Staatsverlag, SNKLHU 1953, Prag (SHV) 1959, (H 2320). Editio Supraphon Praha 1982, Moskva 1985 (Raubedition), Bärenreiter, Kassel 1992 (B. A. 8195), Editio Bärenreiter, Prag 2005 (H 7963).

V: Editio Bärenreiter, Prag.

Die drei Reihen von *Loutky* (siehe H. 116 und 137), insgesamt 14 Stücke, entstanden zwischen 1914 und 1924 bzw. 1925. Obwohl ihre genaue Datierung, wie bei allen Frühwerken Martinůs, sehr schwer zu bestimmen ist, entspricht sie offenbar nicht der heutigen Nummerierung der drei Sammlungen, die ihrerseits die Folge der Erstausgaben umkehrt, was unsere Nummerierung zeigt. Der Komponist hat diesen schlichten Stücken stets große Bedeutung für seine schöpferische Entwicklung zugewiesen. Mit ihrer knappen und deutlichen Formulierung, ihrer einfachen Melodik und lebensfrohen Rhythmik heben sie sich von seiner damaligen Produktion, die der Spätromantik und noch mehr dem französischen Impressionismus stark verhaftet war, deutlich ab. Das schlicht volkstümliche Element klingt zukunftweisend: Das Puppentanzhafte, Holzschnittartige wird sich am stärksten zu Beginn der dreißiger Jahre entfalten, etwa in *Špalíček*, in der *Komödie auf der Brücke*, im *Vorstadttheater* oder in der Reihe von kleinen *Serenaden*. Die Neuauflagen bezeugen die ständige Wertschätzung dieser kleinen Stücke.

95. NOCTURNE

E: Polička, Juni 1915.
W: „Slečně Vlastě Holubové" (Gewidmet Fräulein Vlasta Holubová).
Angeregt durch das Gemälde von J. Mánes „Přečtený román" („Gelesener Roman").
D: Andante sostenuto ($^3/_4$, c-E), 116 T.
A: Früher bei der Widmungsträgerin in Brno.
F: PBM (FAa 1), 5 S. + Titels.
Inst. BM (PBM FAa 1).
V: Editio Bärenreiter, Prag.

98. TŘI LYRICKÉ SKLADBY (Drei lyrische Stücke)

E: Prag, November 1915.
W: Gewidmet G. Čechová.
D: 11'
1. Moderato (Allegro ma non troppo) ($^6/_8$, A), 83 T. (116 T. m. Wdh.). 4'
2. Andante (Poco Andante) ($^3/_4$, B), 89 T. 4' 30''
3. Scherzando ($^6/_8$, A-Des), 97 T. (154 T. m. Wdh.). 2' 30''
A: NM ČMH (Tr B 286), 9 S. + Titels.
V: Editio Bärenreiter, Prag.

Sehr „klassisch" in der Tonsprache. (Immer Schlüsselvorzeichen!)

99. JARNÍ PÍSEŇ (Frühlingslied)

E: Um 1915 (ohne Datum).
D: Allegro moderato ($^3/_4$, A), 84 T. (118 T. m. Wdh.).
A: z. Z. nicht nachweisbar.
F: Handschriftliche Kopie von fremder Hand bei Frau Soňa Hendrychová in Prag.
V: Frei.

100. RUYANA, mořská fantazie (Rügen, eine Meerphantasie)

E: Borová, Februar 1916.

W: Gewidmet G. Čechová.
D: Grave ($^4/_4$ dann $^6/_8$, $^4/_4$, e), 180 T. (zwischen T. 175-176 eine kleine Lücke).
A: NM ČMH (Tr B 279), 7 S. + Titels., (Tr B 276) ein kleines Heft im Schülerformat, 18 S., 12-zeilig (Notentext S. 6-23).
F: Inst. BM, Prag (ČMH 005).
V: Frei.

Das Werk ist inspiriert von einem Gedicht von J. Fleischlen, ziemlich uninteressant. Ruyana (in moderner Orthographie „Rujana") ist der tschechische Name für die Ostseeinsel Rügen.

101. 6 POLKAS[3]
E: Polička und Borová, Juni 1916. (Nr. 2 Borová 24. Juni 1916).
W: Nr. 2: Gewidmet Lydie Čechová, Nr. 4: Gewidmet Zdenka Maxová.
D: 36'
1. Allegretto (ma non troppo) ($^2/_4$, F), 186 T. (221 T: m. Wdh.). 5'
2. Moderato (allegro ma non troppo) ($^2/_4$, d), 213 T. (319 T. m. Wdh.). 6' 30''
3. Allegro ($^2/_4$, D), 158 T. (250 T. m. Wdh.). 5' 30''
4. Allegro vivo ($^2/_4$, g-A), 322 T. (372 T. m. Wdh.). 6'
5. Moderato assai ($^2/_4$, E), 166 T. (257 T. m. Wdh.). 7'
6. Allegro ($^2/_4$, e-A) 225 T. (285 T. m. Wdh.). 6'
A: A von Nr. 1, 3, 4 (als Nr. 2 nummeriert), 5 und 6 in NM ČMH (Tr B 239). 7+7+11+7+11 S.; zusammen 43 S. + Titels.
A von Nr. 2 in PBM (Aa 10) 7 S. - sehr saubere Tintenreinschrift.
A von Nr. 4 in NM ČMH in einer anderen, längeren Fassung mit Widmung an Zdenka Maxová, datiert Borová Juni 1916. 13 S. + Titels. Hier 323 T. (488 T. m. Wdh.), also ca 7' 30''.
Außerdem Nr. 3 in einer Kopie von fremder Hand mit dem Datum 15.-16.6.1918, 7 S. Hier 270 T. m. Wdh. sowie eine etwas kürzere Frühfassung (7 S.) von 142 T.
A von Nr. 2, 3 und 4 (letztgenannte in der längeren Fassung)

[3] Bei dem bezeichneten Werk handelt sich um eine Sammlung von Kompositionen, die in einem zusammenhängenden Zeitraum am selben Ort entstanden sind. Der Autor hat diese Kompositionen unter einer Katalog-Nummer zusammengefasst und ihnen eine deutsche Werkbezeichnung gegeben; vom Komponisten ist kein Werktitel überliefert.

Privatbesitz, Prag.
A von Skizzen zu Nr. 3, 5, 6 in PBM (Aa 11) 8 S., Bleistift.
Die Quellenlage ist also reich und kompliziert!

F: Inst. BM, Prag (HEN 007 - Nr. 2, 3, 4; ČMH 006 - 1, 3, 4, 5, 6).
Inst. BM, Prag (PBM Aa 10 - Nr. 2; PBM Aa 11 - Nr. 3, 5, 6).

V: Editio Bärenreiter, Prag.

Interessante und lebensfrische Zeugnisse der „smetanaschen“-Phase, die Martinů in seiner „impressionistischen“ Entwicklung durchlief und welche das Ballett *Stín* (*Der Schatten*, H. 102), die *Kleine Tanzsuite* (H. 123) und höchstwahrscheinlich auch das verschollene Ballett *Koleda* (*Weihnachtslieder*, H. 112) dokumentieren. Die Stücke sind zwar leider etwas lang geraten, gelten allerdings als interessante Vorläufer der *Etüden und Polkas* aus dem Jahre 1945 (H. 308). Nr. 5 in E unterscheidet sich von den anderen: Sie ist die lyrischste, virtuoseste, mit vielen Läufen und Vexierung und klingt nicht so derb rustikal. Auch bei Smetana finden sich solche lyrischen Polkas.

***104. BURLESKA (Burleske)**

E: Polička, Februar 1917.

UA: Polička, 17.2.1917. Der Komponist.

A: Verschollen.

V: Editio Bärenreiter, Prag

Die *Burleska* wird nur in der Šafránek-Monografie erwähnt.

***105. SNÍH (Der Schnee)**

E: Polička, März 1917.

D: 1. *Vločky sněhu* (Schneeflocken) (Moderato).
2. *Večer* (Abend) (Lento).
3. *Na saních. Malá upomínka* (Schlittenfahrt. Kleine Erinnerung) (Allegro).

A: Verschollen.

UA: Polička, 17.3.1917. Der Komponist.

Ausg: Von Urbánek (Prag) unter der Verlagsnummer 1667 angekündigt, jedoch nicht erschienen.

V: Editio Bärenreiter, Prag.

Das Werk wird nur in der Šafránek-Monografie erwähnt.

107. VALSE-CAPRICCIO
E: Polička, Februar 1917.
W: „Sl. Zdeně Maxové" (Gewidmet Fräulein Zdena Maxová).
D: Allegretto. Tempo di Valse.
A: Privatbesitz, Paris (nur letzte S. + Titels.).
PBM (in Aa 64), 2 S., Skizzen, unvollständig.
F: Inst. BM, Prag (XYZ 065).
Inst. BM (PBM Aa 64).
V: Editio Bärenreiter, Prag.

***108. NÁLADA (Stimmungsbild)**
E: Polička, 1917.
A: Verschollen.
V: Editio Bärenreiter, Prag

Das Werk wird nur in der Šafránek-Monografie erwähnt.

109. FURIANT
E: Polička, 1917.
A: MZM Brno (in A 40610 ein Konvolut von Bleistiftskizzen) 4 S., Skizze.
D: ($^3/_4$, A), 163 T. (218 T. m. Wdh.). Sehr blass aber vollständig, Ausgabe möglich.
V: Editio Bärenreiter, Prag.

***113. LETNÍ SVITA (Sommersuite). Sechs lyrische Stücke**
E: Polička, Neujahr 1918.
D: 1. Moderato (Valse).
2. Tempo di Minuetto.
3. Moderato.
4. Scherzando.
5. Allegretto.
6. Tempo di Valse.
A: Verschollen.
Ausg: Von Urbánek (Prag) angekündigt, jedoch nicht erschienen und verschollen.
V: Editio Bärenreiter, Prag.

116. LOUTKY II (Marionetten II). 5 Klavierstücke

E: Polička, 1914-1918 (Nr. 2: 28.7.1916 - Datum der Widmung, mit der Angabe Praha II, Myslíkova 25; hier wohnte Martinů im Jahre 1922).

W: Nr. 2: Gewidmet Zdenka Maxová.

D: 15'

1. *Loutkové divadlo* (Puppentheater) Valse. Allegretto ($^{3}/_{4,}$ D), 103 T. 2' 30''
2. *Harlekýn* (Harlekin). Scherzo (Allegretto) ($^{6}/_{8}$, dann $^{3}/_{4}$, Es), 98 T. (161 T. m. Wdh.). 1' 30''
3. *Colombína vzpomíná* (Colombines Erinnerungen). Intermezzo-tranquillo (poco andantino) ($^{3}/_{4}$, g), 149 T. 3' 30''
4. *Nemocná loutka* (Die kranke Puppe). Chanson triste. Largo ($^{3}/_{4}$, cis-fis), 59 T. (91 T. m. Wdh.). 3' 30''
5. *Colombína zpívá* (Colombine singt). Chanson à la Grieg. Lento ($^{2}/_{4}$, g), 86 T. (127 T. m. Wdh.). 4'

A: NM ČMH Prag (Tr B 582), 24 S., davon 18 S. Musik.
Nr. 2 Privatbesitz, Prag (3 S. + Titels.).
Nr. 3 PBM (Aa 6), 3 S. + Titels., („Melancholische Puppenlieder 8''). Sehr schöne Reinschrift.
Nr. 5 Privatbesitz, Prag (3 S. + Titels.), (Melancholische Puppelieder 7).

F: Inst. BM, Prag (PBM Aa 6).
Inst. BM Prag (HEN 001, HEN 006).

Ausg: Urbánek, Prag 1925 (M. U. 1487). Neuauflage Staatsverlag, Prag (SHV) 1956 (H. 2181). Editio Supraphon, Prag 1982, Moskau 1985 (Raubedition), Bärenreiter, Kassel 1992 (BA 8195), Editio Bärenreiter, Prag 1995^{9}, 2005^{10} (H 7946).

V: Editio Bärenreiter, Prag.

Siehe Loutky III (H. 92).

***121.bis PRÉLUDE es-Moll**

E: 1919 (?)

UA: Prag, Národní dům na Vinohradech, 24.10.1919, K. Šolc.

A: Verschollen.

122. PRŮVOD KOČEK V NOCI SLUNOVRATU (Ein Katzenzug in der Nacht der Sommerwende)

E: Polička, 1919.
D: 1' 30''
Allegretto ($^4/_4$, e-fis), 33 T.
A: Archiv des Tschechischen Rundfunks, Prag (2 S. + Titels.).
F: Inst. BM (XYZ 034).
Ausg: In: *Kompositionen für Kinder*, Moskau 1985. (Raubedition). In: *Skladby pro Poličku*, Editio Supraphon Praha 1973 (P 5395), In: *Klavírní skladby*, Panton, Prag 1970, 1974^2, 1995^3 (P 1069).
V: Panton International, Prag.

Wohl das früheste Jazz-Stück von Martinů, humorvoll, voll trockener Ironie und im typisch „katzenartigen" Schritt.

122.bis THE LITTLE LULLABY

E: Polička 30.10.1919.
W: „To misis (sic!) Ant. Machanová" (Gewidmet Frau A. Machanová).
D: 4'
Ohne Tempoangabe (C, F), 111 T. (116 T. m. Wdh.).
A: PBM (Aa 12) 2 S.
F: Inst. BM, Prag (PBM Aa 12).
V: Editio Bärenreiter, Prag.

123.bis FOXTROT NAROZENÝ „NA RŮŽKU" (Foxtrott „Am Eck" geboren)

E: Zwischen 1919 und Mai 1920.
D: 1'
Tempo di Foxtrot (C, g-c), 32 T.
A: Klavieroriginal von Martinů verloren. Nach den beiden Bearbeitungen von Josef Vinter für die Blaskapelle von Polička (PBM Af 184 a, b) von Iša Popelka neu für Klavier gesetzt.
F: Inst. BM (PBM Af 184 a, b).
Ausg: In: *Skladby pro Poličku*, Editio Supraphon Praha 1973 (H 5395).
V: Editio Bärenreiter, Prag.

125. JARO V ZAHRADĚ (Frühling im Garten). 4 Klavierstücke für Kinder

E: Prag, 1920.

D: 9'
1. Poco Allegro ($^{2}/_{4}$, D), 146 T. 2'
2. Andante moderato ($^{4}/_{4}$, C), 56 T. 2' 30''
3. Allegro alla marcia ($^{4}/_{4}$, c), 67 T. 2'
4. Moderato ($^{4}/_{4}$, G), 49 T. 2' 30''

A: z. Z. nicht nachweisbar.
Ausg: Zdeněk Vlk, Prag 1948. Neuauflage Staatsverlag, Prag (SHV) 1961 (rev. Vilém Kurz) (H. 3257). Editio Supraphon Praha 1987, Moskau 1985 (Raubedition), Editio Bärenreiter, Prag 2003[8] (H. 3257) - revidierte Fassung (Editor Aleš Březina).
V: Editio Bärenreiter, Prag.

Die bisher angewandten Titel zu einzelnen Teilen des Zyklus 1. „Co teď budeme hráti? Na honěnou?“ (Was wollen wir nun spielen? Verstecken?), 2. „Myslím, že bych už měl jít spát“ (Ich glaube, dass ich schon ins Bett sollte), 3. „Proč bychom si nezahráli na vojáky?“ (Warum sollten wir nicht Soldaten spielen?), 4. „Není to snad nic zlého, utrhnu - li si několik květin“ (Es ist doch nichts Böses, ein paar Blumen zu pflücken) sind nicht nachweisbar und stammen wahrscheinlich nicht von Martinů. Vier reizende kleine Stücke, für den Unterricht jüngerer Kinder besonders geeignet.

125.bis SLAVNOSTNÍ POCHOD „KYTARY“ (Festlicher Marsch des Vereins „Kytara“)

E: Polička, 12.8.1920.
W: „Složil a věnoval Kytaře její zasloužilý člen, hudební referent Bogun Martinů“ (Komponiert und dem Verein „Kytara“ von seinem Mitglied und Musikreferenten Bogun Martinů gewidmet).
D: 4' 30''
($^{4}/_{4}$, Es-D), 54 T. (130 T. m. Wdh.) Marcia. - „vesele nebo smutně, jak si kdo přeje. À la 'Kytara'“ (lustig oder traurig, wie es euch gefällt).
A: Privatbesitz, Moravská Třebová (Tschechien).
F: PBM (FAa 3) 4 S. (3 S. + Titels.).
Inst. BM (PBM FAa 3).
Ausg: In: *Skladby pro Poličku*, Editio Supraphon Praha 1973 (H 5395).
V: Editio Bärenreiter, Prag.

126.bis FOXTROT

E: Polička, in den Ferien 1920.
W: Jeník Jílek.
D: 2' 15''
Tempo di Foxtrot ($^4/_4$, C) 74 T. (118 T. m. Wdh.).
A: Seinerzeit František Popelka, Polička, z. Z. verschollen.
F: PBM (FAa 2) 3 S. + Titels.
Inst. BM (FAa 2).
Ausg: Skladby pro Poličku, Editio Supraphon Praha 1973 (H 5395).
V: Editio Bärenreiter, Prag.

127. MOTÝLI A RAJKY (Schmetterlinge und Paradiesvögel). Drei Stücke

E: Polička, Weihnachten 1920.
W: „Milostivé paní El. Švabinské" (Gewidmet der gnädigen Frau Ela Švabinská).
D: 15'
1. *Motýli v květinách* (Schmetterlinge in den Blumen) ($^6/_8$, E), 77 T. 4'
2. *Motýli a rajky* (Schmetterlinge und Paradiesvögel) ($^6/_8$, H-Des), 74 T. 3' 30''
3. *Rajky nad mořem* (Paradiesvögel über dem Meerufer) Andante ($^3/_4$, dann wechselnd E), 273 T. 7' 30''
A: NM ČMH (Tr B 273), 26 S. + 3 Titels.
F: Inst. BM, Prag (ČMH 009).
Ausg: Panton, Praha 1973, 1983[2] (P 1460).
V: Panton International, Prag.

Zur Komposition wurde Martinů von einer Ausstellung exotischer Schmetterlinge in Kozlov angeregt. Das etwas lang geratene Werk verweilt ganz im Zauber des Impressionismus im selben Stilbereich wie etwa *Sen o minulosti* (Traum der Vergangenheit, H. 124) oder *Míjející půlnoc* (Schwindende Mitternacht, H. 131).

127.bis ONE STEP

E: Prag, 1.1.1921.
W: Gewidmet Fräulein Milada Häuslerová.
D: 3'
($^2/_4$, g, Trio Es), 52 T. (120 T. m. Wdh.).

F: PBM (FAa 67). 5 S.
Inst. BM (PBM FAa 67).

Hübsches Jazzstück, einer Veröffentlichung wohl wert.

127.ter JARO (Der Frühling)
E: Prag, April 1921.
W: Gewidmet Fräulein M. Fialová.
D: 4'
Moderato (3/4, h), (T. 1-26) - Scherzando (3/8, g), (T. 27-60; 28-32 und 43-48 m. Wdh.). Meno mosso (3/8, dom. H), (T. 61-74) und 1-26 da Capo. Insges. 74 T. (111 T. m. Wdh.).
A: Privatbesitzer, Hradec Králové, Tschechien, (3 S. + Titels.).
F: Inst. BM, Prag (XYZ 044).
V: Frei.

Die Komposition wurde anfang 2004 neu aufgefunden. Lyrischer Hauptteil mit punktierter Rhythmik, lebhafter Mittelteil mit „Furiant"-Akzenten und allmählich langsamere Zurückleitung zur Reprise auf einem Dominantpedal. Für Martinů sehr klassisch, aber hübsch; könnte veröffentlicht werden.

128. VEČER NA POBŘEŽÍ (Abend am Meerufer). Drei kleine Klavierstücke
E: Prag, Mai 1921.
W: Gewidmet Milada Häuslerová.
D: 9' 45''
1. *Plachetka se vrací večer do přístavu* (Des Abends kehrt das Segelschiff in den Hafen zurück). Moderato ($^6/_8$, F - dom-G), 48 T. (63 T. m. Wdh.). 2' 45''
2. *Píseň na pobřeží* (Lied am Meerufer). Andante (C, e-E), 55 T. (103 T. m. Wdh.). 3'
3. *Břehy v příboji* (Ufer in der Brandung). Allegro ($^{12}/_8$, G-e), 59 T. (103 T. m. Wdh.). 4'
A: Privatbesitz, Prag, Tschechien, (7 S. + Titels.).
F: Inst. BM, Prag (MIH 001).
V: Editio Bärenreiter, Prag.

Der erste Satz wiegend, impressionistisch, der zweite ganz schlicht und volkstümlich, der dritte stürmisch und virtuos, mit schlichtem, ruhigen Mittelteil; sollte veröffentlicht werden.

132. IMPROVIZACE NA JAŘE (Improvisation im Frühling)

E: Prag, 1922.
D: 2'
Poco moderato ($^6/_8$, A), 51 T.
Ausg: Beilage der Zeitschrift Dalibor XXXIX, Nr. 6/7; übernommen von Urbánek, Prag 1923.
V: Frei.

137. (recte 149/150) LOUTKY I (Marionetten I). 5 Klavierstücke

E: 1923–1925 – Die Marionetten sind nicht in den Vorkriegsskizzen vorhanden und auch der Klaviersatz entspricht eher den späteren Werken; also mussten die Marionetten I in den zwanziger Jahren entstehen.
W: Gewidmet Harry Faul.
D: 11'
1. *Colombína tančí* (Colombine tanzt) Tempo di Valse ($^3/_4$, A), 65 T. (123 T. m. Wdh.). 2'
2. *Nová loutka* (Die neue Puppe). Shimmy Moderato ($^4/_4$, F-h), 34 T. 1' 30''
3. *Ostýchavá panenka* (Das schüchterne Püppchen). Chanson. Andante moderato ($^4/_4$, e-d), 41 T. (64 T. m. Wdh.). 3'
4. *Pohádka* (Märchen) Moderato ($^3/_4$, D-Des), 60 T. (106 T. m. Wdh.). 2' 30''
5. *Tanec loutek* (Tanz der Puppen) Tempo di Valse ($^3/_4$, As-Es) 74 T. (105 T. m. Wdh.). 2'

A: NM ČMH (Tr B 583), 20 S. + Umschlag, am Anfang jedes Satzes: Französische Übersetzung der Titel (Bleistift fremder Hand).
Ausg: Urbánek, Prag 1926. Neuauflage Staatsverlag, Prag (SHV) 1959 (H. 2180). Moskau 1958 (Raubedition), Editio Supraphon Praha 1986, Bärenreiter, Kassel 1992 (B.A. 8195), Edition Bärenreiter Praha 1995 (H 7875). Editio Bärenreiter, Prag 2003 (H 7875).
V: Editio Bärenreiter, Prag.

Siehe Loutky III (H. 92).

138. BAJKY (Fabeln)

E: Paris, 1924.
W: Gewidmet P. und J. Osuský.
D: 11'
1. *Na farmě* (Auf dem Bauernhof). Poco moderato ($^2/_4$, G), 59 T. 2' 30''
2. *Chudák králíček* (Das arme Kaninchen). Andante ($^2/_4$) e-G), 68 T. 2'
3. *Opičky* (Die Äffchen). Moderato, poco Allegro ($^4/_4$, H-E), 36 T. 2'
4. *Kuřátko* (Das Hühnchen). Tempo di Menuetto ($^3/_4$, F), 40 T. (63 T. m. Wdh.). 2' 30''
5. *Zlý medvěd* (Der böse Bär). Allegro moderato ($^4/_4$, b), 42 T. 2'
A: Verschollen.
Ausg: Urbánek, Prag 1947. Neuauflage Staatsverlag, Prag (SHV) 1961. Editio Supraphon Praha 1982, Editio Bärenreiter, Prag, 1995[5] (H 3363).
V: Editio Bärenreiter, Prag.

Nicht ganz leicht, daher eher für junge Zuhörer als für Anfänger am Klavier geeignet.

138.bis SCHERZO

E: Paris 10.2.1924
W: Gewidmet Fräulein Vlasta Hálková („à ma petite amie pour souvenir de Paris").
D: 3' 30''
Scherzando ($^3/_8$, E-Es), 118 T. (194 T. m. Wdh.).
A: Privatbesitz, Deutschland, (5 S. + Titels.).
F: Inst. BM (PBM Faa 4, LIP 007).
Ausg: Panton, Praha 1976, 1993[2] (P 1674).
V: Panton International, Prag.

140. PRÉLUDE

E: Paris, Mai 1924.
W: Gewidmet Karel Šolc.
D: Allegro moderato ($^3/_4$, cis), 49 T.
A: Pierpont Morgan Library, New York USA, 5 S.

F: Inst. BM, Prag (XYZ 020).
Ausg: In: *Klavírní skladby*, Panton, Prag 1970, 1974^2, 1995^3 (P 1069).
V: Panton International, Prag.

141. KOMPOSITION FÜR KLAVIER (ohne Titel)

E: Paris, 1924.
D: Wahrscheinlich Poco Allegro ($^2/_4$, 1–44: e-c, 45–86: b-dom. e, dann da Capo), 86 T. (130 T. m. Wdh.).
A: NM ČMH (Depositum NBM) Prag (6 S.).
F: Inst. BM (XYZ 054).
Ausg: In: *Klavírní skladby*, Panton, Prag 1970, 1974^2, 1995^3 (P 1069).
V: Panton International, Prag.

145. INSTRUKTIVNÍ DUO PRO NERVÓZNÍ (Instruktives Duett für nervöse Leute)

E: Paris, 20.2.1925.
D: Kurzes Stück ohne Taktstriche.
A: z. Z. nicht nachweisbar.
Ausg: Beilage der Lidové noviny, Brno (ein Ex. liegt im PBM.).
In: *Drobné klavírní skladby*, Panton, Prag 1974, 1979^2, 1995^3 (P 1333).
V: Panton International, Prag.

Ein amüsanter Scherz, mit verwirrenden Rhythmen und Chromatismen, dazu Überlagerungen beider Hände, die die Aufführenden wie ein Spinngewebe gefangen nehmen.

148. FILM EN MINIATURE

E: Paris - Polička, 1925 (Nr. 3 Polička 3.10.1925, Nr. 5 Paris, Jardin du Luxembourg, Nr. 6 Paris, Jardin des Plantes.).
UA: (Nr. 1 und Nr. 4) Paris 2.4.1927.
W: „Slečně Fině Tausikové“ (Gewidmet Fina Tausiková).
D: 12'
1. Tango ($^4/_8$, D), 79 T. 2' 15''
2. Scherzo (Allegretto) ($^2/_4$, G), 91 T. 1' 40''
3. Ukolébavka-Berceuse (Wiegenlied). Andante moderato ($^4/_4$, D), 58 T. 2' 10''
4. Valse (Poco allegro) ($^3/_4$, d) 100 T. 2' 15''

5. Chanson (Allegro moderato) ($^{6}/_{8}$, D-G), 41 T. 1' 20''
6. Carillon (Allegro) ($^{4}/_{4}$, G), 63 T. 1' 45''

A: PBM (Aa 14), 21 S. + 2 Titels. (in der Reihenfolge 1, 6, 5, 4, 3, 2. Die 2. Titels. empfiehlt noch eine andere Reihenfolge 1, 4, 5, 6, 3, 2); Handschriftliche Kopie fremder Hand in PBM (Af 185), 22 S. + Titels.
F: Inst. BM (PBM Aa 14, PBM Af 185).
Ausg: Hudební matice, Prag 1929 (H. M. 333). Neuauflage 1947. Editio Supraphon Praha 1975, Editio Bärenreiter, Prag 2004 (H 5709).
V: Editio Bärenreiter, Prag.

Der Titel des Zyklus fehlt in der Originalhandschrift, wo es „Cestou“ (Unterwegs) heißt, was wohl vom Verleger stammt.

154. TROIS DANSES TCHÈQUES (Drei tschechische Tänze)
E: Paris, 1926. Frühfassung von Nr. 3 1924 an Karel Šolc gesandt. Nr. 3 Oktober 1926 (beendet 9.11.1926)
W: 1. Gewidmet Jan Heřman; 2. Gewidmet Denyse Molié; 3. „A madame Jane Mortier, grande propagandiste de la musique moderne homages dévoués de l'auteur“ (Gewidmet Jane Mortier).
UA: 3. Jane Mortier, Paris 7.3.1927 (und wahrscheinlich Nr. 2).
3. B. Martinů selbst. Paris, Association des Etudiants tchècho-slovaques 2.4.1927.
1. und 3. Jane Mortier, Paris 17.3.1927.
D: 7' 30''
1. *Obkročák.* Tempo di Polka ($^{2}/_{4}$, F-C), 123 T. 2' 30''
2. *Dupák.* Allegro con brio ($^{2}/_{4}$, E), 183 T. 2' 30''
3. *Polka.* Rubato-Tempo di Polka ($^{2}/_{4}$, d-C), 123 T. 2' 30''
A: BNF, Paris (Depositum Max Eschig) (Nr. 1: 7 S. + Titels., Nr. 2: 14 S. + Titels., Nr. 3: 11 S. + Titels.).
Nr. 3 PSS, Basel, 16 S. mit dem Titel *La Polka tchèque.*
F: Nr. 1 PBM (FAa 6), Nr. 3 (FAa 5).
Inst. BM (PBM FAa 5, PBM FAa 6).
Inst. BM (ESCH 025).
Ausg: Max Eschig, Paris 1929 (M. E. 2352). Neuauflage 1947.
V: Max Eschig, Paris.

Drei rassige und brillante Vortragsstücke voll rhythmischer und harmonischer Erfindungskraft, im besten Stil des damaligen Martinů. Sie verdienen die Aufmerksamkeit aller Virtuosen.

***156. HABANERA**

E: Paris, 1926.
W: Gewidmet Lydia Wisiaková. Als Tanzstück geschrieben. Choreographie von Václav Vlček und Lydia Wisiaková, Prag 1926.
A: Verschollen.
V: Editio Bärenreiter, Prag.

Das Werk wird nur in der Šafránek-Monografie erwähnt.

158. PRO TANEC (Zum Tanzen)

E: Paris, Februar 1927.
D: Allegro (C, ohne Vorzeichen, wechselnde Tonarten) 23 T. (35 T. m. Wdh.).
A: z. Z. nicht nachweisbar.
Ausg: Beilage der Zeitung „Lidové noviny“ vom 20.2.1927. In: *Drobné klavírní skladby*, Panton, Prag 1974, 1979^2, 1995^3 (P 1333).
V: Panton International, Prag.

160. TROIS ESQUISSES DE DANSES MODERNES (im Druck erschienen als Trois Esquisses)

E: Paris, 1 April 1927.
W: Gewidmet V. Vaňková.
D: 6'
1. Tempo Blues ($^2/_4$, fis), 93 T. 2'
2. Tempo Tango ($^4/_4$, Des-cis), 68 T. 2'
3. Tempo Charleston ($^4/_4$, G), 65 T. 2'
A: NM ČMH (Tr B 588), 16 S.
Ausg: Max Eschig, Paris 1965 (M. E. 7474).
V: Max Eschig, Paris.

Hübsche, geistreiche Kleinigkeiten im damaligen Jazz-Stil.

161. B LA REVUE DE CUISINE (Die Küchenschau)
Klavierfassung
A: Alphonse Leduc.
Ausg: Alphonse Leduc 1930 (A. L. 18 054).
V: Alphonse Leduc, Paris.

Es handelt sich um eine selbstständige Konzertfassung der Suite H. 161 A (siehe Kategorie 22), die mit dem Klavierauszug in der handschriftlichen Gesamtpartitur nicht identisch ist.

165. BLACK BOTTOM
E: Polička, 9.10.1927.
W: Gewidmet Jan Novotný.
D: Moderato ($^4/_4$, D-G), 48 T.
A: PBM (Aa 15), 2 S.
F: Inst. BM (PBM Aa 15).
Ausg: In: *Skladby pro Poličku*, Editio Supraphon, Prag 1973 (P 5395).
V: Editio Bärenreiter, Prag.

Kleines Stück im Jazz-Stil.

167. LE NOËL (Vánoce) (Weihnachten)
E: Paris, Weihnachten 1927.
W: Gewidmet Frau Špačková.
D: 8'
1. Allegro (*Le Traîneau*) (Der Schlitten) ($^2/_4$, A), 94 T. 2' 30''
2. Andante (*Berceuse enfantine*) (Kinderwiegenlied) ($^4/_4$, e), 69 T. 3'
3. Allegretto ma non troppo (*Chant de Noël*) (Weihnachtslied) (wechselnde Taktzahl, C) 106 T. (147 T. m. Wdh.). 2' 30''
In der Originalhandschrift und in der ersten Ausgabe fehlen die Satztitel.
A: PBM (Aa 16), 7 S. + Titels.
F: Inst. BM, Prag (PBM Aa 16).
Ausg: M. Urbánek, Prag 1931 (M.U. 1594), Editio Supraphon, Prag 1971 (rev. Karel Šolc), Editio Bärenreiter, Prag 1997[3].
V: Editio Bärenreiter, Prag.

170. (recte 174/175) QUATRE MOUVEMENTS (Vier Sätze)

E: Paris, Ostern 23.3.1929
W: Gewidmet Miloš Šafránek.
D: 6' 40''
1. Poco moderato, Allegretto, Tempo I ($^4/_8$, As), (Allegretto, cis), 61 T. 1' 50''
2. Allegro ($^4/_4$, F), 45 T. 1'
3. Adagio ($^4/_4$, (8/8), es-f), 22 T. 2' 30''
4. Allegro ($^4/_8$, a-A), 80 T. 1' 20''
A: PBM (Aa 17), 9 S. + Titels.
F: Inst. BM, Prag (PBM Aa 17).
Ausg: Editio Supraphon, Prag 1979.
V: Editio Bärenreiter, Prag.

173.bis Par T. S. F. (Über den Rundfunk)

E: Paris, Ende 1928 oder Anfang 1929
D: 0' 45''
Allegretto (¾, wechselnd), 38 T.
A: University of Georgia, USA, 2 S.
Ausg: Panton International, Prag, 1990.
V: Panton International, Prag.

***176. BLUES**

E: Paris, 1929.
W: Gewidmet Lydia Wisiaková.
UA: Paris 24.1.1930. Interpret unbekannt.
A: Verschollen.
V: Editio Bärenreiter, Prag.

Nur in der Šafránek-Monografie erwähnt.

177. LA DANSE

E: Polička, Juli 1929.
W: A Monsieur Conrad Beck.
D: 1' 30''
Poco Allegro ($^4/_8$, ohne Tonart), 43 T.
A: NM ČMH (Tr B 211), 3 S. + Titels.

Ausg: Im Album *Treize Danses. La Sirène musicale* (z. Z. Max Eschig). Paris 1929 (S. M. 162).
V: Max Eschig, Paris.

Ein interessantes Stück im kühn dissonanten, fast experimentierenden Stil der gleichaltrigen *Fantaisie* für 2 Klaviere (H. 180) und des *Streichquartetts Nr. 3* (H. 183).

178. PRÉLUDE zur Einweihung des neuen Stadttheaters zu Polička
E: Polička, August 1929.
UA: Theater von Polička, 14.-18.8.1929. Der Komponist.
D: Maestoso ($^4/_4$, D-H), 30 T.
A: PBM (Aa 18) (2 S. + Titels.).
F: Inst. BM (PBM Aa 18).
Ausg: In: *Skladby pro Poličku*, Editio Supraphon, Prag 1973 (P 5395).
V: Editio Bärenreiter, Prag.

181. HUIT PRÉLUDES (Acht Präludien)
E: Paris, 1929.
W: Gewidmet Fräulein Charlotte Quennehen (die zwei Jahre später Martinůs Frau wurde).
D: 18' 30''
1. En forme de Blues. Poco Andante ($^4/_4$), 50 T. 3' 20''
2. En forme de Scherzo. Vivo ($^3/_4$), 101 T. 1' 10''
3. En forme d'Andante. Adagio ($^4/_4$), 34 T. 3' 40''
4. En forme de Danse. Allegro vivo (ohne Taktart), 76 T. (118 T. m. Wdh.). 2' 20''
5. En forme de Capriccio. Allegretto ($^4/_8$), 55 T. 1' 40''
6. En forme de Largo. Lento ($^4/_4$), 39 T. 3' 50''
7. En forme d'Etude. Presto (ohne Taktart, g), 41 T. 1' 10''
8. En forme de Fox-Trot. Allegro ($^2/_2$, F), 58 T. 1' 20''

Nr. 2 auch für Orchester eingerichtet, siehe H. 181 A.
A: Alphonse Leduc, Paris (35 S. + Titels.).
F: PBM Prag (FAa 7).
Inst. BM (PBM FAa 7).
Ausg: Alphonse Leduc, Paris 1930 (A. L. 17691-17698).
V: Alphonse Leduc, Paris.

Geistreiches und anmutiges Konzertmaterial.

185. AVEC UN DOIGT (A trois mains)
(Mit einem Finger - dreihändig)

E: Paris, 26.1.1930.
W: Pour Madame et Monsieur Michel Dillard et pour le petit Jean-Pierre.
D: 0' 30''
Allegro fox ($^4/_4$, D-G), 22 T.
A: NM ČMH (Tr B 212), 2 S. + Titels. (die 2. Musikseite enthält nur einen T.).
Ausg: La Sirène musicale, Paris 1936 (S. M. 173).
V: Max Eschig, Paris.

Hier darf auch der Jüngste fröhlich „mitklimpern".

195. BOROVÁ, Sept Danses tchèques (Sieben tschechische Tänze)

E: Paris, 1929 - Polička, August-September 1930 (Brief B. Martinůs an M. Šafránek).
W: „Věnováno paní Anně Špačkové v Paříži květen 1931" (Gewidmet Frau Anna Špačková in Paris, Mai 1931).
D: 14'
1. Moderato ($^2/_4$, F), 80 T. 2'
2. Allegro moderato ($^2/_4$, d), 83 T. 2'
3. Allegro moderato ($^2/_4$, C-A), 92 T. 2'
4. Moderato ($^2/_4$, B), 77 T. 2'
5. Moderato ($^2/_4$, F-a), 78 T. 2'
6. Moderato ($^2/_4$, a-C), 84 T. 2'
7. Moderato ($^2/_4$, a-D), 87 T. 2'
A: Alphonse Leduc, Paris (21 S. + 7 Titels.).
F: PBM (FAa 8).
Inst. BM (PBM FAa 8).
Ausg: Alphonse Leduc, Paris 1931 (A. L. 17898-17904).
V: Alphonse Leduc, Paris.

Nr. 1 auch für kleines Orchester eingerichtet, siehe H. 195 A. Dieser Zyklus setzt die mit H. 154 begonnene Reihe tschechischer Tänze in etwas vereinfachter und weniger anspruchsvoller Weise fort.

203. ESQUISSES (erste Reihe)

E: Paris, 1931.

D: 12' 30''
1. Allegretto ($^{2}/_{8}$,d-As), 219 T. 2' 15''
2. Poco allegro (C-C), 99 T. 2' 30''
3. Valse ($^{3}/_{4}$, F), 90 T. 2'
4. Poco andantino (¾, G), 61 T. 2' 30''
5. Allegro ($^{4}/_{8}$,c-D), 97 T. 1' 45''
6. Allegro ($^{6}/_{8}$,d-g), 108 T. 1' 30''

A: NM ČMH (Tr B 312) 23 S. + Umschlagseite.
Ausg: In: *Skici, Hry*, Panton, Prag 1979.
V: Panton International, Prag.

*204. ESQUISSES (zweite Reihe)

E: Paris, 1931.
D: 1. Allegro - 2. Allegro - 3. Allegretto - 4. Allegro - 5. Poco allegro - 6. Poco allegro.
A: Verschollen.
V: Frei.

Das Werk wird nur in der Šafránek-Monografie erwähnt.

205. VIER STÜCKE ohne Titel („JEUX“, erste Reihe)

E: Paris, 1931.
UA: Český Krumlov (Tschechische Republik), 26.7.2003. K. Košárek.
D: 6' 15''
1. Poco Allegro ($^{4}/_{8,}$ bzw $^{3}/_{8}$, polytonal c), 83 T. 2'
2. Poco Allegretto ($^{2}/_{4,}$ F-G), 57 T. 1' 30''
3. Allegretto ($^{5}/_{8}$, wechselnd F-C), 71 T. 1' 15''
4. Allegro ($^{2}/_{4,}$ As-G), 70 T. 1' 30''

A: NM ČMH (Tr B 275) 11 S.
V: Panton International, Prag.

Es handelt sich um sehr wertvolle Stücke, die eine Veröffentlichung wohl wert sind!

206. JEUX (Hry) (Spiele). Sechs leichte Stücke (zweite Reihe)

E: Paris, 1931.
D: 14' 30''
1. Poco Allegretto ($^{2}/_{8,}$ c-C), 129 T. 2' 20''
2. Poco Allegro ($^{2}/_{8,}$ C-D), 188 T. 3'

3. Poco Andante ($^6/_8$, a-C), 71 T. 2' 45''
4. Allegro ($^3/_8$, e-polytonal-C), 172 T. 2' 15''
5. Andante ($^3/_4$, C), 41 T. 2'
6. Allegro (C, Es-G), 70 T. 2' 10''

A: NM ČMH (Tr B 311), 22 S. + Umschlagseite.
Ausg: In: *Skici, Hry*, Panton, Prag 1979 (P 1881).
V: Panton International, Prag.

Der Titel lautet: *Jeux, six morceaux faciles pour piano, Cahier I.*

214. C ZWEI TÄNZE aus dem Ballett „Špalíček"
E: Paris, 1931-1932.
D: 8'
1.Walzer (aus Akt 3, Sz. 3). Allegro moderato ($^3/_4$, a-g), 344 T. 5'
2. Polka (aus Akt 3, Sz. 3, Finale). Moderato ($^2/_4$, C-F), 129 T. (143 T. m. Wdh.). 3'

A: z. Z. nicht nachweisbar.
Ausg: Orbis, Prag 1950 (EO 190).
V: Editio Bärenreiter, Prag.

Eine der beiden eigenen Konzertübertragungen für Klavier aus einem Bühnenwerk Martinůs (die andere ist *La Revue de Cuisine*); zwei glänzende Virtuosenstücke.

220. ESQUISSES DE DANSES
E: Paris, 1932.
D: 10' 35''
1. Allegro moderato (ohne Taktart, d-D), 70 T. 1' 55''
2. Poco Andantino, Allegretto ($^3/_8$-$^2/_8$, G), 79 T. 2' 50''
3. Allegro vivo (ohne Taktart, F-G), 77 T. 1' 40''
4. Tempo di Valse ($^3/_4$, Es-A), 46 T. 1' 50''
5. Allegro (ohne Taktart, d-D), 94 T. 2' 20''

A: Schott, Mainz (24 S.).
Ausg: Schott, Mainz 1933 (Nr. 2327).
V: B. Schott Söhne, Mainz.

Nicht mit H. 160 zu verwechseln und bedeutend interessanter als jenes Werk.

221. DĚTSKÉ SKLADBY (Stücke für Kinder) (Vier leichte Klavierstücke)

E: Polička, 1932.
W: „Božánkovi a Soničce Šmídovým v upomínku na prázdniny v Potštejně“ (Gewidmet Božánek und Sonička Šmíd, zur Erinnerung an die Ferien in Potštejn).
D: 1. *Ráno na plovárně* (Vormittag im Schwimmbad). Allegretto ($^4/_4$, C), 20 T.
2. *Tatínkova písnička* (Vatis Liedchen). Moderato ($^4/_4$, C), 14 T. (26 T. m. Wdh.).
3. *Božánek v lese* (Božánek im Walde). Andante moderato ($^4/_4$, G), 16 T.
4. *Malý valčík* (Kleiner Walzer). Für Sonička. ($^3/_4$, D), 26 T. (32 T. m. Wdh.).
A: In Privatbesitz (5 S. + Titels.).
F: PBM (FAa 10).
Inst. BM (PBM FAa 10).
Ausg: Tempo, Prag - Bote and Bock, Berlin 1992.
V: Boosey & Hawkes, London-New York.

Nr. 2 ist ein vom Vater der kleinen Widmungsträgerinnen besonders geliebtes tschechisches Volkslied.

222. LÍSTEK DO PAMÁTNÍKU (Albumblatt) (Nr. 1)

E: Paris 1932.
W: „Slečně J. Žalmanové jako novoroční dárek věnuji tento Lístek do památníku“ (Fräulein J. Žalmanová widme ich dieses Albumblatt als Neujahrsgeschenk).
UA: Biberbach (Deutschland), 19.6.1955. E. Kovárnová.
D: 1' 45''
Volně (frei) (¾, F), 50 T.
A: z. Z. nicht nachweisbar.
F: PBM (FAa 9) 2 S.
Inst. BM (PBM FAa 9).
V: Panton International, Prag.

227. LES RITOURNELLES (Sechs Klavierstücke)

E: Paris, 15.12.1932.
UA: 26.11.1935, K. Šolc, Umělecká beseda, Prag (früheste nachweisbare Aufführung).

WA: New York, 22.11.1942. R. Firkušný.
D: 12'
1. Andante, Poco Allegro ($^3/_4$, d), 70 T. 1' 40''
2. Andante moderato, Allegro moderato (ohne Taktart, C-E), 39 T. 1' 40''
3. Intermezzo Nr. 1. Andantino (ohne Taktart, F-G), 8 T. 2' 25''
4. Andante, Poco Allegro (ohne Taktart, C), 35 T. 1' 40''
5. Intermezzo Nr. 2. Andante (ohne Taktart, e-E), 29 T. 3' 10''
6. Allegro vivo (ohne Taktart, C), 52 T. 1' 25''
A: Schott, Mainz, 19 S. + Titels.
Ausg: Schott, Mainz 1933 (Nr. 2326).
V: B. Schott Söhne, Mainz.

Neben den *Drei tschechischen Tänzen* (H. 154) und *Fenêtre sur le jardin* (H. 260) handelt es sich hier wohl um die wertvollste Klavierkomposition aus der Vorkriegszeit; interessant und frisch.

241. LÍSTEK DO PAMÁTNÍKU (Albumblatt) (Nr. 2)

E: Prag, März 1935.
W: Gewidmet Jiřina Černušáková.
D: Volně (Frei im Tempo) ($^2/_4$, G-Fis), 32 T.
A: Bei der Verwandten der Widmungsträgerin jetzt in Brno (ein Doppelblatt im Querformat).
Ausg: In: *Drobné klavírní skladby*, Panton, Prag 1974, 1979[2], 1995[3] (P 1333).
V: Panton International, Prag.

242. SKLADBA PRO MALÉ EVY (Komposition für die kleinen Evas)

E: Polička, Februar 1935.
W: „Věnováno Svatevě [sic] Michalové“ (Gewidmet Svatava Michalová).
D: 1' 30''
Ne příliš rychle (nicht zu schnell) ($^2/_8$, G), 113 T.
A: Privatbesitz, Basel (3 S. + Titels.).
F: PBM (FAa 11).
Inst. BM (PBM FAa 11).
Inst. BM (XYZ 015).

Ausg: Melantrich, Prag. Als Beilage der Zeitschrift „Eva" (1935, Nr. 9).
In: *Klavírní skladby*, Panton, Prag 1970, 1974², 1995³ (P 1069).
V: Panton International, Prag.

249. DUMKA (Nr. 1)
E: Paris, 1936.
W: Gewidmet Frau J. Roudnická.
D: 2' 30''
Poco moderato (3/8, D), 97 T.
A: z. Z. nicht nachweisbar.
Ausg: Im Album *Piano 1937*, Hudební matice, Prag.
In: *Drobné klavírní skladby*, Panton, Prag 1974, 1979², 1995³ (P 1333).
V: Panton International, Prag.

250. DUMKA (Nr. 2)
E: Paris, 1936.
W: Gewidmet Zdenka Kubínová.
D: 2'
Poco moderato (3/8, f-h), 90 T.
A: z. Z. nicht nachweisbar.
Ausg: Melantrich, Prag. Als Beilage der Zeitschrift „Eva", Nr. 13.
In: *Klavírní skladby*, Panton, Prag 1970, 1974², 1995³ (P 1069).
V: Panton International, Prag.

253. C JULIETTE (Akt 2, 3. Auftritt)
E: 1941(?)
W: Gewidmet Rudolf Firkušný.
D: 4'
55 T.
A: Nachlass Rudolf Firkušný, im Familienbesitz.
V: Frei.

Dem Wunsch Rudolf Firkušnýs entsprechend hat Martinů diese ergreifende Szene als Klaviersolo bearbeitet (und zwar aus dem Gedächtnis, daher ein Paar wenige Abweichungen gegenüber dem Original). Ein lyrisches Kleinod, dessen Originalhandschrift sich im Besitz der Erben

Firkušnýs befindet und daher noch unveröffentlicht bleibt. Es ist vorläufig nur durch Firkušnýs CD-Einspielung bekannt. Interpreten sind daher auf den Klavierauszug der Oper angewiesen.

***257. ČTVRTKY A OSMINKY (Viertelnoten und Achtelnoten). Kleine Unterrichtsstücke**

E: Paris, 1937.
A: Verschollen.

Nur in der Šafránek-Monografie erwähnt.

258. LE TRAIN HANTÉ (Die Geisterbahn)

E: Paris, September 1937.
W: „A Marguerite Long"
D: 3'
Allegro ($^3/_4$, wechselnd, f), 111 T.
A: BNF, Paris (Depositum Max Eschig) (7 S. + Titels.). Auf der Titelseite steht *Le train fantome.*
F: PBM (FAa 12).
Inst. BM, Prag (PBM FAa 12).
Ausg: Max Eschig, Paris 1938 (M. E. 5679). Im Album *Parc d'attractions, Expo 1937*, als Huldigung an die französische Pianistin Marguerite Long, mit Beiträgen von acht anderen Komponisten.
V: Max Eschig, Paris.

270. FENÊTRE SUR LE JARDIN (Fenster zum Garten) Vier Klavierstücke aus den Ferien

E: Vieux-Moulin, August 1938.
W: Gewidmet Frau Helena Pucová.
D: 7' 30''
1. Poco Andante (wechselnde Taktart, D), 54 T. 2'
2. Allegro moderato (wechselnde Taktart, F-E), 47 T. 2'
3. Moderato ($^3/_8$, wechselnd, D-Es), 88 T. 2'
4. Allegretto ($^4/_4$, e), 48 T. 1' 30''
A: Alphonse Leduc, Paris (12 S. - ohne Titels.).
F: Inst. BM, Prag (LED 002).
Ausg: Alphonse Leduc, Paris 1957 (A. L. 21722).
V: Alphonse Leduc, Paris.

Die vier schlichten Sätze bilden ein Kleinod erlesenster Lyrik. Die biegsame Melodik, metrisch ganz frei gestaltet, und die verfeinerte Harmonik drücken innigstes Empfinden aus. Der kleine Zyklus verdient es, bekannt zu werden.

***272. POHÁDKY (Märchen)**
E: Paris, Januar 1939.
W: Zum 24. Geburtstag von Vítězslava Kaprálová.
A: Verschollen.
V: Editio Bärenreiter, Prag.

Nur in der Šafránek-Monografie erwähnt.

277.ter VITULČINĚ MAMINCE K NAROZENINÁM (Zum Geburtstag von Vitulkas Mutter)
E: Paris, Juni 1939.
D: 1' 30''
Ohne Tempoangabe (3/8, f-F), 26 T. (46 T. m. Wdh.).
A: MZM Brno (A 29762) Ein auf 10 Systeme ausgeschnittenes Blatt recto-verso.
V: Frei.

281. FANTAISIE ET TOCCATA
E: Aix-en-Provence, August-September 1940.
W: „A Rudolf Firkušný“
UA: New York, Town Hall, 2.2.1943. Rudolf Firkušný.
D: 15'
1. Fantaisie: Andante - Moderato - Poco Allegro - Allegro - Andante (3/8, wechselnd, H-e), 296 T. 8'
2. Toccata: Allegro (4/4, wechselnd, g-H), 258 T. 7'
A: z. Z. nicht nachweisbar.
F: PBM (Ag 204) 37 S. + Titels. Das Werk heißt hier noch *Fantaisie et Rondo.*
Inst. BM (PBM Ag 204).
Ausg: AMP (Associated Music Publishers), New York 1951.
V: Associated Music Publishers, New York.

Unter tragischen Umständen (siehe Biografie) komponiert Martinů in seinem 50. Lebensjahr sein erstes groß angelegtes Werk für Soloklavier. Es entsteht eine dramatisch zerklüftete Komposition voll innerer Spannung und Erregtheit, in manchen Zügen dem *Doppelkonzert* (H. 271) verwandt, die an den Interpreten höchste Ansprüche an Technik und Temperament stellt. Die beiden Teile, sehr frei in der Form und im Rhythmus, erreichen innere Geschlossenheit und hinterlassen in einer vollkommenen Wiedergabe einen erschütternden Eindruck. Ein Gipfel moderner Klavierliteratur!

284. MAZURKA

E: New York, April 1941.
W: Huldigung an Paderewski.
UA: (Privat) New York, April 1941. R. Firkušný.
(Öffentlich) New York, 27.2.1942. Interpret unbekannt.
A: z. Z. nicht nachweisbar.
D: 2'
Moderato poco Andante ($^3/_4$, es-B), 45 T.
Ausg: Boosey & Hawkes, New York 1942 (B&H 19629). (Im Album *Homage to Paderewski*) „Custom print“ (Kopie mit dem Stempel).
V: Boosey & Hawkes, London-New York.

Martinůs erste Komposition auf amerikanischem Boden.

285. bis DUMKA (Nr. 3)

E: Jamaica (Long Island), USA, 21.9.1941.
W: Zum Geburtstag von Frau Doris Rybka.
D: 1' 30''
Ohne Tempoangabe ($^3/_8$ bzw. $^2/_8$, F), 51 T.
A: Privatbesitz (USA), 3 S. + Titels.
Ausg: Max Eschig, Paris 1968 (M. E. 7833).
V: Max Eschig, Paris.

286.bis MERRY CHRISTMAS 1941

E: Jamaica. Croydon Road (USA) zu Weihnachten 1941.
W: To Hope Castagnola.
D: 4'
Moderato ($^3/_8$, B; Mitte Poco Andante 85–124, G-dom. B), 124 T. (206 T. m. Wdh.).
A: Library of Congress in Washington, 6 S. + Titels.
F: Inst. BM, Prag (LOC 005).

Ausg: Bearbeitung für Bläserquintett Benjamin Productions, Inc. P und ST K, arr. By Roger Ruggeri 1989.
V: Frei.

Ein sehr schönes, wertvolles Klavierstück. Verdient unbedingt eine Veröffentlichung.
Bearbeitung für Bläserquintett siehe Kategorie 21.

304.bis BERCEUSE
E: New York um 23.1.1945.
W: „Pour le petit Richard et sa maman si gentille"; zur Geburt des Sohnes von Artur Rodzinski (23.1.1945).
D: 0' 30''
Andante (¾, F), 17 T.
A: Beim Widmungsträger.
F: Inst. BM, Prag (XYZ 039) 1 Seite.
V: Frei.

308. ETUDES AND POLKAS. Sechzehn Klavierstücke in drei Heften
E: Cape Cod, South Orleans (Mass.), USA 27.7.-28.8.1945. Nr. 6: 27.7.1945 - Nr. 5: 28.7.1945 - Nr. 1: 31.7.1945 - Nr. 9: 2.8.1945 - Nr. 7: 28.8.1945.
W: Nr. 2 und 10 gewidmet Milada Svobodová; Nr. 5 „To Mrs. Nora Smith"; Nr. 6 „To Mrs. Ann Gilmore"; Nr. 8 „To Jean-Weir-Jablonka"; Nr. 15 „To Winifred Johnstone".
UA: New York, Carnegie Hall, 18.1.1946, R. Firkušný.
D: 32'
Erstes Heft: 11' 30''
1. Etude in D. Allegro (poco) (3/4, D-B), 111 T. 1' 30''
2. Polka in D. Poco Allegro (2/4, D), 74 T. 1' 30''
3. Etude in A. Vivo (3/4, a-F), 162 T. 3' 30''
4. Polka in A. Poco allargando (2/4 A), 58 T. 1' 15''
5. Pastorale. Moderato (3/8, B-F), 85 T. 1' 45''
6. Etude. Poco Allegro (wechselnde Taktart, Es-B), 73 T. 2'
Zweites Heft: 10' 15''
1. (7) Etude in C. Allegro (3/4, C), 104 T. 2' 30''
2. (8) Polka in F. Poco Allegro (2/4, F), 76 T. 1' 30''
3. (9) Dance-Etude. Allegretto (3/8, Es-F), 140 T. 2' 30''

4. (10) Polka in E. Allegro moderato ($^2/_4$, E-F), 86 T. 1' 45''
5. (11) Etüde in F. Allegro ($^4/_4$, F-D), 60 T. 2'
Drittes Heft: 10' 15''
1. (12) Etude in A. Moderato ($^2/_8$, wechselnd, a-F), 65 T. 2'
2. (13) Polka in A. Poco Allegro ($^2/_4$, h-B[!]), 88 T. 2'. In der Originalhandschrift heißt sie richtig Polka in h.
3. (14) Etude in F. Allegro ($^{12}/_8$ und $^6/_8$, F), 68 T. 1' 45''
4. (15) Polka in A. Moderato ($^2/_4$, a), 90 T. 2'
5. (16) Etude in F. Allegro ($^6/_8$, wechselnd, F), 145 T. 2' 30''

A: PBM (Aa 20) 26 S., (Aa 21) 26 S., (Aa 22) 25 S.
F: Inst. BM (PBM Aa 20, PBM Aa 21, PBM Aa 22).
Ausg: Boosey & Hawkes, London-New York 1946 (Nr. 15773-15775). Editio Supraphon Praha 1990 (S 7514). Reprint Boosey and Hawkes.
V: Boosey & Hawkes, London-New York.

Martinůs in Amerika rasch erworbener Ruhm als Symphoniker veranlasste seinen Verleger, bei ihm auch kleine Klavierstücke zu bestellen. Im Sommer 1945, kurz nach der sonnigen *Symphonie Nr. 4*, entstanden in rascher Folge sechzehn frische und musikantische Stücke, die den Pianisten vor dankbare Aufgaben stellen. Ihre Stimmung ist fast durchweg heiter und unbeschwert. Besonders die sechs *Polkas* behaupten sich als gereifte, geklärte Gegenstücke zu den zahlreichen Tanzstücken aus der Jugendzeit und zeugen von Martinůs ständiger Beziehung zur Heimat.

318. THE FIFTH DAY OF THE FIFTH MOON (Su-Tangpo) (Der fünfte Tag des fünften Mondes)

E: New York, 20.5.1948.
W: Gewidmet Hsien-Ming Lee-Tsherepnin.
Angeregt von einer Stelle (S. 148) aus dem Buch *The Gay Genius* von Lin Yutang.
D: 2' 30''
Moderato (Andante) (ohne Taktart und ohne Taktstriche, F [fünftonartig]).
A: Heugel, Paris (heute bei Alphonse Leduc), 5 S. + Titels.
F: PBM (FAa 13).
Inst. BM (PBM FAa 13).
Inst. BM, Prag (HEU 001).
Ausg: Heugel, Paris 1951 (H. 31296).
V: Alphonse Leduc, Paris.

Für die chinesische Gattin des befreundeten Komponisten Alexander Tsherepnin schrieb Martinů dieses aparte Werklein im „chinesischen" Stil.

319. LES BOUQUINISTES DU QUAI MALAQUAIS

E:	New York, 24.5.1948.
W:	„A ma femme Charlotte" (Gewidmet meiner Frau Charlotte).
D:	2'
	Allegro ($^2/_4$, F), 84 T.
A:	Beim Verleger in Paris (4 S. + Titels.).
F:	PBM (FAa 14), 5 S. + Titels. - Das Widmungsexemplar mit dem Titel *Les Bouquinistes du Quai Voltaire* wurde gestrichen und durch den oben genannten ersetzt. Inst. BM, Prag (PBM FAa 14). Inst. BM, Prag (HEU 002). Heugel, Paris.
Ausg:	Heugel, Paris 1954 (H. 31657).
V:	Alphonse Leduc, Paris.

Diese Erinnerung an die glücklichen Vorkriegszeiten bei den Buchantiquaren am Seineufer (wo Martinů nach eigener Schätzung ein volles Jahr seines Lebens verbracht hat!) eignete der Komponist seiner Gattin zu.

323. BAGATELLE „MORCEAU FACILE"

E:	New York, März 1949.
W:	Gewidmet Thérèse Casadesus.
D:	1'
	Moderato ($^2/_4$, F), 33 T.
A:	Bei der Widmungsträgerin.
F:	PBM (FAa 15), 5 S. + Titels. (Querformat). Inst. BM (PBM FAa 15).
Ausg:	Max Eschig, Paris 1966 (M. E. 7640).
V:	Max Eschig, Paris.

Ein kleiner Scherz mit humorvollen Anweisungen z.B. Seite 4 unten: *watch your step*! Am Schluss für das tiefe F: *Surtout il faut toucher la note juste! Sinon c'est la fin de tout!*

326. BARCAROLLE

E: New York, 10.12.1949.
W: Gewidmet Frau Marguerite Fournier.
D: 1' 30''
Moderato ($^3/_4$, e-E), 43 T.
A: z. Z. nicht nachweisbar. Ehemals bei Frau Charlotte Martinů (3 S.).
Ausg: Max Eschig, Paris 1966 (M. E. 7639).
V: Max Eschig, Paris.

333. IMPROVISATION

E: New York, im Sommer 1951.
D: 1'
Poco Allegro ($^4/_8$, A-D), 37 T.
A: z. Z. nicht nachweisbar.
Ausg: Pierre Noël, Paris 1952. In der III. Reihe des Albums *Les Contemporains*,
G. Billaudot, Paris 1998 (G 6405 B).
V: G. Billaudot Éditeur, Paris.

350. SONATE

E: Nizza, 26.11.–17.12.1954.
W: Gewidmet Rudolf Serkin.
UA: Brno, 3.12.1957. E. Nováková.
WA: New York, 4.12.1957. R. Serkin.
D: 19'
1. Poco Allegro ($^3/_8$, es-Es), 227 T. 5' 30''
2. Moderato (Poco Andante) (ohne Taktart, f-F), 188 T. 8'
3. Adagio, Poco Allegro ($^4/_4$, es-E), 158 T. 5' 30''
A: PBM (Aa 23), 27 S. + Titels.
F: Max Eschig, Paris.
Inst. BM, Prag (PBM Aa 23).
Inst. BM, Prag (ESCH 014).
Inst. BM, Prag (PSS 002).
PSS, Basel - mit handschriftlichen Eintragungen von Martinů.
Ausg: Max Eschig, Paris 1958 (M. E. 6947).
V: Max Eschig, Paris.

Diese einzige Klaviersonate steht zeitlich genau zwischen der *Symphonie Nr. 6* und dem *Klavierkonzert Nr. 4* (*Incantation*). Sowohl stilistisch wie geistig ist die Nähe dieser beiden Meisterwerke zu spüren. Die Form ist verblüffend frei und dennoch völlig ausgeglichen. Die starke innere Spannung des affektgeladenen Werkes äußert sich durch kühne, scharf dissonante Harmonik, unstete, dauernd wechselnde Rhythmik: Die Taktstriche dienen bloß als Anhaltspunkte oder fehlen ganz. Die Tonfarbe ist herb und düster, fast abstrakt, der Ausdruck in den Ecksätzen erregt und wuchtig, im herrlichen Mittelsatz in edler Sehnsucht vergeistigt. Erst in den letzten Takten wird das helle E-Dur erreicht. Serkin pflegte das Werk zusammen mit Beethovens Hammerklavier-Sonate aufzuführen - Martinůs Werk konnte den gefährlichen Vergleich gut bestehen. Die Sonate stellt zweifellos einen Gipfelpunkt in seinem Schaffen und eine der wenigen großen Klaviersonaten der Gegenwart dar. Die Erfordernisse an den Interpreten sind allerdings sehr groß, denn außer hervorragender Technik verlangt das Werk noch tiefe Einführung in Martinůs späten „Phantasie-Stil“.

362. ADAGIO. VZPOMÍNKY (Erinnerungen) (In Memoriam)

E: Rom, 12.3.1957.
W: „Věnováno vzpomínkám na Václava Kaprála a Vitulku“ (Zum Gedächtnis Václav Kaprál und Vítězslava Kaprálová).
D: 3'
Adagio (C, Es), 40 T.
A: PBM (Aa 24) 3 S. + Titels.
F: Inst. BM (PBM Aa 24).
Ausg: In: *Klavírní skladby*, Panton, Prag 1970, 1974^2, 1995^3 (P 1069).
V: Panton International, Prag.

Kategorie 27 A: 2 Klaviere

180. LA FANTAISIE

E: Polička/Paris, August-September 1929.
EA: Prag, 21.4.1937. K. Šolc und V. Holzknecht (vgl. Šolc-Archiv im Bohuslav-Martinů-Institut).
D: 7' 30''
Allegro ($^4/_4$, G), 224 T.

A: 1. BNF, Paris (Depositum Max Eschig) (36 S. + Titels.).
2. NM ČMH (Tr B 194) 2 nicht identische P (32 bzw. 34 S.) obwohl der Notentext derselbe ist.
F: PBM (FAa 62/1, 2).
Inst. BM, Prag (PBM FAa 62/ 1, 2).
Ausg: Max Eschig, Paris 1965 (M. E. 7641).
V: Max Eschig, Paris.

Ein kräftiges, herbes Stück, dessen erbarmungslose Motorik und erstaunlich scharf dissonierenden Sekundreibungen für Martinů einen Ausnahmefall bilden. Auch das *Streichquartett Nr. 3* gehört in einen ähnlichen Stilbereich. Seit seiner Drucklegung hat das Werk nun als glänzende Toccata einige Gunst erworben.

324. THREE CZECH DANCES (Drei tschechische Tänze)
E: New York, 5.3.-11.4.1949 (2. Satz vollendet am 26.3.).
W: „To Ethel Bartlett und Roe Robertson"
UA: Edinburgh Festival, September 1949. Die Widmungsträger.
D: 16'
1. Allegro ($^2/_4$ und $^4/_4$, B), 203 T. 4' 30''
2. Andante moderato ($^3/_4$, C-A), 127 T. 5'
3. Allegro (non troppo) ($^2/_4$, Mittelteil $^3/_8$, C-F), 334 T. 6' 30''
A: BNF, Paris (Depositum Max Eschig) (56 S. + Titels.).
F: PBM (FAa 16).
Inst. BM, Prag (PBM FAa 16).
Ausg: Max Eschig, Paris 1965 (M. E. 7564).
V: Max Eschig, Paris.

Trotz der Benennung tritt das volkstümliche Element stark zurück, zugunsten einer herberen, mehr abstrakten Tonsprache, womit das bedeutende Werk (auch in der Form) einer Sonate gleicht. Mit seiner ziemlich komplizierten Harmonik und Rhythmik und seiner interessanten Polyphonie hebt es sich deutlich von der schlichten neoklassizistischen Umgebung der Jahre 1948–1951 ab. Ein Glanzstück für jedes Klavierduett, das dem famosen Konzert (H. 292) nicht nachsteht!

359. IMPROMPTU
E: Basel, Juni 1956.

W: „A Willi et Charlotte Reber. En souvenir de notre séjour chez eux en 1956. Bohuslav Martinů, un des oiseaux migrateurs" (Gewidmet Willi und Charlotte Reber. In Erinnerung an unseren Aufenthalt bei Ihnen 1956. Bohuslav Martinů, einer der Emigranten).
D: Poco Allegretto ($^{2}/_{4}$, B), 34 T.
A: PBM (Aa 250), 4 S. + Titels.
F: Inst. BM, Prag (PBM Aa 250).
Inst. BM, Prag (XYZ 008, XYZ 032).
V: Frei.

Kategorie 27 B: Cembalo

244. DEUX PIÈCES (Zwei Stücke)
E: Paris, Juni 1935.
W: „À Marcelle de Lacour"
D: 7'
1. Lento ($^{3}/_{4}$, b), 45 T. 4'
2. Allegro con brio ($^{3}/_{4}$, F), 91 T. 3'
A: Beim Verleger in Wien (8 S. + 2 Titels.).
F: Inst. BM, Prag (U. E. 006).
Ausg: Universal Edition,Wien 1962 (U. E. 13431).
V: Universal Edition, Wien.

Zwei kleine Vorstudien zum schönen *Cembalokonzert* (H. 246), ebenfalls für Marcelle de Lacour komponiert. Während dem ersten Satz, von klassischen Vorbildern gehemmt, Ursprünglichkeit fehlt, bietet der zweite einen geistreichen Holzpuppentanz in der Nachfolge Scarlattis.

368. SONATE
E: Schönenberg-Pratteln, März 1958.
W: „Dedié (sic) à Antoinette Vischer"
(Gewidmet Antoinette Vischer).
D: 8'
Drei ineinander übergehende Teile.
a) Poco Allegro ($^{2}/_{2}$, Es-F), 86 T. 2' 15''
b) Poco moderato cantabile ($^{6}/_{8}$, F-B), 92 T. 3' 45''
c) Allegretto ($^{3}/_{8}$, B-A), 78 T. 2'

A: PSS, Basel (12 S. + Titels.).
F: PBM (FAa 17).
Inst. BM, Prag (FAa 17).
Ausg: Max Eschig, Paris 1964 (M. E. 7186).
V: Max Eschig, Paris.

Das kurze Werk, als Auftrag der Baseler Cembalistin Antoinette Vischer entstanden, ist eher eine Sonatine (wie die ähnlich geformten Stücke für Klarinette [H. 356] bzw. Trompete [H. 357]) als eine Sonate. Im freien Phantasiestil entworfen, passt es die Eigenschaften der Tonsprache des späten Martinů geschickt den Gegebenheiten des Instrumentes an.

381. DEUX IMPROMPTUS
E: Schönenberg-Pratteln, 21.3.1959.
W: „À Antoinette Vischer“
D: 4'
1. Allegretto ($^2/_4$, B), 55 T. (83 T. m. Wdh.). 2'
2. Ohne Angabe (wohl Allegro) ($^3/_8$, D), 72 T. (140 T. m. Wdh.). 2'
A: PSS, Basel (4 S.).
F: Universal Edition, Wien.
Inst. BM, Prag (U. E. 004, XYZ 005).
Ausg: Max Eschig, Paris 1965 (M. E. 7185).
V: Max Eschig, Paris.

Zwei hübsche Kleinigkeiten, die als Zugaben zur Sonate komponiert wurden.

Kategorie 27 C: Orgel

382. VIGILIE
Unvollendetes Werk, von Bedřich Janáček ergänzt.
E: Schönenberg-Pratteln, April 1959.
W: Gewidmet Bedřich Janáček.
D: 6' 30''
Das Stück bricht nach dem 87. T. ab. In der ergänzten Fassung von B. Janáček: Moderato ($^3/_4$, e-E), 106 T.

Der Herausgeber hat auch die dynamischen Zeichen, die Tempoangaben und die Registration beigefügt.

A: PBM Aa 25 (6 S.).

F: PBM FAa 18.
Inst. BM (ESCH 012).
Inst. BM (XYZ 049).
Inst. BM (PBM Aa 25, PBM FAa 18).

Ausg: Max Eschig, Paris 1965 (M. E. 7391).

V: Max Eschig, Paris.

Martinůs einzige Orgelkomposition (siehe jedoch den wichtigen Soloanteil der Orgel in der Kantate *Mount of Three Lights* [H. 349]) blieb unvollendet. Ein zweites Stück wurde kurz skizziert. *Vigilie*, vom Widmungsträger taktvoll und erfolgreich ergänzt, ist dennoch ein schönes, erhabenes Stück, eine innige Andacht von großer Ausdruckskraft.

Sechster Teil: Vokalmusik

1. Chor a cappella (Kategorie 28)
2. Chor mit Instrumenten (Kategorie 29)
3. Kantaten ohne Instrumentalbegleitung oder mit einzelnen Instrumenten (Kategorie 30)
4. Kantaten mit Orchester (Kategorie 31)
5. Oratorium (Kategorie 32)
6. Klavierlieder (Kategorie 33)
7. Orchesterlieder (Kategorie 34)
8. Melodramen (Kategorie 35)

Zur Einführung: Im Gegensatz zu seinem Instrumentalschaffen ist Martinůs Vermächtnis auf dem Gebiet der Singstimme weitgehend ortsgebunden. Bis auf ganz wenige, wenn auch wichtige Ausnahmen (*Gilgamesch* H. 351, manche Spätwerke mit geistlichem Vorwurf) stützt sich dieser Teil seines Werkes nämlich nicht nur auf die wörtliche Unterlage der Muttersprache des Komponisten, sondern er schöpft fast ausschließlich aus dem Reichtum tschechischer Volksdichtung und ist demnach dem Geiste und den Wendungen der tschechischen Volksmusik eng verhaftet. Übertragungen in fremde Sprachen (besonders ins Deutsche) sind schwer durchzuführen und bleiben dem Original nur selten treu. Wie bei jeder volksgebundenen Kunstmusik geht mit einer solchen Bearbeitung der Zauber des Werkes unrettbar verloren, wie es das Schicksal eines früheren tschechischen Großmeisters, nämlich Janáčeks, bewiesen hat. Bei Martinů nimmt das Vokalschaffen allerdings einen geringeren Platz ein als bei Janáček. In seiner Heimat erfreuen sich diese Werke, namentlich die Chorwerke und Kantaten auf Volkstexte, großer Beliebtheit, desto mehr, da sie meistens für bescheidene Besetzungen geschrieben und jedem Liebhaberkreis zugänglich sind. In den breitesten Schichten des tschechischen Volkes haben sie dem Namen Martinů wohl mehr Verbreitung gebracht als alle Symphonien und Quartette. Ihr Reiz wird aber wohl vor allem ein Genuss seiner Landsleute bleiben. So schade das auch für die Musikliebenden aus aller Welt ist, denen damit etwas Unersetzliches aus des Meisters Schaffen entgeht, zu ändern ist es wohl kaum.

Bis auf ganz wenige Ausnahmen, die aber Hauptwerke betreffen (*Gilgamesch*, *Mount of Three Lights*, *Weissagung des Jesaja*), sind Martinůs Chorwerke auf tschechische Texte geschrieben, die auch dem Volkston treu bleiben, wenn sie literarischen Ursprungs sind. In guten Übertragungen (deutsch, englisch, vereinzelt auch französisch) sind sie auch der internationalen Chorpraxis erschlossen.

Kategorie 28: Chor a cappella

Zur Einführung: Die drei folgenden Kategorien 28, 29, 30 sind nicht deutlich voneinander abgegrenzt. Unsere Einteilung beruht mehr auf praktischen Betrachtungen. So wurde z.B. die *Löwenzahn-Romanze* (H. 364) von den drei anderen Bureš-Kantaten (H. 354, 360, 375) nicht getrennt und befindet sich also in der Kategorie 30, obwohl sie keine Instrumente beteiligt, während wegen einer solchen Beteiligung H. 339 (bzw. 339 A), 348 und 379 die Kategorie 29 bilden. Kategorie 30 wird somit kantatenartigen Schöpfungen vorbehalten! Auch zwischen der Instrumentation, z.B. der *Weissagung des Jesaja* und der etwas volleren der *Feldmesse* (die noch immer kein „Orchester" im üblichen Sinne beansprucht), gibt es keine bestimmte Grenze. Martinůs 26 Chorkompositionen bilden somit eine Einheit.

Ihr Gesamtwert ist mit dem der Werke für Solostimme nicht zu vergleichen, schon weil es sich fast ausschließlich um Werke der Reife handelt. Martinůs Chorsatz hat von seiner Begeisterung für die Madrigalkunst der Renaissance, namentlich der elisabethanischen, jene geschmeidige Freiheit in der Stimmführung gewonnen, die auch seiner Instrumentalkunst eigen ist. Rhythmik und Periodisierung verlaufen in voller Unabhängigkeit vom nur als Anhaltspunkt gemeinten, bisweilen aber ganz fehlenden Taktstrich, dagegen in enger Beziehung zum Tonfall des Wortes. Die Polyphonie, abseits jeder schulmeisterlichen Symmetrie, wird dadurch zu einer wunderbar fließenden Polymelodik, die die Aufführung zum wahren Genuss für die Sänger macht. Diese tiefe „Vokalität" des Stiles Martinůs, die sich erst dem Kenner seiner Chormusik auf tschechische Texte erschließt, bedingt seinen Tonsatz auch weitgehend im Instrumentalen.

Als Hauptwerke der Kategorie 28 (Chor a cappella) seien die Sammlungen H. 278, 321, 338, 361 und 380 hervorgehoben. Die Werke der Kategorie 30 (mit Ausnahme der schon erwähnten H. 349 und 383) kommen vor allem für die Musikpflege in der Heimat des Komponisten in Frage. Die Kategorien 31-32 endlich enthalten drei von Martinůs hervorragendsten Schöpfungen: *Kytice* (Blumenstrauß, H. 260), *Polní mše* (Feldmesse, H. 279) und *The Epic of Gigamesh* (H. 351), denen man auch *Svatební košile* (Die Geisterbraut, H. 214) hinzufügen sollte.

***121. ZWEI MÄNNERCHÖRE auf Texte der litauischen Volkslyrik**

E: Prag, 1919.
UA: Prag, 2.3.1919. Jihočeské pěvecké sdružení (Südböhmischer Chorverein), Dir.: J. Masopust.
1. *O měsíci* (Mondschein) - 2. *Žena tanečnice* (Die Tänzerin).
A: z. Z. nicht nachweisbar (nur in der Šafránek-Monografie erwähnt).
V: Panton International, Prag.

Z. Zouhar bezweifelt in *Sborové dílo Bohuslava Martinů* (Academia, Praha 2001), das von Šafránek erwähnte Kompositionsdatum (Februar 1919), da viel zu wenig Probenzeit für die Uraufführung am 2.3.1919 geblieben wäre, an welche sich ein überlebendes Mitglied des Chores (F. Němec) nicht erinnert und die Zouhar deshalb generell in Frage stellt.

209. [ČESKÁ] ŘÍKADLA ([Tschechische] Kehrreime)
Sechs Frauenchöre

E: Paris, Juli 1931.
W: Dem Chorverein der Prager Schullehrerinnen gewidmet (Pěvecké sdružení pražských učitelek).
Text: Tschechische Volkslyrik (Sammlung von K. J. Erben).
UA: Prag, 4.4.1933. Die Widmungsträgerinnen, Dir.: M. Vymetal.
BS: Vierstimmiger Frauenchor (mit Sopransolo in Nr. 2 und 6).
D: 17'
1. *Konečná smrt* (Des Todes Ende) (geschrieben über eine Volksweise). Poco allegretto ($^{4}/_{4}$, f-F), 74 T. 2' 30''
2. *Zavírání lesa* (Verschließen des Waldes) (geschrieben über eine Volksweise). Andantino moderato - Poco allegretto ($^{4}/_{4}$, g-D), 58 T. 3'
3. *Hlásání pasaček I* (Rufe der Hirtinnen I) (F-C), 43 T. 3'
4. *Mořena! Mořena!* (Morana) ($^{2}/_{4}$, wechselnd, h-G), 97 T. 3'
5. *Hlásání pasaček II* (Rufe der Hirtinnen II). Poco andante - Poco allegro (taktlos, dann $^{2}/_{4}$, E), 44 T. 3' 30''

6. *Vynášení smrti* (Austragen des Todes). Allegro ($^{3}/_{4}$, G), 128 T. 2'
NB: Das fünfte Stück wurde ohne Änderung 1953 als H. 338, Nr. 3, veröffentlicht.

A: z. Z. nicht nachweisbar (früher im Archiv des Chorvereins Pěvecké sdružení pražských učitelek).

F: Privatbesitz, Brno (Nr. 1-3, 7 S. - Titels. verschollen; Nr. 4-6 13 S. + Titels.).
Handschriftliche Kopie von fremder Hand in PBM (Af 225).
Handschriftliche Kopie von fremder Hand im Archiv des Chorvereins Pěvecké sdružení pražských učitelek.

Ausg: Panton, Prag 1977, 1984[2] (P 1684).

V: Panton International, Prag.

Eine kleine Randschöpfung im Umkreis des Ballettes *Špalíček*. Die beiden *Hirtinnenrufe* (Nr. 3 und 5) besitzen einen ganz aparten Reiz. Ein weiteres Beispiel dieser reinen „Naturmusik" (in welcher die Singstimme wie ein Vogelruf mit der Landschaft verschmilzt) findet man in der großen folkloristischen Kantate *Kytice* (H. 260).

235. ČTYŘI PÍSNĚ O MARII (Vier Marienlieder)

E: Paris, 17.1.1934.

W: „Pěveckému sboru Vinohradskému hlaholu" (Dem Chor „Vinohradský hlahol" gewidmet).

Text: Volkslyrik.

UA: Prag, 12.4.1935. Die Widmungsträger.

BS: Vierstimmiger gemischter Chor (SATB).

D: 11'
1. *Zvěstování* (Die Verkündigung). Allegro moderato ($^{3}/_{8}$ bzw. $^{4}/_{4}$, d-F), 45 T. 2'
2. *Sen* (Traum). Moderato (Poco andante) (G), 45 T. 2'
3. *Snídaně panny Marie* (Das Frühstück der Jungfrau Maria). Poco moderato (a-d), 125 T. 3'
4. *Obraz panny Marie* (Das Bildnis der Jungfrau Maria). Allegro (con brio) ($^{2}/_{2}$, später $^{3}/_{4}$, F-G), 204 T. 4'

A: Privatbesitz, Brno (16 S. + Titels.).

Ausg: Tempo, Prag 1993 (T 008).

V: Tempo, Prag.

Eine Randarbeit im Rahmen der Komposition der Oper *Marienspiele* (H. 236). 1943 komponierte Martinů noch einmal den Text von Nr. 2 als Klavierlied (H. 294, Nr. 6).

278. ČESKÉ MADRIGALY (Tschechische Madrigale)
Acht Madrigale für gemischten Chor (zwei Hefte)

E: Vieux-Moulin, Juli 1939 (Nr. 5: 26.7.1939, Nr. 6 und 7: 28.7.1939).
Text: Tschechische (bzw. mährische) Volkslyrik.
UA: Prag, 14.9.1965. Die Prager Madrigalisten, Dir.: M. Venhoda.
BS: Drei- bis sechsstimmig: Nr. 1, 2 und 6: SSATB, Nr. 3 und 5: SSA, Nr. 4 und 8: SSATTB, Nr. 7: SAT.
D: 18' 05''
Heft I (Nr. 1-4): 8' 30'', Heft II (Nr. 5-8): 9' 35''
1. *Aj, stupaj můj koníčku na most* (Ach komm, mein Pferdchen, steig auf die Brücke). Moderato (G-B), 57 T. 1' 40''
2. *Půjdeme, půjdeme, chodníčka nevíme* (Wir gehen, wir kennen den Weg nicht). Allegro moderato (C-G), 56 T. 1' 25''
3. *Daj mi bože vědět* (Gott, lasse mich wissen). Andante moderato (B-D), 69 T. 3' 05''
4. *Hej! Máme na prodej* (Hei, ich habe zu verkaufen!). Allegro (poco) (B-C), 65 T. (105 T. m. Wdh.). 2' 20''
5. *Hlavěnka mně bolí* (Mein Köpflein tut mir weh). Ohne Tempoangabe (g-B), 58 T. 2' 10''
6. *Chceme my se chceme ale potajemně* (Wir wollen einander, aber im Geheimen). Allegretto (E-g), 54 T. 1' 45''
7. *Jak je mně, tak je mně* (Wie es mir geht, so geht es mir). Lento (b-C), 36 T. 3' 50''
8. *Ešče jednú* (Ja noch einmal). Ohne Tempoangabe (C), 76 T. 1' 40''
A: Schott, Mainz (Heft 1: 27 S., Heft II: 18 S. + Titels.).
F: PBM (FAb 47). Die Originalhandschrift und somit das Werk wurde vom Verfasser dieses Buches 1962 bei Charlotte Martinů in Vieux-Moulin aufgefunden.
Ausg: Schott, Mainz 1968.
V: B. Schott Söhne, Mainz.

Martinůs erstes Vokalwerk mit der Benennung *Madrigale* (es ging ihm das Bläsertrio H. 266 voraus) blieb lange unveröffentlicht. Wegen des sehr subjektiven Gehaltes der gewählten Texte (ergreifende Liebeslyrik) weigerte sich der Komponist sein Leben lang, die Sammlung herauszugeben. Dabei handelt es sich um ein Hauptwerk seiner Vokalkunst. Der italienische Musikwissenschaftler und Monteverdi-Spezialist Domenico di Paoli, dem Martinů sie zur Zeit der Entstehung vorspielte, äußerte schon damals seine wärmste Bewunderung. Den späteren Madrigalsammlungen (H. 321 und 380) stehen diese Stücke keineswegs nach, sie zeigen dieselbe Verbindung von kunstvoller Ausarbeitung und schlichtem, unmittelbarem Ausdruck. Seit den Meisterwerken der weltlichen Liedkunst der Renaissance, denen diese Stücke manchmal erstaunlich nahe kommen, ist auf diesem Gebiet nur selten eine ähnliche Verschmelzung von Volks- und Kunstmusik gelungen.

321. PĚT ČESKÝCH MADRIGALŮ (Fünf tschechische Madrigale)

E: New York, 15.6.1948.
Text: Tschechische Volkslyrik.
UA: New York, 13.3.1950. Madrigalisten aus der Schola Cantorum, Dir.: H. Ross.
WA: Polička, 7.1.1956. Gemischter Chor „OPUS“ von Brno, Dir.: Z. Zouhar.
BS: Gemischter Chor (SATB). In Nr. 2 teilweise SATTB, in Nr. 4 SAATB.
D: 6'
1. *Vzkázáni pro holuběnku* (Die Botschaft der Taube). Allegro ($^3/_8$, B-D), 48 T. 1' 15''
2. *Bolavá hlavěnka* (Der schmerzende Kopf). Poco Andante ($^4/_4$, G), 30 T. 1' 15''
3. *Husičky na vodě* (Gänschen auf dem Wasser). Allegro ($^2/_4$, D-h), 39 T. 1'
4. *Cestou k milé* (Der Wanderweg des Liebenden). Allegretto ($^2/_4$, F), 43 T. 1'
5. *Čarování a pomluvy* (Hexereien und üble Nachreden). Allegro ($^2/_4$, B-F), 45 T. 1' 30''
Z. Zouhar schlägt in *Sborové dílo Bohuslava Martinů* (Academia, Praha 2001) die Reihenfolge 3. 1., 2., 4., 5. vor.
A: Skizzen PBM (in Ad 158).
F: Inst. BM, Prag (PBM Ad 158).
Ausg: Boosey & Hawkes, London-New York 1949 (B & H 16618-22). Text: tschechisch und englisch. Englische Titel: 1. *The Dove's*

Message - 2. *The Fickle Sweetheart* - 3. *Geese on the Water* - 4. *The Lover's Ride* - 5. *The Witch.* (Englisch von Nancy Bush).
V: Boosey & Hawkes, London-New York.

Neun Jahre nach der umfangreichen Sammlung *Tschechische Madrigale* (H. 278) knüpft Martinů endlich wieder mit der Komposition von mehrstimmiger A-cappella-Musik auf tschechische Volkstexte an. In der Zwischenzeit waren solche Texte nur als Klavierlieder vertont worden (H. 282bis, H. 288, H. 294, H. 302). Diese fünf bündigen schlichten Sätze eröffnen somit die Reihe der späten madrigalartigen Werke, die bis zu Martinůs Lebensende fortgesetzt wurden.

338. TROJHLASÉ PÍSNĚ (Drei Frauenchöre, sechsstimmig)
E: New York, 1952. Nr. 3 schon 1930 entstanden (siehe H. 209, Nr. 5).
Text: Volkslyrik (englisch von Nancy Bush).
UA: Brno, 8.4.1956. Frauenchor „OPUS“, Dir.: Z. Zouhar.
BS: SSSSAA.
D: 9'
1. *Chudá divčica* (Die arme Geliebte). Poco allegretto ($^2/_4$, B), 48 T. (64 T. m. Wdh.). 3'
2. *Bolavé srdéčko* (Das leidende Herz). Andante moderato ($^2/_4$, Es), 51 T. 2' 30''
3. *Hlásání pasaček* (Rufe der Hirtinnen). Poco andante - Poco allegro (ohne Taktart, dann $^2/_4$, E), 44 T. 3' 30''
A: PBM (Ab 92), 5 S. (Nr. 3 fehlt, da es aus H. 209 übernommen wurde).
F: Inst. BM, Prag (PBM Ab 92).
Ausg: Boosey & Hawkes, London-New York 1953 (B & H 17153-55). Englische Titel: 1. *The Penniless Sweetheart* - 2. *The Aching Heart* - 3. *The Shepherds' Song.*
V: Boosey & Hawkes, London-New York

Diese drei Sätze gehören zum edelsten und innigsten der neuen Chorliteratur und haben im Vokalschaffen Martinůs einen bevorzugten Platz. Trojhlasé heißt eigentlich dreistimmig. Bohuslav Martinů hat wohl an eine geteilte Besetzung (SSA, SSA) gedacht (vgl. H. 339).

361. ZBOJNICKÉ PÍSNĚ (Rebellenlieder) Zehn Männerchöre (zwei Reihen)

E: Rom, 8.-20.1.1957.

W: Die erste Reihe ist dem Chor der Prager Schullehrer gewidmet (Pěvecké sdružení pražských učitelů).
Die zweite Reihe ist dem Chor der mährischen Schullehrer gewidmet (Pěvecké sdružení moravských učitelů).

Text: Slowakische Volkslyrik.

UA: Erste Reihe: Prag, 11.4.1957. Die Widmungsträger, Dir.: M. Venhoda.
Zweite Reihe: Brno, 19.10.1957, Die Widmungsträger, Dir.: Jan Šoupal.

BS: Vierstimmiger Männerchor (TTBB).

D: 26' 35''
Erste Reihe. 11' 55''
1. *Valaši* (Die Walachen). Moderato (taktlos, B-d). 2' 10''
2. *Hody* (Das Fest). Poco moderato (taktlos, b-A). 2' 45''
3. *Stavajú* (Sie errichten den Galgen). Lento (taktlos, As-Es). 2' 10''
4. *Jede Janóšek* (Janoschek reitet). Allegro (taktlos, a-As). 1' 40''
5. *V zeleném boří* (Im grünen Walde). Andante con energia (taktlos, Des-Es). 3' 10''

Zweite Reihe. 14' 40''
1. *Čie sa to ovečky* (Wem gehören diese Schafe?). Moderato (taktlos, F-Des). 3' 25''
2. *Pijú chlapci* (Die Burschen trinken). Allegro (taktlos, c-Es). 2' 20''
3. *Na horách* (Auf dem Berg). Poco Allegro (taktlos, G-B). 4' 25''
4. *Ej, Janík*! (Ei, Janik!). Allegro (taktlos, G-D). 1' 30''
5. *U tej bílej hory* (Beim weißen Berg). Poco allegro (taktlos, g-F). 2' 50''

A: PBM (Ab 96), 10 S., (Ab 97) Skizzen.

F: Inst. BM, Prag (PBM Ab 96, PBM Ab 97).

Ausg: Tschechischer Staatsverlag (SHV), Prag 1959 (H. 2880). Zuerst gab es eine hektographische Ausgabe.

V: Editio Bärenreiter, Prag.

Eine der eigenwilligsten Schöpfungen Martinůs und, neben Janáčeks drei Chören auf Dichtungen von Petr Bezruč, wohl der Gipfelpunkt tschechischer Männerchorliteratur. Die slowakischen Rebellen (oder besser gesagt: Partisanen) wurden als Bekämpfer der türkischen Besatzungstruppen (17.–18. Jahrhundert), später als Verteidiger des armen Bauernvolkes gegen die ungarischen oder deutschen Krautjunker zu fast sagenhaften Heldenfiguren erhoben. Ihre Abenteuer und ihre Tapferkeit wurden in vielen Volksliedern und Dichtungen verherrlicht. Der berühmteste dieser Partisanen, Juro Janošík (dem Martinů im vierten Lied der ersten Reihe huldigt), wurde zur Hauptfigur der gleichnamigen Volksoper des slowakischen Komponisten Ján Cikker. Der Komponist schrieb in einem Brief an Frank Rybka, dass es in seinem Land jetzt an Rebellen fehle und er wolle dazu ermuntern. Also liegt eine klare politische Absicht hinter dem Werk. Martinůs zehn Lieder, rhythmisch äußerst frei gehalten (und taktstrichlos notiert), harmonisch von einer seltsamen Leidenschaft und Glut (man beachte die an Janáček gemahnende, bei Martinů dagegen sehr seltene Vorherrschaft der dunkleren B-Tonarten!), bieten eine Mischung von romantischer Waldstimmung, von ergreifender Sehnsucht und von mannhafter, rauer Entschlossenheit. Aufführungsmäßig nicht leicht, werden sie wohl nur in der Darstellung durch slawische Stimmen ihren unheimlichen Zauber völlig entfalten können.

373. PÍSNIČKY PRO DĚTSKÝ SBOR
(Drei dreistimmige Kinderchöre)

E: Schönenberg-Pratteln (bei Basel), 1.–3.2.1959.
W: Dem Kinderchor des Bezirkshauses der Pioniere und der Jugend von Brno gewidmet.
Text: Nr. 1: F. Halas – Nr. 2 und 3: Kehrreime aus der Volkslyrik (Nr. 3 aus der Sammlung von K. J. Erben).
UA: Brno, 17.4.1960. Chorfest (Rundfunk). Die Widmungsträger.
BS: Dreistimmiger Kinderchor (SSA).
D: 5'
1. *Velikonoční* (Osterlied) ($^4/_4$, G), 44 T. 1' 34''
2. *Kovářiček* (Das Schmiedlein) ($^4/_4$, g-G), 17 T. (34 T. m. Wdh.) 0' 42''
3. *Dětské hádanky* (Kinderrätsel) (B), 42 T. 2' 02''
A: Privatbesitz, Brno.
F: Handschriftliche Kopie von fremder Hand Privatbesitz, Brno.
Ausg: Panton, Prag 1977 (P 1710).

V: Panton International, Prag.

Schlicht und voll jugendlicher Frische.

380. MADRIGALS (PART-SONG BOOK) (Madrigaly) (Chorliederbuch) Vier Madrigale für gemischten Chor

E: Schönenberg-Pratteln, Basel, 14.-20.3.1959.
W: Gewidmet Maruška Pražanová
Text: Mährische Volkslyrik (1. und 3. Sammlung von Sušil, 2. und 4. von Bartoš), deutsche Fassung von Kurt Honolka.
UA: (Nur Nr. 1, 2 und 4). Prag, 15.6.1959. Die Prager Madrigalisten, Dir.: M. Venhoda.
(vollständig) Brno, 20.10.1959, dieselben.
BS: Gemischter Chor (fünfstimmig, SSATB). Nr. 3: vierstimmig (SATB).
D: 9' 30''
1. *Tam s tej strany Dunaja* (Am Donaustrom). Allegretto ($^4/_4$, G), 77 T. (112 T. m. Wdh.). 2' 30''
2. *Ej, jeden hájek* (Ej, steht ein Wäldchen). Allegro moderato ($^3/_4$, wechselnd, B-Es), 30 T. (62 T. m. Wdh.). 2' 30''
3. *Na tom světě nic stálého* (Auf der Erde hat nichts Weile). Andante moderato ($^4/_4$, wechselnd, e-H), 41 T. 3'
4. *A ty si myslíš* (Glaubst Du, dass ich wohl nichts wüßte). Allegretto ($^3/_8$, Des-B), 65 T. 1' 30''
A: PBM (Ab 99), 12 S.
F: Inst. BM, Prag (PBM Ab 99).
Ausg: Bärenreiter-Verlag, Kassel 1960, 1988 (B. A. 3755-3758). Bislang nur deutsche Texte!
V: Bärenreiter, Kassel.

Mit dieser letzten Sammlung von Madrigalen hinterlässt uns Martinů vielleicht seine wertvollste in dieser Gattung. Schon im ersten Stück fesselt die innige Verschmelzung von Renaissancetechnik und echtem Volksgeist. Das letzte Stück weist deutliche Beziehungen zum Apfelbaumlied am Anfang des 4. Aufzuges der *Griechischen Passion* auf. Eine ganz besondere Erwähnung gebührt dem dritten Madrigal. Mit diesem schlichten, unauffälligen Abschied vom Leben hat Martinů sein eigenes Requiem geschrieben. Leider ist die deutsche Fassung nicht einmal sinngemäß (der Originaltext lautet: „Meine Jahre vergehen wie Stunden; wenn mein

Leben zu Ende geht, werde ich mit einem Stein zugedeckt."). Überhaupt ist es zu bedauern, dass der Verleger nicht wenigstens die tschechische Fassung beigegeben hat. Diese vier Kleinodien lassen sich auch vortrefflich durch ein Soloquintett wiedergeben.

384. ZDRAVICE (Gruß) (oder ZNĚLKA - Wahlspruch)

E: Schönenberg-Pratteln, 16.7.1959.
W: Für die Schüler der Musikschule „Bohuslav Martinů" in Polička.
BS: Kinderchor, ein- bis vierstimmig.
Eine kurze Musikzeile (G-D).
A: In der Musikschule zu Polička.
F: Inst. BM, Prag (XYZ 042).
V: Frei.

Die letzte Zeile, die die müde Hand noch niederschrieb: Die Musikschule der Stadt Polička, die den Namen des Komponisten seit Kurzem trug, bat Martinů um einen kurzen Wahlspruch, den die Schüler am Anfang jeder öffentlichen Veranstaltung anstimmen könnten. Somit schließt sich sinnbildhaft der weite Kreis dieses Lebens im geliebten Heimatort.

Kategorie 29: Chor mit Instrumenten

339. TROJHLASÉ PÍSNĚ POSVÁTNÉ (TŘI LEGENDY) (Dreistimmige geistliche Lieder - Drei Legenden)

E: New York, 1952.
Text: Volkslyrik (englische Fassung von Nancy Bush).
UA: Polička, 7.1.1956. Frauenchor „OPUS" von Brno, Dir.: Z. Zouhar.
BS: Sechsstimmiger Frauenchor (SSSSAA). Eine Vi.
D: 11'
1. *Narození Páně* (Die Geburt des Herrn). Poco Allegro ($^2/_4$ bzw. $^4/_4$, F-B), 63 T. (82 T. m. Wdh.). 3'
2. *Nanebevstoupení Páně* (Die Himmelfahrt). Allegro moderato ($^3/_4$, G), 86 T. (133 T. m. Wdh.). 4'
3. *Cesta k ráji* (Der Weg zum Paradies). Poco Allegretto ($^6/_8$, A), 48 T. (81 T. m. Wdh.). 4'
A: PBM (Ab 93) 9 S. (Nr. 1 [4 S.] und H. 339 A (5 S.). 8 S. fehlen (Nr. 3).

F: Inst. BM, Prag (PBM Ab 93).
Ausg: Boosey & Hawkes, London-New York 1953 (B & H 17156-58). Englische Titel: 1. *The Birth of our Lord* - 2. *The Ascension* - 3. *The Way to Paradise.*
V: Boosey & Hawkes, London-New York.

339. A PANENKA MARIA, PO SVĚTĚ CHODILA (Die Jungfrau Maria wandelte durch die Welt)
E: Wie H. 339.
Text: Volkslyrik, schon in der Oper *Hry o Marii* (Marienspiele) verwendet.
BS: Dreistimmiger Frauenchor (SSA). Die angegebene Violinstimme blieb leer.
D: 2' 15''
Ohne Tempo (3/8 bzw. ¾, g-F), 69 T.
A: PBM (Ab 93) 5 S. (ohne Titel).
F: Inst. BM, Prag (PBM Ab 93).
V: Frei.

Wahrscheinlich für H. 339 vorgesehen. Kein Fragment, sondern ein vollständiges Kleinod innigster Lyrik.

348. PETRKLÍČ (Schlüsselblume)
Untertitel: *Dvojzpěvy na texty moravské lidové poezie*
(Duette auf mährische Volkslyrik)
E: Nizza, 1.-5.8.1954.
W: Nr. 1 *Věnováno Janu Novákovi, brněnskému skladateli*, Nr. 2 *Věnováno Zdeňku Zouharovi*, Nr. 3 *Věnováno Anně Wurmové*, Nr. 4 *Věnováno ženskému sboru Opus v Brně*, Nr. 5 *Věnováno ženskému sboru Opus v Brně a jeho dirigentu Zd. Zouharovi.* (Nr. 1 Gewidmet Jan Novák - Nr. 2 Gewidmet Z. Zouhar - Nr. 3 Gewidmet Anna Wurmová - Nr. 4 Gewidmet dem Frauenchor „OPUS" von Brno - Nr. 5 Dem Frauenchor „OPUS" von Brno und seinem Dirigenten Z. Zouhar gewidmet.)
Text: Mährische Volkslyrik. Englische Fassung von Roberta Finlayson-Samsour. Deutsche Fassung von Adolf Langer.
UA: Brno, 25.4.1955. Frauenchor „OPUS", Dir.: Z. Zouhar.
BS: S, A (solistisch oder chorisch), Vi. und Pf.

D: 7'
1. *Klobouk novej* (Der neue Hut). Poco Allegro ($^9/_8$ bzw. $^6/_8$, A), 30 T. (40 T. m. Wdh.). 1'
2. *Nade dvorem* (Um den Hof). Allegro ($^2/_4$ bzw. $^3/_8$ G-Es), 59 T. 1' 30''
3. *Žaloba* (Klage). Poco andante ($^3/_4$, Es), 40 T. 2'
4. *Malované dřevo* (Bemaltes Holz). Poco allegro ($^3/_8$-$^2/_4$, C-B), 104 T. 1' 30''
5. *Poledně* (Mittag). Allegro ($^2/_4$, E), 43 T. 1'

A: PBM (Ab 94) 13 S. + Titels.
Gesondertes A von Nr. 3 in NM ČMH (neu eingetroffen, provisorische Karteinummer 164/95). Persönliches Widmungsexemplar aus Anlass der Hochzeit von Anna Wurmová in der Stadt Allos, wo es der Komponist ihr überreichte. 2 S.

F: Inst. BM, Prag (PBM Ab 94).

Ausg: Panton, Prag 1960 (P.044).

V: Panton International, Prag.

Dieser frische Liederstrauß ist die gradlinige Fortsetzung der drei Hefte mit Klavierliedern aus den Kriegsjahren in Amerika. In seiner Schlichtheit ist der Ausdruck hier womöglich noch farbenfroher und unmittelbarer. Die sehr freie Rhythmik stellt nicht-tschechische Künstler vor heikle Probleme, die erst aus der praktischen Kenntnis der Sprache einwandfrei zu lösen sind. Die Lieder klingen ebenso gut in solistischer wie in chorischer Besetzung. Die Widmungen, namentlich der Lieder 2, 4 und 5, deuten auf die Vorliebe des Komponisten für die chorische Version hin.

379. PTAČÍ HODY (Das Fest der Vögel)

E: Schönenberg-Pratteln, 19.3.1959.

W: Gewidmet dem Kinderchor von Brno (Brněnský dětsky sbor).

Text: Manuskript von Třeboň (2. Hälfte des 15. Jahrhunderts).

UA: Brno (Rundfunk), 12.4.1960. Kinderchor von Brno, Dir.: František Lýsek mit J. Šlabák (Trompete).

BS: Vierstimmiger Kinderchor (SSAA) und Trompete.

D: 2' 30''. 55 T. (d).

A: PBM, Ab 101 (2 S.).

F: Inst. BM, Prag (PBM Ab 101).

Ausg: In: *Písničky pro dětský sbor*, Panton, Prag 1977 (P 1710).
V: Panton International, Prag.

Ein wertvolleres Gegenstück zu den Kinderchören H. 373.

Kategorie 30: Kantaten ohne Instrumentalbegleitung oder mit einzelnen Instrumenten

347. HYMNUS K SVATÉMU JAKUBU (Hymnus an Sankt Jakob)
E: Nizza, 18.7.1954.
W: „Napsáno k památce našeho kostela v Poličce jehož věž je spojena s mým dětstvím" (Komponiert zum Andenken an unsere Kirche in Polička, deren Turm mit meiner Kindheit verbunden ist).
Text: Jaroslav Daněk.
UA: Polička, 31.7.1955 (St. Jakobskirche). Dir.: Jaroslav Maděra.
BS: Soli: S, A, B. Gemischter Chor (SATB), 2 Vn., 2 (oder 3) Vci., Kb. ad lib., 1 Pf., 2 Hor., Orgel.
D: 12'
(wechselnd, Es-C), insgesamt 257 T. Zweiteilig (je 148 T. und 109 T.).
A: Max Eschig, Paris (10 S. + Titels.).
NM ČMH, Prag (Tr B 285) - Skizzen.
F: PBM (Ag 243).
Inst. BM, Prag (PBM Ag 243).
Ausg: Max Eschig, Paris 1966 (M. E. 7390).
V: Max Eschig, Paris.

Eine Huldigung an die Geburtsstätte, deren Textvorlage vom Pfarrer von St. Jakob gedichtet wurde, als er wegen seiner patriotischen Haltung während des Krieges von der deutschen Besatzungsmacht verhaftet worden war. Martinůs Partitur ist nicht ganz ausgearbeitet. Der Instrumentalsatz ist z. T. nur skizziert und den sechs letzten Takten des Chores fehlt die Wortunterlegung. Das Werk ist jedoch mithilfe der Hinweise Martinůs an Dekan J. Daněk leicht ergänzbar und erschien in einer praktischen Ausgabe.

349. MOUNT OF THREE LIGHTS (Der Berg der drei Lichter). Eine kleine Kantate

E: Nizza, 20.-25.11.1954.
W: Dem Männerchor von Den Haag gewidmet (Die Haghe Sanghers).
Text: H. V. Morton (englisch). Ferner tschechisches Volkslied (Fr. Bartoš) und Matthäusevangelium. Text in englischer Sprache, ab T. 234 jedoch tschechisch (F. Bartoš).
UA: Bern, 3.10.1955. Die Widmungsträger.
WA: Prag, 1.12.1957. Akademiechor „Moravan", Dir.: J. Veselka mit Th. Šrubař (Bar) und J. Řezníček (Orgel).
BS: Soli: T, Bar, B, Sprecher. Vierstimmiger Männerchor (TTBB). Orgel (revidiert von B. Janáček).
D: 21'
(wechselnd, es-C), insgesamt 285 T.
A: BNF, Paris (Depositum Max Eschig) (19 S. + Titels.).
F: PBM (FAb 48).
Inst. BM, Prag (FAb 48).
Handschriftliche Kopie - Archiv des Akademiechores „Moravan" (25 S.).
Ausg: Max Eschig, Paris (M. E. 7673).
V: Max Eschig, Paris.

Diese geistliche Kantate ist ihrem Entwurf nach schwer einzuordnen. Ihr Hauptthema ist eine Betrachtung über die Einsamkeit Christi im Garten von Gethsemane, die in der Vorahnung der Kreuzigung gipfelt, jedoch geht ihr eine vom Text eines alten tschechischen Weihnachtsliedes unterstrichene Erinnerung an die Geburt des Heilandes voraus. Den Text wählte Martinů frei aus dem Buch *In the Steps of the Master* von H. V. Morton, einer Reihe von Betrachtungen eines Pilgers im heutigen Palästina. Am besten hat Miloš Šafránek das aparte Werk bezeichnet, indem er es einen „schlichten Dorfgottesdienst" nannte. Der wichtige Anteil der Orgel bildet Martinůs einzigen wesentlichen Beitrag zur Literatur des Instrumentes mit der Ausnahme von *Vigilie* (H. 382). Die innige, von menschlicher Wärme erfüllte Komposition ist (auch für die Solisten) nicht schwer aufzuführen.

354. OTVÍRÁNÍ STUDÁNEK (Die Reinigung der Quellen, jedoch auch als Das Maifest der Brünnlein bekannt geworden)

E: Nizza, Juli 1955.
W: „Miroslavu [sic] Burešovi a jeho kraji"(Gewidmet Miroslav Bureš und der Vysočina-Region)
Text: Miloslav Bureš.
UA: Prag, 7.12.1955. Privataufführung im Verein der tschechischen Komponisten. Frauen- und Kinderchor, verschiedene Solisten, Dir.: Jan Kühn.
Öffentliche Uraufführung Polička, 7.1.1956 (Tyl Theater). Frauenchor „OPUS" von Brno und verschiedene Solisten, Dir.: Z. Zouhar.
WA: Aufführung des geschlossenen Zyklus der vier Bureš-Kantaten: Prag, 23.2.1960.
BS: Soli: S, A, Bar, Sprecher. Frauenchor, Kinderchor ad lib., 2 Vn., Vla., Pf.
D: 21'
(wechselnd, C-As), Insgesamt 378 T.
A: PBM (Ab 105) 22 S. + Titels.
F: PBM (Ag 315).
Inst. BM, Prag (PBM Ab 105).
Ausg: Staatsverlag (SHV), Prag 1956[1], Editio Bärenreiter, Prag 1996[4] (H.2122). P und ST.
V: Editio Bärenreiter, Prag.

Miloslav Bureš war ein Dichter aus Polička, der in seinen Werken Menschen, Sitten und Landschaft der Vysočina besingt. Im Sommer 1955 empfing Martinů in Nizza eine Dichtung von Bureš. Diese Botschaft aus der fernen Heimat erschütterte ihn so, dass er sie gleich vertonte. Der Erfolg dieser schlichten Volkskantate war bei der Uraufführung so durchschlagend, dass sich das Werk bald einer Beliebtheit crfreute, wie sie noch keinem anderen Werk des Komponisten - wenigstens in der Tschechoslowakei - beschieden gewesen war. *Das Maifest der Brünnlein* wurde in den bescheidensten Ortschaften aufgeführt, es wurde häufiger vom Rundfunk übertragen, später für das Fernsehen inszeniert und auch sonst szenisch dargestellt. Die erschütternde Inszenierung von Alfréd Radok für die Bühne der Laterna Magika in Prag wurde zweimal aus politischen Gründen verboten und wurde nach fünfunddreißig Jahren Dornröschenschlaf zum Geburtstag des Komponisten am 8.12.2003 im

Rahmen des neunten Martinů-Festivals in Prag am Ort ihrer Geburt endlich wieder gezeigt. Man darf ruhig behaupten, dass durch dieses bescheidene Werklein der Name Martinů in den breitesten Schichten seines Volkes ein Begriff wurde. Der Komponist war auch selbst von seiner Schöpfung überzeugt, sodass er während der folgenden Jahre drei weitere Kantaten auf Texte von Bureš verfasste (H. 360, 364 und 375). Der geschlossene Zyklus wurde mit dem Titel *Hier ist meine Heimat* aufgeführt. Jedoch reicht keines der drei anderen Werke an die Beliebtheit der *Studánky* heran. Der Text erzählt vom Volksbrauch der Reinigung der Brunnen und Quellen am Ende des langen, rauen Winters der Vysočina. Die Dorfkinder erfüllen diese Aufgabe inmitten fröhlicher Reigen und Gesänge. Das schönste Mädchen (hier Sopransolo) verkörpert als „Königin" das Brünnlein. Mit jugendlicher Frische und Unbefangenheit weiß Martinů aus den Erinnerungen aus seiner eigenen Jugend zu schöpfen, um uns ein einzigartiges Tonbild des heimatlichen Frühlings zu schenken. Das Werk erreicht jedoch seinen Höhepunkt beim Eintreten des Solobaritons: „der Dichter spricht", oder vielmehr der Komponist selbst. Wir hören die Stimme einer tiefen Sehnsucht nach der Heimat, ergreifend wie nur noch im Finale der *Symphonie Nr. 6* oder im langsamen Satz des *Nonetts* (H. 374), aber noch unmittelbarer und reiner im Ausdruck. Wenn das Werk als Ganzes (wie alle Bureš-Kantaten) vor allem dem tschechischen Volk zusagen muss, sollte wenigstens dieser Schlussteil als genialer Ausdruck allgemeinen menschlichen Gefühls überall bekannt werden. Wer ihn nicht kennt, kennt einen wesentlichen Teil der Persönlichkeit seines Schöpfers nicht.

360. LEGENDA Z DÝMU BRAMBOROVÉ NATI
(Legende aus dem Rauch des Kartoffelkrautes)

E: Rom, 5.-14.10.1956.

W: „Věnováno paní Francis Ježkové" (Gewidmet Frau Francis Ježková).

Text: Miloslav Bureš.

UA: Prag, 28.5.1957 (Prager Frühling). Český pěvecký sbor (Tschechischer Singchor) und verschiedene Solisten, Dir.: J. Kühn.

WA: Aufführung des geschlossenen Zyklus' der 4 Bureš-Kantaten: Prag, 23.2.1960.

BS: Soli: S, A, Bar (B). Gemischter Chor (SATB). Fl., Kl., Hor., Pf. und Akkordeon.

D: 23'
(F-C), insgesamt 463 T.
A: PBM (Ab 106) 21 S.
F: Inst. BM, Prag (Ab 106).
Ausg: Staatsverlag (SHV), Prag 1960 (H. 2996). P und ST.
V: Editio Bärenreiter, Prag.

Auf die Frühlingsbilder der *Brünnlein* folgen Vorstellungen des Herbstes auf dem Hochland. Diese zweite Bureš-Kantate erzählt von der Mutter Gottes, die vom Kirchenaltar herabgestiegen ist, um im geblümten Kopftuch mit den Menschen zu leben und zu arbeiten. Die aparte, bunte, bisweilen grelle Instrumentalbegleitung mit dem Akkordeon, die wir auch in Martinůs beiden größten Opern (*Juliette* und *Griechische Passion*) finden, trägt viel zum Reiz dieser Kantate bei.

364. ROMANCE Z PAMPELIŠEK (Löwenzahn-Romanze)
E: Rom, 12.–18.5.1957.
W: Gewidmet Markéta und Jan Kühn.
Text: Miloslav Bureš.
UA: Prag, 26.10.1958. Český pěvecký sbor (Tschechischer Singchor), Dir.: M. Kühnová.
Erste Aufführung aller vier Bureš-Kantaten: Prag, 23.12.1960.
BS: Gemischter Chor (achtstimmig geteilt, SSAATTBB) mit Sopransolo.
D: 15'
(B-A), insgesamt 263 T.
A: PBM, (Ab 98) 10 S.
Ausg: Staatsverlag (SHV), Prag 1960 (11.2997).
V: Editio Bärenreiter, Prag.

Die dritte und kürzeste der vier Bureš-Kantaten ist dazu die einzige ohne Instrumentalbeteiligung und ohne näheren Bezug auf eine der vier Jahreszeiten. Allgemeines über diese vier Kantaten siehe H. 354. Trotz des Fehlens der Instrumente weicht dieses Werk vom Rahmen der anderen nicht ab, bilden doch die wortlosen Vor- und Zwischenspiele das Äquivalent einer Instrumentalbegleitung. Dem poetischen Gehalt gemäß (es handelt sich um Liebeslyrik) gibt sich diese nicht zufälligerweise als *Romanze* bezeichnete Kantate inniger und zärtlicher als die Schwesterwerke.

375. MIKEŠ Z HOR (Mikesch vom Berge)

E: Schönenberg-Pratteln (Schweiz), 2.–13.2.1959.
Text: Miloslav Bureš.
UA: Prag, 18.6.1959. Kühn-Chor und Mitglieder der Prager Symphoniker (FOK-Orchester), Dir.: P. Kühn.
WA: Aufführung des geschlossenen Zyklus' der 4 Bureš-Kantaten: Prag, 23.2.1960.
BS: Soli: S, T. Gemischter Chor (SATB). 2 Vn., Vla. und Pf.
D: 23'
(C-B), insgesamt 462 T.
A: PBM, (Ab 106) 24 S.
F: Inst. BM, Prag (PBM Ab 106).
Ausg: Staatsverlag (SHV), Prag 1960[1], 1990[2] (H. 2992). P und ST.
V: Editio Bärenreiter, Prag.

Die letzte Bureš-Kantate kehrt zum Instrumentarium der ersten zurück, mit welcher sie auch enger in Beziehung steht. Auf einen Sprecher wird hier allerdings verzichtet, dagegen vertritt der Tenor ungefähr die Rolle des Baritons aus dem früheren Werk. Nach dem Frühling und dem Herbst wird hier der raue Winter der Hochebene heraufbeschworen. Der Text handelt vom klugen Hirtenknaben Mikesch, der seine weiße Ziegenherde zum Berge in die Sonne trieb, um sie vor dem Frost des tiefen Nebels zu schützen. Auch dieses Werk bleibt dem Stil des ganzen Zyklus treu.

383. THE PROPHECY OF ISAIAH (Die Weissagung des Jesaja). Kantate

E: Nizza, April-Mai 1959 (vollendet am 6.5.1959).
Text: Bibel (Englische Fassung). Jesaja, XXIV, 1-8, 10-12, 16-23 (1. Teil) und XXI, 1-4, 6-13,15-17 (2. Teil).
UA: Tel Aviv, 1961.
WA: Den Haag (Holland), 17.1.1961. Den Haag Singers (Die Haghe Sanghers), Dir.:J. Vrancken.
BS: Soli: S, A, B. Vierstimmiger Männerchor (TTBB). Vla., Trp., Pf., Pk.
D: 20'
1. Teil. Poco Andante ($^3/_4$, wechselnd, c-E), 208 T.
2. Teil. Andante moderato ($^3/_4$, wechselnd, c-A), 157 T.
A: PBM, (Ab 108) 18 S.

F: Inst. BM, Prag (PBM Ab 108).
Inst. BM, Prag (XYZ 038).
Ausg: Israeli Music Publications, Tel Aviv 1961 (IMP 316). P, ST (Englisch, Hebräisch und Deutsch).
V: Israeli Music Publications, Tel Aviv.

Martinůs letzte große Komposition entstand auf Anregung des israelischen Musikwissenschaftlers Peter Gradenwitz, den er 1955 in St. Moritz kennen lernte und der ihn bat, ein biblisches Werk zu komponieren, das in der Sprache und im Land der Bibel erscheinen sollte. Martinů sagte zu, erklärte jedoch, er müsse erst die *Griechische Passion* (deren eigentliche Komposition damals noch nicht begonnen war) vollenden. Und so wurde die Arbeit erst im April 1959 von einem Todkranken in Angriff genommen. Martinů komponierte den englischen Text aus der „Authorized Version", dem der Herausgeber hebräische bzw. deutsche Worte hinzufügte. Zweifellos kommt der herbe, männliche Ton der hebräischen Sprache dem Inhalt des Werkes am nächsten.

Zwei vollständige Sätze sind vorhanden, die aufführungsmäßig ein befriedigendes, geschlossenes Ganzes bilden. Jedoch ist die Komposition als Torso anzusehen, wie es ein Brief Martinůs (wohl sein letzter, mit dem Datum „Mai-Juli") an Dr. Gradenwitz eindeutig bestätigt: „... die Komposition wurde durch meine Krankheit in der Mitte unterbrochen, und ich weiß jetzt nicht, wann ich sie vollenden kann". Auch der geistige Inhalt des Werkes deutet auf dessen Unvollständigkeit: Nach den apokalyptischen Vorstellungen des Zornes und der Zerstörung fehlen die Worte der Erlösung und der Versöhnung, die für einen Martinů das unentbehrliche Gegengewicht bilden. Miloš Šafránek und Peter Gradenwitz waren der Ansicht, dass keine weitere Skizzen vorhanden seien (vgl. jedoch H. 383 A).

An der Schwelle des Todes liefert uns Martinů wieder ein erschütterndes „Ausnahmewerk", das seiner bescheidenen Besetzung zum Trotz zu seinen gewaltigsten Äußerungen gehört und an plastischer Ausdruckskraft an die stärksten Stellen aus der *Griechischen Passion* heranreicht. Die raue, bisweilen kahle Größe des Tonbildes (mit der aparten und ungewöhnlich kargen Instrumentalbesetzung) entspricht der wuchtigen Elementargewalt des größten Propheten Israels. Es ist wohl möglich, dass der Komponist durch Paul Sacher die großartige Vertonung Willy Burkhards (*Das Gesicht Jesajas*) kennen gelernt hatte.

Das Schicksal hat es gewollt, dass uns der Künder vieler Freuden mit Worten der Mahnung und des Schauers verließ, dass der stille, versonnene Mensch mit den donnernden Worten des Propheten von uns Abschied nahm. Zwar hatte er weitere Pläne verschiedener Art (u. a. einer komischen Oper nach Labiche!) als er starb. Und doch ist es gut, dass diese letzte Botschaft uns an die Tatsache erinnert, dass hinter dem Besinger der Schönheit und der Würde des Menschen der hellseherische Zeuge seiner Umwelt stets wachsam blieb.

383 A. THE BURDEN OF MOAB (Die Bürde Moabs). Unvollständige Skizze

E: Schönenberg-Pratteln, vermutlich Anfang Juli 1959.
Text: Jesaja XVI.
BS: Männerchor und Klavier.
41 T., z. T. unvollständig ausgeführt.
A: PSS, Basel ($1^1/_2$ S. im Großformat).
V: Israeli Music Publications, Tel Aviv.

Der Anfang eines dritten Teiles zu H. 383. Text, Stil und Besetzung lassen keinen Zweifel darüber. Die Musik ist, dem Inhalt der Worte gemäß, wuchtig, herb und spröde.

Kategorie 31: Kantaten mit Orchester

118. ČESKÁ RAPSÓDIE (Tschechische Rhapsodie)

E: Polička, Mai-Juni 1918.
W: „Mistru Aloisu Jiráskovi“ (Gewidmet Meister Alois Jirásek).
UA: Prag, 12.1.1919. Chor „Pražský Hlahol“ und Orchester der Tschechischen Philharmonie, Dir.: Ludvík V. Čelanský.
BS: Solo Bar., gemischter Chor. Orchester: 2223-4331-Pk.-Schl. (gr. Tr., Beck., Ttam)-Hf., Orgel, Str.
D: 31'
Haupttonart: A. Insgesamt 809 T.
A: PBM (Ab 102) 146 S. + Titels.
PBM (Ab 103) - Skizze.
F: Inst. BM, Prag (PBM Ab 102, PBM Ab 103).
Ausg: In Vorb. (2006).
V: Boosey & Hawkes, London-New York.

Die Uraufführung dieser patriotischen Kantate, die Martinů wenige Monate vor der wiedergewonnenen Unabhängigkeit seiner Heimat schrieb, bildet wohl seinen ersten großen öffentlichen Erfolg. Daher nimmt das Werk in seinem Schaffen eine Position ein, die etwa der des Hymnus (*Die Erben des Weißen Berges*) bei Dvořák entspricht. Übersteigt es auch kaum den Wert einer erfolgreichen Gelegenheitsarbeit, so zeugt es immerhin von einer entschiedenen Abkehr vom lähmenden Zauber des Impressionismus und gehört daher etwa in die stilistische Nähe der *Kleinen Tanzsuite* (H. 123). Zwei fremde Themen spielen eine wichtige Rolle: Der dem Choralbuch der Böhmischen Brüder entnommene 23. Psalm von Claude Goudimel und vor allem der berühmte Wenzelschoral aus dem 13. Jahrhundert, der fast eine zweite tschechische Volkshymne ist. Einfach in der Tonsprache, formal beherrscht und wohlklingend, dürfte diese Kantate jedoch sogar in der Heimat des Komponisten kaum noch neu belebt werden. Zur Zeit ihrer Entstehung stellte sie aber einen entscheidenden Fortschritt in Martinůs Schaffen dar.

214. I 3/2 SVATEBNÍ KOŠILE (Die Geisterbraut) aus Špalíček, erste Fassung

Siehe unter Kategorie 2 (Bühnenwerke und Filmmusik/Ballette)

D: 27'

Das aus der ersten Fassung von *Špalíček* ausgeschiedene 2. Bild des 3. Aufzuges gehört unbedingt in den Konzertraum als hochwertige Kantate.

260. KYTICE (Blumenstrauß). Eine Funkkantate über Volkstexte

E: Paris, Juni-September 1937.

W: „Věnováno J. Zrzavému“ (Gewidmet Jan Zrzavý).

Text: Tschechische Volkstexte.

UA: Prager Rundfunk, April 1938. Dir.: O. Jeremiáš.
Öffentliche Uraufführung Prag, 4.5.1938. J. Vildová, M. Cyteráková, B. Blachut, J. Herold, Jan-Kühn-Chor, Dir.: O. Jeremiáš.

BS: Solisten: SATB, gemischter Chor, Kinderchor. Orchester: 2320-2210-Pk.-Schl. (gr. Tr., Rührtr., Beck., Tri.)-Harmonium-2 Pf.-Str. (Vi. vierfach geteilt, Vci. dreifach).

D: 43' 1. Teil: 26' - 2. Teil: 17'.
1. Teil
1. *Předehra* (Ouvertüre). Moderato ($^3/_2$ bzw. $^2/_2$, d), 88 T. 2'.

Orchester allein.
2. *Sestra travička* (Die Schwester Giftmischerin). Allegro ($^{2}/_{4}$, b-D), 220 T. (250 T. m. Wdh.). 5'. Soli, Chor, Orchester.
3. *Selanka* (Idylle). Andante poco moderato ($^{3}/_{4}$, C) und Trio (T. 57-92). Poco Allegretto ($^{6}/_{8}$, F), 92 T. (148 T. m. Wdh.). 6'. Orchester allein.
4. *Kravarky - Volání pasaček* (Kuhhirtinnen - Rufe der Hirtinnen). Allegretto moderato (taktlos, A), 57 T. 3' 30''. Soli, Chor und Orchester.
5. *Intráda*. Molto moderato ($^{3}/_{4}$, c-D), 28 T. 1' 30''. Orchester allein.
6. *Milá nad rodinu* (Die Geliebte wiegt schwerer als die Familie). Moderato - Poco Allegro (taktlos, ab T. 29, $^{3}/_{4}$, g-C), 245 T. 8'. Soli, Chor und Orchester.
2. Teil
7. *Koleda* (Weihnachtslied). Moderato - Poco vivo - Poco Allegro ($^{2}/_{4}$, G-A), 180 T. (244 T. m. Wdh.). 4'. Kinderchor und Orchester.
8. *Člověk a smrt* (Der Mensch und der Tod). Adagio - Andante poco moderato - Lento - Poco Allegro - Andante ($^{4}/_{4}$, später wechselnd, a-C), 300 T. 13'. Soli, Chor und Orchester.

A: Tschechischer Rundfunk, Prag (1. Teil 90 S. + Titels., 2. Teil 39 S. + Titels. - in einem Band).

F: Inst. BM, Prag (LIP 003) (Orchesterpartitur in einer sehr sauberen Kopie von fremder Hand, 151 S. + Titels.)

Ausg: Tschechischer Musikfond (Český hudební fond), Prag 1956 (ČHF 054). P und ST L. KA K.

V: Panton International Mainz.

Dieses groß angelegte Werk - Martinůs einzige vollgültige „Kantate" - ist das dritte und letzte, das er für den Tschechischen Rundfunk schrieb (nach den beiden Kurzopern *Die Stimme des Waldes* und *Komödie auf der Brücke*). In Stil und Gehalt darf man *Kytice* als ein würdiges Nachspiel jener Bühnentrilogie „im Volkston" betrachten, die aus *Špalíček*, *Hry o Marii* (*Les Jeux de Marie*) und *Das Vorstadttheater* besteht. Das Orchester (dessen Streicher schwach zu besetzen sind) deutet auf die Meisterwerke im Concerto-Grosso-Stil aus den folgenden Monaten hin. Auf das kräftig-derbe Orchestervorspiel mit seinem modalen Hauptthema folgt ein stark rhythmischer Chorsatz, der an Strawinskys *Noces* gemahnt; ein seltenes Zusammentreffen dieser beiden Slawen. Nach der reizenden Orchesteridylle hören wir eines jener „Naturstücke", die wir schon aus den Frauenchören H. 209 kennen, das aber hier durch die Verwendung durchsichtiger Orchesterfarben bereichert wird. Ein derbes, männlich profiliertes Orchesterstück leitet den Schlusssatz des ersten Teiles ein, der wie der 2. Satz zur Gattung der Volksballade gehört. Die Geschichte des Häftlings, dem weder Eltern noch Geschwister helfen, sondern nur die Geliebte, erinnert an Stellen aus *Des Knaben Wunderhorn*. Das Stück endet mit einer Wiederholung der vorhergehenden *Intrada* im vollen Glanze des Orchesters. Der zweite Teil wird durch einen Kinderchor von wunderbarer Frische eröffnet, der schon etwas vom *Maifest der Brünnlein* vorwegnimmt, aber gleichfalls einige Stellen aus Janáčeks *Schlauem Füchslein* heraufbeschwört. Nach diesem munteren Auftakt folgt als krönender Abschluss der längste und gewichtigste Teil der ganzen Kantate, in dem Martinů das altbewährte Thema von *Jedermann* in erschütternder Art vertont: Durch seinen herben Ernst hebt sich dieser Teil von den übrigen deutlich ab; auch wurde er drei Monate nach ihnen komponiert. Somit bildet er den geistigen und musikalischen Anschluss zu Martinůs folgendem Chorwerk, der *Feldmesse*. Als Krone von Martinůs Volksstil (außerhalb der Bühne) verdient diese Kantate weite Verbreitung.

279. POLNÍ MŠE (Feldmesse)

E: Paris, 4. November-Dezember 1939 (Frühfassung schon Oktober?).

W: Für die tschechoslowakischen Freiwilligen an der französischen Front.

Text: Jiří Mucha (mit Auszügen aus tschechischen Gebeten und Psalmen).

UA: Prag, 28.2.1946. T. Šrubař (Bar), Chor des tschechoslowakischen Rundfunks und Orchester der Tschechischen Philharmonie, Dir.: R. Kubelík.

BS: Baritonsolo, Männerchor. Orchester: 2020-0320-Pf.-Harmonium
(bzw. Orgel)-Pk.-Schl. (gr. Tr., Rührtr., kl. Tr., Militärtr., Beck., Tri., Crotale, Messeglöckchen, Glocken).

D: 27'
Insgesamt 532 T. (b-B).
Fünf Hauptteile (pausenlos).
a) Orchestereinleitung (T. 1-35).

b) Chor *Otčenáš* (Vaterunser) (T. 36-151).
c) Orchesterzwischenspiel (T. 152-219).
d) Chor *Bože náš* (Unser Herr) (Psalm 44) (T. 220-331).
e) Chor und Baritonsolo „*Kyrie Eleison*“ (T. 332-532).

A: 1. PBM (Ab 104), 42 S. + Titels.
2. in PSS, Basel. 2 große Konvolute Skizzen. Das erste (4 S.) betrifft eine Frühfassung, nur über biblische Texte (Vaterunser, Psalmen 54, 56, 57), noch ohne die Worte von Jiří Mucha und könnte daher schon im Oktober begonnen worden sein. Das zweite (7 S.) enthält schon alle Texte des Werkes. Ein Paar unbestimmbare Stellen beziehen sich vielleicht auf den geplanten *Militärmarsch* H. 280.
3. A der Baritonstimme in MZM Brno (A 29763), 4 S. Dazu der vollständige Text in englischer Sprache in Schreibmaschinenabschrift.

F: Inst. BM, Prag (BaH 002, PBM Ab 104).

Ausg: Melantrich, Prag 1947 (M. 277). P und KA. ST L. Übernommen vom Staatsverlag, Prag (SHV).

V: Editio Bärenreiter, Prag.

Die Kriegserklärung vom September 1939 brachte Martinů in einen Zustand tiefer innerer Not. Seit einem Jahr, seit der Vollendung des *Doppelkonzertes*, hatte er nur zwei wesentliche Werke (die *1. Cellosonate* und die *Acht Madrigale*) fertig gestellt. Inzwischen war seine Heimat verstümmelt und schließlich erstickt worden, sodass der Wahlfranzose zum Verbannten geworden war. Eine schwere innere Krise (das Ende seiner Liebesbeziehung zu Vítězslava Kaprálová) hatte dazu beigetragen, ihn seelisch niederzuschmettern. Nun, da sein eigenes Opfer als Freiwilliger für die Westfront abgewiesen worden war, raffte er sich zusammen und schrieb ein Werk, das seine kämpfenden Landsleute im Freien aufführen könnten (ein *Militärmarsch* H. 280 für denselben Zweck wurde wohl nicht mehr verwirklicht). So entstand jenes erschütternde „Ausnahmewerk“, das zum eigenwilligsten in Martinůs Schaffen gehört und das durch seine Allgemeingültigkeit seinen ursprünglichen Zweck überlebte und die neuere Chorliteratur durch ein Meisterwerk bereicherte. Die *Feldmesse* liegt inzwischen in verschiedenen Fassungen vor, u. a. in englischer, russischer, französischer und deutscher Sprache.

Dem Titel zum Trotz ist das Werk keine Messe im strengen Sinne, sondern ein freier Gottesdienst von allgemein christlicher Bedeutung.

Der tschechische Dichter Jiří Mucha, der damals in Paris wohnte, überreichte Martinů eines Tages eine in der U-Bahn niedergekritzelte Skizze zu einem Text und bat den Komponisten um seine Meinung. Folgt man Muchas Erinnerungen, muss damals ein früher Entwurf der Musik (nur über Bibeltexte, vgl. das erste Konvolut in der PSS Basel) schon existiert haben. Bei dem vereinbarten Zusammentreffen wenige Wochen später legte ihm der Komponist zu seiner Überraschung die fertige Partitur über den kaum veränderten Urtext vor, ein typisches Beispiel des unwiderstehlichen Schaffensrausches. Musikalisch und inhaltlich ist die *Feldmesse* auch trotz der großen Freiheit des Baues sehr ausgewogen.

In ihr wie im *Doppelkonzert* und später in *Lidice* oder der *Symphonie Nr. 3* spricht kein großer Kriegsheld, sondern ein einfacher Mensch mit seiner Angst und Not, aber auch mit seiner stillen Entschlossenheit, seiner menschlichen Würde gegenüber viehischer Barbarei. Das kleine Orchester (beim Verzicht auf die Streicher trafen sich wohl praktische und künstlerische Gründe) klingt mit hartem, herben Glanz; das ungewöhnlich stark besetzte Schlagzeug wirkt zugleich farbig und dramatisch. Der rhythmisch sehr frei behandelte Chorsatz ist unverkennbar slawisch, ja er erinnert bisweilen an östliche Liturgie. Nach der düsteren Orchestereinleitung tritt er sogleich mit dem *Vaterunser* hervor, dann beschreibt Muchas Text das Elend des Verbannten, der fern von der Heimat für sie kämpft, inmitten von Nacht, Kälte und Schlamm. Im Orchesterzwischenspiel (Teil c) wird diese Heimat ein erstes Mal durch die heiteren Farben und Rhythmen einer Dorfidylle heraufbeschworen. Aber plötzlich ertönt ein französischer Trompetenruf und mahnt zum Kampf. Es folgen Psalmenzitate und der Chor singt auf schlichte Weise von der fernen Heimat: Es ist die erste jener mit schmerzlicher Sehnsucht erfüllten Beschwörungen, wie wir sie beim späten Martinů immer eindringlicher erleben. Nach einem leidenschaftlichen Ruf *Kyrie Eleison*, vom wild aufbrausenden Orchester untermalt, tritt endlich die Solostimme ein: Sie verkörpert die bittere Einsamkeit der nächtlichen Schildwache. Auf die Worte „Unser Tod ist Dein Leben“ folgt ein kurzer, vertrauenerfüllter Orchestersatz; nun rüstet sich der Mensch zum unvermeidbaren Kampf: Von den ehernen Worten des Psalmisten gepanzert, marschiert er vor dem Hintergrund leise drohender Trommeln der Nacht und dem Tode entgegen.

Kategorie 32: Oratorium

351. THE EPIC OF GILGAMESCH (Das Gilgamesch-Epos)

E: Nizza, 23.12.1954–16.2.1955 (Skizzen schon im Oktober 1954).

W: „Dedicated to Maja Sacher"

Text: Vom Komponisten, frei nach der englischen Fassung des Gilgamesch-Epos von R. Campbell Thompson. Deutsche Fassung von A. H. Eichmann. Tschechische Fassung F. Pujman.

UA: Basel, 23. und 24.1.1958. U. Buckel, H. Jonelli, P. Mollet, D. Olsen, H. Haeser (Sprecher), Basler Kammerchor und verstärktes Basler Kammerorchester, Dir.: P. Sacher.
Die UA war ursprünglich schon für die Spielzeit 1956/57 geplant, musste aber von Paul Sacher verschoben werden, da sich für das Werk noch kein Verlag gefunden hatte! (Brief von Paul Sacher an Martinů vom 16.3.1956)

WA: Prag, 28.5.1958 (Prager Frühling). M. Šubrtová, J. Stříška, P. Kočí, E. Haken, B. Bobek (Sprecher), Tschechischer Chor (Dir.: M. Kühnová) und Orchester der Prager Symphoniker (FOK), Dir.: V. Smetáček.
Frankfurt, Januar 1959. Frankfurter Singakademie und Orchester des Hessischen Rundfunks, Dir.: L. Romansky.

BS: Solisten: SATB, Sprecher; gemischter Chor (SATB). Orchester: 2020-0320-Pk.-Schl. (gr. Tr., 2 kl. Tr., 2 Rührtr. [mit und ohne Saiten], Militärtr., Tamb., Xyl., Beck., Tri., Ttam, insgesamt 3 Mann)-Pf.-Hf.-Str.

D: 50'
1. Teil: *Gilgamesch* (Gilgamesch) (Tafeln 1-2). (f-F) 401 T. 16' 30''
2. Teil: *The Death of Enkidu* (Der Tod Enkidus) (Tafeln 7-8-10). (B) 370 T. 16' 30''
3. Teil: *Invocation* (Die Beschwörung) (Tafel 12). (c-unbestimmt) 525 T. 17'

A: PSS, Basel 105 S. + Titels. (I. 1–37, II. 38–63, III. 64–105). A eines praktisch vollständigen Particells ebenda, 18 S.

Ausg: Universal Edition, Wien 1958 (U. E. 12704 LW). P und ST L. KA K.

V: Universal Edition, Wien.

Das einzige Werk Martinůs, das der Beschreibung eines Oratoriums weitgehend entspricht, hat eine lange Entstehungsgeschichte. Schon kurz vor dem Zweiten Weltkrieg, nach der Vollendung des *Doppelkonzertes*, hatte Paul Sacher um ein größeres Chorwerk gebeten. Während der bitteren Wintermonate in Aix-en-Provence (Ende 1940) beschäftigte sich Martinů zum ersten Mal eingehend mit dem Gedanken. Er dachte an eine große dramatische Kantate im Sinne der *Rappresentazione di anima e di corpo* von Emilio de' Cavalieri (1600), einer Art geistlicher Oper, die einen wichtigen Ahnen der Oratoriumform darstellt, und bat Paul Sacher um ein Exemplar des *Gilgamesch-Epos*. Jedoch sollte sich dieser Plan erst vierzehn Jahre später verwirklichen. Die Basler Uraufführung wurde zu einem der größten Erfolge des Komponisten, der sich bei der Aufführung im Rahmen der Wiener Festwochen, ebenfalls unter Paul Sacher, im folgenden Jahr wiederholte.

Die Wahl des Gilgamesch-Textes, des frühesten erhaltenen Epos der Menschheit (wie die Istar-Legende stammt es aus Sumer), hat der Komponist selbst begründet: Er war überzeugt, dass trotz aller technischen Fortschritte die tiefsten Gefühle und Probleme der Menschheit unverändert blieben. Dies seien Freundschaft, Liebe und Tod; und im *Gilgamesch* sei die Sehnsucht nach einer erlösenden Antwort mit unübertrefflicher Elementargewalt ausgedrückt. Gewiss besitzt die uralte Dichtung aus vorbiblischer Zeit eine herbe monumentale Größe, die den Epiker Martinů besonders ansprechen musste. Zuerst dachte er an das großartigste der vorhandenen Fragmente, an die Beschreibung der Sintflut, die aber schließlich unvertont blieb. Das Werk gliedert sich nun in drei Teile, die alle denselben Umfang haben.

Im ersten Teil hören wir von Gilgamesch, dem Herrscher über die Stadt Erech. Aber die Götter schufen einen anderen Helden, Enkidu, der als Urmensch in der Wildnis lebte, mit dem Vieh weidete und keine Schuld kannte. Um ihn in die Stadt zu locken, lässt ihm Gilgamesch eine schöne junge Frau schicken, deren Reize den Naturmenschen bald verführten. Mit seiner Mannbarkeit erlangt Enkidu Gewissen und Verstand; die Tiere verlassen ihn. Nun folgt er der Frau und begibt sich in die umwallte Stadt, „wo die Menschen Brot essen und Wein trinken". Dort fordern Gilgamesch und Enkidu sich zum Kampf, mit dessen Beschreibung dieser erste Teil gipfelt und endet. Im zweiten Teil sind die beiden Helden Freunde geworden. Aber im Traum sieht Enkidu seinen Tod voraus, bald danach erkrankt er und stirbt „am zwölften Tag". Gilgamesch, vom Tod des Freundes erschüttert, wandert durch die Wüste, um das Geheimnis von Leben und Tod zu ergründen.

Im dritten Teil kehrt er erschöpft zurück. Seine Forschungen hatten keinen Erfolg. Nun beschwört er die Götter, sie sollen ihm gönnen, den verstorbenen Freund wenigstens einen Augenblick aus der Erde, die ihn nahm, auferstehen zu lassen, damit er durch ihn die ersehnte Antwort über das Jenseits erfahre. Der Gott Enlil erhört endlich sein Flehen, die Erde öffnet sich, der Geist Enkidus steigt empor, die Freunde umarmen sich. Auf Gilgameschs angsterfüllte Frage, wen er in der Unterwelt gesehen habe, antwortet Enkidu: „Ja, ich sah ..." Das Werk endet unaufgelöst auf der Schwelle des Jenseits.

Dieser großartige Entwurf hat Musik hervorgebracht, die das Werk wohl zum Gipfelpunkt des gesamten Vokalschaffens Martinůs erhebt. Die herbe Größe der Inspiration wird durch eine Behandlung des Orchesters unterstrichen, die dem Blech (nur Trompeten und Posaunen) und dem reich besetzten Schlagzeug eine viel wichtigere, bei Martinů ungewöhnliche Rolle zuteilt. Auch Klavier und Harfe treten stark hervor, vereinen sich bisweilen in jenen aparten Zwiegesprächen, die wir auch in *Incantation* (dem instrumentalen Gegenstück zu diesem Beschwörungswerk) finden. Dagegen tritt das Holz weitgehend zurück. Diese härtere, sprödere Klangfarbe, der eine verhältnismäßig scharfe Harmonik entspricht, passt sich dem mächtigen Urgestein des sumerischen Textes an. Der Chorsatz erreicht hier einen Höhepunkt an lapidarer Größe, zugleich aber an polyphoner Differenzierung, sei es in den z. T. taktlosen A-cappella-Stellen oder in den wilden Steigerungen unter Mitwirkung des vollen Orchesters. Die Führung der Solostimmen, vor allem der Männerstimmen, denen die Hauptrollen zukommen (Gilgamesch, Bariton; Enkidu, Tenor, im letzten Teil Bass), ist ungemein plastisch und ausdrucksstark. Vieles im Vokalteil des Oratoriums gemahnt schon stark an die *Griechische Passion*, zu deren Komposition sich Martinů zur Zeit der Entstehung von *Gilgamesch* gerade endgültig entschlossen hatte. Darf man das Epos auch als eine Vorstudie zur Kazantzakis-Oper betrachten, so muss man es als selbstständige Schöpfung auf gleicher Höhe unter die besten Leistungen des tschechischen Meisters einreihen. Die eindrucksvollsten Höhepunkte sind wohl die berauschende Verlockungsszene im ersten Teil, mit der darauf folgenden Beschreibung der Reize der „umwallten Stadt"; ferner die großartige, von herber, männlicher Trauer erfüllte Klage Gilgameschs um den toten Freund im zweiten Teil, mit den schönen Umspielungen der Chorthrenodien; endlich die gewaltige Steigerung der Beschwörung (Šafránek erkannte in ihr zutreffend den größten Chorsatz Martinůs) und das Nachspiel, jene atemberaubende Erforschung der letzten Dinge, wo die sterbenden Klänge zum Schluss mit der Stille des Unendlichen verschmelzen.

Kategorie 33: Klavierlieder

Allgemeines: Obwohl Martinů weit über einhundert Klavierlieder geschrieben hat, ist sein Liedschaffen nebensächlich. Die überwiegende Mehrzahl dieser Lieder stammt aus seiner Jugendzeit. Später hat er fast nur noch Volksdichtungen komponiert; das Kunstlied auf literarischer Basis in der Tradition der Romantik hat ihn nach seiner Auswanderung nach Paris kaum noch beschäftigt. Die frühen Lieder sind fast alle unreife Gelegenheitsarbeiten; viele sind Ergebnisse jugendlicher Zuneigungen und manche befinden sich auch heute noch im Besitz ihrer Widmungsträgerinnen bzw. deren Erben. Sie sind fast alle noch unveröffentlicht. Als einzige gedruckte Lieder, die trotz aller Bescheidenheit einen Anspruch auf Lebensfähigkeit haben, sind die drei in Amerika entstandenen Hefte schlichter Volksweisen (H. 288, 294 und 302) zu erwähnen. Seit 1931 hat Martinů stets einen wesentlichen Teil seiner Musik auf Worte der tschechischen (bzw. mährischen) Volkslyrik komponiert. Zwischen den groß angelegten Werken aus den Vorkriegsjahren (*Špalíček*, *Vorstadttheater*, *Kytice* usw.) und den Kantaten und Chören aus der letzten Zeit stellen die drei Liederhefte von 1942–1944 Zeugnisse dieses ununterbrochenen Fadens von Martinůs Schaffen dar.

6. NEŽ SE NADĚJEŠ (Ehe du es weißt)
E: Prag, 20.3.1910.
Text: J. Červenka.
D: (¾, Fis-Ges), 54 T.
A: NM ČMH, Prag (Tr B 305), zusammen mit H. 10, 2 S.
V: Frei.

***7. V PŘÍRODĚ (In der Natur)**
E: Prag, 20.3.1910.
Text: V. Hálek.

Nur in der Šafránek-Monografie erwähnt.

8. PASTEL
E: Prag, 20.3.1910.
Text: B. Kaminský.
D: Andantino ($^4/_4$, G-F), 48 T.
A: NM ČMH, Prag (Tr B 304), 3 S.
V: Frei.

***9. UTONULÁ (Das ertrunkene Mädchen)**
E: Prag, 1910.
Text: J. V. Sládek.

Nur in der Šafránek-Monografie erwähnt.

10. AŽ BUDEME STAŘÍ (Wenn wir alt sind)
E: Prag, 1910.
Text: A. Klášterský.
D: ($^3/_4$, As-A), 78 T.
A: NM ČMH, Prag (Tr B 305), zusammen mit H. 6, 2 S.
V: Frei.

14. DVĚ PÍSNIČKY V NÁRODNÍM SLOHU (Zwei kleine Lieder im Volkston)
E: Prag, 25.4.1910.
W: „Slečně Olze Valouškové“ (Gewidmet Olga Valoušková).
Text: J. Manin, tschechisch.
D: 1. *Pověra I* (Aberglauben). Allegretto ($^3/_4$, g-C), 21 T. (31 T. m. Wdh.).
2. *V tej naší zahrádce* (In unserem Garten). Moderato ($^3/_4$, g), 50 T.
A: A Nr. 1 NM ČMH (Depositum NBM) auch Variante von 24 T. (34 T. m. Wdh.), 3 S. + Titels.
A Nr. 2 NM ČMH, Prag (Tr B 300), 2 S. + 1 Titels.
F: Nr. 1: Inst. BM, Prag (HEN 003).
Nr. 1 (Variante): Inst. BM, Prag (XYZ 014).
Nr. 2: Inst. BM, Prag (XYZ 014).
V: Frei.

***18. NOKTURNO**
E: Prag, 1910.
Text: A. Klášterský.
A: Verschollen.

Nur in der Šafránek-Monografie erwähnt.

19. SPÍCÍ (Die Schlafende)

E: Polička, 21.7.1910 (Nr. 6 aus *Listy z mého deníku* [Blätter aus meinem Tagebuch]).
Text: E. A. Poe.
D: Allegro furioso ($^2/_4$, e-cis, nach 20 T. wird die Musik ruhiger), 74 T.
A: NM ČMH, Prag (Tr B 303), 3 S. + Titels.
MZM, Brno, (in A 40608) - Skizzen.
V: Frei.

21. DVĚ PÍSNĚ (Zwei Lieder)

E: Želiv, 5. und 6.8.1910.
W: Gewidmet Líba Zítková.
Text: 1. V. Houdek - 2. R. Jesenská.
D: 1. *Kde jsem to byla?* (Wo bin ich gewesen?). Largo ($^4/_4$, wechselnd, cis-E), 105 T.
2. *Proč zoubky tvé tak smály se?* (Warum hast du mir zugelacht?). Andante ($^3/_4$, wechselnd, c) 50 T.
A: A Nr. 1 NM ČMH (Tr B 309), 3 S. + Titels.
A Nr. 2 NM ČMH (Tr B 308), 2 S.
V: Frei.

Beide Lieder sind düster, das erste sehr lang.

22. DÍVČÍ SNY (Mädchenträume)

E: Prag, 1910.
Text: R. Huch.
D: (¾, f), 32 T. (60 T. m. Wdh.)
A: NM ČMH (Tr B 301), 1 S. + Skizzen.

Kleines Lied mit zwei Strophen.

***23. ZPĚV A HUDBA (Gesang und Musik)**

E: Prag, 1910.
A: Verschollen.

Nur in der Šafránek-Monografie erwähnt.

26. ZIMNÍ NOC (Winternacht)
E: Prag, 1910.
Text: A. Heyduk.
D: ($^4/_4$, d), 28 T.
A: NM ČMH (Tr B 319) - Skizzen.
F: Handschriftliche Kopie von Vlasta Janelová im PBM (in Af 181). NB: Dieses Album enthält unter vielen Liedern auch H. 29, 41 und 68/1 von Martinů.
V: Frei.

27. LÍBEJ, MILÁ, LÍBEJ (Küsse mich, meine Geliebte, küsse mich)
E: Prag, 17.10.1910.
Text: J. Manin.
D: (¾, A-E), nicht ganz vollständig, bricht nach T. 44 ab, dann noch 4 Schlusstakte.
A: PBM (in Ad 152) - Skizzen, 1 S.

27.bis PÍSEŇ O HUBIČKÁCH (Lied von den Küsschen)
E: 18.10.1910.
D: ($^3/_4$, g-A), 53 T.
A: PBM (Ad 152), 1 S.
F: Inst. BM, Prag (PBM Ad 152).
V: Frei.

29. NÁLADOVÁ KRESBA (Stimmungsbild)
E: Polička, 25.12.1910.
Text: V. Klen.
D: Andante ($^3/_4$, Es-Des), 62 T.
A: OH NM ČMH (Tr B 296), 2 S. + Titels., (Tr B 319) Skizzen. Handschriftliche Kopie von Vlasta Janelová in PBM (in Af 181), vgl. auch H. 26, 41 und 68/1).
V: Frei.

30. V NOCI (In der Nacht)
E: Prag, 19.7.1910 (Teil der *Blätter aus meinem Tagebuch*, Nr. 6).
W: „Slečně Olze Valouškové“ (Gewidmet Olga Valoušková).
Text: R. Mayer.
D: Andante ($^4/_4$ und $^3/_4$, d-a; Haupttonart Des), 40 T.
A: PBM (Ab 80), 2 S. + Titels.

NM ČMH (Depositum NBM) - mit dem Datum 14.1.1911, 2 S. + Titels.
NM ČMH (Tr B 306), 3 S. (P).

F: Inst. BM, Prag (XYZ 014 - im Valoušková-Konvolut, mit dem Datum 14.1.1911).

V: Frei.

31. DVĚ PÍSNĚ (Zwei Lieder)

E: Polička, 10.2.1911.

W: „Slečně Olze Valouškové“ (Gewidmet Olga Valoušková).

Text: J. V. Sládek.

D: 1. *Dívčí píseň* (Mädchenlied). Moderato ($^3/_4$, D-h), 35 T.
2. *Až přejde den* (Wenn der Tag vorbei). Andante religioso ($^4/_4$, g-E), 43 T.

A: Nr. 1, 2 - NM ČMH, (Depositum NBM) 3 S. + Titels.

F: Nr. 1: Inst. BM, Prag (XYZ 014, HEN 003).
Nr. 2: Inst. BM, Prag (XYZ 014), im Valoušková-Konvolut.

V: Frei.

34. TŘI PÍSNIČKY (Drei kleine Lieder)

E: Prag, Mai 1911 (Nr. 1: 11.5., Nr. 2: 15.5., Nr. 3: 26.5.1911).

W: „Slečně Olze Valouškové“ (Gewidmet Olga Valoušková).

Text: 1. J. V. Sládek - 2. August E. Mužík - 3. Xaver.

D: 1. *Má matička* (Mein Mütterchen). Andante sostenuto ($^2/_4$ bzw. $^3/_4$, e), 70 T. (nur 62 T. in der separaten Solostimme).
2. *Pravý počet* (Die richtige Nummer). Andantino ($^3/_4$, G), 64 T.
3. *Písnička: Chybili jsme ráno* (Liedchen: Wir verirrten uns am Morgen). Allegro scherzando ($^3/_4$, E-Fis), 54 T.

A: Von Nr. 1-3 - NM ČMH (Depositum NBM) 5 S. + Titels.

F: Inst. BM (HEN 005).
Nr. 3: Inst. BM, Prag (XYZ 014 im Valoušková-Konvolut).
Nr. 1: Handschriftliche Kopie PBM (Af 180/a,b).

V: Frei.

37. JAŠKOVA ZPĚVÁNKA (Jascheks Lied)

E: Prag, 1911. Text. K. Tetmajer.

D: *Dosti rychle* (ziemlich lebhaft) ($^4/_4$, g-d), 57 T.

F: Handschriftliche Kopie von Zdenka Maxová bei Frau Soňa Hendrychová in Prag. Datum der Kopie: 1.3.1912.

	Inst. BM, Prag (HEN 004).
V:	Frei.

***38. PÍSEŇ (Lied)**

E:	Prag, 1911.
Text:	A. E. Mužík.
A:	Verschollen.

Nur in der Šafránek-Monografie erwähnt.

***39. UMÍRÁ DUŠE (Sterbende Seele). Nur Skizze**

E:	Prag, 1911.
A:	Verschollen.

Nur in der Šafránek-Monografie erwähnt.

***40. PRVNÍ LÁSKA (Erste Liebe)**

E:	Prag, 1911.
W:	Gewidmet Olga Valoušková.
Text:	A. E. Mužík
A:	Verschollen, früher bei der Widmungsträgerin in Prag. Nicht im Valoušková Konvolut im Inst. BM.

41. SLZY (Tränen)

E:	Prag, 24.12.1911.
W:	„Vilmě“ (Gewidmet Vilma).
Text:	J. V. Sládek.
D:	Largo religioso ($^3/_4$, a), 44 T.
A:	NM ČMH (Tr B 294), 2 S. + Titels. dazu Skizzen.
	A PBM (in Ad 153) Skizzen. Frühfassung, um 6 T. länger.
F:	Auch in PBM (Af 181) in handschriftlicher Kopie im Album der Vlasta Janelová (vgl. auch H. 26, H. 29 und H. 68).
	Inst. BM, Prag (Ad 153).
V:	Frei.

Schlicht und traurig.

43. KONEC VŠEMU (Alles ist zu Ende)

E:	Prag, 14.1.1912.

W: „Vilmě“ (Gewidmet Vilma).
Text: A. E. Mužík.
D: (¾, As), 20 T. (34 T. m. Wdh.).
A: PBM (in Ad 153) vollständige Skizze. 1 S.
F: Inst. BM, Prag (in PBM Ad 153).
V: Frei.

Winziges Strophenliedchen.

44. MRTVÁ LÁSKA (Die tote Liebe)
E: Prag, 20.1.1912.
W: Gewidmet Olga Valoušková.
Text: A. E. Mužík.
D: Moderato (3/4, d), 51 T.
A: NM ČMH (Depositum NBM). Reinschrift 2 S. + Titels.
PBM (in Ad 153) - Skizzen.
F: Inst. BM, Prag (XYZ 014), im Valoušková Konvolut.
Inst. BM, Prag (PBM Ad 153), Skizzen.
V: Frei.

48. TY PÍŠEŠ MI (Du schreibst mir)
E: Prag, 17.-18. März 1912.
Text: A. Heyduk.
A: NM ČMH (Tr B 292), 2 S., Skizzen.
V: Frei.

49. RÁNO RANÍČKO, PLEJU OBILÍČKO (Am Morgen jäte ich das Getreide aus)
E: Prag, 10.3.1912.
D: (4/4, A-B), 27 T.
A: PBM (in Ad 153), 1 S. Skizze, aber vollständig.
F: Inst. BM, Prag (in PBM Ad 153).
V: Frei.

50. (recte 52) LUCIE
E: Prag, 13.9.1912.
Text: A. de Musset.
D: (3/4, D-F), 50 T.
A: PBM (in Ad 154), skizzenhaft, aber vollständig.

F: Inst. BM, Prag (in PBM Ad 154).
V: Frei.

51. (recte 50) Z DĚTSTVÍ (Von der Kindheit)
E: Prag, 16.3.1912.
Text: D. von Liliencron.
D: ($^4/_4$, B), 55 T.
A: PBM (in Ad 154) Skizze, aber vollständig und sauber.
F: Inst. BM, Prag (in PBM Ad 154).
V: Frei.

52. (recte 51) PADLO JÍNÍ NA POLE
(Morgenreif fiel auf das Feld)
E: Prag, 18.3.1912.
Text: H. Heine.
A: NM ČMH (Tr B 292), 1 S., Skizze. Keine andere Quelle.

53. VDEJTE MNE, MATIČKO (Verheirate mich, Mütterchen)
E: Prag, 20.3.1912.
Text: K. Przerwa-Tetmajer.
D: ($^3/_4$, G), 44 T.
A: PBM (in Ad 154) Skizze, aber vollständig, 1 S.
F: Inst. BM, Prag (in PBM Ad 154).
V: Frei.

54. RŮŽE (Die Rose)
E: Prag, 1912.
Text: A. E. Mužík.
D: ($^3/_4$, A), 40 T.
A: PBM (in Ad 153) Skizze, aber vollständig, 2 S.
F: Inst. BM, Prag (in PBM Ad 153).
V: Frei.

Ganz schlicht und volksliedhaft.

55. TO VŠECHNO UŽ JEN ZBYLO
(Dies alles ist, was nur übrigbleibt)
E: Prag, 1912.
Text: J. V. Sládek.

D: 17 oder 18 T., unvollständig.
A: PBM (in Ad 153) Skizzen, 2 S.
F: Inst. BM, Prag (in PBM Ad 153).

57. NOC KAŽDOU TEBE DRAHÁ ZŘÍM
(Ich sehe dich jede Nacht, Geliebte)
E: Polička, 1.4.1912 (anhand Šafránek-Monografie).
Text: H. Heine.
D: Moderato ($^3/_4$, g-d), 102 T.
A: NM ČMH, Prag (Tr B 297), 3 S. ohne Titel und ohne Datum.
PBM (in Ad 154), 2 S., Skizzen.
F: Inst. BM, Prag (in PBM Ad 154).
V: Frei.

***59. AVE MARIA**
E: Polička, 1912.
BS: S und Orgel.

Nur in der Šafránek-Monografie erwähnt.

66. MLUV KE MNĚ DÁL (Rede weiter zu mir!)
(mit dem Titel Praeludium)
E: Polička, 22.8.1912.
Text: K. Tetmajer.
D: ($^3/_4$, C-E), 52 T.
A: NM ČMH, Prag (Tr B 288), 1 S.
V: Frei.

67. OPUŠTĚNÁ MILÁ (Das verlassene Mädchen)
E: Polička, 23.8.1912.
Text: L. Grossmanová-Brodská.
D: ($^2/_4$, wechselnd mit $^3/_4$ Es), 44 T. (T. 7-14 m. Wdh.)
A: NM ČMH, Prag (Tr B 289), 1 S., Bleistiftskizze.
V: Frei.

69. KDYSI (Ehemals)
E: Polička, 3.9.1912.
Text: L. Grossmanová-Brodská.
D: ($^3/_4$ Cis), 34 T. (51 T. m. Wdh.): Strophenlied.

A: NM ČMH, Prag (Tr B 289), 1 S., Bleistiftskizze.
V: Frei.

70. (recte 27/28) O MODRÝCH OČÍCH
(Von den blauen Augen)

Nr. 14 der *Blätter aus meinem Tagebuch*

E: Prag, 17.10.1910.
W: Gewidmet Líba Zítková.
Text: V. Martínek. (Worte vom 14.5.1910).
D: Andante ($^3/_4$, B-Es), 52 T.
A: NM ČMH, Prag (Tr B 307). 2 S. + Titels. Reinschrift.
A in PBM (in Ad 152). Fragmentarische Skizze. 41 T.
F: Inst. BM, Prag (in PBM Ad 152).
V: Frei.

71. OHNIVÝ MUŽ (Der Mann aus Feuer)

Text: V. Hlavsa.
D: Allegro comodo ($^6/_8$, A), 54 T. (113 T. m. Wdh.).
A: NM ČMH, Prag (Tr B 295), 5 S. + Titels., Skizzen.
V: Frei.

Ein humoristisches Strophenlied.

72. PÍSEŇ PRVNÍHO LISTOPADU (Lied zum 1. November)

Text: V. Hlavsa.
D: Tempo di Valse ($^3/_4$, g-A), 98 T. (255 T. m. Wdh.)
A: NM ČMH, Prag (Tr B 293), 4 S.
V: Frei.

Ein walzerartiges Strophenlied.

73. TŘI PANNY ZA SVĚTLÉ NOCI
(Drei Mädchen in der hellen Nacht)

E: Oktober 1910.
Text: V. Hlavsa.
A: PBM (in Ad 152) Skizzen. 2 S. Sehr unvollständige Skizze (Text nur bis T. 17, Vokallinie weitere 93 T.).
F: Inst. BM, Prag (in PBM Ad 152).
V: Frei.

74. (recte 85/88) STARÁ PÍSEŇ (Altes Lied)
E: Polička 28.8.1913.
W: „Slečně Božce Bergrové“ (Gewidmet Božka Bergrová).
Text: V. de l'Isle-Adam.
D: Andante religioso ($^4/_4$, Es), 42 T.
A: NM ČMH, Prag (Tr B 298), 3 S. + Titels. (Reinschrift). Tr B 299 - (Skizzen).
Weitere A PBM (Ab 82), 2 S.
F: Inst. BM, Prag (PBM Ab 82).
Ausg: In: *Skladby pro Poličku*, Editio Supraphon, Prag 1973 (P 5395).
V: Editio Bärenreiter, Prag.

Das früheste im Druck veröffentlichte Lied Martinůs.

74.bis KRÁČÍM, KRÁČÍM MEZI VRCHY
(Ich steige, steige zwischen den Bergen)
E: Zwischen Januar und März 1912.
D: ($^4/_4$, g - mit Cis, Zigeunermodus - d), 53 T.
A: PBM (in Ad 153), 2 S. vollständig.
F: Inst. BM, Prag (in PBM Ad 153).
V: Frei.

Ein echtes Zigeunerlied!

75. KOMÁROVA SVATBA (Die Hochzeit der Mücke) Volkstext
A: PBM (in Ad 154) nur Skizze.
F: Inst. BM, Prag (in PBM Ad 154).

76. SVITAJ, BOŽE, SVITAJ! (Geh auf, Sonne!)
Slowakischer Volkstext
A: PBM (in Ad 154) Skizzen. 3 S., sehr skizzenhaft, ca 109 T. (g-Moll, Zigeunermodus). Sehr volksliedhaft.
F: Inst. BM, Prag (in PBM Ad 154).

***77. V ZAHRADĚ NA HRADĚ (Dort im Garten auf der Burg)**
Volkstext
A: Verschollen.

Nur in der Šafránek-Monografie erwähnt.

78. LABUTĚ (Die Schwäne)
Text: J. von Wojkovic.
D: 58 T.
A: PBM (in Ad 154) Skizzen. Worte fehlen z.T.
F: Inst. BM, Prag (in PBM Ad 154).

79. (recte 57/58) MÁM STARÉ PARKY RÁD (Ich liebe alte Parks) (in der Originalhandschrift einfach Píseň genannt)
E: Prag, 2.4.1912.
Text: J. Borecký.
D: ($^4/_4$, Des), 26 T.
A: NM ČMH, Prag (Tr B 302), 2 S. sehr sorgfältige Handschrift.
PBM (in Ad 154) Skizzen, unvollständig.
F: Inst. BM, Prag (in PBM Ad 154).
V: Frei.

80. (recte 70) PÍSNIČKA O HANIČCE (Liedlein über Hanička)
E: 3.9.1912.
Text: Kalhus.
D: Allegro ($^3/_4$ G), 29 T. (T. 1-12, T. 5-12 m. Wdh.).
A: NM ČMH, Prag (Tr B 289), 1 S., Bleistiftskizze.
V: Frei.

81. ŠTĚSTÍ TO DOST (Genug Glück)
E: Prag, 11.12.1912.
Text: D. von Liliencron.
D: *Hrát dost rychle* (Ziemlich schnell) ($^3/_4$, e), 39 T.
A: NM ČMH, Prag (Tr B 291), 2 S. + Titels., (Tr B 292) - Skizzen.
F: Handschriftliche Kopie von Zdena Maxová (vom 16.12.1912) NM ČMH (Depositum NBM).
Inst. BM, Prag (HEN 002).
V: Frei.

87. (recte 93/94) PÍSEŇ NA STAROŠPANĚLSKÝ TEXT (Lied zu einem altspanischen Text)
E: Polička, Dezember 1914.
W: „Slečně Vlastě Janelové“ (Gewidmet Vlasta Janelová).
Text: Alter spanischer Text.

D: Andantino (3/4, e-A), 66 T.
A: PBM (Ab 83), 4 S. + Titels. Schöne Reinschrift. Im Martinů-Werkverzeichnis von 1914 fehlerhaft angegeben als *Matičko má, hocha mám* (Mütterchen mein, ich habe einen Geliebten), diesen Titel übernahm auch M. Šafránek.
F: Inst. BM, Prag (PBM Ab 83).
V: Frei.

Schönes, wertvolles Lied im schlichten Volkston. Veröffentlichenswert.

(*)88. DREI LIEDER AUF FRANZÖSISCHE TEXTE

E: Prag, 1913 (oder erst um 1915?).
D: *Nr. 1. *Le Sapin de Noël* (Der Weihnachtsbaum)
Nr. 2. *Le petit oiseau* (Das Vögelein). Ohne Tempo (3/4, g-G), 76 T. (andere Fassung mit 19-taktigem Klaviervorspiel in PBM).
Nr. 3. *La nuit* (Die Nacht). (3/4 F), 61 T., ca. 2' 30'' (erste Worte: *Que me réserves-tu. Nuit?*"
A: Nr. 1 verschollen. Nr. 2 MZM, Brno (in A 40610) - Skizze, Nr. 3 PBM (Ab 85), 2 S.
F: Nr. 3 Inst. BM, Prag (PBM Ab 85).
V: Frei.

Nr. 3 ist nicht schlecht!

94. DREI GOETHELIEDER[4]

E: 1914-1915.
Text: J. W. Goethe.
D: 1. *Glückliche Fahrt* - Andante (3/4,, G-Es), 61 T.
2. *Elfenliedchen* - Allegretto ma non troppo (4/4, g-e), 23 T.
3. *Liebesglück* - Moderato (3/4, A-F), 31 T.
A: PBM (Ab 84), 2 S. Bleistiftskizze, aber mit Satztitel, Nuancen und Text in Tintenschrift.

[4] Bei dem bezeichneten Werk handelt sich um eine Sammlung von Kompositionen, die in einem zusammenhängenden Zeitraum am selben Ort entstanden sind. Der Autor hat diese Kompositionen unter einer Katalog-Nummer zusammengefasst und ihnen eine deutsche Werkbezeichnung gegeben; vom Komponisten ist kein Werktitel überliefert.

F: Inst. BM, Prag (PBM Ab 84).
V: Frei.

Hübsche Kleinigkeiten.

106. JAK MILÝ ČAS (Wie liebe Zeit)

E: Polička, 26.3.1917.
W: „Paní Beli." (Für Frau Beli - Gabriela Čechová).
Text: Nach einer altirischen Ballade von T. Moore.
D: Andante ($^3/_4$, F), 61 T.
A: NM ČMH (Tr B 290), 3 S. + Titels. Sehr schöne Tintenreinschrift.
A in PBM (Ab 145), eine S. Skizze mit dem Titel *Večer* (Am Abend).
F: Inst. BM, Prag (PBM Ab 145).
V: Frei.

Schlichtes und volksliedhaftes, romantisches Stimmungsbild an einem Seeufer bei Abenddämmerung. Wertvoll und einer Herausgabe wert.

110. ŠEST PROSTÝCH PÍSNÍ (Sechs schlichte Lieder)

E: Polička, 1917.
Text: Volksliedtexte.
UA: Prager Rundfunk, 27.1.1965. (Libuše Domanínská und Věra Řepková).
D: 11'
1. *Dny se tak krátí* (Die Tage werden kürzer). Allegretto ($^3/_4$, E), 26 T. (50 T. m. Wdh.)
2. *Řekl mi anděl* (Ein Engel erzählte mir). Poco Andante ($^3/_4$, Gis-E), 42 T.
3. *Ach, nikdo neví* (Ach, keiner weiß). Allegretto ($^3/_4$, G), 23 T. (35 T. m. Wdh.)
4. *Ta naše stráň* (Unsere Berglandschaft). Moderato ($^3/_4$, G), 20 T. (39 T. m. Wdh.)
5. *V dáli hrom burácí* (In der Ferne rollt der Donner). Adagio ($^3/_4$, f-g), 21 T.
6. *Buď milý zdráv* (Lebewohl, mein Schatz) Moderato ($^3/_4$, As-cis), 16 T. (26 T. m. Wdh.).

A: NM ČMH, Prag (Tr B 237), 10 S. + Titels.
Nr. 4 PBM (Ab 146) - Skizze.
F: Inst. BM, Prag (Ab 146).
V: Panton International, Prag.

Ganz kurz und schlicht, volksähnlich (vgl. Texte). NB: Alle Lieder stehen im $^{3}/_{4}$-Takt.

***111. OVČÁKOVA PÍSEŇ NEDĚLNÍ (Des Schäfers Sonntagslied)**
E: Polička, 1917.
Text: L. Uhland.
UA: Polička, 3.8.1918. Zdeněk Otava.
A: Verschollen.

Nur in der Šafránek-Monografie erwähnt.

114. UKOLÉBAVKY (Wiegenlieder)[5]
E: Polička, 1916–1918, (Titelseite: Dezember 1917).
Text: Nr. 1: G. Falke, Nr. 2: D. von Liliencron, Nr. 3: W. Raabe, Nr. 4–8: *Des Knaben Wunderhorn*.
UA: Prag, 8.12.1920 (Mozarteum, Liederabend).
D: 1. *Mému dítěti* (Meinem Kinde) - 2. *Vlčkova ukolébavka* (Wölfchens Wiegenlied) - 3. *Hajej, můj malý* (Eia Popeia) - 4. *Dík Bohu Stvořiteli* (Wie oft Gott zu danken sei) - 5. *Andělíčku můj* (Wiegenlied) - 6. *Spi, dítě, spi* (Schlaf, Kindlein, schlaf) - 7. *Červené botičky* (Wiegenlied) - 8. *Čtrnáct andělíčků* (Grabinschrift).
Nur Nr. 2 ist vollständig ($^{4}/_{4}$, As-E), 41 T.
A: PBM (Ab 146) 22 S. Skizzen.
F: Inst. BM, Prag (PBM Ab 146).
V: Frei.

Nicht mit H. 146bis verwechseln!

5 Bei dem bezeichneten Werk handelt sich um eine Sammlung von Kompositionen, die in einem zusammenhängenden Zeitraum am selben Ort entstanden sind. Der Autor hat diese Kompositionen unter einer Katalog-Nummer zusammengefasst und ihnen eine deutsche Werkbezeichnung gegeben; vom Komponisten ist kein Werktitel überliefert.

***115. DREI LIEDER**

E: Polička, 1917-1918.
Text: Hafis (Nr. 1).
D: 1. *Nejkrásnější smrt* (Der schönste Tod).
2. *Dlouhé putování* (Eine lange Pilgerschaft).
3. *Uzdraven* (Genesen).
UA: Prag, 8.12.1920 (Mozarteum, Liederabend).
WA: Nr. 1. Paris, 2.5.1925, Société Nationale. Jane Bathori.
A: Verschollen.
V: Panton International, Prag

Nur in der Šafránek-Monografie erwähnt.

126. NOVÉ SLOVENSKÉ PÍSNĚ (Neue slowakische Lieder)

Zwei Reihen, 30 Lieder, Harmonisierung von B. Martinů
E: Prag, 1920.
D: Die Stücke sind zwischen 11 und 51 T. lang. Insgesamt 782 T.
UA: Polička, 8.9.1920. K. Samohrdová und der Komponist.
A: Im Archiv des Prager Rundfunks (52 S. + 2 Titels.).
Ausg: Panton, Prag 1970 (P 769).
V: Panton International, Prag.

129. TŘI PÍSNĚ PRO ČERVENOU SEDMU
(Drei Lieder für das Kabarett Červená sedma in Prag)

E: Prag, 1921.
Text: 1. J. Herold, Bearb. J. Červený - 2. J. Dréman, Bearb. J. Červený - 3. F. Gellner.
1. *Balada letní* (Sommerballade). Moderato (4/4, F-D, später verschiedene Tempowechsel), 123 T. (134 T. m. Wdh.).
2. *Bar* (Die Bar). (3/4, c, verschiedene Tempi), 87 T. (120 T. m. Wdh.).
3. *Havířská* (Bergmannslied). Poco Andante (4/4, c-g), 41 T.
F: Handschriftliche Kopie von fremder Hand beim Verleger in Prag. Handschriftliche Kopie von Jiří Červený in NM ČMH, Prag.
Ausg: Tempo, Prag 1993.
V: Boosey & Hawkes, London-New York.

135. MĚSÍCE (Die Monate) Drei Lieder

E: Prag, 1922.

Text: Nr. 1 und 3: *Die Monate* von Karel Toman.
UA: Paris, 2.5.1925 (Société Nationale). R. Armandie.
D: 7'
1. *Leden: Po cestách zavátých* (Januar: Über verschneite Straßen) (Taktlos, dann wechselnd, modal D), 24 T. 2'
2. *Ty, jenž sídlíš v nebesích* (Du, dessen Sitz im Himmel ist). Ohne Monatstitel. Lento ($^{6}/_{4}$, b-as), 29 T. 2'
3. *Září: Můj bratr dooral* (September: Mein Bruder ackert nicht mehr). Takt wechselnd, (e-A), 59 T. 3'
A: NM ČMH, Prag (Tr B 316), 14 S. (aber S. 4-5 leer).
V: Panton International, Prag.

Schlichte, modale geistliche Lieder. Choralartige Stellen im ersten Lied. Der Verfasser der Worte des zweiten Liedes ist unbekannt, der Gehalt jedoch ähnlich.

135.bis DVĚ PÍSNĚ NA RUSKOU POEZII
(Zwei Lieder auf russische Texte)
E: Polička, September 1922 (Nr. 2 vielleicht schon 1919?).
W: Gewidmet Fräulein Jožka Kalošková.
Text: A. V. Kolcov (Nr. 1).
D: 6'
1. *Slavíčku můj* (O du meine Nachtigall) - Ohne Tempo ($^{2}/_{4}$, d-D), 53 T. (61 T. m. Wdh.). 3'
2. *Uvila jsem sobě vínek* (Ich habe mir ein Kränzchen gebunden) - ohne Tempo ($^{4}/_{4}$-Takt, b), 53 T. (61 T. m. Wdh.). 3'
A: A Nr. 1 NM ČMH (Tr B 178), 4 S. + Titels. Dazu eine S. Skizze in PBM (Ab 87).
A Nr. 2 PBM (Ab 87) 2 S. (zweite S. nur ein System).
F: Inst. BM, Prag (PBM Ab 87).
V: Frei.

146. DĚTSKÉ PÍSNIČKY (Kinderlieder) (zwei Reihen)
E: Paris, 1925.
W: 1. Reihe: Gewidmet den Osuský-Kindern - 2. Reihe: Gewidmet den Kindern von Fernand Couget. Erhalten sind drei Lieder (französische Worte):
D: 1. *Le petit oiseaux* (sic!) (Der kleine Vogel), *L'hiver sur la pâle nature* ($^{3}/_{2}$, as), 41 T.

2. *Le soir* (Der Abend), *De ses rayons mourants effleurant les campagnes.* ($^3/_4$, Es), 23 T.
3. *Le sapin de Noël* (Der Weihnachtsbaum), *Mon beau sapin, couronne de lumière.* ($^2/_4$, a), 39 T. (49 T. m. Wdh.)

A: MZM Brno (A 40 610). 2 S. ausgeführte Skizzen. Die Worte sind in fremder Handschrift (Charlotte Martinů?) in Tinte eingetragen.

V: Frei.

146.bis TŘI UKOLÉBAVKY (Drei Wiegenlieder)

E: Paris, Mai 1925.

W: „À Madame Melicharová" (Gewidmet Frau M. Melicharová).

Text: Nr. 2: G. Falke, Nr. 3: W. Raabe

D: 7'

1. *Přede dveřmi strom* (Vor der Tür ein Baum) Andante moderato, ($^4/_4$, As), 57 T. 3'
2. *Ty sladce spíš* (Du schläfst so süß) - Text in zwei Sprachen! Andante ($^3/_4$, E), 33 T. 2'
3. *Hýčkán a láskou tak* (Schaukeln und Gaukeln). Andante moderato ($^3/_4$, fis), 46 T. 2'

A: NM ČMH (Depositum NBM) 11 S. + Titels.
NB. Die Titel entsprechen nicht denen von H. 114.

F: Inst. BM, Prag (XYZ 061).

V: Frei.

***147. ČÍNSKÉ PÍSNĚ (Chinesische Lieder)**

E: Paris, 1925.

W: Gewidmet Frau Fina Tausiková.

A: Verschollen.

Nur in der Šafránek-Monografie erwähnt.

184.bis TŘI PÍSNIČKY K VÁNOCŮM (Drei Weihnachtsliedchen)

E: Paris, Dezember 1929.

W: 1. „Písnička k Vánocům 1929. Šárce Pacovské věnuje B. Martinů" (Liedchen zu Weihnachten. Gewidmet Šárka Pacovská von B. Martinů).
2. „Dárek v Vánocům 1929. Šárce Pacovské věnuje B. Martinů" (Weihnachtsgeschenk 1929).

	3. „Mojí milé přítelkyni Šárce Pacovské v upomínku na Vánoce 1929“ (Gewidmet meiner netten Freundin Šárka Pacovská zum Andenken an Weihnachten 1929).
Text:	Französische Originaltexte von Jean Aicard (Nr. 1); F. de Gramont (Nr. 2) und L. Xanrof (Nr. 3). Unterlegter tschechischer Text von V. Fischer.
D:	1. *La poule a couvé* (Die Henne hat gebrütet/Slepička má rodinu). ($^4/_4$, D), 18 T. (31 T. m. Wdh.). 2. *Le Poulet* (Das Hühnchen/Kuřátko). ($^4/_4$, G), 28 T. (40 T. m. Wdh.). 3. *Le petit Chat* (Das Kätzchen/Kočička). ($^2/_4$, G), 30 T. (49 T. m. Wdh.).
A:	PBM (Ab 88) 6 S., je 2 pro Lied.
F:	Inst. BM, Prag (PBM Ab 88).
Ausg:	Panton, Prag 1977 (P 1525, unter dem Titel *Kinderlieder*), zweite revidierte Fassung in Vorb. (2006).
V:	Panton International, Prag.

188. (recte 181/183) VOCALISE-ÉTUDE (für mittlere Stimme)

E:	Paris, 7.11.1929.
Text:	Ohne Worte.
D:	1' 30'' Allegro ($^3/_8$, wechselnd, A), 133 T.
A:	Alphonse Leduc, Paris, 3 S. + Titels.
F:	PBM (FAb 45)
Ausg:	Alphonse Leduc, Paris 1930 (A. L. 17615).
V:	Alphonse Leduc, Paris.

Siehe auch die Übertragungen für Violine und Klavier (*Ariette* H. 188 A) und für Cello und Klavier (*Ariette* H. 188 B).

***197. DREI APOLLINAIRELIEDER**

E:	Paris, 1930.
W:	Gewidmet Anna Pečírková.
Text:	G. Apollinaire, tschechische Fassung von V. Nezval.
UA:	Prag, 9.1.1931. Die Widmungsträgerin.
D:	5' 1. *La neige blanche* (Bílý sníh) (Der weiße Schnee). 2. *L'adieu* (Sbohem) (Der Abschied). 3. *Saltimbanques* (Komedianti) (Gaukler).

A: Bei der Widmungsträgerin in Prag. Dann bei Miloš Šafránek in Prag. Seitdem verschollen.
F: Nr. 3 Kopie von fremder Hand - Privatbesitz, Prag.
V: Panton International, Prag.

Ein trauriger Verlust, für welchen uns H. 213bis Nr. 1 kaum entschädigt.

***210. PÍSNIČKY PRO DĚTI (Drei Kinderliedchen)**
E: Polička, 1931.
D: 1. *Tatínkova písnička* (Väterchens Lied).
2. *Píseň Soničce* (Soničkas Lied).
3. *Píseň Božánkova* (Božáneks Lied).
A: Verschollen.

Nur in der Šafránek-Monografie erwähnt. Hatte er dieses Werk etwa mit den Klavierstücken H. 221 verwechselt? Vgl. die Titel von Nr. 1 und H. 221 Nr. 1!

213.bis ZWEI LIEDER
E: Paris, Anfang 1932.
W: „À madame M. Matějovský" (sic!) (Gewidmet Magdalena Matějovská).
Text: 1. G. Apollinaire, 2. Japanisches Gedicht.
D: 8'
1. *Automne malade* (Kranker Herbst). Adagio ($^3/_4$, wechselnd, es-F), 53 T. 3'
2. *Fleur de pêcher* (Pfirsichblume). Adagio ($^2/_4$, Des), 104 T. 5'
A: z. Z. nicht nachweisbar.
F: Nr. 1: Inst. BM, Prag (XYZ 023) 3 S. + Titels.
Nr. 2: Privatbesitz, Prag.
Ausg Panton, Prag 1980 (P 1814).
V: Panton International, Prag.

Durch den Verlust von H. 197 sind dies die einzigen „Kunstlieder" (also nicht nach Volkstexten) aus Martinůs Reifezeit, die wir besitzen. Äußerst wertvoll.

225. ČTYŘI DĚTSKÉ PÍSNĚ A ŘÍKADLA (Vier Kinderlieder und -kehrreime)

E: Paris, 1.6.1932.
W: Gewidmet Anička Šafránková (Miloš Šafráneks Tochter) zum Geburtstag.
D: 1. *Počítadlo* (Der Zähler). ($^4/_4$, D), 6 T.
2. *Divoký holub* (Wildtaube). ($^3/_4$, G), 14 T.
3. *Vlaštovička* (Die Schwalbe). ($^2/_4$, F), 12 T.
4. *Dětská hádanka* (Kinderrätsel). ($^4/_4$, G), 6 T.
A: PBM (Ab 89) 2 S. + Titels.
F: Inst. BM, Prag (PBM Ab 89).
V: Editio Bärenreiter, Prag.

Ganz winzige Brosamen (vgl. České hádanky H. 277bis).

228. DVĚ BALADY NA SLOVA LIDOVÉ POEZIE PRO ALT A KLAVÍR (Zwei Balladen auf Volkstexte für Altstimme und Klavier)

E: Paris, Weihnachten 1932.
W: „Milostivé paní Olze Borové-Valouškové“ (Gewidmet der gnädigen Frau Olga Borová-Valoušková).
UA: Prag, 29.4.1933. Die Widmungsträgerin.
D: 8'
1. *Putovali hudci* (Wandernde Musikanten). Andante moderato (d-B), 38 T. 3' 30''
2. *Sirota* (Das Waisenkind). Moderato (a-gis), 43 T. (50 T. m. Wdh.). 4' 30''
A: NM ČMH (Depositum NBM) 8 S. + Titels.
F: Handschriftliche Kopie fremder Hand in PBM (Af 187).
Inst. BM, Prag (XYZ 014).
Inst. BM, Prag (PBM Af 187).
V: Panton International, Prag.

Auch dieses schöne Liederpaar wäre einer Herausgabe würdig.

230. VELIKONOČNÍ (Osterlied)

E: Paris, April 1933.
Text: K. J. Erben.
UA: Polička, 7.1.1956.
D: Kurzer Satz von 16 T.

A: z. Z. nicht nachweisbar.
F: PBM (FAb 46) 2 S. (eine Seite auf zwei Seiten verteilt).
Ausg: Notenbeilage der Zeitung „Lidové noviny“ vom 16.4.1933.
V: Editio Bärenreiter, Prag.

Im Stile der *Marienlieder* und *Marienspiele*.

232.bis (früher H. 226) DVĚ PÍSNĚ NA TEXTY NEGERSKÉ POEZIE (Zwei Lieder auf Neger-Volksdichtungen)

E: Paris, 1932.
W: „Milostivé paní Julii Nessy-Bächerové“ (Gewidmet der gnädigen Frau Julia Nessy-Bächer).
D: 1. *Ukolébavka* (Wiegenlied). Andante moderato ($^4/_4$, e), 69 T.
2. *Touha* (Sehnsucht). Andante-Moderato ($^4/_4$, b-D), 57 T.
A: z. Z. nicht nachweisbar.
F: Handschriftliche Kopie von fremder Hand in PBM (Af 188) 12 S. + Titels.
Inst. BM (PBM Af 188).
Ausg: Editio Supraphon, Prag 1976^1, 1995^2 (H 5988).
V: Editio Bärenreiter, Prag.

Autorschaft äußerst zweifelhaft. Die Tonsprache hat mit Martinů nichts zu tun und eine Originalhandschrift fehlt sowieso. Die frei gewordene Nummer H. 226 wurde nun dem Violinkonzert Nr. 1 (früher H. 232bis) zugewiesen).

259. KOLEDA MILOSTNÁ (Liebeslied)

E: Paris, 1937.
W: Gewidmet Maria Raabová.
Text: Tschechischer Volkstext.
D: 2'
Allegretto ($^2/_4$, F), 31 T. (35 T. m. Wdh.).
A: z. Z. nicht nachweisbar.
Ausg: (Melantrich, Prag). Notenbeilage der Zeitschrift „Eva“, 1937, Nr. 3.
Editio Supraphon, Prag 1974^1, 1998^2.
V: Editio Bärenreiter, Prag.

267.bis ACH, OZVI SE (Ach, lass mich wissen)

E: Paris, Anfang 1938 (Datum biografisch begründet).
D: 4'
Andante ($^3/_4$, wechselnd, fis-e), 91 T.
A: NM ČMH (Tr B 317), 2 S. (ein Blatt recto).
Wahrscheinlich für V. Kaprálová während einer ihrer Abwesenheiten. Durchaus veröffentlichenswert.
V: Frei.

273. VÍM HAJÍČEK ... (Ich weiß ein Wäldlein ...)

E: Paris, Anfang 1939.
W: „Vitulčině mamince k narozeninám 1939" (Zum Geburtstag der Mutter von Vítězslava Kaprálová, 1939).
Text: Tschechischer Volkstext aus der Sušil-Sammlung.
D: ($^3/_8$, As-C), 26 T. (46 T. m. Wdh.).
A: MZM, Brno (A 29762), 2 S.
F: Inst. BM, Prag (MZM 003).
V: Editio Bärenreiter, Prag.

277.bis ČESKÉ HÁDANKY (Tschechische Rätsel)

E: Paris, nach 25.5.1939.
W: „Saše Pucové v upomínku na 25. květen 1939 od B. Martinů" (Für Saša Pucová zur Erinnerung an den 25. Mai 1939).
Text: Volkstexte und -rätsel.
D: 9 kurze Sätze, auch kurze gesprochene Stellen. Insges. 189 T.
A: Privatbesitz, Prag. Ein Heft in Querformat, 40 S., davon eine Titelseite und eine S. am Schluss mit Inhaltsverzeichnis. Jedem Sätzchen geht eine weitere Titelseite voraus. Eine Reihe reizender, für ein Kind bestimmter Kleinigkeiten, die am besten einen Druck als Faksimile verdienen würden.
F: Inst. BM, Prag (MIH 002).
V: Frei.

279.bis PŘÁNÍ MAMINCE (Beste Glückswünsche an die Mutter)

E: Paris, am Heiligen Abend 1939.
Text: Jiří Mucha (Für die Mutter von Rudolf Kundera).
D: 1' 30''
Volně (frei) ($^2/_4$, Es), 31 T.

A: NM ČMH (Depositum NBM) 4 S. (eine Titels., eine mit Gedicht, zwei mit Musik).
F: Inst. BM, Prag (XYZ 011, XYZ 027).
V: Frei.

282.bis VIER LIEDER über tschechische Volkstexte[6]
E: Aix-en-Provence 4.12.1940
W: „Ecrit pour Edmonde Charles-Roux" (Geschrieben für Edmonde Charles-Roux).
Text: Tschechische Volkstexte.
UA: Prag, 8.12.1997. Magdalena Kožená und Karel Košárek.
D: 8' 30''
1. *Koníčky na ouhoře* (Pferdchen auf dem brachen Feld). Moderato ($^3/_8$, wechselnd, F) 36 T. 2'
2. *Ztracený pantoflíček* (Verlorenes Pantöffelchen). Allegretto ($^2/_4$, G-C), 40 T. 1' 30''
3. *Píseň nábožná* (Frommes Lied). Poco Andante (wechselnd, Es-B), 29 T. 3'
4. *Pozvání* (Einladung). Andante (wechselnd, g-B), 22 T. 2'

A: NM ČMH (Depositum NBM) 18 S., inkl. Titels.
F: PBM (FAb 64).
Inst. BM, Prag (PBM FAb 64).
Ausg: Editio Praga, Prag 1999 (H 7809).
V: Editio Bärenreiter, Prag.

Von Aleš Březina mit Hilfe von Rudolf Kundera in Südfrankreich aufgefunden. Als Dank an eine Freundin entstanden, die bei den Visumformalitäten sehr behilflich war. Es sind kostbare Vorläufer von H. 288, H. 294 und H. 302 und stehen durchaus auf gleicher Höhe.

288. NOVÝ ŠPALÍČEK (Der neue Špalíček) Acht Lieder
E: Jamaica (Long Island), USA, Juni 1942.
W: „Věnováno Janu Masarykovi" (Gewidmet Jan Masaryk).
Text: Texte aus der mährischen Volkslyrik.

[6] Bei dem bezeichneten Werk handelt sich um eine Sammlung von Kompositionen, die in einem zusammenhängenden Zeitraum am selben Ort entstanden sind. Der Autor hat diese Kompositionen unter einer Katalog-Nummer zusammengefasst und ihnen eine deutsche Werkbezeichnung gegeben; vom Komponisten ist kein Werktitel überliefert.

UA: New York (Junior League Club), 11.1.1943. Jarmila Novotná.
D: 9' 30''
1. *Bohatá milá* (Die reiche Geliebte) (As-Des), 34 T. 1' 15''
2. *Opuštěný milý* (Der verlassene Geliebte) (h-G), 22 T. 1' 15''
3. *Touha* (Sehnsucht) (B-G), 21 Takte (41 T. m. Wdh.). 1'
4. *Zvědavé dievča* (Das neugierige Mädchen) (F-C), 13 T. 1'
5. *Veselé dievča* (Das fröhliche Mädchen) (G), 21 T. 30''
6. *Smutný milý* (Die unglückliche Liebe) (c-g), 28 T. 2' 15''
7. *Prosba* (Die Bitte) (E), 41 T. 1' 15''
8. *Vysoká veža* (Der hohe Kirchturm) (B), 22 T. 1'
A: PBM (Ab 90) 11 S. + Titels.; Nr. 5 und 6 in umgekehrter Reihenfolge.
F: PBM (Ag 238).
Handschriftliche Kopie von fremder Hand in PBM (Af 223), Kopie (Ag 239).
NM ČMH, Prag (Tr B 280) - Skizzen.
Inst. BM, Prag (PBM Ab 90, PBM Af 223, PBM Ag 239).
Ausg: Melantrich, Prag 1948. Übernommen vom Staatsverlag, Prag (SHV).
Editio Supraphon, Prag 1978 (H 6132).
V: Editio Bärenreiter, Prag.

Zusammen mit den beiden folgenden und den soeben besprochenen 4 Liedern H. 282bis bildet diese kurze Sammlung einen kleinen Teil der zahlreichen Lieder im Volkston, die Martinů mühelos niederschrieb, „als er nicht komponierte“, laut seinem eigenen Bericht. Die originelle Rhythmik und Periodisierung ist ganz auf den Tonfall der Sprache angewiesen, bietet dem nicht-tschechischen Darsteller daher erhebliche Schwierigkeiten und gestattet auch kaum eine Übertragung in fremde Sprachen. In der Heimat des Komponisten sind diese Lieder schon heute Teil des Volksgutes, sie lassen sich von echten Volksliedern manchmal kaum unterscheiden. Eine Aufführung durch Martinůs Landsleute gewinnt dadurch den Reiz echter Volksmusik. Dem Bewunderer von Martinůs Instrumentalschaffen aber erschließt erst die aufmerksame Betrachtung dieser Lieder den vollen Sinn seiner rhythmischen und melodischen Ursprünglichkeit.

294. PÍSNIČKY NA JEDNU STRÁNKU (Liedchen auf einer Seite)
Sieben Lieder

E: New York, Februar-März 1943.
W: Gewidmet Olga Hurbanová.
Text: Texte aus der mährischen Volkslyrik (Fr. Sušil-Sammlung).
D: 6' 30''

1. *Rosička* (Tau). Andante poco moderato (As-Es), 19 T. 1'
2. *Otevření slovečkem* (Das Schloss). Allegro (C-a), 20 Takte (36 T. m. Wdh.). 45''
3. *Cesta k milé* (Der Weg zur Geliebten). Moderato (a-d), 25 T. 1'
4. *Chodníček* (Der Fußpfad). Allegro (A-E), 30 T. 30''
5. *U maměnky* (Zu Hause). Poco Allegro (F-C), 12 T. (21 T. m. Wdh.). 1'
6. *Sen Panny Marie* (Der Traum der Jungfrau Maria). Moderato (F-D), 14 T. (22 T. m. Wdh.). 1' 15'' (der Text ist derselbe wie bei H. 235 Nr. 2 [Chorlied]).
7. *Rozmarýn* (Rosmarin). Poco Allegro (h-G), 23 T. (36 T. m. Wdh.). 1'

A: Privatbesitz, Frankreich (7 S. + Titels.).
F: PBM (Ag 240).
Inst. BM (XYZ 047).
Inst. BM (PBM Ag 240, PBM Ag 241).
Handschriftliche Abschrift von fremder Hand im PBM (Af 224), Kopie (Ag 241).
Ausg: Melantrich, Prag 1948. Übernommen vom Staatsverlag, Prag (SHV).
Editio Supraphon, Prag 1971², 1984³, Editio Bärenreiter, Prag 1997⁴ (H 5094).
V: Editio Bärenreiter, Prag.

302. PÍSNIČKY NA DVĚ STRÁNKY (Liedchen auf zwei Seiten)
Sieben Lieder

E: New York, Oktober 1944.
UA: Praha, 15.10.1946, Aša Slavická - Mezz, Oldřich Kredba - Pf.
Text: Texte aus der Volkslyrik.
D: 7' 15''

1. *Děvče z Moravy* (Mädchen aus Mähren). Moderato (B), 17 T. 1'
2. *Súsedova stajňa* (Des Nachbars Stall). Allegro moderato

(As-Des), 20 T. (24 T. m. Wdh.). 1' 15''
3. *Naděje* (Hoffnung). Moderato (E), 27 T. 1' 30''
4. *Hlásný* (Der Nachtwächter). Poco Allegro (F), 47 T. 45''
5. *Tajná láska* (Geheime Liebe). Moderato poco Andante (G-E), 11 T. 1'
6. *Boží muka* (Das Wegkreuz). Allegro moderato (Fis-A), 42 T. 45''
7. *Zvolenovcí chlapci* (Burschen aus Zvolen). Poco Allegro (F), 33 T. 1'

A: PBM (Ab 91) 12 S. + Titels.
F: PBM (Ag 242).
Inst. BM (PBM Ab 91, PBM Ag 242).
Ausg: Melantrich, Prag 1948. Übernommen vom Staatsverlag, Prag (SHV).
Editio Supraphon, Prag 1971[2], 1984[3], Editio Bärenreiter, Prag 1997[4] (H 5095).
V: Editio Bärenreiter, Prag.

Kategorie 34: Orchesterlieder

68. NIPPONARI (bei Martinů irrtümlich Niponari) Sieben Lieder für Frauenstimme und kleines Orchester

E: Polička, Sommer-Herbst 1912 (Skizze vollendet am 24.8.).
W: Gewidmet Théa Drill-Oridge.
Text: Japanische Lyrik, in der Übersetzung von Théa Drill-Oridge.
UA: Brno, Tschechoslowakischer Rundfunk, Aufnahme 3.-4.10.1963. Inzwischen wurde diese Rundfunkaufnahme als unzulänglich getilgt.
BS: S, 3 Fl., 1 Eh., 9 Vn., 6 Vla., 4 Vc., 2 Kb., Pf., Harfe, Celesta, Tri., Ttam. Die Besetzung ist in jedem Stück verschieden (siehe unten).
D: 24'
1. *Nukada* (*Modrá hodina* - Die blaue Stunde). Fl., Eh., Hf., Solovioline, 4 Vle. und 4 Vc. (gedämpft). Andante ($^2/_4$), 47 T. 2'
2. *Kiutsune* (*Stáří* - Greisenalter). Gedämpfte Solobratsche, Hf., Eh. und 5 Vle. (Kulisse). Andante ($^3/_4$, b), 112 T. 4' 30''
3. *Kibino* (*Vzpomínka* - Erinnerung). Fl., Vi. und Hf. Andantino ($^2/_4$, f-G), 81 T. 2' 30''
4. *Onono Komadi* (*Prosněný život* - Das Leben ein Traum). 3 Fl.

und 4 Vle Andantino, 4 T. 330''
5. *Sidzuka Gozen* (*Stopy ve sněhu* - Spuren im Schnee). 4 Vn. und 3 Vle (oder 6 Vn. und 1 Vla.), Pf., Cel., Hf. Moderato ($^3/_4$, E), 70 T. (9 T. m. Wdh.). 4'
6. *Onono Kumachi* (*Pohled nazpět* - Rückblick). 3 Fl., Hf., 4 Vn., 4 Vle., 4 Vc., 2 Kb. Largo religioso ($^3/_4$ bzw. $^9/_8$), 68 T. 4' 30''
7. *Kotsuna Ozi* (*U posvátného jezera* - Am heiligen See). 3 Fl., Cel., Hf., Tri., Ttam, 6 Vi., 3 Vle., 2 Vc., 2 Kb. Grave (c-Es), 41 T. 3'

A: PBM (Ab 81). Titels. + 7 getrennte Hefte von je 7, 7, 6, 4, 6, 6 und 8 S.
Nr. 7 NM ČMH, Prag (Tr B 289) Bleistiftskizze.
PBM (Af 182) ST Kopie bei fremder Hand, 70 S. (Part der Vokalstimme ohne Text, Parte der 3. und 4. Vla. fehlen).
MZM, Brno (A 40600), 20 S., Bearbeitung für Singstimme und Klavier vom Komponisten. Dazu getrennt: Nr. 5 (kürzere Fassung, 50 T., 86 mit. W., 2 S. + Titels., Nr. 7 (3 S. + Titels.).

F: Inst. BM, Prag (Ab 81, Af 182, MZM 004).

V: Panton International Mainz.

Nur zweimal hat Martinů Orchesterlieder komponiert. Dazu wurde er jedes Mal von der Kunst der Opernsängerin Théa Drill-Oridge angeregt. Später hat ihn diese typisch spätromantische Gattung nicht mehr interessiert. Beide Werke wurden vom Zauber fernöstlicher Lyrik inspiriert. *Nipponari*, wahrscheinlich die wertvollste Arbeit Martinůs vor dem Ersten Weltkrieg (er hat sie als solche auch niemals verworfen), ist vor allem in der Instrumentation, teilweise auch in der Harmonik, stark dem Impressionismus verpflichtet. Besonders das erste und das sechste Lied verraten den Einfluss Debussys, im fünften ist die Gegenwart von *Madame Butterfly* nicht zu leugnen. Dabei ist gerade der Instrumentalsatz dieses Liedes besonders interessant und zukunftsweisend. Die Steigerung des letzten Liedes ist ebenfalls überzeugend, dagegen gibt es einige schwächere Stücke (u. a. Nr. 2). Das Werk, wenn auch es insgesamt auch noch als unreif und untypisch zu beurteilen ist, verdient trotzdem eine gelegentliche Aufführung.

119. KOUZELNÉ NOCI (Die geheimnisvollen Nächte)
Drei Orchesterlieder

E: Polička, November 1918. (OH Dezember 1918).

W: Gewidmet Frau Théa Drill-Oridge.
UA: Prag, 2.4.1924. P. Osuská und Tschechische Philharmonie (in OH erwähnt) (Konzert des Roten Kreuzes).
Text: Chinesische Dichtungen von Li-Tai-Po (Nr. 1 und 3) und Tschang-Jo-Su (Nr. 2). Aus der Sammlung *Die chinesische Flöte* von Hans Bethge. Partitur: deutscher und tschechischer Text.
BS: Sopran und Orchester.
Nr. 1: 2 Fl., 2 Ob., 1 Eh., 2 Hor., Vc., Hf., geteilte Str.
Nr. 2: 4 Fl., 1 Ob. (bzw. Eh.), Hf., Vc., Tri., geteilte Str. (OH: 88464).
Nr. 3: 4222-2200-Beck., Tri., Glock., Cel., Hf, geteilte Str. Jede Streichergruppe ist vierfach, die Vc. im 3. Lied sogar sechsfach geteilt. Dazu 4 Solovn. und eine Solobratsche (Nr. 2).
D: 16'
1. In der Fremde (*V cizině*). Adagio ($^6/_4$, e-Fis), 100 T. 5'
2. Vom Frühling unberührt (*Jarem nedotčená*). Adagio lugubre ($^2/_4$, b), 121 T. 5'
3. Die geheimnisvolle Flöte (*Tajemná flétna*). Andante sostenuto (später Allegro bzw. Presto) ($^6/_4$, Es), 167 T. 6'
A: NM ČMH, Prag (Tr B 484). Drei gesonderte Hefte mit je 22, 13 und 35 S. Musik.
PBM (in Ab 146), 3 S., Skizzen zu Nr. 3.
Weiteres A MZM, Brno (A 40599), 76 S. + 3 Titels.
F: Inst. BM, Prag (PBM Ab 146).
Ausg: Panton, Prag 1981, P K und L, TP K. Tschechischer Musikfond (Český hudební fond), Prag 1983 KA L.
V: Panton International Mainz.

Nach der japanischen Lyrik greift Martinů nun nach der chinesischen. Er wählte drei Gedichte von seltener Schönheit aus der berühmten Sammlung, die zehn Jahre früher Gustav Mahlers Meisterwerk, *Das Lied von der Erde*, als Grundlage gedient hatte. Der Vergleich mit Mahler liegt besonders auf der Hand, da Martinů hier das einzige Mal im Leben deutsche Worte vertont hat. Gegenüber *Nipponari* bilden diese Lieder einen gewaltigen Fortschritt. Obwohl sie von der späteren Eigenart des Komponisten nur wenig vorausahnen lassen, sind sie als Kunstwerk völlig gelungen und lebensfähig. Ist das erste Lied noch stark dem Impressionismus verhaftet, so ist der Einfluss Mahlers besonders im zweiten zu spüren, schon wegen des poetischen Inhalts, der die müde Stimmung des *Einsamen im Herbst* noch einmal heraufbeschwört. Durch seinen breiteren, mehr symphonischen Gehalt (man beachte schon die reichere Besetzung) hebt sich das letzte Lied von den beiden anderen deutlich ab. Es beginnt mit einem wichtigen Orchestervorspiel (41 Takte), wächst im Mittelteil zu einem glänzenden „chinesischen" Scherzo und gipfelt schließlich in einer brausenden Coda (Presto), die den wirkungssicheren Höhepunkt des ganzen Zyklus bildet.

Kategorie 35: Melodramen

82.–84. DREI MELODRAMEN (Französische Texte)

E: Prag 1913.

Text: 82. Albert Samain - 83. Henri d'Orange - 84. Arthur Symons.

BS: Sprechstimme mit Hf. (82), mit Vi., Hf. und Pf. (83), mit Vla., Hf. und Pf. (84).

D: 20'

82. *Le soir* (*Večer*, Am Abend) *Le séraphin des soirs passe le long des fleurs.* Lento mysterioso (sic !). 4/4, E, 165 T. 7'

83. *La Libellule* (*Vážka*, Die Libelle) *Dans l'air d'or et brûlant que le soleil inonde.* Andantino, ¾, E, 127 T. 6'

84. *Danseuses de Java* (*Tanečnice z Jávy*, Tänzerinnen aus Java). *Cordes pincées, cliquetis du métal, tambourins que l'on bat.* Allegro, ¾, A-Cis), 183 T., 7'

A: PBM (Ab 109, 110, 111 - drei verschiedene OH) Drei gesonderte Hefte von je 13, 8 und 19 S. (von allen drei Werken gibt es zwei OH). Französische Texte und tschechische Texte von fremder Hand.

A PBM (Ab 109/1-3) 32 S. + Titels., (Ab 110/1-3) 29 S. - nur mit französischem Text, aber überwiegend identisch mit Ab 109/1-3, (Ab 111) 15 S. + Titels. - Stimmen.

F: Inst. BM, Prag (PBM 109/1-3), PBM Ab 110/1-3, PBM Ab 111).

Ausg: Tschechischer Musikfond (Český hudební fond), Prag 1980 (ČHF 6489).

V: Frei.

Zusammen mit den 3 Liedern H. 88 wohl die frühesten Zeugnisse von Martinůs Interesse für französische Literatur (siehe jedoch die symphonischen Dichtungen H. 11 und 15).

Die drei Stücke könnten ohne weiteres als instrumentale Kammermusik aufgeführt werden, besonders Nr. 1 als Harfensolo, sind aber eher lang geraten und ziemlich konventionell. Sie stehen ganz unter dem Bann des französischen Impressionismus, besonders Roussels (Nr. 2 und 3, wo Harfe und Klavier zum ersten Mal bei Martinů zusammentreten).

Übersicht zum Werkverzeichnis

ERSTER TEIL: **Bühnenwerke und Filmmusik** (38 Kompositionen)
Kategorie
1: Opern (16)
2: Ballette (15)
3: Schauspielmusik (2)
4: Filmmusik (5)

ZWEITER TEIL: **Orchestermusik** (67 Kompositionen)
Kategorie
5: Symphonien (6)
6: Werke für großes Orchester (31)
7: Werke für Kammer- bzw. kleines Orchester (13)
8: Suiten und Auszüge aus Bühnenwerken (17)

DRITTER TEIL: **Konzerte und konzertante Werke** (31 Kompositionen)
Kategorie
9: Klavierkonzerte (9)
10: Violinkonzerte (5)
11: Cellokonzerte (5)
12: Konzerte für verschiedene Soloinstrumente (Cembalo, Oboe, Viola) (3)
13: Doppel, Tripel- und Quadrupelkonzerte (9)

VIERTER TEIL: **Kammermusik** (90 Kompositionen)
Kategorie
14: Duos für Violine und Klavier (21)
15: Duos für Violoncello und Klavier (10)
16 A: Duos für unterschiedliche Besetzungen mit Klavier (5)
16 B: Duos für unterschiedliche Besetzungen ohne Klavier (7)
17: Trios mit Klavier (8)
18: Trios ohne Klavier (6)
19: Streichquartette (12)
20: Quartette für unterschiedliche Besetzungen (4)
21: Quintette (6)
22: Sextette (4)
23: Septette (3)

24: Oktett (1)
25: Nonette (3)

FÜNFTER TEIL: **Werke für Tasteninstrumente** (104 Kompositionen)
Kategorie 26: Klavier (97)
27 A: 2 Klaviere (3)
27 B: Cembalo (3)
27 C: Orgel (1)

SECHSTER TEIL: **Vokalmusik** (116 Kompositionen)
Kategorie 28: Chor a cappella (10)
29: Chor mit Instrumenten (4)
30: Kantaten ohne Instrumentalbegleitung oder mit einzelnen Instrumenten (8)
31: Kantaten mit Orchester (4)
32: Oratorium (1)
33: Klavierlieder (84)
34: Orchesterlieder (2)
35: Melodramen (3)

Es wurden inzwischen etwa dreißig Werke neu entdeckt und mit entsprechenden „bis"-Nummern versehen (z. B. H. 279bis *Beste Glückwünsche an die Mutter*); Orchestersuiten aus den Opern oder Balletten wurden in einer gesonderten Kategorie (8) behandelt. Daher der beträchtliche Unterschied zwischen der Gesamtzahl aller Kompositionen aus allen Werkgruppen (446) und der eigentlichen Gesamtzahl der Kompositionen Martinůs (384). Die Bearbeitungen, die nicht von Martinů stammen, sind in dieser Übersicht auch einberechnet.

Anhang

Verzeichnis der bis-, ter- und recte-Nummern, der Werke in zwei bzw. drei Fassungen sowie der verschollenen Werke

In Klammern sind die entsprechenden Kategorien angegeben (z. B. 26 - Klavier, 33 - Klavierlieder).

I. Die bis- und ter-Nummern

4.bis Klavierskizze zu einem Orchesterwerk (6)
27.bis Lied von den Küsschen (33)
59.bis 5 Klavierstücke zu Ostern 1912 (26)
65.bis Chanson (Klavier) (26)
74.bis Kráčím, kráčím mezi vrchy (33)
86.bis Prélude A-Dur (26)
121.bis Prélude es-Moll (26)
122.bis The Little Lullaby (26)
123.bis Foxtrot narozený Na růžku (Foxtrott „am Eck“ geboren)(26)
124.bis Andante, Klavierreduktion eines Orchestersatzes (6)
125.bis Slavnostní pochod „Kytary“ (Festlicher Marsch des Vereins „Kytara“) (26)
126.bis Foxtrott (26)
127.bis One Step (26)
127.ter Jaro (26)
135.bis 2 Lieder auf russische Texte (33)
138.bis Scherzo (26)
146.bis Tři ukolébavky (33)
173.bis Par T. S. F. (26)
184.bis Tři písničky k Vánocům (Drei Weihnachtsliedchen) (33)
213.bis 2 Lieder (Automme malade, Fleur de pêcher) (33)
(H. 222 Lístek do památníku 1932 ersetzt jetzt die nicht existierende *Pièce*)
267.bis Ach, ozvi se (Ach, lass mich wissen) (33)
277.bis České hádanky (Tschechische Rätsel) (33)
277.ter Vitulčině mamince (Zum Geburtstag von Vitulkas Mutter) (26)
279.bis Přání mamince (Beste Glückwünsche an die Mutter) (33)
282.bis 4 Lieder über tschechische Volkstexte (33)
285.bis Dumka Nr. 3 (schon in der ersten Ausgabe) (26)
286.bis Merry Christmas 1941 (26)
304.bis Berceuse (26)

II. Die recte-Nummern

50. (recte 52) Lucie (33)
51. (recte 50) Z dětství (Von der Kindheit) (33)
52. (recte 51) Padlo jíní na pole (Morgenreif fiel auf das Feld) (33)
70. (recte 27/28) O modrých očích (Von den blauen Augen) (33)
74. (recte 85/88) Stará píseň (Altes Lied) (33)
79. (recte 57/58) Mám staré parky rád (Ich liebe alte Parks) (33)
80. (recte 70) Písnička o Haničce (Liedlein über Hanička) (33)
87. (recte 93/94) Píseň na starošpanělský text (Lied zu einem altspanischen Text) (33)
137. (recte 149/150) Loutky I (Marionetten I) (26)
159. (recte 163/164) Le Raid merveilleux (Der wunderbare Fernflug) (2)
166. (vielleicht recte 228/232) Impromptu (14)
170. (recte 174/175) Vier Sätze für Klavier (26)
173. (recte 154/155) Concertino für Klavier (linke Hand) und Orchester (26)
184. (recte 186/193) (192?) Cinq pièces brèves für Violine und Klavier (14)
188. (recte 181/183) Vocalise-Etude (15)
189. (recte 200/201) Nocturnes, 4 Etüden für Cello und Klavier (15)
190. (recte 200/201) Pastorales, 6 Stücke für Cello und Klavier (15)
192. (recte 213) Suite miniature, 7 leichte Stücke für Cello und Klavier (15)
194. (recte 200/201) Le jour de bonté (Der Wohltätigkeitstag) (1)
199. (recte 200) Serenade für Kammerorchester (7)
200. (recte 199) Les Rondes (23)
202. (recte 216/217) Etudes rythmiques, 7 Stücke für Violine und Klavier (14)
226. (recte 228/233) Konzert für Violine und Orchester (Nr. 1) (10)

III. Werke mit mehreren Fassungen

196 I/II, III I. Cellokonzert
214 I/II Špalíček
236 (2) I/II Mariken de Nimègue
276 I/II Suite Concertante für Violine und Orchester
372 I/II Griechische Passion

IV. Zur Zeit noch verschollene Werke

*4. Dumka (26)
*7. V Přírodě (In der Natur) (33)
*9. Utonulá (Das ertrunkene Mädchen) (33)
*12. Romance (14)
*16. Smuteční Pochod (Trauermarsch) (7)
*18. Nokturno (33)
*20. Idyla (Idylle) (26)
*23. Zpěv a Hudba (Gesang und Musik) (33)
*32. Berceuse (Wiegenlied) (14)

*33. Adagio (14)
*38. Píseň (Lied) (33)
*39. Umírá Duše (Sterbende Seele). Nur Skizze (33)
*40. První Láska (Erste Liebe) (33)
*45. Erster Satz einer Symphonie (5)
*59. Ave Maria (33)
*60. Streichquartett (19)
*61. Andante für Orchester (Skizze) (6)
*62. Phantasie (14)
*63. Dvě Nokturna (Zwei Nocturnes) (19)
*64. Andante (19)
*77. V Zahradě na Hradě (Dort im Garten auf der Burg) (33)
(*)88. (1, 2) Drei Lieder auf französische Texte (33)
*93. Tance Se Závoij (Schleiertänze). Meloplastische Tanzszenen (2)
*104. Burleska (Burleske) (26)
*105. Sníh (Der Schnee) (26)
*108. Nálada (Stimmungsbild) (26)
*111. Ovčákova Píseň Nedělní (Des Schäfers Sonntagslied) (33)
*112. Koleda (Weihnachtslieder bzw. -geschenke) (2)
*113. Letní Svita (Sommersuite). Sechs lyrische Stücke (26)
*115. Drei Lieder (33)
*121. Zwei Männerchöre auf Texte der litauischen Volkslyrik (28)
*121.bis Prélude (es-Moll) (26)
*130. C Tanz der Priesterinnen (Nachtrag)
*147. Čínské Písně (Chinesische Lieder) (33)
*156. Habanera (26)
*176. Blues (26)
*187. Bläserquintett (21)
*195. A Borová (für Orch.)
*197. Drei Apollinairelieder (Nr. 3 erhalten) (33)
*204. Esquisses, zweite Reihe (26)
*210. Písničky Pro Děti (Drei Kinderliedchen) (33)
*211. Slavnostní Ouvertura K Sokolskému Sletu (Festliche Ouvertüre zum Sokolfest) (6)
*223. Melo. Musik zu einem französischen Film. (4)
*233. Marijka Nevěrnice (Untreue Marijka) (Film erhalten, Partitur verschollen). (4)
*245. Le Jugement de Paris (Das Urteil des Paris). Ballett in einem Aufzug (2)
*257. Čtvrtky a Osminky (Viertelnoten und Achtelnoten). Kleine Unterrichtsstücke (26)
*265. Trio für Flöte, Violine und Fagott(18)
*272. Pohádky (Märchen) (26)
*280. Militärmarsch (6)

Chronologische Werkübersicht

Abkürzungen der Verlage: siehe Verlagstabelle auf Seite 559. Die erste Spalte gibt die chronologische Ordnungsnummer, die zweite Spalte die Nummer der Gattung an. Nach dem Titel des Werkes findet man das Entstehungsjahr, den Verlag (falls das Werk nicht verlagsrechtlich frei ist) und die Seitenzahl im vorliegenden Buch.

I. Die Jugend in der Heimat

Halbreich Nr.	Kategorie	Titel	Jahr	Verlag	Seite
1	19	Tři jezdci (Die drei Reiter)	1902		360
2	24	Posvícení (Das Kirchweihfest)	1907		382
3	14	Elegie für Violine und Klavier	1909	Bär	329
*4	26	Dumka (Klavier)	1909		386
4bis	6	Klavierskizze zu einem Orchesterwerk	1909		247
5	26	Fünf Walzer (Klavier)	1910	Bär	387
6	33	Než se naděješ (Ehe du es weißt)	1910		457
*7	33	V přírodě (In der Natur)	1910		457
8	33	Pastel	1910		458
*9	33	Utonulá (Das ertrunkene Mädchen)	1910		458
10	33	Až budeme staří (Wenn wir alt sind)	1910		458
11	6	Dělníci moře (Les Travailleurs de la Mer)	1910		247
*12	14	Romance für Violine und Klavier	1910		330
13	14	Konzert für Violine und Klavier	1910	Pan	330
14	33	Zwei kleine Lieder im Volkston	1910		458
15	6	Smrt Tintagilova (La Mort de Tintagiles), Tondichtung	1910		247
*16	26	Smuteční pochod (Trauermarsch für Klavier)	1910		387

17	6	Anděl smrti (Der Todesengel), Tondichtung	1910		248
*18	33	Nokturno	1910		458
19	33	Spící (Die Schlafende)	1910		459
*20	26	Idyla (Klavier)	1910		387
21	33	Dvě písně (Zwei Lieder)	1910		459
22	33	Dívčí sny (Mädchenträume)	1910		459
*23	33	Zpěv a hudba (Gesang und Musik)	1910		459
24	26	Ballade (Klavier)	1910		387
25	26	Sousedská (Nachbartanz), Klavier	1910		387
26	33	Zimní noc (Winternacht)	1910		460
27	33	Líbej, milá, líbej (Küsse mich, Geliebte)	1910		460
27bis	33	Píseň o hubičkách (Lied von den Küsschen)	1910		460
28	26	Pohádka o Zlatovlásce (Märchen vom Goldenen Vließ)	1910		388
29	33	Náladová kresba (Stimmungsbild)	1910		460
30	33	V noci (In der Nacht)	1911		460
31	33	Zwei Lieder	1911		461
*32	14	Wiegenlied für Violine und Klavier	1911		330
*33	14	Adagio für Violine und Klavier	1911		330
34	33	Drei kleine Lieder	1911		461
35	21	Klavierquintett (G)	1911		372
36	26	Chanson triste (Klavier)	1911	Bär	388
37	33	Jaškova zpěvánka (Jašeks Lied)	1911		461
*38	33	Lied	1911		462
*39	33	Umírá duše (Sterbende Seele)	1911		462
*40	33	První láska (Erste Liebe)	1911		462
41	33	Slzy (Tränen)	1911		462
42	26	Z pohádek Andersenových (Aus Andersens Märchenbuch)	1912	Bär	388
43	33	Konec všemu (Alles ist zu Ende)	1912		462
44	33	Mrtvá láska (Tote Liebe)	1912		463

*45	5	Erster Satz einer Symphonie	1912		231, 248
46	26	Píseň beze slov (Lied ohne Worte, Klavier)	1912		389
47	26	Nocturne (Klavier)	1912	Bär	389
48	33	Ty píšeš mi (Du schreibst mir)	1912		463
49	33	Ráno raníčko, pleju obilíčko (Morgens in der Früh' jäte ich das Getreide aus)	1912		463
50 (recte 52)	33	Lucie	1912		463
51 (recte 50)	33	Z dětství (Von der Kindheit)	1912		464
52 (recte 51)	33	Padlo jíní na pole (Es schneit und friert in den Feldern)	1912		464
53	33	Vdejte mne, matičko (Verheirate mich, Mütterchen)	1912		464
54	33	Růže (Die Rose)	1912		464
55	33	To všechno už jen (Dies alles ist ...)	1912		464
56	26	Ballade „Die letzten Akkorde Chopins" (Klavier)	1912		389
57	33	Noc každou tebe drahá zřím (Ich sehe dich jede Nacht)	1912		465
58	14	Offertorium (Violine und Orgel)	1912		331
*59	33	Ave Maria	1912		465
59bis	26	5 Klavierstücke zu Ostern	1912		390
*60	19	Streichquartett	1912		360
*61	6	Andante für Orchester	1912		249
*62	14	Phantasie für Violine und Klavier	1912		331
*63	19	Zwei Nocturnes für Streichquartett	1912		360
*64	19	Andante für Streichquartett	1912		360
65	26	Balada o deštníku slečny Vilmy (Ballade über Fräulein Wilmas Regenschirm) (Klavier)	1912		390
65bis	26	Chanson (Klavier)	1912		390
66	33	Mluv ke mně dál! (Rede weiter!)	1912		465

67	33	Opuštěná milá (Das verlassene Mädchen)	1912		465
68	34	Nipponari, 7 Lieder mit Orchester	1912		483
69	33	Kdysi (Ehemals)	1912		465
70 (recte 27/28)	33	O modrých očích (Von den blauen Augen)	1910		466
71	33	Ohnivý muž (Der Mann aus Feuer)	1912		466
72	33	Píseň prvního listopadu (Lied zum ersten November)	1912?		466
73	33	Tři panny za světlé noci (Drei Mädchen in der hellen Nacht)	1912?		466
74 (recte 85/88)	33	Stará píseň (Altes Lied)	1913	Bär	467
74bis	33	Kráčím, kráčím mezi vrchy (Ich steige, steige zwischen den Bergen)	1912		467
75	33	Komárova svatba (Die Hochzeit der Mücke)	1912		467
76	33	Svitaj, Bože, svitaj (Geh auf, Sonne)	1912		467
*77	33	V zahradě na hradě (Dort im Garten auf der Burg)	1912?		467
78	33	Labutě (Die Schwäne)	1912		468
79 (recte 57/58)	33	Mám staré parky rád (Ich liebe alte Parks)	1912		468
80 (recte 70)	33	Písnička o Haničce (Liedlein über Hanicka)	1912		468
81	33	Štěstí to dost (Glück genug)	1912		468
82-84	35	Drei Melodramen mit Instrumentalbegleitung	1913		486
85	26	Prelude über das Thema der Marseillaise (Klavier)	1913	Bär	391
86	26	Prelude Nr. 2 in f-Moll	1913	Sch	391
86bis	26	Prélude A-Dur	1913	Bär	391
87 (recte 93/94)	33	Píseň na starošpanělský text (Lied zu einem altspanischen Text)	1914		468
(*)88	33	Drei Lieder auf französische Texte (*: 1, 2)	1913?		469

89	2	Noc (Die Nacht), Ballett	1913-1914	Pan	196
90	6	Komposition für großes Orchester (ohne Titel)	1913-1914		249
91	6	Nocturne Nr. 1 für Orchester (fis)	1914-1915	Bär	249
92	26	Loutky III (Marionetten III), Klavier	1912-1914	Bär	392
*93	2	Tance se závoji (Schleiertänze)	1912-1914		197
94	33	Drei Goethelieder	1914-1915		469
95	26	Nocturne (Klavier)	1915	Bär	393
96	6	Nokturno (Růže noci - Die Rosen in der Nacht), Orchester	1915		250
97	6	Balada Vila na moři (Ballade: Die Villa am Meer), Orchester	1915		250
98	26	Drei lyrische Stücke	1915	Bär	393
99	26	Jarní píseň (Frühlingslied), Klavier	um 1915		393
100	26	Ruyana, mořská fantazie (Rügen, eine Meer-Phantasie) (Klavier)	1916		393
101	26	Sechs Polkas (Klavier)	1916	Bär	394
102	2	Stín (Der Schatten), Ballett	1916	Pan	197
103	19	Streichquartett (unvollständig) (es)	1917		361
*104	26	Burleske (Klavier)	1917	Bär	395
*105	26	Sníh (Der Schnee), Klavier	1917		395
106	33	Večer (Am Abend)	1917		470
107	26	Valse-Capriccio (Klavier)	1917		396
*108	26	Nálada (Stimmungsbild), Klavier	1917	Bär	396
109	26	Furiant (Klavier)	1917	Bär	396
110	33	Sechs einfache Lieder	1917	Pan	470
*111	33	Ovčákova píseň nedělní (Des Schäfers Sonntagslied)	1917		471
*112	2	Koleda (Weihnachtslieder), Ballett	1917		198
*113	26	Letní svita (Sommersuite), lyrische Klavierstücke	1918	Bär	396
114	33	Ukolébavky (8 Wiegenlieder)	1916-1918		471
*115	33	Drei Lieder	1917-1918		472
116	26	Loutky II (Marionetten II), Klavier	1914-1918	Bär	397

117	19	Streichquartett Nr. 1	1918		362
118	31	Tschechische Rhapsodie, Kantate	1918		448
119	34	Kouzelné noci (Geheimnisvolle Nächte), 3 Lieder mit Orchester	1918		484
120	14	Sonate für Violine und Klavier (C)	1919	Pan	331
*121	28	Zwei Männerchöre auf Texte der litauischen Volkslyrik	1919		430
*121bis	26	Prélude (es-Moll)			397
122	26	Průvod koček v noci slunovratu	1919	Pan	398
122bis	26	The Little Lullaby	1919	Bär	398
123	6	Kleine Tanzsuite für großes Orchester	1919		250
123bis	26	Foxtrot narozený „Na růžku“	1919	Bär	398
124	6	Sen o minulosti (Der Traum von der Vergangenheit) Orchester	1920	Pan	251
124bis	6	Andante, Klavierreduktion eines Orchestersatzes			252
125	26	Jaro v zahradě (Frühling im Garten), 4 Klavierstücke	1920	Bär	398
125bis	26	Slavnostní pochod „Kytary“		Bär	399
126	33	Neue slowakische Volkslieder	1920	Pan	472
126bis	26	Foxtrott	1920	Bär	400
127	26	Motýli a rajky (Schmetterlinge und Paradiesvögel), Klavier	1920	Pan	400
127bis	26	One Step			400
127ter	26	Jaro (Der Frühling)	1921		401
128	26	Večer na pobřeží (Abend am Meeresufer)	1921	Bär	401
129	33	Tři písně pro Červenou sedmu (3 Kabarett-Lieder)	1921	B&H	472
130	2	Istar, Ballett	1918–1921	Pan	199
130 A	8	Istar, Erste Orchestersuite	1921/1961	Pan	282
130 B	8	Istar, Zweite Orchestersuite	1921/1961	Pan	283
*130 C	2	Istar, Tanz der Priesterinnen (Nachtrag)	1923	Pan	201

131	6	Míjející půlnoc (Schwindende Mitternacht), Tondichtung	1922	Pan	252
132	26	Improvizace na jaře (Improvisation im Frühling), Klavier	1922		402
133	2	Kdo je na světě nejmocnější? (Wer ist der Mächtigste auf der Welt?), Ballett	1922	Pan	201
133 A	8	Kdo je na světě nejmocnější, Orchestersuite	1922/1959	Pan	283
134	4	Slovácké tance a obyčeje (Volkstümliche Tänze und Bräuche) Dokumentarfilm	1922		224
135	33	Měsíce (Monate)	1922	Pan	472
135bis	33	2 Lieder auf russische Texte	1922		473

II. Frankreich

Halbreich Nr.	Kategorie	Titel	Jahr	Verlag	Seite
136	18	Streichtrio Nr. 1	1923		356
137 (recte 149/150)	26	Loutky I (Marionetten I), Klavier	1923-1925	Bär	402
138	26	Bajky (Fabeln), 5 Klavierstücke	1924	Bär	403
138bis	26	Scherzo	1924	Pan	403
139	20	Quartett für Klarinette, Horn, Cello und Trommel (C)	1924		369
140	26	Prélude (Klavier)	1924	Pan	403
141	26	Komposition für Klavier (ohne Titel)	1924	Pan	404
142	6	Half-Time, Rondo für Orchester	1924	Pan	254
143	11	Concertino für Cello, Bläser, Klavier und Schlagzeug (c)	1924	Pan	311
144	25	Nonett Nr. 1 (nur 3. Satz erhalten)	1924/25		382
145	26	Instruktivní duo pro nervózní (Instruktives Duett für nervöse Leute) (Klavier)	1925	Pan	404
146	33	Dětské písničky (2 Reihen Kinderlieder)	1925		473

146bis	33	Tři ukolébavky (Drei Wiegenlieder)	1925		474
*147	33	Čínské písně (Chinesische Lieder)	1925		474
148	26	Film en miniature (6 Klavierstücke)	1925	Bär	404
149	9	Klavierkonzert Nr. 1 (D)	1925	Pan	294
150	19	Streichquartett Nr. 2	1925	U. E.	362
151	2	Vzpoura (Aufruhr), Ballett	1925	DILIA	202
152	14	Sonate für Violine und Klavier (d)	1926	Pan	332
153	2	The Butterfly that Stamped (Der Schmetterling, der stampfte; Motýl, který dupal), Ballett	1926	Pan	204
153 A	8	The Butterfly that Stamped, Orchestersuite	(1926 - Ballett)	Pan	284
154	26	Trois Danses tchèques (Klavier)	1926	M. E.	405
155	6	La Bagarre, für Orchester	1926	A. L.	255
*156	26	Habanera (Klavier)	1926	Bär	406
157	16	Duett Nr. 1 für Violine und Cello	1927	M. E.	346
158	26	Pro tanec (Zum Tanzen), Klavier	1927	Pan	406
159 (recte 163/164)	2	Le Raid merveilleux (Der wunderbare Fernflug), Ballett	1927		206
160	26	Trois Esquisses de Danses modernes (Klavier)	1927	M. E.	406
161	2	La Revue de cuisine (Die Küchenschau), Ballett	1927	A. L.	207, 376
161 A	8	Suite aus La Revue de cuisine (Ballett)	1927	A. L.	284
161 B	26	La Revue de cuisine, Fassung für Soloklavier	1927	A. L.	407
162	1	Voják a tanečnice (Der Soldat und die Tänzerin), Oper	1926/27	DILIA	143
162 A	8	Ouvertüre der Oper Voják a tanečnice	1926	Pan	285
163	2	On tourne (Man filmt!, Natáčí se!), Ballett	1927	DILIA	209
164	21	Streichquintett (d)	1927	M. E.	372
165	26	Black Bottom (Klavier)	1927	Bär	407
166 (recte 228/232?)	14	Impromptu, 3 Stücke für Violine und Klavier	1927	Bär	332

167	26	Le Noël (Vánoce-Weihnachten), Klavier	1927	Bär	407
168	6	Le Jazz (Orchesterstück)	1928		255
169	1	Larmes de couteau (Die Tränen des Messers), Oper	1928	DILIA	145
170 (recte 174/175)	26	Vier Sätze für Klavier	1928		408
171	6	La Rhapsodie (Allegro symphonique)	1928	Bär	256
172	7	Jazz-Suite für kleines Orchester	1928	Pan	268
173 (recte 154/155)	9	Concertino für Klavier (linke Hand) und Orchester (G)	1926-1928	Pan	295
173bis	26	Par T. S. F.	1928	Pan	408
174	22	Sextett für Bläser und Klavier (Es)	1929	Pan	377
174 A	16	Scherzo für Flöte und Klavier	1929	Pan	344
175	1	Les Trois Souhaits (Die drei Wünsche), Oper	1928-1929	DILIA	146
175 A	8	Le Départ, symphonisches Zwischenspiel aus der Oper „Les trois Souhaits"	1929	Pan	285
175 B	8	Filmmusik aus dem 3. Aufzug von Les trois souhaits	1929	Pan	286
*176	26	Blues (Klavier)	1929	Pan	408
177	26	La Danse (Klavier)	1929	M. E.	408
178	26	Prélude zur Einweihung des Theaters zu Polička (Klavier)	1929	Bär	409
179	3	Sechs Personen suchen einen Autor, Bühnenmusik (Klavier)	1929		223
180	27	La Fantaisie (2 Klaviere)	1929	M. E.	423
181	26	Huit Préludes (Klavier)	1929	A. L.	409
*181 A	6	Prélude en Forme de Scherzo (H. 181 Nr. 2 für Orchester)	1930	A. L.	257
182	14	Sonate Nr. 1 für Violine und Klavier	1929	A. L.	333
183	19	Streichquartett Nr. 3	1929	A. L.	363
184 (recte 186/193; 192?)	14	Cinq pièces brèves für Violine und Klavier	1929	A. L.	333

184bis	33	Tři písničky k Vánocům (Drei Weihnachtsliedchen)	1929	Pan	474
185	26	Avec un doigt (A trois mains), Klavier	1930	M. E.	410
186	2	Échec au roi (Schach dem König), Ballett	1930	M. E.	210
*187	21	Bläserquintett	1930		373
188 (recte 181/183)	33	Vocalise-Etude	1930	A. L.	475
188 A (181/183)	14	Ariette für Violine und Klavier (Übertragung von H. 188)	1930	A. L.	334
188 B (181/183)	15	Ariette für Cello und Klavier (Übertragung von H. 188)	1930	A. L.	339
189 (recte 200/201)	15	Nocturnes, 4 Etüden für Cello und Klavier	1930	A. L.	339
190 (recte 200/201)	15	Pastorales, 6 Stücke für Cello und Klavier	1930	A. L.	339
191	16	Etudes faciles für zwei Violinen (2 Hefte, 9 Stücke)	1930	A. L.	347
192 (recte 213)	15	Suite Miniature. 7 leichte Stücke für Cello und Klavier	1930	A.L.	340
193	17	Klaviertrio Nr. 1 (Cinq pièces brèves) Violine, Cello, Klavier	1930	Sch	350
194 (recte 200/201)	1	Le jour de bonté (Der Wohltätigkeitstag), unvollendete Oper	1930/1931		149
195	26	Borová, 7 tschechische Tänze (Klavier)	1930	A. L.	410
(*)195 A	7	Borová, tschechischer Tanz Nr. 1 (Orchesterfassung)	1931	A. L.	269
196 I	11	Cellokonzert Nr. 1, erste Fassung	1930	Sch	312
196 II	11	Cellokonzert Nr. 1, zweite Fassung	1939	Sch	312
196 III	11	Cellokonzert Nr. 1, dritte Fassung	1955	Sch	313
*197	33	Drei Apollinairelieder (*Nr. 1, 2)	1930		475
198	17	Sonatine für 2 Violinen und Klavier	1930	A. L.	351
199 (recte 200)	7	Serenade für Kammerorchester	1930	Sch	269
200 (recte 199)	23	Les Rondes (Oboe, Klarinette, Fagott, Trompete, 2 Violinen, Klavier)	1930	Bär	380

201	15	Sept Arabesques (Etudes rythmiques) für Cello und Klavier	1931	D. S.	340
201 A	14	Sept Arabesques (Etudes rythmiques) für Violine und Klavier	1931	D. S.	334
202 (recte 216/217)	14	Etudes rythmiques, 7 Stücke für Violine und Klavier	1931	Sch	334
202 A	7	Etudes rythmiques (Nr. 1, 2 und 6 für Streichorchester)	1931/1958	Sch	270
203	26	Esquisses, 6 Klavierstücke	1931		410
*204	26	Esquisses, 6 Klavierstücke	1931		411
205	26	Vier Klavierstücke (ohne Titel, wahrscheinlich „Jeux" I)	1931		411
206	26	Jeux, II Reihe. 6 leichte Klavierstücke	1931	Pan	411
207	13	Streichquartett mit Orchester	1931	Sch	320
208	14	Sonate Nr. 2 für Violine und Klavier	1931	D. S.	335
209	28	Česká říkadla (Alte tschechische Kehrreime) für Frauenchor	1931		430
*210	33	Písničky pro děti (Drei Kinderliedchen)	1931		476
*211	6	Festliche Ouvertüre zum Sokolfest (Orchester)	1931		257
212	7	Partita (Suite I) für Streichorchester	1931	Sch	270
213	17	Sonate für 2 Violinen und Klavier	1932	D. S.	351
213bis	33	2 Lieder (Automme malade, Fleur de pêcher)		Pan	476
214 I	2	Špalíček, Ballett	1931-1932		212, 449
214 II	2	Špalíček, Ballett	1940	DILIA	216
214 A	8	Erste Orchestersuite aus dem Ballett „Špalíček"	1940	Pan	286
214 B	8	Zweite Orchestersuite aus dem Ballett „Špalíček"	1940	Pan	287
214 C	26	Walzer und Polka aus dem Ballett „Špalíček" (Klavier)	1931	Bär	412
215	7	Divertimento (Serenade IV) für kleines Orchester	1932	Bär	271

216	18	Serenade II für 2 Violinen und Viola	1932	Bär	357
217	22	Serenade I (Klarinette, Horn, 3 Violinen, Viola)	1932	Bär	377
218	23	Serenade III (Oboe, Klarinette, 4 Violinen, Cello)	1932	Bär	381
219	6	Sinfonia Concertante Nr. 1 für 2 Orchester (G)	1932	Sch	257
220	26	Esquisses de Danses (5 Klavierstücke)	1932	Sch	412
221	26	Dětské skladby (4 Klavierstücke für Kinder)	1932	B&H	413
222	26	Lístek do památníku (Albumblatt)	1932	Pan	413
*223	4	Melo, Musik zu einem Film	1932		225
224	22	Streichsextett	1932	AMP	378
224A	7	Streichsextett, Fassung für Streichorchester	1932	AMP	272
225	33	Čtyři dětské písně a říkadla (Vier Kinderlieder und Kehrreime)	1932	Bär	477
226 (recte 228/233)	10	Konzert für Violine und Orchester (Nr. 1)			303
NB: neue Nummer für H. 232bis			1932–1933		
227	26	Les Ritournelles (6 Klavierstücke)	1932	Sch	413
228	33	Zwei Balladen auf Volkstexte für Alt und Klavier	1932	Pan	477
229	21	Klavierquintett Nr. 1	1933	M. E.	374
230	33	Velikonoční (Osterlied)	1933	Bär	477
231	13	Klaviertrio mit Streichorchester (Nr. 1)	1933	M. E.	321
232	13	Concertino für Klaviertrio und Streichorchester (Nr. 2)	1933	Bär	322
232bis	33	Dvě písně na texty negerské poezie (Zwei Lieder auf Neger-Volksdichtungen)		Bär	478
*233	4	Marijka nevěrnice (Untreue Marijka), Musik zu einem Film	1933		225
234	6	Inventions für Orchester	1934	Bär	258
235	28	Čtyři písně o Marii (Vier Marienlieder), gemischter Chor	1934		431

236	1	Hry o Marii (Les Jeux de Marie - Die Marienspiele), Oper	1933-1934	DILIA	153
236, 2 II	1	Erste Fassung von Mariken de Nimègue (französisch)	1933		153
237	9	Klavierkonzert Nr. 2	1934	Pan	295
238	18	Streichtrio Nr. 2	1934	H.	358
239	4	Střevíček (Der Tanzschuh), Dokumentarfilm	1935		226
240	4	Město živé vody: Mariánské Lázně, Dokumentarfilm (dazu auch „Vložka")	1935		226
240A	8	Vložka z filmu město živé vody: Mariánské lázně			288
241	26	Lístek do památníku Nr. 2 (Albumblatt), Klavier	1935	Pan	414
242	26	Skladba pro malé Evy (Komposition für die kleinen Evas), Klavier	1935	Pan	414
243	1	Hlas lesa (Die Stimme des Waldes), Funkoper	1935	DILIA	158
244	27	Zwei Stücke für Cembalo	1935	U. E.	425
*245	2	Le Jugement de Paris (Das Urteil des Paris), Ballett	1935		222
246	12	Konzert für Cembalo und kleines Orchester	1935	U. E.	317
247	1	Veselohra na mostě (Komödie auf der Brücke), Funkoper	1935	B&H	159
247 A	8	Kleine Suite aus der Oper „Komödie auf der Brücke"	1935/1951	B&H	288
248	3	Ödipus, Bühnenmusik zu dem Stück von Gide	1936	Pan	224
248 A	8	Kleine Suite aus „Ödipus"		Pan	289
249	26	Dumka Nr. 1 (Klavier)	1936	Pan	415
250	26	Dumka Nr. 2 (Klavier)	1936	Pan	415
251	1	Divadlo za bránou (Das Vorstadttheater), Oper	1935-1936	DILIA	161
251 A	8	Commedia dell'arte, Orchestersuite aus der Oper „Divadlo za bránou"	1935	Pan	289

252	13	Konzert für Flöte, Violine und Orchester (G)	1936	Bär	323
253	1	Juliette (Juliette ou la Clé des Songes), Oper	1936–1937	DILIA/ Bär	163
253 A	8	Drei Bruchstücke aus der Oper „Juliette“	1939	DILIA	290
253 B	8	Orchestersuite aus der Oper „Juliette“	1937/1969	DILIA	291
253 C	26	Juliette, 2. Aufzug, 3. Auftritt. Bearbeitung für Klavier Solo			415
254	17	Sonate für Flöte, Violine und Klavier	1937	Bär	352
255	1	Alexandre bis (Zweimal Alexander), Oper	1937	Bär	172
256	19	Streichquartett Nr. 4	1937	Bär	364
*257	26	Čtvrtky a osminky (Quarten und Oktaven), Klavierstücke	1937		416
258	26	Le Train hanté (Klavier)	1937	M. E.	416
259	33	Koleda milostná (Liebeslied)	1937	Bär	478
260	31	Kytice (Blumenstrauß), Kantate für Soli, Chor, Orchester	1937	Pan	449
261	14	Intermezzo, 4 Stücke für Violine und Klavier	1937	Bär	336
262	14	Sonatine für Violine und Klavier	1937	Bär	336
263	7	Concerto Grosso für Kammerorchester	1937	U. E.	272
264	13	Duo Concertant (Konzert Nr. 1) für 2 Violinen und Orchester	1937	Bär	323
*265	18	Trio für Flöte, Violine und Fagott	1937		358
266	18	Les Madrigaux, 4 Stücke für Oboe, Klarinette, Fagott	1937	M. E.	359
267	7	Tre Ricercari für Kammerorchester	1938	B&H	274
267bis	33	Ach, ozvi se (Ach, lass mich wissen)	1938		479
268	19	Streichquartett Nr. 5 (g)	1938	Bär	365
269	9	Concertino für Klavier und Orchester	1938	Pan	297
270	26	Fenêtre sur le Jardin, 4 Klavierstücke	1938	A. L.	416
271	7	Doppelkonzert für zwei Streichorchester, Klavier und Pauken	1938	B&H	275

*272	26	Pohádky (Märchen), Klavier	1939	Bär	417
273	33	Vím já hájíček... (Ich weiß ein Wäldlein)	1939	Bär	479
274	17	Promenades, für Flöte, Violine und Cembalo (bzw. Klavier)	1939	Bär	352
275	17	Bergerettes, 5 Stücke für Klaviertrio (Violine, Cello und Klavier)	1939	SMP	353
276 I	10	Suite Concertante für Violine und Orchester (D), erste Fassung	1939	Sch	305
276 II	10	Suite Concertante für Violine und Orchester (D), zweite Fassung	1938-1945	Sch	306
277	15	Sonate Nr. 1 für Cello und Klavier	1939	H.	341
277bis	33	České hádanky	1939		479
277ter	26	Vitulčině mamince k narozeninám (Zum Geburtstag von Vitulkas Mutter)	1939		417
278	28	Acht tschechische Madrigale für gemischten Chor	1939	Sch	432
279	31	Polní Mše (Feldmesse)	1939	Bär	451
279bis	33	Přání mamince (Beste Glückwünsche an die Mutter)	1939-1940		479
*280	6	Vojenský Pochod (Militärmarsch)	1940		259
281	26	Fantaisie et Toccata (Klavier)	1940	AMP	417
282	9	Sinfonietta Giocosa für Klavier und kleines Orchester	1940	B&H	298
282bis	33	4 Lieder über tschechische Volkstexte	1940		480
283	11	Sonata da Camera für Cello und Kammerorchester	1940	Bär	315

III. Amerika

Halbreich Nr.	Kategorie	Titel	Jahr	Verlag	Seite
284	26	Mazurka (Klavier)	1941	B&H	418
285	10	Concerto da Camera für Violine, Streichorchester, Klavier und Schlagzeug	1941	U. E.	308

285bis	26	Dumka Nr. 3	1941	M. E.	418
286	15	Sonate Nr. 2 für Cello und Klavier	1941	AMP	341
286bis	26	Merry Christmas 1941	1941		418
286bis A	21	Merry Christmas 1941. Bearbeitung für Bläserquintett	1941	Benjamin Productions	374
287	20	Klavierquartett	1942	AMP	370
288	33	Nový Špalíček (8 Lieder)	1942	Bär	480
289	5	Symphonie Nr. 1	1942	B&H	231
290	15	Variationen über ein Thema von Rossini (Cello und Klavier)	1942	B&H	342
291	17	Madrigal-Sonata für Flöte, Violine und Klavier	1942	AMP	353
292	13	Konzert für 2 Klaviere und Orchester	1943	AMP	324
293	10	Konzert für Violine und Orchester (G) (Nr. 2)	1943	Bär	309
294	33	Písničky na jednu stránku (7 Liedchen auf einer Seite)	1943	Bär	482
295	5	Symphonie Nr. 2 (d)	1943	B&H	233
296	6	Memorial to Lidice (Památník Lidicím - Gedenkstück für Lidice)	1943	Bär	259
297	14	Five Madrigal Stanzas für Violine und Klavier	1943	AMP	336
298	21	Klavierquintett Nr. 2	1944	AMP	375
299	5	Symphonie Nr. 3	1944	B&H	235
300	17	Trio für Flöte, Cello und Klavier	1944	AMP	354
301	23	Phantasie für Theremin (bzw. Trautonium oder Martenot), Oboe, Streichquartett und Klavier	1944	M. E.	381
302	33	Písničky na dvě stránky (7 Liedchen auf zwei Seiten)	1944	Bär	482
303	14	Sonate Nr. 3 für Violine und Klavier	1944	AMP	337
304	11	Cellokonzert Nr. 2	1944–1945	AMP	316
304bis	26	Berceuse	1945		419

305	5	Symphonie Nr. 4	1945	B&H	238
306	16	Sonate für Flöte und Klavier	1945	AMP	344
307	14	Rhapsodie tchèque, für Violine und Klavier	1945	M. E.	338
307 A	10	Rhapsodie tchèque	1945	M. E.	311
308	26	Etudes and Polkas, 16 Klavierstücke (3 Hefte)	1945	B&H	419
309	6	Thunderbolt P-47, Scherzo für Orchester	1945	M. E.	260
310	5	Symphonie Nr. 5	1946	B&H	241
311	7	Toccata e due Canzoni, für Kammerorchester	1946	B&H	278
312	19	Streichquartett Nr. 6	1946	Bär	368
313	16	Three Madrigals (Drei Madrigale), Duett Nr. 1 für Violine und Viola	1947	B&H	348
314	19	Streichquartett Nr. 7 (Concerto da Camera)	1947	SMP	369
315	20	Quartett für Oboe, Violine, Cello und Klavier	1947	M. E.	371
316	9	Klavierkonzert Nr. 3	1947-1948	Pan	299
317	2	The Strangler (Der Würger), Ballett	1948	M. E.	222
318	26	The Fifth Day of the Fifth Moon (Klavier)	1948	H.	420
319	26	Les Bouquinistes du Quai Malaquais (Klavier)	1948	H.	421
320	7	Fanfaren zum Sokolfest	1948		280
321	28	Fünf tschechische Madrigale für gemischten Chor	1948	B&H	433
322	13	Sinfonia Concertante (Nr. 2) für Violine, Cello, Oboe, Fagott und kleines Orchester (B)	1949	B&H	325
323	26	Morceau facile (Bagatelle), Klavier	1949	M. E.	421
324	27	Drei tschechische Tänze für zwei Klaviere	1949	M. E.	424
325	20	Mazurka-Nocturne für Oboe, 2 Violinen und Cello	1949	M. E.	371

326	26	Barcarolle (Klavier)	1949	M. E.	422
327	17	Klaviertrio Nr. 2 (d)	1950	M. E.	354
328	7	Sinfonietta La Jolla (Nr. 2) für kleines Orchester und Klavier (A)	1950	B&H	281
329	13	Konzert (Nr. 2) für zwei Violinen und Orchester (D)	1950	Bär	326
330	6	Intermezzo für Orchester	1950	SMP	261
331	16	Duett Nr. 2 für Violine und Viola	1950	M. E.	348
332	17	Klaviertrio Nr. 3 (C)	1951	M. E.	355
333	26	Improvisation (Klavier)	1951	P. N.	422
334	21	Serenade für 2 Klarinetten, Violine, Viola, Cello (F)	1951	M. E.	376
335	25	Stowe Pastorals, für 5 Blockflöten, Klarinette, 2 Violinen und Cello	1951	Bär	383
336	1	What Men Live by (Wovon die Menschen leben), Fernsehoper	1951-1952	B&H	173
337	12	Rhapsody-Concerto für Viola und Orchester	1952	Bär	318
338	28	Trojhlasé písně (3 Frauenchöre a cappella)	1952	B&H	434
339	29	Trojhlasé písně posvátné (3 geistliche Gesänge) für Frauenchor und Violine	1952	B&H	438
339 A	29	Panenka Maria, po světě chodila (Die Jungfrau Maria wandelte durch die Welt) für Frauenchor	1952		439
340	15	Sonate Nr. 3 für Cello und Klavier	1952	Bär	342
341	1	The Marriage (Ženitba-Die Heirat), Fernsehoper	1952	B&H	175
342	13	Konzert für Violine, Klavier und Orchester	1952-1953	Bär	327
343	5	Symphonie Nr. 6 (Fantaisies Symphoniques)	1951-1953	B&H	243

IV. Die letzten Jahre

Halbreich Nr.	Kategorie	Titel	Jahr	Verlag	Seite
344	1	Plainte contre Inconnu (Anklage gegen unbekannt), unvollendete Oper	1953		177
345	6	Ouvertüre für Orchester	1953	M. E.	261
346	1	Mirandolina, Oper	1953–1954	Bär	179
346 A	8	Saltarello, aus der Oper Mirandolina (Orchester)	1954	Bär	291
347	30	Hymnus k Svatému Jakubu (Hymnus an Sankt Jakob)	1954	M. E.	441
348	29	Petrklíč (Schlüsselblume), 5 Vokalduette mit Instrumenten	1954	Pan	439
349	30	Mount of Three Lights (Berg der drei Lichter), Kantate	1954	M. E.	442
350	26	Sonate für Klavier	1954	M. E.	422
351	32	The Epic of Gilgamesh (Das Gilgamesch-Epos), Oratorium	1954–1955	U. E.	454
352	6	Les Fresques de Piero della Francesca (Orchester)	1955	U. E.	262
353	12	Konzert für Oboe und kleines Orchester	1955	M. E.	319
354	30	Otvírání studánek (Maifest der Brünnlein), Kantate	1955	Bär	443
355	16	Sonate für Viola und Klavier	1955	AMP	345
356	16	Sonatine für Klarinette und Klavier	1956	A. L.	346
357	16	Sonatine für Trompete und Klavier	1956	A. L.	346
358	9	Klavierkonzert Nr. 4 (Incantation)	1955–1956	Bär	300
359	27	Impromptu für 2 Klaviere	1956	M. E.	424
360	30	Legenda z dýmu bramborové nati (Legende aus dem Rauch des Kartoffelkrautes) Kantate	1956	Bär	444
361	28	Zbojnické písně (Rebellenlieder), 10 Männerchöre	1957	Bär	435
362	26	Vzpomínky (Erinnerungen, In Memoriam), Klavier	1957	Pan	423

363	6	The Rock (Der Felsen), symphonisches Präludium	1957	U. E.	263
364	30	Romance z pampelišek (Löwenzahn-Romanze), Kantate	1957	Bär	445
365	16	Divertimento für 2 Blockflöten	1957	M. E.	349
366	9	Klavierkonzert Nr. 5 (Fantasia Concertante in B)	1957-1958	U. E.	302
367	6	The Parables (Les Paraboles - Die Parabeln), Orchester	1957-1958	Bär	264
368	27	Sonate für Cembalo	1958	M. E.	425
369	6	Estampes für Orchester	1958	SMP	267
370	1	Ariane (Ariadne), Oper	1958	Bär	182
371	16	Duett Nr. 2 für Violine und Cello (D)	1958	M. E.	349
372 I	1	Greek Passion (Griechische Passion), erste Fassung	1956-1957 1956-1959	U. E.	185
372 II	1	Greek Passion (Griechische Passion), zweite Fassung	1958-1959 1956-1959	U. E.	187
373	28	Písničky pro dětský sbor (3 Liedchen für Kinderchor)	1959	Pan	436
374	25	Nonett (Flöte, Oboe, Klarinette, Fagott, Horn, Violine, Viola, Cello, Kontrabass)	1959	Bär	384
375	30	Mikeš z hor (Mikesch vom Berge), Kantate	1959	Bär	446
376	22	Kammermusik Nr. 1 für Klarinette, Violine,Viola, Cello, Harfe und Klavier	1959	M. E.	379
377	16	Stück für 2 Violoncelli	1959	Bär	349
378	15	Variationen über ein slowakisches Lied (Cello und Klavier)	1959	Bär	343
378 A	11	Variationen über ein slowakisches Lied (Cello und Klavier)	1959	Bär	317
379	29	Ptačí hody (Das Fest der Vögel), Kinderchor mit Trompete	1959	Pan	440
380	28	Madrigaly (Chorliederbuch), 4 Stücke für gemischten Chor	1959	Bär	437

381	27	Zwei Impromptus für Cembalo	1959	M. E.	426
382	27	Vigilie (Orgel)	1959	M. E.	426
383	30	The Prophecy of Isaiah (Die Weissagung des Jesaja), Kantate	1959	IMP	446
383 A	30	The Burden of Moab (Die Bürde Moabs), unvollendete Skizze einer Fortsetzung von H. 383	1959	IMP	448
384	28	Znělka (Wahlspruch) oder Zdravice (Gruß) Kinderchor	1959		438

Alphabetisches Werkverzeichnis

Alle Werke sind mit ihrem Originaltitel in tschechischer (bzw. französischer oder englischer) Sprache und in der deutschen Übersetzung angeführt. Die einzelnen Stücke in den Lieder- bzw. Chorsammlungen sind alle aufgeführt. Die erste Zahl ist die der Werknummer, die zweite Zahl verweist auf die Seite im vorliegenden Buch.

Digitalisierte autographe Notendokumente im Bohuslav-Martinů-Institut, Prag

(Stand: April 2006)

Ist keine andere Angabe vorhanden, handelt es sich in allen Fällen um digitalisierte Originalpartituren.

Abkürzungen:
F - Faksimile
KA - Klavierauszug
OP - Originalpartitur

Kategorie, Werke	**Seite im Katalog**
Kategorie 1: Opern	
Les trois souhaits (Die Drei Wünsche) (Tři přání) H. 175, Skizze	146
Hry o Marii (Les Jeux de Marie) (Die Marienspiele) H. 236, OP - alle vier Teile	153
Dazu noch *1. Panny moudré a pošetilé* (Die weisen und die törichten Jungfern), Skizze OP *2. Mariken z Nimégue* (Mariken von Nimègue), KA	
Hlas lesa (Stimme des Waldes), H. 243	158
Veselohra na mostě (Komödie auf der Brücke), H. 247, Skizze und OP	159
Juliette, H. 253	
Tři fragmenty z opery „Juliette" (Drei Bruchstücke aus der Oper „Juliette"), H. 253 A, KA vom 2. und 3. Teil	290
The Greek Passion (Griechische Passion), H. 372 I (erste Version) Skizze, OP - 3. Akt, 5. Szene, F von OP - 3. Aufzug, 3., 4. und 5. Szene, 4. Aufzug 1. Szene	185
Kategorie 2: Ballette	
Istar, H. 130, KA	199
Vzpoura (Aufruhr), H. 151	202

Kategorie 23: Septette

Kategorie 26: Klavier

Kategorie 28: Chor a cappella

Kategorie 31: Kantaten mit Orchester

Kategorie 33: Klavierlieder

Kategorie 34: Orchesterlieder

Die Verlagstabelle und die gegenwärtige Zugehörigkeit der Verlage

Verlag	Die Zugehörigkeit der Verlage (Stand 2006)
Associated Music Publishers, Inc., New York	G. Schirmer, Inc., New York
Alphonse Leduc, Paris	
Bärenreiter-Verlag, Kassel	
Boosey & Hawkes Music Publishers, London-New York	
Český hudební fond, Praha (Tschechischer Musikfond)	Český hudební fond, o. p. s., Praha (Tschechischer Musikfond - gemeinnützige Gesellschaft)
R. Deiss, Paris	Éditions Durand-Salabert-Eschig, Paris
DILIA, Praha	
Éditions Durand-Salabert-Eschig, Paris	
Gérard Billaudot Éditeur, Paris	
Heugel, Paris	Alphonse Leduc, Paris
La Sirene musicale, Paris	Éditions Durand-Salabert-Eschig, Paris
Max Eschig, Paris	Éditions Durand-Salabert-Eschig, Paris
Pierre Noël, Paris	Gérard Billaudot Éditeur, Paris
Israel Music Publications, Tel Aviv	
Editio Supraphon, Prag	Bärenreiter-Verlag, Kassel
Editio Bärenreiter, Prag	Bärenreiter-Verlag, Kassel
Tempo, Prag	Boosey & Hawkes Music Publishers, London-New York
B. Schott Söhne, Mainz	Schott Music, Mainz
Panton International, Prag	Schott Music, Mainz
Panton International, Mainz	Schott Music, Mainz

Pierre Noël, Paris	Gérard Billaudot Éditeur, Paris
Salabert Editions, Paris	Éditions Durand-Salabert-Eschig, Paris
G. Schirmer Inc., New York	
Southern Music Publishing, New York	Peermusic, Richmond
Státní hudební vydavatelství (SHV), Praha (Tschechischer Staatsverlag für Musik)	
Universal Edition, Wien	

Ausgewählte Literatur

Abkürzungen:

AfMw	Archiv für Musikwissenschaft
Bd	Band
Fr. i. Br.	Freiburg im Breisgau
GfM	Gesellschaft für Musikforschung
hrsg. v.	herausgegeben von
Jg.	Jahrgang
Kgr. Ber.	Kongressbericht
Mich.	Michigan
NF	Neue Folge
Nr.	Nummer
NZfM	Neue Zeitschrift für Musik
SHV	Státní hudební vydavatelství (Tschechischer Staatsverlag für Musik)
SJbMw	Schweizer Jahrbuch für Musikwissenschaft
SMZ	Schweizerische Musikzeitung
SPN	Státní pedagogické nakladatelství (Tschechischer Staatsverlag für Pädagogik)

Almanach Společnosti Bohuslava Martinů, hrsg. v. R. Pečman, Česká hudební společnost, Praha 1979

ANDRASCHKE P., *Bohuslav Martinů. Musik gegen Krieg und Zerstörung*, in: Kgr. Ber. Ljubljana 1998: Drazba in druzba v 20. stoletju, Ljubljana 1999, S. 128–140

Aspekte der Musik, Kunst und Religion zur Zeit der tschechischen Moderne, Martinů Studien 1997/8, hrsg. v. A. Březina und E. Velická, Peter Lang, Bern, 2007

BÁRTOVÁ J., *Pařížské začátky Bohuslava Martinů* (Die Pariser Anfänge von Bohuslav Martinů), Brno 1967

BECKERMAN M., *In Search of Czechness in Music*, in: 19th-Century Music, Jg. 10, 1986, Nr. 1, S. 61–73

Bohuslav Martinů anno 1981. Papers from an international musicological conference Prague 26.-28. May 1981, hrsg. v. J. Brabcová, Česká hudební společnost, Praha 1990

Bohuslav Martinů's Bühnenschaffen, Kgr. Ber. Brno 1966, hrsg. v. R. Pečman, Praha 1967

Bohuslav Martinů. Český a světový (Bohuslav Martinů. Tschechisch und international), Kgr. Ber. Janáčkiana Ostrava 1999, hrsg. v. J. Mazurek/L. Zenkl, Ostravská univerzita, Pedagogická fakulta, Ostrava 2000

Bohuslav Martinů: Sborník vzpomínek a studií (Erinnerungs- und Studiensammelband), hrsg. v. Z. Zouhar, Krajské nakladatelství, Brno 1957

Bruyr J., *Bohuslav Martinů*, in: L'Ecran des musiciens, Paris 1933, S. 58-67

Březina A., „*... abych se mohl na změny předem duševně připravit*" - *Řecké pašije - dvě opery Bohuslava Martinů*, in: Hudební věda, Jg. 38, Nr. 1-2/2001, Academia, Praha, S. 137-153

Březina A., *Die Martinů-Manuskripte in der Paul Sacher-Stiftung Basel*, in: SJbMw, Jg. NF 13/14, 1993/94, S. 157-274

Březina A., *Die nächste Etappe unserer Reise liegt noch im Unbekannten. Bohuslav Martinůs Flüchtlingsdrama „Die griechische Passion"*, in: „*Entre Denges et Denezy ...". Dokumente zur Schweizer Musikgeschichte 1900-2000*, hrsg. v. U. Mosch, Mainz 2000, S. 407-413

Březina A., *Discovering Bohuslav Martinů's Estate*, in: Czech Music, 1995, Nr. 5, S. 1-3

Březina A./Dostálová R., *Řecké pašije. Osud jedné opery. Korespondence Nikose Kazantzakise s Bohuslavem Martinů* (Die Griechische Passion - Schicksal einer Oper. Die Korrespondenz zwischen Bohuslav Martinů und Nikos Kazantzakis), Roman Míšek - SET OUT, Praha 2003

Březina A., *Eine phantastische Schule des Komponierens für Streichorchester. Martinůs Eingriffe in die „Partita" (1938) von Vítězslava Kaprálová*, in: SJbMw, Jg. NF 17, 1997, S. 95-113

Březina A., *Knihovna Bohuslava Martinů* (Die Bibliothek Bohuslav Martinůs), in: Hudební rozhledy, Jg. 48, 1995, Nr. 3, S. 32-35

Březina A., *Newly Discovered Manuscripts of Works by Bohuslav Martinů*, in: Czech Music, 1995, Nr. 5, S. 4

Březina A., *Editionsrichtlinien* der Bohuslav Martinů-Gesamtausgabe, in: Hudební věda, Jg. 41, 2004, Nr. 3-4, S. 411-432

Bureš M., *Bohuslav Martinů a Vysočina* (Bohuslav Martinů und die Böhmisch-Mährische Hochebene), in: Postavy a tváře Vysočiny, Krajské nakladatelství, Havlíčkův Brod 1960

Cable S. L., *The Piano Trios of Bohuslav Martinů (1890-1959)*, Ann Arbor/MI 1984

Červinková B. u.a., *Bohuslav Martinů. Bibliografický katalog*, Panton, Praha 1990

Colloquium Bohuslav Martinů, His Pupils, Friends and Contemporaries, hrsg. v. P. Macek, Masarykova univerzita, Brno, 1993

Das Bühnenschaffen von Bohuslav Martinů, Perspektiven der Opernforschuntg, hrsg. v. J. Maehder und A Brezina, Peter Lang, Berlin, 2007

Erismann G., *Martinů - un musicien à l'éveil des sources*, Actes Sud, Arles 1990

Eycken K. van, *Bohuslav Martinů*, im Selbstverlag, Steenokkerzeel 1984

Eycken K. van, *Bohuslav Martinů. Wereldburger en geniaal komponist. Met kleurenlitho van Vladimír Suchánek*, Arethusa Pers Herber Blokland, Holland 1990

Ferroud P.-O., *B. Martinů. Un grand musicien d'aujourd'hui*, in: SMZ, Jg. 76, 1936, Nr. 18, S. 497-501

Fukač J., *Tschechische musikalische Avantgarde und Postmoderne. Ideal und Wirklichkeit*, in: Sborník prací Filozofické fakulty brněnské univerzity 27/28, Brno 1992/1993, S. 127-141

Fukač J., *Bohuslav Martinůs Tschechentum*, in: Colloquium Bohuslav Martinů, his Pupils, Friends and Contemporaries, hrsg. v. P. Macek, Masarykova univerzita, Brno 1993, S. 5-12

Geffert D., *Bohuslav Martinů (1890-1959). Ein Bestandsverzeichnis der öffentlichen Musikbibliotheken in der Bundesrepublik Deutschland*, Musikbücherei der Stadtbüchereien, Düsseldorf 1986

Gillet J.-C., *Bohuslav Martinů et „La Passion grecque"*, in: Le Begard crétois 1, 1990, Nr. 1, S. 25-30

Halbreich H., *Bohuslav Martinů aus heutiger Sicht*, in: Komponisten des 20. Jahrhunderts in der Paul Sacher-Stiftung, hrsg. v. H. J. Jans/F. Meyer/I. Westen, Basel 1986, S. 167-178

Halbreich H., *Bohuslav Martinů. Werkverzeichnis, Dokumentation, Biographie*, Atlantis, Zürich 1968

Halbreich H., *Bohuslav Martinů und die Welt des Traumes*, in: Bohuslav Martinů's Bühnenschaffen, Kgr. Ber. Brno 1966, hrsg. v. R. Pečman, Praha 1967, S. 57-74

Halbreich H., *„Juliette" ou la Clé des songes*, L'Avant Scène Opéra, Nr. 210, Paris 2002

Halbreich H., *„Julietta. Snář"*, Národní divadlo v Praze, Praha 2000

Hejzlar T., *V náručí domova. Sborník fotografií a článků o Bohuslavu Martinů* (In den Armen der Heimat. Sammlung von Photos und Artikeln über Bohuslav Martinů), Společnost Bohuslava Martinů, Praha 1980

Henderson M., *The Case for Bohuslav Martinů*, in: Czech Music, 1993/94, S. 133-145

Henderson M., *The Imaginary Staircase. Martinů's Mysterious Akcident*, in: Czech Music, 1995/96, S. 94-116

Hirsbrunner T., *Bohuslav Martinů. Die Soloklavierwerke der Dreißiger Jahre*, in: AfMw, Jg. 39, 1982, S. 64-77

Hirsbrunner T., *Ein Komponist aus Polička. Bohuslav Martinů zum 100. Geburtstag. Aus seiner Jugend*, in: NZfM, Jg. 151, 1990, Nr. 10, S. 14-17

Hirsbrunner T., *Martinůs Verhältnis zu Debussy und Strawinsky*, in: Festschrift P. Kuret, hrsg. v. P. Andraschke, P./E. Spaude, Fr. i. Br. 1998, S. 179-182

HOLZKNECHT V., *Cesta Bohuslava Martinů* (Der Weg von Bohuslav Martinů), Společnost Bohuslava Martinů, Praha 1984

HONS M., *Česká sborová tvorba 20. století. Analytické stylové sondy* (Tschechisches Chorschaffen des 20. Jahrhunderts. Analystische Stylsonden), Univerzita J. E. Purkyně, Ústí nad Labem 2000

CHEW G., *Martinů's Three Wishes and Their Fulfillment. Links between Paris and Prague in Music of the 1920s*, in: French Cultural Studies, October 2000, Bd. 11, Teil 3, Nr. 33, S. 367-376

JIRÁNEK J., *Národní rysy hudební řeči Bohuslava* Martinů (Die nationalen Züge der musikalischen Sprache von Bohuslav Martinů), in: Hudební věda, Jg. 28, 1991, Nr. 2, S. 115-124

KAPUSTA J., *Bohuslav Martinů v roce 1938* (Bohuslav Martinů im Jahre 1938), in: Hudební věda, Jg. 19, 1982, Nr. 2, S. 162-175

KARBUSICKÝ V., *Das Flüchtlingsdrama in der Oper als Aktualität und Provokation*, in: Kgr. Ber. Ljubljana 1993, Ljubljana 1994, S. 33-44

KARBUSICKÝ V., *Der erträumte und nacherlebte Surrealismus. Martinůs Oper „Juliette ou La clé des songes"*, Hamburger Jahrbuch für Musikwissenschaft Bd. 13, Laaber Verlag, Laaber 1995, S. 271-336

KARBUSICKÝ V., *Selbstbegegnung im Kunstwerk. Martinů und die Fresken des Piero della Francesca*, in: Colloquium Bohuslav Martinů, his Pupils, Friends and Contemporaries, hrsg. v. P. Macek, Masarykova univerzita, Brno 1993, S. 133-137

KARBUSICKÝ V., *Von fremden Ufern, fern im Exil ...:Bohuslav Martinůs Feldmesse*, in: Musik im „Dritten Reich" und im Exil, hrsg. v. F. Geiger/Th. Schäfer, Hamburg 1999, 333-372 (= Exilmusik. Komposition während der NS-Zeit 3)

KRATOCHVÍL J., *Bohuslav Martinů. Unaccompagnied Choral Music for Mixed Voices*, Ann Arbor/Mich., 1998

KÜHNEL J., *Bohuslav Martinůs Oratorium „The Epic of Gilgamesch" und Robert Wilsons Theaterprojekt „The Forest". Grundsätzliche Überlegungen zum Thema Mythos und Mythosrezeption - insbesondere im Musiktheater - am Beispiel zweier neuerer Bearbeitungen des Gilgamesch-Stoffes*, in: Kgr. Ber. Salzburg 1989, Stuttgart 1990, 51-78 (= Wort und Musik. Salzburger akademische Beiträge 7)

KUNA M., *Korespondence Bohuslava Martinů Václavu Talichovi 1924-1939* (Briefe Bohuslav Martinů's an Václav Talich 1924-1939), in: Hudební věda, Jg. VII, 1970, Nr. 2, S. 212-247

LAMBERT P., *Desperately Seeking Julietta*, in: Czech Music, 1991/92, S. 33-40

LAMBERT P., *Martinůs „Search for the Meaning of Truth and Life"*, in: Czech Music, 1989/90, S. 8-17

LARGE B., *Martinů*, Holmes and Meier, New York 1976

LÖWENBACH J., *Martinů pozdravuje domov* (Martinů grüßt die Heimat), Praha 1947

MABARY J. A., *A Tale of Intrigue: The Making of Martinů's Škrtič*, Saint Louis, cop. 1998

MARTINŮ B., *České lidové písně a říkadla* (skicář) (Tschechische Volkslieder und Kehrreime - Skizzenbuch), Nadace Lyry Pragensis, Praha 1994

MARTINŮ B., *Domov, hudba a svět. Deníky, zápisníky, úvahy a články* (Bohuslav Martinů über Heimat, Musik und Welt. Tagebücher, Notizen, Betrachtungen und Artikel), hrsg. v. Miloš Šafránek, SHV, Praha 1966

MARTINŮ B., *Dopisy domů. Z korespondence do Poličky*, hrsg. v. Iša Popelka, Mladá Fronta, Praha 1996

MARTINŮ CH., *Ma vie avec Bohuslav Martinů*, Orbis, Praha 1979

MARTINŮ CH., *Mein Leben mit Bohuslav Martinů*, Orbis, Praha 1978

MARTINŮ CH., *Můj život s Bohuslavem Martinů*, Editio Supraphon, Praha ^{2}1978, Editio Bärenreiter, Prag, ^{3}2003 (revidiert von L. Sadílkova und A. Březina)

MARTINŮ CH., *My Life with Bohuslav Martinů*, Orbis, Praha 1978

Martinů v proměnách času (Martinů im Wandel der Zeit), Kgr. Ber. Brno 1978, Praha/Brno 1979

MAÝROVÁ K., *Korespondence Bohuslava Martinů s Českou akademií věd a umění*, in: Hudební věda, Jg. 37, No. 1-2/2000, S. 3-64

MIHALOVICI M., *Abschied von Bohuslav Martinů*, Melos II/1959

MIHULE J., *Bohuslav Martinů*, SHV, Praha 1966

MIHULE J., *Bohuslav Martinů: profil života a díla* (Bohuslav Martinů: sein Leben und Werk), Editio Supraphon, Praha 1974

MIHULE J., *Bohuslav Martinů v obrazech* (Bohuslav Martinů in Bildern), SPN, Praha 1964

MIHULE J., *Bohuslav Martinů. Life and Work*, Praha 1990

MIHULE J., *Martinů. Osud skladatele* (Martinů. Ein Komponistenschicksal), Nakladatelství Karolinum, Praha 2002

MIHULE J., *A Survey of Works by Bohuslav Martinů*, Praha 1990

MIHULE J., *Symfonie Bohuslava Martinů*, Praha 1959

NEDBAL M., *Bohuslav Martinů: několik pohledů na život a dílo velkého českého skladatele našeho století* (Einige Blicke auf das Leben und Werk des großen tschechischen Komponisten unseres Jahrhunderts), Panton, Praha 1965 (= Edice přátel hudby)

NOVÁK S., *O Bohuslavu Martinů 1938-1945*, Hudební matice Umělecké besedy, Praha 1947

Opernworkshop 1999: Bohuslav Martinů: Griechische Passion, Bregenzer Festspiele, Bregenz 1999

PEČMAN R., *Bohuslav Martinů*, Brno 1979

PEČMAN R., *Eseje o Martinů: doba - dílo - tvůrčí estetika* (Aufsätze über Martinů. Zeit - Werk - Ästhetik), Koncertní oddělení Parku kultury a oddechu, Brno 1989

Pešková J./Popelka I., *Časoprostor Bohuslava Martinů: výstava k 100. výročí skladatelova narození* (Der Zeitraum von Bohuslav Martinů, Ausstellung zum 100. Geburtstag des Komponisten), Národní knihovna, Praha 1990

Popelka F., *Česká léta Bohuslava Martinů* (Die tschechischen Jahre von Bohuslav Martinů), Brno 1957

Popelka I., *Martinů a Polička: pásmo textů, fotografií a výtvarných děl* (Martinů und Polička. Reihe von Texten, Photographien und Kunstwerken), Panton, Praha 1990

Popelka I., *Soupis autografů, manuskriptů, faksimile a přidružených tisků skladeb Bohuslava Martinů ve fondech Památníku Bohuslava Martinů* (Verzeichnis von Autographen, Manuskripten, Faksimiles und zugeordneten Drucken der Kompositionen von Bohuslav Martinů in Památník Bohuslava Martinů), Městské muzeum, Polička 1997

Prager Musikleben zu Beginn des 20. Jahrhunderts, in: Jahrbuch der Bohuslav-Martinů-Stiftung I/1996, hrsg. v. A. Březina, Peter Lang, Bern 2000

Rentsch I., *Auf der Suche nach dem wirklichen Theater oder Wie tschechisch ist Martinů?*, Kgr. Ber. Magdeburg 2002

Šafránek M., *Bohuslav Martinů*, in: Musical Quaterly 29, 1943, Nr. 3, S. 329-354

Šafránek M., *Bohuslav Martinů domovu.* Praha, Státní hudební vydavatelství 1962

Šafránek M., *Bohuslav Martinů: His Life and Work*, Allan Wingate, London 1962

Šafránek M., *Bohuslav Martinů: Leben und Werk*, Artia, Kassel/Praha 1964

Šafránek M., *Bohuslav Martinů. The Man and his Music*, Knopf, New York 1944

Šafránek M., *Bohuslav Martinů: The Man and his Music*, Dobson, London 1946

Šafránek M., *Bohuslav Martinů und das musikalische Theater*, in: Musica 13, Kassel 1959, S. 550-554

Šafránek M., *Bohuslav Martinů: život a dílo*, SHV, Praha 1961

Šafránek M., *Divadlo Bohuslava Martinů*, Editio Supraphon, Praha 1979

Šafránek M., *Martinůs schöpferische Entwicklung*, in: Tschechische Komponisten, hrsg. v. H. Lindlar, Bonn 1954, S. 15-23 (= Musik der Zeit 8)

Scherl A., *Julietta B. Martinů v Národním divadle 1938. Václav Talich a česká divadelní avantgarda* (B. Martinůs Julietta im Nationaltheater 1938. Václav Talich und die tschechische Theateravantgarde), in: Divadelní revue, Jg. 6, 1994, Nr. 3, S. 44-50

Sieber J., *Geistliche Aspekte im Werk von Bohuslav Martinů*, in: Musica Sacra, Jg. 97, 1977, S. 98-105

Smaczny J., *A Key to Martinů's Julietta*, in: Opera 48, 1997, S. 1162-1167

Stöck K.: *Der Einfluss von Surrealismus und Poetismus auf Bohuslav Martinů und seiner Oper „Julietta"*, in: Kgr. Ber. GfM Halle 1998, Kassel u.a. 2000, Bd. 2, S. 677-683

STÖCK K.: *Zu Bohuslav Martinůs Opernschaffen. Die Behandlung der Singstimme in der Oper Julietta*, in: Kgr. Ber. Regensburg 1996, Regensburg 1996, S. 139-148

SVATOS Th. D., *Martinů in Music and Culture. A View from his Parisian Criticism and 1940s Notes*, Ann Arbor/Mich. 2002

The Stage Works of Bohuslav Martinů. Colloquia on the History and Theory of Music at the International Musical Festival in Brno, hrsg. v. R. Pečman, Praha 1967

TELCOVÁ J., *Scénografie díla Bohuslava Martinů v brněnském divadle* (1926-1982) (Die Bühnenbilder zu Werken von Bohuslav Martinů im Brünner Theater [1962-1982]), Společnost Bohuslava Martinů, Praha/Brno 1984

VYSLOUŽIL, J., *Deux chapitres sur la poétique musicale de Bohuslav Martinů*, in: Musicologica Brnensia 32, 1997, S. 39-47

VYSLOUŽILOVÁ V., *Manipulation und Missbrauch der öffentlichen Meinung in Bohuslav Martinůs Oper „Die Griechische Passion"*, in: Kgr. Ber. Salzburg 1994, Salzburg 1995, S. 759-768

ZOUHAR Z., *Sborové dílo Bohuslava Martinů* (Das Chorwerk von Bohuslav Martinů), Academia, Praha 2001

Internet-Seite:
www.martinu.cz

Bohuslav-Martinů-Stiftung in Prag

Die Bohuslav-Martinů-Stiftung in Prag wurde am 16.10.1975 beim Tschechischen Musikfond errichtet, um sich um das Vermächtnis des Komponisten zu kümmern. Die damalige tschechoslowakische Rechtsordnung ermöglichte nicht das Entstehen von selbstständigen Stiftungen. Die Witwe des Komponisten, Frau Charlotte Martinů, vermachte dann in ihrem Testament vom 12.01.1977 die Urheberrechte an den Werken von Bohuslav Martinů dem Tschechischen Musikfond „für seine Martinů-Stiftung". Die durch den Umsturz im November 1989 verursachten Änderungen und insbesondere die Tätigkeit des neuen Verwaltungsrates der Stiftung mit Dr. Viktor Kalabis an der Spitze ermöglichten es, im Jahre 1992 die Transformation der Bohuslav-Martinů-Stiftung in ein eigenständiges Rechtssubjekt vorzunehmen, was einen großen Aufschwung ihrer Tätigkeit mit sich brachte. Die Stiftung wurde zu einer der bedeutendsten tschechischen Musikinstitutionen. Sie unterstützt finanziell die Herausgabe der Musikzeitschriften, fördert Musikfestivals und Konzerte, in denen die Musik von Bohuslav Martinů erklingt und erteilt Stipendien für spezielle Studien und Forschungsaufenthalte. Seit dem Jahre 1995 veranstaltet sie das Bohuslav-Martinů-Festival in Prag. Sie sponsert die Herausgabe von Kompositionen von Bohuslav Martinů sowie von Fachliteratur, die auf die Martinů-Forschung im breitesten Sinne ausgerichtet ist. Mit großen Beiträgen unterstützt die Stiftung regelmäßig die Bohuslav-Martinů-Gedenkstätte in Polička. Dank der finanziellen Unterstützung von der Stiftung wurde das Bohuslav-Martinů-Institut errichtet. Außer der Prager Bohuslav-Martinů-Stiftung gründete Frau Charlotte Martinů seiner Zeit auch eine andere Martinů-Stiftung in Basel.

Bohuslav-Martinů-Institut

Das Bohuslav-Martinů-Institut entstand im Jahre 1995 auf Veranlassung des damaligen Präsidenten des Verwaltungsrates der Bohuslav-Martinů-Stiftung Dr. Viktor Kalabis. Die Hauptaufgabe des Institutes besteht in der Herausgabe der Martinů-Gesamtausgabe sowie in jeder Form der Unterstützung von Interessenten am Leben und Werk von Bohuslav Martinů aus den Reihen der Musikwissenschaftler, Interpreten und der breiten Öffentlichkeit. Zu diesem Zweck wurde eine Bibliothek mit Partituren und musikwissenschaftlichen Veröffentlichungen und ein umfangreiches Archiv mit Tonträgern angelegt. Interessenten an einem Quellenstudium stehen in Form von Kopien autographe Skizzen und Partituren der Kompositionen von Bohuslav Martinů, die Korrespondenz des Komponisten, dokumentarisches Material zur Erforschung der Rezeption seiner Werke, Fotos, Videos und Filmaufnahmen zur Verfügung. Das Martinů-Institut verweist auch auf die Internet-Seiten www.martinu.cz.

Personenregister